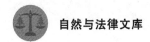

自然与法律文库

环境监管
行政法律责任研究

刘志坚　宋晓玲　著

商务印书馆
The Commercial Press

图书在版编目(CIP)数据

环境监管行政法律责任研究/刘志坚,宋晓玲著.—北京:商务印书馆,2022(2023.6重印)
(自然与法律文库)
ISBN 978 - 7 - 100 - 19943 - 8

Ⅰ.①环… Ⅱ.①刘… ②宋… Ⅲ.①环境管理—行政执法—法律责任—研究—中国 Ⅳ.①D922.680.4

中国版本图书馆 CIP 数据核字(2021)第 098908 号

自然与法律文库

环境监管
行政法律责任研究

刘志坚　宋晓玲　著

商 务 印 书 馆 出 版
(北京王府井大街 36 号　邮政编码 100710)
商 务 印 书 馆 发 行
北京中科印刷有限公司印刷
ISBN 978 - 7 - 100 - 19943 - 8

2022 年 1 月第 1 版　　开本 880×1230　1/32
2023 年 6 月北京第 2 次印刷　印张 20¾
定价:118.00 元

前　言

　　法律责任是法律整体不可或缺的组成部分,它既是法的国家强制性的基本表现,也是法区别于其他社会规范的重要标志,更是法律权利义务及其规范制度得以实现的重要保障。在国家管理与社会治理中,离开了法律责任及其规范制度的法制体系是不可想象的,但法律责任及其规范制度在社会生活中不能得到有效实现的法治状态同样是不可想象的。公共行政的行政法律责任的设定与实现之于依法行政、法治政府建设等的重要意义和作用亦复如是。

　　环境监管行政法律责任属于公共行政的行政法律责任范畴。因我国公共行政的行政法律责任本身的立法缺失等诸多因素的影响,环境监管行政法律责任从设定到实现都存在较为突出的问题,并因此直接影响到了环境保护法律制度的贯彻执行与环境监管工作的质效。环境监管行政法律责任制度缺失及其在生态环境保护领域内得不到切实有效实现,以致有些环境行政主体及其公务员履行环境监管职责不积极、不严格、不到位,一直是我国环境事件频发多发、环境治理顽疾久治不愈的症结所在。而环境监管行政法律责任设定缺失、实现不良实际上又与相关学术理论研究滞后、薄弱且对制度建设的支持性作用不足有关。为此,我们在较长时间关注并研究公共行政的行政法律责任问题的基础上,以《环境监管行政法律责任设定与实现问题研究》获得国家社科基金立项为契机,对环境监管行政法律责任问题展开了研究,并共同撰写了本书。其中,"绪论"和上篇"设定论"由刘志坚执笔,下篇"实现论"由宋晓玲执笔。

本书的框架结构和内容包括绪论、设定论、实现论三个部分。"绪论"对基础性概念范畴、研究缘起与意义、立论的理论基础等前提性、背景性、基础性问题作了说明性、引导性的论述。"设定论"按照理论构建、规范分析、问题探因、对策建议的逻辑进路,揭示了环境监管行政法律责任设定的一般原理,论述了环境监管行政法律责任设定现状、存在问题及其主要成因,并提出了优化环境监管法律责任设定的对策建议。"实现论"按照理论构建、实证分析、对策建议的研究思路,阐释了环境行政法律责任实现的基本机理,探究了环境监管行政法律责任实现的现实状况、存在的问题及其成因,并提出了有效实现环境监管行政法律责任的对策建议。

本书虽以环境监管行政法律责任问题为研究对象,但因环境监管行政法律责任只是公共行政的行政法律责任的一种类型,故而不少问题只能从公共行政的行政法律责任问题入手而立言立论。同时,本著作所研究的问题主要是关于环境监管行政法律责任的立法或者相关制度建设问题,因而不可避免会涉及较多的规范性法律文件及其条款。为了避免文中所论及或引用到的新旧规范性文件产生混淆,故在每个文件名称之后标注了其制定发布或者修改的年份。

本书从形式到内容都力图有较明显的创新,作者亦为之付出了辛劳。但因研究对象及其内容的复杂性、所涉相关知识的广泛性,加上作者的学识和能力所限,殊难做到尽善尽美,错漏之处在所难免，敬请方家批评指正。

　　本书在写作过程中参考了文中所引用到甚至没有直接引用到的有关图书文献资料，汲取了学界同仁丰厚的学术养分。同时，本书的出版得到了商务印书馆、兰州大学法学院等单位及其有关领导、专家学者的大力支持，出版社编辑同志为本书质量的提高和编辑出版付出了辛勤劳动，在此一并致以诚挚谢意。

作者

2021 年 5 月

目　录

下篇　实现论

第六章　环境监管行政法律责任实现原理论（Ⅰ）

绪　　论

第一节　基础性概念阐释

概念是人脑对客观事物的本质属性——一事物区别于他事物的特有属性的反映。它既是人类思维的基本细胞、思维形式及思维运动的出发点，更是人类认识自然与社会的总结、结晶。"一个概念就是科学某个方面的规范，用以决定某一特殊对象归属于哪一类。因此，对科学概念的正确理解有重要意义，许多科学概念都要在掌握了其所构成的一系列术语之后才能够被理解。选择和确定概念的内涵，使人们对它有同一的认识，是发挥规范职能的重要一环。一旦掌握了某科学概念，则能迅速对对象进行区别、分类，进而获得有关的系统的知识。"[①]因此，准确理解和把握相关基础性概念的内涵外延是对研究对象开展科学研究的重要前提。"名不正则言不顺"，只有首先阐明研究对象所涉及的有关基本概念，才

[①]　黄瑷:《谈谈科学概念的认识价值》,《华南师范大学学报》(社会科学版) 1989 年第 2 期,第 26 页。

有可能清晰认识和把握研究对象与问题,保持研究及其思想、观点和见解的逻辑统一性。因此,本书首先对研究对象所涉及的以下三个基础性概念作简要阐释。

一、环境监管

对于"环境监管"一词,学者们在相关论著中主要有以下三种不尽相同的定义:一是将其定义为包括国家机关在内的各类社会组织与个人的环境监督管理。持此论者普遍认为,"环境监管"既包括国家行政机关等行政主体的环境管理,也包括其他国家机关、企事业单位、社会团体、个人的环境监督。[①] 它是"环境监督"与"环境管理"两个语词所组成的复合性概念,"环境监督"主体广泛,可以包容各类社会组织和个人,"环境管理"的主体通常是指拥有环境行政管理职权的行政主体。但也有学者认为,"环境管理"既包括环境行政主体的环境行政管理,同时还应包括各类社会组织对本单位的环境管理。[②] 二是将其定义为国家行政机关和其他相关的国家机关对环境的监督管理。[③] 例如,有学者认为"环境监管不仅是政府行政部门的职责,也是立法部门和司法部门的职责"[④];有

---

① 参见肖俊:《环境监管法律关系理论解析与立法完善》,《中国环境管理干部学院学报》2010 年第 1 期,第 11—14 页。

② 参见王莉、徐本鑫、陶世祥:《环境监管模式的困境与对策》,《环境保护》2010 年第 10 期,第 37 页。

③ 参见刘志坚:《环境监管行政法律责任设定缺失及其成因分析》,《重庆大学学报》(社会科学版)2014 年第 2 期,第 107 页。

④ 魏淑静、王炜亮、郭笃发:《中国环境监管的需求分析及对策建议》,《环境科学与管理》2011 年第 9 期,第 18 页。

学者认为"环境监督管理，又称环境保护监督管理，它是有关国家机关为了保护和改善环境而对环境保护工作进行规划、协调、督促检查和指导等活动的总称"①。三是将其定义为国家行政机关或者环境行政主体的环境行政管理，即所谓狭义上的环境监管。《我国环境监管能力建设问题与建议》(冯恺、金坦等，2013)、《我国环境监管中的问题与对策浅析》(倪宗钰，2014)、《环境监管法治化研究》(张小静，2015)等文章所称"环境监管"就是指环境行政管理。近年来不少环境法学者主张借鉴域外经验，重构我国环境监管模式，以实现"从单一的政府环境监管模式逐步向政府监管、第三方监管和自我监管的混合型监管模式的转变；从对强制监管手段的偏执逐步向发挥多种手段优势的综合性监管手段的转变"②。2014年修订的《环境保护法》已经对这种环境监管模式的转变作了积极的回应与表达，在一定程度上改变了过去环境监管主要依赖于政府单打独斗，忽视企业和公众作用的局面，初步构建起了"政府＋企业＋公众"的环境监管多元共治模式③。

由上可知，学者们对"环境监管"定义阐释的差异主要表现在对环境监管主体和环境监督、环境管理涵义的认识方面。以主体不同为依据，可以对环境监管概念作广义和狭义之分，其在广义上泛指各类社会组织(包括国家机关)与个人的环境监督管理，狭义上仅指环境行政主体或者拥有环境监管职权的国家行政机关的环

---

① 李冬月：《论我国环境资源监督管理法律机制的完善》，《商品与质量》2012年第8期，第95页。

② 黄锡生、曹飞：《中国环境监管模式的反思与重构》，《环境保护》2009年第4期，第38页。

③ 康京涛：《环境监管失灵的制度根源及法律进化——浅析新〈环境保护法〉对环境监管失灵的回应》，《理论月刊》2016年第1期，第159页。

境监督管理。关于环境"监督"与"管理"的涵义大致可以从以下两个不同视角来理解：一是环境"监督"与"管理"是不同的行为主体对环境及影响环境的事物发生作用、施加直接影响的两种不同权限和职能，前者是基于法律所赋予的监督职权而对特定环境问题、环境工作以及影响环境的其他事项实施的了解、检查、督促、告诉、纠错等活动，后者则是指基于法律所赋予的管理职权对特定环境问题、环境工作以及影响环境的其他事项所实施的组织、管束、控制与处理等活动。从这种意义上所理解的环境"监督"与"管理"不仅在权利（权力）来源、行为属性方面存在区别，而且在行为的动机、目的、方式方法与内容等方面也有所不同，两者是既相联系又相区别的概念范畴。例如，国家权力机关的环境执法检查、对环境保护专项报告的审议等就是其基于法律所赋予的监督职权所开展的、以检查督促政府行政机关依法履行环境保护职责为基本目的的"监督"活动，并不具有环境"管理"的特性；社会公众对环境监管行政违法行为的检举、揭发、控告、申诉等就属于环境监督的范畴，不能被视为环境管理。二是"监督"是环境行政主体履行环境管理职责乃至于其他社会组织实施自我环境管理的一种特定方式方法或途径。具体言之，就是既可以将环境"监督"与"管理"理解为主体在履行环境保护义务过程中的两种既相联系又有所不同的工作职能分工（如环境保护机构的日常环境管理职能与环境督查职能），也可以将"监督"视为一种具体的"管理"路径和方式方法。例如，相对于环境行政审批、许可等具有环境行政执法特性的管理行为而言，环境督查、环境行政执法后督察、环境监察等就属于环境行政主管部门所采取的具有监督性质的环境行政管理举措；对于负有履行环境保护义务的各类社会组织而言，不但需要做好对本组织自身环境问题的组织、管束、控制与处理,而且需要加强对本组织内部所属机构和个人的环境监督。因此,可以说有环境"管理"当然就会有相应的环境"监督",但有环境"监督"未必就有环境"管理"。

因论题及研究对象所限,本文所称"环境监管"限于狭义上的环境行政管理,即拥有环境保护职责权限的国家行政机关对环境及影响环境的行为、事项等所实施的监督管理活动。为有助于保持概念表述的统一性与简洁性,本文在以下部分将行使环境监督管理职权的政府及其相关部门统称为"环境行政主体",并将环境行政主体及其履行环境监管职能的公务员①有时概称为"环境监管者"。

二、行政法律责任

"法律责任"在广义上亦称第一性法定义务,泛指法律关系主体所承担的各种法定义务②;狭义上又称第二性法定义务③,是指法律关系主体因其违法行为而依法应承担的不利法律后果。在相关法学研究论著中有时将广义上的"法律责任"称之为第一性责任、

---

① 根据《公务员法》的规定,公务员是指依法履行公职、纳入国家行政编制并由国家财政负担工资福利的工作人员。在我国环境监管领域,虽然公务员是最基本、最主要的履行国家环境监管职能的国家公职人员,但在环境行政主体尤其是授权环境行政主体中,还有许多不属于公务员的事业编制类国家公职人员也在行使一定的环境监管职责权限。因此,为了保持概念使用的统一性,本文所称公务员也涵盖了参照《公务员法》管理的单位中履行行政管理职能的公职人员。

② 参见张文显主编:《法理学》(第二版),高等教育出版社 2003 年版,第143 页。

③ 参见张文显:《法律责任论纲》,《吉林大学社会科学学报》1991 年第 1 期,第2 页。

积极责任,将狭义上的"法律责任"称之为第二性责任、消极责任。在行政法学语境中,"行政法律责任"与"行政责任"在相关论著中常被视为同一概念而混用①,通常被定义为与其他性质的法律责任相并列的一类法律责任。但对于"行政法律责任"的涵义,学者们在相关论著中的理解与认识并不完全一致。其分歧或不同主要集中在对以下两个基本问题的认识方面:一是行政法律责任的主体究竟是谁?对此,最具代表性的观点是将国家行政主体及其工作人员②或行政法律关系主体③作为责任主体。二是行政法律责任的属性与内涵如何界定?对此问题,学者们持有广狭义之说。在广义上,行政法律责任是指主体所承担的法定行政义务(即所谓"第一性法定义务")及因其违反或者不履行法定义务所引致的不利法律后果(即所谓"第二性法定义务");在狭义上,则是指主体因其违反或者不履行法定义务(即所谓"行政违法行为")所应依法承

---

① 在相关法学论著中,"行政责任"的概念大致有两种用法:一是作为行政法律关系主体所承担的行政法上的"行政法律责任"的简称而使用。例如,《中国环境行政责任制度的创新、完善及其理论阐释》(常纪文,《现代法学》2007年第6期)、《行政责任与刑事责任界限厘清之改革建议》(黄陈辰,《齐齐哈尔大学学报(哲学社会科学版)》2016年第10期)、《日本的刑事责任、民事责任、行政责任界限》(王云海,《人民检察》2017年第8期)、《关于完善〈会计法〉中行政责任规范的思考》(李美云、刘丽丽,《财务与会计》2019年第6期)等论文即对"行政责任"做此用。二是专门用以指称行政主体及其公务员违法行政的行政法律责任。例如,《论我国行政责任的归责原则体系之建构》(肖登辉,《武汉大学学报(哲学社会科学版)》2006年第3期)、《行政处分在行政责任追究中的落实——以行政主体责任追究与行政处分的衔接为切入点》(刘赫喆,《东岳论丛》2018年第6期)、《"痕迹主义"的产生机理与防治对策——以行政责任为视角》(盛明科、陈廷栋,《行政论坛》2019年第4期)等论文就在此意义上使用"行政责任"概念。

② 参见金国坤:《行政法与行政诉讼法通论》,经济管理出版社1996年版,第131—132页;杨解君:《行政责任问题研究》,北京大学出版社2005年版,第194页。

③ 参见罗豪才主编:《行政法学》,中国政法大学出版社1999年版,第322页。

担的不利法律后果①。目前,行政法论著中占主导地位的观点是:行政法律责任不同于行政学语境下所使用的行政责任,它是国家法律责任的一种特定类型,是指因违反行政法律规范而在行政法上应当承担的法律责任。"行政法律责任"概念既可被用于表述行政主体及其公务员在行政法上的责任,亦可用于表述行政相对人在行政法上的责任。

　　笔者认为,对"行政法律责任"作狭义上的界定,在行政法学研究视域中是合理适当的。行政法律责任作为一种独立的法律责任形式或类型,是行政法对实施了行政违法行为的行政法律关系主体预设的不利法律后果。其具有以下基本特征:(1)责任属性特定。它是国家行政管理方面的法律、法规等立法文件依法设定的具有法律约束力、国家强制执行力的独立法律责任类型,是因主体违反了行政法律规范所导致的行政法上的责任。其在责任性质、归责事由、构成要件、责任形式、法律后果等诸多方面,既有别于道德责任、伦理责任、政治责任、普通工作职责等非法律责任,更有别于违宪法律责任、民事法律责任、刑事法律责任、诉讼法律责任等其他性质的法律责任。(2)责任主体特定。能够承担行政法律责任的主体只能是依法拥有并行使国家行政管理职权的国家行政机关、法律法规授权的组织等行政主体及其公务员和作为行政相对人的公民、法人和其他组织。(3)归责事由特定。它是因行政违法行为所引致的法律责任。法律责任都是因违法行为所引致的不利法律后果。行政法律责任作为一种特定类型的法律责任,仅指针对行政违法行为即违反了行政法律

---

① 参见刘志坚:《行政法与行政诉讼法》,人民法院出版社、中国社会科学出版社 2007 年版,第 293 页。

规范的行为,而在行政法上所设定的法律责任。(4)法律后果特定。行政法律责任的不利法律后果,既表现为拥有法定职责权限的有关国家机关依据行政法的规定对责任主体的特定行为作否定性、消极性评价,并全部或部分否定其合法有效性,更表现为拥有法定职责权限的有关国家机关依法决定或裁判责任主体因其行政违法行为而依法承担制裁性等不利法律后果。

三、环境监管行政法律责任

"环境监管行政法律责任"是行政法律责任的一种特定类型,是因公共行政活动所引致的行政法上的法律责任[①],是环境监管者因违反环境行政法的规定而应承担的行政法律责任。因我国现行公共行政的行政法律责任立法,既有适用于包括环境监管行政违法行为在内的所有公共行政违法行为的一般性、通用性的规定[②],又有只适用于诸如环境监管行政违法行为等特定公共行政违法行为类型的行政法律责任的规定[③],故本文所称环境监管行政法律

[①] "公共行政"一词,在行政管理学论著中通常是指政府行政机关及其公务员履行行政管理职能的活动。参见顾爱华:《中国公共行政责任与追究制度探讨》,《中国行政管理》2002 年第 2 期;刘祖云:《论公共行政责任的实现》,《理论月刊》2003 年第 4 期;张康之、张乾友:《公共性视角下的公共行政概念》,《东南学术》2013 年第 3 期。

[②] 例如,《公务员法》所规定的行政处分的行政法律责任,适用于包括环境行政主体公务员在内的所有国家公务员;《行政机关公务员处分条例》适用于包括环境行政主体公务员在内的所有行政机关公务员。

[③] 例如,《环境保护法》(2014)第六十八条对地方各级人民政府、县级以上人民政府环境保护主管部门、其他负有环境保护监督管理职责的部门实施了环境监管违法行为的直接负责的主管人员和其他直接责任人员所规定的行政处分责任;原监察部、国家环保总局 2006 年制定的《环境保护违法违纪行为处分暂行规定》对环境行政处分的规定就属于此类规定。

责任包括了国家所有立法文件所规定的、可以适用于环境监管行政违法行为的行政法律责任。换言之,所谓"环境监管行政法律责任",其在外延上不但包括了国家立法所设定的仅适用于环境监管行政违法行为的专门性行政法律责任,而且还包括了可以实际适用于环境监管行政违法行为的其他一般性、通用性行政法律责任。它作为公共行政的行政法律责任的组成部分和特定种类,具有以下几个主要特点:一是责任主体仅限于依法拥有相应环境保护职责权限的环境行政主体及其公务员,既不包括拥有并实际履行环境保护立法、司法职能的中央与地方国家权力机关、国家司法机关,也不包括作为行政相对人的公民、法人和其他组织。二是设定和追究环境监管行政法律责任的事由仅限于环境监管行政违法行为①。环境监管者所实施的与履行环境监管行政职责没有直接关系的违反政治纪律、道德伦理规范、一般行政纪律等的行为,并非环境监管行政法律责任的应责事由或客体。三是环境监管行政法律责任形式仅限于行政法律责任形式、仅限于能够依法针对环境监管行政违法行为适用的行政法律责任形式,并不包

---

① 由于《公务员法》中将应受惩戒的事由表述为"违法违纪",故在《行政机关公务员处分条例》等相关立法文件之中都将行政处分事由或法定情形表述为"违法违纪"行为。笔者认为在表述作为重要行政法律责任形式的公务员行政处分事由时将"违纪"与"违法"并列,并不妥切。在行政管理领域,固然可以有"违纪"(如违反内务工作纪律、会议纪律等)与"违法"之分,但按照责任法定的理念与原则要求,不但法律责任的形式法定,法律责任的归责事由也必须法定。法律责任理应是针对违法行为依法设立的责任,不应包括违反一般性行政纪律的非法律责任。因此,在本文中将行政法律责任、环境监管行政法律责任的归责事由统一概称为"行政违法行为",一般不采用"违法违纪行为"的表述,但其包含了立法中所称"违法违纪行为"。所谓行政违法行为,就是指违反了行政法律规范的行为,它既包括行政主体及其公务员违反了行政法律规范的行为,也包括了行政相对人违反了行政法律规范的行为。

括因环境监管行政违法行为引致的其他性质的法律或非法律责任形式。

为了有助于识别、区分相关概念,避免相关概念在使用中可能产生的相互混淆等问题,特就上述基础性概念及相关概念在本文中的具体使用,作如下几点释明:

1. 由于在行政法学上,主流观点认为行政法律责任的责任主体既包括了行政主体及其公务员,又包括了行政相对人,而本文仅以环境监管行政法律责任这种公共行政的行政法律责任类型作为研究对象,因此,为了有助于区分环境监管行政法律责任与行政相对人在环境行政法上的法律责任,本文在必要时使用"公共行政的行政法律责任"来表述包括环境监管行政违法行为在内的公共行政活动所引致的行政法律责任。同时,基于保持概念表述简洁性的考虑,在本文以下部分将"公共行政的行政法律责任"简称为"公共行政法律责任"。

2. 因环境监管行政法律责任属于行政法律责任、公共行政法律责任的范畴,环境监管行政法律责任设定与实现方面的问题,实际上往往同时也属于一般公共行政法律责任设定与实现方面的问题,两者之间有高度重合性、融通性。因此,本文在很多情况下只能从可以适用于环境行政主体及其公务员的一般公共行政法律责任的视角来分析、探究环境监管行政法律责任在设定与实现方面的问题。

3. 由于"行政责任"是行政学上的基本概念范畴,在行政法学研究领域,相关论著在使用"行政法律责任"概念的同时,也广泛使用"行政责任"概念。因此,为了有助于区分行政法学上的"行政责任"与行政学上的"行政责任"概念,除在涉及广义"行政责任"的论述中不得不使用"行政责任"概念的情形之外,本文统一使用"行政法律责任"概念。

第二节　研究缘起与意义

一、研究缘起

1. 环境监管行政法律责任设定缺失和在实践中得不到有效实现,是我国环境保护法律制度实效性不足的主要原因之一。法律责任及其实现是法的国家强制性的基本表现,也是法区别于其他社会规范的重要标志,是各项法律制度得以实际贯彻执行的根本保证。在国家管理与社会治理中,离开了法律责任规范存在的法制是不可想象的,但已设定的法律责任规范在社会生活中不能得到有效实现的法制秩序、法治状态更是难以想象的。环境法律责任及其实现之于环境保护、生态文明法治建设等具有同样重要的意义和作用。

中外环境法治建设的实践充分表明,环境法律责任的实现程度与水平,是衡量一个国家或地区法治文明程度和生态文明建设进程与实效的重要指标。环境法律责任是否设定、设定是否科学合理、所设定的环境法律责任规范能否得到有效实现,不仅直接影响环境监管法定义务的落实、环境监管的质量与效能、环境监管秩序的建构与维持、国家及社会成员环境权益的保障与实现,而且还深刻影响环境保护法律制度的实效性。

改革开放以来,虽然我国在环境法治建设方面发展迅速、成效显著,但因多种因素的影响或制约,环境监管行政法律责任设定与实现现状同党和国家所提出的科学立法、加强权力监督和制约、强化环境监管与问责、建立最严格的生态保护制度、加强生态文明法治建设等战略部署要求还存在较大的差距,环境监管行政法律责任设定和实现不良的问题还表现得较为突出。在环境监管行政法律责任的设定方面,现行环境保护的法律法规之中普遍存在着责任设定权限划分不明、责任设定主体及其设定权缺乏有效约束、责任规范与环境监管义务性规范的设置缺乏合理对应与衔接、环境监管行政法律关系主体之间的责任配置明显失衡、责任条款普遍欠缺应有的规范性、法定责任形式设定单一、责任实现主体法律责任设定空白等制度缺失问题,环境监管行政法律责任设定呈现出了较典型的虚化、空化、弱化、异化等特征。尤其是在国家立法层面,相关的环境保护法律法规对环境监管行政法律责任的规定明显稀缺,或对其仅作一般性的原则规定,或不作任何规定,环境监管行政法律责任及其实现实际上长期处于无法可依、无良法可依的状态。

在环境监管行政法律责任的实现方面,因环境监管行政法律责任设定缺失,加之环境监管行政法律责任实现的内控与外控机制的不健全等多元因素的影响或制约,即便是法律法规设定相对较健全的行政机关公务员行政处分的法律责任,在实践中往往也难以得到严格、有效的落实,存在较为突出的实现不能、实现不良等问题。从这些年来我国环境行政问责的具体实践中并不难发现,在不少情况下拥有环境行政问责权限的国家机关只有在发生了造成国家、集体、人民的生命财产重大损失的环境破坏和污染事故之后,才会基于平息民愤或化解社会矛盾等的现实需要,对履行环境监管职责过程中存在失职渎职行为的行政公务员追究包括行政法律责任在内的法律责任,不因发生严重环境破坏和污染事故而被追究法律责任的事例并不多见,环境行政法律责任常态化实现情况并不理想。因此,要提高环境监管的能力、水平,提高环境保护法律制度的执行力与实效性,扎实推进我国生态文明建设,必须要着力研究并解决环境监管行政法律责任设定缺失及其实现不良问题。

2. 包括环境监管在内的公共行政法律责任设定缺失、实现不良问题已经日渐引起党和国家的高度关注,中央先后在一批重要的政策性文件中对建立健全和落实公共行政法律责任提出了明确具体的要求,但相关法律制度建设与创新尚显滞后。

鉴于公共行政法律责任制度构建及其有效实现与严格行政执法、保障行政管理绩效等有着十分重要的内在关系,在进入新世纪以后,党和国家越来越关注、重视权力制约及行政责任制度的建设,并不断提出了更高、更新、更实、更富有针对性的要求。早在2002 年 11 月,党中央就提出了"建立结构合理、配置科学、程序严密、制约有效的权力运行机制,从决策和执行等环节加强对权力的监督"的要求①;2004 年 3 月国务院发布的《全面推进依法行政实施纲要》明确规定"推行行政执法责任制",要求"建立公开、公平、公正的评议考核制和执法过错或者错案责任追究制";2005 年 4 月颁布的《公务员法》设专章对公务员的行政处分责任作了规定,初

———

① 江泽民:《全面建设小康社会 开创中国特色社会主义事业新局面》(2002,党的十六大报告)。

步实现了行政处分责任及其适用的规范化与法制化;2007 年 4 月国务院颁布了我国第一个关于行政处分的专门行政法规——《行政机关公务员处分条例》;2008 年 5 月国务院发布《关于加强市县政府依法行政的决定》(国发〔2008〕17 号),要求"加快实行以行政机关主要负责人为重点的行政问责和绩效管理制度"。其后,《国务院关于加强法治政府建设的意见》(国发〔2010〕33 号)、党的十八大报告(2012)、《中共中央关于全面深化改革若干重大问题的决定》(2013)、《中共中央关于全面推进依法治国若干重大问题的决定》(2014)、党的十九大报告(2017)等均再三对健全权力运行制约和监督体制、建立健全行政问责制度等提出了明确要求。

在环境保护领域,2005 年 12 月《国务院关于落实科学发展观加强环境保护的决定》(国发〔2005〕39 号),针对环境保护法制建设方面存在的立法滞后、有法不依、执法不严、违法不究等突出问题,明确要求加强环境监管,加强对环境行政执法活动的监察监督,"实行执法责任追究制";2013 年 9 月《国务院关于印发大气污染防治行动计划的通知》(国发〔2013〕37 号),要求"落实执法责任,对监督缺位、执法不力、徇私枉法等行为,监察机关要依法追究有关部门和人员的责任""实行严格责任追究";2014 年 11 月《国务院办公厅关于加强环境监管执法的通知》(国办发〔2014〕56 号),对如何"强化监管责任追究"作了更加具体明确的规定;2015 年中共中央办公厅、国务院办公厅印发的《党政领导干部生态环境损害责任追究办法(试行)》(中办发〔2015〕45 号)对党政领导干部生态环境损害责任及其追究作出了明确的规定;2015 年《中共中央国务院关于加快推进生态文明建设的意见》更是明确提出了建立领导干部任期生态文明建设责任制、完善节能减排目标责任考核及问责制度、对造成资源环境生态严重破坏者实行终身追责等严格生态文明建设责任追究的要求；2017年中共中央办公厅、国务院办公厅印发的《关于划定并严守生态保护红线的若干意见》要求："严格责任追究。对违反生态保护红线管控要求、造成生态破坏的部门、地方、单位和有关责任人员，按照有关法律法规和《党政领导干部生态环境损害责任追究办法（试行）》等规定实行责任追究。对推动生态保护红线工作不力的，区分情节轻重，予以诫勉、责令公开道歉、组织处理或党纪政纪处分，构成犯罪的依法追究刑事责任。对造成生态环境和资源严重破坏的，要实行终身追责，责任人不论是否已调离、提拔或者退休，都必须严格追责。"

上述政策性文件及立法，直击我国包括环境监管行政法律责任在内的公共行政法律责任虚化、弱化、空化、异化以及实现不能等突出问题，并为进一步完善公共行政法律责任制度提供了明确的政策、法律依据和要求，指明了相关制度建设与理论创新的方向。但现行关于环境监管行政法律责任及其实现的制度，不但远没有从根本上解决长期以来存在的问题，还产生出了诸如环境行政问责制度建构及其实施过程中不同责任混同、问责的人治色彩浓厚等一些有悖法治思维、法治原则与法治方式的问题。要将党和国家关于建立健全环境保护法律责任制度、加强环境保护法律制度执行力等的要求，转化为科学化、规范化且具有实效性的法律制度将还有很长的路要走，任重而道远。

3. 环境监管行政法律责任设定缺失及其不能有效实现问题虽然已经引起了环境法学理论界及实务界的关注，但相关理论研究与实证研究还不够充分、深入，研究现状与法治政府、责任政府建设的实际需求尤其是新时代建立最严格的生态保护法律制度、加强生态文明建设等的要求还存在一定的差距。

近年来我国环境法学界普遍认识到,我国之所以存在比较突出的环境监管不良问题,其成因固然是多方面的,但与环境监管行政法律责任设定缺失、实现不良有深刻的内在联系,环境监管行政法律责任不健全、地方政府不切实履行保护环境责任以及履行责任不到位是导致环境事件频发、环境治理顽疾久治不愈的症结所在。完善包括环境监管行政法律责任在内的环境法律责任制度是中国环境立法的当务之急,构建包括环境监管行政法律责任在内的环境法律责任制度及其有效实现的体制机制是做好环境保护工作、加强生态文明建设的关键所在。同时,环境法学者还普遍认为,监督环境监管者的主要举措应当是以法制权,通过立法为政府环境监管责任设定界限,尤其是要在立法中科学、公正创制行政相对人权利义务规范的同时,对环境监管主体的权力、义务、责任加以细致规范。在新的历史条件下,生态环境立法应当实现由管理型、粗放型的立法向约束型、精细化的立法转变,应将环境保护职权性法律规范尤其是环境监管法律责任规范的科学、理性、精细化构建,作为有效防控环境监管责任虚化、空化、弱化、异化的主要立法内容。这些研究及观点,为开展本课题的研究提供了重要的思想支撑。但总体来看,学界对环境监管行政法律责任设定与实现问题的专门化、系统化理论思考和构建还比较薄弱。

正是在国家加强行政责任制度建设和生态文明建设,建立严格生态环境保护制度,致力于提高我国环境监管的能力、水平与绩效的时代背景之下,笔者基于对公共行政法律责任及其实现问题的长期关注与思考,对环境监管行政法律责任的设定与实现问题展开专门研究,并完成了本书的撰写。

二、研究意义

　　环境监管行政法律责任规范及其制度,是依法落实环境监管义务,追究环境行政主体及其公务员在环境监管工作中有法不依、执法不严、违法不究以及滥用行政权等环境行政违法责任的前提和基础。如果没有完善的环境监管行政法律责任规范及其制度,既不可能切实督促、保障环境监管者严格依法履行环境监管义务,也不可能有效防控、遏制环境监管行政违法行为。同理,"徒法不足以自行",如果设定了比较完善的环境监管行政法律责任规范,但无以保证其在现实生活中得到切实的贯彻执行,法律责任规范也就成为了一纸具文,不可能发挥其应有的效用。对于强化环境监管工作而言,科学设定环境监管行政法律责任,切实解决相关立法的缺失问题,与建立健全环境监管行政法律责任有效实现的体制机制,提高环境监管行政法律责任制度的执行力和实效性具有同样重要的意义和作用。

　　在进入中国特色社会主义新时代后,我们要进一步推进生态文明建设,严格环境监管,提高各级各类环境行政主体及其公务员依法监管的能力、水平与绩效,建设并建成"美丽中国",不仅需要包括环境监管行政法律责任规范等立法资源的有效供给与保障,更需要建立健全使已经设立的环境监管行政法律责任规范及其制度能够得到有效执行或实现的体制机制。因此,研究环境监管行政法律责任的设定与实现问题,对于富有针对性地完善现行环境保护立法,推进环境监管行政法律责任科学化、法制化,构建有助于环境监管行政法律责任有效实现的体制机制,切实保障生态环境保护法律制度的有效贯彻执行,具有十分重要的意义。

从学界对本论题所作的研究来看,无论是对行政法律责任设定与实现的基础理论研究,还是对行政法律责任设定与实现问题的实证研究,均尚不够充分、系统和深入,尤其是对包括环境监管在内的公共行政法律责任设定与实现的理论总结与构建还较为薄弱。因此,本论题的研究,对于构建比较系统、全面的环境监管行政法律责任设定与实现的理论知识体系,促进公共行政法律责任设定与实现理论的更新与发展均不失积极而重要的学术理论价值。从实际应用价值而言,本论题理论与我国环境监管、环境行政问责的实际紧密结合,深入分析环境监管行政法律责任的设定和实现方面存在的突出问题及其成因,并有的放矢地提出富有针对性、可行性的科学设定环境监管行政法律责任、有效实现环境监管行政法律责任的具体对策建议,从而为有关立法主体实现环境监管行政法律责任及其制度建设的精细化、法制化、科学化,为有关国家机关以及各级各类环境行政主体建立健全严格的环境行政问责制度,提供可资借鉴的研究成果或智力支持。

第三节 研究现状与综述

一、研究现状

环境监管行政法律责任系行政法律责任的种概念,属于因行政公权力的行使而引致的公共行政法律责任范畴。要了解环境监管行政法律责任的研究现状,不能不首先了解学界关于行政法律责任研究的基本情况。总体来看,我国行政法学等相关学科对行政法律责任问题不乏研究,所产出的相关研究成果也较为丰富。相关研究及成果主要聚焦于下列问题:一是行政法律责任基本原理或一般理论问题的研究。这是研究最为集中、丰富的领域。相关研究成果较深入地研究了行政法律责任的概念与属性、价值与功能、理论基础、原则体系、构成要件、责任形式、行政法律责任与相关法律责任的协调与衔接关系等基础理论问题。虽然为数不多的论著对诸如行政法律责任设定与实现的概念范畴、必要性和重要性、理论基础、法律原则、一般机理、问题与对策等问题作了一定研究,但研究的全面性、系统性和深度还不够理想,尤其是对公共行政法律责任设定与实现本身的理论论证和系统化理论构建尚显不足。二是对行政法律责任问题的实证研究。在这个方面,一批相关研究成果针对我国行政管理领域存在的有法不依、执法不严、违法不究以及行政失权、滥权等突出问题,从建立健全行政问责制以及有效行政问责等研究视角入手,分析了包括环境监管在内的行政执法责任、行政问责、行政责任追究等从制度建构到制度实施等方面存在的突出问题,并提出了相应的解决问题的对策建议。但对如何在相关立法文件中科学设定行政主体及其公务员行政法律责任等问题的研究尚欠充分。

从对行政法律责任进行研究的学科背景来看,行政学界对广义行政责任及其实现问题不乏研究,但对行政法律责任本身的研究相对薄弱。在行政法学学科领域,对行政法律责任的基础理论问题研究较多,对行政法律责任的设定与实现的理论总结和构建刚刚起步;对行政相对人行政法律责任问题的理论与实务问题研究较多,但对公共行政法律责任本身的研究还明显薄弱。在环境法学界,对行政相对人行政法律责任问题的研究,始终是环境行政法律责任研究的重点问题之一。近年来,随着行政问责的制度建设与实践的不断深入,政府环境责任、环境行政问责、环境行政责任追究等问题的研究亦日渐成为了环境法学研究的热点问题。相关环境法论著对环境监管行政法律责任从法律制度建构与完善、环境行政问责执法与司法,到环境监管行政法律责任实现的体制机制优化、提高对环境监管法律监督的实效等多角度展开了研究,也相继产出了一批相关研究成果,环境监管行政法律责任的理论与应用研究逐步深化。但与学界对行政法律责任的研究现状相适应,相关环境法论著对环境监管行政法律责任设定与实现问题的研究尚不够充分、深入,尤其是系统化的理论思考和阐释还比较薄弱,成果应用与转化效果尚不理想,已有相关研究成果对环境监管行政法律责任科学化、精细化设定的促导作用还不够明显。

从域外对本选题相关问题的研究来看,环境学、公共管理学、环境法学等相关学科对广义行政责任及在此语境之下的政府环境责任、环境善治责任、环境伦理责任、环境行政伦理责任及其实现的路径选择等问题有较广泛的讨论和研究。但受法制发展的历史传统等因素的影响,域外不同国家或地区对本课题研究语境下的行政法律责任的认识与理解却有较大的不同。在英美法系国家,虽然实际存在行政责任的理论与相应的制度,但在严格意义上并无在我国法学理论上所使用的违反作为部门法的行政法且由行政法律关系各方当事人一体承担的所谓行政法律责任(行政责任)概念。在英美法系国家,甚至较少在法学意义上使用行政责任概念,公共行政的法律责任主要是指基于司法救济的相关法律责任①。
在大陆法系国家,虽然有公法与私法的划分,有相对独立的行政法
理论与制度体系,但其行政法律责任主体仅限于国家、地方政府
(地方团体)、公法人(公务法人),一般并不包括行政相对人、行政
公务员;其责任形式主要是针对行政主体的行政侵权赔偿责任、行
政补偿责任与行政契约责任等,并不包括行政公务员惩戒责任、行政
相对人行政处罚责任甚至行政主体违反一般行政职责的所谓行政责
任;责任的确定与执行所依赖的主要是诉讼途径而非行政决定途径。
因此,就本文特定的研究对象而言,可资参考与借鉴的属于本文研究
语境之下的域外行政法律责任方面的研究成果,主要是指域外行政
公务员惩戒责任及其问责等方面的研究成果。

二、研究综述

(一) 关于环境监管行政法律责任设定问题研究

法律责任的设定、行政法律责任的设定是环境监管行政法律
责任设定的直接理论依据和前提。因此,研究环境行政法律责任
的设定问题,不能不了解学界关于法律责任设定、行政法律责任设
定的研究现状。

1. 关于法律责任设定问题的研究

法律责任设定问题属于法理学、部门法学等多学科共同研究

---

①　例如,有论著认为,在英美法系国家,"涉及政府行政机关及其公务员的公
务责任主要是指在对行政进行普通司法救济基础上的侵权赔偿责任、违约责任、诉
讼责任、国家公职人员惩戒责任等"。参见宋晓玲:《政府公务员行政责任实现研
究》,兰州大学2013年博士学位论文,第7页。

的对象和内容。法理学论著附带①或专门②对法律责任基本问题的研究，以及立法学、部门法学等方面的论著对法律责任立法或者设定原理的阐释均为科学设定行政法律责任提供了法理支撑。但就如何科学设定法律责任而言，法理学等论著所做的研究还不够充分、深入。可见的相关研究成果，除了《地方性法规责任的设定：上海市地方性法规的解析》（徐向华，2007）、《法律责任设计原理》（张越，2010）、《法律责任的立法研究——基于中国立法文本的分析》（戈含锋，2015）等若干著作之外，主要表现为已经发表的相关学术论文。在这些涉及法律责任设定问题的论著中，一部分阐释或论述了法律责任设定的基本原理问题。例如，《法律责任设计原理》一书分法律责任的理论基础、法律责任的设定体制、法律责任的追究机制、对策与建议四编，对法律责任的设计原理作了专门探究；以《责任政府的责任设定原则》（唐国林，2003）、《论完善对地方立法中的法律责任设定》（毕可志，2004）、《论设定法律责任的一般原则》（叶传星，1999）、《法律责任条文设定模式的选择》（徐向华，2009）、《法律责任的设定原则及其应用——以 2007 年修订后的〈律师法〉为例》（杜春、马培培，2010）、《"老虎"不能没有"牙齿"——关于法律责任设定的三个问题》（李静、于宏伟，2017）、《严而有度：法律责任的妥善配置》（刘锐，2018）等为代表的论文，既论述了设定法

---

① 在一些法理学著作中设专章阐释了法律责任的基本原理问题。例如，张文显主编《法理学》（第三版）（法律出版社 2007 年版）第十五章、朱景文主编《法理学关键问题》（中国人民大学出版社 2010 年版）第二十四章、葛洪义主编《法理学》（第二版）（中国政法大学出版社 2012 年版）第二十四章就专门论述了"法律责任"问题。

② 迄今为止，除了为数不多的专门研究民事法律责任、行政法律责任等不同类型法律责任原理的著作之外，还鲜见专门研究法律责任基本原理问题的著作。专门研究法律责任基本原理的研究成果主要表现为已经发表的相关学术论文。

律责任的必要性、重要性、应予遵循的原则、设定标准或要求等基本原理问题,又分析了法律责任设定中存在的缺失问题及其成因,并提出了完善法律责任立法的具体建议。另一部分也是相对较多的部分,则对特定法律调整事项中的法律责任设定问题或者具体法律法规中的法律责任设定问题作了研究。例如,《论网络信息安全行政法律责任的设定》(田文英、范静波,2005)、《论地方保护行为的法律责任之设定》(唐丽宁、吴睿,2007)、《体育法律责任的设定及其完善》(汪全胜、陈光、张洪振,2010)、《论我国〈统计法〉中法律责任的合理化设定》(徐明,2013)、《行政相对人法律责任设定之完善》(肖萍、余娇,2014)、《我国立法中法律责任条款的衔接设置——基于〈体育法〉的技术分析》(李亮,2016)、《论设区的市地方立法中"法律责任"的设定权》(张春莉,2018)、《试论地方水资源保护立法中的法律责任设定》(陈蕾、王孟、邓瑞,2018)等论文针对特定事项或问题方面的法律责任设定问题作了分析探讨。

2. 关于行政法律责任设定问题的研究

与学界对法律责任设定问题所作研究相类似,专门或者主要研究行政法律责任设定问题的成果也相对较少。已有相关研究成果,或就行政法律责任设定原理或者基本问题进行探讨,例如,《论行政责任虚化的防治对策研究》(张正兰,2005)、《行政责任立法严格主义评析》(范辉清、李雪沣,2005)、《行政法律责任设定刍议》(王建霖,2009)、《有责、有限、有度——从平衡的视角论政府立法中的法律责任设定原则》(董延宁,2010)等论文就阐释了行政法律责任设定的概念范畴、原则、基本要求及其必要性、重要性等基本理论问题;或针对特定对象、特定行政事项等方面的行政法律责任设定问题而立论,例如,《试论公务员违法行政法律责任制度的建构》(周昕,2007)、《完善食品安全中的政府监管法律责任》(都玉霞,2012)等论文针对特定行政事项或对象的行政法律责任设定问题作了初步的研究。关于行政法律责任设定的相关研究成果,普遍认为行政法律责任研究是我国行政法学研究及制度建设相对薄弱的方面,缺乏有效约束行政主体及其公务员行政活动的法律责任规范和制度是其主要表现;在我国现行关于政府行政的立法中,不论是从总体情况分析,还是从对特定对象、事项的规制来看,都存在行政法律责任设定过于笼统、相对人行政法律责任设定与公共行政法律责任设定失衡、下位法照抄照搬上位法等突出问题;国家相关立法主体理应遵循协调性、统一性、可操作性等原则的要求,加强对行政公权力的立法规制,建立健全行政法律责任规范及其制度。

3. 关于环境监管行政法律责任设定问题的研究

目前环境法学界、环境管理学界研究较多的是广义的政府环境责任或者环境行政责任问题,研究的侧重点并不在环境行政权行使的行政法律责任方面,而在环境行政义务即法理学上所谓的第一性责任方面。相关研究成果在着力研究政府环境责任的一般理论问题的同时,也对政府环境责任及其履责现状作了分析研究,探究了现行立法关于政府环境责任及其制度构建方面存在的问题,分析了问题的成因,并提出了相应的对策建议。在对政府环境责任的研究中,相关成果也不同程度论及政府环境行政法律责任或者环境监管行政法律责任的设定问题。相关研究论著认为政府环境责任不完善是我国环境立法缺失最根本的问题;要从根本上解决我国的环境保护问题,关键是要在环境保护的法律法规之中完善政府的环境责任,用法律约束和规范政府行为[1],重点在于重

---

① 参见任君:《论环境保护法中的政府环境责任》,《世纪桥》2011 年第 23 期,第 52 页。

视政府环境责任的科学设定,拓展政府环境第一性义务,强化政府环境第二性义务①,着力构建和完善对政府环境责任的有效问责制度与机制。此外,《"环境违法成本低"问题之应对——从当前环境法律责任立法缺失谈起》(丁敏,2009)、《环境监管行政法律责任设定缺失及其成因分析》(刘志坚,2014)、《环境法律责任制度的反思与重构》(庄超,2014)、《政府环境责任的法律确立与实现——〈环境保护法〉修订案中政府环境责任规范研究》(邓可祝,2014)、《生态恢复法律责任的设定与实现问题思考——从福建南平生态破坏案说起》(徐木鑫,2016)、《我国政府环境保护责任的发展与完善》(闫胜利,2018)等为数不多的论文还对环境监管行政法律责任的设定问题作了专门的论析。

总体来看,相关学科目前对于广义上的政府环境责任或者环境行政责任设定问题研究较多,对狭义上的政府环境行政法律责任或者环境监管行政法律责任设定问题的研究较少;相关研究论著虽然指出了政府环境责任在立法上所存在的缺失,分析了立法缺失的成因,也提出了相应的具体对策建议,但就对环境监管行政法律责任设定问题所作研究而言,实际上刚刚起步,无论是对基本原理的理论思考和总结,还是对诸多实践性、应用性问题的探究都存在需要进一步深入研究、系统化研究、务实有效研究的问题。

（二）关于环境监管行政法律责任实现问题研究

迄今为止,数量不多的论及公共行政责任实现问题的研究论著,大部分属于行政学领域的研究成果。行政学相关研究成果重

---

① 参见张建伟:《关于政府环境责任科学设定的若干思考》,《中国人口·资源与环境》2008 年第 1 期,第 193 页。

点对广义上的行政责任实现的内涵外延、基本特点、应遵循的原则、前提和基础、问题和成因、路径选择等作了较多研究。与此同时,行政学与行政法学还对与公共行政法律责任实现问题密切相关的行政问责、行政责任追究、行政执法责任追究等问题展开了比较全面、深入、系统的研究,并产出了一批相关研究成果①。就行政法学论著对行政法律责任实现所作的研究而言,主要聚焦于行政问责、行政责任追究的机理与实践性问题的研究方面,对行政法律责任实现的基本理论问题的研究相对比较薄弱,相关研究成果相对不足。

　　与学界对广义行政责任、行政法律责任实现问题的研究状况相适应,近年来我国环境法学界日渐关注环境监管行政法律责任的实现问题,并在环境行政问责或责任追究等方面作了较多研究,产出了一批相关研究论文。例如,《环境保护基本法中环境行政法律责任机制的建构》(刘志坚,2007)、《环境行政法律责任实现论》(刘志坚,2009)、《环境监管行政法律责任实现不能及其成因分析》(刘志坚,2013)等论文阐释了环境监管行政法律责任实现的概念与特征、基本条件、意义与价值、路径选择等基础理论问题,并结合环境行政问责的实际分析了环境监管行政法律责任实现不良的表现形态及其主要成因;《论政府环境责任问责机制的健全——加强社会问责》(张建伟,2008)、《环境行政执法监督不力迫切要求问责制的完善》(郑志强,2010)、《环境保护问责机制研究》(肖萍,2010)、《农村水污染控制行政问责制度研究》(王伟,2011)、《环境行政问责:基于法治要义的规范分析》(周孜予,2015)、《地方政府环

---

　　① 具体研究情况及观点可参见宋晓玲:《政府公务员行政责任实现研究》,兰州大学 2013 年博士学位论文,第 5—12 页。

境行政问责:功能与制度》(孙法柏、李亚楠,2015)、《生态环境督政问责制度体系构建研究》(王政、杨晓婉、刘湘等,2018)、《中国环境问责制度的嬗变特征与演进逻辑——基于政策文本的分析》(姜国俊、罗凯方,2019)、《新时代环境问责的法治困境与制度完善》(刘少华、陈荣昌,2019)等多篇论文专门或者主要对环境行政问责问题作了研究;《关于处理环境纠纷和追究环境责任的政策框架》(蔡守秋,2005)、《我国环境行政法律责任追究制研究综述》(周燕,2007)、《我国政府环境责任追究制度的问题及完善》(刘佳奇,2011)、《我国〈环境保护法〉中政府环境责任追究制度的重构——以美国、日本环境立法经验为参照》(杨春桃,2013)、《健全完善生态环境损害责任追究制度的实现路径》(孙佑海,2014)、《通过重大环境决策终身责任追究制度提升地方政府环境治理能力》(王浩,2016)、《地方官员生态环境损害责任追究存在的问题与解决路径》(李代明,2017)等论文阐释了环境行政法律责任追究的基本理论问题以及环境监管行政法律责任追究的机理,并针对所发现的问题或不足提出了完善环境监管行政法律责任追究制度以及体制机制的相应对策建议。

第四节　立论之理论基础

所谓"理论基础,或指某门学科或某个理论在研究其对象和范畴时作为立论的理论依据;或指对构建学科或理论起支撑或指导作用的理论;或是指导人们社会实践活动的一种基本思想"①。因

---

① 转引自卢晓华、孙瑞华:《中国参政党理论的理论基础与理论框架》,《中央社会主义学院学报》2012年第1期,第13页。

本文所研究的环境监管行政法律责任属于公共行政法律责任的范畴,故,立论的理论基础就是指包括环境监管行政法律责任在内的公共行政法律责任设定与实现的理论根据或者法理基础,换言之,就是对作为研究对象的环境监管行政法律责任设定与实现进行立论,并具有支撑性价值的理论根据。对于理论基础的研究,主要旨在从更深层次的理论上回答以下几个基本问题:一是为什么要探究环境监管行政法律责任设定与实现问题?其价值或意义何在?二是以公共行政法律责任设定与实现的基本理论为研究对象并试图构建关于环境监管行政法律责任设定与实现的理论与知识体系的理论源泉与根据何在?三是对包括环境监管行政法律责任在内的公共行政法律责任为什么需要实现、如何有效实现以及公共行政法律责任实现不良或者不力作出合乎逻辑、合乎理性、合乎规律回答的本源性理论根据是什么?

迄今为止,不论是行政学界,还是法学界,对公共行政法律责任设定与实现的理论基础鲜见专门论述。但已有相关研究成果对行政问责、行政责任(政府责任)、责任政府等的理论基础做了一定论述。例如,有学者将人民主权理论、社会契约理论、权责统一理论、行政法治理论、道德指引理论作为行政责任的理论基础;[①]有学者将社会契约理论、人民主权理论、人权保障理论、权责统一理论、行政法治理论等作为行政责任的理论基础;[②]有学者将"行政主体义务本位"作为行政责任的理论基础;[③]有学者将社会契约理论、人

---

① 参见张坤世:《论行政法律责任的理论基础》,《行政论坛》2006年第5期。

② 参见胡肖华:《走向责任政府:行政责任问题研究》,法律出版社2006年版,第49—61页。

③ 参见赫然、亓晓鹏:《论行政责任的理论基础》,《当代法学》2010年第2期。

民主权理论、为人民服务理论、结构功能主义作为政府责任的理论
基础①。因环境监管行政法律责任属于公共行政责任、公共行政法
律责任的范畴，公共行政责任、公共行政法律责任的理论基础实则
就属于环境监管行政法律责任的理论基础。为了有助于更好地理
解、把握公共行政责任的一般理论基础与公共行政法律责任理论
基础之间的相互关系，深入理解作为公共行政法律责任的环境监
管行政法律责任的理论基础，笔者将包括环境监管行政法律责任
在内的公共行政法律责任的理论基础概括为本源性理论与派生性
理论两类②。

一、本源性理论

所谓本源性理论，是指关于公共行政法律责任及其设定与实
现的创始性、来源性、最具基础性的理论，它们既是对公共行政法
律责任及其设定与实现进行理论建构的逻辑起点、内在动因及方
向指南，更是指导公共行政法律责任及其设定与实现活动的基本
原则、精神与思想基础。这即是说，本源性理论是对包括公共行政
法律责任设定与实现在内的全部行政责任问题具有本源性、基础
性价值的理论。其主要包括社会契约论、人民主权论与法治理论。

1. 社会契约论。社会契约论是关于国家和国家权力起源的学
说，其基本要义是国家起源于人们相互之间的契约。社会契约论

---

① 参见辛璐璐：《国家治理现代化进程中的政府责任问题研究》，吉林大学
2017 年博士学位论文，第 75—82 页。
② 参见宋晓玲：《政府公务员行政责任实现研究》，兰州大学 2013 年博士学位
论文，第 44 页。

源远流长,自古希腊哲学家伊壁鸠鲁和古罗马的塞涅卡提出社会契约的思想之后,从西塞罗到格劳秀斯、霍布斯、斯宾诺莎、普芬道夫,继而再到洛克、孟德斯鸠和卢梭、康德等众多处在不同时代的思想家,都阐发了各自对社会契约不尽相同的观点。

　　社会契约论作为公共行政法律责任理论基础的主要缘由在于:一是它提供了政府应当是责任政府的理论根据,从本源上回答了政府责任的必然性与必要性。按照社会契约论者的主流观点,既然政府及其权力的取得来自于人民基于社会契约的授权或转让,或者说政府所拥有的对社会具有支配性的公权力并非其自身的固有权力,而是人民的授予,那么其理应按照契约或人民意志忠实履行受托义务,并理应在违反授权者即人民的意志,在没有有效履行契约义务时承担相应的责任。因此,基于社会契约或人民授权委托对社会实施管理职能的政府类型只应是责任政府,而不应是非责任政府。同理,为督促政府履行好职责,切实保护作为授权者的人民的自由、生命与财产安全,让其承担相应责任显然也是必要的。二是它提供了政府应当向人民负责的理论根据,从本源上回答了政府应当向谁负责的问题。按照社会契约论者的观点,既然政府的建立及其权力来源于人民的授予,基于授权委托的契约关系,政府责任可以表现为多种责任类型,但所有的责任在本质上、本源上都应当是对权力主体即人民的责任。三是它提供了确定政府承担责任范围的理论根据,从本源上回答了政府应当承担多大范围的责任问题。根据社会契约论的一般观点,政府既然是在契约基础上获得人民的授权而行使社会治权,政府的权力就绝不容许扩张到超出公众福利的需要之外,政府所做的一切都没有别的目的,只是为了人民的和平、安全和公众福利。① 因此,国家或政府就应当在契约约定的范围之内或者人民授权范围之内行使权力,并承担相应的义务或责任。其怠于履行受托义务,或者超出契约或人民授权范围滥用所授予的权力,都需要承担相应的责任。四是它提供了对政府责任作积极责任与消极责任划分的理论依据,从本源上回答了政府应当承担哪些基本责任类型的问题。根据社会契约论者的观点,既然政府的权力及责任是因契约的缔结而发现,那么,政府至少在理论上应当承担两种责任:其一是契约所约定的义务,其主要表现为政府在行使行政管理权时的积极作为或不作为义务,即所谓的积极责任或者第一性责任;其二是因违约所发生的义务,其主要表现为因违约而对人民所应当承担的某种否定性的、不利后果,即所谓的消极责任或者第二性责任。五是它提供了政府责任实现的根本性路径,即人民的监督与追究。由此可见,社会契约论是指导整个公共行政法律责任设定与实现的重要理论基础之一。

2. 人民主权论。人民主权理论是人类社会政治文明发展与进步的巨大成果,是与封建专制、"君权神授"思想相对立的理论。其理论核心是国家权力来源于人民、属于人民,政府等国家机关基于人民的授权委托、按照人民意志行使权力,并对人民负责,其思想可上溯至雅典民主时期。自近代资产阶级政权建立开始至今,无论资本主义社会还是社会主义社会,都多将人民主权作为国家政治制度的指导思想和基本原则。

---

① 〔英〕戴维·鲍彻、保罗·凯利:《社会契约论及其批评者》,载〔英〕迈克尔·莱斯诺夫等著:《社会契约论》,刘训练等译,江苏人民出版社 2005 年版,第 402—425 页。

人民主权理论作为公共行政法律责任理论基础之主要缘由:一是它从人民权与国家公权关系角度,从本源上深刻揭示了公共行政法律责任的政治前提与本质属性:基于人民"公意"而产生的国家及其公权力本质上属于人民,对人民负责既是政府合法存在的基础,也是政府及其公权力运用的基本政治原则,更应是一种政治制度及国家治理模式。这就是说,政府及其公务员承担行政法律责任是人民主权理论与制度的必然要求。人民主权理论作为反对封建专制主义的重要思想武器,其理论的实质就是要批判与否定封建专制主义条件下,君王及其衙署不尊重个人权利与自由,权力行使缺乏制约并不对社会绝大多数人民负责的观念与政治制度,而代之以建立一个能够充分尊重并保护人权,对社会广大人民负责的民主政府。二是它从对权力特性的把握和认识入手,从本源上深刻揭示了公共行政法律责任及其制度存在的必然性:公共权力必须进行有效制约,以防止其先天而生的腐化与滥用。人民主权论者认为基于人性的弱点以及公共权力运作的特性,政府及其公务员手中的公权力极易被滥用,因此要保障政府及其公务员正当、有效行使公权力,切实保护公民的权利和自由,必须要依靠包括行政法律责任在内的法律手段以及其他手段对权力进行制约,其中"以权利制约权力"就是防止权力滥用的必然路径选择。如果没有法律、没有公共行政法律责任的存在与有效实现,就不可能建立起能够正常运行的"分权"或者权力制约体制,不可能实现"以权利制约权力"的目的,权力滥用、腐化因此就不可能得到有效的控制。三是它从法律、法治与人权保障的关系入手,从本源上回答了公共行政法律责任及其实现的必要性与重要性:人民主权必须用"良法"保障实现。人民主权论表达了依靠制定良好的、公正的法律制度保障实现人民主权、人权的思想。而公共行政法律责任理所当然是实现人民主权、人权的不可或缺的保障。人民主权、人权的实现，有赖于政府行政职能的有效实现，否则无从谈起。但要保证政府行政职能的实现，固然要依靠政府及其公务员的自觉行动，更要依靠外部强制力量的有效作用。而公共行政法律责任就是一种有效的外部强制作用机制，它既可对政府及其公务员违反人民意志的违法行为、失职行为予以纠错，使其行为复归人民意志的要求或愿望，也可制止侵损人民利益行为的发生，使其忠实履行人民的受托义务，从而保障人民主权及人民利益的最优、最大化实现。人民主权理论要求设立公共行政法律责任，更要求有效实现公共行政法律责任，没有公共行政法律责任的有效实现，公共行政法律责任的设立就失去了应有价值与作用，人民主权在现实中就会仅限于一个概念范畴或抽象的原则表达，在实际上无从实现。

3. 法治理论。法治，简言之，就是关于依法治国的思想理论。它是人类文明之树上的硕果之一，是迄今为止人类所探寻到的驯服国家政治权力、良好管理社会的重要思想武器与国家治理模式选择。现代意义上的法治思想，起源于古希腊罗马时代，发展于资产阶级启蒙运动时期，进入 20 世纪之后取得突破性的进展。当然，法治思想并非是西方社会思想家、政治家们的独创，中国传统文化中的法治思想也源远流长。虽然产生于中国本土的法治思想并非西方近现代意义上的法治思想，但它也曾对中国传统社会的有效治理发挥了思想指引作用，其关于依法治国的思想观念与西方法治思想也有诸多共同之处，同属人类法治文化、法治理论的重要组成部分。故此，法治理论包括了资产阶级法治理论与社会主义法治理论，传统社会法治理论与现代社会法治理论。

法治理论作为公共行政法律责任理论基础的主要缘由：法治理论作为公共行政法律责任及其设定与实现的理论根据，除了表现在法治理论从法治及其推行视角，不但对包括公共行政法律责任在内的法律责任存在的必要性、重要性作了相应论述，而且对包括公共行政法律责任在内的法律责任的设定、实施等基本问题作了理论阐释，还特别表现在以下两个方面：一是它从本源上回答了公共行政法律责任及其设定与实现的基本社会环境与条件，即依法治国。在中外法治论者那里，依法治国既是一种思想理论，更是对国家治国方略、模式及相应制度安排的理论与现实选择。如果不实行依法治国，包括公共行政法律责任在内的各项法律制度就失去了正当存在并有效、公正发挥作用的基本前提。二是它从本源上回答了政府及其公务员运用公权力实施国家行政管理的基本原则，即依法行政与责任行政。根据法治论者的观点，不论是何种性质的国家政权，要实行依法治国，就必须反对人治，政府及其管理者就应当严格依法行政，不能实现依法行政就不可能实现依法治国，此即所谓依法治国是政府及其公务员依法行政的前提与基础，依法行政则是依法治国的必然要求与核心。而要依法行政，政府及其公务员就应当为人民负责，即必须模范地遵守和执行体现人民意志的法律制度，忠实履行各项法定职责或义务，并在其行政活动违反法律之时依法承担不利的否定性的法律后果。

二、派生性理论

所谓派生性理论，则是指直接或者间接缘于本源性理论，即在本源性理论中形成或从本源性理论中派生，并进而随着社会文明的演进而得到充实、发展与创新的理论,其主要包括委托代理理论、权力制约理论、责任政府理论、行政法治理论。① 对于公共行政法律责任及其设定与实现而言,本源性理论是"根"、是"源"、是"面",而派生性理论是"枝"、是"流"、是"点",本源性理论是对包括公共行政法律责任设定与实现问题在内的行政责任的全部或者主要问题均具有指导意义的系统理论,是派生性理论的基本思想来源、理论基础;而派生性理论则是在本源性理论中与公共行政法律责任及其设定与实现关联最为密切、对公共行政法律责任设定与实现最具指导意义或价值的思想,它基于本源性理论而生成、发展并属于本源性理论的重要组成部分。由于环境监管行政法律责任属于公共行政法律责任的范畴,是公共行政法律责任的一种类型,所以公共行政法律责任的理论基础也同时属于环境监管行政法律责任设定与实现的理论基础。

1. 委托代理理论。委托代理关系是在现实生活领域普遍存在的一种社会关系。相关的不同学科对其均有所研究,从而就形成

---

① 需要在此特别说明的问题是,本文将社会契约论、人民主权论与法治理论作为公共行政法律责任及其实现的本源性理论基础,将委托代理理论、权力制约理论、行政法治理论视为公共行政法律责任及其实现的派生性理论基础,只表明了这些理论是对本文研究意义上的作为公共行政法律责任特定类型的环境监管行政法律责任设定及其实现最具有基础性、本源性或者直接性意义与价值的理论,但并不能反过来说只有文中述及的这些理论对环境监管行政法律责任等公共行政法律责任有指导意义或价值。事实上,公共行政法律责任问题本身的复杂性等因素决定,在本书作为基础理论之外的不少理论,诸如公共管理学意义上的公共选择理论、博弈论,乃至于作为科学方法的系统控制论等,对本文研究意义上的公共行政法律责任的设定与实现问题就有不同程度的指导意义。只是因为其他这些理论相对于被笔者视为理论基础的理论而言,它们与公共行政法律责任设定与实现问题的关联度要弱一些、直接指导价值要小一些。加之本文篇幅所限,故未将它们作为立论之理论基础加以论述。

了经济意义上的委托代理理论、行政学意义上的委托代理理论与法学上的委托代理理论,但不论何种委托代理理论,都本源于契约论,是对契约论的进一步发展与具体展开。本文所指主要限于行政学意义上的委托代理理论与法学意义上的委托代理理论。在行政学上,学者们将政府接受民众的委托行使公共权力而形成的委托代理关系作为第一层委托代理关系,对因政府职能必须假手于公务员实施而在民众与公务员之间形成的委托代理关系作为第一层关系之下的多层次复杂关系,并重点研究这种委托代理关系中的责任与激励机制问题、"代理失灵"及其有效控制问题、权利义务合理配置与平衡问题,以及如何运用委托代理机制更有效能地处理公共部门事务等问题。在法学意义上,委托代理制度是重要的法学理论之一,是指代理人在代理权范围内,以被代理人的名义独立与第三人为法律行为,由此产生的法律效果直接归属于被代理人的法律制度。法学意义上的代理理论在民商法、诉讼法领域研究较多,有较系统的知识体系,且在实践中形成了较为完善的代理法律制度。① 在行政法学界,学者们也通常把政府与人民、政府行政机关与其公务员之间的关系理解为委托代理关系。②

委托代理理论对于公共行政法律责任的实现具有直接而重要的理论基础价值。其主要理由:(1)有助于深化对公共行政法律责任设定与实现必要性的认识。根据委托代理理论,既然公务员与人民、与国家、与政府行政机关因取得行政职务而形成的关系是一种委托代理关系,那么其自愿接受这种委托,就应当诚实守信、严

---

① 如《民法典》第一编第七章专门对"代理"作了具体的法律规定;《民事诉讼法》在第五章第二节"诉讼代理人"中对诉讼中的委托代理关系作了具体的法律规定。

② 参见刘志坚:《行政法原理》,兰州大学出版社1998年版,第88页。

格按照委托人的意愿开展活动,如果没有正当、合理事由而不履行受托义务或者滥用受托权力,就应当承担事先规定或约定的不利后果。(2)有助于指导建立科学、合理、正当的公共行政法律责任制度。设定公共行政法律责任是实现公共行政法律责任的基本前提,也是公共行政法律责任实现的关键要素,不设定公共行政法律责任或者公共行政法律责任设定不良,都很难保证公共行政法律责任的有效实现。根据委托代理理论,既然委托代理关系是双方利益博弈而形成的社会关系,合理平衡、实现各方利益关系就显得十分重要。以此为指导,不论是对公共行政法律责任的设定,还是对公共行政法律责任的落实或追究,都应当充分考虑国家、行政问责主体、责任主体之间在公共行政法律责任及其执行中的利益平衡问题,不能出现利益配置失衡等不正当问题,从而使公共行政法律责任的设定与执行更加理性、公正,切实保障公共行政法律责任制度的有效贯彻执行。(3)有助于指导科学、正当构建公共行政法律责任设定与有效实现的体制机制。委托代理理论告诉我们,要克服委托代理关系可能出现或存在的问题,要有效实现委托代理关系当事人各方应当履行的义务与责任,不但要重视监督、控制机制的构建,还要同时重视相关激励机制的构建;既要重视对代理人责任实现的机制构建,还要特别重视对代理人责任的救济机制的构建;既要重视对代理人在委托代理关系中的义务与责任实现机制的构建,同时也要重视对委托人在委托代理关系中的义务与责任实现机制的构建,两者不能偏废。唯有如此,才有可能切实保障代理人与被代理人忠实履行约定或规定义务。

2. 权力制约理论。权力及其制约是政治学、管理学和法学研究的重要论题。古往今来,中外政治家、思想家及学者对权力及其制约问题广有研究,有关研究文献堪称汗牛充栋。在西方,权力制约理论奠基于社会契约论、人民主权论等理论。西方权力制约论者认为,权力先天所具有的可能被滥用的特性决定,为实现和保护人民的自由与权利,对权力及其运行必须通过分权、法律、道德、权力监督等途径进行制约。如果滥用权力,就必须承担相应的政治责任、法律责任等责任。在中国封建社会,政治思想家们虽然在国家权力观上,重点关注、研究的问题是专制君权及其对臣民的有效管理、驾驭、控制问题,但在有效捍卫君权、极力维护君主专制统治这个大前提下,在不同历史时期的政治思想家那里也形成了内容比较丰富的、对包括君主权力在内的国家权力进行必要制约的思想。法家学派的法治论实际上表达了用法律制约权力的思想①,而先秦时期儒家的德治、仁政、人治的理论则着重表达了"以道德制约权力"的思想②,自汉以降封建正统政治法律思想家们在重点主张"以道德制约权力"思想的同时,也阐发了不少以法律制约权力

---

① 如李悝即认为"为国之道,食有劳而禄有功,使有能而赏必行,罚必当"(《说苑·政理》),要求当政者在行使权力、实施赏罚之时,赏当其功,罚当其罪,严格依法办事。吴起要求统治阶级成员,厉行法治,行使权力要做到"使私不害公"。慎到认为法是规范人们行为的准则和衡量是非功过的唯一标准,其最大效用就在于存公去私,上至君王下到各级官吏治理国家必须严格依法办事,不得以私害公,并明确指出,"有法而行私谓之不法"(《艺文类聚》卷五十四引《慎子》)。西晋刘颂认为,为使老百姓人人守法,君主也必须以身作则、带头守法,"人君所与天下共者,法也"(《晋书·刑法志》)。

② 先秦儒家主张德治、仁政、人治,要求君王及各级官吏在国家与社会生活中必须加强自身的道德修养,良好地践行社会伦理道德,做天下百姓的表率与榜样。如先秦儒家代表人物孔子即要求统治者"修己以安人""修己以安百姓""为政以德",十分看重并强调当权者的以身作则,他认为"政者,正也。子帅以正,孰敢不正?"(《论语·颜渊》)、"不能正其身,如正人何?"(《论语·子路》),当权者"其身正,不令而行;其身不正,虽令不从"(《论语·子路》)。

的思想①,至明末清初在中国启蒙思想家的思想中已经有了用权利或者社会制约权力的一定思想内容②。在中国近代,资产阶级改良派、革命派受西方政治法律思想的影响,都阐发了他们关于权力制约的思想。其中最有代表性、贡献最大者当属孙中山。他以批判的眼光分析研究了近代西方分权理论及宪法制度,并参用中国固有的考试制度和监察制度,提出了著名的立法、行政、司法、考试、监察五权分立的所谓五权宪法理论。

权力制约理论不但深刻论述了公务员(官员)模范践行道德、法律义务,以及对国家公权力进行制约的必要性、重要性,而且提出了权力分立等对国家公权力进行分权制衡、各负其责的重要思想,系统阐释了对国家公权力进行制约、促导政府及其公务员忠实履行职责的主要路径:依靠法律、权力、权利、道德乃至于社会对国家公权力进行约束或监督。权力制约理论不仅从权力运行规律出发回答了设立与实现公共行政法律责任的必然性、必要性与重要性,而且回答、论证了对国家公权力进行监督、制约以及实现公共

---

①　如唐初统治集团成员李世民、魏征等人不但主张以德治国,以仁义待民,强调"若损百姓以奉其身,犹割股以啖腹,腹饱而身毙"(《贞观政要·君道》),而且明确主张君主立法应"以天下为公,无私于物"(《贞观政要·公平》),要"设法与天下共之",带头克己从法、"守文奉法",在国家管理中明正赏罚,一断于律,不能求情于法外。

②　如黄宗羲针对传统的君权神授理论,提出"天下为主君为客"的国家观。主张用"公天下之法"而代替传统的反映君王一家一姓私利的"一家之法"。并进而提出意图改变国家权力集于君主一人状况、借臣权分割君权并对君权进行制约的"君臣共治"论,并主张用"君臣共治"的政体来代替君主专制政体。其具体设想就是恢复宰相制并加重相权,加强宰相为代表的群臣对皇权的制约以及皇权与宰相之间互相制约。与此同时,他还提出了"学校议政"主张,要求赋予学校评判政治是非、约束权力的政治功能。

行政法律责任的体制优化与路径选择,对于我们把握认识公共行政法律责任设定与实现的规律性,科学、理性构建系统化的公共行政法律责任实现机制具有直接而又重要的指导意义和价值。

3. 责任政府理论。责任政府是一个跨政治学、法学、行政学、管理学等多学科的综合性概念。西方责任政府理论,萌生于古希腊罗马时代,形成并发展于近现代。自近代民主政治发育至今,不同历史时期、不同国家、不同学科的学者乃至于同一学科的不同学者对其都有较多的关注与研究,且形成了关于责任政府问题的不尽相同的诸多思想观点或理论。但不论人们对责任政府内涵外延如何界定,对责任政府特性等如何理解与认识,责任政府作为一种意识形态,通常是指对政府是否应当负责、对谁负责、负什么责、如何负责及如何有效实现政府责任等问题所作的系统化认知与总结的理论。作为一种现实的制度存在,责任政府是一种奠基于民主、法治之上的政府治理模式,是对政府公共管理进行民主控制的价值选择、制度与体制安排。

公共行政法律责任的设定与实现既是建设责任政府的必然要求,也是责任政府建设及其水平的重要标志。在现代民主政治条件下,政府理所应当是责任政府,如果政府不为人民负责、政府权力不受代表人民意志的法律制度等的制约监督,它就不存在或者会失去存在的正当性、合法性。但如果仅仅把责任政府之责任停留在理论认知范围,不去实际创设政府责任,不去构建切实保障政府责任尤其是法律责任实现的体制、机制,不能实际保障公共行政法律责任的有效实现,责任政府同样无从谈起。责任政府理论不但阐明了政府责任之基本理念,把公共行政法律责任的设定与实现作为了责任政府建设的必然要求,进一步揭示了公共行政法律责任设定与实现的重要性、必要性，而且还因对政府责任类型及其特点的理论总结、政府责任内外部控制机制等问题的论证，对深入思考、研究公共行政法律责任设定与实现问题，完善公共行政法律责任制度，构建公共行政法律责任有效实现的体制机制等具有十分重要而又直接的指导意义与价值。

4. 行政法治理论。行政法治，亦称法治行政，它作为一种理论，既是法治思想的重要组成部分，也是法治理论在国家行政管理领域的具体体现。在西方，行政法治理论萌生于古典民主制时代，形成于资产阶级革命时期。不论是英美法系还是大陆法系国家，行政法治均表达了对政府及其权力运作的法治化要求，都意味着政府行政权力及其行政行为应当依据宪法、法律规定而为。但因资本主义经济社会发展阶段的不同，以及各国的法制传统、民族传统、政治体制及社会经济文化情况等的不同，行政法治理论的形成发展及其内容的侧重点等相应会有所不同。我国自改革开放以来，在全面推进依法行政、法治政府建设的伟大实践过程中，亦形成了具有中国特色的社会主义行政法治思想理论。

行政法治是法治理论在国家行政管理领域内的直接体现。政府及其公务员行政法律责任的设定与实现既是行政法治的重要逻辑起点及必然要求，也是实现行政法治目标的重要路径选择，还是行政法治目标、任务、制度有效实现的重要保障。从法治政府及依法行政建设的角度而言，政府及其公务员行政法律责任及其实现本身就属于政府行政法治建设的重要内容或者组成部分，而法治则是对公共行政法律责任制度构建及其有效贯彻执行的最基本要求。离开法治思想、离开行政法治道路的选择，公共行政法律责任及其实现殊无可能。因此，行政法治思想，对于政府及其公务员行政法律责任的设定与实现有直接的指导意义或价值。

三、理论基础在环境法学领域的体现

我国环境法学界对于政府应当承担环境保护责任命题的认识是高度统一的,但对政府为什么要承担环境保护责任,即对所谓政府环境责任的理论根据或依据问题的认识还远未达成共识,存在诸多不尽相同的观点或见解。如有学者将地方政府承担环境责任的理论基础归结为科学发展观理论、公共产品理论和外部性理论、政府责任理论、环境权益观;①有学者将环境公共物品理论、外部性理论、委托代理理论等作为政府履行环境保护责任的理论基础;②有学者将关于政府环境责任理论基础的代表性观点归纳为环境法治理论、政府职责本位理论、生态法学理论、环境治理(环境善治)理论,并主张把正义理论基础上的公民环境权理论作为政府或者地方政府承担环境责任的理论依据;③有学者将责任政府理论、环境善治理论、环境权理论视为政府环境责任的法理基础④。上述观点,从不同视角揭示了政府承担环境责任的理论依据或缘由,各有其理,对于认识政府环境责任以及环境监管行政法律责任的理论

---

① 参见李俊斌、刘恒科:《地方政府环境责任论纲》,《社会科学研究》2011 年第 2 期,第 73 页。

② 参见唐秋凤、谷爱明:《政府环境保护责任理论基础与环境审计实施路径》,《中国内部审计》2014 年第 3 期,第 84—85 页。

③ 参见熊超、王英辉:《论政府环境责任的演进与发展》,《广西教育学院学报》2014 年第 3 期,第 33—37 页。

④ 参见朱艳丽:《论环境治理中的政府责任》,《西安交通大学学报》(社会科学版)2017 年第 3 期,第 53 页。

基础不失积极的意义和价值。但相关论著在归结政府环境责任的理论基础之时，或多或少都存在诸如环境法理论基础与政府环境责任理论基础混同、不同层次的理论不合逻辑的并列、本源性理论与派生性理论界限不清、对作为理论基础之理论把握与阐释不够精当等值得进一步探讨完善的问题。不过从以上论述并不难窥见，不论我们将政府环境责任的理论基础具体归结为哪种或者哪几种理论，作为政府环境责任及其环境监管行政法律责任理论基础之理论，均可从前述公共行政责任的本源性理论与派生性理论中找到最初的也是基本的思想来源和根据。

上篇　设定论

第一章 环境监管行政法律责任设定原理论（Ⅰ）

第一节 环境监管行政法律责任设定概念解析

一、环境监管行政法律责任设定的涵义

在我国最高立法机关所制定颁布的现行法律中，1996 年颁行的《行政处罚法》最先使用了"设定"概念，其后被《行政许可法》《行政强制法》等法律沿用。① 目前，学界对"设定"概念的理解有两种不尽相同的观点。一种观点认为"设定"与"规定"是两个有明显区别的概念范畴，"设定"仅指"创设"，并不包括"规定"。② 另

---

① 三部规范行政处罚、许可、强制行为的法律在其"总则"中均有与"为了规范行政处罚的设定和实施""行政处罚的设定和实施，适用本法"等相类似的表述，并在分别设置的第二章"行政处罚的种类和设定""行政许可的设定""行政强制的种类和设定"之中，对设定权限、原则等作了具体规定。

② 例如，有学者认为，"设定"应该是区别于"具体规定"的一个范畴。所谓"设定权"，是指某个立法主体所享有的制定原创性法律规范的权力。所谓"规定权"，是指将上位法的原则性规定或比较概括性的规定加以具体化的权力。"设定权"与"规定权"，其区别主要在于是否创设了新的权利义务关系。参见林秋萍：《行政法领域的"设定权"与"规定权"》，《河北法学》2014 年第 11 期，第 31 页。

一种观点则认为,"设定"包含了"创设"和"规定"。"设定"是指对一项权力的创设和规定,既包括对一项权力从"无"到"有"的创设,也包括对已经创设的权力从"粗"到"细"的具体规定。相应地,设定权既包括对一项权力进行创设的权力,也包括对一项已有权力进行细化的规定权。①

本文认为,"设定"一词的内涵外延理应包含"创设"和"规定"之意。这不仅是因为"设定"一词原本语义就包含了陈设、拟定、设置等意义,其完全可以合理包容"创设"与"规定"之意,也是因为将"设定"界定为"创设"与"规定"更符合立法中正确处理相关概念范畴及制度设计关系的实际需要,还是因为《行政处罚法》《行政许可法》等法律所实际使用的"设定"概念实际上就包含了"创设"与"规定"之意。以《行政许可法》第二章"行政许可的设定"所作规定为例,其第十一条至第十五条、第十七条至第十八条等就是在"创设"意义上对"设定"权限所作的规定,第十六条等就是在"规定"意义上对"设定"权限所作的规定②。因此,讨论"设定"应否包含"规定"并无太大的学术价值和意义。

从以上内容可以看出,学界对于法律责任的设定更多是围绕《行政处罚法》等法律中所采用的"设定"一词展开讨论的。有关

---

① 参见武勇:《三大行政权设定权之比较》,《济宁师范学院学报》2013 年第 1 期,第 98 页。

② 《行政许可法》(2019)第十六条规定:"行政法规可以在法律设定的行政许可事项范围内,对实施该行政许可作出具体规定。地方性法规可以在法律、行政法规设定的行政许可事项范围内,对实施该行政许可作出具体规定。规章可以在上位法设定的行政许可事项范围内,对实施该行政许可作出具体规定。法规、规章对实施上位法设定的行政许可作出的具体规定,不得增设行政许可;对行政许可条件作出的具体规定,不得增设违反上位法的其他条件。"

论著虽然较普遍使用了法律责任设定(同时还使用"法律责任设置""法律责任规定"等类似概念)一词,但对法律责任设定概念本身所作的解析尚欠成熟。在为数不多的相关研究成果中,(1)或从设定的必要性、重要性角度阐释了法律责任设定,如有学者认为"法律责任是任何一个法律体系的必不可少的组成部分,法律责任的设定不只是一个具体的技术问题,更重要的,它还是一个直接关涉到法律体系的正义性、合理性的原则性问题"[①];(2)或从法律责任条款科学、规范设置的角度,解释了法律责任的设定,如有学者认为"法律责任条款作为法律规范的重要组成,应具备严谨、周密、协调、明确、具体等特点"[②],"法律责任条文设定模式是指法律责任条文的排列及表述模式。法律责任条文是行政执法和司法适用的直接依据,其设定模式的优劣,不仅左右法律责任文本的严谨、清晰和简洁程度,更关乎法律责任条文适用的准确性和便捷性"[③];(3)或从立法功能与作用等角度,阐释了法律责任的设定,如有学者认为"法律规范的强制性特征,往往通过法律责任的设定与实现体现出来。如果立法过程中设定法律责任失当,不仅对执法、司法和守法产生一系列的负面影响,也直接损害立法本身的权威性。这就要求立法中设定的法律责任具备合法性、合理性、可行性和表述的规范性等'良法'的基本要素"[④]。

[①]　叶传星:《论设定法律责任的一般原则》,《法律科学》1999 年第 2 期,第 11 页。

[②]　王建霖:《行政法律责任设定刍议》,《法制与社会》2009 年第 8 期,第 15 页。

[③]　徐向华、王晓姝:《法律责任条文设定模式的选择》,《法学》2009 年第 12 期,第 60 页。

[④]　徐向华、阎锐、王永刚:《执法视角下的法律责任设定——上海市地方性法规法律责任执法情况实证研究》,《法学》2006 年第 12 期,第 85 页。

根据法理学、立法学等的相关原理,借鉴学界对法律责任设定所作的相关研究,本文对法律责任的设定作广义和狭义的界定。广义的法律责任设定,是指享有立法权的国家机关借助相应的立法文件形式并依照法定的程序设置法律责任规范的活动,其核心是以特定的法律条文规定违反法定义务的责任主体应承担的法律上的不利性后果。狭义的法律责任设定,是指享有立法权的国家机关借助相应的立法文件形式并依照法定的程序创设以前不曾有的法律责任规范的活动。广义的法律责任设定,既包括了"创设"(即创设了以前所没有的新的法律责任规范,其实质是通过设定新的法律责任规范创设了新的权利义务关系和内容),也包括了"规定"(即对已有法律责任规范作出执行性、补充性、精细化的具体规定,一般不创设新的法律上的权利义务关系和内容)。狭义的法律责任设定仅限于对法律责任及其规范的创设或者创制。本文所研究的环境监管行政法律责任的设定限于广义上的法律责任设定、限于公共行政法律责任的设定,即享有立法权的国家机关借助相应的立法文件形式并依照法定的程序创设和规定环境监管行政法律责任规范的专门活动。

二、环境监管行政法律责任设定的特征

1. 环境监管行政法律责任的设定属于立法活动和特定的立法事项。法律责任就是法律所规定的责任,它是国家立法对违法者所确定的不利后果,是体现国家意志、社会大多数成员意志并最终依靠国家强制力来保障实现的法律制度,是法律整体的重要组成部分。因此,环境监管行政法律责任只能由拥有立法权的国家机关依照法律赋予的立法权限、借助特定的法律渊源、遵循法定程序

来设定,其他国家机关均无权设定任何形式的环境监管行政法律责任;拥有立法权的国家机关也只能设定与其立法权限相适应的环境监管行政法律责任,任何非国家机关的社会组织并不能享有此项国家公权力。同时,环境监管行政法律责任设定又属于特定立法文件中重要的立法事项与立法内容,环境监管行政法律责任规范理应是生态环境保护等相关立法文件之中一类十分重要甚至是不可或缺的法律规范。

2. 环境监管行政法律责任的设定是相关立法主体依法设置环境监管行政法律责任规范的活动。依法理学原理,法律规范包括了授权性法律规范、义务性法律规范(一般包括应为性法律规范、必为性法律规范、禁为性法律规范)、法律责任规范等。各种法律规范以其功能与作用等的不同,还可以划分为实体性法律规范与程序性法律规范。环境行政法律责任规范属于行政法律规范、行政法律责任规范,是实体性法律规范与程序性法律规范的统一体。环境监管行政法律责任借助行政法律责任规范来创设或规定,并以立法文件中的法律责任条文形式为载体表现出来。从法律责任规范必须以法律条文为表现形式或载体的角度而言,所谓环境监管行政法律责任的设定实际上就是指对立法文本中的环境监管行政法律责任条文或条款的设置。

3. 环境监管行政法律责任的设定是为环境监管行政违法行为人预设损益性法律后果的行为。监管行政法律责任的问责事由或事项只能是环境行政主体及其公务员在履行环境监管职责权限中的行政违法行为。行为违法是设定和追究法律责任的前提和基础,任何组织和个人如果没有实施违法行为,就不可能针对其设定和追究特定的法律责任。同时,环境监管行政法律责任是针对违反法定的环境监管义务性规范的行为所设定的行政法律责任,是对环境监管行政违法行为人设定损益性法律后果的行为,即法律将行为人的特定行为在立法上明确界定为行政违法行为,并设定旨在制裁行为人行政违法行为、补救受损社会关系与权益的具体行政法律责任形式,以合法方式贬损行政违法行为人的声誉与社会有效形象、减损其法律上原本所享有的权益、添附其在法律上原本不承担的作为或不作为义务的法律行为。

第二节　环境监管行政法律责任设定原则归结

一、环境监管行政法律责任设定原则的涵义

法学意义上的原则即法律原则,"与法律规则一样,法律原则也是法律的基本要素之一,是可以作为众多法律规则之基础或本源的综合性、稳定性的原理和准则"[①]。因法律原则的功能、作用等的不同可以将其划分为基本原则与具体原则、上位原则与下位原则、实体性原则与程序性原则等类别。法律原则应具有的价值取向的基本性、行为准则的最高性、行为准则的普遍性、行为准则的高度概括性、行为准则的普遍适用性以及原则体系的可分层性等特性决定[②],它不但是社会成员在实施某一方面或某一类具有法律

---

①　参见张文显主编:《法理学》(第三版),法律出版社2007年版,第121页。
②　参见宋晓玲:《政府公务员行政责任实现研究》,兰州大学2013年博士学位论文,第59—60页。

意义的行为时应遵循的基础性、本源性、通用性、导向性的行为准则，而且还是集中体现了对一定社会关系或事项进行法律调整的内在精神、法治理念、价值取向的根本性行为准则，所以就理所当然成为了法理学、部门法学关注和研究的重要问题之一。同理，要研究环境监管行政法律责任设定问题就不能不对其原则作必要的阐释。

（一）环境监管行政法律责任设定的相关原则体系

由于环境监管行政法律责任的设定属于法律责任、行政法律责任设定的下位概念，属于立法与法律制度建构的范畴，因此，对环境监管法律责任的设定具有支配性的法律原则肯定是具有多样性、多层次性的。其主要包括了以下四个不同层次的法律原则：

第一层次是宪法原则。宪法是国家的"总章程"与具有最高法律效力的根本大法，任何国家机关、社会组织与个人及其所实施的法律行为当然首先要一体遵循宪法原则①与宪法规范的要求。同时，环境监管行政法律责任的设定作为有关立法机关行使国家公权力的立法行为，当然也要严格遵循从属于宪法的《立法法》等所确认的合宪性原则、法治原则、民主原则、科学原则、维护法制统一原则等立法活动应当遵循的基本原则。

第二层次是法律责任原则。环境监管行政法律责任是法律责任的一种类型，因而其设定当然必须遵循法律责任原则的要求。法律责任原则是由调整对象有所不同的若干具体法律原则有机构

---

① 对于中外宪法原则，相关论著有不尽相同的认识和归结。通常认为，我国宪法的基本原则包括坚持中国共产党的领导、一切权力属于人民、尊重和保障人权、民主集中制、权力监督与制约、法治原则等六项原则。参见编写组：《宪法学》，高等教育出版社、人民出版社 2011 年版，第 95—104 页。

成的原则体系。法律责任原则是属概念,是支配法律责任设定、归结、追究以及实现等环节的最基本行为准则。在法律责任原则之下,还包括了更为具体的法律责任设定原则、法律责任归责(归结)原则、法律责任实现原则(其在内涵外延上包括了法律责任追究原则)等既相互区别,又相互联系、相互作用的原则。法律责任的设定原则,是指通过一定的立法程序并借助特定立法形式设定法律责任规范应当遵循的基本行为准则,其主要作用于法律责任立法领域。法律责任的归责原则,通常是指判断、确认、追究以及免除法律责任时必须遵循的原则①,它主要作用于法律责任规范的依法适用领域。换言之,法律责任的归责原则,主要是解决法律设定的违法行为与法律责任之间的内在逻辑联系,以及判断、认定违法行为应否承担法律责任的根本性准则。法律责任的实现原则,则是指有关国家机关以及法律责任主体在依法落实特定法律责任过程中必须遵循的基本准则,其作用于法律责任规范贯彻执行的全过程之中。法律责任原则与法律责任的设定原则、归责原则、实现原则具有逻辑上的属种关系、包含与被包含关系。同理,法律责任设定原则、归责原则、实现原则与其各自的具体原则之间,同样具有逻辑上的属种关系、包含与被包含关系。

第三层次是相关部门法的基本原则。因环境监管行政法律责任的设定属于行政法、环境法调整领域的法律问题,因此设定环境监管行政法律责任不但要遵循法律责任基本原则及从属于法律责任基本原则的法律责任设定、归责、实现等具体法律责任原则,当然还要遵循行政法的基本原则、环境法的基本原则。以行政法的

---

① 参见张文显主编:《法理学》(第三版),法律出版社 2007 年版,第 199 页。

基本原则①为例，它作为指导行政活动的基本方向和基本过程，调整行政关系的一般行为准则，对包括行政法律责任的设定与实现等在内的所有行政法问题均具有主导作用，行政法基本原则所属行政法律责任原则及其设定原则、归责原则、实现原则等都是行政法基本原则在行政法律责任领域内的具体体现与要求，是对行政法基本原则在行政法律责任领域从理论到实践的进一步具体化、规范化。②

第四层次是行政法律责任原则。环境监管行政法律责任属于行政法律责任范畴，其设定当然要严格遵循各项行政法律责任原则的要求。与法律责任原则一样，行政法律责任原则也是由调整对象有所不同的若干具体法律原则有机构成的原则体系。行政法律责任既有一般性的、最基本的原则要求（即基本原则），又包括了设定原则、归责（归结）原则、实现原则（其在内涵外延上包括了行

---

① 相关行政法论著对行政法基本原则的内容有不尽相同的归结、阐释，尚未形成共识。例如，有论著将依法行政作为行政法的基本原则，并将其具体原则表述为职权法定、法律优先、法律保留、依据法律、职权与职责统一五项原则（参见应松年主编：《行政法学新论》，中国方正出版社 1999 年版，第 37—42 页）；有论著将我国行政法的基本原则归结为行政法定原则、正当程序原则和行政效益原则（参见杨海坤、章志远：《中国行政法基本理论研究》，北京大学出版社 2004 年版，第 113—118 页）；有论著认为我国行政法的基本原则应当包括合法性原则、合理性原则与诚实信用原则（参见刘志坚：《环境行政法论》，兰州大学出版社 2007 年版，第 20 页）；有论著认为行政法的基本原则包括行政法定原则、私权利与公权力同等保护原则、比例原则、行政公正原则、行政公开原则、行政效率原则和正当程序原则（参见田思源：《行政法与行政诉讼法学》，清华大学出版社 2011 年版，第 29 页）；有论著则将法律保留原则、比例原则、信赖保护原则、正当程序原则、权责统一原则等视为行政法的基本原则（参见黄学贤、郑哲：《管窥风险预防下的行政法原则变迁——以服务型政府为视角》，《社会科学研究》2012 年第 6 期，第 68—71 页）。

② 参见宋晓玲：《政府公务员行政责任实现研究》，兰州大学 2013 年博士学位论文，第 59—61 页。

政法律责任问责、追究原则)等既相互区别,又相互联系、相互作用的具体原则。行政法律责任的基本原则是设定、归结、认定、实现行政法律责任必须一体遵循的基本准则,行政法律责任各类具体原则是对行政法律责任基本原则的具体体现。

(二) 环境监管行政法律责任设定原则与相关法律原则的关系

基于对法律原则问题的上述思考,对环境监管行政法律责任的设定原则及相关问题的理论界定做以下几点结论性表述:

1. 规范、调整环境监管行政法律责任设定行为的法律原则是多元、多层次的。其中既有诸如宪法原则及从属于宪法的立法原则、行政法与环境法等部门法基本原则,也有直接支配、调整环境监管行政法律责任设定行为和关系的法律责任原则、行政法律责任原则等。环境监管行政法律责任设定原则,是深刻体现具有上位性的各项法律原则的精神要求,用以规范环境监管行政法律责任设定活动的基本行为准则。

2. 法律责任原则及其所属各项原则,在行政法领域内就具体化为了行政法律责任原则体系(以基本原则为统领,并由设定原则、归责原则、实现原则等具体原则有机构成的体系)。行政法律责任原则,在环境行政法领域就又具体化为了环境行政法律责任原则及所属环境行政法律责任的设定原则、归责原则、实现原则等。由于环境监管行政法律责任仅系法律责任、行政法律责任的一种具体类型,因而环境监管行政法律责任的设定原则与法律责任设定原则、行政法律责任设定原则在很大程度上具有逻辑上的同一性、竞合性,法律责任设定原则、行政法律责任设定原则实际上完全可以直接作为环境监管行政法律责任的设定原则。

3. 法律责任原则、行政法律责任原则所属的各项原则,虽然在调整对象及其作用范围方面有所不同、有所侧重,但又是相互影响、相互作用的。例如,法律责任的归责原则虽然是相对独立于法律责任设定原则的一类原则,但其对法律责任的设定、法律责任的实现同样具有重要的指导、调整作用,法律责任的设定与实现都需要体现法律责任归责原则的精神与价值取向。同样,法律责任的归结又是以法律责任的科学设定为前提的,如果不能科学、合理设定法律责任及其规范,就难以对法律责任作出正确的判断、归结与适用,从这个意义上来说,法律责任的设定原则对法律责任的归责同样具有重要的保障作用。

二、相关法律责任原则学术理论研究的现状

由于环境监管行政法律责任的设定原则毕竟属于法律责任原则、行政法律责任原则的范畴,要正确理解、认识和归结环境监管行政法律责任设定原则,还有必要分别对法律责任原则、行政法律责任原则及其原则体系的研究现状做简要述评。

(一) 关于法律责任原则

"法律责任原则"一词在有关论著中使用的频度并不是很高。其主要在以下两种意义上使用:一是作为法律责任原则的属概念或者本体性概念使用。如有论著将法律责任原则定义为"在实施或追究法律责任过程中所必须遵循的基本准则",并认为法律责任原则包括责任法定、责任平等、主观责任和客观责任相结合、违法

行为与法律责任相适应、责任自负五项原则;①有论著认为法律责任原则应分为法律责任的设定原则和司法中的归责原则;②有论著认为法律责任应遵循的基本原则包括合法性、公正性、合理性、及时性原则③。二是作为表述某种法律制度或者法律活动应当遵循的基本准则使用。如《论跨国界环境污染的法律责任原则》(董华峰,2008)、《浅论经济法律责任的原则和形式》(张宇霖,1988)等论文中的"法律责任原则"就是从这种意义上使用的。

就本文所重点关注的第一种意义上的法律责任原则的研究来看,上述观点还明显存在以下不足:一是主观责任和客观责任通常是行政学、行政伦理学意义上对行政责任所作的分类。主观责任一般是指公务员基于对其任职所产生的职责和义务的认识,形成的责任意识和责任行为,其意指忠诚、良心以及认同,它是公务员对责任的感受。主观责任的实现有赖于公务员的内驱力,即公务员的伦理自主性。④ 法律意义上的责任,属于客观责任,并非主观责任。因此,将"主观责任和客观责任相结合"作为法律责任的原则有失妥当。二是合法性、合理性等原则实质上属于作为各个部门法均应一体遵循的法律原则,将其直接作为法律责任的原则,虽然并非绝对不可以,但难免会出现与其他相关法律原则简单混同

---

① 参见杜飞进:《试论法律责任的原则及根据》,《学习与探索》1991年第4期,第50页。

② 参见张恒山:《法理要论》(第三版),北京大学出版社2009年版,第472—477页。

③ 参见田旭:《法律责任学术观点综述》,《法制与社会》2013年第1期,第22页。

④ 参见陈钢、刘祖云:《论公共行政客观责任的类型与作用》,《行政学研究》2007年第3期,第60页。

的问题,不利于合理界分不同原则。

（二）关于法律责任设定原则

关于法律责任的设定应当遵守哪些基本的法律原则,在为数不多的相关研究成果中认识颇不一致。例如,有论著认为法律责任的设定原则包括无义务则无责任、无能力则无责任、过错责任、普遍责任、个人责任等原则;①有论著认为设定法律责任应当遵循法律责任与法律义务无缝衔接、比例原则、处罚权配置的辅助性原则等;②有论著认为法律责任的设定应当遵循社会合理性原则、节制性原则、比例原则、统一性原则等;③有论著认为,法律文本中责任条款的设置应当遵循不可替代的理念、责任节制的理念和合理设定的理念,恪守合法性原则、协调性原则、均衡性原则与可操作性原则;④还有论著将节制性原则、人格尊严原则、平等原则、明确性原则、责任相称原则、协调性原则、效能原则等作为了法律责任设定的原则⑤。

从以上观点不难看出,学界对法律责任的设定原则的研究还

---

① 参见张恒山:《法理要论》(第三版),北京大学出版社 2009 年版,第 472—475 页。

② 参见杜春、马培培:《法律责任的设定原则及其应用——以 2007 年修订后的〈律师法〉为例》,《中国司法》2010 年第 2 期,第 68—71 页。

③ 参见叶传星:《论设定法律责任的一般原则》,《法律科学》1999 年第 2 期,第 11—16 页。

④ 参见李亮:《法律文本中责任条款设置的理念与原则》,《云南大学学报》(法学版)2013 年第 3 期,第 12 页。

⑤ 参见国务院法制办公室政府法制研究中心课题组:《法律责任设定有关问题研究》,载《政府立法中的法律责任设定研究论文集》,中国法制出版社 2010 年版,第 415—417 页;宋晓玲:《政府公务员行政责任实现研究》,兰州大学 2013 年博士学位论文,第 59—61 页。

存在以下几个方面的问题：

1. 在法律责任设定究竟应当遵循哪些具体法律原则问题的理解和认识方面小同而大异，还远没有形成研究共识。上述关于法律责任设定原则的观点，相同之处甚少，足见相关研究的薄弱。

2. 所归结的法律责任原则与相关法律原则相混同的情况还比较突出。如被个别论著视为法律责任设定原则的过错责任原则，在法学理论中普遍认为属于最基本的法律责任归责原则，并不属于法律责任设定原则；被视为法律责任设定原则的比例原则、合理性原则等，在行政法学理论中通常被归结为行政法的基本原则、行政程序法的原则等；被视为法律责任设定原则的统一性原则等，一般被理解为我国宪法的原则、立法原则或者社会主义法制原则等。

3. 所归结的个别法律责任设定原则并不适当。例如，将作为一般立法技术要求的"明确性"、将所有法律制度都应维护人格尊严的要求即所谓"人格尊严原则"直接作为法律责任设定的原则，显然是不太符合逻辑的。法律责任设定原则的研究方面所存在的这些突出问题，充分说明学界对法律责任设定原则的研究是明显不够的。

（三）关于法律责任归责原则

法律责任归责原则是在关于法律责任问题的相关论著中使用频度最高的概念范畴。对于法律责任归责原则，在相关论著中有不尽相同的理论阐释。（1）部门法学意义上的归责原则。民法等部门法学上的归责原则，一般是指对已经发生的损害后果以什么为根据或标准确定责任归属的原则。例如，有学者认为民事侵权法上的归责原则确定了不同的责任构成要件与不同的免责理由，其"实质是强调行为人承担责任的依据与基础"①。民法学论著中通常将民法上的归责原则归结为过错责任原则、严格责任原则、公平责任原则。但也有论著在这三种归责原则之外，还提出了危险责任原则②、过错推定责任原则、无过失责任原则等其他归责原则。行政法学上所理解的法律责任归责原则与民法等部门法上的归责原则保持了概念使用的统一性。例如，有学者主张应针对不同类型的行政法律责任而确立不同的归责原则，建立一个包括过错、过错推定、严格责任、公平责任等归责原则在内的多元化归责原则体系。③ 从以上观点可以看出，行政法学上对行政法律责任归责原则本身的认识是比较一致的，但对于行政法律责任归责原则究竟应当有哪些具体原则、在多项具体归责原则之中应当以何种原则为主体，以及具体归责原则各自的适用范围等方面还存在不同观点。

（2）法理学意义上的归责原则。有论著将法理学意义上的归责原则解释为判断、确认、追究以及免除责任时应当依照的原则，并认为法律责任归责原则包括了责任法定原则、因果联系原则、责任相称原则、责任自负原则等具体原则。④ 其他一些相关法理学论著对法律责任归责原则也作了与之大同小异的阐释。例如，有论著将法律责任的认定和归结原则表述为了责任法定、责任相称、责任自

---

① 参见王利明：《侵权行为法研究》（上卷），中国人民大学出版社 2004 年版，第 194 页。

② 参见张伟、杜军燕、张涛：《归责原则的界定与我国侵权法的归责原则》，《北京邮电大学学报》（社会科学版）2003 年第 7 期，第 46 页。

③ 参见张芳：《论行政责任归责原则的多元化》，《甘肃政法学院学报》2004 年第 1 期，第 69—70 页。

④ 参见张文显主编：《法理学》（第三版），法律出版社 2007 年版，第 199—200 页。

负三项原则;①有论著则将责任法定原则、因果联系原则、责任与处罚相当原则、责任自负原则作为了法律责任认定与归责的原则。在法理学的研究视域内,一般并不将过错责任等作为法律责任的归责原则,而是将过错责任等作为法律责任的分类,通常认为根据行为人主观过错在法律责任中的地位,可以把法律责任划分为过错责任、无过错责任和公平责任②。

从以上关于法律责任归责原则的观点,可以看出法理学意义上所理解的归责原则与部门法学意义上所理解的归责原则有较明显的差别。在法理学上,一般将行为人的主观恶性程度与法律责任归结关系相联系,将行为人的主观恶性程度作为所称法律责任归责原则之一的"责任相称原则"的应有之义,一般并不将主观识别标准作为法律责任归责原则。③ 同时,还把行为人的主观过错作为划分过错责任、无过错责任、公平责任等法律责任类别的根据。但在民法等部门法学上,则把行为人的主观过错作为划分归责原则的基本根据,并据此将归责原则的具体原则表述为过错责任、无过错责任等。虽然法理学对法律责任归责原则的解说,可以在逻辑上包容部门法学上所界定的归责原则及其各项具体原则的基本内容、要求和精神,两者之间并无实质性的矛盾冲突,但法理学作为探究法律现象、法律问题的普遍性原理的科学,作为对各个部门法学具有统一指导作用与价值的学科,在作为同一概念的"归责原则"的具体原则的界定与表述方面与相关部门法存在如此大的差

---

① 参见吴传毅:《论法律责任的几个问题》,《湖南经济管理干部学院学报》2002 年第 2 期,第 57 页。

② 参见张文显主编:《法理学》(第三版),法律出版社 2007 年版,第 197 页。

③ 参见同上书,第 200 页。

别，又不能不说是令人遗憾的。

笔者认为，导致法理学上理解的归责原则与部门法学上所理解的归责原则认知差异化的主要原因在于法理学上对法律责任原则及其原则体系的研究不够深入、成熟。其主要表现在以下两个方面：

1. 归责原则源远流长，是侵权法上的一个古老且具有确定性内涵外延的概念范畴。法理学在探究归责原则之时，应当尊重归责原则本身的概念确定性，不宜另起炉灶。否则，不但不利于归责原则从理论到实践的创新与发展，也易于造成基本法律知识的认识混乱与偏差。

2. 虽然法理学论著对法律责任问题有大量的研究，但对法律责任原则及其从属性的各项具体法律原则研究明显不足，还没有在这个方面形成理论与学术共识。从上述关于法律责任原则的研究中就不难窥见其所存在的问题或不足。例如，"责任法定原则"在有的法理学论著中被作为法律责任原则之原则，在有的论著中被作为法律责任设定原则之原则，还在有的论著中被作为法律责任的归责原则之原则；"责任自负原则"在有的论著中被视为法律责任设定原则，在有的论著中则被视为法律责任归责原则。此外，有的论著对具体原则本身的归结就不够合理。例如，将"责任与处罚相当原则"作为法律责任的归责原则就明显不当。因为，"处罚"固然是法律责任的一类形式，但并非法律责任的全部形式。再如，将"因果关系"作为法律责任的归责原则，也值得商榷。因为，因果关系在本质上是判断违法行为与法律责任之间内在逻辑联系的一种逻辑方法，并不是一种行为标准。由此可见，作为属概念的法律责任原则、法律责任设定原则、法律责任归责原则在法理学所做研究中不但相互之间的逻辑关系混乱不清,而且作为种概念的具体法律原则也颇不统一,甚至存在比较突出的混同使用等问题。

鉴于一方面,民法等部门法学上的法律责任归责原则已经成为了约定俗成并形成较广泛共识的基本概念范畴,且在部分法理学论著中也在部门法所称的归责原则意义上表述法律责任的归责原则;①另一方面,从上述法理学论著对法律责任归责原则所做论述的具体情况来看,被称为法律责任归责原则之具体"原则"大多应当属于法律责任设定、法律责任追究或实现活动应当遵循的原则。为了使法理学意义上的法律责任归责原则的解说符合法律概念演进与使用的历史传统,能够较合理界分法律责任归责原则与其他相关法律责任原则,并因此有助于化解在法律责任归责原则认识方面所存在的学术争议,本文主张法理学意义上的法律责任归责原则应当不仅在概念定义方面与部门法学上的法律责任归责原则保持适当的逻辑统一性,而且在具体原则的归结上也应与部门法学上的各项具体归责原则保持逻辑统一性(即法理学意义上的归责原则应当被归结为过错责任原则、无过错责任原则、公平责任原则、违法归责原则等原则),而部门法或者具体法律制度方面

---

① 例如,沈宗灵主编的《法学基础理论》(北京大学出版社 1988 年版,第 443—445 页)就认为:"在一般情况下,行为人在主观上对自己的行为及其造成的损害有过错(故意或过失)时承担法律责任,也就是说,有过错,才有责任;无过错,就无责任。这就叫'过错责任原则'。这种过错承担责任的原则是各国传统部门法中的基本归责原则。但是,并不是在所有的法律关系中一律使用过错责任原则,在一定条件下,行为人即使无过错,按法律规定也要承担法律责任,这就叫'无过错责任'。"同时,该书还把个人负责、不许株连、重在教育,依法追究等作为追究法律责任的原则。

的归责原则,就是对法理学上的各项归责原则的实际运用、实践与发展。同时,应当将责任法定、责任自负、责任相称、责任适当等被法理学论著视为法律责任归责原则的各项原则,依其调整事项和范围的不同分别归入法律责任设定原则、法律责任实现原则等原则体系之中。

以上仅在于表明笔者对法律责任归责原则问题的基本认识与见解,其目的主要在于为合理界定和阐释作为本文研究对象的环境监管行政法律责任设定原则提供必要的认识论基础。因论题所限,不拟再对法律责任归责原则本身作具体论述。

(四) 关于行政法律责任相关原则

行政法律责任原则是关于法律责任各项原则在行政法领域内的具体化。因此,与法律责任原则体系相适应,行政法律责任原则体系也相应包括了作为属概念的行政法律责任原则,以及作为种概念的行政法律责任设定原则、归责原则与实现原则等法律原则。

1. 关于行政法律责任原则。行政法律责任原则是指对行政法律责任的设定、归结、追究以及实现等各个环节发挥指导作用的最基本行为准则。行政法学对行政法律责任原则本身的研究还较为滞后、薄弱。在可检索到的为数不多的相关研究成果之中,对行政法律责任原则(亦称行政责任原则)的具体原则也有不完全相同的认识和总结。例如,有论著将责任法定原则、责任公正原则、违法与责任相当原则、惩罚与教育相结合原则、"一事不再罚"原则作为行政责任的原则;①有论著将公开性、错责相一

---

① 参见沈开举、王钰:《行政责任研究》,郑州大学出版社2004年版,第55—60页。

致、权责统一、领导问责等作为了我国行政法律责任制度的基本原则;①有论著将反垄断行政法律责任的基本原则概括为了依法定责原则、行为责任相称原则、成本效益分析原则、严格程序法定原则等原则②。

2. 关于行政法律责任的设定原则。由于行政法律责任是法律责任的一种类型,因而学界对于行政法律责任设定原则的研究与对法律责任设定原则所作研究的状况、存在的问题大致相同。在为数不多的研究行政法律责任设定原则的论著中,对行政法律责任设定原则存在互有异同的理解,且与对一般法律责任设定原则的认识大同小异。例如,有论著认为设定政府的法律责任和义务必须遵循责任法定、严格责任过错、责任平等、责任信用、责任自律和他律相统一等原则;③有论著将行政不作为之行政法律责任设定的原则归结为依法设定、科学设定、协调性、适应市场经济发展要求、法律责任与违法行为相适应、可操作性等原则④。

综上所述,(1)相关论著不论是对法律责任原则及其原则体系的研究,还是对行政法律责任及其原则体系的研究,都远不够深入、充分、精确,不但在众多方面尚未形成基本学术共识,而且还存

---

① 参见翟月玲:《我国行政责任法律制度的基本原则》,《行政论坛》2007 年第 2 期,第 57—58 页。

② 参见石英、蒋亚男、吴默琳:《试论反垄断行政法律责任的基本原则》,《辽宁大学学报》(哲学社会科学版)2016 年第 3 期,第 110—111 页。

③ 参见唐国林:《责任政府的责任设定原则》,《湖南商学院学报》2003 年第 2 期,第 108—110 页。

④ 参见梁津明、郭春明、郭庆珠、魏建新:《行政不作为之行政法律责任探究》,中国检察出版社 2011 年版,第 112—114 页。

在不少值得商榷或完善的问题。（2）相关论著在法律责任原则、行政法律责任原则及其所属各项原则的研究方面，还存在不同类型、不同层次原则界定不清，原则之间的逻辑关系不明，以及不同层次的具体法律原则广泛混同等问题。

三、环境监管行政法律责任设定原则的内容

根据本文对环境监管行政法律责任设定原则涵义的上述界定，鉴于环境监管行政法律责任的设定问题与法律责任的设定、行政法律责任的设定具有逻辑上的同一性，参照学界对于法律责任设定原则、行政法律责任设定原则的比较一致或接近的认识，本文将环境监管行政法律责任的设定原则归结为责任法定、责任相称、责任自负、责任衡平、责任谦抑、精细化设定、有机衔接、保障监管效能等八个原则。

（一）责任法定原则

法律责任，顾名思义，当然就是指法律上的责任，是借助国家立法行为和法律形式所设定的责任。责任法定原则作用于环境监管行政法律责任的设定，其具体内容和要求主要有以下几个方面：

1. 环境监管行政法律责任设定主体及其权限法定。在众多的社会组织之中，只有国家机关才有可能设定环境监管行政法律责任；在国家机关之中，只有那些获得宪法、法律、法规授权的国家机关，才有可能设定一定形式的环境监管行政法律责任，大多数国家机关并无环境监管行政法律责任设定权限；在获得环境监管行政法律责任设定权限的国家机关之中，其只能在法律授权范围内行

使设定权限,不得超越法定权限设定任何形式的环境监管行政法律责任。

2. 环境监管行政法律责任的问责事由及其责任主体法定。环境监管行政法律责任只能针对环境行政主体及其公务员的环境监管行政违法行为设定,对虽有行政违法行为但其行政违法行为与履行环境监管职能无关的任何公民、法人或其他组织,可以设定与其违法行为相适应的其他行政法律责任,但不能设定环境监管行政法律责任。

3. 环境监管行政法律责任追究主体及其权限法定。责任法定原则不但要求设定环境监管行政法律责任及其规范的主体法定,还要求追究环境监管行政法律责任的主体及其权限法定。任何国家机关以及其他社会组织,非有法律、法规的授权并依据法律、法规的规定,不得追究环境行政主体及其公务员的环境监管行政法律责任。

4. 环境监管行政法律责任设定程序法定。因环境监管行政法律责任及其追究关涉责任主体的重要权益、人格尊严及其社会声誉,为防控设定权的滥用,保障和实现人权,维护社会公平正义,不论是设定环境监管行政法律责任的实体性规范,还是设定环境监管行政法律责任的程序性规范,都必须严格依照法定的立法程序进行,不得违反法定程序。

5. 环境监管行政法律责任形式法定。所谓环境监管行政法律责任的形式,是指借助特定法律文件所设定的环境监管行政法律责任的具体形式,即各类环境监管行政法律责任的具体表现形式或种类。环境监管行政法律责任形式法定,不但要求享有立法权的国家机关,通过立法途径与法定程序,并借助相应的立法文件来设定环境监管行政法律责任形式,而且要求有立法权的国家机关只能在法律授予的设定环境监管行政法律责任事项与形式的范围之内,依法设定具体的环境监管行政法律责任形式。

6. 环境监管行政法律责任的法律后果法定。所谓法律后果就是指因特定环境监管行政法律责任形式的具体适用而给责任主体的权益造成的不利影响。环境监管行政法律责任的法律后果法定,就是要求在立法上对因特定行政法律责任形式的适用而给责任主体造成的不利影响的内容、方式、范围等作出具体规定。

（二）责任相称原则

"相称"一词的基本涵义是相符、相配。所谓责任相称原则,是指法律责任的设定应当与重要的可归责要素相符相配、相互适应,能够充分体现法律的公平正义价值和精神。其作用于环境监管行政法律责任的设定,具体内容和要求主要有以下几个方面:

1. 环境监管行政法律责任的设定应与环境监管行政违法行为的性质相适应。环境监管行政法律责任是因违反了环境行政法上的义务而应承担的不利法律后果,因而环境监管行政法律责任只能针对环境行政主体及其公务员违反环境行政义务性规范的行为（环境监管行政违法行为）而设定,既不能针对环境行政主体及其公务员的刑事违法行为、民事违法行为等设定环境监管行政法律责任,也不能针对行政公务员的非公务违法行为或与履行环境行政管理职能无关的违法行为设定环境监管行政法律责任。即便环境行政主体及其公务员的特定环境监管行政违法行为可能构成了刑事犯罪,也只能依法针对该特定环境监管行政违法行为分别设定相应的行政法律责任、刑事法律责任,既不能用其他性质的法律责任替代环境监管行政法律责任,也不能用环境监管行政法律责任替代环境行政主体及其公务员应当承担的其他性质的法律责任。

2. 环境监管行政法律责任的设定强度与环境监管行政违法行为的程度相适应。环境监管行政法律责任强度,是指环境监管行政法律责任对环境监管行政违法者施加不利后果的"不利"程度,其主要表现在制裁、补救措施的严厉程度、利益贬损程度等方面。环境监管行政法律责任强度应当主要根据环境监管行政违法行为本身的轻重程度来设定。其具体要求就是:如果环境监管行政违法行为较轻微(情节轻微、危害或者损害后果不大),所设定的环境监管行政法律责任强度就相应要低,就应当设定与环境监管行政违法行为相适应的、比较轻的具体环境监管行政法律责任形式。反之,如果环境监管行政违法行为较严重(情节严重、危害或损害后果较大),所设定的环境监管行政法律责任强度就要相应地高,就应当设定与环境监管行政违法行为相适应的、比较重的具体环境监管行政法律责任形式。

3. 环境监管行政法律责任的设定强度与环境监管行政违法行为人的主观恶性程度相适应。主观恶性是行为人对自己的违法行为及其社会危害性所持的心理态度。所谓主观恶性程度实际就是指行为人的主观过错程度(故意或过失的过错形态与过错程度)。因为,任何违法行为毕竟是在人的主观意识支配之下所实施的,因而设定环境监管行政法律责任就不能不充分考虑行为人的主观恶性程度,并使之与环境监管行政法律责任的强度保持合理适应性。一般言之,姑且不论环境监管行政违法行为的社会危害性、危害或损害程度等因素对环境监管行政法律责任设定强度的影响,就环境监管行政违法行为人的主观过错与环境监管行政法律责任设定的相互关系作分析,在设定环境监管行政法律责任时,对于"故意"实施环境监管行政违法行为者所设定的环境监管行政法律责任就应当要严厉一些、重一些;对于"过失"实施环境监管行政违法行为者设定的环境监管行政法律责任就应当相对轻一些。在有些特殊情况下,可能还会在行为人的主观恶性程度达到一定程度时才能够设定特定的环境监管行政法律责任。例如,《国家赔偿法》在设定公务员因国家赔偿的受追偿责任时,就充分考虑了公务员的主观过错程度,仅对故意或者重大过失引致国家赔偿责任的公务员规定了受追偿责任。①

4. 环境监管行政法律责任设定应当与环境监管义务性规范的规定相适应。由于环境监管行政法律责任是针对违反了法定环境监管义务的行为所设定的不利后果,因而在设定环境监管行政法律责任时,还必须做到环境监管行政法律责任与法定的环境监管义务性规范相适应。具体言之,要科学、合理设定环境监管行政法律责任,不但要首先设定好环境监管义务性法律规范,力求做到对违反法定义务的环境监管行为实现可责化(环境监管义务性规范及其义务的设定具体明确、内涵外延确定,适于设定相应的环境监管行政法律责任),还要做到环境监管义务性规范与违反环境监管义务性规范的环境监管行政法律责任规范合理衔接、相互对应。因此,在环境保护法律法规之中,如果设置了较多针对环境行政主

---

① 《国家赔偿法》(2012)第十六条规定:"赔偿义务机关赔偿损失后,应当责令有故意或者重大过失的工作人员或者受委托的组织或者个人承担部分或者全部赔偿费用。对有故意或者重大过失的责任人员,有关机关应当依法给予处分;构成犯罪的,应当依法追究刑事责任。"

体及其公务员的环境监管法定义务,除非对所设定的违反法定义务的行为,其他法律法规等立法文件已经有具体明确的、可以适用的行政法律责任规定,一般应针对重要的义务性规范设定必要的、适度的违反该规范的具体环境监管行政法律责任,不能只设定环境监管义务性规范而不设定相应的环境监管行政法律责任,更不能在没有设定环境监管义务性规范的条件下设定具体的环境监管行政法律责任。

(三)责任自负原则

责任自负原则,亦称个人责任原则,它是相对于古代社会团体责任、责任株连而言的。其基本要求就是法律责任应由违法行为人独立承担,非有法律根据不得由他人代为履行,不得在设定与追究法律责任时让没有实施违法行为的人承担责任。具体言之,责任自负原则作用于环境监管行政法律责任的设定,其基本要求和内容主要有以下三个方面:

1. 环境监管行政法律责任只能针对负有法定环境监管行政义务且违反了该义务或者没有履行、没有完全履行该义务的行为人而设定,不得对环境监管行政违法行为人之外的公民、法人或者其他组织设定具有株连或者变相株连性质的环境监管行政法律责任。

2. 环境监管行政法律责任只能针对特定环境监管行政违法行为或者不履行环境监管法定义务的行为而设定,对不负有环境监管法定义务、无环境监管行政违法行为的任何组织或个人不得设定环境监管行政法律责任。无法定义务、无违法行为就无法律责任,不得以任何理由给公民、法人或者其他组织所实施的合法正当社会行为设定法律责任。

3. 针对可能发生的环境监管共同行政违法行为或者不履行法定行政义务的共同违法行为，在设定环境监管行政法律责任时也要根据违法行为人在实施共同违法行为过程中的地位、作用等，分清不同的责任主体，并确定与其环境监管行政违法行为相适应的行政法律责任形式，不允许不同责任主体或者责任形式之间相互替代。

（四）责任衡平原则

责任衡平原则是"法律面前人人平等"的宪法原则在法律责任设定问题上的具体表现。其作用于环境监管行政法律责任的设定，基本要求就是环境监管行政法律责任的设定必须做到平等、公道、均衡。其大致包括环境行政法律关系主体间的行政法律责任设定的衡平与环境监管行政法律责任设定本身的衡平两个方面的要求。

环境行政法律关系主体之间行政法律责任设定的衡平，就是要求在设定环境行政法律责任时，既要重视对行政相对人责任的设定，同时也要重视对环境行政主体及其公务员责任的设定，力求避免在不同环境行政法律关系主体的责任设定中出现一方法律责任规范过多、法律责任强度过大，另一方法律责任规范缺失、法律责任强度过低甚至法律责任虚化等明显失衡现象。之所以要求在环境行政法律责任的设定方面，要坚持环境行政法律关系主体间的法律责任平衡配置原则，其主要原因有如下两点：

1. 平衡环境行政法律关系当事人地位的需要。行政法律关系与民事法律关系等其他法律关系相比，具有不同的属性与特点。

在行政法律关系中,行政主体是必要当事人、当事人地位不对等(行政主体通常享有行政优益权)、当事人权利义务法定(一般不允许双方约定)、法律关系形成往往具有单方性(因行政主体的行政管理活动所引起)等行政法律关系的特性决定,行政主体作为国家行政公权力的拥有者和实际运用者,会以社会的管理者、监督者、命令者、纠纷裁决者、公共服务的供给者等主导性、支配性身份和地位参加各种行政法律关系,作为相对方的公民、法人或其他组织往往处于"弱势"的被监管者地位。在这种法律关系样态下,受"官本位""管理本位"思想意识等多种因素的作用,在当事人双方的权利义务及法律责任设定方面,就易于形成重视行政主体权力配置与保障,轻视行政义务及其法律责任配置;重视运用制裁性法律责任的设定来监管行政相对人,而轻视设定行政主体及其公务员法律责任的问题,从而导致行政法律关系主体权利义务与法律责任设定失衡现象的发生。为克服这种失衡现象,有效平衡环境行政法律关系中的当事人地位,体现法律责任公平正义的精神与价值取向,必须要求在设置环境监管行政法律责任方面遵循责任平衡配置原则。

2. 为"行政主导"立法模式确立正当准则的需要。由于行政法律关系特性及其行政权日益扩张、强化的变迁,加之我国立法体制机制所存在的问题,我国现行环境保护立法存在比较突出的行政主导立法问题。由环境行政主管部门草拟法案不但易于将法案炮制为维护行政权力与权威、严厉监管行政相对人的行政管理性质的立法,有意片面强化、细化针对行政相对人的法律义务与法律责任的设定,而且会大大弱化环境行政主体及其公务员自身的义务与责任的设置,从而形成环境行政法律责任设定失衡问题。即便是拥有立法权的国家权力机关,也有可能会因其权威性之不足,迫于强势政府的作用,在立法中还要看政府的"脸面",在审议法案时也往往会得过且过,不去解决行政法律责任在法律关系当事人之间设定明显失衡的问题。正因为如此,我国现行环境保护法律法规之中存在环境行政法律关系主体间环境行政法律责任设定失衡问题也就不足为怪了。因此,防控国家机关尤其是国家行政机关不正当使用或者滥用法律责任设定权,有效克服环境监管行政法律责任设置失衡、设定不公的问题,必须要求环境保护立法文件在设定环境行政法律责任时严格遵循行政法律关系主体责任设定平衡原则。

环境监管行政法律责任设定本身的衡平,就是要求拥有立法权的有关国家机关在设定环境监管行政法律责任时,应对不同责任主体的责任、不同类型的责任等整体谋划、通盘考虑、一体重视、合理平衡,不能顾此失彼、厚此薄彼。其主要包括以下三个方面的要求:

1. 兼顾组织责任与行政自然人责任的设定。环境监管行政法律责任的承担主体主要包括两类:一类是作为行政组织形态存在的各级各类环境行政主体,具体包括了各级各类职权环境行政主体与授权环境行政主体;另一类就是作为行政自然人的履行环境监管职责的公务员。因此,所谓组织责任就是指作为环境行政主体的国家行政机关、法律法规授权的组织以及受托从事一定环境监管行政职能的其他组织等在环境行政法上所承担的环境监管行政法律责任;行政自然人责任则是指环境行政主体所属公务员个人在环境行政法上所承担的环境监管行政法律责任。组织责任与行政自然人责任并重原则,就是要求在设定环境监管行政法律责任时,应当合理兼顾、平衡作为组织的环境行政主体的责任与行政公务员的个人责任,既要重视对行政公务员环境监管行政违法行为的法律责任的设定,也要重视对环境行政主体的环境监管行政违法行为的法律责任的设定;既要分别合理设定环境行政主体的责任和行政公务员个人责任,又要科学配置环境行政主体与其公务员责任的内在逻辑关系。其重点是要针对环境行政主体的法定义务,科学、合理设定相应的具体实在的行政法律责任,实现环境行政主体法定义务与法律责任的有机衔接。具体言之,一是为了保障环境监管义务的落实,既要针对违反环境监管法定义务或者不履行、不正确履行环境监管法定义务的行政公务员设定具体明确的行政法律责任,又要针对作为组织体的履行环境监管职能的环境行政主体设定具体明确的行政法律责任,不能"厚此薄彼"。二是要将环境行政主体与其公务员违反环境监管义务的行为作恰当的界定、区分,并设定不同的具体法律责任形式,既不得以公务员个人行政法律责任的设定来替代所在环境行政主体应当承担的行政法律责任,也不得用环境监管行政主体应当承担的行政法律责任来替代公务员个人责任。三是组织责任与个人责任并重的关键是实现组织的法定义务责任化,即要将环境行政主体的环境监管义务性规范与法律责任规范实现紧密对接,对环境行政主体违反法定环境监管义务或职责的行为设定具体、明确、实在的行政法律责任。尤其是要针对那些给环境行政主体所设定的对环境监管效能发挥、污染防治及生态环境安全保障具有重要功能和作用的法定义务,尽可能给环境行政主体设定要素齐备、可进行有效问责的具体行政法律责任,最大限度实现义务责任化、责任法治化,以切实保障环境行政主体环境监管义务的有效实现。

之所以主张在设定环境监管行政法律责任时要统筹兼顾组织责任与个人责任,主要是基于以下两个方面的认识和考虑:一是有助于更加有效落实政府环境责任的必然要求。环境及其产品的公共性、环境问题的跨区域性或跨国性、环境利益的多元复杂性以及政府在现代社会中的功能与作用等因素决定,政府应当对环境负责。有效防治环境污染与破坏,保护环境资源,维护生态环境安全是政府及其相关工作部门不可推卸的神圣职责,这已经成为了现代社会的普遍性共识。因此,要落实好政府环境责任,不但需要科学设定包括政府在内的各级各类环境行政主体的环境监管义务,同时更需要对政府在内的环境行政主体违反法定监管义务的行为设定实在可行的行政法律责任。二是合理界分组织责任与个人责任的实际需要。虽然公务员是作为组织体的环境行政主体最具决定性的构成要素,其应承担的行政法律责任在行政学的视野里亦属政府责任的应有之义①,但在法学理论的视域之内,政府等环境行政主体与其所属公务员毕竟是两类既相联系又有明显区别的责任主体。环境行政主体在环境行政法上的行政法律责任是因其没有履行好环境保护职责或者违反环境监管法定义务应当承担的不利后果,是对其环境监管行政违法行为在法律上的否定性评价,是对作为组织体的环境行政主体本身违法行为的惩戒、补救与权益的正当、合法减损,在终极意义上是其对作为政府权力授权者的人

---

① 如有论著认为,“从广义的层面来看,政府责任意味着政府组织及其公职人员履行其在整个社会中的职能和义务,即法律和社会所要求的义务。……从狭义的角度来看,政府责任意味着政府机关及其工作人员违反法律规定的义务,违法行使职权时,所承担的否定性的法律后果,即法律责任。”参见张成福:《责任政府论》,《中国人民大学学报》2000年第2期,第76页。

民、国家所担负的法律责任。而公务员的环境监管行政法律责任，则是作为环境行政主体的代表者、受委托者、环境监管职能的具体实施者的公务员个人，对在履行环境监管行政职能过程中的行政违法行为所应承担的环境行政法上的法律责任。从行政公务委托代理的法律关系属性、国家行政职务关系的属性来看，公务员实施环境监管公务行为的权利义务和法律后果直接归属于其所在环境行政主体。行政公务员在履行环境监管职责权限过程中，如果实施了行政违法行为，造成了危害或者损害后果，固然应依法承担相应的行政法律责任，其所在的环境行政主体也理应为其违法行为向受害人、国家、社会承担相应的法律责任。这两种责任并不能相互替代。因此，在环境保护法律法规中，给履行环境监管义务的行政公务员设定环境监管行政法律责任固然是必要的，但如果只重视对行政公务员个人责任的设定与追究，而不重视甚至不为环境行政主体设定环境监管行政法律责任，不对环境行政主体与其公务员个人的环境监管行政法律责任作明确的法律界定与区分，就会因环境行政主体环境监管行政法律责任在立法上的稀缺、空化、虚化，一方面不但难以依法追究环境行政主体的环境监管行政法律责任，而且还有可能在环境行政问责中出现将原本应由组织承担的责任不正当转嫁于公务员个人，或不正当地强化公务员个人责任，由个人代所在环境行政主体"受过"的情况，形成环境监管行政法律责任配置与追究方面的实质不公；另一方面，还有可能出现环境行政主体给实施了环境监管行政违法行为的公务员个人当"挡箭牌"，在环境行政问责中既不追究或者无法追究环境行政主体责任，也不追究或者不严格依法追究个人责任的情况。因此，从实现环境监管效能，做好生态环境保护的角度来看，科学、合理设定环境行政主体的环境监管行政法律责任比设定好行政公务员的个人责任有时显得更加必要和重要,设定环境监管行政法律责任必须兼顾组织责任与个人责任。

2. 兼顾实体性行政法律责任与程序性行政法律责任的设定。环境监管义务性规范有实体性规范与程序性规范之分。因而,环境行政主体及其公务员的环境监管行政违法行为,也相应有实体违法与程序违法之分。与之相对应,环境监管行政法律责任也就必然会有实体违法责任与程序违法责任之分。迄今为止,由于受"重实体而轻程序"的立法惯性等因素的制约或影响,在我国现行环境保护法律法规之中,对环境监管方面的程序性义务规范设定存在比较突出的缺失问题,针对环境监管程序违法行为所设定的具体、明确的行政法律责任尚不多见。以《环境影响评价法》(2018)为例,该法虽然设定了有关国家行政机关做好环境影响评价工作的一些重要程序性规范,如第十一条专项规划报送审批前听取公众意见等的规定、第十三条对市级以上政府作出审批专项规划决策前的书面审查的规定等,但并没有在"法律责任"一章中具体规定不履行这些法定程序性义务应当承担的法律责任。这种立法现状,显然不利于督促环境行政主体及其公务员严格履行法定监管义务。因此,对于促进、保障环境监管义务的有效履行而言,实体性行政法律责任与程序性行政法律责任都不可或缺,在设定环境监管行政法律责任时,必须兼顾实体性行政法律责任与程序性行政法律责任,既要重视对违反实体性环境监管义务行为之行政法律责任的设定,同时也要重视对程序违法责任的设定。

3. 兼顾制裁性行政法律责任与补救性行政法律责任的设定。

行政法律责任的形式包括了制裁性责任和补救性责任两大类。[1]就环境监管行政法律责任的形式而言,行政处分、通报批评等就属于制裁性行政法律责任;承认错误、赔礼道歉、返还权益、恢复原状、行政赔偿、行政追偿等均属于补救性行政法律责任。制裁性环境监管行政法律责任体现了对环境监管行政违法者违法行为的报应、惩处,补救性环境监管行政法律责任的基本功能与目的则在于恢复或弥补受损权益、挽回不良后果。两者有不尽相同的功能与价值取向。因此,为了实现设定行政法律责任的宗旨与目的,维护公民、社会与国家的环境权益,切实保护好生态环境,应在设定科学、公平的制裁性环境监管行政法律责任的同时,重视对补救性环境监管行政法律责任的设定。

(五) 责任谦抑原则

责任谦抑原则,也称责任节制原则。它是对设定法律责任的数量、强度、限度等进行合理控制的原则。其基本要求就是对法律责任的设定应当保持理性克制,应在合理限度之内尽可能少地设定法律责任,反对于惩罚性法律责任的过度依赖,更不允许滥用法律责任设定权限[2];在设定法律责任时,要在可以保证法律责任及其适用实效的前提下力求体现最节约、最不严厉、最人道的原则[3]。具体言之,责任谦抑原则作用于环境监管行政法律责任的设

---

[1]　参见刘志坚、程雁雷主编:《行政法与行政诉讼法学》,人民法院出版社、中国社会科学出版社 2003 年版,第 314 页。

[2]　参见陈军、吴斌等:《政府立法中法律责任设定问题研究》,载《政府立法中的法律责任设定研究论文集》,中国法制出版社 2010 年版,第 77 页。

[3]　参见叶传星:《论设定法律责任的一般原则》,《法律科学》1999 年第 2 期,第 14—15 页。

定,主要内容和要求有以下几个方面:

1. 在环境监管法定义务的实现路径选择方面,在立法时首先应当充分考虑有助于环境监管法定义务得到切实履行的非行政法律责任手段或措施(如环境监管行政程序制度构建、激励机制构建、经费保障与补贴制度建设等)的运用,力求穷尽行政法律责任以外的其他各种有效手段或措施,而不是将设定环境监管行政法律责任作为保障法定义务有效实现的唯一的途径和方法。环境监管行政法律责任只有在立法上穷尽了督促环境行政主体及其公务员遵守和履行法定义务的其他非行政法律责任的调整方法、举措之后,作为保障法定义务有效实现的必要的或者终极的措施而予以设定。例如,就如何实现农户等农业生产经营者主动捡拾、回收废旧农膜,防治土地面源污染问题的法律规制和监管而言,首先就不能也不应把设定惩罚性责任作为基本调整方法,而是要在科学、合理设定废旧农膜捡拾义务的同时,在立法上首先建立健全废旧农膜回收网点、废旧农膜收购补贴、以旧换新、对监管成效突出的单位与个人予以表彰奖励等相关制度或措施,以激励引导农业生产者或者村民等主动捡拾并上缴废旧农膜、监管者积极依法履行监管职责。只有在采取这些激励性、补偿性法律举措无效的情况下,才要针对不主动履行废旧农膜捡拾义务的农业生产经营者、不依法履行废旧农膜回收利用监管职责的环境行政主体及其公务员建立相应的行政处罚、行政处分等环境行政法律责任制度。

2. 在环境监管行政法律责任的具体责任形式的设定方面要充分体现节制性或者谦抑性要求。在环境监管行政法律责任立法中,对于那些能够通过设定强度较轻的环境监管行政法律责任形式即可处理好的问题,一般就不应当设定强度较高的环境监管行政法律责任形式;能够通过设定非人身罚的环境监管行政法律责任形式解决问题的,一般不宜设定人身罚的环境监管行政法律责任形式;能够通过设定补救性责任解决问题的,应当优先设定补救性责任,在补救性责任无法完全实现环境监管行政法律责任各项功能或作用的情况下,才设定必要的惩罚性责任;能够通过设立告诫、警示性环境监管行政法律责任形式解决问题的,一般不宜设定资格罚、财产罚等惩罚性的行政法律责任。此外,由于设定环境监管行政法律责任并非以制裁为目的,制裁是手段,纠正环境监管行政违法行为,保护合法权益,教育、促导环境行政主体及其公务员自觉遵守或履行法定义务才是其目的,因此设定环境监管行政法律责任还应当将惩罚与教育密切结合,寓教育于惩罚之中,不能一味依赖惩罚性责任的设定来解决问题。

之所以要求设定环境监管行政法律责任必须遵循谦抑原则,主要原因和理由有以下两个方面:

1. 法律责任设定权力的来源及其属性使然。环境监管行政法律责任所体现的国家惩罚权在本质上是来自于社会成员个人的让与,国家必须公正且有节制地使用这种权力,不得滥用。而要保障国家公正行使惩罚权,就必须对这种权力的行使进行限制,以防止立法者滥用这种权力、无节制地设定违背公平正义精神与原则的法律责任,并因此侵损包括环境行政主体及其公务员在内的社会成员的正当权利。

2. 法律责任实现的基本目的与功能使然。环境监管行政法律责任具有预防、救济、惩罚等功能,是环境保护法律法规运行不可或缺的保障机制。其设定和存在的目的在于保障环境监管法律义务能够得到环境行政主体及其公务员的遵守和履行,使正常的环境监管法律权利义务的安排得以实现,生态环境保护的任务与目标能够实现。因此,有助于实现设定环境监管行政法律责任的目的性,是环境监管行政法律责任设定权力运用的合理边界。这个边界要求,要审慎而有节制地行使环境监管行政法律责任设定权,如果设定数量较少的、强度较低的环境监管行政法律责任即可达到目的,就不应当设定大量的、强度很高的环境监管行政法律责任,应以最低的成本取得法律责任设定与实现效益的最大化。同时,保障环境保护法律制度得到有效贯彻执行、法定环境权利义务得到良好实现的路径、举措应当是多元的,环境监管行政法律责任及其设定也并非唯一措施或路径,甚至环境监管行政法律责任的科学、合理设定及其有效实现本身也还需要借助多种社会条件、社会管理方式方法等因素的共同作用。如果在设定环境监管行政法律责任时不考虑相关条件、因素的制约,无节制地设定大量难以得到有效实施的环境监管行政法律责任规范及其制度,不但不能实现环境监管行政法律责任的正当目的与功能,反而会对环境法治造成实质性的破坏。

(六) 精细化设定原则

长期以来,我们在片面追求"有法可依"目标下,在"宜粗不宜细"的立法观念影响下,立法求快不求精①,以至于出现了立法粗疏、欠精准等诸多立法缺失问题。这在环境资源保护立法尤其是环境监管行政法律责任设定方面表现得尤其突出。针对这种立法状况,党的十八届四中全会在《中共中央关于全面推进依法治国若

---

① 参见李朝辉:《从有法可依到立法精细化》,《特区实践与理论》2014 年第 6 期,第 12 页。

干重大问题的决定》之中,明确提出了"推进立法精细化"的要求,并将有助于从根本上促进传统立法观念的转变。实现精细化立法,无疑是各项立法工作必须遵循的重要原则。环境监管行政法律责任的设定,在环境行政立法领域是一个比较微观的问题,实现法律责任立法精细化理所当然既是设定环境监管行政法律责任应当遵循的重要原则,也是矫治公共行政法律责任设定方面长期存在的立法缺失、立法非精细化问题的必由之路。所谓法律责任设定精细化,就是要求在设定环境监管行政法律责任时,应当做到环境监管行政法律责任规范及其制度设定准确、规范、具体、明确、精致、得当,有较高的立法质量与水平,有较好的可执行性与操作性。具体言之,责任设定精细化有以下两个方面的要求:

1. 作为设定环境监管行政法律责任前提和基础的环境监管义务性规范的设定必须实现精细化。即要求:在环境监管义务性规范的设定模式选择上,尽量采用单纯性义务规范设定模式,尽量不采用权义复合型设置模式,从而使所设定的环境监管义务具有可界定或认定的基本特征;在义务性规范的表述语词使用方面,要做到概念清晰明确、内涵外延确定,尽量不使用高度概括性、原则性的语言表述;在义务内容的设定方面,要做到具体明确、义务特定,尽量不作比较宽泛的宣示性规定;在义务主体的设定方面,应当明确义务主体,清晰区分并界定环境行政主体本身应承担的义务与其公务员的义务,不能对义务主体作笼统的规定。

2. 环境监管行政法律责任规范及其制度本身的设定要做到精细化。即要求:环境保护法律法规在环境监管行政法律责任规范的设定模式选择上,应当尽量采用行为列举设定模式,合理使用行为列举引证模式,尽量不采用概括引证模式;在环境监管行政法律责任条文的语言表述方面,力求做到具体、明确、内涵外延确定,不采用传统的原则、笼统、高度概括的语言表述;在环境监管行政法律责任要素的设定方面,要做到要素齐备、明确,不能对责任追究主体、责任承担方式、责任追究期限、法律后果等关键性要素不作具体规定;在环境监管行政法律责任与环境监管义务性规范的相互关系处理方面,要做到环境监管义务性规范与环境监管行政法律责任规范合理衔接,不能出现义务性规范与环境监管行政法律责任规范不协调、不对应甚至"两张皮"的现象。

(七) 有机衔接原则

所谓有机衔接原则,就是在同一环境监管行政违法行为可能引致环境监管行政法律责任在内的法律责任以及其他性质的责任后果时,要求环境监管行政法律责任的设定,应当与其他不同性质的法律责任、非法律责任"既相互区别又相关联、轻重强度分配合理适当、适用次序安排符合逻辑、适用程序有机衔接"[1],不但要做到所设环境监管行政法律责任的不同责任形式或类别相互之间有机配合、合理衔接,而且要使所设定的环境监管行政法律责任与其他不同性质的相关责任既相互区别,又在可能发生关系时能够做到相互配合、有机衔接。之所以有这个原则要求,主要是因为环境行政主体及其公务员的环境监管行政违法行为,不但有可能引致行政法律责任的发生,而且还有可能同时引致刑事法律责任等其他不同性质法律责任、执政党的纪律处分责任等非法律责任的发生。所以,在行为人的同一环境监管行政违法行为可能牵连到多

---

① 参见宋晓玲:《政府公务员行政责任实现研究》,兰州大学 2013 年博士学位论文,第 77 页。

种性质的法律或者非法律责任的情况下,如何在立法及法律实施过程中配置并调适好不同性质责任之间的相互关系,必然就会成为设定和实现好环境监管行政法律责任面临的重要课题。

1. 环境监管行政法律责任不同责任形式之间的有机衔接

环境监管行政法律责任不同责任形式之间有机衔接的基本要求就是在设定环境监管行政法律责任的不同责任形式时,要做到轻重程度分配合理适当、不同责任形式适用范围明确且相互之间的逻辑次序设置得当。具体应做到:其一,对于不应当进行合并适用的责任形式应视其责任强度的大小、不利影响的轻重等的不同而进行符合逻辑次序的设定,并使不同的责任形式之间做到既相区别又相有机衔接,做到责任大小轻重有序。例如,《公务员法》所规定的六种行政处分形式,就是按照由轻及重的逻辑次序设置的。不同的处分形式之间既不得互相替代,更不得合并适用。同时,要做好此类行政法律责任形式之间的衔接关系,还需要在立法上对责任主体同时存在两个或者两个以上的违法行为引致不能或者不具备合并适用条件的责任形式的具体适用规则作出明确的规定。① 其二,对于适宜合并适用的责任形式应明确规定合并适用的条件和适用原则、规则,以防出现违法或明显不当的合并适用情形。在通常情况下,如果特定环境监管行政违法行为同时导致了两种以上的行政法律责任形式的后果,且"责任形式之间不存在内在的责任轻重的逻辑划分及在具体适用上的不可替代性与不可并合适用

---

① 例如,《行政机关公务员处分条例》(2007)第十条第一款即明确规定:"行政机关公务员同时有两种以上需要给予处分的行为的,应当分别确定其处分。应当给予的处分种类不同的,执行其中最重的处分;应当给予撤职以下多个相同种类处分的,执行该处分,并在一个处分期以上、多个处分期之和以下,决定处分期。"

性,且责任形式之间实际存在责任履行的主从性、互补性,即可依法合并适用"①。

2. 环境监管行政法律责任与其他性质法律责任的有机衔接

所谓环境监管行政法律责任与其他性质法律责任的有机衔接,是指在行为人的同一环境监管行政违法行为同时有可能引致行政法律责任与其他性质的法律责任发生的情况下,环境监管行政法律责任及其形式与性质不同的法律责任及其形式间的相互协调与衔接。由于环境监管行政违法行为是环境行政主体及其公务员在履行环境监管职能过程中所实施的违反环境行政法律规范的违法行为,是发生在行政法律关系中的公共行政违法行为,因而它除了引致环境监管行政法律责任之外,还有可能同时引发行政犯罪的刑事法律责任,一般不可能引致民事法律责任后果的产生(行政相对人的违反环境行政法律规范的行为,可能同时引致行政法律责任、民事法律责任与刑事法律责任的产生)。因此,环境监管行政法律责任与其他性质法律责任的衔接,主要就是指环境监管行政法律责任与环境监管刑事责任彼此之间的协调和衔接问题。

在环境行政法的研究视域之内,环境行政法律责任与环境刑事法律责任的衔接,既包括行政相对人环境行政法律责任与相关刑事法律责任的衔接,也包括环境监管行政法律责任在内的公共行政法律责任与相关刑事法律责任的衔接。就环境监管行政法律责任与刑事法律责任的衔接而言,所要解决的关键性问题就是在针对同一环境监管行政违法行为出现行政法律责任与刑事法律责

---

① 参见宋晓玲:《政府公务员行政责任实现研究》,兰州大学 2013 年博士学位论文,第 105 页。

任竞合的情况下,在立法上如何对下列重要事项作出相应规定的问题:

(1)环境监管行政法律责任与相关刑事法律责任的区分与认定标准问题。环境行政主体及其公务员的环境监管行政违法行为达到严重程度就有可能构成相应的行政犯罪。因此,在设定环境监管行政法律责任时,针对同一环境监管行政违法行为还有必要对罪与非罪的认定标准作出明确的法律规定,厘清环境监管行政法律责任与相关刑事法律责任的界限,防止两种不同性质的法律责任混淆或相互替代。当然,环境监管行政法律责任与相关刑事法律责任的区分与认定标准问题,首先是一个刑事立法问题,理应首先通过《刑法》及相关刑事司法解释中的相应刑事法律规范对各种行政犯罪的构成要件、罪与非罪界限作出明确的、精细化的规定,以便在发生公共行政法律责任与刑事法律责任竞合情形时,能够依据并适用相应刑事法律规范追究责任主体的刑事责任。但在《刑法》及其司法解释等对特定的公共行政违法行为构成的刑事责任区分与认定标准规定不明的情况下,在包括环境保护在内的关于公共行政的法律之中,也可以并有必要作出明确的补充性、执行性规定。

(2)环境监管行政违法行为与相应刑事犯罪行为及其罪名之间的对应关系问题。我国现行环境保护法律对环境监管行政违法行为与相应刑事犯罪行为及其罪名之间的对应关系处理得并不理想,其主要表现在诸多环境保护法律中虽然作了诸如"构成犯罪的,依法追究刑事责任"此类的规定,但与国家刑事立法往往缺乏有效的对应与衔接,在不少情况下,因环境监管行政违法行为与相应刑事犯罪行为及其罪名之间并无直接对应关系而实际难以追究环境监管者的刑事法律责任。以《环境保护法》(2014)第六十八条对"包庇环境违法行为"的责任追究为例,如果要对实施了"包庇环境违法行为",并因此造成了严重危害后果的履行环境监管职责的公务员追究刑事法律责任,在《刑法》并没有相应罪名的情况下,既不能适用限于司法工作人员的"徇私枉法罪"来追究刑事责任,又似乎难以以"徇私舞弊不移交刑事案件罪""环境监管失职罪"等罪名追究刑事责任。

(3)针对同一环境监管行政违法行为的行政法律责任形式与相应刑事法律责任形式的适用规则问题。对在行政法律责任与刑事法律责任竞合时,如何具体适用法律责任形式的问题,学界主要有选择适用、吸收适用和合并适用三种主张①。本文认为行政法律责任与刑事法律责任毕竟是两类性质不同的法律责任,在许多情况下,行政法律责任与相关的刑事法律责任并不能互相替代,行政法律责任中的不少责任形式并不宜被刑事法律责任所吸收。因此,应在相关立法上确立以分别适用为主、折抵适用为辅,并进行合理衔接的原则。具体到环境监管行政法律责任形式与相应的行政犯罪法律责任形式的适用方面,其基本要求就是在出现环境监管行政法律责任与环境行政犯罪责任竞合的情况时,如果环境监管行政法律责任形式不能也不适于被刑事责任形式所替代、吸收,就分别适用法定的责任形式追究行为人的法律责任;如果环境监管行政法律责任形式可以被刑事法律责任形式所吸收、替代,在追究相应刑事法律责任时就不再设定重复科处与环境监管行政法律

---

① 参见何彩琳:《行政法律责任与刑事法律责任的衔接与协调》,《法制与经济》2008 年第 12 期,第 62 页。

责任具有相同内容的刑事责任。具体言之,应在环境监管行政法律责任与刑事法律责任竞合的情况下,在两种不同的法律责任形式适用方面重点处理好下列法律责任形式及其适用在立法上的合理衔接:一是财产给付性责任的衔接。如果有权的国家机关依法确定了环境监管行政违法者应承担的财产给付性行政法律责任(例如责令支付行政追偿金、罚款等),就应当规定在科处罚金、没收财产等刑事处罚时予以相应折抵。二是非财产性法律责任后果方面的衔接。根据有关法律规定,环境监管者因其环境监管行政违法犯罪行为被追究了相应的刑事法律责任,享有人事管理权限的国家行政机关应当给予其开除的处分,不应给予开除以下的其他处分。这是因为,刑事责任并不能直接解决也不适宜解决诸如行政职务关系的变动问题。三是责任追究程序上的衔接。环境监管行政法律责任与刑事责任在责任追究程序上的衔接,一般应当遵循刑事优先原则。具体要求是:如果环境监管者所实施的行政违法行为,既构成了行政法律责任,又构成了相应的刑事责任时,原则上应当先由司法机关依法追究其刑事责任,并在追究刑事责任的裁判文书生效之后,再作出追究行政法律责任的决定。为此,在相关立法中应当明确规定:如果拥有行政问责权的国家行政机关发现环境监管行政违法行为涉嫌犯罪,应依法将案件移送有管辖权的司法机关追究其刑事责任,并在司法机关追究刑事责任的裁判文书生效之后再依法追究其行政法律责任;如果对环境行政主体及其公务员涉嫌环境监管行政违法犯罪案件,有行政问责权的国家行政机关和司法机关均予立案,原则上行政问责权的国家行政机关应当中止对行政违法案件的办理,由司法机关先追究刑事责任,待追究刑事责任的裁判文书生效之后再恢复对行政违法案件的处理。

3. 环境监管行政法律责任与执政党的纪律处分的有机衔接

环境监管行政法律责任与执政党的纪律处分的有机衔接，主要是指中共党员公务员的行政处分责任与党纪处分责任的衔接。公务员行政处分与执政党的纪律处分的有机衔接问题，根源于我国执政党与国家关系及由此而产生的国家法律与党内法规的"分工"与"协同"关系。从"分工"的角度来看，党内法规是调整党内关系即"党员之间、上下级之间，以及党员个人与党组织之间的现实联系和关系"①的政党规范性文件，而国家法律则是调整一般社会关系的国家规范性法律文件；党内法规是依法管党治党的依据，国家法律则是依法治国的依据。两者在调整社会关系的范围、事由、对象、方法、效力等方面存在明显的不同。这种"分工"或不同往往会因多种因素的制约或影响，导致在党内法规与国家法律之间产生某种紧张关系，有时有可能形成一定的规范紊乱与矛盾冲突等规范或制度相害问题。因此，防控因"分工"所导致的紧张关系及其弊害，构建党内法规与国家法律之间的良性互动关系，在制度生成与制度贯彻实施过程之中当然需要做好两者间的衔接和协调，既要防止用党内法规替代国家法律，又要防止用国家法律替代党内法规，更要防止两者在规范设计等方面出现矛盾冲突。从"协同"的角度来看，虽然党内法规与国家法律在调整社会关系时，存在明显的"分工"，但又存在广泛的"竞合"与"合作"关系。所谓"竞合"，主要是指党内法规与国家法律在调整有些社会关系时往

---

①　参见盛世钟：《试论党内关系与和谐社会》，《贵阳师范高等专科学校学报》2005 年第 2 期，第 14—16 页。

往在适用对象、范围、事由等方面具有同一性或重合性。以《中国共产党纪律处分条例》与《行政机关公务员处分条例》为例,虽然前者适用于违反党纪应当受到党纪追究的党组织和党员[①],后者适用于"违反法律、法规、规章以及行政机关的决定和命令,应当承担纪律责任的"[②]行政公务员,但行政公务员大多数属于中共党员。对于具有中共党员身份的行政公务员而言,意味着《中国共产党纪律处分条例》与《行政机关公务员处分条例》对其都要适用、都具有约束力。由此,就必然会产生违反党纪的党的纪律处分与违反国法的行政处分事由应当是相同的还是有区别的;如果有区别,应该如何在党内法规和国家立法文件之中分别规定;两种性质不同的处分形式之间是互不相干的关系,还是相互适应关系等诸如此类需要衔接和协调的问题。

环境监管行政法律责任与执政党的纪律处分的衔接关系主要发生在环境行政主体所属党员公务员因实施环境监管行政违法行为,既构成行政处分等行政法律责任,又同时构成党的纪律处分责任的情形之下。在我国现行政治体制之下,执政党对党员公务员的纪律处分并不仅限于影响被处分人的党内权利义务,而且往往直接影响被处分人在行政管理领域的法律权利义务(例如,党员公务员被撤销党内职务,恐怕其也不再适宜继续担任公务员领导职务)。同样,行政问责主体对党员公务员的行政处分,也会直接或

---

① 《中国共产党纪律处分条例》(2003)第九条规定:"党的纪律是党的各级组织和全体党员必须遵守的行为规则。党组织和党员违反党章和其他党内法规,违反国家法律、法规,违反党和国家政策、社会主义道德,危害党、国家和人民利益的行为,依照规定应当给予党纪处分的,都必须受到追究。"

② 参见《行政机关公务员处分条例》(2007)第二条。

间接影响被处分者的党内权利义务(例如,如果行政问责主体给予了党员降级以上的较重的行政处分,受处分的公务员恐怕也不能不受到相应的党内纪律处分)。因此,行政处分等公共行政法律责任与党的纪律责任的相互协调、衔接,无论是对加强行政法治建设,还是对执政党依法管党治党都具有十分重要的意义。具体言之,环境监管行政法律责任与执政党纪律处分责任的相互协调与有机衔接就是要求:在设定针对党员公务员的行政处分责任与党的纪律处分责任及其适用方面,应当使两者所设定的具体责任的轻重程度与行为人的环境监管违法违纪行为及其情节的轻重程度相适应、同类型的行政处分与党的纪律处分的具体责任形式(例如撤职与撤销党内职务、开除公职与开除党籍等)的强度相适应、两类处分责任的不利后果及其责任追究程序等方面有机衔接(例如,建立处分执法执纪线索通报、案件移送、提出处分建议等相关的程序制度)。

(八) 保障监管效能原则

环境监管行政法律责任虽然具有预防、救济、惩罚等功能,是法律运行不可或缺的保障机制,但它并没有自己独立的目的,设定环境监管行政法律责任的直接目的就是提高环境监管效能,切实保障法定环境监管义务的遵守和履行,终极目的就是实现政府环境保护目标,维护生态环境安全,促进经济社会的可持续发展。简言之,设定环境监管行政法律责任的最直接目的就是为了切实保障和实现环境监管的质量与效能。所谓环境监管效能,就是指环境行政主体及其公务员实施环境监管活动的效率、能力及其所产生的综合效果。环境监管效能的高低,与环境监管义务在环境保护领域内的实现或落实程度密切相关,环境监管效能越低,表明环境行政主体及其公务员对法定监管义务的遵守与履行程度越低;环境监管效能越高,表明环境监管义务实现的程度就相应地高。提高环境监管效能既是有效实现环境行政主体及其公务员法定环境监管义务的必然要求,也是判断环境监管法定义务落实状况与水平的关键度量衡,更是设定环境监管行政法律责任的基本价值追求。因此,有助于实现设定环境监管行政法律责任的目的性,是环境监管行政法律责任设定权力运用的基本要求,也是其合理边界。

从环境监管实际来看,影响或制约环境监管效能的因素是多方面的,其既有环境监管体制安排、环境监管能力建设、伦理建设、执法条件与环境保障、监管工作机制构建等多方面的因素,也有立法与制度建设等方面的因素。在立法与制度建设方面,环境监管行政法律责任制度是否健全则是影响环境监管效能最重要的因素之一。因此,设定环境监管行政法律责任必须以能够提升环境监管效能、有助于保障法定环境监管义务落实为基本出发点和落脚点。

设定环境监管行政法律责任的保障环境监管效能原则,就是要求环境监管行政法律责任及其制度的设定应当以有助于提高、保障环境监管效能为基本目标。针对我国环境监管的实际,要通过设定行政法律责任来保障和实现环境监管效能,重点应当从以下三个方面入手:

1. 重视对环境行政不作为等失职行为的行政法律责任设定。所谓环境行政不作为,通常是指负有环境监管法定义务的环境行政主体及其公务员,在无法定事由或情形的情况下不履行、不完全履行或者迟延履行特定环境监管义务的行为及其状态。环境行政不作为是我国环境监管方面存在的最为突出的问题之一,也是环境监管效能不高的重要表现。因此,应当将有效规制环境行政不作为当作设定环境监管行政法律责任的重点,对那些重要的直接关系公民环境权益保障与实现、环境污染防治与环境保护目标落实、环境监管质量与效率提高等方面的行政不作为行为,应当分别针对环境行政主体及其公务员设定具体明确的环境监管行政法律责任,乃至于刑事法律责任。

2. 重视对环境行政问责不作为违法行为的行政法律责任的设定。"徒法不足以自行",即便设定了科学、合理的环境监管法定义务与相应的环境监管行政法律责任,还需要有关问责或者责任追究主体严格依法办事、严格依法问责,以富有实效的责任追究保障环境监管行政法律责任的实现。从环境监管行政法律责任设定与实现的角度来分析,我国环境监管领域之所以存在比较突出的行政不作为等违法行为,除了环境监管行政法律责任设定缺失,在有些情况下进行环境行政问责无法可依、无良法可依之外,还与有关环境行政问责主体不积极主动依法查处环境监管行政违法行为,不对实施了环境监管行政违法行为的环境行政主体及其公务员依法进行问责有密切的关系。问责主体及其公务员在问责方面的不作为、慢作为、不严格依法作为也是导致环境行政不作为现象滋生、蔓延,环境监管效能低下,环境保护政府责任不能得到切实履行的重要原因之一。因此,要促导环境行政主体及其公务员形成良好的履职尽责意识,保障环境监管效能的不断提高,在设定环境监管行政法律责任的同时,还要改变环境行政问责主体及其公务员问责不作为、违法问责等行为的行政法律责任设定缺失的立法现状,构建有效防控问责不作为等违法行为的相关法律责任制度,以保障环境监管行政法律责任的有效实现。

3. 重视对环境违法行为充当"监护人""保护伞"行为的行政法律责任设定。环境监管的主要对象往往是那些既是利税大户又是污染大户的龙头企业、重点项目、重要单位。因这些单位或项目在保障当地 GDP 增长、财税收入指标完成,以及解决当地就业问题等方面的"贡献",很容易在环境监管等方面得到当地政府的"照顾"和"保护",并因此导致环境监管的定向失效、失灵、失序。加之在履行监管职责过程中可能存在的权力寻租等因素的影响,就很难在环境监管方面做到严格执法问责,环境监管因此也会失效、失范。因此,要阻断地方保护、本位利益等对环境监管的负面影响,打掉环境违法行为的各种"保护伞""保护人",必须为在生态环境保护方面的地方保护等违法行为设定具体、明确的环境监管行政法律责任,必须对干预环境监管执法的违法行为设定具体明确的法律责任,以切实保障环境监管行之有效。

第三节　环境监管行政法律责任设定标准阐释

所谓法律责任设定标准,就是指设定法律责任规范及其制度应当遵循的、可以重复使用的方法、规格、准则,属于立法标准的范畴。它源自于长期的立法实践,是对成熟的法律责任立法经验的总结,是设定法律责任的基本要求。环境监管行政法律责任的设定标准,是法律责任的设定标准在环境行政法律责任立法方面的具体化。根据公共行政法律责任设定的一般规律与法则,参照、借鉴关于立法质量标准问题的相关研究成果,本书将环境监管行政法律责任设定的基本标准归结为合法性标准、科学性标准与技术性标准三个标准。

一、环境监管行政法律责任设定的合法性

合法性是法律责任依法设定原则在环境监管行政法律责任设定方面的具体体现。环境监管行政法律责任的设定作为特定立法活动和立法内容,依法设定理应是其首要的法律原则。合法性标准的基本要求,就是环境监管行政法律责任设定主体的相关立法行为和作为行为成果的立法文件及其所设定的行政法律责任规范均需符合现行相关国家立法文件及其法律规范的规定。

环境监管行政法律责任设定的法律依据,除了《宪法》之外,通常主要涉及以下几类立法文件:一是《立法法》等专门规范立法行为的立法文件;二是《公务员法》《行政机关公务员处分条例》等对公共行政法律责任作出专门性或附带性规定的立法文件;三是《环境保护法》等对环境监管事项作出专门或附带性规定的立法文件;四是与设定特定环境监管行政法律责任相关的其他立法文件。因此,环境监管行政法律责任设定的合法性标准,从不同立法文件的角度而言,是指符合《宪法》及以上各类相关立法文件的规定;从不同法律渊源的角度而言,是指符合《宪法》及相关的法律、法规、自治条例和单行条例、行政规章、我国参加或缔结的国际条约等各种法律渊源的规定;从法律规范的不同类别而言,是指符合相关的实体性法律规范与程序性法律规范,符合相关的宪法规范、环境法律规范、行政法律规范、民事法律规范、刑事法律规范、诉讼法律规范等法律规范;从相关法律规范对环境监管行政法律责任设定进行

规范与调整的角度而言,是指主体合法(设定环境监管行政法律责任的主体必须具备合法性,必须具有相应的行政法律责任设定权限)、设定权限合法(拥有环境监管行政法律责任设定权限的主体必须在法律赋予的立法权限范围内行使设定权,不得超越法定权限设定行政法律责任或滥用行政法律责任设定权)、设定内容合法(设定主体所设定的行政法律责任规范必须于法有据,且不违反现行相关法律规范的规定,既做到与其他上位立法的相关法律规范纵向"不抵触",又要做到与其他不具有效力从属关系的相关法律规范横向"不矛盾""不冲突",切实维护国家法制的统一性)、设定程序合法(设定主体设定行政法律责任规范必须严格遵从立法程序的各项规定,不得出现程序违法)、设定形式合法(设定行政法律责任的立法文件形式法定,设定主体只能借助法定的立法文件形式设定相应的行政法律责任);从政策与法律的相互关系而言,我国的政治体制等国情决定,环境监管行政法律责任设定的合法性标准,实际上还嵌含了设定环境监管行政法律责任应符合并贯彻具备合宪性、合法性的中央依法治国、依法行政、法治政府建设、生态文明建设等相关政策的精神和要求之意。

二、环境监管行政法律责任设定的科学性

科学性既是我国《立法法》对立法的基本要求①,也是学界普遍认同的立法原则或标准,当然更是设定环境监管行政法律责任必

---

① 例如,《立法法》(2015)第六条明确规定:"立法应当从实际出发,适应经济社会发展和全面深化改革的要求,科学合理地规定公民、法人和其他组织的权利与义务、国家机关的权力与责任。"

须遵循的基本原则与标准。对于立法科学性的概念,相关论著从对科学概念的梳理与解析入手,作了大同小异的理论界定。① 对于科学立法或立法科学性的具体要求、标准,相关论著亦作了不尽相同的论述。例如,有论著将科学立法的标准总结为"准确认识和反映客观规律的认识论标准;妥善处理改革、发展、稳定关系的策略标准;科学规定权利与义务、权力与责任的公平正义标准;考虑立法中各种特殊情形的合理因素标准;用程序民主实现内容科学的程序标准;成熟管用的立法技术标准;可执行性标准;立法者的政治与专业素质标准"八个标准②;有论著将科学立法的判断标准归结为了合宪性、合民意性(合人民性)、可操作性、合民族性四个标准③;有论著将立法质量的科学性标准总结为了"立法必须正确表述社会物质生活条件与法律之间的关系,必须符合市场经济规律,必须从社会实际情况出发,必须与社会需求相符合,必须正确区分和使用技术规范和法律规范"等五个方面的标准④;有论著认为

---

① 例如,有论著认为,"科学立法的科学性是指立法过程中必须以符合法律所调整事态的客观规律作为价值判断,并使法律规范严格地与其规制的事项保持最大限度的和谐,法律的制定过程尽可能满足法律赖以存在的内外在条件"(关保英:《科学立法科学性之解读》,《社会科学》2007 第 3 期,第 76 页);还有论著认为,"立法的科学性,就是指为使待定法律规范本身反映社会发展规律、具有严谨的逻辑结构、体现统治秩序客观意志、被人民大众普遍接受,而在立法过程中不断接近和最大化反映客观规律和事实的良好状态"(冯玉军、王柏荣:《科学立法的科学性标准探析》,《中国人民大学学报》2014 年第 1 期,第 93 页)。

② 刘松山:《科学立法的八个标准》,《中共杭州市委党校学报》2015 年第 5 期,第 80 页。

③ 参见汪全胜:《科学立法的判断标准和体制机制》,《江汉学术》2015 年第 4 期,第 6—7 页。

④ 孙波:《试论立法质量的科学性标准》,《内蒙古民族大学学报》(社会科学版)2006 年第 1 期,第 91 页。

"科学立法的判断标准包括立法观念的现代性、立法程序的正当性、立法内容的合理性、立法技术的规范性和立法主体的专业性"①。

上述这些观点或见解具有一定的代表性,较好揭示了立法科学性的内涵及其一般标准,对于理解认识立法的科学性不失积极的启发、借鉴意义。本书认为,立法的科学性,简言之就是指立法行为及其设定的法律规范应具备的合现实性、合事理性、合规律性、合情理性等基本特性。具体到环境监管行政法律责任等公共行政法律责任的设定,科学性最核心的要求就是拥有立法权的国家机关设定环境监管行政法律责任并使已经设定的环境监管行政法律责任应具备以下两个基本标准:

1. 符合实际。环境监管行政法律责任的设定在本质上是立法者借助相应的立法文件对自己所期望的环境监管行政法律规范、制度及其目的性等的一种主观追求与表达,是环境监管行政法律责任设定主体及其参与者思想意志外化为制度存在的过程。但这种思想意志的表达只能是源于国家生态文明建设与环境监管的客观实际并见之于客观的一种合经验、合规律性的理性表达,是对环境监管行政违法行为及其法律规制现实需要的恰当回应与安排。因此,环境监管行政法律责任设定要符合科学性标准,必须做到环境监管行政法律责任立法者的"主观"与国家加强生态文明建设、严格环境监管、强化环境监管责任追究的"客观"需求相适应;必须做到环境监管行政法律责任立法者的"主观"与行政法律责任规范

① 李店标:《科学立法及其判断标准》,《大庆社会科学》2005 年第 4 期,第 113 页。

设定与实施的"客观"规律、条件、社会环境相适应，做到主客观高度契合与统一。具体言之，所谓"符合实际"就是指环境监管行政法律责任的设定应符合下列各项基本要求：

（1）符合我国的综合国情。立足我国国情、尊重我国国情立法，无疑是建立健全具有中国特色的社会主义法律体系的核心要求。设定环境监管行政法律责任规范，必须与我国经济社会发展阶段与水平相适应，必须与我国的政治体制与政治制度相适应，必须符合我国生态文明建设、法治中国建设的实际，必须能够充分反映、体现优秀的传统文化和民族精神特质，既不能非理性、反科学地一概排斥域外的相关理论、经验与制度，更不能盲目照抄照搬域外不适合中国国情的相关理论、经验与制度，要在环境监管行政法律责任设定方面立足我国国情"做中国文章""做好中国文章"。

（2）符合环境监管实际。设定环境监管行政法律责任，必须遵循问题导向的原则，研判明了我国生态环境保护与环境监管之间的内在关系，找准制约环境监管效能、质量的突出问题，找准影响环境监管行政法律责任有效实现的突出问题，以满足加强生态文明建设、严格环境行政管理、有效治理环境污染的现实需求为基础，以有助于提高环境监管效能、切实做好生态环境保护为宗旨，以解决突出问题为着力点进行环境监管行政法律责任规范构建，并根据做好环境监管工作的现实需求及时对环境监管行政法律责任规范进行立、改、废、释。

（3）符合相关事物的规律。中国古代先哲云："宪律制度必法道"①，即立法必须顺乎自然法则。对于环境监管行政法律责任的

---

① 《管子·法法》。

设定来说,符合规律主要是指符合环境监管的规律与相关法律体系之间互相联系、作用的规律。一方面,环境监管作为一种行使国家公权力的公共行政管理活动,作为一种行政执法活动,既有其内在诸要素之间的互动法则与规律,又有其与外在的诸多相关社会现象具有必然性、稳定性的互动联系的法则与规律,立法者唯有掌握并遵循环境监管的内外在规律才有可能设定出具有科学性的环境监管行政法律责任规范。另一方面,环境监管行政法律责任毕竟是我国复杂的法律责任体系之中的一类比较具体的法律责任,要设定好环境监管行政法律责任还必须遵循法律责任体系及各类法律责任联系、互动的法则与规律,既要合规律地处理好环境监管行政法律责任与其他不同性质的法律责任和相关的非法律责任之间的相互关系,做好其与一般公共行政法律责任之间的合理界分、有机协调与衔接,还要合规律地处理、配置好环境行政主体责任与环境行政公务员个人责任、制裁性行政法律责任与补偿性行政法律责任、实体违法行政法律责任与程序违法行政法律责任、作为的行政法律责任与不作为的行政法律责任、故意违法行政法律责任与过失违法行政法律责任等之间的相互关系。

　　(4) 符合公论民意。中国古代先哲云:"令于人之所能为则令行,使于人之所能为则事成;令于人之所不能为,故其令废,使于人之所不能为,故其事败"[1],立法须"令顺民心"[2]。《中共中央关于全面推进依法治国若干重大问题的决定》(2014)就明确要求:"要恪守以民为本、立法为民理念,贯彻社会主义核心价值观,使每一

[1] 《管子·形势解》。
[2] 《史记·管晏列传》。

项立法都符合宪法精神、反映人民意志、得到人民拥护。"因此，环境监管行政法律责任的设定当然要做到"令顺民心"，符合公论民意。法律虽然具有国家意志性，可以借助国家强制力保障其贯彻实施，但并不意味着法律就是直接依靠国家的强制作用来推行的，在所有存在法治秩序的地方，法律实际上主要是靠大多数社会成员的自觉遵守来实现其对社会的调整作用的。而大多数社会成员之所以能够主动、自觉守法，则主要是因为法律较好地体现了他们的共同愿望与诉求，并因此得到全社会的普遍认同、接受、信仰与敬畏的结果。虽然一些违背了主体民意的法律有时可以借助强权作用得到暴力推行，但最终都会酿成国家治理败局或社会灾祸。由于环境监管行政法律责任直接关乎责任主体的重要权益，也事涉社会公平正义，科学设定环境监管行政法律责任还必须符合大多数社会成员的正当合理愿望与诉求，尤其是要能够符合大多数环境监管者的客观履责能力与条件，并因此能够为大多数环境监管者所认同与接受。否则，即便设定了环境监管行政法律责任，也不可能在生态环境保护领域发挥其应有的效用。

2. 合理适当。这是对设定环境监管行政法律责任正当性的基本要求。所谓合理适当，就是要求拥有立法权限的国家机关在设定环境监管行政法律责任时，必须体现环境监管行政法律责任设定的各项原则要求，使所设定的环境监管行政法律责任规范做到公平、公正，具有合理性、正当性，并符合下列基本要求：

（1）设定环境监管行政法律责任的动机应具有正当性。有关立法主体设定环境监管行政法律责任应当严格遵从上述科学性要求，在设定环境监管行政法律责任规范时只考虑那些具有必然性、合理性的相关因素，而不考虑那些不具有必然性、合理性的因素，克服权力本位、官官相护、行政主导的立法倾向与偏好,保持立法的相对独立性与正当性。是否针对特定环境监管事项设定相应的环境监管行政法律责任以及设定何种行政法律责任,只应本于立法主体对立法事项的理性、客观认识以及立法必要性、重要性、可行性的合理判断,出于立法主体的真实意愿与正当动机,既不得基于立法主体的本位主义动机而立法,也不得为了满足环境行政主体及其公务员的不当愿望和诉求而立法。

(2)设定环境监管行政法律责任要充分考虑并恰当配置相关权利义务关系。环境监管行政法律责任的设定既涉及责任主体及其相互之间的权利义务配置问题,也涉及环境监管行政法律关系主体间权利义务配置问题,还涉及环境行政问责主体与责任主体之间、环境行政问责主体相互之间的权利义务配置问题。相关立法设定环境监管行政法律责任,首先必须对涉及的各种权利义务关系加以认真研究、理性分析,并合理配置相关权利义务。其具体要求有三:一是对相关利益主体自身权利义务进行合理配置,在设定环境监管行政法律责任的同时,重视对保障责任主体权益的程序性规范、救济性规范的构建;在赋予有关行政主体环境监管行政法律责任问责职责权限的同时,既要重视保障问责权有效行使的法律规范的设定,更要重视监督行政问责权依法行使相关法律规范的设定。二是对相关利益主体间的权利义务进行合理配置。其重点是要合理配置环境行政问责主体与责任主体、作为责任主体的环境行政主体与履行环境监管职能的公务员、环境行政主体与行政相对人等相互之间与环境监管行政法律责任设定和实现相关的权利义务,力求做到不同主体间的责权利配置合理、适当、大体均衡,不存在配置失衡等问题。以作为责任主体的环境行政主体与环境行政公务员之间的权利义务配置为例，在设定环境监管行政法律责任时应当体现错责相符、各负其责原则，不能将应当由环境行政主体承担的责任不合理配置给公务员个人，也不能将个人应承担的责任配置给环境行政主体；不能只针对公务员设定环境监管行政法律责任，而不对环境行政主体设定环境监管行政法律责任。三是对利益的立法配置须具有正当性。有关立法主体在设定环境监管行政法律责任时，只应考量并合理满足利益主体正当利益需求，不应当考虑与满足其不正当、不合理的利益需求。例如，因本位利益诉求等因素的影响，环境行政主体及其公务员一般都不希望、不愿意在立法中设定具体、明确、严格的环境监管行政法律责任。从环境监管者的主观意愿而言，不设定环境监管行政法律责任、不具体设定环境监管行政法律责任最好，如果非要设定环境监管行政法律责任，最理想、满意的状态就是少设、轻设。如果有关立法主体特别是作为权力机关的立法主体只一味迎合、满足环境监管者的这种不当愿望、诉求，显然就不可能设定出高质量的环境监管行政法律责任规范。

（3）设定环境监管行政法律责任要充分考虑并合理配置环境监管行政法律责任及其形式。其主要要求有三：一是环境监管行政法律责任的设定与环境监管义务性规范的设定要保持合理比例关系。环境监管义务性规范是设定环境监管行政法律责任的前提和基础。相关立法在设定环境监管义务性规范的同时，最理想的做法应是针对违反了义务性规范的行为设定相应的环境监管行政法律责任。但受成文法的局限性、环境监管义务的复杂多样性、法律责任设定的谦抑性等多种因素的影响，不可能亦无必要针对所设定的环境监管义务性规范一一设定相对应的环境监管行政法律责任规范。但如果只设定环境监管义务性规范而不相应设定环境监管行政法律责任规范显然也是违背基本立法原理与规律的。因此,有关立法主体在制定环境保护法律、法规、规章时,应当针对所设定的那些主要的、重要的义务性规范设定相应的行政法律责任规范,并使两类规范保持比例上的合理性、条款设置上的有机衔接性,不能只重视对环境监管义务性规范的设定,而轻视对相应环境监管行政法律责任规范的设定。二是保持环境监管行政法律责任与环境监管行政违法行为的合理对应,做到过责罚相适应、相统一。三是保持不同环境监管行政法律责任形式之间的合理区分与有机衔接,做到责任形式体系有严谨的内在逻辑安排、不同的责任形式强度配比适当、责任形式适用规则完善。

(4)设定环境监管行政法律责任要合理顾及有关主体的履责能力。任何制度的设定,必须充分考虑制度执行者的实际情况,不得显著超出执行者的执行能力与条件。否则,不但有失制度设定应有的科学性、正当性,而且也会大大降低制度的执行力与社会公信力。就环境监管行政法律责任的设定而言,重点是要充分考虑责任主体的履责能力与环境行政问责主体的问责能力,做到所设定的环境监管行政法律责任既可以为责任主体的责任能力合理承受,又可以与问责主体的问责能力相适应。例如,在设定环境监管行政法律责任尤其是财产给付性责任时,既要充分考虑责任设定及其实施的必要制裁性、威慑性,也要合理兼顾责任主体所在行政区域的经济社会发展水平、社会成员的经济收入与生活水平、责任主体的一般性经济承受能力等因素,以保证所设行政法律责任具有适当性、实际可行性。

环境监管行政法律责任的设定如果具备上述科学性标准,同时具备合法性、技术性标准，一般言之就具有了实际可操作性或可行性。所谓"可操作性""可行性"只是按照各项原则、标准要求设定的环境监管行政法律责任所形成的一种事实状态与特性，其可以作为评价环境监管行政法律责任规范的标准，但不宜直接作为设定环境监管行政法律责任的标准。

三、环境监管行政法律责任设定的技术性

立法作为一项专业性、规范性极强的活动，当然也需要相应的"技术"，即所谓的"立法技术"。虽然，研究立法问题的相关论著普遍认为立法技术在立法过程中具有十分重要的地位和作用，其对立法及其完善乃至于法制建设都具有十分重要的意义和作用[①]，但在对立法技术的内涵外延等问题的认识上，还远没有达成共识。相关的学术争议主要针对下列问题而展开：一是关于立法技术的内涵和属性问题的认识。对此主要有"规则说"与"方法、技巧说"等观点。前者是指将立法技术解释为一种立法规则的观点。例如，有论著认为："立法技术是一定政权在立法过程中采取的使所立的法臻于完善的技术规则。"[②]后者则将立法技术解释为一种立

[①] 例如，有论著认为，"立法的各个方面、各个阶段和环节都与立法技术关系至深。立法技术的好坏直接关系到法律的质量、法律的有效性和可操作性，进而影响到社会主义法治实践。因此，改善立法技术，提高立法技术水平，对于提高立法质量，实现依法治国，至关重要"（刘用安：《立法技术：精无止境》，《人民论坛》2009年第10期，第14页）；有论著认为，"立法技术不仅对立法，而且对国家法制乃至整个社会，都有非常重要的价值"（吴秋菊：《立法技术探讨》，《时代法学》2004年第4期，第89页）。

[②] 顾炜：《浅议立法技术》，《北京理工大学学报》（社会科学版）2002年第1期，第66页。

法方法、技巧或技能。例如,有论著认为"立法技术是立法活动中所遵循的用以促使立法臻于科学化的方法和操作技巧的总称"①;有论著认为"立法技术是在立法实践中产生并发展起来的,关于法的内容的确定、表述及完善的方法和技能的总称"②。二是关于立法技术外延或范围的理解。对此,在相关论著中,或将举凡与立法技术有关的规则纳入立法技术的范畴③,或将立法技术仅限定为法的表达技术④,或将立法技术包含的内容解释为法的内容的确定、表述与完善,观点纷呈,不一而足。

以上关于立法技术的观点,各有其理。但相对而言,将立法技术界定为法或者法的构成要素的形成与表达方法更为适当。立法实际上就是借助特定的立法文件形式,经过法定的程序,并运用成熟的方法或技巧表达、设定法律概念、法律原则、法律规则(法律规范)的活动。从立法文件创制的实际情况来看,立法技术大致可以划分为立法行为过程中的立法技术和立法文本的设计与表达技术两类。所谓立法行为过程中的立法技术,是指立法准备、立法提案及其审议、立法文件起草、立法文件审议通过、立法文件颁布等各个不同立法过程中所涉及的各种方法、经验和技巧。所谓立法文本的设计与表达技术,则是指设计、起草立法文本以及在立法文本中具体设定法的构成要素等方面的技术。由于立法文本是立法行为的最终表现形式,也是立法行为的最终成果,立法是否科学、是否合法、是否可行最终只能通过立法文本表现出来,因此,立法文本的设计与表达

---

① 周旺生:《立法学》,法律出版社 2000 年版,第 453 页。
② 吴秋菊:《立法技术探讨》,《时代法学》2004 年第 4 期,第 91 页。
③ 参见吴大英、任允正:《比较立法学》,法律出版社 1985 年版,第 207—208 页。
④ 参见周旺生:《立法论》,北京大学出版社 1994 年版,第 183 页。

技术对于创制"良法"而言,比立法行为过程中的立法技术显得更加直接、更加重要。从立法技术的存在形态或属性来看,立法技术本身只是从事立法工作的方法、经验与技巧,表现为一种特定知识成果,并不是一种社会规范或制度规范。但当某些成熟的立法方法、技巧被转化为法律的规定时,就形成了所谓的立法技术规范,即关于立法技术的法律规范。因此,环境监管行政法律责任的合技术性,既是指环境监管行政法律责任的设定须符合立法技术性规范的要求,也是指环境监管行政法律责任的设定要符合公知的、约定俗成的、成熟的立法方法、经验或技巧;既是指环境监管行政法律责任的设定合乎立法行为过程中的各种立法技术的要求,也是指环境监管行政法律责任的设定应符合立法文本设计与表达技术的要求。

由于环境监管行政法律责任的设定,除了个别公共行政法律责任专门性立法之外,大多数情况之下,只是环境保护法律法规立法文本中占比很小的部分,因此,环境监管行政法律责任设定的技术性标准的关键所在就是在特定立法文本中如何科学并合逻辑、合规范、合经验地设置环境监管行政法律责任规范。因此,环境监管行政法律责任的设定所涉及的直接立法技术主要是立法文本的设计与表达技术,环境监管行政法律责任设定的合技术性主要是对其合乎立法文本的设计与表达技术的要求。就立法文本的设计与表达技术而言,环境监管行政法律责任的设定涉及立法文本的定名、调整事项与范围的确定、立法文本逻辑体系的编排、条文设置及其条款项结构布局、法律规范的逻辑构造与联系、环境监管行政法律责任规范与其他相关法律规范的协调与衔接、立法内容解释、立法语言运用等多方面的方法或技巧。设定环境监管行政法律责任必须要运用好这些方面的立法技术,充分体现相关立法技术的要求。

第二章 环境监管行政法律责任设定原理论(Ⅱ)

第一节 环境监管行政法律责任设定主体解析

一、环境监管行政法律责任设定主体的涵义

"主体"一词在法学意义上,通常是指法律权利义务的承受者,包括作为自然人的公民、具有法律拟制人格的法人以及其他社会组织。所谓环境监管行政法律责任设定主体,则是指有法定资格、权能依法设定环境监管行政法律责任规范的有关国家机关。我国国家立法体制及其权限划分,以及行政法律责任的属性等因素决定,环境监管行政法律责任的设定主体具有下列基本法律特性:

1. 环境监管行政法律责任设定主体只能是依法享有立法权的国家机关。由于环境行政法律责任是依法设定的责任类别与形式,因而只有享有立法权的国家机关才能够在法律赋予的立法权限范围之内设定相应的环境监管行政法律责任规范,其他国家机关以及社会组织均无权设定环境行政法律责任规范。即便是拥有司法解释权的国家司法机关,也无权通过司法解释的方式设定环

境行政法律责任规范。虽然我国拥有立法权的国家机关,可以在法定的立法文件之外发布非立法性的、具有普遍约束力的规范性文件,但其只能依照法律赋予的设定权限、借助法定立法文件形式、严格遵循法定程序设定环境监管行政法律责任规范,不得借助非立法性的规范性文件设定环境监管行政法律责任规范。

2. 环境监管行政法律责任设定主体只能是依法享有公共行政法律责任设定权限的国家机关。所谓公共行政法律责任设定权是指借助特定的立法文件形式针对公共行政违法行为设定相应的行政法律责任规范的权力。公共行政法律责任的属性决定,可以依法设定司法法律责任的国家司法机关、军事法律责任的国家军事机关等拥有特定立法权的国家机关并不能成为公共行政法律责任的设定主体,因此也就不可能成为环境监管行政法律责任的设定主体。由于公共行政法律责任的设定包括了"创设"与"规定"两种不同的权能,因而国家机关拥有了行政法律责任的立法权就当然取得了对公共行政法律责任规范的"规定权",不同位阶、层级的立法文件均可对包括环境监管行政法律责任在内的公共行政法律责任作出执行性、实施性的具体规定。但国家机关拥有对公共行政法律责任的设定权未必就当然享有了对包括环境监管行政法律责任在内的公共行政法律责任规范的"创设权",公共行政法律责任规范的"创设权"只能由法律赋权的特定国家立法机关依法行使。

3. 环境监管行政法律责任的设定主体只能是对环境监管行政违法行为享有行政法律责任规范设定权限的国家机关。由于本文所称环境监管行政法律责任既包括了直接针对环境监管行政违法行为设定的行政法律责任,也涵盖了可以适用于包括环境监管行政违法行为在内的所有或者部分公共行政违法行为的一般性、通用性行政法律责任,因而,拥有公共行政法律责任设定权限的立法主体未必都享有上述两类行政法律责任的设定权限。在中央立法层面,全国人大及其常委会的法律、国务院的行政法规,既可依法设定适用于包括环境监管行政违法行为在内的各类公共行政违法行为及其行为主体的一般性、通用性行政法律责任规范,亦可直接针对环境行政主体及其公务员的环境监管行政违法行为设定特定的行政法律责任规范(例如,环境保护法律、法规对环境监管行政法律责任的设定);在国务院部门规章中,除了国务院公务员主管部门的行政规章可以在法律赋权范围之内,设定统一适用于行政机关公务员的行政法律责任规范之外,其他部门规章一般无权设定通用性行政法律责任规范,只能针对行业或部门行政管理的行政违法事项依法设定专门性的行政法律责任规范。因此,针对环境监管行政违法行为设定专门性环境监管行政法律责任规范的部门规章制定主体仅限于国务院环境保护行政主管部门以及其他环境行政主体,其他部门规章制定主体一般并无专门性环境监管行政法律责任规范的设定权限。在地方立法层面,地方性法规、地方政府规章原则上既可以在与上位法不抵触的前提下,依法设定适用于本行政区域内的一般性、通用性行政法律责任规范,也可以依法设定适用于本行政区域的专门性环境监管行政法律责任规范。

在环境监管行政法律责任规章设定主体及其权限方面,值得关注或讨论的一个重要问题是:国务院环境保护行政主管部门可否与国务院其他相关部门采用联合发文的方式,在部门规章之中设定专门性环境监管行政法律责任。根据 2000 年颁布实施的《立法法》第七十二条及 2015 年修订之后的《立法法》第八十一条的规定①,国务院有关部门是可以联合制定部门规章的。据此,国务院有关部门先后发布了一批与环境保护相关的部门规章。其大致有以下两种联合发文形式:(1)由国务院环境保护行政主管部门联合国务院其他相关部门制定并发文。此类部门规章所调整、规范的主要是环境保护事项,但因涉及相关部门职责权限范围内的事项,需要相关部门的配合与协同,通常由国务院环境保护行政主管部门牵头制定,并以其文号发布。如2010年环保部、国家质检总局发布了《进出口环保用微生物菌剂环境安全管理办法》;2014年环保部、商务部、海关总署发布了《消耗臭氧层物质进出口管理办法》。(2)由国务院其他部门联合国务院环境保护行政主管部门制定并发文。此类部门规章所调整、规范的主要是国务院其他部门主管的事项,但涉及环境保护等事项,需要环境保护行政主管部门以及其他相关部门的配合与协同。此类部门规章通常由规章所主要调整事项的主管部门牵头制定,并以其文号发布。如2003年财政部、国家环保总局制定发布了《排污费资金收缴使用管理办法》;2004年国家发展和改革委员会、国家环保总局发布了《清洁生产审核暂行办法》;2012年工业和信息化部、环保部发布了《铅蓄电池行业准入条件》;2013年国家发展和改革委员会、科技部、工业和信息化部、财政部、国土资源部、环保部等10个部门制定发布了《粉煤灰综合利用管理办法》。

在上述两类部门规章之中,大部分都有行政法律责任条款的规定。但其主要是针对行政相对人所设立的,对行政主体及其公

---

① 《立法法》(2015)第八十一条规定:"涉及两个以上国务院部门职权范围的事项,应当提请国务院制定行政法规或者由国务院有关部门联合制定规章。"

务员的行政法律责任鲜有规定,即便有规定也是很原则的概括性规定。本书认为在国务院部门联合发布的部门规章之中,如果国务院环境保护行政主管部门不是联合发文部门之一,就不得设定任何专门性的环境监管行政法律责任规范;在国务院环境保护行政主管部门作为制定发布主体之一的部门规章中,可以依法设定专门的环境监管行政法律责任规范,但必须符合下列条件的要求:(1)只能在法律赋予部门规章的设定权限范围之内对专门性环境监管行政法律责任作出规定。部门规章一般只享有专门性环境监管行政法律责任规范的规定权,并不应享有专门性环境监管行政法律责任规范的创制权。(2)在所设定的专门性环境监管行政法律责任条款之中,必须具体明确规定对专门性环境行政法律责任享有问责权的国家行政机关。在通常情况下,部门规章所规定的专门性环境监管行政法律责任的问责主体应限于联合发布了部门规章的环境保护行政主管部门、拥有特定环境保护职责权限的其他环境行政主体。要求在国务院环境保护行政主管部门与其他相关部门联合发布的部门规章的专门性环境监管行政法律责任条款中明确规定问责主体,实质上也在于释明在国务院部门联合发布的行政规章中设定专门性环境监管行政法律责任规范的权力来源及其合法性。在联合发布的部门规章之中明确专门性环境监管行政法律责任的问责主体,一方面是在表明部门规章中的环境监管行政法律责任规范是基于作为部门规章联合制定发布主体的国务院环境保护行政主管部门以及其他国务院环境行政主体的法定立法权限所设定的;另一方面也在于表明对国务院环境保护行政主管部门以及其他国务院环境行政主体在部门规章中所设定的专门性环境监管行政法律责任规范,各级各类环境保护行政主管部门以及其他环境行政主体均有贯彻实施的义务与责任。

二、环境监管行政法律责任设定主体的类别

基于以上对环境监管行政法律责任设定主体的界定,依据我国《立法法》等的相关规定,环境监管行政法律责任法定设定主体包括以下两类:

(一) 有立法权的国家权力机关

1. 法律制定机关。在我国,法律是由全国人大及其常委会制定的、效力仅次于宪法的主要法律渊源。根据我国《宪法》相关条款的规定,全国人大及其常委会行使国家立法权,全国人大制定和修改刑事、民事、国家机构的和其他的基本法律;全国人大常委会制定和修改除应当由全国人大制定的法律以外的其他法律,在全国人大闭会期间,对全国人大制定的法律进行部分补充和修改,但是不得同该法律的基本原则相抵触。据此可知,全国人大及其常委会作为我国最高的国家权力机关、立法机关,应有权设定任何形式的行政法律责任。

2. 地方性法规制定机关。地方性法规是由设区的市以上的地方人大及其常委会依法制定的、在本行政区域内发生法律效力的规范性法律文件。根据我国立法体制和《立法法》对地方性法规立法权限的规定①,省、自治区、直辖市人大及其常委会可以在法律、行政法规保留的行政法律责任立法事项之外,在不与法律、行政法

---

① 参见《立法法》(2015)第七十二条、第七十三条。

规相抵触的前提下，设定属于其立法权限范围之内的环境监管行政法律责任规范；设区的市的人大及其常委会可以在法律、行政法规保留的行政法律责任立法事项之外，在不与法律、行政法规、本省制定的地方性法规相抵触的前提下，可以在所制定的地方性法规之中设定属于其立法权限范围之内的包括环境监管行政法律责任在内的行政法律责任规范。

3. 自治条例、单行条例制定机关。《宪法》赋予民族自治地方的人民代表大会自治条例和单行条例立法权是我国贯彻落实民族区域自治制度的重要举措与体现。① 自治条例与单行条例立法权实质上仍然属于地方立法范畴，自治条例与单行条例是地方性法规的特殊立法形式。根据《立法法》（2015）第七十五条第二款②的规定精神，自治条例、单行条例可以在不违背法律、行政法规的基本原则与精神，不违反行政法律责任设定原则的前提下，依照当地民族的特点，在设定环境监管行政法律责任时对法律和行政法规的规定作出合法的变通性规定。

（二）国家行政立法机关

行政立法，通常是指享有立法权的国家行政机关依法制定具

---

① 《宪法》（2018）第一百一十六条规定："民族自治地方的人民代表大会有权依照当地民族的政治、经济和文化的特点，制定自治条例和单行条例。自治区的自治条例和单行条例，报全国人民代表大会常务委员会批准后生效。自治州、自治县的自治条例和单行条例，报省或者自治区的人民代表大会常务委员会批准后生效，并报全国人民代表大会常务委员会备案。"

② 《立法法》（2015）第七十五条第二款规定："自治条例和单行条例可以依照当地民族的特点，对法律和行政法规的规定作出变通规定，但不得违背法律或者行政法规的基本原则，不得对宪法和民族区域自治法的规定以及其他有关法律、行政法规专就民族自治地方所作的规定作出变通规定。"

有普遍约束力的行政法规、行政规章的行为。因其立法主体限于有立法权的国家行政机关，立法所调整和规范的事项限于国家或地方行政管理事项，立法文件形式限于法定的行政法规和行政规章，故统称为行政立法。根据我国《立法法》等的相关规定，我国享有环境监管行政法律责任规范设定权的国家行政立法机关包括以下几类：

1. 行政法规制定机关。行政法规是我国重要的法律渊源或形式，是中央人民政府即国务院制定的效力仅次于宪法、法律的立法文件。根据《宪法》第八十九条第（一）项、《立法法》第六十五条等对行政法规立法权限的规定，国务院作为我国最高国家行政机关，它有权在不违反宪法规定，不与法律规定相抵触，或者法律尚未设定行政法律责任的前提下，可以设定属于法律保留事项以外的包括环境监管行政法律责任在内的任何行政法律责任。

2. 国务院部门规章制定主体。环境监管行政法律责任的特性与部门规章的立法权限决定，并非所有的部门规章立法主体都有权设定环境监管行政法律责任规范。享有环境监管行政法律责任设定权限的部门规章立法主体只能限于国务院环境保护主管部门以及其他拥有规章立法权的环境行政主体、国务院公务员管理部门等。① 这些部门规章立法主体，可以在本部门职责权限范围内，

---

　　① 在统一的国家监察制度建立之前，原国家监察部属于国务院的组成部门之一，属于专门行使行政监察职权的国家行政机关，因而其可以依法制定行政监察方面的部门规章，属于国家行政立法机关。2018年3月20日第十三届全国人民代表大会第一次会议通过《中华人民共和国监察法》，标志着我国统一监察制度正式建立。国家监察机关成为了独立于政府行政机关、司法机关的另一类国家机关，国家监察委员会就不再属于国家行政立法机关。2019年10月26日第十三届全国人大常委会第十四次会议通过《全国人民代表大会常务委员会关于国家监察委员会制定监察法规的决定》，授权国家监察委员会根据宪法和法律，制定监察法规。监察法律、法规所规定的政务处分就成为了有别于传统行政法律责任的一类相对独立的监察法律责任形式。

并在法律、行政法规所规定的追究环境行政法律责任的行为、种类与幅度范围之内对环境监管行政法律责任作出具体的执行性规定,其在未获法律、行政法规授权的情况下,均不得在法律、行政法规的规定之外创设环境行政法律责任。

3. 地方政府规章制定主体。地方政府规章由《立法法》赋予行政规章立法权的设区的市以上的地方人民政府依法制定。根据《立法法》第八十二条对政府规章立法事项与权限所作的规定精神,地方政府规章不能在法律、行政法规、地方性法规的规定之外创设环境行政法律责任,只能在法律、行政法规、地方性法规所规定的追究环境监管行政法律责任的行为、种类与幅度范围之内对环境监管行政法律责任作出执行性规定。

三、环境监管行政法律责任的创设权与规定权

所谓环境监管行政法律责任的设定权限,就是指享有立法权的国家机关借助相应的立法文件形式并依照法定的程序设置环境监管行政法律责任规范的资格与权能。环境监管行政法律责任设定权主要包括了环境监管行政法律责任创设权与规定权两项权能。

所谓环境监管行政法律责任的创设权,是指有关立法主体在立法文件中创制新的环境监管行政法律责任并因此形成新的法律上的权利义务关系的权力,是立法主体所享有的制定原创性环境监管行政法律责任及其规范的权力。其主要表现在以下几个方面:

1. 新设应追究行政法律责任的环境监管行政违法行为。违法

行为是社会成员所实施的、具有社会危害性的、被国家法律宣布为违法的行为，是设定与追究法律责任的起因、根据和所针对的对象。责任法定的关键，首先是违法行为法定。而违法行为法定的关键，又是义务法定。义务、违法与法律责任三者的内在关系是：无义务即无违法，无违法即无责任。因此，违法行为的设定在法律责任的设定中具有基础性、前提性功能和作用。同时，由于违法行为的设定在实质上是对社会成员权利与自由的限制或剥夺，事涉人权保障，直接关乎社会公平正义，并在很大程度上反映特定国家的民主、法治进步程度及国家治理风格、社会的治乱状况，对违法行为的范围、类型等的设定权限必须进行严格的法律控制，以防止设定权力的滥用。本书认为，违法行为的设定权应属于法律保留的权力，即只有最高国家权力机关的法律可以创设违法行为，其他任何形式的立法文件只能在法律所规定的违法行为的范围之内作出相应的具体规定，不得设定新的违法行为。据此，新设应追究行政法律责任的环境监管行政违法行为的权力应归属于国家最高权力机关，并通过法律来设定。

2. 新设环境监管行政法律责任形式及其种类。环境监管行政法律责任形式是环境监管行政法律责任的具体表现方式，是环境监管行政法律责任的具体化，是对责任主体施加法律上的不利后果的实然载体与手段，离开了环境监管行政法律责任形式，环境监管行政法律责任就无从谈起。因此，责任形式的设定在环境监管行政法律责任的设定方面同样具有基础性、前提性作用。所谓新设环境监管行政法律责任形式及其种类，就是指在立法中创设以前所没有的环境监管行政法律责任的具体形式和种类。其既可以表现为在有创设权的立法主体的立法文件之中新设了同类立法文件以前所没有的环境监管行政法律责任形式、种类,也可以表现为有创设权的立法主体设定了不同层级的各种立法文件之中以前所没有的环境监管行政法律责任形式、种类。对于包括环境监管行政法律责任在内的公共行政法律责任形式创设权,目前我国立法并没有作具体明确的划分。笔者认为,在我国只有法律、法规可以根据特定法律的授权且在不违反法律的相关原则、精神的前提下,新设公共行政法律责任的形式与种类,其他立法文件非有法律的明确授权均不得擅自创设任何新的公共行政法律责任形式与种类。

3. 增加或减轻环境监管行政法律责任的强度。所谓环境监管行政法律责任的强度,主要是指特定环境监管行政法律责任对责任主体的行为、权益等的不利影响的程度,其主要表现为不利影响存续的时间长短、利益减损的大小等。例如,将法律规定的公务员警告行政处分的 6 个月期间予以延长或者减少,或者对受警告处分的公务员取消法定的在受处分期间不得晋升职务和级别的规定(减轻责任强度),或者对受警告处分的公务员在受处分期间不予晋升工资档次(加重责任强度)。增加或减轻环境监管行政法律责任的强度,直接关乎责任主体的重要权益与环境监管行政法律责任的严肃性、有效性,必须严格遵循依法变动原则,必须由拥有相应立法权的国家机关依法变更。在通常情况下,增加或减轻环境监管行政法律责任强度的权力主体与创设特定环境监管行政法律责任形式的主体应具有同一性,即哪个国家机关依法创设了特定环境监管行政法律责任及其法律后果,就只能由该国家机关依法增加或减轻环境监管行政法律责任的强度。

4. 变更或者新设环境行政问责主体。所谓环境行政问责主体,就是指负责追究环境监管行政法律责任的国家机关。按照责任法定的要求,对于已设的环境监管行政法律责任由谁来实际贯彻执行也必须法定。同理,变更或者新设环境行政问责主体也必须法定,即只有有权的国家机关才能依照法定程序并借助特定的立法文件形式变更或者新设环境行政问责主体。例如,如果将《行政机关公务员处分条例》第三十七条所规定的"对地方各级人民政府工作部门正职领导人员给予处分,由本级人民政府决定"修改为"对地方各级人民政府工作部门正职领导人员给予处分,由本级人民政府或者上一级行政监察机关决定",就属于变更或者新设环境行政问责主体的情形。

5. 变更或新设环境监管行政法律责任的强制性、刚性程序。所谓环境监管行政法律责任的强制性、刚性程序,是指有关环境行政问责主体在作出环境监管行政法律责任追究决定过程中所适用的具有法律约束力的、必须遵循的程序。违反此类程序,会直接导致环境监管行政法律责任决定不能成立或无效。例如,原《行政监察法实施条例》(2004)第二十四条第(一)项所规定的给予由权力机关任命或选举的担任行政领导职务公务员处分的程序就属于行政处分的强制性、刚性程序。变更或新设环境监管行政法律责任的强制性、刚性程序,也属于环境监管行政法律责任创设权的重要内容,必须由有权的国家机关依法变更或新设。对环境监管行政法律责任程序的新设,应当严格按照法律所赋予国家立法机关的公共行政法律责任设定权限进行;对于环境监管行政法律责任程序的变更,通常应按照"谁设定就由谁变更"的原则处理。

所谓环境监管行政法律责任的规定权,则是指对上位法已经创设的行政法律责任规范和制度作精细化的执行性、实施性规定的权力。环境监管行政法律责任"创设权"与"规定权"的主要区别在于是否创设以前所没有的、能够形成新的权利义务关系的环境监管行政法律责任内容和形式。设定权在本质上属于制度创制权。规定权则属于制度执行权、执行性立法权,它的基本功能就是将上位法已经设定的环境行政法律责任规范由"粗"变"细"、化"原则"为"具体"、由"不明确"变"明确",使之更加便于操作、执行。环境监管行政法律责任的设定权只属于特定的法律赋权的立法主体,环境监管行政法律责任规定权则为相关立法主体所共有。换言之,拥有环境监管行政法律责任创设权的立法主体同时拥有环境监管行政法律责任的规定权,但拥有环境监管行政法律责任的规定权的立法主体未必拥有环境监管行政法律责任的创设权。具体言之,环境监管行政法律责任规定权,主要用于对下列事项作出具体明确的规定:

1. 将上位法已经创设的追究环境监管行政法律责任的事由具体化。例如,《环境保护违法违纪行为处分暂行规定》第四条至第八条就结合环境监管、保护工作的实际,对《公务员法》《行政机关公务员处分条例》关于行政处分的事由作了富有针对性的具体化规定。

2. 将环境监管行政法律责任的问责主体具体化或明确化。例如《北京市水污染防治条例》(2010)第七十七条[①]的规定,相对于

---

① 《北京市水污染防治条例》(2010)第七十七条规定:"市和区、县环境保护行政主管部门或者其他依照本条例规定行使监督管理权的部门有下列行为之一的,由任免机关或者监察机关依法对直接负责的主管人员和其他直接责任人员给予行政处分;构成犯罪的,依法追究刑事责任:(一)不依法作出行政许可或者办理批准文件的;(二)未按规定实施行政处罚或者违法采取行政措施的;(三)发现违法行为或者接到对违法行为的举报后不予查处的;(四)其他未依照本条例规定履行职责的行为。"

《水污染防治法》(2008)第六十九条①的规定而言,对环境行政问责主体的规定就更加具体、明确。

3. 设定有助于已经创设的环境监管行政法律责任得以有效实现的法律规范(主要是行政程序规范)。例如,《环境保护违法违纪行为处分暂行条例》第十三条对环境保护违法违纪案件的移送等的规定,《行政机关公务员处分条例》第四十二条、第四十三条关于办理违法违纪案件回避制度的规定等就属于此类规定。

4. 将已经确定的环境监管行政法律责任裁量权规范化。例如,《行政机关公务员处分条例》就对《公务员法》所规定的行政处分事项、权限、程序、适用规则等作了比较具体明确的规定,较好规范了对公务员行政处分方面的裁量权。需要特别说明的问题是:环境监管行政法律责任规定权的特性决定,对于属于上位法立法权限范围内的环境监管行政法律责任事项,行使规定权的立法主体不得超越权限作出创设性的规定。但并不意味着,立法主体在行使环境监管行政法律责任设定权时,就没有丝毫的法律规范创设权。为了更加有效贯彻落实上位法所创设的环境监管行政法律责任规范,行使环境监管行政法律责任规定权的立法主体,在必要时也可在其立法权限范围之内、在不违反上位法的原则与规定精神的前提下,行使一定的、关于环境监管行政法律责任程序性规范和制度的创制性立法权。

---

① 《水污染防治法》(2008)第六十九条规定:"环境保护主管部门或者其他依照本法规定行使监督管理权的部门,不依法作出行政许可或者办理批准文件的,发现违法行为或者接到对违法行为的举报后不予查处的,或者有其他未依照本法规定履行职责的行为的,对直接负责的主管人员和其他直接责任人员依法给予处分。"

对于环境监管行政法律责任的设定权限除了可以作如上的"创设权"与"规定权"的划分之外,还可以作如下的类型化分析:

1. 通用性公共行政法律责任的设定权与专门性环境监管行政法律责任设定权。所谓通用性公共行政法律责任设定权,是指可以设定适用于包括环境监管行政违法行为在内的全部或者部分公共行政违法行为的行政法律责任规范的设定权。所谓"通用性",既是指所设定的公共行政法律责任规范适用于全国或特定行政区域的全部或部分公共行政责任主体,也是指所设定的行政法律责任规范适用于全国或特定行政区域内的全部或部分公共行政违法行为,并不仅限于全国或特定行政区域内的环境行政主体及其公务员的环境监管行政违法行为。如《行政机关公务员处分条例》对行政处分责任所作的规定就适用于全国各级各类行政公务员,具有"通用性"特点,是关于行政机关公务员行政处分的一般法,不论是给予实施了环境监管行政违法行为的公务员行政处分,还是给予其他行政公务员行政处分都要一体遵从。根据我国立法体制及立法权限的划分,国家最高权力机关与中央人民政府可以在其立法权限范围之内通过法律、行政法规设定全国适用的通用性公共行政法律责任规范,拥有地方立法权的地方国家权力机关与人民政府可以在其立法权限范围之内通过地方性法规、政府行政规章设定适用于本行政区域范围之内的通用性公共行政法律责任规范,其他国家机关均无权设定适用于全国或者地方的通用性行政法律责任规范。所谓专门性环境监管行政法律责任的设定权则是指,依法设定针对具体环境监管行政违法行为的行政法律责任规范的权限。所谓"专门性",既是指行政法律责任规范专门针对环境监管行政违法行为而设定,也是指所设定的行政法律责任规范只适用于环境行政主体及其公务员,对其他国家行政机关及其公务员并无约束力。专门性环境监管行政法律责任规范既可以由享有通用性行政法律责任设定权的国家机关设定,也可以由享有立法权的环境行政主体在其立法权限范围之内依法设定。

2. 权力机关的环境监管行政法律责任设定权与行政机关的环境监管行政法律责任设定权。所谓权力机关的环境监管行政法律责任设定权,是指国家最高权力机关以及拥有地方立法权的地方国家权力机关设定环境监管行政法律责任规范的权力。根据《立法法》等的规定精神,国家最高权力机关可以设定任何形式、任何类型的环境监管行政法律责任及相应的法律规范;地方国家权力机关可以在法律赋予的立法权限范围之内设定可以适用于本行政区域之内的环境监管行政法律责任规范。所谓行政机关的环境监管行政法律责任设定权,则是指拥有立法权的中央与地方国家行政机关设定环境监管行政法律责任规范的权力。根据《立法法》等的规定精神,国务院可以设定除法律保留事项以外的各种形式、类型的环境监管行政法律责任及相应的法律规范;国家生态环境部等相关的国务院环境行政主体,可以在法律赋予的立法权限范围之内设定专门性的环境监管行政法律责任规范;拥有行政规章制定权的地方人民政府可以在法律赋予的立法权限范围之内设定适用于本行政区域的通用性或专门性行政法律责任规范。

第二节　环境监管行政法律责任问责事由探究

一、环境监管行政法律责任问责事由的涵义

在环境行政法的视域内,所谓环境监管行政法律责任的问责事由,就是指相关立法文件所设定的追究环境行政主体及其公务员环境监管行政法律责任的事项或因由,简言之,就是指设定并追究环境监管行政法律责任的理由或根据。因行政法律责任是违反了行政法律规范而应当承担的行政法上的责任,故,环境监管行政法律责任的问责事由实际上就是指应责的环境监管行政违法行为。据此,可将环境监管行政法律责任问责事由的基本特征归纳为以下几个方面:

1. 环境监管行政法律责任问责事由是指环境行政主体及其公务员在履行环境监管职能方面的行政违法行为,即所谓环境监管行政违法行为。

2. 环境监管行政法律责任问责事由是环境行政主体及其公务员违反法定的环境监管义务性规范,或者不履行法定的环境监管义务性规范的具体行为样态。

3. 环境监管行政法律责任的问责事由是设定具体的环境监管行政法律责任的起因和根据。

问责事由是设定环境监管行政法律责任的基础与核心,离开

了问责事由，也就不可能产生相应的环境监管行政法律责任及其追究问题。问责事由在设定环境监管行政法律责任中的这种地位决定，如果在立法文件之中对问责事由的设定不科学、不合理、不精细，即便设置了环境监管行政法律责任，也往往难以得到有效的实现。因此，在相关立法尤其是环境保护法律法规中科学合理设定环境监管行政法律责任的问责事由具有重要的意义和作用。

二、环境监管行政法律责任问责事由的研究现状

由于环境监管行政法律责任是因环境监管行政违法行为引致的一类行政法律责任，环境监管行政法律责任问责事由的设定在一定程度上可以被视为对环境监管行政违法行为的行为类型、样态在立法中的具体表达或体现。只有在理论上梳理清楚环境行政主体及其公务员在履行环境监管职责中可能违反行政法律规范的各种行为类型与样态，才有可能精准把握科学设定问责事由的重点、难点，并对其作出富有针对性、实际可操作性的科学务实设定。因而，要设定好环境监管行政法律责任的问责事由，必须首先要了解和把握行政法学界对公共行政违法行为类型、行为形态所作的研究。

这些年来，行政法学界对于公共行政违法行为（即通常所说的"违法行政"）的类型、形态已经作了比较深入的研究，形成了较丰富的相关研究成果。在公共行政违法行为的类型划分方面，相关研究成果作了较多的类型划分。例如，有论著将违法行政划分为

了规范创制行为违法与具体行政行为违法;①有论著将违法行政划分为了行政实体违法与行政程序违法,行政机关(含其他行政公务组织)的行政违法与公务员的行政违法,依职权的行政违法、依授权的行政违法与依委托的行政违法,内部行政违法与外部行政违法,行政作为违法与行政不作为违法,形式意义上的行政违法与实质意义的行政违法,行政违法与行政不当,单独行政违法与共同行政违法,行政职权违法与行政义务违法,行政部分违法与行政全部违法,犯意的行政违法与无犯意的行政违法,单方行政违法与双方行政违法等类别;②有论著以违法行政的形式为标准,将其划分为了实体违法和程序违法、行政违法和行政犯罪、作为的违法和不作为的违法;③有论著依据不同的标准将行政违法划分为了作为的行政违法和不作为的行政违法、故意的行政违法和过失的行政违法、抽象行政行为的违法和具体行政行为违法,以及越权的行政违法、滥用权力的行政违法和失职的行政违法等类别④。在公共行政违

---

① 鉴于传统的抽象行政行为与具体行政行为分类存在明显的逻辑错误(参见刘志坚:《对具体行政行为与抽象行政行为分类的逻辑思考》,《科学·经济·社会》2000年第2期),可以根据行政行为是否创制具有普遍约束力的行政规范,将与之相对应的行政行为类别划分为制定行政规范的行政行为(对应于"抽象行政行为")与执行行政规范的行政行为(对应于"具体行政行为")(参见刘志坚、程雁雷主编:《行政法与行政诉讼法学》,人民法院出版社、中国社会科学出版社2003年版,第133—134页),并将违法行政的行为相应划分为制定行政规范的行为违法与执行行政规范的行为违法两类。

② 参见杨解君、孙学玉:《依法行政论纲》,中共中央党校出版社1998年版,第317—328页。

③ 参见邹东升:《违法行政的形式和构成解析》,《西南政法大学学报》2002年第1期,第93页。

④ 参见魏赛娟:《行政法与行政诉讼法》,中山大学出版社1996年版,第198—202页。

法行为的基本形态研究方面,有论著认为"行政违法形态,即行政违法的具体表现形式。它是对行政违法行为分类的具体化",行政违法可以划分为行政错误(包括事实错误、法律适用错误、文书记录方面的错误、意思形成错误)、行政越权(包括无权限、层级越权、事务越权、地域越权、内容越权、内部越权)、滥用职权(表现为违背法定目的、考虑不当、随意裁量、明显违背常理)、程序违法(表现为方式违法、步骤违法、期限违法)、内容违法(表现为与法律依据不相符合、不履行法定职责、事实或法律上不可能、违反行政合理性原则和行政公正性原则)等形态;①有论著将违法行政的基本形态概括为事实根据不合法、适用法律错误、程序违法、行政越权、内容违法、滥用职权、行政失职、显失公正与违法行政九种类型;②有论著根据《行政诉讼法》《国家赔偿法》的相关规定,将行政违法的表现形式概括为具体行政行为的主要证据不足、具体行政行为适用法律法规错误、具体行政行为违反法定程序、行政机关及其工作人员滥用职权、行政机关及其工作人员不履行法定职责、违法的事实行为③。

　　上述关于公共行政违法行为的类型与行为样态的代表性论点,虽然其中也存在一些值得商榷或完善的问题④,但毕竟从不同

---

①　参见杨解君:《行政违法论纲》,东南大学出版社1999年版,第160—190页。

②　参见姚锐敏、易凤兰:《违法行政及其法律责任研究》,中国方正出版社2000年版,第85—168页。

③　参见马怀德:《中国行政法》,中国政法大学出版社1997年版,第192—199页。

④　例如,将"行政违法与行政不当""行政违法和行政犯罪"等作为违法行政的分类显然不合逻辑。

视角揭示了违法行政的行为类型及其表现形态,对于认知违法行政行为并科学设定环境监管行政法律责任的问责事由不失积极的参考或指导意义。

三、环境监管行政法律责任问责事由的类型

学界在上述关于违法行政的类型及其表现形式之外,对环境行政主体尤其是公务员可能违反环境行政法律规范并引致环境监管行政法律责任产生的违法行为进一步作如下的类型化分析,这对于在环境保护法律法规中设定好环境监管行政法律责任的问责事由,具有重要的学术理论意义与实际应用价值。

1. 根据环境行政主体及其公务员的公务违法行为是否因履行环境监管职能而发生,可将其划分为履行环境监管职能的公务违法行为与非履行环境监管职能的公务违法行为两类。由于环境行政主体及其公务员在国家与社会生活中,并非仅扮演行政主体、行政公务员的角色,其还有可能因实施民事经济行为、诉讼行为、犯罪行为而成为民事法律关系、诉讼法律关系、刑事法律关系等法律关系的主体,因此,根据环境行政主体及其公务员的公务行为是否属于履行环境监管职能,可以将其划分为履行环境监管职能的公务行为与非履行环境监管职能的公务行为(如单位内部一般性行政事务的处理、单位物资采购、参加民事调解与诉讼活动等)两类。与之相适应,环境行政主体及其公务员的公务违法行为也可以相应被划分为履行环境监管职能的公务违法行为与非履行环境监管职能的公务违法行为两类。所谓履行环境监管职能的公务违法行为,是指环境行政主体及其公务员在对环境及影响环境的行为、事

项等实施监督与管理活动过程中并因环境监管活动本身产生的行政违法行为。其在违法行为形态上包括了作为的违法与不作为的违法、故意的违法与过失的违法、实体性违法与程序性违法等基本形态。所谓非履行环境监管职能的违法行为,则是指履行环境监管职能的违法行为以外的其他公务违法行为。此类行为可能与履行环境监管职能有关,如行政主体组织内部的人财物管理方面的违法行为对于搞好环境监管往往会产生负面的影响,但其并不属于环境监管行政违法行为的范畴。

对于环境行政主体及其公务员的公务违法行为作如此分类的意义在于:履行环境监管职能的公务违法行为是设定环境监管行政法律责任问责事由的对象或标的。换言之,在国家环境保护法律、法规之中,环境监管行政法律责任问责事由只能针对环境行政主体及其公务员履行环境监管职能的公务违法行为设定,一般不能针对公务员非履行环境监管职能的公务行为以及非公务行为设定。

2. 根据环境行政主体及其公务员的环境监管行政违法行为发生的时空条件的不同,可将其划分为内部性环境监管行政违法行为与外部性环境监管行政违法行为。所谓内部性环境监管行政违法行为,是指环境行政主体及其公务员在按照内部工作规程(包括环境行政主体上下级之间)处置特定环境行政监督和管理事项时所实施的违法行为,如按照内部行政程序编制和批准环境保护规划、审批环境保护项目、制定环境标准,以及按照内部议事程序议决环境行政许可、环境行政强制、环境行政处罚等。其实际包括了实施内部性行政行为违法与实施外部性行政行为的内部决策违法两种情形。此类环境监管行政违法行为的基本特点是:在实施的空间范围方面,限于环境行政主体或者环境行政系统内部,所议决的环境监管事项或属于内部行政的范畴,或虽属于外部行政事项,但尚未对外部行政相对人发生法律效力,对外部行政相对人的行为、权益尚未产生实际影响;在实施的时间范围方面,通常发生在对特定环境监管事项的行政决策阶段,尚未进入实施或执行过程。所谓外部性环境监管行政违法行为,则是指针对作为外部行政相对人的公民、法人或者其他组织所实施且对外部行政相对人的行为、权益产生直接或间接影响的违法行为。

划分此类环境监管行政违法行为,有助于认识并克服环境监管行政法律责任设定中或多或少存在的重外部性行为控制而轻内部性行为控制的倾向。在环境保护法律法规中,理应针对两类环境监管行政违法行为的不同特性,富有针对性地统筹兼顾设定内外部环境监管行政法律责任问责事由。

3. 根据环境行政公务员违反行政法律规范的行为是否与公务活动有关,可将其划分为公务违法行为与非公务违法行为。所谓公务违法行为,是指环境行政公务员在履行行政公务活动过程中并因公务活动所引致的违法行为。如前所述,由于环境行政主体及其公务员的公务活动有环境监管公务与非环境监管公务之分,因而其公务违法行为相应就有履行环境监管职能的公务违法行为与非履行环境行政管理职能的公务违法行为之分。所谓非公务违法行为,则是指环境行政公务员所实施的与履行公务活动没有关系(如赌博、实施民事侵权行为等)或者与公务活动没有直接关系(如发表反动言论等)的违法行为。公务行为违法与非公务行为违法,与学界所作的公务员(国家工作人员)职内行为违法与职外行为违法、公务违法与个人违法的分类大致相同。所谓职内行为违法,是指公务员在行使行政权力、履行行政职责义务过程中所实施的与职务权责密切相关的违法行为,简言之就是行政工作违法。所谓职外行为违法,是指公务员与履行行政管理权限、职责、工作义务无直接关系的行为违法。职外行为违法,既可以发生在上班期间(如公务员在办公室赌博、打架、盗窃等违法行为当然属于职外行为违法),也可以发生在非上班期间。

对环境行政公务员的违法行为作如此分类对设定环境监管行政法律责任问责事由的意义和作用主要在于:环境监管行政法律责任问责事由只能针对公务员公务违法行为设定,而通常不能也不适宜针对非公务违法行为、职外违法行为或个人违法行为设定;只能针对公务员公务违法行为之中的履行环境监管职能的违法行为设定,一般不宜针对非履行环境监管职能的公务违法行为设定。

4. 根据环境行政公务员所实施的违反行政法律规范的行为与其公职身份、职责等的关联程度的不同,可将其划分为违反环境监管义务性规范的违法行为与违反非环境监管义务性规范的违法行为。公民一旦担任公务员,就与国家形成了一种特定的法律关系——国家职务关系,并基于这种法律关系,在国家与社会生活中他就可以代表国家实施行政管理活动,依法享有公职身份与职务上的法定权利,并承担相应的、有别于普通公民的法律义务。[①] 就因行政职务关系所形成的公务员的法定义务而言,既有履行特定行政管理职能的义务,也有因其公职身份、职业所产生且与公职身份、职业不可分离的诸如政治行为义务、职业伦理义务、廉政行为

---

① 参见刘志坚、程雁雷主编:《行政法与行政诉讼法学》,人民法院出版社、中国社会科学出版社 2003 年版,第88—93 页。

义务、内务守则义务等其他法定义务。因此,对公务员基于行政职务关系的违反行政法律规范的行为,大致可以划分为违反特定行政管理工作义务性规范的违法行为与违反其他义务性规范的违法行为两类。与之相适应,环境行政公务员的公务违法行为大致亦可划分为违反环境监管义务性规范的违法行为与违反非环境监管义务性规范的违法行为两类。所谓违反环境监管义务性规范的违法行为是指公务员在实施环境监管活动过程中,违反法定的环境监管应为性规范、必为性规范、禁为性规范等的公务违法行为。所谓违反非环境监管义务性规范的违法行为,则是指违反了环境监管义务性规范之外的其他基于行政职务关系且与公务员身份、职业不可分离的义务性规范的违法行为。

对环境行政公务员的行政违法行为作如此分类,有助于比较清晰地界分公共行政法律责任专门法(如《行政机关公务员处分条例》)与行业或部门行政管理法律法规针对特定公务员所设定的行政法律责任问责事由的调整范围。在公共行政法律责任专门法中,理应对公务员应当承担行政法律责任的各种重要的法定事由(违法行为)作出比较全面、系统的规定,既要设定违反行政管理工作的一般性义务规范的行政法律责任,同时也要设定公务员违反政治行为规范、职业伦理规范等其他重要的非行政管理义务性规范行为的行政法律责任。但在包括环境保护法律法规在内的行业或部门行政管理立法之中,应当重点设定好违反特定行政管理义务性规范的问责事由及其相应的行政法律责任,一般不宜重复设定已经为公共行政法律责任专门性立法所设定的违反其他义务性规范的问责事由及其责任。

第三节　环境监管行政法律责任的责任形式考察

一、环境监管行政法律责任形式的涵义

行政法律责任的形式，就是指法律所规定的可以适用于责任主体的具体责任种类及其表现形式、方式。故研究行政法律责任的相关论著，在较普遍使用"行政法律责任形式"这个概念范畴的同时，还使用与之相同义的"行政法律责任承担方式""行政法律责任承担形式"等概念范畴。[①] 与行政法律责任形式的概念相适应，所谓环境监管行政法律责任的形式，就是指环境行政主体及其公务员因其环境监管行政违法行为而依法应当承担的行政法律责任的具体形式。

环境监管行政法律责任形式与环境监管行政法律责任是两个既相联系，又有区别的概念范畴。首先，两者具有逻辑上的包含与被包含关系，环境监管行政法律责任包含了环境监管行政法律责任形式，环境监管行政法律责任形式同时也是环境监管行政法律责任的重要构成要素。离开了环境监管行政法律责任形式的环境

---

① 例如，有论著认为各种行政法主体的性质、地位不同，加之各种违法行为的性质、情节、后果的不同，决定了不同的行政法主体往往承担着不同的行政法律责任形式（参见张泽想：《我国行政法主体对行政法律责任的承担》，《河北法学》1992 年第 1 期，第 36 页）；有论著认为，所谓行政法律责任的承担方式，就是行政法规定的责任人担当否定性法律后果的独特形式，也可称作行政法律责任措施或行政法律责任手段（参见任志宽等：《行政法律责任概论》，人民出版社 1990 年版，第 93 页）。

监管行政法律责任是不可能存在的。其次，两者是内容与形式之间的相互关系。哲学原理告诉我们，世界上的任何事物都是内容与形式的辩证统一。环境监管行政法律责任形式，既是环境监管行政法律责任不可或缺的构成要素，又是其不可或缺的外在表现形式，是责任主体应当承担的行政法上的不利法律后果的具体方式、方法或措施，是对环境监管行政法律责任具体化的外在体现。最后，两者是目的与手段之间的关系。虽然，相对于环境监管行政法律责任应有的社会功能与作用而言，设定环境监管行政法律责任本身并不是目的，但并不能因此说设定特定的环境监管行政法律责任及其规范就没有其目的性。任何环境监管行政法律责任及其规范的设定，都有其直接目的，即针对特定行为人的特定违法行为设定法律上的不利后果，以进行法律问责。显然，要设定法律上的不利后果，要对责任人进行有效问责，当然就需要借助特定的能够实际减损责任人权益、贬损其人格声誉、限制其行为等的不利性手段、措施，否则就不可能实现设定法律责任的直接目的及其所能发挥的各种社会功能。简言之，环境监管行政法律责任形式使得环境监管行政法律责任由应然转化为实然状况成为可能，为环境监管行政法律责任的最终实现提供了可能性。但要将这种可能性转化为现实性，还有赖于有关环境行政问责主体实际适用已设定的环境监管行政法律责任形式追究责任人的责任。由上可知，环境监管行政法律责任形式及其设定在环境监管行政法律责任设定中具有十分重要的地位和作用。设定环境监管行政法律责任必须做到责任形式明确。如果针对特定的环境监管行政违法行为未设定相应的行政法律责任形式，或者没有设定具体、明确、可操作的环境监管行政法律责任形式，或者所设定的特定环境监管行政法律责任形式与特定环境监管行政违法行为不相适应等，都不可能使所设定的环境监管行政法律责任发挥其应有的效用，不可能切实保障环境监管行政法律责任的有效实现。因此，环境监管行政法律责任形式是研究环境监管行政法律责任设定及其实现的重要内容之一。

二、公共行政法律责任形式的研究现状

环境监管行政法律责任属于公共行政法律责任的范畴，所谓环境监管行政法律责任形式实质上就是指公共行政法律责任的形式，是公共行政法律责任形式在环境行政法上的具体体现和运用。因此，对公共行政法律责任形式的研究，实际上就是对环境监管行政法律责任形式所作的研究。我国行政法学界对公共行政法律责任形式所作的研究，除了涉及公共行政法律责任责任形式及其适用、责任形式的完善、不同责任及其形式的协调与衔接等问题之外，主要集中在对公共行政法律责任种类或类型的研究方面。自20世纪末开始，在行政法论著中逐渐对公共行政法律责任及其形式问题有较多涉论。相关研究成果或在对公共行政法律责任本身的分类研究中，论述了公共行政法律责任的类型，或专门对公共行政法律责任形式之类型作了划分、论述，归纳、总结了公共行政法律责任形式的具体种类，并对公共行政法律责任形式的种类作了大同小异的理论阐释。

（一）根据功能或作用的不同对公共行政法律责任形式所作的分类

1. 惩罚性（或称制裁性）责任形式与补救性责任形式。这是

对公共行政法律责任形式最基本也是最常见的分类。例如，有论著认为："行政机关及其公务员承担行政法律责任的方式通常由惩罚性方式和补救性方式构成，它们互相补充、相互联系，形成一个完整的行政法律责任方式的结构，以适应制裁各种行政违法的需要。"①有论著认为"由于行政责任包括对行为人的制裁与对行为后果的补救两项基本内容，所以形式与内容相适应，行政责任的形式也可被划分为制裁性行政责任和补救性行政责任两大类"，并认为适用于行政主体的制裁性行政责任主要是通报批评，适用于行政公务员的制裁性行政责任形式主要是通报批评和行政处分；适用于行政主体及其公务员的补救性行政责任的形式主要包括承认错误、赔礼道歉、退还权益、恢复原状等，仅适用于行政主体的补救性行政责任形式主要有纠正违法行为、承担行政赔偿等，仅适用于行政公务员的补救性行政责任包括行政追偿等。② 有学者将行政法律责任的承担方式，划分为了惩戒性行政法律责任承担方式和补救性行政法律责任承担方式，并进而将惩戒性行政法律责任的承担方式划分为了精神方面的行政法律责任的承担方式、财产方面的行政法律责任的承担方式、人身方面的行政法律责任的承担方式，将补救性行政法律责任的承担方式，划分为了承认错误、恢复名誉方面的行政法律责任承担方式，恢复原初状态的行政法律责任承担方式，履行曾懈怠义务的行政法律责任的承担方式，赔偿

---

① 梁津明：《论行政机关及其公务员行政法律责任》，《法学家》1999 年第 4 期，第 30 页。

② 参见刘志坚、程雁雷主编：《行政法与行政诉讼法学》，人民法院出版社、中国社会科学出版社 2003 年版，第 314 页。

损失的行政法律责任承担方式等。①

　　2. 制裁性责任形式、补救性责任形式和强制性责任形式。例如,有论著认为行政机关的制裁性行政法律责任包括通报批评、警告,补救性行政法律责任包括承认错误、赔礼道歉、恢复名誉、消除影响、履行法定职责、撤销违法、纠正不当、返还权益、恢复原状、行政赔偿,强制性行政法律责任包括划拨和执行罚。行政机关工作人员的制裁性行政法律责任主要是通报批评和行政处分,补救性行政法律责任主要是行政追偿;②有论著认为制裁性行政责任、强制性行政责任和补救性行政责任这三类行政法律责任是紧密联系、互为补充和有所区别的。其中强制性行政责任包括强制划拨和执行罚。③

　　(二) 根据责任承担主体之不同对公共行政法律责任形式所作的分类

　　在这个方面最常见的分类是将公共行政法律责任划分为行政主体(或称"行政机关""行政组织体"等)责任与公务员(或称"行政公务人员""行政工作人员"等)责任。例如,有论著认为,行政主体的行政责任形式包括撤销违法的抽象行政行为,履行职务,纠正不当,返还权益、恢复原状,停止侵权行为,撤销侵权决定,通报批评,赔礼道歉、承认错误,恢复名誉、消除影响,行政赔偿;公务员的行政责任形式包括通报批评,赔礼道歉、承认错误,

　　① 参见任志宽等:《行政法律责任概论》,人民出版社1990年版,第94—95页。
　　② 参见张泽想:《我国行政法主体对行政法律责任的承担》,《河北法学》1992年第1期,第36页。
　　③ 参见皮纯协:《行政法学》,群众出版社1999年版,第219页;丁国伟等:《行政法问题研究:行政法学基本原理》,黑龙江人民出版社2008年版,第274页。

停止侵害行为,行政追偿,行政处分。① 再如,有的论著还根据承担行政法律责任主体的不同,将公共行政法律责任的承担形式划分为了行政机关行政法律责任的承担方式、行政机关工作人员行政法律责任的承担方式和行政受托人行政法律责任承担方式三类。②

（三）根据责任内容的不同对公共行政法律责任形式所作的分类

根据公共行政法律责任内容与后果的不同,对其责任及其形式所作的最常见分类就是财产性行政法律责任与非财产性行政法律责任。例如,有论著将行政责任分为财产性行政责任和非财产性行政责任,并认为财产性行政责任是指以财产为责任承担内容的行政责任,非财产性行政责任是指不以财产为责任承担内容,而以人身、行为等为责任承担内容的行政责任;③有论著将行政法律责任划分为财产性行政法律责任和非财产性行政法律责任,并将非财产性行政法律责任划分为了精神方面的行政法律责任（包括警告、通报批评等）、权能方面的行政法律责任（包括撤职、开除等）、人身方面的行政法律责任（包括行政拘留、劳动教养等）;④还有论著将行政法律责任及其形式划分为财产性责任与非

---

① 参见王世涛:《行政侵权研究》,中国人民公安大学出版社 2005 年版,第219—240 页。
② 参见任志宽等:《行政法律责任概论》,人民出版社 1990 年版,第 94 页。
③ 参见徐静琳:《行政法与行政诉讼法学》,上海大学出版社 2005 年版,第219 页。
④ 参见温晋锋:《行政法学》,南京大学出版社 2002 年版,第 306 页;姚锐敏、易凤兰:《违法行政及其法律责任研究》,中国方正出版社 2000 年版,第 193—194 页。

财产性责任①。

(四) 根据问责或责任追究主体不同对公共行政法律责任及其形式的分类

根据公共行政法律责任问责或追究主体之不同,相关研究成果通常对其作权力机关追究的行政法律责任形式、行政机关追究的行政法律责任形式与司法机关追究的行政法律责任形式之分。例如,有论著将我国行政不作为之行政法律责任承担方式主要分为了权力机关追究下的行政法律责任承担方式(依法罢免)、行政机关追究下的行政法律责任承担方式(分为外部责任承担方式,包括确认违法、责令履行、行政赔偿等责任形式;内部责任承担方式,包括行政纪律处分以及行政赔偿、行政追偿等经济责任形式)、司法机关追究下的行政法律责任承担方式(包括确认违法、责令履行、国家赔偿);②有论著将违法行政责任划分为权力机关确认和追究的违法行政责任、行政机关确认和追究的违法行政责任和司法机关确认和追究的违法行政责任③。

综上所述,我们可将学界关于公共行政法律责任形式及其种类的研究作如下几点归纳:

1. 对于可分类的特定事物或研究对象,可以根据不同的标准进行多视角的分类研究。对公共行政法律责任形式的研究当然也

---

① 参见王连昌:《行政法学》(修订本),中国政法大学出版社 1999 年版,第99—101 页。

② 参见梁津明:《行政不作为之行政法律责任探究》,中国检察出版社 2011 年版,第86—89 页。

③ 参见姚锐敏、易凤兰:《违法行政及其法律责任研究》,中国方正出版社 2000 年版,第 194—195 页。

不例外。上述对公共行政法律责任及其形式所作的诸如惩罚性（惩戒性、制裁性）行政法律责任与补救性行政法律责任、财产性行政法律责任与非财产性行政法律责任、行政主体行政法律责任与行政公务员行政法律责任等类型划分，基本已经形成学界共识，对于深入认知公共行政法律责任形式，继而科学设定与有效实现包括环境监管行政法律责任在内的公共行政法律责任具有积极而重要的学术理论意义和实际应用价值。

2. 关于行政主体或者国家行政机关（行政组织）行政法律责任的具体责任形式主要是补救性行政法律责任形式。具体言之，行政主体所承担的惩罚性责任形式包括通报批评、警告；所承担的补救性行政责任包括承认错误、赔礼道歉，恢复名誉、消除影响，返还权益、恢复原状，履行法定职责或职务，撤销违法决定、撤销违法的规范性文件或抽象行政行为，改正、停止违法行政行为，纠正不当行为，行政赔偿等；所承担的强制性行政法律责任包括强制划拨和执行罚。

3. 行政公务员承担的行政法律责任形式，主要是惩罚性行政法律责任形式。其惩罚性行政法律责任形式的种类包括通报批评、行政处分、罢免；补救性行政法律责任形式的种类包括通报批评、赔礼道歉、承认错误、停止侵害行为、行政追偿等。

4. 学界关于公共行政法律责任形式及其类型的研究，大多沿袭了传统的观点，不但研究深度及创新性明显不够，而且还不乏值得商榷之处。例如，将公共行政法律责任的形式或者承担方式划分为权力机关确认和追究的行政法律责任形式、行政机关确认和追究的行政法律责任形式与司法机关追究的行政法律责任形式，以及将强制性行政法律责任作为行政法律责任的一种形式等观点,显然存在混淆了行政法律责任与因行政引致的其他法律责任、行政法律责任形式与法定强制性措施等之间的相互关系等问题。

与行政法律责任形式问题的研究现状相适应,环境监管行政法律责任形式的研究同样也存在混淆了环境监管行政法律责任与其他性质的法律责任、环境监管行政义务与环境监管行政法律责任、环境监管行政法律责任形式与法律强制方法、补救性环境监管行政法律责任与一般补救性法律措施等问题。例如,环境法论著在讨论政府环境责任问题时,大多从广义“行政法律责任”视角立论立言,环境行政义务与环境行政法律责任混同适用。① 再如,在环境行政主体行政法律责任形式方面,有论著即认为:“环境行政主体行政法律责任承担的具体形式一般包括通报批评、赔礼道歉、承认错误、恢复名誉、消除影响、返还权益、恢复原状、停止违法行为、履行职务、撤销违法的行政行为、纠正不当的行政行为和行政赔偿。”②

---

① 例如,有论著认为政府环境责任是指在环境保护领域,中央和地方各级人民政府以及执行公务的人员,根据环境保护的需要和政府的职能定位所确定的分内应做的事,以及没有做或没有做好分内应做的事时所要承担的不利后果,包括积极和消极两个层面的政府环境责任[参见钱水苗:《政府环境责任与〈环境保护法〉的修改》,《中国地质大学学报》(社会科学版)2008 年第 2 期,第 49 页];有论著认为政府环境责任是指环境立法中所规定的政府在环境领域承担的第一性环境义务和第二性环境义务,环境的公共性决定了政府环境责任的重要性(参见张建伟:《完善政府环境责任的若干思考》,《河北法学》2008 年第 3 期,第 26 页)。

② 蔡守秋:《环境资源法学教程》,武汉大学出版社 2000 年版,第 507—508 页。

三、中国古代的官吏惩戒责任形式

中国传统文化中的许多内容具有相对真理的成分,是中国社会发展链条上不可或缺的环节。就法律文化和政治制度方面来看,有许多东西反映了国家管理的最一般规律,其中最为典型的就是中国古代的文官制度和行政法。因为,高度集权的专制制度是离不开对国家机器的高度协调和控制的。这种协调和控制的程序、方式和办法,有些是只属于产生它的特定历史时代的,有些内容或有些内容的某些方面则反映了国家管理的一般规律,可以说是适应于整个政治社会的。中国古代的文官制度及其不少具体制度设计就是属于后者的传统文化,它不但为中国近代的资产阶级政府和现代的台湾地区所承袭,也为世界近现代文官制度的产生起了助推器的作用。

作为封建政治制度的一个重要组成部分,中国古代的文官制度是在春秋战国时期萌生和发展起来的。春秋战国时期不但使文官在组织机构上与武官区别开来,而且形成了从中央到地方的一系列管理文官的制度,从而奠定了中国古代文官制度的基础。秦王嬴政统一中国后,为了巩固国家的统一,加强封建统治,遂在以前制度的基础上,建立了一整套封建专制主义的中央集权制度。作为秦政治上层建筑的一个重要组成部分,文官制度最终在全国范围内确立了下来,并在它和它以后的各代王朝得到了进一步发展。与之相适应,文官考课(即考绩)制度及以考课为基础的文官责任制度也逐步建立健全,并成为了中国传统文官制度的重要组成部分。温故而知新,考察中国古代文官或者官吏惩戒责任形式,对于我们构建更加科学、合理的公务员行政法律责任制度同样具有十分重要的启示、借鉴意义和作用。

据史载，远在舜的时代就已经对官吏"三载考绩，三考黜陟幽明"①，建立起了最早的官吏考核制度与相应的奖惩制度。到了奴隶制社会，"三代之时，法制虽简，而考核本明"②，特别是周代已经形成了较为完备的官吏考核制度及对官吏的惩戒制度。封建的官吏考课与基于考课的官吏惩戒制度是在奴隶制考核制度的基础上，在春秋战国时期萌生，秦汉初具规模，唐代趋于详备，明清达于顶峰。虽然在中国古代"民刑不分""民刑合一"的法制传统之下，对官员的惩戒责任并没有概念上的、部门法意义上的刑事责任、行政责任之分，但类比于当代的部门法，仍然在理论上大致可以划分为刑事惩戒责任与行政惩戒责任两大类。各代封建王朝都通过其律、令等文件规定了日益详备的官员刑事惩戒与行政惩戒责任形式。

关于行政惩戒的责任形式，早在汉代即在对官员进行考课的基础上，对考核为"殿"（即末尾）的官员广泛采用了降俸、贬官（或称左迁）、免官等具有行政处分性质的惩戒责任形式。③唐代根据"四善二十七最"将每个被考核官员的结果按上上、上中、上下、中上、中中、中下、下上、下中、下下九等评定，然后按九等分别进行晋职、加薪等奖励或者降级、减薪、解任等惩戒，即史载："凡考，中上以上，每进一等，加禄一季；中中，守本禄；中下以下，每退一等，夺

---

① 《尚书·尧典》，《文献通考》卷三十九。
② 《文献通考》卷三十六·选举考九。
③ 参见袁庭栋：《中国古代官吏的考核与奖惩》，《社会科学研究》1988 年第 2 期，第 57 页。

禄一季。中品以下，四考皆中中者，进一阶，一中上考，复进一阶；一上下考，进二阶。……有下下考者，解任。"①汉唐以降，历代封建王朝都建立了对官员的惩戒制度，其责任形式也越来越多，至明清达到了十分详备的程度。明代在继承和发展往代官吏考核制度的基础上，建立了比较完善的官吏考察制度（考察法）②与官吏考满制度（考满法）③。在考察或者考满之后，要根据考核成绩对官员进行奖励或惩戒。对于考察不称职的官员，惩戒性处分主要包括以下几种：

1. 责令致仕，即命官吏辞官退休。正常情况下的致仕是由官吏本人提出申请，经吏部调查核实，皇帝批准，方可"去官离职"。明代规定官吏年满七十岁才能请求致仕。对于一些政绩卓著的官吏和故吏大臣，即使到了致仕年龄，自请致仕，皇帝往往特加存留，不予批准。但经考察确定为老、疾者必须致仕，而不论其主观上是否愿意。如景泰三年（1452年）"六部等衙门堂上京考察各属主事

① 《新唐书·百官志一》。

② 考察法是明代最基本、最主要、最详备的官吏考核制度。所谓考察就是按照一定的标准和办法察举官吏功过。明代虽"考满、考察二者相辅而行"，但"于察典最重"（《清通典》卷二十二）。明代对官吏的考察分中央官（京官）和地方官（外官）两个系统进行。考察有定期性的考察（每次考察都有确定的时间和明确的方式）和非定期考察（无特定时间的考察），也有普通考察（考察具有普遍进行的意义）和特别考察（针对特定地区或部门官吏而进行的考察）。考的内容或项目主要包括八个方面（称为"八法"），即《明史·选举志》："考察通天下内外官计之，其目有八：曰贪，曰酷，曰浮躁，曰不及，曰老，曰病，曰罢，曰不谨。"

③ 明代考满、考察二者相辅而成（参见《明会要·职官八》）。所谓考满法就是给官吏规定一定任职期限，期限届满（所谓"满"），对其在任期内的德、勤、能、绩等进行综合评定，然后分别等次决定对官吏升赏黜罚的制度。考满不分外官还是京官，除个别特殊官吏外，一般都要经历三、六、九年的考核，是定期性考核制度。而且非经中央特别许可，考满官必须到京应考。考满结果"其目有三：曰称职，曰平常，曰不称职，为上中下三等"（参见《明史·选举志》），以定官吏黜陟。

官等……老疾者冠带致仕"①。又成化二十三年(1487年)考察"老疾左右布政使端宏、戴珙、阎锋、左赞,按察使李芳、董俊等二千四百一十四员。……上命老疾者致仕"②。

2. 冠带闲住,又称闲住。冠是官吏戴的帽子,带是官袍上束的衣带。官吏品质不同,所服冠带的质地、颜色、图案等各不相同,冠带是官吏身份地位的标志。如朝冠"一品七梁,二品六梁,三品五梁,四品四梁,六品二梁,八品、九品一梁",公服带上所佩官品标志"一品,玉;二品,花犀;三品,金钑花;四品,素金;五品,银钑花;六品、七品,素银;八品、九品,乌角"③,因此冠带闲住就是免去其现任职务,而保留其官吏身份。冠带闲住主要适用于考察确定为"不谨""罢软"和"浮躁"者。如天顺四年(1460年)外察"按察司佥事等官陈兰等一百三十九员俱罢软,……上命……老疾者致仕,罢软者冠带闲住"④。成化四年(1468年)考察京官"操行不谨冠带闲住者刑部郎中高闻一人"⑤。又世宗嘉靖十三年(1534年)"南京吏部考察庶官,素行不谨及罢软者冠带闲住"⑥。

3. 罢为民,又作"为民",也即洪武时的"免为庶人"⑦。罢为民就是除去官吏的官爵,免为老百姓。宣德年间对"老疾"和"鄙猥无能"者也适用罢为民,如宣德五年(1430年)吏部奏"老疾及鄙猥无能者五十五人,当北京为民。上曰:老疾者,无过。鄙猥无能者无恶,皆

---

① 《明会要》卷三十六。
② 《明宪宗实录》卷二百八十六。
③ 《明会要》卷三十四。
④ 《明英宗实录》卷三百一十一。
⑤ 《明宪宗实录》卷五十九。
⑥ 《明世宗实录》卷二百五十。
⑦ 《续通志·选举略》。

罢归为民"①。正统年间曾对"行检不饬"者(即后来的"不谨"者)亦适用该处分,如正统元年(1436年)考察京官张斌等五员官行检不饬"上命罢为民"②。后来则专门或主要适用于犯贪赃之罪者。如天顺四年(1460年)外察"知县等官李勉等十二员俱坐赃"罢为民③。又成化十七年(1481年)外察"贪酷并为事在逃者,原籍为民"④。

4. 降调。降即由较高一级的官品降为较低一级的官品。调即调离原工作单位,或由京官调任外官,或由内地调边疆。其主要适用于浮躁浅露、才力不及和罢软者。如弘治元年(1488年)二月"巡抚四川都察院左副都御使刘璋奏例考察,请黜罢软不谨重庆府同知等官陈佐等七员,吏部覆奏,从之"⑤。嘉靖十三年(1534年)"原任浙江衢州府知府王萃以考察降河南彰德府同知"⑥。一般情况下,有降必调,有调必降。但有时"调"或"别用"也不予降级,如天顺年间曾规定"才力不及者,酌对品改调"⑦。除了以上几种主要的,也是惯常适用的处分办法外,考察处分还有"罚俸""追夺诰封"等。如果在考察中发现有触犯刑律者,则移交司法审判机关追究其刑事责任。对于考满不称职或者存在违法犯罪等事项的官员,明代的惩戒方式主要是降级或降职。降级就是降低官吏的品秩。降级的幅度从一至三级不等,但一般"降无过三等"⑧。降级主

---

① 《明宣宗实录》卷六。
② 《明英宗实录》卷十八。
③ 《明英宗实录》卷三百一十一。
④ 《明宪宗实录》卷二百一十一。
⑤ 《明孝宗实录》卷十三。
⑥ 《明世宗实录》卷一百六十一。
⑦ 《大明会典》卷十三。
⑧ 《明史·职官志》。

要适用于三类考满官：一类是虽然考满称职，但曾犯有徒流以上之罪者；一类是考核平常，但曾犯有徒流罪者，以及事简衙门虽考平常但有私笞公过者；最后一类是考满不称职者或没有完成定量任务者。降级一般适用于九年考满官吏，但初考不称职等的官吏也要予以降级。明朝对于不职官吏还有降为杂职官或"杂职内用"的惩戒。杂职官多为未入流官，而入流者其品位一般为九品官（流内最低等次）。在《明实录》和《大明会典》以及《吏部考功司题稿》等典籍中关于考满官降黜的记载十分鲜见，相反关于考满升擢的记载较多。这是因为明代考察二法相辅而行，对于应降黜的官吏，在每次考察之时就多已查处，而考满则主要在于决定官吏迁转。因此考满奖惩重点在奖，而不在惩。

　　清承明制，也建立了对官员的考察制度与考满制度，对官员的惩戒责任与明代大同小异。其主要的惩戒责任形式包括降补、休致、开缺、罚俸、降级、革职、革职永不叙用等。有关惩戒责任的具体规定是："罚俸之例自一个月、两个月、三个月、六个月、九个月、至一年、二年，凡七等。降革留任之例，自一级、二级、三级至革职留任，凡四等。降调之例，自一级、二级、三级、四级至五级，凡五等。其由罚俸加等者，自一个月至二年酌量递加，止于降一级留任，不得加至革留。由降留加等者，自一级至五级酌量进加，止于革职留任，不得加至降调。由降调加等者，自一级至五级酌量递加，不得加至革职。除本例原系不准抵销者，仍不准抵销外，其余均不得议以不准抵销。"①实施惩戒处分的具体实例，如顺治九年（1652 年）对"贪酷并在逃者，革职提问，罢软无为、素行不谨者革

---

① 《钦定六部处分则例》卷一。

职,年老有疾者勒令休致,才力不及、浮躁者照事迹轻重酌量降补"①;康熙九年(1670年)对不谨、罢软皆革职,年老、有疾皆休致,才力不及降二级调用,浮躁降三级调用②等。

中国古代尤其是封建时代的官员惩戒责任形式有以下几个显著特点:

1. 对官员的刑律责任与一般性的惩戒责任有较为清晰的区分。对于官员触犯国家刑律的贪赃枉法、有损官德等行为,适用封建制"五刑"(即笞、杖、徒、流、死)等刑罚予以制裁。如《唐律疏议·职制五十》规定:"诸监临之官,受所监临财物者,一尺笞四十,一匹加一等;八匹徒一年,八匹加一等;五十匹流二千里";《大明律》规定:"凡官吏宿娼者,杖六十,媒合人减一等;若官员子孙宿娼者,罪亦如之,附过,候荫袭之日,降一等于边远叙用","官吏奸宿娼妇,有损官德,杖六十,媒合人减一等,笞五十,官员子孙犯此罪亦杖六十,若系军职子孙,则附写过名,候荫袭之日降其祖父原职一等,于边远衙门叙用"③。对于考课不称职的官吏,如果其行为没有触犯国家刑律的规定,则通过惩戒处分形式来追究其责任。

2. 对官员的惩戒责任追究与考课制度密切关联。历代政权追究官员的惩戒责任通常以考察、考核、考课、考绩结果为依据。古人在治国理政和吏治实践中,充分认识到"甄别贤否,为治之要"④。而要甄别贤否就有必要对包括"郡邑长官"在内的所有官

---

① 《钦定大清会典事例》卷八十。
② 同上。
③ 《大明律集解附例》卷二十六,《刑律·杂犯》。
④ 《明世宗实录》卷一百二十七。

吏"立法稽考"①,建立严格的考课制度,所谓"有课必要赏罚,……有课而无赏罚是无课也"②表达的就是这个思想。正因为如此,中国历代王朝既重视对官吏考课或考绩制度、监察制度等的建设,更重视对官吏责任制度的建设,并实现了两者之间的有机衔接与配合。

3. 在官员惩戒责任形式方面,身份性或职务性惩戒责任与财产性惩戒责任相结合。历代官员惩戒责任形式,既有降级、降职、降调、降补、责令致仕、革职、罢黜等身份性、职务性惩戒形式,又有罚俸等财产性惩戒责任形式。

四、域外国家或地区公共行政法律责任形式

公共行政的法律责任制度是近代国家责任政治的产物,是责任政府建设的重要方面,也是国家行政管理制度不可或缺的重要组成部分。因此,不论是有独立行政法律责任理论及其制度建构的法国等大陆法系国家,还是没有独立的行政法律责任理论及其制度建构的英国等英美法系国家,均要求政府及其公务员严格依法行政,并对其违法或者明显不当行政活动承担相应的法律责任,都在法律上确立了与其法律文化传统、体制制度相适应的公共行政的法律责任形式。

在国家行政机关或者行政主体的公共行政的法律责任形式建构方面,西方资本主义国家普遍确立了行政违宪责任形式与一般

---

① 《明宣宗实录》卷三十九。
② 《嘉祐集》卷九。

违法责任形式。在一般违法责任形式方面,最主要的形式是行政赔偿、行政补偿及行政违约责任等形式。但两大法系国家在公共行政的法律责任的制度设计与实施等方面因法制传统、法律文化差异等的不同而有所区别。在大陆法系国家,政府行政机关行政法律责任的形式主要表现为由行政法院主要依据行政法规范裁决的行政赔偿责任、行政契约责任及行政补偿责任。在英美法系国家,对政府行政机关的公共行政的法律责任由普通法院主要依据私法规范进行司法确认、裁决或实现。

在西方资本主义国家,政府行政机关公共行政的法律责任形式较为单一,且主要通过司法职能来裁决和实现。公共行政的法律责任仍然主要针对公务员进行构建。其公务员或者文官的公共行政的法律责任主要表现为类似于我国公务员行政处分责任。下面分别介绍域外代表性国家或地区所设定的公务员纪律惩戒责任形式:

1. 法国公务员惩戒形式。法国《国家公务员章程》《关于国家公职的法律条款》等所规定的公务员惩戒形式,按其轻重程度分为四大类:一是警告和申诫(斥责);二是从晋升名单上取消其晋升资格、降级、不超过15天的临时解除职务(临时停职)、调职(调离职位);三是降职、休职(临时开除,时间为6个月到2年);四是强制退休和撤职。①

2. 德国公务员惩戒形式。德国《联邦惩戒法》所适用的对象限于公务员中的事务官(事务类公务员),包括现职与已经退休的

————————
① 参见胡建淼:《外国行政法规与案例述评》,中国法制出版社1997年版,第102—109页。

事务官。公务员惩戒方式主要包括申诫、罚款(数额不得超过受处分公务员一个月的薪酬;如果受惩戒当时,公务员无薪酬发放,数额不得超过 500 马克)、减俸(减俸的最高额度为受处分公务员现有薪俸的五分之一,期限不得超过五年;公务员在减俸期间不得升迁)、降级(在受处分公务员现任职级的基础上减低至下一职级;在降级期间,公务员须表现称职并至少五年以上才可以升迁)、免职(解除公务员的职务处分;被免职后,公务员丧失其薪俸、退休金之请求权,并不得冠以职称及勤务,具效力且及于其服务内之所有职位)。①

3. 日本公务员惩戒形式。日本《国家公务员法》和《地方公务员法》及《公务员惩戒规则》等相关立法所规定的公务员惩戒方式包括免职(被免职者两年内不得担任官职)、停职(指停止一日以上至一年以下期间的职务;停职期间保留公务员的身份,但没有工作,原则上不得接受报酬)、减薪(降薪期间一般为一年以下,从报酬中扣减相当于月工资额五分之一的金额)、警告(是诫其将来采取更谨慎的方式的处分)等。②

4. 美国公务员惩戒形式。美国《行政程序法》《政府绩效与结果法》《政府道德法》《检察长法》等多部相关立法文件规定了较多的公务员惩戒责任方式。具体包括警告、申诫、从晋升表中除名、降级、休职(不超过 15 天)、强制调职、降职、休职(6 个月到 2 年,在休职期限内不领取报酬)、强制退休、撤职等惩戒形式。其中,除

---

① 参见田志毅:《德法两国公务员惩戒及救济制度比较》,《行政论坛》2004 年第 6 期,第 91 页。

② 参见胡建淼:《外国行政法规与案例述评》,中国法制出版社 1997 年版,第236—237 页。

了"从晋升表中除名"外,其他惩戒形式均独立使用。①

5. 瑞士公务员惩戒形式。《瑞士联邦公务员法》规定的公务员纪律责任形式包括:训诫;100法郎以内的罚款;撤销交通优惠;减少或者取消薪金的暂时停职;保留原薪或减少薪金的强制工作调动;减少或取消搬迁补贴;减少预定的薪金;减少或取消正常加薪;停职;撤职。②

6. 巴基斯坦政府公职人员惩戒形式。巴基斯坦《政府公职人员效率与纪律条例》所规定的纪律处分包括轻处分和重处分两大类。轻处分包括批评教育;根据有关条例或命令,在某一特定的时期内不给以晋升或加薪机会——不同于不符合晋升或加薪条件者;在某一特定时期不予晋级——不同于不符合晋级条件者;从本人工作中扣回因失职或违抗命令而给政府造成的全部或部分经济损失。重处分包括降职或降级,或降低同一级别的档次;强迫退休;撤销职务;开除公职。③

7. 我国台湾地区公务员惩戒形式。我国台湾地区公务员惩戒方式包括申诫(采用书面方式进行,可以是一至两次)、记过(被处分者自记过之日起一年内不得晋叙、升职;一年内记过三次者,由主管长官依照减俸的规定予以减俸)、减俸(期间为六个月至一年,减薪数额为受处分公务员月薪的10%或20%)、降级(在受处分公务员现任职级基础上降一或二级,且在自处分之日起两年内不得

① 参见刘俊生:《公务员惩戒权设定:五国经验及其解释》,《南京社会科学》2007年第5期,第69页。
② 参见胡建淼:《外国行政法规与案例述评》,中国法制出版社1997年版,第337—338页。
③ 参见同上书,第417—418页。

晋叙升职)、休职(相当于停职,期限最少为六个月;公务员在休职期间停止发放报酬,休职期满可以复职)、撤职(撤销公务员的现任职务,并在一定期间内停止任用;停止任用期间至少为一年,也可永不任用;撤职的直接效果是使受处分者丧失公务员身份)等。我国台湾地区公务员的上述六种惩戒处分方式中,"撤职叫淘汰惩戒,将被惩戒者排除于公务员关系之外。其他五种叫矫正惩戒,主要在促其反省迁善"①。

域外国家或地区对于公务员惩戒形式的规定有以下几个鲜明的特点:

1. 对公务员的惩戒形式通过统一立法加以规定。由于公务员惩戒涉及公务员的切身利益,为了避免惩戒权的滥用,保障惩戒责任及其追究的统一性、正当性、合法性,遵循责任法定原则,上述国家或地区均在公务员立法中对公务员惩戒责任形式作了明确、具体、统一的列举性规定。

2. 在公务员惩戒责任形式的设定中,普遍包含了精神性惩戒、物质性惩戒与职务性惩戒等多种惩戒责任。尤其需要关注的是,上述国家或地区大多数都建立了对公务员的物质性惩戒形式。物质性惩戒形式大致可以划分为两类:一类是直接削减或者剥夺某种物质利益,如减薪、停薪、降低工资级别、减少或取消退休金或某种津贴或补贴、罚款、赔偿损失等;另一类是间接影响某种物质利益的惩戒形式,如推迟或者取消正常加薪等。

3. 公务员惩戒责任形式在种类、适用对象、责任追究主体、侧

---

① 柳朝智:《试论台湾公务员的权利义务及其责任》,《福建论坛》(经济社会版)1989 年第 5 期,第 65 页。

重点、立法规制等方面互有异同,既体现了共性、一般性,又体现了与本国或本地区实际情况相适应的个性、特殊性。例如,有论著在比较法德两国公务员惩戒责任形式之后,认为法国长期以来是一个权力集中的国家,行政人员享有崇高威信,对于其职级的些微变动即可达到适应之处分目的,因此法国对于晋升、职级之强调要甚于德国;而在德国惩戒责任形式中,与德国人的精细、处事之精致相关,经济责任形式则占了很大的比例。①

五、公共行政法律责任形式的类型划分

(一)界定与划分公共行政法律责任形式须处理好的若干重要关系

笔者认为,正确理解并处理下列几个方面的重要关系,是化解关于公共行政法律责任形式问题认识上的学术争议,理性认知与把握包括环境监管行政法律责任在内的公共行政法律责任形式的关键。

1. 行政法律责任与其他性质法律责任的界限及其相互关系

在我国法学论著中,行政法律责任只是相对于宪法法律责任、民事法律责任、刑事法律责任、诉讼法律责任等而言的一类法律责任。虽然,违反了行政法律规范的行为可能不仅仅会引致行政法律责任,还有可能同时会引致其他性质的法律责任的产生,但行政法律责任毕竟与其他法律责任在法律属性、追究主体、适用条件、

---

① 参见田志毅:《德法两国公务员惩戒及救济制度比较》,《行政论坛》2004 年第 6 期,第 91 页。

所违反的法域、责任形式、法律后果等诸多方面存在显著的区别，不应将不同性质的法律责任及其责任形式相混同。因此，一些论著将权力机关罢免或者撤销政府工作人员职务、撤销政府规范性文件等视为公共行政法律责任的形式，在一定程度上混淆了公共行政法律责任与违宪责任或宪法责任的界限，显属不当。其主要理由在于：

（1）"罢免"及由权力机关撤销行政职务，撤销政府的立法文件、决定、命令等，不仅属于国外宪法所规定并为学界所公认的基本宪法责任或违宪责任形式①，而且也属于我国宪法明确规定的宪法责任形式。

（2）为宪法所规定的"罢免"等责任形式在我国属于权力监督、宪法监督的主要形式，它与普通公共行政法律责任在责任主体、问责主体、问责程序、问责后果等方面存在明显的不同。以"罢免""撤职"为例，其责任主体并非像公共行政法律责任那样仅限于行政公务员，而是包括了政府组成人员等在内的所有由权力机关通过选举、委任等政治任命方式选任的国家机关工作人员，这与仅适用于行政公务员的作为公共行政法律责任形式的"撤职"处分有显著的不同；在责任属性上，宪法责任不仅仅是对特定类型的法律

---

①　例如，有论著认为，现代国家对违宪行为所采取的制裁措施主要有：撤销违宪的法律、法规等规范性文件；宣布违宪的法律、法规等规范性文件无效；确认法律、法规等规范性文件违宪；在具体案件中拒绝适用违宪的法律、法规等规范性文件；宣布政党或其他组织违宪；罢免或弹劾国家领导人等（参见陈党：《宪法实施中的违宪责任追究问题探讨》，《浙江工商大学学报》2012年第6期，第27页）。有论著认为，在西方宪政国家中，宪法责任形式一般有被弹劾、被罢免、引咎辞职、规范性文件的被宣布无效或被撤销、宪事行为的被宣布无效、被终止（中止）某种资格、被解散等（参见刘广登、徐元善：《论行政机关及行政首长的宪法责任》，《中国行政管理》2008年第11期，第29—32页）。

责任的追究,同时也属于政治问责、民主问责、权力机关代表人民问责的形式;在问责的主体及其程序方面,远比公共行政法律责任的追究更加严格。"罢免"权只能由各级人民代表大会依法行使,"撤职"权只能由各级人民代表大会常务委员会依法行使,且须在举行人民代表大会会议、人大常委会会议之时,按照提出罢免(撤职)案、听取申辩、会议审议、大会表决等严格程序进行。由此可见,罢免责任的实现主要不依靠强制手段,而依赖于政治方式。① 因此,将国家权力机关对其所任命的领导职务公务员的撤职与作为行政处分的撤职混为一谈,均视为行政处分,显然是失当的。②

2. 行政法律责任形式与法律强制手段之间的相互关系

法律强制,通常是指有权的国家机关为了迫使被强制人履行其应当履行的法定义务,或预防、制止某种违法行为、某种危险状态或者某种不良后果的发生等目的,而对被强制人的人身、财物或者行为依法采取强制性措施的法律行为。在我国,法律强制包括行政强制与司法强制两类。前者是由国家行政机关或行政主体依法所实施的强制③,后者是指国家司法机关依法所实施的强制。虽

---

① 参见周叶中:《宪法》,高等教育出版社、北京大学出版社 2000 年版,第412 页。

② 参见刘广登、徐元善:《论行政机关及行政首长的宪法责任》,《中国行政管理》2008 年第 11 期,第 32 页。

③ 《行政强制法》(2011)第二条规定:"本法所称行政强制,包括行政强制措施和行政强制执行。行政强制措施,是指行政机关在行政管理过程中,为制止违法行为、防止证据损毁、避免危害发生、控制危险扩大等情形,依法对公民的人身自由实施暂时性限制,或者对公民、法人或者其他组织的财物实施暂时性控制的行为。行政强制执行,是指行政机关或者行政机关申请人民法院,对不履行行政决定的公民、法人或者其他组织,依法强制履行义务的行为。"

然行政强制和对行政事项的司法强制与行政处分等行政法律责任都有可能是针对违反行政法义务的行为人所实施的单方性法律行为,且两者之间常有承接关系:往往或先对行为人采取必要的强制措施,然后依法追究其行政法律责任;或在国家行政机关依法作出追究行政法律责任的且具有给付义务或作为义务的决定之后,行为人拒不履行义务,而依法采取强制执行措施。但两者在性质、目的、法律后果等方面存在明显的区别,不能混为一谈。因此,有的论著将属于司法强制执行措施的强制划拨、执行罚等作为公共行政法律责任的形式,并进而以此为据将公共行政法律责任形式作惩罚性责任、补救性责任与强制性责任的划分,显然是不适当的。

3. 补救性行政法律责任与一般性补救法律措施的关系

公共行政违法行为一旦发生,不但有可能给国家、集体及行政相对人的合法权益造成损害,而且还有可能给行政管理秩序、行政管理效能及行政法律关系造成损害,如造成行政秩序紊乱、行政目的实现不能或不能及时实现、正常行政法律关系产生异变等。因此,对行政主体及其公务员违法行政的行为及其后果依法进行修复或补救,与追究其相应的行政法律责任同等必要和重要;设定并实际追究行政法律责任固然是对违法行政后果进行事后补救的重要途径之一,但并非唯一的补救途径或方法。在公共行政管理领域,在行政法律责任之外实际还存在不少非法律责任形式的补救措施或方式方法。例如,行政主体已经作出了违法且给行政相对人造成了损害的具体行政行为,就不仅仅需要追究该行政主体对行政相对人的赔礼道歉、恢复名誉、行政赔偿等相应的补救性行政法律责任,以及负有责任的公务员的行政处分责任,还要借助必要的法律途径或措施否定其所做行政行为的法律效力,将行政关系回复到适法状态。基于否定其违法或不当行政行为的法律效力，将行政关系回复到适法状态等目的而采取的相应补救性法律措施或方式方法，并不能当然被视为公共行政法律责任的形式。因此，本文认为一些论著将责令履行法定职责或职务，责令改正或停止违法、不当行政行为，撤销违法决定、撤销违法的规范性文件或抽象行政行为等作为公共行政法律责任的形式，是值得商榷的。

首先，此类措施虽然与补救性行政法律责任形式一样具有事后"补救"的目的，但其唯一目的就在于"补救"，并不当然表现为对行为人责任的追究或者对责任主体具体不利法律后果的施加。根据依法行政、合理行政等行政法原则的要求，对行政主体及其公务员已经实施的违法或者不当行政行为本身，并不可以放任不管。有关国家机关在发现违法行政行为之后，通常先要采取法定措施对违法行政行为本身予以补救，即依法否定违法行政行为的法律效力，消除违法现象的持续存在状态，并继而追究违法行政者相应的行政法律责任，乃至于其他法律责任。因此，对违法行政行为所采取的一般性、补救性的法律措施，并不具有法律责任的特性，不应被视为行政法律责任。

其次，此类补救措施虽然不是行政法律责任的形式，但有可能会成为引致新的公共行政法律责任产生的法定事由或起因。以责令履行法定职责的补救性措施为例，如果行政主体应当履行法定职责，而不依法履行，就构成了行政不作为的违法，有权的国家机关据此可依法追究行政不作为者的法律责任。如果行政主体不履行法定职责，有关国家机关也不追究行政不作为者应承担的行政法律责任，行政相对人可以向行政复议机关申请复议或者向人民法院提起行政诉讼，诉请裁决行政主体依法履行职责。在行政复议机关或者人民法院作出责令限期履行法定职责的裁决之后，如果受责令的行政主体仍然不依法履行职责，有权的国家机关就应当以此为由依法追究有关责任者的行政法律责任乃至于其他性质的法律责任。况且，被责令履行的职责，原本就属于行政主体应当履行而没有履行的法定义务。责令行政主体履行职责本身既不创设新的法律义务，也不直接引致对行政主体及其公务员的不利法律后果产生。因此，责令履行职责等补救性措施本身并不属于公共行政法律责任的范畴，而是引致新的公共行政法律责任产生的途径或事由。

再次，将撤销行政行为（包括具体行政行为和抽象行政行为）作为行政法律责任形式缺乏基本的合理性。撤销作为否定行政行为效力的法律行为，其基本功能是对违法的行政行为依法进行纠错，是行政内部监督与对行政的外部监督的措施之一。对于已经生效的行政行为，除了可以由行政行为主体自己主动作出撤销决定之外，还可以基于行政层级监督、权力机关监督、司法审判机关监督等途径，由行政行为主体的上级行政主体、同级国家权力机关、有管辖权的司法审判机关等依法撤销。如果将基于外部监督对行政行为的"撤销"视为追究行政法律责任的形式，那么，行政行为主体对行政行为的依职权主动"撤销"是不是也要作为行政法律责任的形式？如果作肯定性回答的话，道理何在？如果作否定性回答的话，具有相同功能与法律效果的"撤销"行为，怎么可以作明显不同的性质界定？其理由又是什么？

最后，在我国一些立法文件或者行政规范性文件之中，实际上已经对行政法律责任形式与一般补救性法律措施作了明确区分，并没有将对违法行政的一般补救性法律措施作为行政法律责任的形式,只是将其作为追究行政主体及其公务员行政法律责任的根据或事由。①

综上所述,本书对包括环境监管行政法律责任在内的公共行政法律责任形式的基本观点是:公共行政法律责任的具体形式和种类,不但不应当包括诸如强制履行、强制划拨等法律强制措施或方式,也不应当包括诸如责令履行职责,责令改正或停止违法、不当行政行为,撤销违法决定、撤销违法的规范性文件或抽象行政行为,确认行政行为违法等对违法行政行为的一般补救性法律措施或方式。

（二）深化对公共行政法律责任形式的类型化认知

由于环境监管行政法律责任属于公共行政法律责任的范畴,学界对公共行政法律责任及其形式所作的诸如惩罚性(惩戒性、制裁性)责任与补救性责任、财产性责任与非财产性责任、行政主体责任与行政公务员责任等基本类型划分同样适用于环境监管行政法律责任,即环境监管行政法律责任也可被相应划分为与之相同的基本责任类型。但在这些责任类型之外,环境监管行政法律责任形式还可以作如下的类型划分:

1. 根据环境监管行政法律责任追究主体的不同,可以将其划分为行政主体追究的责任与司法审判机关追究的责任两类。所谓行政主体追究的责任,是指由一般行政主体与专门行政主体基于法律的赋权而对存在环境监管行政违法行为的责任主体依法追究的行政法律责任。就对公务员的责任追究主体而言,其包括了行

---

① 例如,《上海市行政执法过错责任追究办法》(2007)第十八条、《河北省行政执法过错责任追究办法》(2010)第十一条就把司法机关撤销、变更、责令重新作出具体行政行为,以及责令限期履行、确认具体行政行为违法等类似的情形作为了追究行政执法过错责任的根据或事由。

政公务员所在的行政主体、与公务员具有人事管理关系的上级行政主体、对公务员拥有法定监督职权及行政法律责任追究职权的行政监督主体等。通常情况下,公共行政法律责任追究主体以自己的名义独立依法作出责任追究决定。但在有些情况下,可能还需要两个以上的责任追究主体共同或者协同作出特定责任追究决定。例如,针对某些特定行政公务员或者给予行政公务员以特定行政法律责任时,还需要两个以上的国家机关的共同配合才能实施或完成。① 一般言之,环境行政主体行政法律责任的追究主体限于环境行政主体所在人民政府,以及拥有责任追究权限的其他上级行政主体。② 在所追究的行政法律责任形式方面,既可以包括通报批评、行政处分等制裁性行政法律责任,也可以包括赔礼道歉、消除影响等补救性行政法律责任以及法律法规所规定的其他行政法律责任形式。在追究环境监管行政法律责任的程序方面,适用行政程序。所谓由司法审判机关追究的责任,是指司法审判机关应行政相对人的诉求,基于司法审判对政府行政的监督权,通过行政诉讼途径及司法裁判方式予以确认和追究的特定行政法律责任。根据前述分析,由司法审判机关确认和追究的行政法律责任及其形式,目前仅限于行政赔偿责任。司法审判机关所作出的撤销具体行政行为、责令限期履行行政责任或义务、确认具体行政行

---

① 例如,原《行政监察法实施条例》(2004)第二十四条就规定监察机关拟给予本级人民政府任命的人员撤职、开除处分的,应当向本级人民政府提出处分意见,经本级人民政府批准后,由监察机关下达监察决定。

② 例如,《北京市行政执法责任追究办法》(2007)第十二条规定:"对市和区、县人民政府所属行政执法部门的行政执法责任追究,由本级人民政府实施。对垂直管理部门的行政执法责任追究,由上级部门实施。对双重管理部门的行政执法责任追究,按照有关管理职责规定实施。"

为违法等属于对违法行政后果的司法救济措施,不应属于公共行政法律责任的范畴。

另外,权力机关对其所任命的行政公务员的罢免、撤职,以及依据宪法、法律赋权对行政决定、命令以及政府规范性文件的撤销,在本质上属于宪法责任、宪法监督措施的范畴。故而,权力机关可以成为违法行政法律责任的追究主体,但并不是环境监管行政法律责任的追究主体,不宜将权力机关的追究作为环境监管行政法律责任及其形式的一种类型。在此需要特别说明的问题是,一方面因我国尚没有建立起明确、严格的违宪责任及其追究制度,对违宪责任及其形式的适用对象、范围、事由等的规定明显缺失,违宪责任与行政法律责任的立法界分并不清晰、明确,另一方面现行《公务员法》等相关法律法规所规定的"撤职"的行政处分也适用于由权力机关所任命的行政公务员,将权力机关的"撤职"视为行政法律责任追究的一种特殊情况或类型,在特定历史条件下,也勉强可以说得通,并不存在原则性观点错误。

2. 根据环境监管行政法律责任形式是否为责任主体设定新的法律义务等的不同,可以将其划分为有作为义务的责任与无作为义务的责任。作为就是指行为人在意思的支配下,借助一定的身体运动方式积极地实施某种行为。所谓有作为义务的环境监管行政法律责任,是指为责任主体设定了新的作为义务的环境监管行政法律责任,如赔礼道歉、恢复原状、返还财物等补救性行政法律责任通常就属于有作为义务的行政法律责任。环境监管行政法律责任追究主体一旦对责任主体作出有作为义务的行政法律责任决定,就意味着给责任主体确定了原本不承担的某种法律上的积极作为义务,责任主体只有实际履行了这种义务,环境监管行政法律责任才最终得以实现。所谓无作为义务的环境监管行政法律责任,则是指并不为责任主体设立新的作为义务的环境监管行政法律责任,环境行政处分即属此类责任。它通常需要借助责任追究主体或有关国家机关的程序性行为来落实,一般不需要借助责任主体的实际作为即可实现。有作为义务的环境监管行政法律责任与无作为义务的环境监管行政法律责任,主要有以下几个方面的区别:

(1)内容不同。有作为义务的责任不仅是责任主体由于违反特定的环境行政法义务而应当承担的责任,同时还是给责任主体新设了作为义务内容的责任,新设义务既是其责任形式,更是其责任内容。无作为义务的责任只是因责任主体违反了特定的环境行政法义务而依法追究的责任,它并不为责任主体新设作为义务内容。

(2)目的不同。有作为义务责任的直接目的是通过给责任主体确定新的、具有强制性的作为义务,寓补救功能于环境监管行政法律责任之中,通过迫使责任主体的积极作为而实现对受损权益、法律关系、违法或不当行为等的补救、恢复或纠错目的。无作为义务责任的直接目的通常限于惩戒,即令责任主体为其违反环境行政法上义务的行为承担不利后果或对价,以实现制裁与教育的目的。因此,惩戒性环境监管行政法律责任一般属于无作为义务的行政法律责任,而补救性环境监管行政法律责任则多属于有作为义务的行政法律责任。

(3)实现的路径及法律后果不同。有作为义务的责任因给责任主体新设了作为义务,故只有责任主体按照要求履行了这种义务,环境监管行政法律责任才能够得到实际落实或实现。而责任主体对新设义务的履行,无非有主动履行与强制履行两种途径。

所谓主动履行,就是指责任主体迫于精神压力或者基于内在的精神驱动力而积极、主动履行新设义务的情况。所谓强制履行,则是在责任主体应当履行新设义务而逾期拒不履行的情况下,依法由有权的国家机关主动或者经申请而采取法律强制执行措施迫使义务人履行义务的法律行为。其包括行政强制与司法强制两种途径。前者是指由有权的行政主体依法实施的强制。如行政主体在法律法规赋权的前提下,对拒不履行行政追偿义务的行政公务员,可以采取从其薪俸中扣除追偿费用等措施实际落实行政追偿责任。后者是指由司法审判机关依据《行政诉讼法》第九十六条等的规定对特定行政法律责任主体所实施的强制。对于无作为义务的环境监管行政法律责任而言,因没有给责任主体规定或设定新的作为义务,一般不需责任主体履行某种义务,仅需通过责任追究主体及其相关工作部门的程序性行为即可落实。这就是说,无作为义务的责任并不需要通过国家机关的强制措施来落实或实现,其一经生效对于责任主体而言即视为执行。

对环境监管行政法律责任及其形式作有作为义务的行政法律责任与无作为义务的行政法律责任之划分,其主要意义在于能够有助于更加清晰认识与把握两类责任及其形式的不同实现方式,从而为富有针对性地设定、构建环境监管行政法律责任有效实现的行政法律责任规范及其制度提供可借鉴的理论引导。例如,在设定有作为义务责任时,既要充分考虑责任形式的适当性、合理性、公平性与实际可操作性,又要特别考虑对切实保障新设义务得以实际履行的法律规范及其制度的合理构建(尤其是相关程序规范的建构),还要考虑对拒不履行新设义务的责任主体因其不履行新设义务而应当承担的新的行政法律责任及其形式的科学、合理设置；在设定无作为义务责任时，重点要综合考虑责任与责任主体的违法程度、情节、后果、主观过错之间的适当关系，做到惩戒或制裁强度轻重适度。

3. 根据环境监管行政法律责任的功能与目的等的不同，可以将其划分为给付性责任、精神性责任、权能性责任三类。所谓给付性责任，是指要求责任主体履行一定的作为或者不作为义务的行政法律责任形式。其既可以表现为由责任主体向权益受损者承担一定的财产给付义务，如行政赔偿、返还原物、行政追偿等行政法律责任，亦可表现为要求责任主体履行非物质性的作为或不作为义务，如赔礼道歉、消除影响等行政法律责任。所谓精神性责任，是指以合法贬损责任主体人格尊严、使之遭受身心痛苦或名誉损失等精神性损害为基本特征的行政法律责任。虽然行政法律责任在不同程度上都会对责任主体的精神权益产生一定的负面影响，但并不能将所有的行政法律责任形式都因此视为精神性行政法律责任。属于精神性责任的只能是那些以贬损责任主体人格尊严、使之遭受身心痛苦或名誉损失等精神性损害为直接目的的行政法律责任形式，如行政处分责任之中的警告、记过、记大过以及通报批评等就属于此类行政法律责任。所谓权能性责任，是指旨在合法限制、剥夺或者否定责任主体的某种法定职权、资格、能力等权能的行政法律责任形式，如行政处分之中的撤职、开除等就属于权能性行政法律责任形式。

4. 根据我国现有公共行政法律责任形式类别等的不同，可以将环境监管行政法律责任划分为行政处分责任与非行政处分责任。目前，我国现行相关立法文件以及相关的行政规范性文件所规定的公共行政法律责任形式，实际上包括了行政处分责任与非行政处分责任两大类。对"行政处分"一词,人们通常在两种不同意义上加以使用:一是对行政主体依照法律单方面所作出的发生法律效果的行政行为的总称;①二是指对违法违纪人员的惩戒行为。行政处分作为一种惩戒行为,在理解和使用上实际又有广义和狭义之分。在广义上,泛指各类社会组织对其内部成员的惩戒行为,在狭义上专指国家行政机关对公务员的惩戒行为。② 狭义上的也是本文所指称的行政处分,是公共行政法律责任的一类责任形式,是一类损益性行政行为,通常是指有权的行政机关对违法的公务员所作的惩戒行为。行政处分责任是迄今为止我国国家立法专门设定的行政法律责任形式,也是最主要、最基本的公共行政法律责任形式。所谓非行政处分责任,则是指除了行政处分责任以外的公共行政法律责任及其形式,如行政公务员在法律上应当承担的各种补救性行政法律责任等就属于非行政处分的行政法律责任形式;行政主体所承担的行政法律责任形式均属于非行政处分责任形式。

对于非行政处分责任形式,有关立法文件(主要限于政府规章)又概称为"行政处理"。不少政府规章中将行政处理作为与行政处分相并列的两类不同的行政问责或责任追究形式,并规定了多种多样的行政处理责任形式。其中,有的只规定了针对行政公务员的离岗培训、调离执法岗位、取消执法资格等行政处理形式;③

---

① 我国台湾地区学者的相关论著习惯于在这种意义上使用行政处分一词。例如,管欧《中国行政法总论(第19版修订本)》(第450页)就在这种意义上使用行政处分。其大致相当于大陆行政法学界所说的行政处理行为、采取行政措施的行政行为。

② 参见刘志坚、程雁雷主编:《行政法与行政诉讼法学》,人民法院出版社、中国社会科学出版社2003年版,第322页。

③ 参见《上海市行政执法过错责任追究办法》(2007)。

有的规定了针对行政公务员的诫勉谈话、通报批评、责令作出书面检查、责令改正或者限期改正、暂扣行政执法证件、离岗培训、吊销行政执法证件、调离行政执法岗位、取消当年评优评先资格、辞退等多种行政处理形式;[①]有的既规定了对行政主体的责令限期整改、责令道歉、通报批评、取消评比先进的资格等行政处理形式,又规定了对行政公务员的告诫、责令道歉、通报批评、离岗培训、调离执法岗位、取消行政执法资格等行政处理形式[②]。行政处理本属行政法学上常用但存在较大争议的多用以指称某类具体行政行为或行政活动的一个概念范畴。[③] 但将其用以指称行政处分责任以外的其他公共行政责任形式,则肇始于类似于上述的政府规章。

　　笔者认为"行政处理"是相对于"行政处分"而言的一个权宜性的、不太周延的概念。在严格的逻辑意义上,"行政处理"是一个外延十分广泛的概念,通常应是指由行政主体对特定行政事项或问题的办理、处置。据此,行政主体依法实施对行政公务员的行政问责活动当然也属于行政处理的范畴,给予特定公务员以行政处分当然也具有行政处理的特性,故而将行政问责形式划分为行政处理与行政处分显然不符合应有的逻辑思维法则。从我国关于公共行政法律责任立法及其实践的现状来看,将公共行政法律责任形式划分为行政处分责任与非行政处分责任是较为适当的。首先,表明行政处分责任虽然是国家立法明确设定的关于行政公务员的基本公共行政法律责任形式,但行政处分并非是唯一的行政法律

---

① 参见《河北省行政执法过错责任追究办法》(2010)。

② 参见《山东省行政程序规定》(2011)。

③ 参见王仰文:《论作为行政责任承担方式的行政处理行为》,《东方行政论坛(年刊)》2012年,第480—481页。

责任形式。在行政处分之外,还有也应当有其他公共行政法律责任形式。公共行政法律责任形式应当是由行政处分责任与其他类型行政责任及其形式有机构成、功能互补的系统构造。在设定包括环境监管在内的公共行政法律责任时,固然要重视行政处分及其制度的建设与完善,同时也要高度重视对非行政处分责任形式的科学设定,以改变目前我国非行政处分责任立法严重滞后或缺失的状况。其次,表明行政处分责任虽然是国家立法明确设定的重要公共行政法律责任形式,但其仅适用于行政公务员,并不适用于行政主体。要构建完善有效的行政法律责任制度,不能只关注公务员行政处分等行政法律责任的设定,还要特别关注行政主体行政法律责任及其形式的设定。迄今为止,我国关于公务员行政处分的法律制度已经比较健全,但对行政主体行政法律责任立法还严重缺失,在许多方面还存在追究行政主体行政法律责任时无法可依的情况。要推进依法行政、责任行政,严格行政问责制度,必须重视对行政主体行政法律责任的立法建构与完善。最后,表明在公务员行政法律责任制度建设方面,非行政处分责任的设定明显滞后,且存在诸如责任形式立法不统一、立法越权、责任形式性质界定不清、责任形式与一般人事行政措施混同、责任形式衔接与协调不够合理等需要通过完善国家公共行政法律责任的相关立法来有效加以解决的突出问题。

第四节　环境监管行政法律责任的设定模式分析

模式通常是指对经验通过理论总结与归纳而形成的处理某一类事物的标准样式或者一般性的方式方法。所谓环境监管行政法律责任的设定模式,就是指环境监管行政法律责任立法条款的排列组合及表述模式,是特定立法文本之中对环境监管行政法律责任形式和内容的逻辑构造与表达方式。正如有学者所言:"法律文本的构造包括文本形式的构造与文本内容的构造,对于法律文本中的责任条款来讲,其中责任部分从属于法律文本的内容构造,而条款作为法律文本中最基本、最常用的单位或要件从属于形式构造部分,法律责任条款则是将形式构造与内容构造密切联系在一起的产物。"①法律条款既是法律条文的基本组成部分,又是法律规范的基本表现形式,故在相关学术论著中"法律条文"与"法律条款"大多在同一语境下使用,且对"法律条款"概念的使用最为常见。因此,本书所称"法律条款"与"法律条文"可以被视为同义词。根据我国相关立法设定环境监管行政法律责任条款的实际,本书将其设定模式概括为环境监管行政法律责任条款衔接模式、条款排列模式与条款表述模式三类基本模式。

一、环境监管行政法律责任的条款衔接模式

所谓环境监管行政法律责任的条款衔接模式,是指相关立法文本中对环境监管行政法律责任条款与环境监管义务性条款进行协调、衔接的基本方式。由于环境监管行政法律责任是因违反了法定环境监管义务性规范而应当承担的不利后果,环境监管义务性规范理所当然就成为了设定相应环境监管行政法律责任规范的

---

① 李亮:《法律责任条款规范设置研究》,山东大学 2015 年博士学位论文,第35—36 页。

前提和基础。如果没有预设的环境监管义务性规范，也就不可能科学、合理设定环境监管行政法律责任规范。因此，在设定环境监管行政法律责任时，就会产生如何正确处理环境监管义务性规范与行政法律责任规范相互关系的问题，其关键是要保持两类规范或者法律条款的合理对应和衔接。而要处理好两者之间的对应、衔接关系，首先就要使设定的环境监管义务性规范具有可对应设定行政法律责任的条件或特性，使所设定的环境监管义务性规范做到义务内容具体、明确、可行、可责化，从而为设定环境监管行政法律责任奠定基础。其次，在设定行政法律责任规范时，应保持其与环境监管义务性规范的合理对应和衔接，对那些违反必为性、禁为性环境监管义务性规范以及其他重要的环境监管义务性规范的行为，应设定相应的行政法律责任。最后，应优选环境监管义务性规范与行政法律责任规范的条款衔接模式，以提高环境监管行政法律责任设定的精细化程度和质量。关于环境监管行政法律责任的条款衔接模式，从我国环境保护立法的实际情况来看，主要包括了条序对应与行为对应两种模式。

（一）条序对应模式

条序对应模式，是指对应立法文本中的义务性条款序号设置相应环境监管行政法律责任条款的模式。由于在我国现行环境保护立法中，条序对应模式被广泛运用于设定行政相对人在环境法上的行政法律责任，在环境行政主体及其公务员的行政法律责任设定方面极少采用，因而很难仅仅依据环境监管行政法律责任立法例来总结这种模式的具体表述方式，只能主要参照现行环境保护立法对行政相对人行政法律责任的设定情况，将条序对应模式

的具体表述方式作如下的类型划分:

1. "被违反的义务性条款序号+行政法律责任"。例如,《河北省水污染防治条例》(2018)第七十一条①、《青海省湟水流域水污染防治条例》(2018)第五十四条②就采用了这种表述类型。

2. "被违反的义务性条款序号+违法行为+行政法律责任"。例如,《大气污染防治法》(2000)第六十四条③、《河北省行政执法过错责任追究办法》(2010)第五十五条④就采用了这种表述类型。

3. "被违反的义务性条款序号+违法后果+行政法律责任"。例如,《北京市实施〈中华人民共和国水法〉办法》(2019)第六十二条⑤、

---

① 《河北省水污染防治条例》(2018)第七十一条规定:"违反本条例第二十二条第一项至第八项、第二十四条第二款、第二十九条第一款规定的,由环境保护主管部门责令停止违法行为,限期采取治理措施,消除污染;逾期不采取治理措施的,环境保护主管部门可以指定有治理能力的单位代为治理,所需费用由违法者承担。违反本条例第二十二条第二项、第四项、第五项、第六项、第八项、第二十四条第二款规定的,处二万元以上五万元以下的罚款;情节严重的,处五万元以上二十万元以下的罚款。违反本条例第二十二条第一项、第三项、第七项、第二十九条第一款规定的,处十万元以上三十万元以下的罚款;情节较重的,处三十万元以上一百万元以下的罚款;情节严重的,报经有批准权的人民政府批准,责令停业、关闭。"

② 《青海省湟水流域水污染防治条例》(2018)第五十四条规定:"违反本条例第四十三条规定的,由县级以上人民政府环境保护主管部门责令停业,限期改正,并处一万元以上十万元以下的罚款。"

③ 《大气污染防治法》(2000)第六十四条规定:"环境保护行政主管部门或者其他有关部门违反本法第十四条第三款的规定,将征收的排污费挪作他用的,由审计机关或者监察机关责令退回挪用款项或者采取其他措施予以追回,对直接负责的主管人员和其他直接责任人员依法给予行政处分。"

④ 《河北省行政执法过错责任追究办法》(2010)第五十五条规定:"违反本办法第五十三条的规定,经上级行政机关责令限期纠正后,仍不纠正的,应当给予通报批评,并对直接负责的主管人员给予行政处分。"

⑤ 《北京市实施〈中华人民共和国水法〉办法》(2019)第六十二条规定:"违反本办法第四十五条第二款规定,用水单位浪费用水的,由水行政主管部门或者其他有关部门责令限期改正;逾期不改的,水行政主管部门可以核减相应的用水指标。"

《陕西省秦岭生态环境保护条例》(2007)第六十七条①就采用了这种表述类型。

4."被违反的义务性条款序号+违法行为情节+行政法律责任"。例如,《江苏省长江水污染防治条例》(2018)第四十五条第二款②就采用了这种表述类型。

条序对应模式应当说是最理想的环境监管行政法律责任衔接模式。它的优点是立法文本中的环境监管行政法律责任条款与环境监管义务性条款直接、明确对应,不仅行文简洁精练,而且内容严谨一致,实现了两者之间的无缝连接,既有利于准确识别环境监管法律责任条款与义务性条款的关系,便于知晓违反特定环境监管义务应当承担的具体行政法律责任,也有利于针对违反环境监管义务的行为依法确定相应的行政法律责任,有助于切实保障所设定的环境监管义务性规范的实施。但因条序对应模式一般在责任条款内容中并不对环境监管行政违法行为的具体样态或表现作文字表述,往往需要在查阅其所对应的义务性条款的具体内容之后,才能明了违反义务性条款的实际情况,会在一定程度上产生"往返查阅相关义务性条文和法律责任条文所导致的不便"③。特

---

① 《陕西省秦岭生态环境保护条例》(2007)第六十七条规定:"违反本条例第二十四条第(一)项、第(二)项规定,致使森林、林木受到毁坏的,依法赔偿损失;由县级以上林业行政主管部门责令停止违法行为,补种三倍毁坏的树木,可处毁坏树木价值一倍以上五倍以下的罚款。"

② 《江苏省长江水污染防治条例》(2018)第四十五条第二款规定:"违反本条例第十九条或者第三十条第一款规定,重点排污单位或者城市污水集中处理设施的运营单位未安装自动监控装置,未按照规定与环境保护主管部门联网,或者未保证自动监控装置正常运行的,由环境保护主管部门责令限期改正,处二万元以上二十万元以下的罚款;逾期不改正的,责令停产整治。"

③ 徐向华、王晓妹:《法律责任条文设定模式的选择》,《法学》2009年第12期,第66页。

别需要注意的问题是：在采用条序对应模式设定环境监管行政法律责任时，如果法律责任条款需要根据环境监管行政违法者的主观条件、违法情节、违法后果而作出有针对性的设置，应当分别采用上述第二、第三、第四种具体表述方式，慎重采用第一种表述方式。

（二）行为对应模式

行为对应模式，是指在设定环境监管行政法律责任条款时，并不明示对应立法文本中的哪个义务性条款（不表明所针对的义务性条款序号），只述明对违反了立法文件所规定义务的违法行为追究相应的环境监管行政法律责任的模式。其最常见的表述方法有以下三种：

1. 概括对应式。所谓概括对应式是指在设定环境监管行政法律责任条款时，对违反特定立法文件中的义务性规范的行为作出概括性表述，并相应设定环境监管行政法律责任的方式。其基本表述方法是"责任主体＋对违反本立法文件行为的概括性规定＋行政法律责任"。例如，《畜禽规模养殖污染防治条例》（2013）第三十六条①就采用了这种表述方式。

2. 列举对应式。所谓列举对应式是指在设定环境监管行政法律责任条款时，对违反特定法律文件而应追究环境监管行政法律责任的违法行为作出具体的列举表述，并相应设定环境监管行政法律责任的方式。其基本表述方法是"责任主体＋对违反本立法文件行为的列举性规定＋行政法律责任"。例如，《固体废物污染环境

---

① 《畜禽规模养殖污染防治条例》（2013）第三十六条规定："各级人民政府环境保护主管部门、农牧主管部门以及其他有关部门未依照本条例规定履行职责的，对直接负责的主管人员和其他直接责任人员依法给予处分……"

防治法》(2016)第六十七条①、《环境保护法》(2014)第六十八条②就采用了这种表述方式。

3.具体对应式。所谓具体对应式是指针对违反了立法文件中的特定义务性规范的具体违法行为,设定直接与之相对应的环境监管行政法律责任的方式。其基本表述方法是"责任主体+违反本立法文件的具体违法行为+行政法律责任"。在我国现行环境保护法律法规之中,具体对应式主要用于设定相对人的行政法律责任③,甚少用于设定环境监管行政法律责任。设定环境监管行政法律责任主要采用的是概括对应式与列举对应式。概括对应式是过去惯常使用的行为对应模式,近年来一些新的立法逐渐开始采用列举对应模式。

---

① 《固体废物污染环境防治法》(2016)第六十七条规定:"县级以上人民政府环境保护行政主管部门或者其他固体废物污染环境防治工作的监督管理部门违反本法规定,有下列行为之一的,由本级人民政府或者上级人民政府有关行政主管部门责令改正,对负有责任的主管人员和其他直接责任人员依法给予行政处分;构成犯罪的,依法追究刑事责任:(一)不依法作出行政许可或者办理批准文件的;(二)发现违法行为或者接到对违法行为的举报后不予查处的;(三)有不依法履行监督管理职责的其他行为的。"

② 《环境保护法》(2014)第六十八条规定:"地方各级人民政府、县级以上人民政府环境保护主管部门和其他负有环境保护监督管理职责的部门有下列行为之一的,对直接负责的主管人员和其他直接责任人员给予记过、记大过或者降级处分;造成严重后果的,给予撤职或者开除处分,其主要负责人应当引咎辞职:(一)不符合行政许可条件准予行政许可的;(二)对环境违法行为进行包庇的;……(九)法律法规规定的其他违法行为。"

③ 2014年修订的《环境保护法》、2015年修订的《大气污染防治法》在环境行政相对人行政法律责任的设定方面大量采用了具体对应式。例如,《环境保护法》(2014)第六十二条"违反本法规定,重点排污单位不公开或者不如实公开环境信息的,由县级以上地方人民政府环境保护主管部门责令公开,处以罚款,并予以公告"就是具体针对违反第五十五条"重点排污单位应当如实向社会公开其主要污染物的名称、排放方式、排放浓度和总量、超标排放情况,以及防治污染设施的建设和运行情况,接受社会监督"的义务性规范的违法行为设定的。

一般言之，采用行为对应模式设置的环境监管行政法律责任，虽然没有述明被违反的义务性条款的具体序号，但被追究责任的违法行为通常也是概括、列举、具体对应了立法文件中所设定的义务性规范的。例如，前述《固体废物污染环境防治法》（2016）第六十七条所规定的追究监督管理部门及其责任人员环境监管行政法律责任之"不依法作出行政许可或者办理批准文件的"就概括对应了该法第十三条（项目环境评价）、第十四条（固体废物环境防治设施验收）、第二十三条（批准固体废物转移）、第二十五条（限制进口的固体废物的审查许可）、第五十七条（危险废物经营许可）、第五十九条（转移危险废物的批准）等多个涉及行政许可或行政审批的义务性规范条文。

在现行环境保护立法文件之中，行政相对人环境行政法律责任大多对应文件中所设定的特定义务性规范而设定，即涉及行政相对人的环境行政法律责任条款通常都针对违反了立法文件所设定的义务性规范的行为而设定（当然只是针对违反立法文件中部分义务性规范而设定，并不是对应立法文件中的全部义务性规范而设定）。但在关于公务员环境监管行政法律责任的设定方面，除了常用概括对应模式，个别采用列举对应模式之外，实际还普遍存在环境监管行政法律责任规范与义务性规范的非对应设置情况，即立法文件中所设定的环境监管行政法律责任条款所描述的违法行为在同一法律文本中并无相对应的具体义务性条款，但可能抽象对应了其他法律、法规中所设定的对行政公务员具有一般性、普遍适用性的义务性条款。例如，《海洋环境保护法》（2017）第九十三条①的规定所对

---

① 《海洋环境保护法》（2017）第九十三条规定："海洋环境监督管理人员滥用职权、玩忽职守、徇私舞弊，造成海洋环境污染损害的，依法给予行政处分。"

应的义务性条款并不存在于该立法文本之中,而是存在于其他法律法规之中。具体言之,《海洋环境保护法》(2017)对环境监管行政法律责任的这条规定,实际上抽象对应了《公务员法》(2005)第五十三条①第一款第(三)项、第(七)项、第(九)项以及《行政机关公务员处分条例》第二十条、第二十三条、第二十五条等的规定。

二、环境监管行政法律责任的条款排列模式

所谓环境监管行政法律责任条款排列模式就是指环境监管行政法律责任条文在特定立法文本中进行逻辑排列的方式。其可以被划分为集中排列模式与分散排列模式两种。集中排列模式的通常做法是,将"法律责任条文与该规范性法律文件中的各项义务性行为条款相分离,集中于法律文本的某一部分。其中在法律条文较多并设置'章'之体例的规范性法律文件中,所有法律责任条文在单设的'法律责任'章中集中排列于'附则'章之前;在法律责任条文较少且未设'章'的规范性法律文件中,法律责任通常以连续

---

① 《公务员法》(2005)第五十三条规定:"公务员必须遵守纪律,不得有下列行为:(一)散布有损国家声誉的言论,组织或者参加旨在反对国家的集会、游行、示威等活动;(二)组织或者参加非法组织,组织或者参加罢工;(三)玩忽职守,贻误工作;(四)拒绝执行上级依法作出的决定和命令;(五)压制批评,打击报复;(六)弄虚作假,误导、欺骗领导和公众;(七)贪污、行贿、受贿,利用职务之便为自己或者他人谋取私利;(八)违反财经纪律,浪费国家资财;(九)滥用职权,侵害公民、法人或者其他组织的合法权益;(十)泄露国家秘密或者工作秘密;(十一)在对外交往中损害国家荣誉和利益;(十二)参与或者支持色情、吸毒、赌博、迷信等活动;(十三)违反职业道德、社会公德;(十四)从事或者参与营利性活动,在企业或者其他营利性组织中兼任职务;(十五)旷工或者因公外出、请假期满无正当理由逾期不归;(十六)违反纪律的其他行为。"

数条的方式集中排列于该文件尾部的实施日等条文之前"①。我国现行环境保护法律、法规在法律责任条款的排列模式方面,大部分立法文件采用了专设"法律责任"章(有的立法文件也采用"处罚"②、"罚则"③、"奖励与处罚(分)"④等"章"名)的集中排列模式,条文相对较少且不设"章"结构的立法文件大多采用了对法律责任条文在立法文本后部进行连续集中排列的模式。例如,《西宁市服务行业环境保护管理条例》(2007)就将法律责任条文连续集中排列在第二十二条至第二十七条(全文共有 30 条);《山东省扬尘污染防治管理办法》(2018)就将法律责任条文连续集中排列在第二十一条至第二十七条(全文共有 28 条)。

分散排列模式的基本特点是,将义务性规范与违反义务性规范的法律责任规范设置在同一条文之中,不实行义务性规范与法律责任规范在立法文本中的分离性表述,也不固定将其设置于立法文本的哪个部位。例如,《北京市市容环境卫生条例》(2006)共

---

① 徐向华、王晓妹:《法律责任条文设定模式的选择》,《法学》2009 年第 12 期,第 60—62 页。

② 例如,《污染源监测管理办法》(1999)、《医疗卫生机构医疗废物管理办法》(2003)、《固体废物进口管理办法》(2011)等立法文件即在"附则"一章之前设"处罚"章,对法律责任条文作了集中规定。

③ 例如,《废物进口环境保护管理暂行规定》(1996)、《放射工作卫生防护管理办法》(2001)、《电子废物污染环境防治办法》(2007)等立法文件即在"附则"一章之前设"罚则"章,对法律责任条文作了集中规定。

④ 例如,《中国人民解放军环境保护条例》(2004)即在"附则"一章之前设"奖励与处分"章,对法律责任条文作了集中规定;《陆生野生动物保护实施条例》(1992)、《水生野生动物保护实施条例》即在"附则"一章之前设"奖励和惩罚"章,对法律责任条文作了集中规定;《防治船舶污染海域管理条例》(1983)、《民用核设施安全监督管理条例》(1986)、《核电厂事故应急管理条例》(1993)等立法文件即在"附则"一章之前设"奖励与处罚"章,对法律责任条文作了集中规定。

有八章 77 条,并没有专门设立"法律责任"章,义务性规范与法律责任规范分布在了"附则"之外的各章之中,法律责任规范与相应的义务性规范在同一条文之中设定。例如,其第一章"总则"第十三条①、第五章"环境卫生"第四十七条②就对法律责任作了如此的条款设置。目前,类似于《北京市市容环境卫生条例》(2006)的法律责任条款排列模式尚不多见。

上述两种条款排列模式本身并无绝对的优劣之分。相关立法文件在设定法律责任条款时,究竟是采用集中排列模式还是分散排列模式,主要取决于法律责任条款及其设置的实际需要和科学性、合理性考虑。集中排列模式通常适用于采取章节编排结构的下列立法文本之中:一是立法文本所设定的义务性条款较多,但只需对违反部分义务性条款的行为设定相应的法律责任,为保持法律条款设置格式的统一性与规范性,而采用集中排列的法律责任设定模式;二是立法文本所设定的义务性条款较多,可以针对违反义务性规范的不同行为设定相同的法律责任内容与形式时,为保持法律责任条款的简约,采用集中排列的法律责任设定模式。分散排列模式,通常适用于义务性条款与相应的法律责任条款设定

---

① 《北京市市容环境卫生条例》(2006)第十三条规定:"行政管理部门和城市管理综合执法部门及其工作人员在市容环境卫生管理工作中不得滥用职权,损害公民、法人或者其他组织的合法权益。违反前款规定的,由所在单位或者上级主管部门对直接负责的主管人员和其他直接责任人员依法给予行政处分;给当事人造成损失的,应当依法给予赔偿;构成犯罪的,依法追究刑事责任。"

② 《北京市市容环境卫生条例》(2006)第四十七条规定:"道路及其他公共场所的专业清扫保洁责任单位应当按照作业规范和环境卫生标准要求,定时清扫,及时保洁。违反规定的,责令改正,并可处 100 元以上 1000 元以下罚款。"

较少,且不采用章节编排结构的立法文本之中。因我国现行环境保护立法文件之中,关于环境监管行政法律责任的条款数量较少,关于环境监管行政法律责任的条款通常与行政相对人法律责任条款混编在专设的"法律责任"章中,尚无关于环境监管行政法律责任的专章,也鲜见对环境监管行政法律责任的分散排列模式。

三、环境监管行政法律责任的条款表述模式

所谓环境监管行政法律责任的条款表述模式,就是指在立法条款中表述环境监管行政法律责任内容及其逻辑结构安排的模式。从相关环境保护立法文件对环境监管行政法律责任条款表述的具体情况来看,大致可以将其归纳为概括引证式、概括设定式、列举引证式、列举设定式四种模式。

1. 概括引证式。所谓概括引证式,就是在环境监管行政法律责任条款之中,先对违法行为作概括性表述(行为模式),然后抽象引证其他立法文件对违法行为的行政法律责任规定(法律后果)的表述模式。其基本表述方法是:"对违法的概括性规定(概括表述所违反的法律文件规定+对违法行为的概括性规定,或者只对违法行为作概括式规定)+对行政法律责任的概括性引证规定(只表明'依法'或者依据其他法律文件的规定追究责任)",简言之就是"违反本法,依法追究责任"的表述方法。这是相关立法文本对环境监管行政法律责任作出规定最为常见的法律条款表述模式,可以说迄今为止大部分环境保护立法文件都采用了这种模式。例

如,《水污染防治法》(2017)第八十条①、《畜禽规模养殖污染防治条例》(2013)第三十六条②、《北京市生活垃圾管理条例》(2019)第六十三条③就采用了这种表述模式。

2. 概括设定式。所谓概括设定式,就是在环境监管行政法律责任条文之中,先对违法行为作概括性表述(行为模式),然后对违法行为应承担的相应行政法律责任(法律后果)作出直接设定性表述的模式。其基本表述方法是:"对违法的概括性规定(概括表述所违反的法律文件规定+对违法行为的概括性规定,或者只对违法行为作概括式规定)+行政法律责任的概括性设定"。例如,《城市生活垃圾管理办法》(2015)第四十七条第一款④、《大气污染防治法》(2018)第一百二十六条⑤就采用了这种表述模式。这种模式

---

① 《水污染防治法》(2017)第八十条规定:"环境保护主管部门或者其他依照本法规定行使监督管理权的部门,不依法作出行政许可或者办理批准文件的,发现违法行为或者接到对违法行为的举报后不予查处的,或者有其他未依照本法规定履行职责的行为的,对直接负责的主管人员和其他直接责任人员依法给予处分。"

② 《畜禽规模养殖污染防治条例》(2013)第三十六条规定:"各级人民政府环境保护主管部门、农牧主管部门以及其他有关部门未依照本条例规定履行职责的,对直接负责的主管人员和其他直接责任人员依法给予处分;直接负责的主管人员和其他直接责任人员构成犯罪的,依法追究刑事责任。"

③ 《北京市生活垃圾管理条例》(2019)第六十三条规定:"本市各级行政主管部门、执法机关及其工作人员不依法或者不正当履行生活垃圾管理职责的,由有权机关责令改正,对直接负责的主管人员和其他直接责任人员依法处理;构成犯罪的,依法追究刑事责任。"

④ 《城市生活垃圾管理办法》(2015)第四十七条第一款规定:"违反本办法规定的职权和程序,核发城市生活垃圾清扫、收集、运输、处理许可证的,由上级主管机关责令改正,并对其主管人员及其他直接责任人员给予行政处分;构成犯罪的,应当追究刑事责任。"

⑤ 《大气污染防治法》(2018)第一百二十六条规定:"地方各级人民政府、县级以上人民政府生态环境主管部门和其他负有大气环境保护监督管理职责的部门及其工作人员滥用职权、玩忽职守、徇私舞弊、弄虚作假的,依法给予处分。"

不同于第一种模式的方面主要在于,环境监管行政法律责任条款在对应追究责任的违法行为作出概括性叙述之后,没有抽象引证其他相关法律文件关于行政法律责任的规定作为问责依据,而是直接规定要追究行政处分等环境监管行政法律责任。

3. 列举引证式。所谓列举引证式,是指在环境监管行政法律责任条款之中,先对违法行为作出列举性表述(行为模式),然后抽象引证其他立法文件对违法行为的行政法律责任规定(法律后果)的表述模式。其基本表述方法是:"对违法的概括性规定(概括表述所违反的法律文件)+对违法行为的列举式规定+对行政法律责任的概括性引证规定(只表明'依法'或者依据其他法律文件的规定追究责任)"。前述《固体废物污染环境防治法》(2016)第六十七条、《放射性废物安全管理条例》(2011)第三十五条①就采用了这种表述模式。

4. 列举设定式。所谓列举设定式,是指在环境监管行政法律责任条款之中,先对违法行为作出列举性表述(行为模式),然后对违法行为应承担的相应行政法律责任(法律后果)作出直接设定性表述的模式。其基本表述方式是:"对违法行为的列举式规定+对行政法律责任的具体设定"。2014年修订的《环境保护法》第六十八条采用的就是这种表述模式。

在上述四种条款表述模式中,最理想的模式首先是列举设定式。其基本特点和优点表现在以下几个方面:一是通过环境保护立法文件直接设定不依赖于其他法律法规作依据就可付诸执行的

---

① 《放射性废物安全管理条例》(2011)第三十五条规定:"负有放射性废物安全监督管理职责的部门及其工作人员违反本条例规定,有下列行为之一的,对直接负责的主管人员和其他直接责任人员,依法给予处分;直接负责的主管人员和其他直接责任人员构成犯罪的,依法追究刑事责任:(一)违反本条例规定核发放射性固体废物贮存、处置许可证的;……(五)其他徇私舞弊、滥用职权、玩忽职守行为。"

环境监管行政法律责任;二是改变了环境保护立法文件对应当追究环境监管行政法律责任的违法行为作原则性、概括性笼统表述的传统,具体列举了应当追究环境监管行政法律责任的违法行为;三是较明确规定了应当追究的环境监管行政法律责任形式及其责任追究主体。因此,采用这种模式所设定的环境监管行政法律责任条款,相对而言具有较好的可操作性与执行性。其次是列举引证式。这种模式的优点是明确列举了应当追究行政处分等行政法律责任的事由,便于确定应问责的环境监管行政违法行为。但存在追究行政法律责任的具体形式、直接法律依据不够明确等缺憾。因此,要采用这种模式设定环境监管行政法律责任条款,必须首先搞清楚所列举的违法行为与所引证的法律文件中的违法行为及其责任规定的相互适应与衔接关系,准确判明所列举的违法行为在被引证的法律文件中有可以直接对应的具体规定。如果环境保护法律法规所规定的应问责环境监管行政违法行为,在所引证的立法文件之中根本就没有可以对应适用的具体法律责任条款,所设定的环境监管行政法律责任条款就会成为无法实际执行的具文。概括引证式、概括设定式,因都存在问责事由、责任形式、问责的直接法律依据、问责主体不明等问题,属于相对不理想的法律责任条款表述模式。采用这两种模式所设定的环境监管行政法律责任,实际上宣示性、表态性远远大于规范性、可操作性,很难发生实际效用。在我国现行环境保护法律法规之中,占主导地位的环境监管行政法律责任条款表述模式恰恰主要是概括引证式,其次是概括设定式,其他两种模式虽然在立法中均有所采用,但总量并不多。因此,环境保护领域环境监管行政法律责任普遍存在实现不良问题,显然与法律责任条款表述模式的不当选择有一定关系。

第三章　环境监管行政法律责任设定规范论

第一节　规范性文件研究样本的选取

一、规范性文件概释

规范性文件在广义上可以用来指称国家机关制定的所有具有规范性、普遍适用性的文件，包括了立法文件与非立法文件两类。2014 年修正后的《行政诉讼法》第三十四条所称"规范性文件"就是从广义而言的①。按照责任法定原则的要求，行政法律责任只能借助立法文件依法设定，因而本文所称规范性文件主要是指设定相关行政法律责任规范的立法性文件。但在我国行政管理、生态环境保护领域，客观上也涉及一些非立法性的规范性文件设定行政法律责任问题，故在对环境监管行政法律责任进行规范分析时，也有必要考察非立法性的行政规范性文件对行政法律责任设定的情况。

---

① 《行政诉讼法》(2014)第三十四条第一款规定："被告对作出的行政行为负有举证责任，应当提供作出该行政行为的证据和所依据的规范性文件。"

环境监管行政法律责任的法律属性决定,涉及环境监管行政法律责任的立法文件主要包括以下两类:一类是关于公共行政法律责任的一般性立法文件或通用性立法文件,即对公共行政法律责任作一般性的、通用性规定的立法文件。这些立法文件对公共行政法律责任的规定既适用于环境行政主体及其公务员,也适用于其他行政主体及其公务员,是追究公共行政法律责任的基本法律依据。另一类就是涉及环境监管行政法律责任的特定立法文件,即对环境监管行政法律责任作专门性规定或者附带性规定的立法文件,此类文件主要包括环境保护及与环境保护密切关联的立法文件。

在国家立法层面,长期以来对公共行政法律责任作一般性、通用性规定的立法文件,主要是涉及行政公务员行政处分责任的下列三类立法文件:一是公务员管理方面的立法文件。其主要包括《公务员法》《行政机关公务员处分条例》等法律法规和国家公务员主管部门等国务院相关部门制定的涉及国家公务员行政处分等事项的部门规章①。《公务员法》是我国公务员管理的基本法律依据。《公务员法》专门设立了"惩戒"一章,对公务员公务纪律及其纪律责任追究的事由、处分形式、处分适用的原则、处分基本程序等重要事项作了规定。《行政机关公务员处分条例》设置了总则、处分的种类和事由、违法违纪行为及其适用的处分、处分的权限、处分的程序、不服处分的申诉、附则等共 7 章 55 条,对行政公务员行政处分作了细化规定。二是原行政监察方面的立法文件。其主

---

① 例如,《公务员录用规定(试行)》(2007)、《公务员奖励规定(试行)》(2008)、《城乡规划违法违纪行为处分办法》(2012)、《公务员考试录用违法违纪行为处理办法》(2016)。

要包括原《行政监察法》《行政监察法实施条例》以及原国务院行政监察部门颁布的关于行政监察的规章等。《行政监察法》在2018年3月被《中华人民共和国监察法》取代并被废止前,是行政监察机关实施行政监察、依法执纪、维护行政纪律的基本法律依据。在公共行政法律责任方面,原《行政监察法》及其他关于行政监察的立法文件主要规定了各级行政监察机关办理行政机关公务员行政处分案件的权限划分及其办案程序,并没有创设《公务员法》所规定的行政处分以外的公共行政法律责任形式。随着我国统一的国家监察制度的建立,规定监察机关政务处分的国家监察法律、法规及规章就不再是关于公共行政法律责任的一般性、通用性立法文件,政务处分也就成为了不同于行政处分的另一类法律责任形式。三是涉及行政法律责任内容的公共行政管理的一般性、通用性立法文件。此类立法文件往往会涉及关于公共行政法律责任的通用性、一般性规定。例如,2019年国务院颁布实施的《重大行政决策程序暂行条例》即在第五章"法律责任"中设置4个条文,依次分别对决策机关、决策承办单位、决策执行单位和承担论证评估工作的专家、专业机构、社会组织等不同主体违反该《条例》规定各自须承担的行政法律责任作了规定。

在国家立法层面对环境监管行政法律责任作专门性或者附带性规定的立法文件主要有以下两类:一是在环境保护法律法规中对环境监管行政法律责任作附带性规定的文件。如2014年修订后的《环境保护法》第六十七条、第六十八条就对环境监管行政处分责任作了规定。可以说,在国家所颁布的大量环境保护的法律、行政法规、部门规章之中,大多都对环境监管行政法律责任作了或详或略的规定。但迄今为止,在国家层面并没有出台一部专门规定环境监管行政法律责任的法律法规。二是国务院环境保护行政主管部门独立或联合其他有关部门制定的环境监管行政法律责任及其追究的行政规章。例如,原监察部和国家环保总局颁布的《环境保护违法违纪行为处分暂行规定》、原环保部颁布的《环境行政执法后督察办法》等部门规章。其中《环境保护违法违纪行为处分暂行规定》对环境保护违法违纪行为及其适用的处分作了具体规定,是关于环境监管行政法律责任的一部专门规章。此外,党和国家颁布的关于环境监管行政违法违纪责任追究的具有规范性的政策性文件虽不属立法性文件,但在实质上甚至发挥着较立法文件更重要的功能和作用。例如,2015 年中共中央办公厅、国务院办公厅印发的《党政领导干部生态环境损害责任追究办法(试行)》即对追究党政领导干部生态环境损害责任作了重要的制度性安排。

在地方立法层面对公共行政法律责任作一般性、通用性规定的立法文件主要限于地方立法主体所颁布的相关地方性法规、政府规章。其中以政府规章居多,地方性法规相对较少。此类立法文件在适用对象上,或适用于特定行政区域之内实施了公共行政违法行为的包括环境行政主体及其公务员在内的全部行政主体及其公务员,或统一适用于在某一类公共行政管理工作中实施了特定公共行政违法行为的包括环境行政主体及其公务员在内的相关行政主体及其公务员。在所规范与调整的事项方面,主要涉及行政执法责任追究、行政问责等事项。此类立法文件数量众多,例如《吉林省行政执法错案责任追究办法》(1999)、《重庆市行政首长问责制暂行办法》(2004)、《北京市行政执法责任追究办法》(2007)、《上海市行政执法过错责任追究办法》(2010)、《甘肃省行政过错责任追究办法》(2011)、《湖北省行政问责办法》(2016)、

《河南省行政执法过错责任追究办法》（2018）等。对公共行政法律责任及其相关事项作一般性、通用性规定的地方性法规为数较少，《广东省行政执法责任制条例》（2009）、《重庆市行政执法责任制条例》（2010）、《成都市行政执法责任制条例》（2012）等就属于此类地方性法规。

在地方立法层面对环境监管行政法律责任作专门性或者附带性规定的立法文件也包括以下两类：一是在环境保护的地方性法规、政府规章中附带对环境监管行政法律责任作出规定的文件。例如，地方性法规《黑龙江省松花江流域水污染防治条例》（2015）第五十二条、第五十三条和《天津市水污染防治条例》（2016）第九十三条对环境行政主体及其公务员的环境监管行政法律责任专条作了规定；地方政府规章《内蒙古自治区矿山地质环境治理办法》（2015）第三十六条、《西安市秦岭生态环境保护管理办法》（2016）第五章"责任追究"相关条款对环境行政主体及其公务员的环境监管行政法律责任专条作了规定。二是地方政府颁布的关于环境监管行政法律责任及其追究的行政规章。例如《山东省环境污染行政责任追究办法》（2002）、《海口市环境污染行政责任追究办法》（2006）、《云南省环境保护行政问责办法》（2013）、《佛山市人民政府环境保护行政过错责任追究实施办法》（2014）等政府规章就对污染环境行政责任追究事项作了专门规定。

虽然按照责任法定原则的要求，非立法性的行政规范性文件并无行政法律责任设定权，但因目前我国对行政法律责任的设定权限并没有作统一、明确的法律规制，在实践中也有为数不少的行政规范性文件对公共行政法律责任及其追究作出了专门性的规定。此类文件，一部分是关于本行政区域行政执法责任追究、行政问责等事项的一般性、通用性的规定,例如《习水县行政执法过错责任追究实施细则》(2008)、《安顺市行政执法过错责任追究办法》(2013)、《云南省环境保护行政问责办法》(2013)、《安平县行政执法错案及行政执法过错责任追究办法》(2014)、《雅安市行政执法过错责任追究办法(试行)》(2017)等。另一类,就是地方政府及其环境行政主管部门等制定的关于环境行政问责、环境行政执法责任追究等方面的文件,例如,《广东省环境保护局行政过错责任追究办法》(2004)、《贵州省环境保护局行政过错责任追究办法(试行)》(2006)、《河北省环境保护厅行政执法责任制规定》(2017)等一大批文件就属于此类环境行政规范性文件。

二、规范性文件选样

与公共行政法律责任设定相关的规范性文件是研究环境监管行政法律责任设定情况的根据,要考察环境监管行政法律责任设定状况就必须对其作规范分析。由于我国实行一元多层级的立法体制,处于不同效力等级的立法文件数量众多,要对所有涉及环境监管行政法律责任问题的规范性文件进行全面的规范分析,既无可能,也无必要。因此,只能选择部分具有代表性的相关规范性文件(主要是指立法文件)进行规范分析。但要保证规范分析做到科学、合理、公允并能够充分反映现行立法关于环境监管行政法律责任的设定现状,必须科学选取规范分析的文件样本。为此,我们确定按照下列几个原则的要求选择相关规范性文件分析样本:

1. 考虑到关于环境监管行政法律责任设定权限有中央立法与地方立法之分,地方立法服从中央立法又是我国立法的基本原则之一,地方立法深刻受中央立法的支配与影响,故在研究样本的选取方面充分兼顾中央与地方立法文件,既选取具有代表性的中央立法文件,又选择代表性的若干地方立法文件进行规范分析。

2. 考虑到从中央到地方不同立法文件具有不同的地位与效力,下位法对上位法具有效力上的从属关系,故在研究样本的选取方面兼顾不同效力层级的立法文件,既选取代表性的法律、行政法规、地方性法规,也选择若干具有代表性的部门规章、政府规章甚至相关的行政规范性文件进行规范分析。

3. 考虑到我国区域经济社会发展的不均衡,为了较全面、客观反映相关规范性文件在设定公共行政法律责任、环境监管行政法律责任方面的基本情况,在样本的选取方面还要兼顾不同经济社会发展水平地方的立法文件,分别选取东部经济发达地区、中西部经济相对欠发达地区的代表性立法文件进行规范分析。

4. 因环境监管行政法律责任属于一般公共行政法律责任的组成部分,国家对公共行政法律责任既有专门性的、一般性的立法规定,也有关于环境监管行政法律责任的特殊性规定,为反映环境监管行政法律责任设定的全貌,在研究样本的选取方面,还要兼顾关于公共行政法律责任的一般性立法与特别性立法,既要选取对包括环境监管行政法律责任在内的公共行政法律责任作一般性规定的立法文件,又要选取对环境监管行政法律责任作出特殊性或者特定性规定的代表性立法文件进行规范分析。

5. 因地方立法既包括了对国家上位法的执行性、补充性立法,又包括了在法律授权范围之内对地方事务的创制性立法,因此要考察地方立法对环境监管行政法律责任设定现状,还需要既对具有代表性的地方执行性环境保护法规、规章中的环境监管行政法律责任设定情况进行规范分析,又对具有代表性的地方创制性环境保护法规、规章中的环境监管行政法律责任设定情况进行规范分析。所以,在研究样本中也要选取地方执行性与创制性两类相关立法文件进行必要的规范分析。

6. 因与环境监管行政法律责任相关的立法文件,既有最新颁布实施的,又有先后经过数次修改后仍然有效的,还有已经被依法废止的,因此要全面了解、分析环境监管行政法律责任的设定情况,还需要既考察分析最新的具有代表性的立法文件关于公共行政法律责任、环境监管行政法律责任的设定情况,又要对颁布时间较早、先后数次修改的代表性立法文件中关于环境监管行政法律责任的设定情况进行历史考察与分析。所以,在研究样本中既要有新近颁布的、具有代表性的相关立法文件,也要有颁布较早、经数次修改而形成若干不同文本的代表性立法文件。

遵循上述原则,对环境监管行政法律责任相关规范性文件进行合理选样,并对所选研究样本中关于环境监管行政法律责任的设定问题进行规范分析,其主要目的在于揭示中央与地方立法关于环境监管行政法律责任设定的基本情况、环境监管行政法律责任与行政相对人公共行政法律责任的设定情况、环境监管义务性法律规范与环境监管行政法律责任规范设定与衔接情况、环境监管行政法律责任实体规范与程序规范的设定情况、责任主体与环境行政问责主体的责任设定情况、环境监管行政处分责任与非行政处分责任设定的情况、环境监管行政法律责任设定的发展变化情况、公共行政法律责任专门法与环境保护立法文件关于环境监管行政法律责任设定关系的处理情况、公共行政法律责任专门法对行政处分责任设定的缺陷分析、一般行政处分责任设定与特殊行政处分责任设定的关系、公共行政法律责任与其他性质责任的设定与衔接关系等基本情况,为展开深度理论研究以及有针对性地建立健全环境监管行政法律责任规范摸清"底数",奠定基础。

　　基于以上认识,对立法文件样本作了如下的选择确定:

　　1. 在中央环境保护立法文件之中,分别选取了《环境保护法》《环境噪声污染防治法》《大气污染防治法》《水污染防治法》《固体废物污染环境防治法》《海洋环境保护法》等6部环境保护法律;《建设项目环境保护条例》《防治船舶污染海洋环境管理条例》《规划环境影响评价条例》《水污染防治法实施细则》《放射性废物安全管理条例》《畜禽规模养殖污染防治条例》等6部环境保护行政法规;《污染源监测管理办法》《入河排污口监督管理办法》《城市生活垃圾管理办法》《电子废物污染环境防治管理办法》《固体废物进口管理办法》《环境污染治理设施运营资质许可管理办法》等6部环境保护部门规章作为研究样本。

　　2. 在地方环境保护立法文件之中,分别选取了《北京市水污染防治条例》《辽宁省辽河流域水污染防治条例》《河北省水污染防治条例》《山东省水污染防治条例》《浙江省水污染条例》《青海省湟水流域水污染防治条例》《湖北省水污染条例》等7部执行性水污染防治的地方性法规;《北京市生活垃圾管理条例》《河北省环境保护公众参与条例》《山西省减少污染物排放条例》《广东省地质环境管理条例》《陕西省秦岭生态环境保护条例》《银川市农村环境保护条例》等6部创制性环境保护地方性法规;《湖南省机动车排气污染防治办法》《乌鲁木齐市机动车排气污染防治管理办法》《贵阳市机动车排气污染防治管理办法》《天津市机动车排气污染防治管理办法》《四川省机动车排气污染防治办法》《合肥市机动车排气污染防治办法》等 6 部环境保护方面的地方政府规章作为研究样本。

3. 在公共行政法律责任专门性立法方面,选取《公务员法》《行政机关公务员处分条例》等法律法规;《环境保护违法违纪行为处分暂行办法》《山东省行政执法错案责任追究办法》《长沙市行政问责办法》《重庆市行政首长问责制暂行办法》《海南省行政首长问责制暂行办法》《吉林省行政问责暂行办法》《江苏省行政执法责任追究办法(试行)》《北京市行政执法责任追究办法》《上海市行政执法过错责任追究办法》《河北省行政执法过错责任追究办法》《甘肃省行政过错责任追究办法》等 11 部行政执法责任、行政问责方面的行政规章作为研究样本。

除了以上涉及环境监管行政法律责任的立法文件样本之外,为了揭示目前非立法性的行政规范性文件对行政问责、环境行政问责等事项的规定情况,理清环境监管行政法律责任设定与一般性行政问责形式的设定关系,笔者还对选取的数十部相关非立法性行政规范性文件作为研究样本作了必要的规范分析。

第二节　环保立法文件设定环境监管义务性条款情况分析

由于环境监管行政法律责任是因环境行政主体及其公务员违反了环境监管行政义务性规范的规定而依法应承担的不利后果,故立法文件中的义务性规范是设定、追究环境监管行政法律责任的基础和前提,此即所谓无义务即无责任。因此,立法文件中的义务性规范的设置情况,既是考察立法文件质量与效率的重要方面,也是检验环境监管行政法律责任设定是否科学、合理的重要指标。

环境监管行政法律责任的特性决定,作为环境监管行政法律责任问责事由的环境监管行政违法行为,既包括了环境行政主体及其公务员违反环境保护法律法规设定的环境监管义务性规范的行为,也当然包括了环境行政主体及其公务员在履行监管职责过程中违反了国家或地方行政管理工作须一体遵行的共同行政法义务的行为。因适用于包括环境行政在内的各类行政管理工作的共同性行政法义务及其规范,既非本文所研究的直接对象,也非环境监管义务性规范研究的重点,故在此仅对研究样本中的环境监管义务性条款设定情况作具体的分析,以期能够获得对环境保护立法文件之中环境监管义务性规范设置情况的概观性认识,从而为完善环境监管义务性规范及环境监管行政法律责任规范的设置提供可资借鉴的研究成果。

一、环境监管义务性条款的设置与分布

环境监管义务性条款的设置与分布,在此就是指作为研究样本的环境保护立法文件中环境监管义务性条款设置的情况。其主要分析指标包括作为研究样本的环境保护立法文件中环境监管义务性条款设置数量及其在立法条款之中所占比例。为了有助于认识立法文件之中环境保护义务性条款设置的总体情况,尤其是揭示环境行政主体及其公务员环境监管义务性条款与行政相对人义务性条款设置的比例关系,一并考察分析立法文件中涉及行政相

对人义务性条款的设置数量及其占比关系。

表一:环保法律样本中义务性条款的设置与分布情况①

文 件 名 称	环境监管义务性条款数	占条款总数之比	相对人义务性条款数	占条款总数之比
海洋环境保护法(2013)	30 条	30.6%	44 条	44.9%
环境保护法(1989)	13 条	27.6%	16 条	34.0%
环境保护法(2014)	34 条	48.6%	16 条	22.9%
水污染防治法(2008)	15 条	16.3%	39 条	42.4%
大气污染防治法(1987)	6 条	14.6%	18 条	43.9%
大气污染防治法(1995)	8 条	16.0%	24 条	48.0%
大气污染防治法(2000)	17 条	25.8%	25 条	37.9%
大气污染防治法(2015)	41 条	31.8%	54 条	41.8%
固体废物污染环境防治法(2013)	16 条	17.6%	41 条	45.1%
环境噪声污染防治法(1996)	11 条	17.2%	29 条	45.3%

① 制表说明:为了保证数据采集的合理性、准确性,以下各表所指义务性条款限于除了立法文件"总则"(因其涉及义务性的规定大多比较原则,且一般难以设定与之相对应的具体法律责任,对于研究法律责任设定问题无统计学意义)、"法律责任"(其主要涉及的是违反义务性规范的具体法律责任,一般不属于表中所要分析讨论的义务性条款)、"附则"各章之外的其他章节针对环境监管者、环境行政相对人所明确规定的应当作为、必须作为、不得作为的法律条文,一般不包括法律文件中所设定的权义复合性条款(权义复合性条款,一般针对环境监管者而设定。此类条款在给环境监管主体赋予相应职权的同时,也等于设定了相应职责、义务。从立法文件设定法律责任的通常情况来看,一般也甚少针对此类条款设定具体明确的法律责任。故,对于分析研究法律责任的设置问题而言,也无重要的统计学意义。)。此外,在各表的统计数据中,对规定复合主体义务性规范的法律条文,同时分别计入环境监管义务性条款数与相对人义务性条款数。

表二：环保行政法规样本中义务性条款的设置与分布情况

文 件 名 称	环境监管义务性条款数	占条款总数之比	相对人义务性条款数	占条款总数之比
建设项目环境保护条例（1998）	9	26.5%	12	35.3%
水污染防治法实施细则（2000）	20	40.8%	22	44.9%
防治船舶污染海洋环境管理条例（2009）	12	15.4%	36	46.2%
规划环境影响评价条例（2009）	22	61.1%	4	11.1%
放射性废物安全管理条例（2011）	4	8.7%	17	37.0%
畜禽规模养殖污染防治条例（2013）	8	18.2%	10	22.7%

表三：环保部门规章样本中义务性条款的设置与分布情况

文 件 名 称	环境监管义务性条款数	占条款总数之比	相对人义务性条款数	占条款总数之比
污染源监测管理办法（1999）	9 条	26.5%	12 条	35.3%
入河排污口监督管理办法（2004）	10 条	38.4%	8 条	30.7%
城市生活垃圾管理办法（2007）	10 条	19.6%	24 条	47.1%
电子废物污染环境防治管理办法（2007）	5 条	19.2%	11 条	42.3%
固体废物进口管理办法（2011）	10 条	18.2%	25 条	45.5%
环境污染治理设施运营资质许可管理办法（2012）	7 条	21.9%	12 条	37.5%

表四：执行性环保地方性法规样本中义务性条款的设置与分布情况

文 件 名 称	环境监管义务性条款数	占条款总数之比	相对人义务性条款数	占条款总数之比
北京市水污染防治条例（2010）	38 条	40.0%	32 条	33.7%
辽宁省辽河流域水污染防治条例（2011）	16 条	40.0%	10 条	25.0%
河北省水污染防治条例（1997）	17 条	47.2%	12 条	33.3%
山东省水污染防治条例（2000）	23 条	46.9%	17 条	34.7%
浙江省水污染条例（2013）	29 条	44.6%	16 条	24.6%
青海省湟水流域水污染防治条例（2013）	24 条	42.1%	21 条	36.8%
湖北省水污染条例（2014）	47 条	57.3%	21 条	25.6%

表五：创制性环保地方性法规样本中义务性条款的设置与分布情况

文 件 名 称	环境监管义务性条款数	占条款总数之比	相对人义务性条款数	占条款总数之比
北京市生活垃圾管理条例（2011）	20 条	29.0%	27 条	39.1%
河北省环境保护公众参与条例（2014）	17 条	39.5%	7 条	16.3%
山西省减少污染物排放条例（2010）	16 条	26.2%	28 条	45.9%
广东省地质环境管理条例（2012）	8 条	20.0%	15 条	37.5%
陕西省秦岭生态环境保护条例（2007）	33 条	42.9%	31 条	40.2%
银川市农村环境保护条例（2012）	16 条	34.0%	12 条	25.5%

表六:环保政府规章样本中义务性条款的设置与分布情况

文 件 名 称	环境监管义务性条款数	占条款总数之比	相对人义务性条款数	占条款总数之比
湖南省机动车排气污染防治办法(2004)	6 条	26.1%	12 条	52.2%
乌鲁木齐市机动车排气污染防治管理办法(2006)	5 条	16.7%	11 条	36.7%
贵阳市机动车排气污染防治管理办法(2010)	6 条	25.0%	8 条	33.3%
天津市机动车排气污染防治管理办法(2012)	6 条	26.1%	5 条	21.7%
四川省机动车排气污染防治办法(2012)	8 条	18.2%	10 条	22.7%
合肥市机动车排气污染防治办法(2013)	14 条	42.4%	13 条	39.4%

分析以上各表所列立法文件研究样本中关于义务性条款设置与分布情况的统计数据可以得出以下几个基本研究结论:

（一）义务性规范及其条款是立法文件中的重要组成部分

从以上各表所列举的数据不难看出,不论是中央环境保护立法文件,还是地方环境保护立法文件,环境监管义务性条款数与行政相对人义务性条款数之和,最低占到立法文件条款总数的40%以上（如《畜禽规模养殖污染防治条例》《四川省机动车排气污染防治办法》《放射性废物安全管理条例》《天津市机动车排气污染防治管理办法》中的义务性条款分别占立法文件条款总数的40.9%、40.9%、45.7%、47.8%）,最高达到了立法文件条款总数的80%以上（如《河北省水污染防治条例》《山东省水污染防治条例》

《湖北省水污染防治条例》中的义务性条款分别占立法文件条款总数的 80.5%、81.6%、82.9%），大部分立法文件中关于义务性规范的条款总数达到了立法文件条款总数的 60% 以上。如果再加上没有列入统计范围的立法文件"总则""法律责任""附则"等各章中涉及义务性规范的条款，其在立法文件条款总数中所占的比例会更高。

由此可见，义务性规范及其条款在所有立法文件中都是其最为重要、数量最多的部分。为各方当事人或者法律关系主体设定义务性规范，是立法文件调整特定法律关系，有效规制法律关系主体行为，发挥规范作用与社会作用的基本方式方法。相关研究成果也验证了本文的上述研究结论。如有论著专门对我国现行法律中的义务性规范作了研究，指出："涉及义务性的规范词是禁止性的规范词的3.9 倍，是授权性的规范词的 1.6 倍，法律规范中义务性规范大大超过其他两类规范。法律对于义务的规定远远超出了对于权利的规定。"[①]再如有论著在对能源法中的义务性规范进行研究之后，也得出了"能源法律规范中义务性规范占主导"[②]的结论。

（二）立法文件总体上兼重环境监管义务性规范与相对人义务性规范的设置

有不少环境法学者认为，我国环境立法存在"重政府环境权力轻政府环境义务"[③]的问题，约束政府行为的法律规定较少，多以公

---

① 陈镇河：《义务性法律规范的逻辑分析及立法建议》，《理论导刊》2015 年第2 期，第 89 页。

② 黄振中、谭柏平：《能源法的义务性规范》，《中国青年政治学院学报》2013年第 1 期，第 100 页。

③ 张建伟：《完善政府环境责任的若干思考》，《河北法学》2008 年第 3 期，第26 页。

民、法人或其他组织为主要调整对象①。但从上述各表所做统计数据可以看出,立法文件研究样本大多既重视对行政相对人义务性规范的设置,同时也重视对环境监管义务性规范的设置。从义务性规范设置的总体情况来看,虽然在部分立法文件尤其是制定较早的立法文件中所设定的行政相对人义务性条款较环境监管义务性条款略多一些,但大多数立法文件中并不存在突出的轻视环境监管义务性规范设置的问题。

在立法文件研究样本中,涉及行政相对人的义务性条款数量最多的占到了立法文件条款总数的45%以上(如《固体废物污染环境防治法》《固体废物进口管理办法》《环境噪声污染防治法》《防治船舶污染海洋环境管理条例》《城市生活垃圾管理办法》《湖南省机动车排气污染防治办法》等立法文件分别达到了条款总数的45.1%、45.5%、45.3%、46.2%、47.1%、52.2%),绝大多数立法文件中涉及行政相对人的义务性条款数量达到了条款总数的20%以上,低于20%的立法文件只有2件(《规划环境影响评价条例》《河北省环境保护公众参与条例》分别占条款总数的11.1%和16.3%)。涉及环境监管义务性规范的法律条款数最多的也占到了立法文件条款总数的45%以上(如《山东省水污染防治条例》、《河北省水污染防治条例》、2014年《环境保护法》、《湖北省水污染条例》、《规划环境影响评价条例》等立法文件分别达到了立法文件条款总数的46.9%、47.2%、48.6%、57.3%、61.1%),大多数立法文件中涉及环境监管义务性规范的条款数量也达到了条款总数的

---

　　①　参见任君:《论环境保护法中的政府环境责任》,《世纪桥》2011年第23期,第52页。

20%以上,低于 20%的立法文件只有 12 件,低于 10%的立法文件只有 1 件(《放射性废物安全管理条例》占条款总数的 8.7%)。尤其是在作为研究样本的 7 部执行性地方性法规之中,涉及环境监管义务性规定的条款均达到了 40%以上,在创制性地方性法规之中,涉及环境监管义务性规范的条款也均达到了 20%以上,呈现出执行性或实施性地方环保法规中环境监管义务性条款数量多于创制性地方环保法规、地方环保法规中环境监管义务性条款数量明显多于政府规章的特点。这从一个侧面可以看出,在地方环境保护立法中,政府规章或多或少对环境监管义务性规范的设定存在一定的消极态度,权力本位的行政观念对环境监管义务性规范的设定有一定的影响。但从总体来看,不论是中央立法文件,还是地方立法文件,对于义务性条款的设置,在大多数立法文件之中都较好体现了环境监管义务性规范与行政相对人义务性规范均衡设置的原则,不存在明显的设置不均衡或不公平问题。

(三) 立法文件对环境监管义务性条款设置呈现日渐详备的特点

面对我国日益严峻的环境保护问题,强化政府环境责任,严格环境监管及其责任,已经越来越成为社会共识,不少环境法学者致力于政府环境责任问题的研究,呼吁强化、细化、严格政府环境责任,主张将作为"监管者监管之法"的《环境保护法》等环境保护法律法规创制为"监管监管者之法"[1]。这些主张,在环保立法文件中日渐有了较明显的体现。从上表所列的立法文件修改完善的一

---

① 参见吕忠梅:《监管环境监管者:立法缺失及其制度构建》,《法商研究》2009年第 5 期,第 139 页。

般情况来看,不少立法文件在给行政相对人设定了越来越多的义务性规范的同时,也越来越重视对环境监管义务性规范的设定,环境监管义务性条款也日渐详备。例如,1989 年《环境保护法》设置了 13 条环境监管义务性条款,只占条款总数 47 条之 27.6%,2014 年修订后的《环境保护法》中,关于环境监管义务性规范的条款就达到了 34 条,占到了条款总数 70 条之 48.6%。再如,1987 年《大气污染防治法》只设置了 6 条环境监管义务性条款,仅占条款总数 41 条的 14.6%;1995 年修订之后的环境监管义务性条款增加到 8 条,占条款总数 50 条之 16%;2000 年修订之后的环境监管义务性条款就增加为了 17 条,占条款总数 66 条之 25.8%;2015 年再次修订之后,环境监管义务性条款就增加到了 41 条,占到了条款总数 129 条之 31.8%。

二、环境监管义务性条款设置的模式选择

分析环境保护立法文件尤其是上述立法文件研究样本中关于环境监管义务性条款设置的实际情况,可以看出立法文件设置环境监管义务性条款的类型与模式大致有如下几种:

(一) 单一主体环境监管义务性条款和复合主体环境监管义务性条款

以一个法律条文中环境监管义务性条款约束对象或者主体的不同为标准,可以将义务性条款划分为单一主体环境监管义务性条款和复合主体环境监管义务性条款。

单一主体环境监管义务性条款是指在一个法律条文之中只针

对单一的、特定的环境行政主体或者行政公务员设定环境监管义务性规定的情形。例如,《环境保护法》(2014)第二十六条①就是只针对作为一类环境行政主体的县级以上人民政府所作的义务性规定;《大气污染防治法》(2015)第十一条②就是针对省级以上人民政府环境保护行政主管部门所作的义务性规定。

所谓复合主体环境监管义务性条款,则是指在一个立法条文之中同时给两个或者两个以上不同的环境行政主体设定相同或者不相同环境监管义务的条款。例如,《大气污染防治法》(2015)第三十二条③就对国务院有关部门和地方各级人民政府设定了相同的环境监管义务;《大气污染防治法》(2015)第五十二条第二款④就既为省级以上人民政府环境保护主管部门设定了机动车大气污染排放监督检查义务,同时又为工业、质量监督等有关部门设定了"配合"监督检查的义务。此外,在复合主体环境监管义务性条款之外,还较广泛存在同一个法律条文之中既规定环境监管义务,又

---

① 《环境保护法》(2014)第二十六条规定:"县级以上人民政府应当将环境保护目标完成情况纳入对本级人民政府负有环境保护监督管理职责的部门及其负责人和下级人民政府及其负责人的考核内容,作为对其考核评价的重要依据。考核结果应当向社会公开。"

② 《大气污染防治法》(2015)第十一条规定:"省级以上人民政府环境保护主管部门应当在其网站上公布大气环境质量标准、大气污染物排放标准,供公众免费查阅、下载。"

③ 《大气污染防治法》(2015)第三十二条规定:"国务院有关部门和地方各级人民政府应当采取措施,调整能源结构,推广清洁能源的生产和使用;优化煤炭使用方式,推广煤炭清洁高效利用,逐步降低煤炭在一次能源消费中的比重,减少煤炭生产、使用、转化过程中的大气污染物排放。"

④ 《大气污染防治法》(2015)第五十二条第二款规定:"省级以上人民政府环境保护主管部门可以通过现场检查、抽样检测等方式,加强对新生产、销售机动车和非道路移动机械大气污染物排放状况的监督检查。工业、质量监督、工商行政管理等有关部门予以配合。"

同时规定行政相对人环境义务的复合主体环境义务性条款。例如,《环境保护法》(2014)第二十四条①就既有对环境行政主体及其公务员的义务性规定("实施现场检查的部门、机构及其工作人员应当为被检查者保守商业秘密"),又有关于行政相对人的义务性规定("被检查者应当如实反映情况,提供必要的资料")。单一主体环境监管义务性条款和复合主体环境监管义务性条款是环境保护立法文件中法律条文设置环境监管义务性条款最常见的模式或类型。

(二) 单一环境监管义务性条款与复合环境监管义务性条款

以一个法律条文中所规定的环境监管义务及其内容的不同为标准,可以将环境监管义务性条款划分为单一环境监管义务性条款和复合环境监管义务性条款。所谓单一环境监管义务性条款是指一个法律条文中只规定一项单一性环境监管义务内容的条款。例如,《水污染防治法》(2017)第四条第一款"县级以上人民政府应当将水环境保护工作纳入国民经济和社会发展规划"、第十七条第二款"有关市、县级人民政府应当将限期达标规划报上一级人民政府备案,并向社会公开"就属于单一环境监管义务性条款。

所谓复合环境监管义务性条款,是指在一个法律条文中规定了两个或者两个以上不同环境监管义务的条款。复合环境监管义务性条款的设置,又可以细分为不分款项的设置与分款项的设置

---

①　《环境保护法》(2014)第二十四条规定:"县级以上人民政府环境保护主管部门及其委托的环境监察机构和其他负有环境保护监督管理职责的部门,有权对排放污染物的企业事业单位和其他生产经营者进行现场检查。被检查者应当如实反映情况,提供必要的资料。实施现场检查的部门、机构及其工作人员应当为被检查者保守商业秘密。"

两种模式。不分款项的设置就是指在一个法律条文之中设置两个或两个以上的不同义务性规定,既不分款,又不设项的表述模式。例如,《水污染防治法》(2017)第二十七条①对环境监管义务的设置就属于不分款项的设置。

分款项的设置又包括了"有款无项""单款有项""复款有项"三种情况。所谓"有款无项"就是在一个法律条文之中设置两款或两款以上的环境监管义务性规定的情形。例如,《水污染防治法》(2017)第七十条②就对饮用水源保护的监管义务作了两款规定。所谓"单款有项",是指在一个法律条文之中对环境监管义务性条款只设一款,并在款下设若干项具体规定的情形。其基本表述模式是,在款中先概括表述特定环境监管义务主体或特定环境监管义务主体在履行特定环境监管职能中的"应为""必为"或"禁为"等义务性要求,然后设置若干项具体义务要求或者义务针对的事项。例如,《湖南省湘江保护条例》第三十四条③就采用了这种环境监管义务性条款设定模式。但在我国现行环境保护立法文件

---

① 《水污染防治法》(2017)第二十七条规定:"国务院有关部门和县级以上地方人民政府开发、利用和调节、调度水资源时,应当统筹兼顾,维持江河的合理流量和湖泊、水库以及地下水体的合理水位,保障基本生态用水,维护水体的生态功能。"

② 《水污染防治法》(2017)第七十条规定:"单一水源供水城市的人民政府应当建设应急水源或者备用水源,有条件的地区可以开展区域联网供水(第一款)。县级以上地方人民政府应当合理安排、布局农村饮用水水源,有条件的地区可以采取城镇供水管网延伸或者建设跨村、跨乡镇联片集中供水工程等方式,发展规模集中供水(第二款)。"

③ 例如,《湖南省湘江保护条例》(2012)第三十四条规定:"对有下列情形之一的地区,湘江流域县级以上人民政府环境保护行政主管部门应当暂停新增水污染物排放的建设项目环境影响评价审批:(一)水功能区水质未达到规定标准的;(二)跨行政区域河流交界断面水质未达到控制目标的;……(五)未完成重点水污染物排放总量年度控制计划的。"

中,这种模式多用于设定行政相对人的环境义务,甚少用于设定环境监管义务。所谓"复款有项",则是指在一个法律条文之中设置了两款以上的环境监管义务性规定,并在各款或者个别款中又具体设项的情况。这种设定模式基本上用于设定行政相对人的环境义务①,很难找到设定环境监管义务的立法例。

(三) 作为的环境监管义务性条款与不作为的环境监管义务性条款

以环境监管义务性条款对义务人行为控制目的等的不同,可以将义务性条款划分为作为的环境监管义务性条款与不作为的环境监管义务性条款两类。作为的环境监管义务性条款,是指法律条文规定或要求行为人积极作出一定行为(表现为要求行为人作出一定动作或行为)的义务性条款;不作为的环境监管义务性条款,则是指法律条文规定或要求行为人保持行为克制,不作出一定行为(表现为要求行为人不作一定动作或行为)的义务性条款。

从法律义务的角度来审视,作为的环境监管义务属于积极义务,而不作为的环境监管义务属于消极义务。对于积极义务,即有义务作而作,就是合法的;如果是消极义务,即有义务不作而作,则是不合法的。

从义务性条款设置的用语惯例来看,对于作为的环境监管义

---

① 例如,《新化学物质环境管理办法》(2009)第三十一条"常规申报的登记证持有人和相应的加工使用者,应当按照登记证的规定,采取下列一项或者多项风险控制措施:(一)进行新化学物质风险和防护知识教育;……(七)采取其他风险控制措施(第一款)。危险类新化学物质(含重点环境管理危险类新化学物质)的登记证持有人以及加工使用者,应当遵守《危险化学品安全管理条例》等现行法律、行政法规的相关规定(第二款)"就采用了"复款有项"设定模式。

务性条款惯常采用"应当""必须"等关键词来表达,对于不作为的环境监管义务性条款惯常使用"禁止""不得"等关键词来表达。如《海洋环境保护法》(2017)第十一条在表述环境监管义务时使用了"应当"一词①;第十二条第三款、第十七条第二款使用了"必须""不得"语词②。在我国现行环境保护立法中,在设定环境监管义务性条款时,普遍使用、最大量使用的语词是"应当",其次是"必须""不得"(但使用频度很低),极少采用"禁止"。与之形成鲜明对比的是,在设定相对人环境义务性条款时,在"应当"之外,还大量使用了"必须""禁止"等语词。③

从语义学角度来分析,"必须"一词的要求、控制强度要大于"应当""不得"等语词的要求、控制强度。采用"应当""不得"语词来表述义务,除了具有控制约束行为人行为的基本功能之外,还具有更明显的对行为人的行为、特定事项的处理等的正向引导的功能。但采用"必须""禁止"语词来表述义务,主要表明了法律对行为人行为的严格管控,表明了法律绝对不允许不做或者做特定行

---

① 《海洋环境保护法》(2017)第十一条规定:"国家和地方水污染物排放标准的制定,应当将国家和地方海洋环境质量标准作为重要依据之一。在国家建立并实施排污总量控制制度的重点海域,水污染物排放标准的制定,还应当将主要污染物排海总量控制指标作为重要依据。"

② 《海洋环境保护法》(2017)第十二条第三款规定:"根据本法规定征收的排污费、倾倒费,必须用于海洋环境污染的整治,不得挪作他用。具体办法由国务院规定。"第十七条第二款规定:"沿海县级以上地方人民政府在本行政区域近岸海域的环境受到严重污染时,必须采取有效措施,解除或者减轻危害。"

③ 例如,2017年修订的《水污染防治法》在设定环境监管义务性规范时,除了在两个条文中分别各使用一次"不得"(第四十九条第四款)、"须经"(第十六条第四款)语词之外,其他条文均使用了"应当"语词。但在涉及行政相对人环境义务性规范的条文之中,除了广泛使用"应当"一词之外,还有5处使用了"不得",20处使用了"禁止"语词。

为。因此,在设定义务性条款时,应根据法律文件调整事项的客观实际,充分考虑必要性、重要性、可行性,以有利于保障义务及其责任的有效实现为基本目标,有所区分地合理使用上述关键语词。一般言之,对于可能产生较大危害性、直接关乎行政管理效能与秩序、对个人或者集体利益可能会产生较大负面影响的事项或行为设定义务性条款,应当使用"必须""禁止"等管控强度大的语词,其他事项或行为一般使用"应当""不得"等语词。

从环境监管义务性条款与环境监管行政法律责任条款有机对应、衔接的角度来审视,对于使用了"必须""禁止"语词的环境监管义务性条款,一般应当相应设定违反其义务性规范的具体环境监管行政法律责任;对于使用"应当""不得"语词设定的环境监管义务性条款,不一定全部对应设定具体的环境监管行政法律责任,应当综合考虑义务性条款的重要程度、对立法文件执行力的影响、对特定事项副作用的大小等因素,选择设定相应的环境监管行政法律责任。

(四) 单纯性环境监管义务性条款与权义复合性环境监管义务性条款

以环境监管义务性条款所设定义务的属性、特点等为依据,可以将其划分为单纯性环境监管义务性条款与权义复合性环境监管义务性条款。所谓单纯性环境监管义务性条款,是相关立法文件中所设定的要求环境行政主体及其公务员应当或者必须作为或者不作为且无任何赋权涵义的义务性条款。如前引《海洋环境保护法》(2017)第十一条、第十二条第三款、第十七条第二款等设定的环境监管义务性条款就属于单纯性义务性条款。

所谓权义复合性环境监管义务性条款,就是指相关立法文件所设定的对行为人既具有赋权性同时又具有义务性的法律条款。此类条款兼具赋权性与义务性的双重特性。例如,《水污染防治法》(2017)第十四条第一款①、第二十五条②等规定就属于权义复合性环境监管义务性条款。因为,制定国家水污染排放标准、制定水环境检测规范、统一发布国家水环境状况信息等,既是《水污染防治法》对环境保护行政主管部门的授权,更是其法定义务。

考察立法文件对义务性条款的设置情况,针对行政相对人、受托履行环境监管职权的公务员所规定的义务性条款基本属于单纯性义务性条款,对环境行政主体既有单纯性义务性条款,也有权义复合性条款。这是因为,环境行政主体的职权、职责、义务、责任等具有高度统一性,权力(利)与义务往往难以截然分开。

三、环境监管义务性条款与行政法律责任条款的衔接

法律义务是环境监管行政法律责任的前提,环境监管行政法律责任是法律义务的保障,"倘若没有法律责任作保障,法律义务就会形同空文,对任何人都无法产生约束力"③。在环境保护立法中处理好环境监管义务性条款(规范)与环境监管行政法律责任条

---

① 《水污染防治法》(2017)第十四条第一款规定:"国务院环境保护主管部门根据国家水环境质量标准和国家经济、技术条件,制定国家水污染物排放标准。"

② 《水污染防治法》(2017)第二十五条规定:"国家建立水环境质量监测和水污染物排放监测制度。国务院环境保护主管部门负责制定水环境监测规范,统一发布国家水环境状况信息,会同国务院水行政等部门组织监测网络。"

③ 杜春、马培培:《法律责任的设定原则及其应用》,《中国司法》2010年第2期,第68页。

款(规范)之间的对应与衔接关系,既是设定环境监管行政法律责任的必然要求,也是检验环境监管行政法律责任设定是否科学、合理、可行的重要方面。因此,理应在环境保护立法中针对"不同的违反义务的行为应按其性质和程度分别设定不同的责任措施"[①],不能只重视义务性条款、规范的设置,而轻视相应的行政法律责任条款、规范的设置。下面,选取10部环境保护立法文件,对环境行政法律关系主体的义务性条款与环境法律责任条款的规定列表加以分析。

表七:环保立法文件样本中义务性条款与法律责任条款的对应情况

文 件 名 称	相对人义务性条款数	相对人法律责任条款数及其与义务性条款的对应比[②]	环境监管义务性条款数	环境监管法律责任条款数及其与义务性条款的对应比
环 境 保 护 法 (2014)	16 条	7 条,对应比43.8%	34 条	3 条,对应比8.8%
水 污 染 防 治 法 (2008)	39 条	21 条,对应比53.8%	15 条	1 条,对应比6.7%
大 气 污 染 防 治 法 (2015)	54 条	28 条,对应比51.9%	41 条	2 条,对应比4.9%
防治船舶污染海洋环境管理条例(2000)	36 条	17 条,对应比47.2%	12 条	0 条,对应比0.0%
畜禽规模养殖污染防治条例(2013)	10 条	6 条,对应比60.0%	8 条	1 条,对应比12.5%
城市生活垃圾管理办法(2007)	24 条	9 条,对应比37.5%	10 条	1 条,对应比10.0%

[①]　参见叶传星:《论设定法律责任的一般原则》,《法律科学》1999 年第 2 期,第 15 页。

[②]　本表所谓"对应比"是指法律责任条款与义务性条款的对应比例。

文 件 名 称	相对人义务性条款数	相对人法律责任条款数及其与义务性条款的对应比	环境监管义务性条款数	环境监管法律责任条款数及其与义务性条款的对应比
电子废物污染环境防治管理办法（2007）	11 条	6 条，对应比54.5%	5 条	1 条，对应比20.0%
北京市水污染防治条例（2010）	32 条	14 条，对应比43.8%	38 条	2 条，对应比5.3%
银川市农村环境保护条例（2012）	12 条	10 条，对应比83.3%	16 条	1 条，对应比6.3%
四川省机动车排气污染防治办法（2012）	10 条	8 条，对应比80.0%	8 条	1 条，对应比12.5%

从表七不难看出，在作为研究样本的立法文件之中关于行政相对人责任的规定总体与义务性条款的规定呈现出了较好的对应关系，立法文件对于行政相对人违反重要的环境义务性规范的行为大多设置了相应的法律责任条款，行政相对人行政法律责任等责任条款与环境义务性条款的对应比较高。其中，最高的对应比达到了80%以上（如《四川省机动车排气污染防治办法》《银川市农村环境保护条例》分别达到了80%、83.3%），除了《城市生活垃圾管理办法》中行政相对人法律责任条款与义务性条款的对应比为37.5%外，其他立法文件中的对应比均高于40%。但环境监管法律责任条款的设定却与环境监管义务性条款的设定明显不相适应，相互之间的对应性较差，甚至就无具体的对应关系。在研究样本中，环境监管行政法律责任条款与环境监管义务性条款对应比

等于或高于10%的只有《城市生活垃圾管理办法》(10%)、《畜禽规模养殖污染防治条例》(12.5%)、《四川省机动车排气污染防治办法》(12.5%)、《电子废物污染环境防治管理办法》(20%)4部，其他立法文件均低于10%，即便是2015年新修订的《大气污染防治法》，其环境监管行政法律责任条款与环境监管义务性条款对应比也仅有4.9%，《防治船舶污染海洋环境管理条例》甚至没有对环境监管法律责任作任何规定。

　　综上可见，虽然环境保护立法文件在重视行政相对人义务性规范设定的同时，也对环境监管义务性规范的设定给予了应有的关注，设置了数量不少的环境监管义务性条款，大致体现了义务性规范均衡设置原则；但在与义务性条款相对应的行政法律责任条款的设定方面，却呈现出了较突出的重行政相对人责任、轻环境监管行政法律责任的特点，环境监管义务性条款与环境监管行政法律责任条款之间缺乏应有的对应与衔接，对于行政法律责任的设定在环境行政法律关系主体间呈现出了较典型的不均衡性。因此，我国在现行环境监管行政法律责任立法方面，存在的突出问题并不是缺少环境监管义务性规范的问题，而是相应环境监管行政法律责任规范严重缺失的问题。正是由于相关环境保护法律法规虽然设定了不少包括政府在内的环境行政主体的环境监管义务，但并没有相应设定具体可行的环境监管行政法律责任，以至于对实际发生的环境监管违法行为往往因无明确的法律依据追究其相应的法律责任，才导致了环境监管义务性规范在实践中难以得到切实有效履行等问题的发生。

第三节 环保立法文件设定环境监管行政法律责任条款
情况分析

一、环境监管行政法律责任条款分布及其变化

表八:环境保护一般法中法律责任条款分布及其变化情况①

文 件 名 称	法律责任条款数	相对人责任条款数	环境监管责任条款数
环境保护法(1989)	11条	10条	1条
环境保护法(2014)	10条②	7条	2条
海洋环境保护法(1982)	4条	4条	0条
海洋环境保护法(1999)	22条	21条	1条
海洋环境保护法(2013)	22条	21条	1条

表九:污染防治法研究样本中法律责任条款分布及其变化情况

文 件 名 称	法律责任条款数	相对人责任条款数	环境监管责任条款数
水污染防治法(1984)	7条	7条	0条
水污染防治法(1996)	13条	12条	1条
水污染防治法(2008)	22条	21条	1条
大气污染防治法(1987)	9条	8条	1条

---

① 制表说明:以下各表所指"法律责任条款"是指立法文件的"法律责任"或者"罚则"章中所规定的关于法律责任的条文。在个别不设"法律责任"或者"罚则"的立法文件中是指对法律责任作出规定的条文。

② 其中共同适用于环境监管行政法律关系主体的责任条款有1条,即第六十九条"违反本法规定,构成犯罪的,依法追究刑事责任"。

续表

文 件 名 称	法律责任 条款数	相对人责 任条款数	环境监管 责任条款数
大气污染防治法(1995)	10 条	9 条	1 条
大气污染防治法(2000)	20 条	18 条	2 条
大气污染防治法(2015)	30 条①	28 条	1 条
固体废物污染环境防治法(1995)	15 条	14 条	1 条
固体废物污染环境防治法(2004)	21 条	20 条	1 条
固体废物污染环境防治法(2013)	21 条	20 条	1 条

表十:环保行政法规样本中法律责任条款分布情况

文 件 名 称	法律责任 条款数	相对人责 任条款数	环境监管 责任条款数
建设项目环境保护条例(1998)	7 条	6 条	1 条
水污染防治法实施细则(2000)	11 条	11 条	0 条
防治船舶污染海洋环境管理条例(2009)	17 条	17 条	0 条
规划环境影响评价条例(2009)	4 条	1 条	3 条
放射性废物安全管理条例(2011)	9 条	8 条	1 条
畜禽规模养殖污染防治条例(2013)	7 条	6 条	1 条

表十一:环保部门规章样本中法律责任条款分布情况

文 件 名 称	法律责任 条款数	相对人责 任条款数	环境监管 责任条款数
污染源监测管理办法(1999)	3 条	2 条	1 条
入河排污口监督管理办法(2004)	1 条	1 条	0 条
城市生活垃圾管理办法(2007)	10 条	9 条	1 条

---

① 其中共同适用于环境监管行政法律关系主体的责任条款有 1 条,即第一百二十七条"违反本法规定,构成犯罪的,依法追究刑事责任"。

续表

文 件 名 称	法律责任条款数	相对人责任条款数	环境监管责任条款数
电子废物污染环境防治管理办法(2007)	7条	6条	1条
固体废物进口管理办法(2011)	8条	7条	1条
环境污染治理设施运营资质许可管理办法(2012)	2条	1条	1条

表十二：执行性环保地方性法规样本中法律责任条款分布情况

文 件 名 称	法律责任条款数	相对人责任条款数	环境监管责任条款数
北京市水污染防治条例(2010)	18条①	14条	2条
辽宁省辽河流域水污染防治条例(2011)	4条	3条	1条
河北省水污染防治条例(1997)	6条	5条	1条
山东省水污染防治条例(2000)	9条	7条	2条
浙江省水污染条例(2013)	10条	8条	2条
青海省湟水流域水污染防治条例(2013)	8条	6条	2条
湖北省水污染条例(2014)	12条	11条	1条

表十三：创制性环保地方性法规样本中法律责任条款分布情况

文 件 名 称	法律责任条款数	相对人责任条款数	环境监管责任条款数
北京市生活垃圾管理条例(2011)	12条	11条	1条
河北省环境保护公众参与条例(2014)	3条	2条	1条

---

① 其中有两个条文是关于法律责任的法律适用原则、环境诉讼与相关法律援助等方面的规定。

续表

文 件 名 称	法律责任条款数	相对人责任条款数	环境监管责任条款数
山西省减少污染物排放条例（2010）	12条	11条	1条
广东省地质环境管理条例(2012)	11条	10条	1条
陕西省秦岭生态环境保护条例（2007）	10条	9条	1条
银川市农村环境保护条例(2012)	11条	10条	1条

表十四：环保政府规章样本中法律责任条款分布情况

文 件 名 称	法律责任条款数	相对人责任条款数	环境监管责任条款数
湖南省机动车排气污染防治办法(2004)	2条	1条	1条
乌鲁木齐市机动车排气污染防治管理办法(2006)	5条	4条	1条
贵阳市机动车排气污染防治管理办法(2010)	5条	4条	1条
天津市机动车排气污染防治管理办法(2012)	5条	4条	1条
四川省机动车排气污染防治办法(2012)	9条	8条	1条
合肥市机动车排气污染防治办法(2013)	8条	7条	1条

　　法律责任是立法文件中不可或缺的重要组成部分。目前我国环境保护立法文件中设定法律责任通常采用的条款排列模式是在立法文本中设置"法律责任"专章，并在其中对法律关系各方当事人的法律责任集中作出规定。但也有少数立法文件没有专设"法律责任"章，只借助散见于立法文件之中的专门条款对相关法律责任作

出必要规定。在表八至表十四所列的立法文件中,只有位阶较低的《污染源监测管理办法》《入河排污口监督管理办法》没有分章,仅对法律责任作了简单的条文规定,其他立法文件均设立了"法律责任"章。因此,表八至表十四所列"法律责任条款数"就是指"法律责任"章或者立法文本中规定具体法律责任事项的条款数量。

从对以上各表所列数据的比较,可以得出以下基本的分析研究结论:

1. 在作为研究样本的立法文件中,法律责任条款的设置方面主要是针对行政相对人的。学界所言我国现行环境保护立法文件重行政相对人的法律责任设定而轻政府责任设定①、环境监管行政法律责任缺失②等问题是客观存在的。在作为研究样本的立法文件之中,绝大多数法律责任条款是关于行政相对人的,其中涉及行政相对人的法律责任条款大部分在 5 条以上(其中 8 条以上的立法文件有 25 部,占到表中所列 46 部立法文件的 54.3%),最多的达到了 20 条以上(1999 年、2013 年《海洋环境保护法》21 条;2004 年、2013 年《固体废物污染环境防治法》20 条;2008 年《水污染防治法》21 条;2015 年《大气污染防治法》28 条),最少的也有 1 条。形成鲜明对照的是,立法文件对环境监管行政法律责任的设定却太过惜墨,其中 34 部立法文件对环境监管行政法律责任的规定只有 1 条,占 46 部立法文件研究样本的 73.9%;作出 2 条规定的立法文件有 6 部,占 46 部立法文件研究样本的 13.0%;作出 3 条规

---

① 参见张建伟:《完善政府环境责任的若干思考》,《河北法学》2008 年第 3 期,第 26 页。

② 参见蓝文艺:《环境行政责任缺失的纵深分析》,《环境科学与管理》2007 年第 4 期,第 22—24 页。

定的立法文件有 1 部,占 46 部立法文件研究样本的 2.2%;没有对环境监管行政法律责任作任何规定的立法文件有 5 部(包括 1982 年《海洋环境保护法》、1984 年《水污染防治法》、2000 年《水污染防治法实施细则》、2009 年《防治船舶污染海洋环境管理条例》、2004 年《入河排污口监督管理办法》),占 46 部立法文件研究样本的 10.9%。行政相对人法律责任条款与环境监管行政法律责任条款之比,除《规划环境影响评价条例》(2009)之外,其他立法文件最高达到了 28∶1(2015 年《大气污染防治法》)。由此可见,虽然环境保护立法文件研究样本中对环境监管者与行政相对人义务性规范的设置都给予了重视,较好体现了义务性规范均衡设置原则;但在与义务性规范相对应的法律责任的设置方面,却呈现出了比较突出的重行政相对人责任设置,轻环境监管行政法律责任设置的特点,法律责任的设置具有较典型的不均衡性。

2. 从立法变化的角度来看,环境保护立法文件对行政相对人责任的规定呈现较为明显的日渐详备的态势,但对环境监管行政法律责任条款的设置并无明显变化。1984 年颁布的《水污染防治法》中的法律责任条款总数有 7 条,均系关于行政相对人法律责任的规定,没有环境监管行政法律责任的规定。其后,经过 1996 年、2008 年两次修正,总的法律责任条款数有了较大幅度的增加,分别达到了 13 条、22 条,其中除增加了 1 条关于环境监管者责任的规定外,其他仍然是关于行政相对人责任的规定。1987 年颁布的《大气污染防治法》中的法律责任条款总数只有 9 条,其中涉及行政相对人责任的条款有 8 条,涉及环境监管行政法律责任的规定仅有 1 条①。其

---

①　即《大气污染防治法》(1987)第三十九条:"环境保护监督管理人员滥用职权、玩忽职守的,给予行政处分;构成犯罪的,依法追究刑事责任。"

后,该法在 1995 年第一次修正时,法律责任条文总数增加 1 条成为了 10 条,但涉及环境监管行政法律责任的规定并没有任何数量与内容的变化;2000 年第二次修订时,法律责任条款翻番达到了 20 条,涉及环境监管者法律责任的规定,只是在原有 1 条规定的基础上,增加了 1 条关于挪用排污费的责任规定①;2015 年再次修订时,法律责任条款又增加了 10 条,总数达到了 30 条,但在涉及环境监管者法律责任的规定方面,删去了 2000 年修订时所作挪用排污费的规定,并对原有的关于环境监管者行政处分责任的 1 条概括性规定作了文字表述上的修改后予以保留②,且增加了既适用于环境监管者,也适用于行政相对人的 1 条追究刑事责任的原则性规定③。1995 年颁布的《固体废物污染环境防治法》中的法律责任条款总数有 15 条,除 1 条涉及环境监管者责任的规定之外,其他 14 条均属关于行政相对人责任的规定。其后,该法经 2004 年、2013 年两次修改,虽然法律责任条款总数增加到了 21 条,但涉及环境监管行政法律责任的条款并没有增加,仍然只有 1 条。由此可见,虽然随着国家对环境保护越来越重视,环境保护立法文件中的法律责任条款逐渐有了比较明显的增加、扩容,但所增加的法律责任条款均系针对行政相对人的环境违法行为而设的,对于环境行政

---

① 即《大气污染防治法》(2000)第六十四条:"环境保护行政主管部门或者其他有关部门违反本法第十四条第三款的规定,将征收的排污费挪作他用的,由审计机关或者监察机关责令退回挪用款项或者采取其他措施予以追回,对直接负责的主管人员和其他直接责任人员依法给予行政处分。"

② 即《大气污染防治法》(2015)第一百二十六条:"地方各级人民政府、县级以上人民政府环境保护主管部门和其他负有大气环境保护监督管理职责的部门及其工作人员滥用职权、玩忽职守、徇私舞弊、弄虚作假的,依法给予处分。"

③ 即《大气污染防治法》(2015)第一百二十七条:"违反本法规定,构成犯罪的,依法追究刑事责任。"

主体及其公务员法律责任条款的设定从量到质基本上没有变化。这种情况,显然与国家加强对公权力监督制约、严格环境监管责任的要求明显不相适应。

3. 从不同位阶、功能的立法文件关于环境监管行政法律责任条款的设置情况来看,差别并不明显。从法律责任设定的一般原理来讲,下位法较上位法、权力机关的立法较行政机关的立法、执行性立法较创制性立法对公共行政法律责任的设定通常理应更加具体、详备一些。但从以上各表所列数据可以看出,在我国现行环境保护立法中,不但国家法律对环境监管行政法律责任的设定保持了极大的"克制",作为行政立法文件的行政法规、部门规章立法更是惜墨,绝大多数立法文件之中所设定的环境监管行政法律责任条款实质上仅有一条很笼统、原则的规定。同样,作为地方立法文件,无论是执行性地方性法规,还是创制性地方性法规,乃至于地方政府规章,对环境监管行政法律责任也丝毫没有作出较之于上位法律和行政法规更多、更严的条款设置,有的甚至连一条规定都没有。由此可见,迄今为止我国环境保护立法在总体上仍然属于传统的"行政管理之法",是着眼于管控行政相对人的监管性立法,并不兼备"管理行政之法"的应有特性。

二、环境监管行政法律责任条款内容的设定

(一) 关于环境监管行政法律责任主体的设定

我国现行环境保护立法文件中所规定的责任主体主要限于履行环境监管职责的公务员,环境行政主体并非环境监管行政法律

责任的主要责任主体。在研究样本中,除了《大气污染防治法》(2000)、《固体废物污染环境防治法》(2004、2013)、《城市生活垃圾管理办法》(2007)、《电子废物污染环境防治管理办法》(2007)、《环境污染治理设施运营资质许可管理办法》(2012)、《北京市生活垃圾管理条例》(2011)、《山西省减少污染物排放条例》(2010)等8部立法文件涉及环境行政主体责任问题(仅占46部立法文件样本的17.4%)之外,其余立法文件所设定的环境监管行政法律责任均属公务员行政处分责任。在涉及环境行政主体责任的8部立法文件中,也仅规定了"责令退回"(《大气污染防治法》第六十四条"责令退回挪用款项")、"通报批评"(《环境污染治理设施运营资质许可管理办法》第二十七条第二款"予以通报批评")、"责令改正"(其他6部立法文件均规定了这种责任形式)三种责任形式。

在作为研究样本的环境保护立法文件中,对应承担环境监管行政法律责任的行政公务人员的表述也有较大的差异,其大致有以下两种情况:一是立法文件只对环境监管行政法律责任适用对象作笼统的概括性规定,只规定履行环境监管职责的公务人员实施了违法行为就应给予行政处分或者依法给予行政处分,不再对责任主体作具体限定。例如,《环境保护法》(1989)第五十四条将实施违法行为应当追究责任的主体表述为"环境保护监督管理人员";《水污染防治法》(1996)第五十八条表述为"环境保护监督管理人员和其他有关国家工作人员";《固体废物污染环境防治法》(1995)第七十三条表述为"固体废物污染环境防治监督管理人员";《建设项目环境保护条例》(1998)第三十条表述为"环境保护行政主管部门的工作人员";《固体废物进口管理办法》(2011)第五十条表述为"进口固体废物监督管理人员";《环境污染治理设施运营资质许可管理办法》（2012）第二十七条表述为"县级以上环境保护主管部门的工作人员"；《河北省水污染防治条例》（1997）第三十四条表述为"环境保护监督管理人员"；《天津市机动车排气污染防治管理办法》（2012）第二十一条表述为"机动车排气污染监督管理工作人员"。二是对应当追究环境监管行政法律责任的公务人员作了必要的限定。具体表述方式是先概括释明应承担环境监管行政处分责任的主体范围，继而对应当追究环境监管责任的主体作必要的限定。例如，《环境保护法》（2014）、《大气污染防治法》（2000）、《水污染防治法》（2008）、《规划环境影响评价条例》（2009）、《放射性废物安全管理条例》（2011）、《畜禽规模养殖污染防治条例》（2013）、《电子废物污染环境防治管理办法》（2007）、《山西省减少污染物排放条例》（2010）、《陕西省秦岭生态环境保护条例》（2007）等将追究行政处分责任的对象限定为了"国家机关工作人员""有关行政主管部门""负有环境保护监督管理职责的部门"或者"国家机关工作人员"中的"直接负责的主管人员和其他直接责任人员"；《固体废物污染环境防治法》将行政处分责任对象表述为了"县级以上人民政府环境保护行政主管部门或者其他固体废物污染环境防治工作的监督管理部门"中的"负有责任的主管人员和其他直接责任人员"①。

（二）关于环境监管行政法律责任问责事由的设定

在以上表八至表十四所列环境保护立法文件之中，除了《海洋环境保护法》（1982）、《水污染防治法》（1984）、《水污染防治法实施细则》（2000）、《防治船舶污染海洋环境管理条例》（2009）、《入

---

① 参见《固体废物污染环境防治法》（2013）第六十七条。

河排污口监督管理办法》(2004)等5部立法文件没有涉及环境监管行政法律责任规定之外,其他41部立法文件的49个环境监管行政法律责任条款中对问责事由的设定,大致有以下三种情形:一是对问责事由仅作概括性或原则性描述。其中表述环境监管行政法律责任的问责事由采用"滥用职权、玩忽职守、徇私舞弊"或者"滥用职权、玩忽职守"等类似语词的有20个条款,占环境监管行政法律责任条款总数的40.8%;采用"不依法履行职责"或"有违法行为"等类似概括性语词的有6个条款,占环境监管行政法律责任条款总数的12.2%。以上对环境监管行政法律责任问责事由作出概括性规定的条款总数为26个,占全部49个环境监管行政法律责任条款总数的53.1%。二是对问责事由作列举式规定。即对应给予行政处分的问责事由作出具体的并列表述或者分项列举规定的情形。其条款总数为18条,占49个环境监管行政法律责任条款总数的36.7%。三是对特定问责事由用专条作出明确规定。其包括2000年《大气污染防治法》第六十四条、2009年《规划环境影响评价条例》第三十一条和第三十三条、2007年《城市生活垃圾管理办法》第四十七条、2000年《山东省水污染防治条例》第四十七条共5个条款,占49个环境监管行政法律责任条款总数的10.2%。由此可见,研究样本中关于环境监管行政法律责任问责事由的规定,有一半以上的条款属于概括性、原则性的规定,即便是对环境监管行政法律责任问责事由所作的列举性规定,也不同程度地存在对重要环境监管行政违法行为列举不够全面、完整以及表述不够精准、具体等问题,对特定问责事由用专条专款作出明确规定的环境监管行政法律责任条款明显过少,环境监管行政法律责任问责事由设定的科学化、精细化程度还比较低。

（三）关于环境监管行政法律责任类别与形式的设定

在立法文件研究样本之中，可见到的环境监管行政法律责任的类别或形式，仅限于以下两类：一是行政处分责任。行政处分是针对公务员的最基本行政法律责任形式。在对履行环境监管职责的公务员的行政法律责任形式的规定方面，立法文件研究样本中仅概括设定了行政处分责任，没有设定行政处分以外的其他行政法律责任形式。二是非行政处分责任。在作为研究样本的立法文件中所设定的非行政处分责任形式很少，只在 2000 年《大气污染防治法》等 7 部立法文件之中针对环境行政主体设定了"责令退回""责令改正""通报批评"三种非行政处分的行政法律责任形式。总体来看，环境监管行政法律责任形式尤其是环境行政主体的监管行政法律责任形式的设定还比较单一。除了环境监管行政法律责任之外，在环境保护立法文件之中，也多涉及环境监管刑事法律责任的规定。其通常的规定方法是，在相应的环境监管行政法律责任条款之中先对公务员行政处分责任作规定，继而一并或者另设条款概括性规定"构成犯罪的，依法追究刑事责任"。

（四）关于环境行政问责主体的设定

在立法文件研究样本中，对环境监管行政处分问责主体的规定主要有以下两种情况：一是对行政处分问责主体没有作具体规定，只笼统表明"依法给予行政处分"。在作为研究样本的立法文件之中，对问责主体的规定大部分属于这种情况。二是对行政处分问责主体作了相对而言较具体的规定，即在较大程度上改变了"依法给予行政处分"这样的笼统规定，在法律责任条款中具体列举了追究行政处分责任的国家机关。① 从立法文件研究样本对环境监管行政法律责任的设定情况来看,没有一部立法文件涉及对环境行政问责主体本身的法律责任规定,环境行政问责主体和环境行政主体行政法律责任均呈现明显稀缺的状况。

(五) 关于环境监管行政法律责任设定模式的选择

立法文件研究样本在环境监管义务性条款与环境监管行政法律责任条款的衔接模式选择方面,绝大多数采用了行为对应模式(以概括对应为主,列举对应为辅,采用具体对应模式的条款占比不超过 10%),只有 2000 年《大气污染防治法》第四十六条采用了条序对应模式(仅占 46 部立法文件研究样本总数的 2.2%)。在环境监管行政法律责任的条款表述模式的选择方面,绝大多数采用了概括引证式与列举引证式。其中,采用了概括引证式的有 23 部,占立法文件研究样本总数的 50%;采用了列举引证式的有 16 部,占到了全部样本立法文件的 34.8%,其中地方立法文件有 11 部,占采用列举引证式立法文件的 68.7%。以上两项合计,总数达到了 39 部,占 46 部立法文件样本总数的 84.8%。在其他 7 部立法文件研究样本中,2014 年《环境保护法》中涉及的 2 个环境监管法律责任条款,采用概括引证式、列举引证式的各 1 个;《规划环境影响评价条例》中涉及的 3 个环境监管法律责任条文,有 2 个采用了概括引证式,1 个采用了列举引证式;《海洋环境保护法》(1982)、《水污染防治法》(1984)、《水污染防治法实施细则》(2000)、《入河排污

---

① 例如,《水污染防治法》(1996)第五十八条规定:"环境保护监督管理人员和其他有关国家工作人员滥用职权、玩忽职守、徇私舞弊的,由其所在单位或者上级主管机关给予行政处分;构成犯罪的,依法追究刑事责任。"

口监督管理办法》(2004)、《防治船舶污染海洋环境管理条例》
(2009)等5部立法文件没有设定任何环境监管行政法律责任条
款。由此可见,作为研究样本的立法文件在环境监管行政法律责
任设定的模式选择方面,在环境监管义务性条款与环境监管行政
法律责任条款的衔接模式选择中习惯于采用概括对应与列举对应
的模式,甚少采用比较理想的具体对应模式;在环境监管行政法律
责任的条款表述模式选择方面,习惯于采用传统的概括引证、列举
引证模式,甚少采用比较理想的列举设定模式,环境监管行政法律
责任设定存在比较突出的模式选择不良问题。

第四节　其他规范性文件设定公共行政法律责任的情况分析①

　　除了表八至表十四所列46部作为研究样本的环境保护立法
文件之外,在其他一些相关立法文件(主要是相关地方性法规与政
府规章,其中以政府规章居多)与非立法性的行政规范性文件中,
都不同程度涉及了可以适用于环境行政主体及其公务员的公共行
政法律责任的设定问题。考察其设定情况,有助于全面了解我国公
共行政法律责任设定的现状及其存在的突出问题,为规制公共行政

---

　　①　鉴于此类文件所设定的公共行政法律责任或一般行政责任,虽然其均可直
接适用于追究环境行政主体及其公务员的环境行政违法违责责任,属于本文所理解
的环境监管行政法律责任的设定范畴,但因其适用对象较为广泛(如可以适用于特
定行政区域之内的所有行政执法机关及其执法人员),为了避免产生歧义,故以"其
他规范性文件设定公共行政法律责任的情况分析"为标题,而不直接采用"设定环境
监管行政法律责任"的表述。

法律责任设定权限及其行为,进一步建立健全包括环境监管行政法律责任在内的公共行政法律责任制度提供必要的认识论基础。

一、其他立法文件设定公共行政法律责任的特点

其他立法文件较之于国家相关法律法规对适用于环境监管行政违法行为的公共行政法律责任的设定,较之于作为研究样本的环境保护立法文件对环境监管行政法律责任的设定,除了较具体、明确规定了行政主体及其公务员应当承担责任的行为及其范围、问责对象、问责形式及其适用、问责程序等事项之外,还呈现出了以下几个比较鲜明的特点:

（一）将问责事由限定为履行特定行政职责过程中发生的应承担行政法律责任的行为,并作了更加具有针对性的规定

其他立法文件主要针对行政执法以及行政管理职责过程中存在的突出违法行为而设责,大多都对履行行政职责方面应当问责的具体事由与范围较之于《公务员法》《行政机关公务员处分条例》作了更为具体明确的列举式规定。例如,《上海市行政执法过错责任追究办法》对承担行政执法过错责任的条件、承担行政执法过错责任的范围以及不履行法定职责的情形、不正确履行法定职责的情形作了具体规定;①《甘肃省行政过错责任追究办法》对履行信息公开与告知义务、实施行政许可与审批、实施行政征收与征用、实施行政检查、实施行政处罚、采取行政强制措施、履行行政复

---

① 参见《上海市行政执法过错责任追究办法》（上海市人民政府令〔2007〕第68号）第三条、第六条、第七条、第八条。

议职责、履行行政赔偿义务以及违反行政机关管理工作规定等方面的应当追究行政过错责任的事项作了具体的列举式规定；①《环境保护违法违纪行为处分暂行规定》对负有环境保护监督管理职责的国家机关及其公务员不依法履行环境保护职责、违法履行环境保护职责等方面的应受行政处分的事由作了详细且有针对性的列举式规定②。

（二）对行政执法责任或者行政过错责任等的划分及其责任主体的认定作了较明确的规定

国家关于公务员管理的法律法规，虽然规定了给予行政公务员行政处分的法定事由，但并没有对共同行政公务活动中违法行政责任主体的划分与认定作具体明确规定；国家关于环境保护的相关法律法规中虽然大多规定，在发生环境监管行政违法行为时，应当"依法给予行政处分"或者给予特定公务员以行政处分，但对如何具体划分和认定直接负责或者负有主管责任、直接责任的人员并没有作具体的规定。但在地方政府颁布的行政执法责任追究等方面的一些行政规章中，对责任主体的划分与认定却作了较明确的规定。例如，上述《上海市行政执法过错责任追究办法》专设了"行政执法过错责任的承担主体"一章，不但对作为责任承担主体的"直接责任人员""直接主管人员"作了具体界定，而且对行政执法过错责任分担、上级改变下级决定的责任承担、集体决定的责任承担等作出了明确的规定。

---

① 参见《甘肃省行政过错责任追究办法》（甘肃省人民政府令〔2011〕第81号）第二章"行政过错责任追究范围"相关条款。

② 参见《环境保护违法违纪行为处分暂行规定》（原监察部、国家环保总局令〔2006〕第10号）第四条至第八条。

（三）创设了履行国家行政管理职责的组织应当承担的责任形式

《公务员法》《行政机关公务员处分条例》所限定的行政处分责任主体只限于公务员；环境保护法律法规中环境监管行政法律责任的主体基本上也限于履行环境保护职责的公务员。但在其他立法文件中，不少立法文件对行政执法机关等行政组织应当承担的责任形式作了创设性的规定。其大致有以下两种情况：

1. 将责任主体限定为行政机关和行政公务员，并具体规定了行政机关或执法部门的责任。例如，《安徽省行政执法责任追究暂行办法》就将行政执法责任主体界定为了行政执法机关及其工作人员，并规定了可以适用于行政执法机关的责令限期改正、通报批评、取消当年评比先进资格等责任追究形式。① 又如，《湖北省行政问责办法》将行政问责对象表述为了"本省各级行政机关及其工作人员"，并规定了责令限期整改、责令作出书面检查、通报批评、责令公开道歉四种针对行政机关的问责方式。②

2. 将责任主体限定为行政机关、法律法规授权组织、行政机关依法委托的组织及其工作人员，并规定了对行政机关等组织的责任。例如，《兰州市行政执法责任追究办法》针对行政执法部门规定了责令作出书面检查、限期整改、通报批评、取消当年评比综合先进的资格等执法责任追究方式。③ 又如，《甘肃省行政过错责任

---

① 参见《安徽省行政执法责任追究暂行办法》（安徽省人民政府令〔2007〕第198号）第十八条、第二十一条。

② 参见《湖北省行政问责办法》（湖北省人民政府令〔2016〕第386号）第十二条。

③ 参见《兰州市行政执法责任追究办法》（兰州市人民政府令〔2008〕第3号）第二十九条。

追究办法》针对各级行政机关、法律法规授权和行政机关依法委托的具有公共事务管理职能的组织规定了责令作出书面检查、通报批评、责令公开道歉等行政过错责任追究形式。①

（四）对行政公务员增设了非行政处分的行政责任追究形式

在国家关于公务员管理的法律法规之中，给行政公务员设定的行政法律责任形式仅限于行政处分责任；在国家环境保护的法律法规之中，给环境行政公务员所设定的行政法律责任形式也主要是行政处分责任，鲜见非行政处分的行政责任形式。但关于行政执法责任追究、行政问责的部分政府规章却给行政公务员设定了较多的非行政处分责任。下面列举三部代表性行政规章以为证：

1.《广西壮族自治区行政执法责任制实施办法》在行政处分之外，又规定了针对行政执法人员的责令检查、通报批评、暂停行政执法活动、辞退或者调离行政执法岗位等非行政处分责任形式。②

2.《河北省行政执法过错责任追究办法》在行政处分之外，又规定了诫勉谈话，通报批评，责令作出书面检查，责令改正或者限期改正，暂扣行政执法证件、离岗培训，吊销行政执法证件，调离行政执法岗位，取消当年评优评先资格，辞退等行政执法过错责任追究形式或类型（所谓行政处理责任）。③

3. 上述《甘肃省行政过错责任追究办法》在行政处分之外，又

---

① 参见《甘肃省行政过错责任追究办法》（甘肃省人民政府令〔2011〕第 81 号）第二十七条。

② 参见《广西壮族自治区行政执法责任制实施办法》（广西壮族自治区人民政府令〔2001〕第 2 号）第三十四条。

③ 参见《河北省行政执法过错责任追究办法》（河北省人民政府令〔2010〕第 13 号）第二十六条。

规定了诫勉谈话、责令作出书面检查、通报批评、停职检查、调离工作岗位、免职或建议免职等针对行政机关工作人员的行政过错责任追究方式。

由此可见,仅本书所引用到的行政规章就针对行政公务员设定了十多种非行政处分的行政责任形式,在责任形式的设定方面,政府规章远比相关的国家法律法规要丰富得多。虽然,上述政府规章增设对行政主体的问责形式、对行政公务员的非行政处分的责任形式,动机是好的,对于完善我国公共行政法律责任形式也有一定的示范与助推作用,但其合法性、正当性是存疑的。按照责任法定原则的要求,公共行政法律责任形式理应由国家层面的立法来统一设定,地方政府并没有也不应当享有类似的责任形式设定权限。即便把类似的问责形式称为"行政处理",也没有办法改变其在实质上所具有的法律责任特性。

二、非立法性文件设定公共行政法律责任的现状

经过对与环境监管行政法律责任设定密切相关的多部地方政府发布的非立法性行政规范性文件研究样本的分析,发现此类行政规范性文件一般依据生效的政府规章而制定,是对所依据的行政规章作执行性规定的文件,其在公共行政责任的问责事由、问责形式、问责程序等方面所作的规定与所依据、所执行的立法文件在总体上保持了较好的统一性。但也有为数不少的文件在责任制度设计上与所依据、所执行的立法文件或者具有上位性的相关立法文件的规定存在不同程度的矛盾冲突或者明显的突破、创制,甚至还涉嫌行政越权或滥权。其中,设定与作为制定依据或者上位立

法性文件的行政规章不同的责任形式是最主要的表现。以《贵州省行政执法过错责任追究办法》与贵州省所属安顺市制定的《安顺市行政机关工作人员行政过错责任追究暂行办法》、习水县制定的《习水县行政执法过错责任追究实施细则》、毕节地区行署制定的《毕节地区行政执法过错责任追究办法》等文件对过错责任追究形式的规定为例，只有《习水县行政执法过错责任追究实施细则》与《贵州省行政执法过错责任追究办法》保持了统一性，其他两部文件均出现了与《贵州省行政执法过错责任追究办法》所规定的责任形式明显不一致的情形。

《贵州省行政执法过错责任追究办法》对行政执法人员在行政处分之外，还规定了"诫勉谈话或责令书面检查""通报批评""离岗培训""调离执法岗位或取消执法资格"等四种行政执法过错责任追究形式；①对行政执法机关，规定了"责令限期整改""通报批评""取消评先树优资格"三种行政执法过错责任追究形式②。但：（1）《安顺市行政机关工作人员行政过错责任追究暂行办法》规定了诫勉谈话，责令改正；责令作出书面检查；通报批评；取消岗位津

---

① 《贵州省行政执法过错责任追究办法》（贵州省人民政府令〔2005〕第86号）第二十四条："根据行政执法人员的行政执法过错行为的性质、情节、后果，行政执法过错责任追究机关可以给予下列形式的处理：（一）性质、情节轻微、危害后果不大的，诫勉谈话或者责令书面检讨；（二）性质、情节轻微，社会影响较大的，通报批评；（三）性质、情节一般，危害后果较大的，离岗培训；（四）性质恶劣、情节较重，危害后果较大的，调离执法岗位或者取消执法资格。行政执法人员年度考核不合格的，行政执法过错责任追究机关可以视情况按照前款规定形式处理。涉嫌违反政纪的，由任免机关、监察机关依法依纪处理。"

② 《贵州省行政执法过错责任追究办法》（贵州省人民政府令〔2005〕第86号）第二十六条："行政机关有行政执法过错责任，具有下列情形之一的，可以责令限期整改。情节严重的，给予通报批评，取消评先树优资格……"

贴;扣发年终目标奖;赔偿损失;年终考评为不称职;收缴行政执法证、取消行政执法资格、调离行政执法岗位;责令辞职、辞退等多种非行政处分的行政过错责任追究方式。① 其中,只有"诫勉谈话""通报批评"两种责任形式与《贵州省行政执法过错责任追究办法》所规定的行政执法人员过错责任追究形式相同,其余责任形式均属创设。(2)《毕节地区行政执法过错责任追究办法》除保留了《贵州省行政执法过错责任追究办法》所规定的对行政执法人员的"责令书面检查""通报批评""取消执法资格""调离执法岗位"等责任追究形式之外,又增加了"收回行政执法证,暂停其执法资格"的责任追究形式,并没有把《贵州省行政执法过错责任追究办法》所规定的"诫勉谈话""离岗培训"作为责任追究形式。②

当然,上述情况并非贵州省特有,可以说是一种全国普遍存在的现象。在各个地方所颁布的不少相关非立法性的行政规范性文件之中,设定了远多于国家相关法律、法规、规章所规定的责任追究形式。即便是在环境行政主体所颁布的此类规范性文件中也不乏类似规定。例如,《河北省环境保护局执法过错责任追究办法》将"大会检讨""扣发奖金"作为了承担行政过错责任的形式;③《宿州市环境保护工作行政责任追究暂行办法》将"责令作出书面检查""责令公开道歉""停职检查""引咎辞职""责令辞职""免职"

---

① 参见《安顺市行政机关工作人员行政过错责任追究暂行办法》(安顺市人民政府令〔2004〕第27号)第二十三条。
② 参见《毕节地区行政执法过错责任追究办法》(贵州省毕节地区行政公署于2009年1月1日发布并施行)第二十五条。
③ 参见《河北省环境保护局执法过错责任追究办法》(河北省环保局2000年9月10日发布并施行)第五条。

等作为了行政责任追究形式；①《龙湾区环境保护局行政责任追究管理办法（试行）》将"批评教育""责令作出书面检查""通报批评""取消当年评选优秀、先进或晋升资格""扣发奖金""调整工作岗位"等作为了过错责任追究方式；②《平凉市环境保护责任追究暂行办法》将"取消当年评先选优资格""调离岗位或停职离岗""告诫"等作为了责任追究形式③。

如前所述，原本在行政规章之中创设具有行政法律责任特性的责任追究形式，其合法性、正当性本身就值得商榷。但在非立法性的行政规范性文件中大量创设新的、直接对被问责者的合法权益产生不利影响的责任追究或问责形式，显然是严重越权、严重违法的。由此并不难窥见我国行政法律责任制度设定与实施之乱象。

第五节　行政处分一般法对环境监管行政违法行为的可适用性分析

一般法是相对于特别法而言的概念范畴。所谓行政处分一般法，就是指对行政公务员的行政处分等法律责任及其问责具有普

---

①　参见《宿州市环境保护工作行政责任追究暂行办法》（安徽宿州市人民政府2011 年 3 月 22 日发布并施行）第五条。

②　参见《龙湾区环境保护局行政责任追究管理办法（试行）》（浙江温州市龙湾区环境保护局龙环〔2013〕95 号）第十八条。

③　参见《平凉市环境保护责任追究暂行办法》（甘肃省平凉市环保局 2016 年5 月 27 日发布并施行）第十一条。

遍性适用效力的立法文件。迄今为止,我国关于环境行政公务员的环境监管行政法律责任主要表现为行政处分。由于对行政处分责任,我国《公务员法》等相关法律法规已经作了比较系统、明确的一般性规定①,人们可能会因此在环境保护法律法规设定行政处分及其规范的问题上,容易产生这样一个疑问:既然对于行政处分责任国家已有专门法律法规作了一般性的规定,公务员在履行环境监管职责过程中,一旦实施了应给予行政处分的违法行为后直接依据一般法的规定给予处分就可以了,还有必要在环境保护法律法规中对行政处分及其追究问题再作具体规定吗? 或许正是这个原因,加之其他因素的影响,在现行的环境保护法律法规之中,对公务员行政处分的规定大量采用了"依法给予行政处分"此类法律适用的引证式规定,对公务员在环境监管领域的行政处分责任鲜有更加具体、明确的规定。因此,分析讨论行政处分一般法对环境监管行政违法行为的可适用性问题,无论是对于人们更加理性地认识行政处分一般法与环境保护法律法规中的行政处分法律规范之间的内在逻辑关系,还是对更加科学、合理设定好环境保护法律法规中的行政处分法律规范,均具有重要的意义和作用。

我国对公务员行政处分责任作出一般性规定的立法文件,主要包括《公务员法》《行政机关公务员处分条例》,以及原《行政监察法》等法律法规。其中《公务员法》关于违法违纪行为及其惩戒

---

① 根据《公务员法》(2018)第一百一十二条"法律、法规授权的具有公共事务管理职能的事业单位中除工勤人员以外的工作人员,经批准参照本法进行管理"和《行政机关公务员处分条例》(2007)第五十四条"对法律、法规授权的具有公共事务管理职能的事业单位中经批准参照《中华人民共和国公务员法》管理的工作人员给予处分,参照本条例的有关规定办理"的规定,对事业单位中参照公务员管理的国家公职人员也可参照公务员管理法律、法规的有关规定追究其行政处分责任。

责任的规定是行政处分的创始性、基础性法源,是关于行政处分责任的最高立法形式,是追究行政处分责任的基本法律依据;《行政机关公务员处分条例》是依据《公务员法》所制定的统一规范行政公务员行政处分事项的专门性行政法规,是给予行政公务员行政处分的重要法律依据;原《行政监察法》等则是规范与保障国家行政监察机关行使行政监察权的专门性法律法规,所涉及的关于行政处分责任的规定,主要限于行政监察机关办理行政监察案件、追究行政处分责任的程序性规定①。作为对行政处分作出一般性规定的立法,上述法律法规无论是关于行政处分的实体性规范,还是关于行政处分的程序性规定,理所当然适用于包括环境行政主体公务员在内的所有政府行政机关公务员,对此殊无分析讨论之必要。但可以适用、应当适用是一回事,能不能够实际具体适用、完全适用又是另一回事。从环境行政问责的具体实践来看,上述行政处分一般法对行政处分责任形式、行政处分责任适用规则、行政处分程序等方面所作的规定,通常均能在给予公务员行政处分时得到较好的实际适用。但行政处分一般法对处分事由的规定,因调整范围与内容的特定性以及存在不同程度的立法缺失等,在给予环境监管公务员行政处分时往往不可避免会出现适用不能、不能得到准确适用等问题。下面,仅以《公务员法》《行政机关公务员处分条例》关于行政处分事由的规定对环境监管违法行为乃至于环境行政问责主体作出环境行政处分决定的可适

---

① 2018 年 3 月制定颁布的《监察法》是我国国家监察制度的基本法律依据,是国家监察机关依法对包括行政机关公务员在内的全体国家公职人员进行检查监督的专门法,同时也是国家监察制度的一般法。《监察法》所规定的政务处分应属有别于传统行政处分的责任追究形式。

用性作具体的分析。

一、《公务员法》处分事由对环境监管行政违法行为的适用

对于行政处分的法定事由,《公务员法》(2005)①第九章"惩戒"第五十三条规定了 16 项(种)应受行政处分的违法违纪行为②。2018 年修订的《公务员法》将行政处分事由增修为 18 项,增加了两项规定。但其在与环境监管职责履行最直接相关的违纪违法行为情形的规定方面,除了新增"不担当、不作为"情形之外,并无大的变化。从环境行政问责的法律适用角度来看,《公务员法》对行政处分事由(违法违纪行为)的规定,对给予实施了环境监管行政违法行为的公务员以行政处分时,并不具有较理想的实际可适用性。换言之,如果直接依据《公务员法》所规定的违法违纪行为种类,有时往往难以追究或者不便追究环境监管违法行为的行

---

① 该法于 2017 年 9 月 1 日,根据第十二届全国人大常委会第二十九次会议《关于修改〈中华人民共和国法官法〉等八部法律的决定》作了两款修正。其修改内容无涉公务员违法违纪行政处分的规定。

② 《公务员法》(2005)第五十三条规定:"公务员必须遵守纪律,不得有下列行为:(一)散布有损国家声誉的言论,组织或者参加旨在反对国家的集会、游行、示威等活动;(二)组织或者参加非法组织,组织或者参加罢工;(三)玩忽职守,贻误工作;(四)拒绝执行上级依法作出的决定和命令;(五)压制批评,打击报复;(六)弄虚作假,误导、欺骗领导和公众;(七)贪污、行贿、受贿,利用职务之便为自己或者他人谋取私利;(八)违反财经纪律,浪费国家资财;(九)滥用职权,侵害公民、法人或者其他组织的合法权益;(十)泄露国家秘密或者工作秘密;(十一)在对外交往中损害国家荣誉和利益;(十二)参与或者支持色情、吸毒、赌博、迷信等活动;(十三)违反职业道德、社会公德;(十四)从事或者参与营利性活动,在企业或者其他营利性组织中兼任职务;(十五)旷工或者因公外出、请假期满无正当理由逾期不归;(十六)违反纪律的其他行为。"

政处分责任。其主要原因和理由表现在以下两个方面：

1.《公务员法》所设定的直接涉及违法履行行政职责的处分事由明显不够全面、周延，难以作为给予未被其规定涵盖的其他众多违法履行行政职责行为以行政处分的直接法律依据。依法理、事理而论，对环境行政主体及其公务员追究包括行政处分在内的环境监管行政法律责任的事由，只应是环境监管行政违法行为，即环境行政主体及其公务员违反了环境行政法所规定的环境监管义务性规范的行为，一般并不包括环境行政主体及其公务员违反政治纪律、内务纪律、社会公德等方面的行为。在《公务员法》（2005）第五十三条所规定的处分事由中，第（一）（二）项规定属于违反政治纪律而应受处分的行为，并非违反环境监管等行政工作义务的行为；第（五）（八）（十）（十一）项基本属于违反组织纪律等应受处分的行为，也多与履行环境监管职责本身无直接的关系；第（十二）（十三）项属于违反社会伦理道德等方面的行为，也不属于环境监管行政违法行为的范畴；第（十六）项只是一个无具体明确行为指向的"兜底条款"，与环境监管行政违法行为也无必然的确定性关系。与环境监管职责履行最直接相关的规定，只有第（三）（四）（六）（七）（九）（十四）（十五）等7项规定。而仅有的这7项与环境监管职责履行相关的规定，即便加上2018年修订后的"不担当、不作为"之规定，亦难以完全、具体对应涵盖公务员可能实施的诸如行政越权、不文明执法、行政错误作为（包括错误行政决策与行政执行）、严重行政过失等众多的环境监管行政违法行为。显然，对这些环境监管行政违法行为往往难以直接依据《公务员法》关于处分事由的规定作出合法合理的行政处分决定。

2.《公务员法》所设定的涉及环境监管行政违法行为的处分

事由,均过于原则、笼统,内涵外延的确定性较差,实际可适用性不够高。以其所规定的"玩忽职守,贻误工作"的处分事由为例,无论是"玩忽职守",还是"贻误工作"都具有极其宽泛的内涵外延,在实践中相关的行为及其表现形态、情节复杂多样。对其仅作"玩忽职守,贻误工作"如此过于笼统的规定,既不对其内涵外延作明确的立法界定,又不对其主要的客观行为形态作必要的立法描述,更无任何对应受处分行为情节与后果的必要规定,一方面会直接给处分机关准确认定相关的应受处分行为、正确适用此类法律规定造成困难或不便,另一方面等于在实质上赋予了处分机关在行政处分事由认定方面的极大自由裁量权,给其在追究行政违法行为的行政处分责任方面实施穿凿附会、规避责任、打击报复等不良问责行为提供了可乘之机,难以切实保障行政处分问责的公正性与有效性。

由于《公务员法》对行政处分事由的规定存在如上缺失问题,有时往往难以直接将其作为追究环境监管行政违法行为行政处分责任的法律依据。如果仅在环境保护法律法规中采取"依法给予行政处分"此类责任设定模式,可能会因在《公务员法》关于处分事由的规定中找不到与特定环境监管行政违法行为相对应的处分事由,或者因难以依据《公务员法》关于违法违纪行为的规定正确认定处分事由,而无法直接依据《公务员法》的相关规定作出环境监管行政处分决定,并因此使环境保护法律法规中对行政处分所作的引证式规定成为具文。例如,因《公务员法》(2005)并没有明确将"不担当、不作为"列为违法违纪或者行政处分事由,故无法涵盖众多违反《环境保护法》(2014)中环境监管义务性规范的不作为行为,因而不可能仅直接依据其规定,对不作为的环境监管违法者追究行政处分责任。例如,对于县级以上人民政府违反《环境保护法》(2014)第二十六条规定,不将环境保护目标完成情况纳入对负有环境保护监督管理职责的部门及其负责人和下级人民政府及其负责人的考核内容①,以及有关地方人民政府违反《环境保护法》(2014)第三十条规定,不落实生态保护补偿资金,并确保其用于生态保护补偿等违反环境监管义务性规范的违法行为②,就难以在《公务员法》(2005)第五十三条规定中找到直接对应、适用的问责事由,因而无法实际给予此类环境监管违法违纪行为以行政处分。与此同时,在《环境保护法》(2014)第六十八条所规定的应给予"直接负责的主管人员和其他直接责任人员"行政处分的行政违法行为种类中,实际也找不到可以直接对应适用的违法行为种类,违反此类环境监管义务性规范的行为并无可问责的具体、明确法律依据。再如,对于《环境保护法》之外的其他不少环境保护法律法规所规定的违反环境监管义务的行为,在《公务员法》的相关条款中亦往往难以找到可直接对应、适用的给予行政处分的法定事由。因为,在我国现行环境保护立法文件之中,有相当一部分对环境监管行政法律责任作了概括引证式规定,关于环境监管中应受行政处分的事由不明,通常只规定违反本立法文件的规定对直接负责的主管人员和其他责任人员"依法给予处分"。这种环境监管行政法律责任设定模式,从表象来看,似乎已经明确了公务员应受行政处分的事由与法律依据,其所规定的"依法给予处分"之"法",理所当然首先是指《公务员法》及其对行政处分的规定。但如上所

① 参见《环境保护法》(2014)第二十六条。
② 参见《环境保护法》(2014)第三十条。

述,由于相关法律规范的缺失,《公务员法》在很多情况下,并无法作为给予环境监管行政违法行为行政处分的直接法律依据。以《畜禽规模养殖污染防治条例》(2013)为例,该《条例》对畜禽规模养殖污染防治的监管义务在第九条、第十条、第二十二条、第二十三条、第二十四条、第二十六条、第二十七条作了规定。第三十六条也明确规定:"各级人民政府环境保护主管部门、农牧主管部门以及其他有关部门未依照本条例规定履行职责的,对直接负责的主管人员和其他直接责任人员依法给予处分。"但从《公务员法》所规定的行政处分法定事由与该《条例》所规定的"未依照本条例规定履行职责"的行为(实际就是指没有依法履行该《条例》所规定的上述各条环境监管义务的行为)之间的对应、衔接情况来看,两者之间并无直接的、可识别的具体对应与衔接关系,公务员违反该《条例》所规定的环境监管义务性规范的行为往往难以在《公务员法》关于违法违纪行为的规定中找到可直接对应的问责事由,难以直接依据该法关于处分事由的规定给予"未依照本条例规定履行职责"的公务员以行政处分。由此可见,如果依据环境保护法律法规所作的"依法给予处分"此类法律适用的引证性规定,在很多情况下难以直接依据《公务员法》关于行政处分事由的规定给予实施了环境监管行政违法行为的公务员以相应的行政处分。

二、《行政机关公务员处分条例》处分事由对环境监管行政违法行为的适用

《行政机关公务员处分条例》(以下简称《处分条例》)是对《公务员法》关于行政处分的实施性、执行性、专门性行政法规,适用于

包括环境行政主体公务员在内的全体行政机关公务员。该《处分条例》共有 7 章 55 条，对给予行政机关公务员行政处分的原则、行政处分的形式及其适用规则、处分事由及处分形式的具体适用、处分权限与程序、不服处分的申诉救济等行政处分的实体性和程序性问题作了较全面规定。它在涉及行政管理职责履行、可以适用于环境监管行政违法行为的行政处分事由的设定方面，较之于《公务员法》(2005)的规定有了比较明显的进步。其主要表现在以下两个方面：一是对《公务员法》(2005)所规定的有关行政处分事由进一步作了细化的规定。例如，对于《公务员法》(2005)第五十三条所笼统规定的"玩忽职守、贻误工作"的处分事由，《处分条例》在第二十条作了更具体的列举式规定；①对于"滥用职权，侵害公民、法人或者其他组织的合法权益"的处分事由，《处分条例》第二十五条作了具体列举式的规定②。二是对《公务员法》(2005)未作规定的一些履行行政管理职责方面的重要行政处分事由作了具体

---

①　《行政机关公务员处分条例》(2007)第二十条规定："有下列行为之一的，给予记过、记大过处分；情节较重的，给予降级或者撤职处分；情节严重的，给予开除处分：(一)不依法履行职责，致使可以避免的爆炸、火灾、传染病传播流行、严重环境污染、严重人员伤亡等重大事故或者群体性事件发生的；(二)发生重大事故、灾害、事件或者重大刑事案件、治安案件，不按规定报告、处理的；(三)对救灾、抢险、防汛、防疫、优抚、扶贫、移民、救济、社会保险、征地补偿等专项款物疏于管理，致使款物被贪污、挪用，或者毁损、灭失的；(四)其他玩忽职守、贻误工作的行为。"

②　《行政机关公务员处分条例》(2007)第二十五条规定："有下列行为之一的，给予记过或者记大过处分；情节较重的，给予降级或者撤职处分；情节严重的，给予开除处分：(一)以殴打、体罚、非法拘禁等方式侵犯公民人身权利的；(二)压制批评，打击报复，扣压、销毁举报信件，或者向被举报人透露举报情况的；(三)违反规定向公民、法人或者其他组织摊派或者收取财物的；(四)妨碍执行公务或者违反规定干预执行公务的；(五)其他滥用职权，侵害公民、法人或者其他组织合法权益的行为。"

的规定。例如，对于该法第五十三条没有规定的行政越权等行为，《处分条例》在第二十一条作了较具体的列举式规定①。

应当说，《处分条例》对行政处分事由的规定，为追究行政公务员的行政处分责任提供了基本的法律依据，对属于其所规定的处分事由范围的环境监管行政违法行为，当然可以适用相应条款规定作出行政处分决定。那么，在已经有了《处分条例》这个关于公务员行政处分的专门性立法之后，仅在环境保护的法律法规中对相关环境监管行政违法行为作出"依法给予处分"的概括引证式规定，是不是就能够完全直接依据《处分条例》相关条款对环境监管行政违法行为追究行政处分责任呢？对此问题的回答仍然是不能。其主要原因和理由在于：

1. 对于公务员行政处分关系的调整而言，《处分条例》毕竟具有一般法的特性，它对行政处分事由的规定肯定要涉及全体公务员应受处分的各类违法违纪行为，不可能仅限于行政违法行为。与《公务员法》对处分事由的规定一样，它所规定的应受处分的行政违法事由也只是所规定的全部应处分事由中的一小部分，仍然失之过窄，客观上难以涵盖复杂多样的环境监管行政违法行为。

2. 就《处分条例》对公务员行政违法处分事由所作的具体规定来看，其作为行政处分的一般性立法，在客观上只能将行政管理领域内公务员所实施的那些具有共性、典型性、重要性、多发性的

---

① 《行政机关公务员处分条例》(2007) 第二十一条规定："有下列行为之一的，给予警告或者记过处分；情节较重的，给予记大过或者降级处分；情节严重的，给予撤职处分：(一)在行政许可工作中违反法定权限、条件和程序设定或者实施行政许可的；(二)违法设定或者实施行政强制措施的；(三)违法设定或者实施行政处罚的；(四)违反法律、法规规定进行行政委托的；(五)对需要政府、政府部门决定的招标投标、征收征用、城市房屋拆迁、拍卖等事项违反规定办理的。"

行政违法行为设定为处分事由,既不可能对此类处分事由作出面面俱到的具体规定,也不可能对从中央到地方各个行政管理领域内的特殊类型行政违法行为作出具体规定。即便是其对行政违法行为处分事由所作的规定,也仍然存在原则性、概括性过强,不够具体、周延等问题。如果仅依据《处分条例》的规定给予环境监管行政违法行为以行政处分,仍然无法完全克服操作性不强或者处分不能的问题。仍以《处分条例》在第二十条对"玩忽职守、贻误工作"的规定为例,首先,在该条所列举的四项处分事由中,除了"其他玩忽职守、贻误工作的行为"这个兜底规定之外,只规定了不依法履行职责以至于造成重大事故或群体性事件、对发生的重大事故或案件不按照规定报告和处理、对专项款物疏于管理造成较严重后果等三个方面的应受处分的情形。相对于行政管理领域所实际发生的大量"玩忽职守、贻误工作的行为"而言,如此列举规定明显失之过窄、过少。其次,虽然该条作出了对"情节较重的,给予降级或者撤职处分;情节严重的,给予开除处分"①的规定,但并没有对"情节较重""情节严重"作明确的界定,在用于确定和追究行政处分责任时会因缺乏可识别标准而有可能导致滥用裁量权等不良问题的产生。最后,在出现应受处分的违法违纪行为之后,具体由谁来负责作出相应的行政处分决定,该条也没有作具体规定。

综上可知,《处分条例》虽然对给予包括环境行政主体公务员在内的公务员以行政处分作出了统一的、专门性规定,但在处分事由的规定方面仍然存在不够周延、不够具体明确等问题,如果仅依据《处分条例》的规定来追究环境监管行政违法行为者的行政处分

---

① 《行政机关公务员处分条例》(2007)第二十条第一款。

责任,仍然不可避免会出现处分不能、处分不当、处分不公等问题。因此,在环境保护立法文件之中,如果仅对行政处分事由的法律适用作引证式规定,而不去研究并正确处理《公务员法》《处分条例》中对行政处分事由的规定及其与所设定的环境监管行政处分事由之间的衔接、对应关系,"依法给予处分"此类引证式的规定有时就有可能成为无法实际执行的一纸空文。为避免此类情况的发生,提高环境行政处分立法的实效性,环境保护立法必须在设定环境行政处分责任规范时,做好与行政处分一般法相关规定的衔接,对环境行政处分事由应在行政处分一般法规定的基础上作出拾遗补阙的具体、明确规定。

第四章　环境监管行政法律责任设定缺失论

　　我国现行环境保护法律法规之所以存在有效性不足的问题，与环境监管的效能不足有直接关系。而环境监管效能不足，固然受制于多元因素的作用，但环境监管行政法律责任设定缺失及其因设定缺失所导致的环境监管行政法律责任在实践中不能得到有效实现无疑是其中最为重要的原因之一。此论断不仅为环境法学界已经形成的较为丰富的相关研究成果所肯定，也为本课题组所做的必要实地调查研究结论所印证。例如，在本课题组问卷调查①中，在回答"您认为本地环境污染问题的存在与没有严格实施环境

---

　　① 为了验证学界较丰富的相关研究成果对于涉及本课题研究对象相关问题的研究结论，本课题组成员在赴北京、上海、青岛、广州、海南、云南、新疆等地调研、收集相关研究资料的同时，结合《甘肃省废旧农膜回收利用条例》《甘肃省水土保持条例》两部环境保护地方性法规立法后评估项目的实施，重点在甘肃省武威市、定西市、天水市、平凉市、陇南市所属环境保护工作具有代表性的县区通过召开座谈会、实地考察等方式开展了调研活动，并选择在平凉市、陇南市做了关于"环境监管行政法律责任设定与实现问题"的调查问卷。问卷调查采取定向问卷（针对有关环境保护机构公职人员、有关企业）与随机问卷（针对不特定社会公众）相结合的方式进行，共发出调查问卷 160 份，回收有效问卷 152 份。在填写有效问卷的受访对象之中，党政机关干部 63 人，占比 41.4%；事业单位工作人员 56 人，占比 36.8%；环保企业负责人 12 人，占比 7.9%；其他人员 21 人，占比 13.8%。在受访对象的学历结构方面，研究生以上学历的有 9 人，占比 5.9%；本科学历的有 71 人，占比 46.7%；大专学历的有 50 人，占比 32.9%；中专及以下学历的有 22 人，占比 14.5%。在本书"设定论""实现论"两篇的相关论述中，使用该调查问卷数据时，统一采用"本课题组问卷调查"名称。

保护问责制度是否有关"这个问题时,32.2%的受访者选择了"关系密切",58.6%的受访者选择了"有关",认为本地环境污染问题的存在与没有严格实施环境保护问责制度"有关"或"关系密切"的受访者占到了全体受访对象的90.8%;在回答"您认为影响环境保护行政执法、监督管理质量与效果的主要因素有哪些"这个问题时,有61.2%的受访者选择了"执法责任制度不健全",有66.45%的受访者选择了"执法责任追究不力";在回答"您认为影响环境行政执法责任落实的主要因素有哪些"这个问题时,有70.4%的受访者选择了"责任制度的可操作性不强"。由此可见,在受访对象中,不论是党政机关工作人员,还是其他社会成员,普遍认为环境保护责任制度不健全、环境行政问责不力是影响环境监管质量与效能的重要因素。下面依据环境监管行政法律责任科学设定的一般原理,基于对作为研究样本的规范性文件所作的规范分析,结合环境监管行政法律责任实现的实际情况,对环境监管行政法律责任设定方面所存在的主要缺失从基本表现、主要成因、危害性等几个方面作必要的理论总结与阐释。

第一节　环境监管行政法律责任设定缺失情形分析

一、环境监管行政法律责任设定主体混乱

所谓环境监管行政法律责任设定主体,是指实际设定那些可以适用于环境监管行政违法行为的公共行政法律责任的各级各类国家

机关。因我国法律法规尚未对公共行政法律责任的设定主体及其设定权限作出明确划分,行政管理领域实际行使可以适用于环境监管行政违法行为的行政法律责任设定权的机关众多,存在比较突出的设定主体混乱、设定权滥用等问题。其主要表现在以下几个方面:

1. 从实际行使设定权的不同国家机关来看,既有各级国家权力机关,又有各级国家行政机关,还有执政党的领导机关、纪律检查机关等。公共行政法律责任设定主体混乱现象,主要表现在行政权行使的领域和党组织相关规范性文件的制定方面。众多行政主体不但有通过行政立法文件设定行政法律责任的情形,更存在借助大量非立法性行政规范性文件设定实质上的行政法律责任的问题。至于执政党的设定,主要表现为党的领导机关、党的纪律检查机关单独或者与相关国家机关以联合发文的方式设定的情形。如中央纪委联合原监察部、国家海洋局于 2008 年颁布了《海域使用管理违法违纪行为处分规定》、广西壮族自治区党委与政府 2012 年发布了《广西壮族自治区党政领导干部环境保护过错问责暂行办法》、青岛市环境保护局党组 2012 年发布了《青岛市环境保护局行政问责暂行办法》等。

2. 从实际行使设定权的不同行政机关来看,既有拥有行政立法权的国家行政机关,又有不享有行政立法权的各级各类行政机关;既有行使一般行政管理权限的各级人民政府,又有各级人民政府行使相关部门管理权限的行政机关;既有行使一般监督职能的行政机关,又有行使专门监督职能的行政机关(如原行政监察机关、审计机关、行政执法监督机关等)。

3. 从不同国家机关行使设定权的具体形式来看,既有各种立法文件形式(包括法律、行政法规、地方性法规、单行条例、行政规章等立法文件形式),又有大量的非立法性的行政规范性文件形

式;既有单个主体独立发文设定形式,又有两个或者两个以上设定
主体共同发文设定形式;在联合发文设定行政责任的形式方面,既
有两个或者两个以上国家行政机关联合发文形式,又有国家行政
机关与执政党的组织联合发文设定的形式等①。

4. 从不同国家机关设定责任的类型和内容来看,既有法律责
任,又有非法律责任;既有法定责任,又有非法定但却实质具有公
共行政法律责任特性的责任;既有实体性行政责任,又有程序性行
政责任;既有对国家规定的行政法律责任的执行性、补充性规定,
又有创制性责任规定。

5. 从各类国家机关实际行使设定权的情况来看,设定滥权、越
权现象突出。公共行政法律责任涉及责任主体的切身利益,责任
法定理应是其设定必须遵循的基本原则之一。责任法定,不但要
求包括环境监管行政法律责任在内的公共行政法律责任须通过立
法途径并借助立法文件来设定,而且要求视拟设定公共行政法律
责任对责任主体权益影响程度的不同而依法划分不同立法主体的
设定权限,特别是对那些事关责任主体重要权益的公共行政法律
责任的设定应严格实行法律保留、法规保留,限制行政规章的设定
权,排除非立法性文件的任何创设性权力。因我国法律尚未对公

---

① 例如,在中央层面有《环境保护违法违纪行为处分暂行规定》(2006,原监察
部、国家环保总局)等部门规章;在地方层面代表性的文件有《重庆市关于违反环境
保护法律法规行政处分的暂行规定》(2000,市监察局、环保局)、《湖北省关于违反
环境保护法律法规行政处分的暂行规定》(2002,省监察厅、环保厅)、《新疆维吾尔
自治区关于违反环境保护规定行政处分暂行办法》(2002,自治区环保局、监察厅)、
《安徽省对违反环境保护法律法规及有关规定行为的行政处分规定》(2002,省监察
厅、环保局)、《山西省环境保护违法违纪行为处分暂行规定》(2006,省监察委员会、
环保局)、《哈尔滨市环境保护系统工作人员违法违纪违令行为处理暂行规定》
(2006,市监察局、环保局)等。

共行政法律责任的设定主体及其设定权限作出明确划分,在关于公共行政法律责任制度的建构中,法律法规立法主体应有权更有责任设定较为具体的责任,但在客观上其对责任的设定又存在明显的缺失问题,而行政规章制定主体尤其是不享有立法权的国家行政机关等又在大量规定甚至创设公共行政法律责任。

　　就环境监管行政法律责任的设定而言,近年来全国各地从省级人民政府到县乡一级环保机构都颁布了为数众多的环境行政处分或环境问责的规范性文件。其中既有环境行政主体自行颁发的,又有原行政监察机关与环境行政主体联合颁发的,还有环境行政主体与党组织联合颁发的,甚至还有环境保护行政主体党组织自行颁发的。由此并不难窥见环境监管行政责任设定机关及其设定权限运用的严重乱象。众多复杂混乱的设定机关运用行政规章和大量的非立法性行政规范性文件等形式,进行环境行政责任的制度构建,不可避免会出现诸如不同性质责任混同(主要表现为行政法律责任与非法律责任混同、行政法律责任与执政党的纪律责任混同的情形)、责任规范设定越权、责任制度缺乏科学性与统一性、责任设定与追究党政不分、责任设定与追究人治色彩浓厚而法治化程度不高等突出问题,并因此大大降低了环境行政问责的严肃性、权威性、公正性与社会有效性,严重影响了环境行政问责、环境监管行政法律责任实现的质量、水平与效能。

二、环境监管义务性规范设定失范问题突出

　　环境监管义务性规范是设定环境监管行政法律责任规范的基础性、前提性规范。法律作为社会成员普遍遵行的行为规则体系,

既涉及权利的分配，又关涉义务的设置。但对权利义务的配置何者为法律的本位或重心，学界存在"权利本位说"与"义务重心说"两种截然不同的观点。本书比较认同"义务重心说"，赞同"就法律的构成而言义务性规则是法律的主体；就法律的适用而言义务性规则的存在是追究个体责任的前提；就法律的发展史而言是先有义务性规则后有授权性规则；就法律的价值而言义务性规则是保障社会基本秩序、支撑个体自由所赖以存在和展开的框架；就义务和权利的关系而言义务性规则的确定和对义务的信守，是权利界定和权利获得的依据"①的观点。尤其是在环境法领域，在调整和处理人与自然的关系方面，很多人仅仅强调自己的权利却忽视了义务，为有效解决环境问题，应当优先强调义务的履行。② 因此，设定高质量的环境监管义务性规范是科学、合理设置环境监管行政法律责任的前提和基础。如果环境监管义务性规范设置失范，要设定好环境监管行政法律责任实属不能。

虽然从前面对环境保护立法文件的规范分析中，可以看出在立法文件研究样本中大多既重视对行政相对人义务性规范的设置，同时也重视对环境监管义务性规范的设置，从义务性规范设置的总体情况来看，在大多数环境保护立法文件之中并不存在比较突出或典型的轻视环境监管义务性规范设置的问题，但并不能由此就得出环境保护立法文件对环境监管义务性规范的设置不存在值得关注或改进问题的结论。深度分析已设环境保护义务性法律规范，同样会发现存在如下的失范问题：

---

① 张恒山：《义务先定论》，山东人民出版社 1999 年版，"引言"。
② 参见〔日〕池田大作、〔意〕奥锐里欧·贝怡：《二十一世纪的警钟》，卞立强译，中国国际广播出版社 1988 年版，第 198 页。

（一）环境监管义务性法律规范的强度明显低于相对人义务性规范的强度

环境监管义务性法律规范可以被划分为必为性规范和禁为性规范两类。"前者设定的是必为性义务,即法律要求行为主体必须做某些行为,后者设定的是禁为性义务,即法律要求行为主体不做某些行为。"①所谓义务性法律规范的强度,是指法律所设定的义务性规范对人们行为的管控、约束的强度。这种强度通常采用若干法律规范性语词来表达,必为性义务常用语词为"应当""必须"②,禁为性规范常用语词为"禁止""不得"等。有文章统计,"就中国现行法律而言,关于义务性法律规范的有16134处涉及'应当'规

---

①　张恒山:《义务先定论》,山东人民出版社1999年版,第80—81页。

②　"应当""必须"是立法文件之中表述义务性规范的最常见、最基本语词。对于这两个语词是否同义、是否可以相互替代,学界有截然不同的观点或见解。持等同论者,认为义务性规范属于无条件执行的行为准则,两个标志词的实际含义都是没有任何例外或回旋的"必须"之意(参见孙璐华:《法律语言学》,湖南人民出版社2006年版,第121—122页)。在日常语言中,"必须"与"应该"是有差别的。"必须"约束力较强,具有强制性。"应该"的约束力较弱,一般说来,不具有强制性。但是在法律上具有同样的约束性。法律中有关义务的规定都是必须命题(参见杨百顺主编:《现代逻辑启旅》,中国青年出版社1989年版,第144页)。持区别论者,则认为"应当"是一种非常微弱的价值判断语气,带着浓厚的道德规定色彩,"必须"才是严格的法律语言。最为重要的是,"应当"与"必须"对应着不同的法律后果(参见曹林:《告知听证权为何是"应当"而非"必须"》,载《北京青年报》,资料来源:新华网,http://news.xinhuanet.com/comments/2006-09/07/content-5059878.htm,最后访问日期:2019年10月20日)。"应当"与"必须"所设定义务具有强弱之分。以"必须"与"应当"为规范性语词所建构的法律规范,其所追求的目标是不一样的。通过"必须"所建构的体现强式义务的法律规范,其主要任务就是维系法律秩序。而"应当"的价值在于,通过以它为规范性语词的义务规范,努力创设立法者的更高的社会或政策目标。因此,"应当"无法取代"必须"(参见钱锦宇:《论法律的基本必为性规范》,山东大学2008年博士学位论文,第46—49页)。本文认为"应当"与"必须"是有较明显区别的,其不但意味着法律对行为管控、义务要求强度的不同,也意味着相应法律规则、法律责任的设定也应在立法中有所不同。

范词,2229 处涉及'必须'规范词,58 处涉及'应该'规范词;关于禁止性法律规范的有 797 处涉及'禁止'规范词,3874 处涉及'不得'规范词,22 处涉及'不许'（不许可）规范词"①。一般言之,在必为性义务规范之中,采用"必须"语词较"应当"语词,其义务强度或者法律对义务及其履行的力度、强度、要求程度要高;在禁为性义务规范之中,采用"禁止"语词较之于"不得"语词,其不得为的义务强度或者法律对义务及其履行的力度、强度、要求程度更高。在立法文本中对上述表达义务性规范的语词的采用或取舍,不但在一定程度上反映了立法者对特定行为的管控意识、态度、偏好、重点、目标与内在动机,而且也直接影响义务性规范所规制的社会成员对法定义务必要性、重要性以及对行为管控力度的思想认知;不但在一定程度上影响相关实体性规范与程序性规范及其制度在立法文本中的建构方向、内容与重点,而且在很大程度上会影响环境监管行政法律责任规范及其制度的设定与建构。因此,义务性规范的强度的合理设定,在立法中具有十分重要的意义和作用。

考查环境保护立法文件尤其是立法文件研究样本中关于环境监管义务性法律规范的设定情况,并不难发现,因长期行政主导型立法、官本位立法、关于政府职责"宜粗不宜细"的传统立法观念等的影响,在环境保护立法文件之中,对于环境监管者多用"应当"表述义务性规范,甚少在义务性规范的表述中采用"必须""禁止""不得"等强势语词。但在关于行政相对人的义务性规范之中,在

---

① 陈镇河:《义务性法律规范的逻辑分析及立法建议》,《理论导刊》2015 年第 2 期,第 89 页。

普遍适用"应当"语词的同时,较多使用了"必须""禁止"等强势语词。以《水污染防治法》(2017)的有关规定为例证,在主要规定环境监管义务的"水污染防治的标准和规划""水污染防治的监督管理"两章共20条中,只在涉及地方水污染排放标准备案规划修订的程序性问题上采用了"须报"(第十四条第二款)、"须经"(第十六条第四款)两个语词,在涉及环境监管的实体性义务规范以及其他程序性规范中均使用"应当"一词,丝毫没有采用"必须""禁止"等强势性语词。与之形成鲜明对照的是,在涉及相对人的义务性规范之中,却大量使用了"必须""不得""禁止"等强势性语词。例如,在主要规定相对人义务的"水污染防治措施"章之第一节"一般规定"(共12条)中,就有8次(处)使用了"禁止"一词,2次(处)使用了"不得"一词。

综上可见,现行环境保护立法在环境监管义务性规范、行政相对人环境义务性规范的设置方面还是有明显的"差别待遇"的,其中的真实因由不能不引人深思。难道只有行政相对人才能产生需要立法禁止或者立法命令不得为的行为或事项吗?环境监管者在履行环境监管职能中,难道就没有需要立法明确禁止不得为的行为或事项吗?在众多的环境监管义务中,就没有可以要求监管者必须严格履行的义务吗?显然不是,也不可能是,因为环境监管不作为、滥作为、以权谋私等一直是我国环境保护方面所面临的痼疾之一。由于环境监管义务性法律规范普遍存在强度不足、刚性不足的问题,加之其他因素的制约或影响,法定环境监管义务不能在现实生活中得到切实有效的履行,也就不足为怪了。

（二）环境监管义务性法律规范过于原则、笼统，可执行性、可归责性明显不足

环境监管义务性法律规范作为建构正当行政程序制度与相应行政法律责任制度的基础性、本源性、前提性规范，理应在设定时做到清晰、明确、具体并具有实际可操作性、可归责性，否则就不可能发挥其应有的规范作用与社会作用。如果义务性规范设定过于原则、宽泛，不够具体，其宣示性就会大于实际可操作性，就会降低义务性规范对主体行为管控的有效性，就难以对不履行法定义务的行为人确定并追究相应的环境监管行政法律责任。我国现行环境保护立法文件虽然设定了不少的环境监管义务性规范，但具有宣示性色彩且内涵外延宽泛的引导性、概括性、政策性、权义复合型规范居多，具体、明确表述特定环境监管义务的单一性义务规范明显过少，因此可归责性、执行性、操作性较差，制度供给与实现的有效性明显不足。这也是环境监管义务在现实环境管理领域不能得到有效履行的重要原因之一。

以《环境保护法》（2014）第二章"监督管理"对环境监管义务性规范的规定为例，该章全部 15 个条文之中，涉及环境监管义务规定的有 14 条，其中大部分属于诸如"县级以上人民政府应当将环境保护工作纳入国民经济和社会发展规划"①、"企业事业单位和其他生产经营者，为改善环境，依照有关规定转产、搬迁、关闭的，人民政府应当予以支持"②等此类比较原则、笼统的环境监管职责性规定，带有比较明显的宣示、引导、督促的意义，内涵外延的确

---

① 《环境保护法》（2014）第十三条第一款。
② 《环境保护法》（2014）第二十三条。

定性较差。在其所设定的类似的环境监管义务性条款之中,所使用的应当"纳入""充分考虑""听取意见""予以支持"等核心语词,确定性、可量化判断性等明显不足,难以合理有效确定不履行义务的责任并有效进行问责,缺乏实际可执行性、操作性。以其第二十三条为例,其所规定的"……人民政府应当予以支持"语意就很不清晰,究竟什么叫"支持"、什么叫"不支持",怎样才算"支持"、怎样就算是"不支持",在制度设计及其执行过程中很难有明确的、具体可量化的识别与判断标准。对于有关单位为改善环境而进行的转产、搬迁、关闭事项,相对于"不同意",政府"同意"但并没有提供任何优惠政策或措施能不能算"支持"?政府"同意"企事业单位等为改善环境所做的转产、搬迁、关闭,但仅满足了转产、搬迁、关闭中涉及的个别正当要求,算不算已经给予了"支持"?政府因某些具有正当性的原因,"不同意"生产项目转产、搬迁、关闭是不是就能认定为"不支持"?诸如此类问题,难以有统一的可认定标准,如此义务性规定显然缺乏实际可执行性与可设责、问责性。

尤其需要关注的问题是:《环境保护法》(2014)第二章所作的义务性规定,主体限于政府行政机关,没有针对行使环境监管职能的公务员设定任何具体义务性规范或条款。如果在环境监管过程之中,出现了违反上述义务性规范的情形,从一般原理上推论就有可能产生责任主体竞合的问题,即不但实施了违反义务规范的行政公务员应当承担相应责任,行政公务员所在的环境行政主体当然也应当为此承担相应的责任。但遗憾的是,对违反此类义务性规范的行为,《环境保护法》只给环境行政公务员设定了环境监管行政法律责任,并没有给环境行政主体设定相应的环境监管行政法律责任。有义务性规范但无需作为义务履行者、责任最终归属者的环境行政主体承担任何责任,义务性规范只能是摆设。

(三) 环境监管义务性法律规范普遍缺乏有效的程序保障,可执行性不足

环境监管义务性法律规范的落实,既有赖于法定义务人的内在精神力量的有效作用,也需要相关刚性制度的约束与保障。相关的刚性制度主要包括两个方面:一是违反义务或者不履行义务的相应环境监管行政法律责任规范及其有效实现的制度、机制;二是防控违反义务或者不履行义务的相应行政程序规范及其制度。目前,我国环境保护立法文件中所设定的环境监管义务性规范,之所以不能得到有效的实施,还与保障环境监管义务性规范的环境监管行政法律责任规范缺失、行政程序规范缺失有重要的内在关系。因环境监管行政法律责任规范的缺失,将在下面作专门论述,在这里对与环境监管义务性规范相对应的行政程序规范缺失问题作简要分析。

法律程序是权利义务实现的必要条件。正当的法律程序能够促使权利被实际享受、义务得到切实履行。① 行政程序作为一类法律程序,是防控行政公权力恣意行使,保障行政主体及其公务员的法定义务、环境监管行政法律责任有效实现的一种操作技术和确定性法律规范,它的科学、正当构建使行政主体及其公务员的法定义务、环境监管行政法律责任真正能够被认定、归结、追究。可以说,正当行政程序的构建既是行政法律责任有效实现的重要条件,也是法定行政义务得以有效落实的重要措施与手段。但在我国现行有效的环境保护立法文件之中,受多元因素的制约或影响,涉及

① 参见张文显:《法理学》(第三版),法律出版社 2007 年,第 271 页。

环境监管义务性规范的执行性、实施性行政程序规范严重稀缺,从而使法定义务性规范的遵守与执行失去了有效的程序保障,在环境监管领域难以得到有效的落实。仍然以《环境保护法》(2014)为例,该法虽然大幅增加了环境监管义务性规范的数量,但所设置的环境监管义务性规范绝大多数仍然属于实体性法律规范,通篇鲜见具体、明确、有刚性的用以保障环境监管实体性义务性规范得以有效落实的程序性规定。

三、环境监管行政法律责任设定模式选择欠合理

虽然,"模式"主要强调的是形式上的规律,而非实质上的规律,但它对把握事物的内容与规律仍然具有十分重要的意义和作用,"法律责任条文是行政执法和司法适用的直接依据,其设定模式的优劣不仅左右法律责任文本的严谨、清晰和简洁程度,更关涉法律责任条文适用的准确性和便捷性"[①]。如前所述,环境监管行政法律责任的设定模式包括了条款衔接模式、条款排列模式与条款表述模式。虽然,就不同的模式而言,其适用的条件、范围会有所不同,仅就不同模式本身而言,肯定各有所长,各有其短,并无绝对的优劣之分,但对设定模式的选择或采用,当然会涉及是否合理、得当、科学的问题。如果模式选择不当,就会直接影响环境监管行政法律责任设定及其实现的有效性,就会直接影响立法质量。因此,从这个意义而论,模式选择应当是做好环境监管行政法律责

---

① 徐向华、王晓妹:《法律责任条文设定模式的选择》,《法学》2009 年第 12 期,第 60 页。

任设定的重要问题之一。就环境保护立法文件对环境监管行政法律责任设定模式的选择、运用情况来看,还存在下列的不足或问题:

(一) 现行环境保护立法并没有普遍采用较理想的环境监管行政法律责任衔接模式

环境监管行政法律责任的衔接模式包括了条序对应设置模式与行为对应设置模式。条序对应模式将环境监管行政法律责任条款与立法文本中所设置的环境监管义务性条款严格对应,明确了环境监管义务性条款与环境监管行政法律责任条款之间的内在联系,违反环境监管义务性条款的环境监管行政法律责任及其后果具体、清晰,便于查询、适用,应属最为理想的环境监管行政法律责任衔接模式。行为对应设置模式,通常只针对特定违法行为设定相应的环境监管行政法律责任,没有明确述明环境监管行政法律责任是针对违反立法文本中的哪个具体义务性条款而设置,环境监管义务性条款与环境监管行政法律责任条款之间的内在联系往往不够清晰、明了,较之于条序对应模式有所欠缺。但总体来讲,这两种模式都保持了立法文本中的环境监管义务性条款与环境监管行政法律责任条款之间的相互对应、衔接关系。在设定环境监管行政法律责任条款时,应当尽量采用条序对应式,在不便采用条序对应模式,需要对违反若干个义务性条款的行为概括设定同一环境监管行政法律责任时,也可选择采用行为对应模式。简言之,科学、合理设定环境监管行政法律责任,必须实现特定立法文件中的环境监管行政法律责任条款与环境监管义务性条款的合理对应与有机衔接。

　　分析我国现行环境保护立法文件,在环境监管行政法律责任衔接模式选择方面,上述比较规范、合理的条序对应模式、行为对应模式主要被用于设定行政相对人的环境行政法律责任。在环境监管行政法律责任的设定方面,基本不采用或者极少采用条序对应模式,只有一小部分立法文件采用了行为对应模式(如2016年《固体废物污染环境防治法》第六十七条、2014年《环境保护法》第六十八条采用的就是行为对应模式)。即便是采用了行为对应模式设定的环境监管行政法律责任条款,也以概括对应表述方式居多,列举对应表述方式次之,甚少采用具体对应的表述方式。正因为如此,大部分立法文件所设置的环境监管行政法律责任条款在该立法文本中基本找不到具体对应的义务性规范,往往概括、原则对应于《公务员法》等法律法规设定的义务性规范而设定,立法文本中环境监管行政法律责任与环境监管义务性规范之间的对应、衔接度很低,有时甚至根本就不存在合理的、基本的对应与衔接关系。同时,在大多数环境保护立法文件之中,环境监管行政法律责任条款设定明显稀缺,与立法文件所设定的环境监管义务性规范数量明显不成比例。环境监管行政法律责任衔接模式选择不当,不可避免会导致设定的环境监管义务性规范与环境监管行政法律责任缺少明确、清晰、具体的衔接或对应关系,①违反环境监管义务性规范的法律后果与责任不清、不明,并因难以依据现行立法文件有效追究环境行政主体及其公务员责任,导致环境监管义务性规范形同虚设。

---

　　① 参见刘志坚:《环境监管行政法律责任设定缺失及其成因分析》,《重庆大学学报》(社会科学版)2014年第2期,第107页。

从法理学原理的角度来审视，"环境监管义务与环境监管行政法律责任两者之间有深刻的内在逻辑联系：环境监管义务是环境监管行政法律责任的前提和基础，无环境监管法定义务即无相应的行政法律责任；环境监管行政法律责任则是实现环境监管义务的保障，没有环境监管行政法律责任保障的法律义务易成具文。因此，环境监管行政法律责任的设定必须要与环境监管义务的设定科学、合理对应与衔接"①。虽然本书并不完全赞同有学者所主张的"在法律责任与法律义务之间实现无缝衔接，做到有一个法律义务条款，就必须有一个法律责任条款与之对应"②的观点，但在环境保护法律法规中对于那些直接事关环境行政效能和质量、国家利益和重要法定权益的保障与实现、特定环境保护法律制度的贯彻执行等的重要事项应设定具体明确的行政义务性条款，并相对应设定违反该类义务性条款的具体行政法律责任，从而实现法定环境监管义务与环境监管行政法律责任的有机、合理衔接与契合则是十分必要的。③ 但我国现行环境保护法律法规的环境监管行政法律规范与环境监管义务性规范之间的契合度较差。其主要表现在立法文件所设定的环境监管义务性规范，往往缺乏相对应的行政法律责任及其规范的设置。例如，在《大气污染防治法》（2018）第三章"大气污染防治的监督管理"中，虽然有 5 个使用了"应当"语词的环境监管义务性条款，但在其第七章"法律责任"中

---

① 刘志坚：《环境监管行政法律责任设定缺失及其成因分析》，《重庆大学学报（社会科学版）》2014 年第 2 期，第 107 页。
② 杜春、马培培：《法律责任的设定原则及其应用——以 2007 年修订后的〈律师法〉为例》，《中国司法》2010 年第 2 期，第 68 页。
③ 参见刘志坚：《环境监管行政法律责任设定缺失及其成因分析》，《重庆大学学报（社会科学版）》2014 年第 2 期，第 107 页。

并没有设定与之相衔接、对应的任何法律责任条款。

（二）现行环境保护立法对环境监管行政法律责任条款表述模式选择不当

环境监管行政法律责任衔接模式，在某种程度上决定了环境监管行政法律责任条款的具体表述模式。由于环境保护立法文件在环境监管行政法律责任衔接模式选择上既没有采用条序对应模式，也没有广泛采用与立法文本中的义务性条款的规定具体明确衔接的具体对应模式，大量的关于环境监管行政法律责任的条款不是对应该立法文本，而是抽象概括对应于其他相关法律法规（主要是公务员行政处分的法律法规）中的义务性规范、法律责任规范所设定，因而，在环境监管行政法律责任的条款表述模式选择上主要采用概括引证式，兼采概括设定式、列举引证式与列举设定式模式。

概括引证式是迄今为止大部分环境保护立法文件都采用的环境监管行政法律责任设定模式。这种模式存在以下两个明显缺陷：一是与立法文件中所设定的环境监管义务性规范的对应性、衔接性较差，对违反义务性规范行为的表述往往过于宽泛，可界定性、操作性不足。二是其对拟追究环境监管行政法律责任的法律适用作了"引证"性规定，仅依据采用这种模式的立法文件本身所规定的环境监管行政法律责任条款还无法直接作出追究环境行政处分等行政法律责任的决定。要实际作出环境监管行政法律责任追究决定，还须在环境保护立法文件中设定的环境监管行政法律责任所引证的其他法律法规中找到对应的、可以适用的行政法律责任条款或者规定才有可能。这在客观上增大了法律适用及责任认定、追究的难度，不利于环境监管行政法律责任的有效实现。

以《畜禽规模养殖污染防治条例》（2013）第三十六条①、《电子废物污染环境防治管理办法》（2007）第十八条②的规定为例，首先，两个立法条款在对违法行为的表述上采用了"未依照本条例规定履行职责""违反本办法规定，不依法履行监督管理职责"这样高度概括、宽泛的语词，在执法执纪中几乎无法界定、适用。这不仅仅是因为立法文本中所规定的"职责"很多，且不少"职责"性规定本身就很原则、宽泛③，有时"职责"与"职权"竞合，无法合理界定不履行"职责"且应当问责的情形，还因为即便履行环境监管职责的公务员出现了"未依照本条例规定履行职责"或者"不依法履行监督管理职责"的行为，也还需要考量违法行为的主观过错、情节轻重、后果大小等情节，不可能也不应当只要出现上述行为就要追究环境监管行政法律责任。其次，两部立法文件在责任及其追究依据的表述中分别采用了"依法给予处分""依法责令改正""依据国家有关规定给予行政处分"等语词。这就

---

① 《畜禽规模养殖污染防治条例》（2013）第三十六条："各级人民政府环境保护主管部门、农牧主管部门以及其他有关部门未依照本条例规定履行职责的，对直接负责的主管人员和其他直接责任人员依法给予处分；直接负责的主管人员和其他直接责任人员构成犯罪的，依法追究刑事责任。"

② 《电子废物污染环境防治管理办法》（2007）第十八条："县级以上人民政府环境保护行政主管部门违反本办法规定，不依法履行监督管理职责的，由本级人民政府或者上级环境保护行政主管部门依法责令改正；对负有责任的主管人员和其他直接责任人员，依据国家有关规定给予行政处分；构成犯罪的，依法追究刑事责任。"

③ 例如，《畜禽规模养殖污染防治条例》（2013）第二十六条所规定的"县级以上人民政府应当采取示范奖励等措施，扶持规模化、标准化畜禽养殖，支持畜禽养殖场、养殖小区进行标准化改造和污染防治设施建设与改造，鼓励分散饲养向集约饲养方式转变"的职责或义务就相当原则、笼统，内涵外延的确定性差，不宜作具体界定和量化。

意味着,仅依据上述条文规定,还不能直接给予责任人以行政处分。要追究责任人的责任,还必须在其他法律规定或者"国家有关规定"中找到明确的依据。如果有关执法执纪主体不去从其他法律法规规定中寻找给予责任人员以行政处分等责任的依据,或者在其他法律法规中找不到能够完全对应于责任主体违法行为的法律责任追究规定,显然就不可能实际追究责任人的相应责任。

值得关注的问题还在于,上述环境保护立法文件的执行主体是环境行政主体,如果对环境监管行政法律责任条款仅作如上的引证性规定,必然就会引出一个究竟由哪个国家机关负责依据被引证的规定追究责任人员责任的问题。因为,如果"依法给予行政处分"所言的"法"是《公务员法》《行政机关公务员处分条例》等法律、法规的话,适用上述行政法律责任条款追究责任人员责任的国家机关至少就会有实施了环境监管违法行为的公务员所在的环境监管机关、对该公务员拥有监督管理权限的上级环境监管机关、享有人事行政管理职权的公务员主管机关等(在国家监察制度建立之前,还包括行政监察机关)。在存在多个不同问责主体的情况下,环境监管行政法律责任条款又不具体规定问责主体,就有可能会因不同问责主体互相推诿塞责而使环境监管行政法律责任的追究落空。因此,在环境保护立法文件中采用概括引证式的环境监管行政法律责任条款表述模式不够合理、科学,可执行性、可操作性不高。概括设定模式不同于概括引证模式的方面,主要表现在环境监管行政法律责任条款在对应责违法行为作出概括性叙述之后,没有概括性引证据以追究环境监管行政法律责任的其他法律法规依据,而是直接规定追究行政处分等法律责任。[①] 但概括设定模式与概括引证模式一样,仍然存在比较突出的环境监管行政法律责任条款与环境监管义务性条款的对应性、衔接性差,对环境监管违法行为的表述往往过于宽泛,可界定性、操作性不强的问题。

相对于概括引证式、概括设定式而言,列举引证式虽然在一定程度上克服了立法文件对问责事由的规定较笼统、原则,不便操作等问题,但因在法律适用上仍然采用"引证"表述,同样难以克服环境监管行政法律责任追究在法律适用方面的不便或缺憾。列举设定式应属环境监管行政法律责任最理想的条款表述模式。它不但将问责事由具体化,而且对行政法律责任形式及其法律适用明确化,如果再能对问责主体等事项作出具体明确的规定,其操作性与实效性就会更好。但遗憾的是,在上述四种环境监管行政法律责任条款表述模式中,无论是从立法文件研究样本来看,还是从中央层面环境保护立法文件的总体情况来看,占主导型的模式是概括引证式,其他三种模式虽然在立法中均有所采用,但总量并不多,尤其是列举设定式更是极少被采用。

四、环境监管行政法律关系主体法律责任配置失衡

环境监管行政法律关系是因具有法律意义的环境行政行为而在环境行政主体与行政相对人之间所形成的行政法律关系。环境

---

① 例如,《城市生活垃圾管理办法》(2007)第四十七条第一款规定:"违反本办法规定的职权和程序,核发城市生活垃圾清扫、收集、运输、处理许可证的,由上级主管机关责令改正,并对其主管人员及其他直接责任人员给予行政处分;构成犯罪的,应当追究刑事责任。"

行政主体与行政相对人是法律关系的当事人或主体。均衡配置作为环境监管行政法律关系主体之间的权利义务与责任,无疑是立法公平正义的必然要求与重要体现。正如有论著所言:"行政法律责任的设定属于立法行为的范畴,其作为一种立法行为应当遵循行政主体与相对人权利义务合理均衡配置的原则,即应当在立法上着力避免法律关系的主体之间,出现一方享有的权利(力)过多、过强,而另一方所承担的义务责任过多、过重等的失衡现象,核心是要做到行政权力与义务的配置保持统一性、相适应性,既不得只重视行政权力或者权益的设定、赋予,而轻视义务或责任的规定,以避免有权无责现象等的发生,更不得在立法上出现有责无权、大权小责、小权大责等权责不相适应的问题。"①但现行环境保护法律法规对环境监管行政法律关系主体的行政法律责任的设定存在比较突出的失衡问题。其主要表现在以下三个方面:

1. 在设定的环境监管行政法律责任条款数量上,大部分环境保护立法文件中的行政法律责任条款主要是针对行政相对人而设定的。其在行政法律责任的设定方面,对行政相对人责任的设定高度重视,一般都针对行政相对人设定相对较多的环境行政法律责任,但对环境监管者的行政法律责任的设定持明显消极态度,所设条款不但在数量上少之又少,而且在质量上缺乏应有的科学性、规范性与实际可操作性。在作为研究样本的立法文件之中,不论是法律、行政法规,还是地方性法规、行政规章,行政法律责任条款或规范均主要针对行政相对人设定,涉及环境行政主体及其公务

① 刘志坚、宋晓玲:《行政立法原则新论》,《兰州大学学报》(社会科学版)2011年第1期,第109—115页。

员的行政法律责任条款最多者也仅有 3 条,个别立法文件甚至丝毫没有涉及环境监管行政法律责任问题。其立法目的、重点规制对象及价值取向的偏差、偏好可谓不言自明。正因为如此,本课题组在问卷调查中,在回答"有人说我国环境保护法律法规主要是管老百姓的,对政府及其环保部门、公职人员的监管不够、不力。您认为这个观点是否成立"这个问题时,23.68% 的受访者选择了"成立",28.29% 的受访者选择了"基本成立",两项合计占比达到了总受访人数的 51.97%。这表明,占半数以上的受访者对环境保护法律法规尤其是环境保护法律责任的配置存在"重民轻官"问题至少是有明确的感性认识的。

2. 在环境监管义务性规范条款与行政法律责任规范条款的对应关系上,环境保护立法文件所设定的行政法律责任条款主要是针对立法文件所设定的行政相对人义务而设定的。大部分环境保护立法文件虽然也设定了一定数量的环境监管义务性规范,但甚少对应设置违反环境监管义务性规范的环境监管行政法律责任,立法文件所设定的环境监管义务性规范的宣示性、职责性、授权性特征明显,可问责性、可执行性较差。

3. 在环境监管义务性规范与行政法律责任规范的设定强度上,行政相对人的责任强度要明显高于环境行政主体及其公务员的责任强度;环境行政公务员的责任强度,明显高于环境行政主体的责任强度(在作为研究样本的立法文件之中,绝大多数并没有设定环境行政主体的行政法律责任);环境行政公务员在环境监管方面的执行性行为的责任强度明显高于环境行政决策性行为的责任强度;环境行政公务员违反环境监管实体性规范的责任强度要明显高于违反环境监管程序性规范的责任强度。

五、环境监管行政法律责任条款设定的规范性较差

具有"良法"属性的环境监管行政法律责任条款至少应具备以下两个方面的基本标准：一是环境监管行政法律责任规范的逻辑结构及其要素完整，即应符合法律规范设置通常应具备的假定（适用条件）、处理（行为模式）、后果（不利法律后果）的逻辑结构，做到假定、处理、后果要素齐备，重点是要对法律责任的追究主体、责任主体、应责事由、责任形式等重要事项尽可能作出具体、明确的规定。二是环境监管行政法律责任条款的语言表述应做到精练、明确、易知，一般不应作内涵外延太过宽泛、不宜界定的高度抽象概括规定，更不应出现含混不清易于产生歧义的语言表达。但从我国现行环境保护立法对环境监管行政法律责任条款设置的具体情况来看，其不但条款总量极少，而且存在比较突出的失范问题。其所设定的环境监管行政法律责任规范或条款大部分属于结构不完整、要素不齐全、表述过于笼统的宣示性远大于实际可操作性的规定。在作为研究样本的环境保护立法文件之中：（1）在绝大多数情况下责任主体仅限于环境行政公务员，并不包括履行环境监管职能的国家行政机关等行政主体，环境行政主体的行政法律责任设定显著稀缺。（2）对环境监管行政法律责任的问责主体缺乏具体明确的规定。除个别立法文件作了对环境监管行政违法者由"任免机关或者监察机关"给予行政处分的表述之外①，大部分立

---

① 参见刘志坚：《环境监管行政法律责任设定缺失及其成因分析》，《重庆大学学报》（社会科学版）2014年第2期，第109页。

法文件仅使用了"依法给予处分"此类内涵外延不明的语词,并没有释明由哪个具体的国家机关负责追究行政处分责任。(3)在环境行政法律责任法律规范的行为模式或者假定部分,除了诸如《环境保护法》(2014)第六十八条、《固体废物污染环境防治法》(2016)第六十七条、《水污染防治法》(2017)第八十条、《北京市水污染防治条例》(2018)第七十八条等少数立法文件中的个别条款作了简单的列举式规定之外,大部分立法文件关于环境监管行政法律责任的条款均采用了诸如"滥用职权、玩忽职守、徇私舞弊"此类高度概括、涵义宽泛的格式化表达,甚少对特定环境监管中应当追究行政法律责任的环境监管行政违法行为作明确具体的列举式规定。(4)对于环境监管行政法律责任的形式,相关法律法规均采用了"依法给予处分"这样高度概括的格式化规定,并没有具体规定对何种环境监管行政违法行为应当给予何种具体的行政处分。

六、环境监管行政法律责任形式的设定不够完备

相对于行政相对人的环境行政法律责任形式的设定而言[①],我国环境监管行政法律责任形式的设定较为单一,不但甚少设定环境行政主体本身的责任,而且即便是对环境行政公务员的行政法

---

① 以《固体废物污染环境防治法》(2016)第五章"法律责任"的规定为例,其对行政相对人设定的行政责任形式就包括了罚款、责令停止生产或使用、决定停业或者关闭、责令停止违法行为、责令退运固体废物、责令退运危险物品、责令消除污染、吊销许可证、没收违法所得、限期改正、限期治理、限期缴纳、代为承担处置费用、排除危害、恢复环境原状、赔偿损失等十多种,但对于环境监管者责任只在两个条文涉及"……依法给予行政处分"的原则性规定。

律责任的设定也主要限于行政处分,法律法规所设定的行政处分以外的行政法律责任形式较少。虽如前述,在地方人民政府所颁布的关于行政执法责任或行政过错责任追究的一些行政规章以及地方行政主体颁布的不少行政规范性文件之中,设置了所谓"行政处理"的诸多非行政处分责任形式,但或多或少违反了责任法定原则的要求,存在较明显的违法、越权之嫌。

对环境监管者的行政处分属于行政公务员行政处分的当然组成部分,环境行政问责主体作出环境行政处分理所当然首先必须遵循行政处分一般法的规定,在环境保护立法文件之中作出"依法给予处分"此类引证性规定并无实质性错误。但如前所述,《公务员法》对行政处分的规定毕竟适用于各类国家机关公务员,《行政机关公务员处分条例》的规定也毕竟适用于从中央到地方所有部门、行业的行政机关公务员,其调整对象、范围的广泛性等因素决定,它们只能对行政处分作概括性、通用性、指向性、原则性的规定,不可能对各个行政管理领域具有特殊性的行政处分问题作具体明确规定。因此,在客观上还有赖于部门、行业行政管理的法律法规在各自的立法权限范围之内,根据部门、行业、地方行政管理的实际在对行政处分责任作出必要的补充性、实施性的具体规定的同时,进行更加富有针对性的创制性公共行政法律责任立法,以实现部门行政管理法律法规、地方性法规对部门行政管理、地方行政管理相关公共行政法律责任的设定与国家对公共行政法律责任一般性、通用性立法的有效配合与衔接,从而既有利于建立健全公共行政法律制度,又有利于充分发挥公共行政法律责任在行政管理领域内的效用。

第二节　环境监管行政法律责任设定缺失成因分析

环境监管行政法律责任的设定,涉及重要的利益博弈以及权利义务配置关系,深具复杂性,因而导致环境行政法律责任设定缺失的成因也必然是多元而复杂的。其既有立法主体及其参与者的思想意识、情感偏好、价值取向、水平与能力等诸多方面的主观原因,又有经济社会发展模式与水平、传统文化、环境监管体制机制、立法体制机制、环境监管执法环境等诸多方面的客观原因。以“官本位”为代表的传统思想观念的束缚、行政主导型立法模式的掣肘、立法主体的“经济人”特性驱使、立法权及其行使的法律约束乏力的助推、不良环境监管执法环境要素的羁绊等则是其中最为直接、最主要的原因。①

一、以“官本位”为代表的传统思想观念的束缚

“官本位”思想是中国几千年封建社会政治文化的代表。对于“官本位”的内涵,相关论著有大同小异的解说。如有学者认为:“‘官本位’不仅体现在为官者一切以官为本,更体现在局外人——平民百姓也以官为本,把‘官’作为自己的奋斗目标。‘官本位’是官员利益至上,以官员的利益为出发点和归宿。在政治上,官员就

---

① 参见刘志坚:《环境监管行政法律责任设定缺失及其成因分析》,《重庆大学学报》(社会科学版)2014 年第 2 期,第 111—114 页。

是权力的化身,公共权力高度集中在少数官员手里,官员的行为不受民众的监督和制约,权力至上,权大于法……"①还有学者认为:"'官本位'至少包括四重内涵:权力的运行以'官'的利益和意志为最根本的出发点和落脚点;严格的上下层级制度,下级对上级唯命是从,上级对下级拥有绝对的权力;以是否为官、官职大小、官阶高低为标尺,或参照官阶级别来衡量人们的社会地位和人生价值;在上述基础上形成的敬官、畏官、仇官等社会心理。人们把做官看作人生最高价值追求,并把它作为评判人生价值大小和社会地位高低的标准。"②

由于中国社会发展水平、历史文化传承、社会体制机制等的制约或影响,带有封建思想残余的"官本位"思想,在转型期中国依然根深蒂固,与现代行政思想及制度文明建设背道而驰。其作为一种思想观念、价值取向及社会现象,"给我国政府完成从人治到法治的转变,实现依法治国造成巨大的观念障碍,特别是会给公务员依法行政带来极大的消极影响"③。以"官本位"为代表的传统思想观念的束缚,既是我国包括环境监管在内的公共行政法律责任设定存在不够科学、合理、精细等问题的重要原因,同时也是直接影响公共行政法律责任有效实现的关键因素。其作用于环境保护与监管立法领域,就会导致法律规范及其制度设计出现重权力保障运用而轻权利保障;重权力的取得与有效配置而轻权力制约;重

---

①　李新福:《试析我国"官本位"的表现、危害及其纠正》,《成都理工大学学报》(社会科学版)2013年第1期,第46—55页。

②　于洪生:《现阶段我国"官本位"现象的调查与分析》,《领导科学》2013年2月(中),第11页。

③　参见宿玥:《论"官本位"思想对公务员实现依法行政的影响及纠正》,《中共济南市委党校学报》2010年第1期,第114页。

监管而轻服务；重对行政相对人监管与制裁，而轻视对行政主体及其公务员的责任设定与追究等现象。其作用于环境监管行政法律责任的实现领域，就有可能使享有环境行政问责权限的行政主体及其公务员，或基于"官贵民贱""依法治民"的官员优位意识，在环境监管行政法律责任的追究方面，重行政相对人责任追究而轻视甚至疏于对环境监管者问责；或基于"官官相护"的官场人际"圈子""面子"意识，为了维系官场人际关系或者为了维护小团体的利益、名誉等，对已经发现的环境监管行政违法行为不管不顾，甚至刻意违法进行掩盖、袒护、包庇，力求大事化小、小事化了，并对于因迫于舆论监督等压力而不能不进行问责的事项，想方设法重责轻罚或用一般问责直接替代法律责任进行问责；或受"有权不用过期作废"等错误权力观的影响，在环境监管行政法律责任问责方面，大搞权钱交易、人情执法、选择性执法，从而导致环境监管行政法律责任难以得到有效实现。

在我国行政管理领域，包括环境行政主体及其公务员在内的行政不作为、慢作为、乱作为等行政违法行为之所以时有发生并屡禁不止，与行政问责制度不健全、实效性不足不无内在的联系。而行政问责制度不健全、实效性不足在很多情况下与"官本位"意识作怪是分不开。"官本位"意识不但易于导致环境违法法律责任设定与追究方面的"重民轻官"等问题的发生，还会形成官大于法、主要依赖长官意志实施环境监管等人治现象的发生。在"官本位"意识的影响下，在环境监管工作中，如果主要领导对环境保护工作比较重视，所在单位、行业、地区的环境保护工作通常就开展得较好；如果主要领导对环境保护工作不重视甚至轻视环境保护工作，所在单位、行业、地区的环境保护工作往往就很难搞好，可谓环境保护"成也主要领导败也主要领导"。这种环境保护方面的典型人治现象,可以从本课题组进行的问卷调查中得到一定程度的印证。在本课题组问卷调查中,受访者在回答"您认为促使环境保护部门采取有力监管措施的一般原因有哪些"这个问题时,受访者在所列"人大监督""领导关注""新闻舆论监督""个人投诉"等四个选项中,选择最多的是"领导关注"(占比 39.5%),即三分之一以上的受访者感受到,"领导关注"才是促使环境保护部门采取有力监管措施的重要原因。与之相适应,受访者在回答"您认为影响环境保护行政执法、监督管理质量与效果的主要因素有哪些"这个问题时,在所列五个选项之中,有 37.6%的受访者选择了"领导干预"。可见,领导在环境保护工作中既可以发挥正面的、积极的作用,也可能发挥负面的、消极的作用。在人治状态下,环境保护制度健全不健全、工作严格不严格、环境行政问责有力不有力,往往并不是取决于环境保护法律法规的规定,而主要取决于领导尤其是主要领导的喜好、感情与意愿。近年来,为社会广泛质疑、批评的官员问责后违规复出现象,更是与"官本位"意识的消极作用有直接的关系。自 2003 年国家掀起问责风暴以来,不少因违法违纪而被问责的官员相继违规复出,深刻折射出了一些地方或部门对违法违纪官员不想问责、不愿问责、不敢问责的官场生态,骨子里散发着浓烈的"官本位""权力本位"的陈腐官僚气息。

官本位意识,并不仅仅是当官者的一种意识,实际也是受中国传统官僚制度及其文化熏染而形成的一种全社会成员的集体意识。官本位意识对包括环境监管在内的公共行政法律责任设定与实现的不利影响,不但表现在致使有的立法主体往往不想、不愿或者不敢对行政主体及其公务员设定具体、明确、严格的行政法律责任,从而导致公共行政法律责任因设定不良而实效性不高等方面;而且表现在有些问责主体在官本位意识支配下,对实施了行政违法行为的行政主体及其公务员消极不问责、不严格依法问责方面;还会表现在有些对行政问责事项享有法律监督、救济职责权限的有关国家机关不履行或者不严格依法履行监督权、救济权,以及社会公众对待行政问责的态度与参与意愿不够高等方面。

二、行政主导型立法模式的掣肘

虽然近年来我国在民主立法方面有了较为明显的进展,但以行政为主导的立法模式尚未能得到根本性的改变。所谓行政主导立法或者行政主导立法模式,有论著认为"是由行政主管系统作为起草与制定法律的主导力量"[1];还有论著认为"行政主导型立法模式本质是特定权力主导下的对部分利益的立法,其无法充分、客观地反映各种利益攸关方的诉求,对立法活动和立法机关的权威性和正当性具有极大的损害"[2]。本书认为行政主导型立法,就是指政府行政机关直接或者间接启动、引领、主导立法走向的立法模式,其不但表现在行政机关享有行政立法权,更表现在行政机关实际拥有法律、法规制定的法案提请权、立法规划编制或编报权、立法草案拟定权、对立法内容的强势话语权甚至某些涉及行政管理

---

① 曹林:《别把行政主导的平衡当成立法博弈》,《市场报》2006年6月23日,第4版。

② 吕忠:《行政主导型立法模式:特征、成因及其限度》,《福建行政学院学报》2017年第1期,第55页。

立法事项的最终决策权。例如,在法律案的提出和起草审查方面,"近20年由全国人大通过的法律中,由国务院各组成部门提交的法律提案占总量的75%至85%。在十一届全国人大常委会(2008年至2013年)立法规划确定的64项法律中,有48部法律是由主管行政部门起草的,比例高达75%。"[①]

立法的行政主导,直接会导致立法文本侧重体现或者满足行政机关的利益诉求与主观意愿,从而形成立法利益部门化、利益集团化、法律冲突化等对法律关系主体间权利义务配置失衡、损害立法正当性与权威性等不利后果。正如有论著所言:"立法活动本应该成为各种利益主体充分表达并在平等公开的基础上进行广泛利益协商和妥协并最终发现公共利益的过程,但是在行政主导型立法模式下公共利益极易被行政权力机关的意志所把控,并最终被置换为特殊利益。立法活动逐渐演变为各种实权部门的特殊意志伸张,背离了立法精神的规范性表达。"[②]当然,在我国一元多层级立法体制下,行政法规、行政规章由拥有相应立法权的行政机关制定,肯定离不开行政主导,行政机关参与法律、地方性法规的起草、论证也并不是一无是处。但行政主导型的立法模式不论有多少优点或者好处,都不可避免为行政机关凭借立法主导权或者优势地位在立法中谋取"私利"提供了可能性。如果这种可能性在行政机关、立法主体的主客观因素的作用下转化为了现实的存在,诸如环境监管行政法律责任的缺失等不良立法问题自然就会凸显出来。

---

① 周东旭:《行政主导立法的弊端》,《领导文萃》2016年第10期,第33页。
② 吕忠:《行政主导型立法模式:特征、成因及其限度》,《福建行政学院学报》2017年第1期,第56页。

三、立法主体作为"经济人"的自利性特性驱使

立法是正当配置法律关系主体权利义务内容、事关社会公平正义的本源性工程。因此,好的立法应能最大限度体现社会成员的共同意愿及社会公共利益,并排斥立法主体以及立法参与者"私益"或本位利益的表达。但包括行政机关在内的国家机关的"经济人"特性决定,立法的公益性表达与立法主体的"经济人"自利性需求永远是一对深刻矛盾,要阻断立法主体的自利性对立法的影响绝非易事。公共选择学派将"经济人"假设运用到政治学、管理学领域,提出了政府自利性假设,认为政府作为"经济人"具有"公益人"(理想人)与"经济人"双重特性。政府作为"公益人"应当以社会公众为本,做任何事都要首先从公众的角度考虑,以求公共利益的最大化,而不是以追求自身利益的最大化为出发点;但其"经济人"特性决定,趋利避害、最大化地追求自身的本位利益也是政府的基本属性,"任何人的完全大公无私和自私自利与任何政府组织的完全大公无私和自私自利都是荒谬的"①。根据"经济人"自利性假说,趋利避害也是立法主体尤其是作为行政立法主体的行政机关的人性特征,如果立法体制机制不健全、监督与约束乏力、立法环境不良,加之"官本位"思想观念等的束缚或影响,借助行政主导型立法模式所提供的现实机会,立法本位主义往往就会大行其道。

---

① 王志强:《政府自利性假说与现实研究:从"经济人"假设出发》,《云南行政学院学报》2010 年第 2 期,第 60—61 页。

　　相关研究成果所指出的我国立法中特别是行政立法、地方性立法中存在的较为突出的官本位、部门本位、地方本位以及本位利益法制化等问题就是对立法主体"经济人"自利性假设的现实验证。例如，有论著将部门本位主义在行政立法中的现实表现概括为以立法形式强化或扩大本部门的权力范围；通过立法设立各种能够产生"收益"和"实惠"的管辖权、审批权、许可权等，为本部门谋取经济利益；通过立法简化或推卸作为行政部门的责任和义务。① 因此，包括环境监管行政法律责任在内的行政法律责任的缺失恰恰是立法主体作为"经济人"的自利性特性因缺乏有效法律管控、约束而得到非理性张扬的必然之果——在缺乏有效法律管控、约束的"经济人"自利性人性驱使下，就难免会有一些立法主体不是以"公益人"的角色积极将立法活动引向公平正义、科学规范、充分表达人民意愿的正确轨道，而是将立法沦为了其借法扩权、用法争利、摆脱或者减轻责任、谋求本位利益最大化的活动，从而使立法失却应有的正当性、公正性与科学性，诸如环境监管行政法律责任缺失等问题的存在就不可避免。

四、立法权及其行使的法律约束乏力的影响

　　孟德斯鸠曾指出："一切有权力的人都容易滥用权力，这是万古不易的一条经验。有权力的人们使用权力一直遇到有界限的地方才休止。从事物的性质来看，要防止滥用权力，就必须以权力制

---

　　① 参见封丽霞：《解析行政立法中的部门本位主义》，《中国党政干部论坛》2005 年第 8 期，第 31—32 页。

约权力。"①立法是调节社会利益关系、配置社会成员权利义务的源头工程,如果立法权不能得到正当行使甚至被滥用,立法就有可能沦为立法者追逐自身利益最大化的工具,并因此严重损害国家和人民利益,破坏社会公平正义。因此,对立法权及其行使的约束较之于对具体执法行为的约束更具重要性。

虽然进入本世纪以来,我国《立法法》《行政法规制定程序条例》等关于立法活动的专门性立法文件的颁布实施,对规范立法行为、保障立法质量发挥了积极作用,但相关立法对立法权及其行使的约束仍然存在不同程度的制度性缺失,对立法活动监督与制约乏力的问题依然突出。其不但表现在现行关于立法活动的专门性立法文件偏重于立法程序制度的构建,对立法质量控制标准、权利(力)义务配置规则、法律条文设置的规范要求等重要的实体性内容鲜有具体明确的规定,而且突出表现在立法及其监督体制机制的不完善、立法责任设定缺失等方面。

以立法责任的设定为例,迄今为止我国尚无一部法律、法规对立法责任及其实现机制作出规定。虽然 2015 年修订的《立法法》以提高立法质量、推进民主立法、科学立法为重点,强化了对立法权的管控及规范性文件的备案审查,在第九十六条仍然规定"法律、行政法规、地方性法规、自治条例和单行条例、规章有下列情形之一的,由有关机关依照本法第八十八条规定的权限予以改变或者撤销:(一)超越权限的;(二)下位法违反上位法规定的;(三)规章之间对同一事项的规定不一致,经裁决应当改变或者撤销一方

---

① 〔法〕孟德斯鸠:《论法的精神》(上),张雁深译,商务印书馆 1961 年版,第 164 页。

的规定的;(四)规章的规定被认为不适当,应当予以改变或者撤销的;(五)违背法定程序的",但该法以及其他相关法律、法规甚至规章对立法主体及其公务员在立法方面存在的包括诸如滥用立法权、立法不作为、违法立法等情形在内的法律责任并无具体规定。正是由于国家对立法权及其行使的监督约束乏力,立法责任及其制度缺失,立法者一般不会为其违法或者不当立法行为负实际责任,这就为以行政为主导的立法过度张扬立法者的自利性,追逐立法者的本位利益,弱化、虚化其行政法律责任等提供了可乘之机,环境监管行政法律责任的缺失等问题的存在也就不足为怪了。

立法权及其行使的法律约束乏力,尤其突出表现在公共行政法律责任的设定方面。之所以在环境监管行政法律责任设定方面存在诸多问题,还有一个重要的、更为直接的原因就是缺乏规制包括环境监管在内的公共行政法律责任设定问题的国家立法。虽然,对于行政公务员最基本行政法律责任的行政处分责任,国家制定了《公务员法》《行政机关公务员处分条例》等专门的法律法规,较为明确地规定了追究行政处分责任的原则、事由、种类、处分机关、处分权限、处分程序等内容,对于依法规范行政处分责任的设定,切实保障行政处分责任的有效实现发挥了积极而又重要的作用。但行政处分责任,毕竟只是公共行政法律责任的一种责任形式,如果仅依靠这些关于行政处分责任的立法文件显然不能很好规制公共行政法律责任的设定行为。目前,在包括环境监管在内的公共行政法律责任的设定方面,尚没有一部法律法规对下列重要事项作出统一的、明确的法律规定:一是在行政处分责任之外,对于国家公务员还可以设定哪些行政处分以外的行政法律责任形式？二是行政主体违反法定义务性规范或者不履行法定职责,应当承担何种具体的行政法律责任？三是公共行政法律责任的设定主体及其权限如何界定与划分？不同性质的国家机关之间、国家机关与政治党派、社会组织之间可否通过联合发文的形式设定或规定公共行政法律责任？四是设定公共行政法律责任应当遵循哪些基本原则,如何正确处理义务性规范与环境监管行政法律责任规范之间的相互关系？五是公共行政法律责任的设定应当遵循哪些质量标准要求,如何实现规范性、精细化、有效性及可操作性？正是由于现行国家法律对上述这些问题没有作出明确的法律回应与规制,在包括环境监管在内的公共行政法律责任的设定方面就会不可避免存在环境监管行政法律责任条款设置规范性差、可行性低,以及设责与问责方面党政不分、政事不分甚至越权设责问责等诸多失范问题。因此,缺乏对公共行政法律责任设定问题的有效立法规制,是环境监管行政法律责任设定缺失的重要原因之一。

五、不良环境监管执法环境要素的阻滞

实践充分证明,环境监管执法环境的优劣不但直接影响执法的质量与效能,而且会在很大程度上影响环境监管执法制度的正当、合理建构。虽然我国环境监管的执法环境在不断得到优化,但困扰环境监管工作的不良执法环境要素依然众多。其不但表现在社会法律信仰与法治精神的缺失、生态环境保护意识的淡薄、环境行政伦理的缺失、以 GDP 为核心的不良政绩观及其绩效考评制度的负面作用等方面,还突出表现在环境监管体制不健

全、环境监管职能交叉与权责不清、环境监管手段与能力不足等多个方面。它们对环境监管行政法律责任的设定及其制度建构均有不同程度的负面影响。例如，权责明确、权责统一、权责对等是设定环境监管行政法律责任的基本前提，如果环境保护部门之间、环境保护部门与资源管理等相关部门之间、政府与环境保护相关部门之间权力交叉、职能重叠、管理职责不清，就失去了科学、合理设定环境监管行政法律责任的基础，就无法针对特定环境监管者设定明确的行政法律责任，即便设定了具体、明确的行政法律责任，也会因出现推诿塞责、难以确定责任主体等问题而致使行政法律责任实现不能。再如，盲目追求 GDP 和财政收入的增长，并将其作为评价与考核官员政绩的最重要指标，就会导致立法主体为了实现本地区、本行业、本部门的利益最大化，并进而谋取官员个人政绩，往往会轻视生态环境保护工作，不但有可能置环境保护法律、法规的强制性规定于不顾，对本地主要纳税企业、税费主要来源项目或产业所存在的环境违法行为采取放任态度，甚至沦为环境违法者的"保护伞"，而且还有可能非法干预环境监管部门的正当执法行为，或者对环境行政主体及其公务员的环境行政不作为、滥作为等行政违法行为视而不见，不积极主动依法追究监管者责任，更有可能不在立法中积极主动设定严格、具体、明确的环境监管行政法律责任，并构建起环境监管行政法律责任有效实现的法律机制。因此，片面的、不符合经济社会可持续发展原则的错误政绩观及相应的政绩考核制度，无疑也是阻却、妨害环境监管行政法律责任设定与有效实现的重要因素。

第三节　环境监管行政法律责任设定缺失弊害分析

"法律责任的实质是统治阶级国家对违反法定义务、超越法定权利界限或滥用权利的违法行为所作的法律上的否定性评价和谴责,是国家强制违法者作出一定行为或禁止其作出一定行为,从而补救受到侵害的合法权益,恢复被破坏的法律关系(社会关系)和法律秩序(社会秩序)的手段。"[①]法律责任的特性决定,在任何立法文件之中,它都是保障法律义务得以切实履行、法律制度得以有效贯彻执行的重要规范,是立法文件不可或缺的、不可替代的重要部分。同样,对于政府公共行政而言,从现代政府建设的宏观面来讲,责任政府是现代政府的基本特征之一,"在现代社会,公共行政的民主化、法治化、科学化趋向必然要求建立科学合理的责任体系,通过其正常运作,确保国家权力主体能对行政部门及行政管理者的行政行为进行有效的控制和监督"[②],是否能够科学设定公共行政法律责任规范、构建富有实效的公共行政法律责任制度,直接与政府的民主化、法治化程度密切相关,政府"对其违法行为是否承担法律责任,是区别法治政府和专制政府的一个重要标志。法治是与政府对其违法侵权行为承担法律责任相联系的;无视法律,凌驾于法律之上,行为不受法律约束,不负法律责任,则是与专制

---

① 张文显:《法律责任论纲》,《吉林大学社会科学学报》1991 年第 1 期,第 2 页。

② 陆银辉:《论公共行政的责任体系及其运作》,《成都行政学院学报》2005 年第 6 期,第 3 页。

相联系的"①。从中微观的行政公权力有效运作的角度来看,"政府的行政效率从根本上说是以行政组织中责任与权力的适当分配为基础的","适当的权力必须与确定的责任同时存在"②,"权力与责任相互制约,有权无责和有责无权都不可能进行有效管理。只有当权力与责任统一时,管理才有其最终效果。所以,责任作为对管理者行使权力的一种制约措施,本身就是一种管理方法或手段。行政管理也是如此。如果行使行政权力的行政主体没有相应的责任或责任不够适度,那么,行政主体就可能滥用权力,使行政管理失效"③。

在环境保护领域,环境问题的复杂性、长期性、不可逆转性,环境要素与环境产品的公共性,环境保护的公益性等因素决定,政府作为社会公共利益的代表者,加强环境监管、保护生态环境安全是其义不容辞的义务与责任。只有政府行政机关忠诚、负责履行环境监管职责,才能切实保护好生态环境。因此,环境监管行政法律责任制度是否建立、健全与完善,不但直接影响环境监管的质量与效能,而且事关社会公众环境权益能不能得到公正保障与实现,事关国家环境安全事业的发展。这些年来,我国重大环境污染事件与事故频发已经充分证明,国家在生态环境保护方面所确定的政策目标、制定的众多环境保护法律法规等还远未得到更加有效的

---

① 姜明安:《行政法与行政诉讼法》,北京大学出版社、高等教育出版社1999年版,第46页。

② 〔美〕伦纳德·D.怀特:《行政学概论》,刘世传译,商务印书馆1947年版,第64—74页。

③ 李汪洋、顾爱华:《论中国行政责任制度体系》,《中国行政管理》2000年第9期,第15页。

执行。其原因固然是多方面的,但与政府等环境行政主体没有切实履行好法定的环境保护职责不无内在关系。而政府不能很好履行环境保护职责,又与环境监管法律责任缺失有一定的因果关系。对此学界相关研究成果亦不乏讨论。例如,有学者认为"我国在政府环境责任方面的立法不足导致了政府在环境保护方面不作为、干预执法及决策失误,是造成我国环境顽疾久治不愈的主要原因"①;在环境立法存在的诸多问题中,最根本的问题应是政府环境责任法律本身存在缺陷,其中政府承担环境责任不利后果的责任追究机制严重缺失是重要表现;②"地方政府环境责任缺失导致我国环境事件频发,其表征是地方政府'公司化'、地方政府选择性执法、管理机制固化,以及地方官员权力寻租"③;我国现行环境保护立法关于地方政府责任的规定过于原则和简略,操作性不够强,无法明晰政府的环境法律责任④。由此可见,环境监管行政法律责任的缺失不论是对做好生态环境保护工作,还是对推进我国环境法治建设事业都存在诸多弊害。具体言之,环境监管行政法律责任设定缺失降低了环境行政问责的有效性、弱化了环境监管法定义务的履行、不利于提升环境监管的力度与效能、有损于环境法律法规的权威性与社会公信力。

---

① 牛晓波、杨磊:《环保总局第三张牌:修法问责"污染保护伞"》,《21世纪经济报道》2001年2月27日,第10版。

② 参见任君:《论环境保护法中的政府环境责任》,《世纪桥》2011年第23期,第52页。

③ 武香俊:《地方政府环境责任的问题省察与改进路径》,《佳木斯大学社会科学学报》2016年第6期,第50页。

④ 参见闫胜利:《我国政府环境保护责任的发展与完善》,《社会科学家》2018年第6期,第108页。

一、降低了环境行政问责的有效性

总体来看,现行相关立法对环境监管行政法律责任的设定,不但"缺少"与法定的环境监管义务性规范相对应、衔接的环境监管行政法律责任规范,"缺少"环境行政主体行政法律责任形式,"缺少"对履行环境监管职能的公务员进行问责的非行政处分环境监管行政法律责任形式,"缺少"督促责任追究主体严格依法问责的刚性法律程序与问责机制,"缺少"刚性且具实际可操作性的环境监管义务性规范的设置等,而且还存在环境监管义务性条款设定模式选择不当、环境监管义务性条款的规范性不足、环境监管行政法律责任条款规定过于原则笼统、环境行政主体及其公务员行政法律责任设定与相对人行政法律责任设定失衡、环境保护法律法规中环境监管行政法律责任的规定与国家相关行政法律责任专门法之间的衔接不够好等诸多立法"缺陷"或"失误"情形。环境监管行政法律责任规范的"缺少",客观上导致了诸多环境监管行政违法行为因缺乏问责的法律依据而难以得到相应的责任追究,从而导致部分环境监管行政法律责任实现不能;环境监管行政法律责任规范的"缺陷"或者"失误",会给环境行政问责主体执法执纪带来违法行为界定难、法律规范适用难等问题或困境,并因此给一些环境行政问责主体在履行法定职责时推诿责任甚至进行选择性执法、人情执法等提供了便利,同样会导致环境监管行政法律责任难以得到有效实现。

在生态环境保护领域,如果环境监管行政法律责任不能得到有效实现,就意味着已设环境监管行政法律责任未能充分有效发挥其功能和作用。所谓环境监管行政法律责任的功能,就是指环境监管行政法律责任规范对人的行为以及最终对社会关系所产生的影响与作用。它既包括作为一种法定行为模式、行为标准本身而对环境行政主体及其公务员的行为产生的规范作用,也包括环境监管行政法律责任规范作用于社会生活而产生的社会作用。就环境监管行政法律责任的规范作用而言,环境监管行政法律责任除了具有一般法律规范通常所具有的指引作用(对人的行为的导向、引路作用)、评价作用(作为对他人行为的评价标准所起的作用)、预测作用(根据设定的环境监管行政法律责任规范预测和评估行为方式、行为后果等的作用)①等作用之外,还具有预防、救济、惩罚等特定功能。所谓预防功能,就是指通过为环境监管行政违法行为设定并追究行政法律责任,落实违法行为人应当依法承担的不利法律后果,既对实施或者有可能实施环境监管行政违法行为者起到教育、震慑、吓阻的作用,还可以教育、警示、促导其他公务员乃至于一般社会成员严格依法办事。所谓救济作用,则是指环境监管行政法律责任规范的有效实施,不但会矫治、阻断已经发生的环境监管行政违法行为,修复已经受到损害的环境监管行政法律关系,而且有助于补救环境监管行政违法行为所造成的损害后果,恢复受到环境监管行政违法行为所侵损的正当权利与社会秩序。所谓惩罚功能,就是对环境监管违法者施加法定的不利法律后果,制裁其环境行政违法行为。就其社会作用而言,主要是指环境监管行政法律责任规范及其制度在防治环境污染、维护生态环境安全、维护社会公共利益、保障各类社会主体的环境权益实现

---

① 参见张文显:《法理学》(第三版),法律出版社 2007 年版,第 296—300 页。

等方面所发挥的环境公共事务管理方面的作用。

要充分发挥环境监管行政法律责任的上述功能和作用,不但需要科学、合理、精细化设定环境监管行政法律责任规范,而且还要着力构建有效实现环境监管行政法律责任的体制机制。设定了好的环境监管行政法律责任规范,如果没有建立起保障其有效实现的体制机制,环境监管行政法律责任的各项功能同样也不可能很好发挥出来。

二、弱化了环境监管义务的履行

环境监管行政法律责任设定缺失,在一定程度上会导致环境监管法定义务形同虚设,在实践中难以得到切实遵从和履行,并因此直接影响现行环境保护法律制度的有效性。义务性规范及其所设定的法律义务在立法文件之中占有相当重要的地位,具有以下几个最基本、最重要的功能与作用:

1. 利益保护功能。法理学原理认为,法律上的权利和义务对立统一、相互依存、相互作用,"权利直接体现法律的价值目标,义务保障价值目标和权利的实现"[①]。之所以如此,主要是因为"法律义务是实现在人们相互冲突和重叠的主张中受法律所承认和保护的主张的手段。没有法律义务的规定及其履行,权利人的权利主张就不能实现"[②]。

---

① 张文显、于宁:《当代中国法哲学研究范式的转换——从阶级斗争范式到权利本位范式》,《中国法学》2001 年第 1 期,第 67 页。

② 郭立新:《法律义务释义》,《中央政法管理干部学院学报》1995 年第 2 期,第 13—16 页。

2. 责任生成功能。"法律义务必须以潜在的法律责任为后果，否则就不成为法律义务。"①法律义务及其所构成的义务关系是通过立法设定途径生成相应法律责任的基础，法律责任总是以特定的法律义务的存在为前提的，没有法定义务的存在，就不可能存在法律责任及其相关制度。

3. 制度有效性保障功能。"法律制度"是被人们广泛使用，但存在较多学术争议的概念范畴。②借鉴学界对法律制度概念的一般性认识，本书认为法律制度是围绕确定的法律调整对象，以某个标志性法律范畴为纽带，以法律规范（包括实体性与程序性法律规范）为基础并与法律概念、法律原则、法律价值、法律理念等其他多元法律要素或成分有机结合构成的具有较强自主性（相对独立性）、稳定性、执行性的法律要素综合体。其可以在宏观（如"中国环境保护法律制度"）、中观（如"环境影响评价法律制度"）、微观（如"环境影响评价公众参与制度"）意义上使用。法律义务的制度保障功能，就是指保障法律制度有效性的功能和作用。要使已设的法律制度能够得到有效的贯彻执行，固然需要多元条件或因素的有效作用，但法律义务在保障法律制度有效性方面具有不可或缺的重要作用。这不仅仅是因为，义务性规范是任何法律制度体系之中占比较高、具有主导性作用的法律规范，离开义务性规范的科学、合理设定，法律制度就不可能建立或健全；也不仅是因为

---

① 曹炜：《环境法律义务探析》，《法学》2016年第2期，第95页。
② 参见姚建宗：《法律制度构造论》，《吉林大学社会科学学报》1996年第5期；唐仲清：《法律制度的概念分析——读弗里德曼〈法律制度〉、麦考密克、魏因贝格尔〈制度法论〉衍生的法哲学思辨》，《辽东学院学报》2005年第1期；瞿郑龙：《"法律制度"解析：概念化与问题化》，《人大法律评论》2014年第2期。

义务性规范所设定的法律义务既是实现法律制度中涉及各方主体的法律权利的重要手段，又是法律制度体系中的法律责任及其制度生成的前提条件，离开法律义务的有效供给，法律制度就失去了得以建立、生存的基本要素或重要前提条件；还是因为义务性规范所设定的法律义务以其确定性、命令性、禁恶性、必为性、规范性、可执行性、强制性等特性增强了法律制度刚性，有助于保障法律制度中所规定的各项法律措施、手段、方式方法得到严格遵从与执行，从而有效实现法律制度的价值、目标与功能。

　　既然法律规范所设定的法律义务在法律制度体系中具有上述重要功能与作用，唯有采取各种有效举措，切实保障法定义务在现实生活中得到严格遵从与履行，才能够保障法律制度的有效性。一般来讲，法律义务的有效实现有以下两个基本路径选择：一是社会成员对法定义务的自觉遵从与履行；二是借助国家强制力量的作用迫使社会成员遵从和履行。在行政伦理学视野中，"义务"与"责任"常常是作为同义词来使用的，"责任"或直接等同于"义务"，或包含了法学意义上的"行政法律责任"。在"义务"或者"责任"实现问题上，相关的行政学论著虽然认识到"行政责任的履行在很大程度上取决于公务员的态度、价值观和信仰，取决于公务员对客观行政责任的认同和接受程度。行政责任意识决定了公务员履行责任的道德自觉性，行政责任的实现最终离不开公务员的行政责任意识"①，但与此同时也要清醒地认识到，由于公务员在国家与社会生活中的角色冲突（公务员既是作为私益主体的公民个体，又是直接掌握和行使公共行政权力的国家公职人员）及由此而不

---

① 卢智增：《试论公务员的行政伦理责任》，《秘书之友》2008 年第 4 期，第 6 页。

可避免存在的利益冲突(私人利益最大化需求与维护和实现社会公共利益之间的冲突)等因素的作用,如果仅依靠公务员的良好道德品质与主观的行为自觉,来实现已设的行政义务,显然是不够的,也是不一定可靠的,还有赖于外在的更具有刚性的法律责任制度的建立和保障,因此公务员的"消极行政责任是积极行政责任"①的保障,如果没有作为消极行政责任的环境监管行政法律责任的有效实现,作为积极行政责任的环境监管义务也就会因失去法律责任的保障、预防、管控而得不到切实有效的履行。

从立法对社会关系进行调整的路径、目标与功能的角度来分析,法律责任及其设定是实现法定权利义务规范、增强法律制度刚性的关键,"立法通过权利义务设定实现其目标,而法律责任是权利实现、义务履行的根本保障性机制。没有法律责任,立法目标的实现就只能寄希望于人们的自觉和法外力量,法治就会因为法本身的软弱无力而变成空中楼阁"②。环境监管行政法律责任设定不完善,不但会导致已设责任难以得到有效实现,而且还会因此大大降低、弱化环境行政主体及其公务员对环境监管义务性规范所设定的各项行政义务的应遵从性、应严格履行性,从而导致环境监管义务本身得不到切实履行,使环境保护立法文件中已设的诸多环

---

① 在行政学上,人们对行政责任有积极行政责任与消极行政责任之分。积极行政责任,通常就是指社会要求其成员应承担的与其角色相适应的各种政治的、道德的、法律的义务。消极行政责任,通常则是指政府及其行政人员没有履行社会规定的义务,或者违反法律规定的义务等所应承担的否定性不利后果。因此,法学意义上的法律义务属于积极行政责任的范畴,法律责任则属于消极行政责任的范畴。

② 国务院法制办公室政府法制研究中心课题组:《法律责任设定有关问题研究》,载《政府立法中的法律责任设定研究》,中国法制出版社2010年版,第401页。

境监管义务形同虚设。尤其是，环境监管行政法律责任如果得不到有力、有效的实现，不但会弱化环境行政主体及其公务员的责任意识以及严格依法办事的内在精神动力，形成"法不责众"的轻视法律的不良意识，直接削弱环境监管义务的制度刚性，为环境监管者在履行监管职责方面无视法定义务而搞选择性执法、人情执法、地方保护、权钱交易等不法行为提供可乘之机，而且还会因此使得环境监管行政不作为、滥作为、慢作为等不良环境监管现象频繁发生，并难以得到有效遏制，从而从本源上减损生态环境保护法律法规的有效性。正因为如此，有论著才明确指出"环境立法的数量在整个法制建设中是增加最快的，但现行环境法的有效性不足，其主要原因在于环境立法存在问题。环境立法存在的根本问题是政府环境责任不完善"[1]；"许多地方环境污染问题之所以长期得不到根本解决，直接责任在企业，实际根源在政府，政府不履行环境责任以及环境责任履行不到位，已成为制约我国环境保护事业发展的重要因素"[2]；我国政府环境责任的不完善或缺失主要表现在重政府第一性环境责任轻政府第二性环境责任、重政府环境权力轻政府环境义务，对政府因违反其第一性环境责任而依法承担的政府环境责任缺乏明确而具体的法律规定和法律制度，结果造成规定政府职权职责的法律条款与规定政府环境法律责任的条款失调，直接影响了政府在环境领域的执行力[3]。为此，科学、合理设定

---

　　① 张建伟：《论环境立法存在的问题及其克服》，《中国地质大学学报》(社会科学版)2008 年第 2 期，第 42 页。

　　② 裴文军：《论我国环境执法立法的完善》，《河南广播电视大学学报》2011 年第 2 期，第 17 页。

　　③ 参见孙云文、纪召雷：《论政府环境责任的缺陷与完善》，《法制与社会》2009 年第 4 期(上)，第 192 页。

环境监管行政法律责任,是切实保障落实环境监管义务性规范的必然要求。没有环境监管行政法律责任的保障,环境监管义务就很难得到有效履行。

三、不利于提升环境监管的力度与效能

环境监管行政法律责任设定缺失,致使各种环境违法行为不能得到有效遏制,环境污染事故高发。环境物品的非竞争性、非排他性及外部性等公共物品属性决定,要消除市场失灵所带来的各种弊害,维护公共利益及国家生态安全,政府理所当然应承担起环境保护的神圣职责,强化优化政府对环境及影响环境行为的监管是环境治理的必需选项。富有力度与效能的环境监管,不但会合理控制环境物品消费的负外部性问题,实现环境公共利益最大化,还能够及时防控、处置与制裁各种危害环境的违法行为,最大限度减少环境污染事件的发生,有效保护和改善生态环境。反之,如果在环境保护方面出现明显的"政府失灵"问题,环境监管效能低下甚至失效,就会大大降低环境保护法律制度的有效性,各种环境违法行为就因此难以得到有效遏制,环境污染事件就会多发、频发,环境问题就会越发突出。

环保监管实践及其规律表明,政府作为环境保护的直接责任主体,其履行环境监管责任的优劣,是直接影响环境质量好坏的关键所在。[①] 这些年来,虽然通过不断健全环境监管体制机制,不断

---

① 参见黄信瑜:《地方政府环保监管责任有效落实的路径分析》,《政法论丛》2017 年第 3 期,第 145 页。

加强环境监管能力建设,我国环境监管水平及绩效在不断提高,但环境监管现状与有效应对日益严峻的环境问题、做好生态环境保护工作的实际需求之间还存在较大的差距。在生态环境保护领域还存在诸如环境监管不力、环境监管失灵等较为突出的"政府失灵"问题。如果不解决环境监管失灵问题,提高环境监管的质量与效能,不但难以有效应对我国严峻的环境问题,还会直接影响政府的社会形象和社会公信力,导致社会公众对政府产生信任危机,最终影响我国经济社会的可持续稳定发展。

从我国环境监管的具体情况来分析,导致环境监管失灵的原因是多方面的,其既有环境监管体制、环境监管能力建设等方面的原因,也有环境监管意识、环境行政伦理建设、经济发展模式、政绩评价与考核制度、本位利益影响等方面的原因,更有相关环境保护立法及其法律制度不够健全等方面的原因。就立法方面而言,原因同样是多元的,但环境监管行政法律责任制度的缺失无疑是其中最为重要的原因之一。现行环境保护立法文件中环境监管行政法律责任设定缺失,不但降低了依法开展环境问责的有效性,导致在生态环境保护领域环境监管行政法律责任实现不能、实现不力,而且造成环境监管法定义务形同虚设,难以得到切实遵从和履行,大大降低了现行环境保护法律制度的有效性。其结果,不但会在环境监管领域产生比较突出的有法不依、执法不严、违法不究甚至滥用监管权力,以及环境监管不作为、慢作为、滥作为等不良行政现象,从而导致环境监管失效、失灵,而且还会因此放纵环境违法者,导致各种损害环境的违法行为及事件多发、高发、频发,使环境问题久治不愈。对此,学界也有较多关注和论述。例如,有论著认为:"政府不履行环境责任以及履行环境责任不到位是造成我国环境顽疾久治不愈的主要原因。这说明由于政府环境责任的不健全,政府不仅出现决策失误,还会出于经济利益的考虑在环境保护方面不作为甚至干预执法,对整个社会产生消极的影响。"①有论著认为:"在政府运用公共政策手段主导经济社会发展的现有模式下,政府环境责任的缺失是环境问题解决的不可忽视的重要方面,这主要表现为政府在历史中形成的功利主义倾向导致了环境管理主体缺位。在环境问题上,具有自身利益的政府采取了功利主义的态度,并导致其无论在环境责任意识层面抑或在环境责任执行层面都存在着明显责任缺失问题。"②有论著认为:"我国环境法对政府环境行政责任规定不足,大部分环境法对政府环境行政责任的规定只有一条,并且规定比较粗略,有些环境立法只规定环境监管职能部门的行政责任,缺乏地方政府环境行政责任的相关规定。"③

四、减损了环境法律法规的权威性与公信力

环境监管行政法律责任设定缺失或不良的上述弊害,客观上使现行环境保护法律法规失去或者部分失去了对环境法律关系进行有效规范与调整的功能,导致不少环境法律制度形同虚设、得不到很好的贯彻执行,从而直接损害了环境法律法规的权威性与社

---

① 钱水苗:《政府环境责任与〈环境保护法〉的修改》,《中国地质大学学报》(社会科学版)2008 年版第 2 期,第 50 页。

② 许继芳:《政府环境责任缺失与多元问责机制建构》,《行政论坛》2010 年第 3 期,第 35 页。

③ 朱国华:《我国环境治理中的政府环境责任研究》,南昌大学 2016 年博士学位论文,第 124 页。

会公信力,对我国环境法治建设造成了较大的负面影响。法律的权威性不仅仅表现在法律是国家所制定的能够体现广大社会成员意志并借助国家强制力所保证实施的社会行为规范,在众多社会规范中具有最高的约束力、强制力、执行力,具有高度的确定性、规范性与稳定性,具有对违法行为最为严厉的制裁性,更来自于因具有正当性、正义性价值的法律规范在社会生活中的有效贯彻执行而在最广泛的社会成员内心深处所形成的对法律的敬畏、服从、依靠与信仰的心理体验与主观认同。正因为如此,亚里士多德才对法治作了如下的经典解说:"法治应包含两重意义:已成立的法律获得普遍的服从,而大家所服从的法律又应该本身是制订得良好的法律。"①如果法律在社会生活中不能得到社会成员良好的遵从,不能得到国家机关有效的贯彻执行,就会失去其应有的严肃性、权威性、公正性,就会失去社会成员的敬畏、服从、依靠与信仰,藐视法律、违反法律的行为就会大行其道,就不可能建立起良好的法治秩序,古人所云"有法而不行愈于无法"大概说的就是这个意思。正是由于我国现行环境保护立法存在诸如环境监管行政法律责任设定缺失等突出问题,环境法律制度在现实生活中得不到有效的贯彻执行,环境法失去了其应当具有的严肃性与权威性,各种环境违法行为与环境污染事件才难以得到有效的遏制。

环境监管行政法律责任的缺失,不但严重损害了环境法律的严肃性,对良好环境法治秩序的构建产生了重要的不良影响,而且降低了政府的社会公信力与社会有效形象,甚至在一定程度上直接影响了政府的合法性、正当性基础。由于环境监管义务性规范

---

① 〔古希腊〕亚里士多德:《政治学》,吴寿彭译,商务印书馆1965年版,第199页。

和行政法律责任规范的立法缺失,环境行政主体及其公务员权力缺乏有效的法律规制,责任意识淡薄,环境监管因此往往会"失之以宽、失之以软,甚至在法律制度层面为破坏生态环境的行为'放水',导致中央政令得不到贯彻落实,生态环境监管法律法规得不到有效执行"①。在这种环境监管情形之下,原本作为环境法律法规执行者、生态环境保护责任者的某些行政主体,不但不能很好地履行环境保护职责,甚至为了某种不正当的本位利益需求,故意在环境监管方面不作为甚至干扰、阻挠正当的环境监管执法活动;不但不能严格依法打击、制裁环境违法行为,甚至还支持、纵容、包庇环境违法者,沦为了环境违法者、污染者的"保护伞";不但不能对企业进行严格的监督管理,有效控制企业污染和破坏环境的行为,而且在有时自己实质上成为了环境污染问题的肇事者。正如有学者所言:"从环境问题的发生根源看,政府和企业都是造成环境问题的主体。政府对企业施以必要的监管,可以有效地控制企业污染和破坏环境的行为;一旦政府行为出现偏差,便也同样会造成污染和破坏环境的问题,如决策失误、地方保护主义、怠于履行环境保护职能等。"②这种环境监管现状,当然会失去社会公众对政府的信任,当然会降低政府及其环境监管部门的社会公信力与社会有效形象。

---

① 周伟:《地方政府生态环境监管:困境阐述与消解路径》,《青海社会科学》2019 年第 1 期,第 40 页。

② 吕忠梅:《监管监管者:立法缺失及制度建构》,《法商研究》2009 年第 5 期,第 143 页。

第五章　环境监管行政法律责任设定对策论

第一节　健全相关立法意识和立法工作体制机制

环境监管行政法律责任的设定属于立法范畴的问题,因而其设定质量与立法观念、意识和立法工作体制机制有重要的关系。要设定科学、合理、可行的环境监管行政法律责任规范,首先必须更新立法观念,健全立法意识和立法工作的体制机制。

一、以更新立法观念为核心健全立法意识

立法作为人们的一种有意识的自觉活动,是一种主观见之于客观的活动。因此,立法者对立法有什么样的主观认识,就会制定出与其主观认识相适应的法律规范。由于"官本位"思想观念等多种因素的影响,在我国关于行政管理的立法方面,存在比较突出的立法观念滞后、立法意识不健全的问题。其主要表现在以下三个方面:

1. 在关于公共行政的立法功能定位与价值取向等方面,配置法律义务和责任"重民轻官",偏重公权力的运作与实现,轻视私权

利的保障、救济与实现,对行政的授权、保权意识较强,而限权、控权意识相对淡薄,在立法中存在重行政主体的权力配置而轻视行政相对人权利保障、重行政相对人义务与责任配置而轻视行政主体及其义务与责任配置、重视本位主义利益需求表达而轻视社会公共利益需求表达、重视管理和监督(传统的权力行政、规制行政、负担行政、命令行政等意识浓厚)而轻视服务与保障(非权力行政、服务行政、给付行政、授益行政、民主行政等现代行政理念明显滞后)等立法偏好。

2. 在关于公共行政法律规范的设置方面,在立法者的主观意识中存在比较明显的重实体性规范的设置,轻控制行政权力运作的程序性规范的设置;重授权性规范的设置,轻义务性规范与法律责任规范的设置;重公务员义务责任设置而轻行政组织或行政主体义务责任设置等问题。

3. 在关于公共行政法律规范及其条文的表述方面,受"立法宜粗不宜细"的思想观念影响深重,不习惯甚至不愿意对公共行政法律规范,尤其是义务性规范、法律责任规范作具体、明确的规定。

我国现行相关法律法规之所以对包括环境监管行政法律责任在内的公共行政法律责任的设定存在较突出的缺失问题,显然与这种立法观念的滞后、立法意识的不健全是有直接关系的。要解决环境监管行政法律责任设定的缺失问题,建立健全符合加强生态文明建设需要的环境行政法律责任制度,首先必须更新立法观念,健全立法意识。为此,目前应重点从以下几个方面努力:

1. 牢固树立立法控权意识,把规制行政权力作为重要的立法内容。行政管理方面的立法,实质上就是为行政关系各方当事人公平、适当配置权利义务内容的活动,理应既重视行政相对人权利义务规范的设置,更应重视对公共行政权利义务规范的设置。但由于立法观念的滞后,立法意识的相对不健全,导致我国立法中出现了行政法律关系主体间权利义务与法律责任配置明显失衡的现象。因此,必须改变管理本位立法范式,强化立法控权意识及其行为自觉,把规制行政权力等公共权力作为重要的立法内容。对此,不但党和国家领导人有明确的要求①,中央相关政策性文件有明确的要求②,2015年新修订的《立法法》也实际作了明确规定③,立法主体应当加强对相关思想、理论、政策与法律规定的学习培训,切实将控制行政权力的要求落实在立法之中,从而为加强权力监督、依法反腐提供有效的立法资源供给。

2. 摒弃"立法宜粗不宜细"的观念,树立立法精细化意识。在立法工作中,历来有两种主张,一种主张认为立法文件对调整事项

①　例如,习近平同志在2013年1月22日《在第十八届中央纪律检查委员会第二次全体会议上的讲话》中,明确要求"健全权力运行制约和监督体系,让人民监督权力,让权力在阳光下运行,确保国家机关按照法定权限和程序行使权力";2013年2月23日《在十八届中共中央政治局第四次集体学习时的讲话》中明确指出,要"使法律准确反映经济社会发展要求,更好协调利益关系,发挥立法的引领和推动作用",要"加强对执法活动的监督,坚决排除对执法活动的非法干预,坚决防止和克服地方保护主义和部门保护主义,坚决防止和克服执法工作中的利益驱动,坚决惩治腐败现象,做到有权必有责、用权受监督、违法必追究"。

②　例如,党的十八大报告指出:"法治是治国理政的基本方式。要推进科学立法、严格执法、公正司法、全民守法,坚持法律面前人人平等,保证有法必依、执法必严、违法必究。……推进依法行政,做到严格规范公正文明执法。"党的十八届三中全会所作《中共中央关于全面深化改革若干重大问题的决定》明确要求:"坚持用制度管权管事管人,让人民监督权力,让权力在阳光下运行,是把权力关进制度笼子的根本之策。必须构建决策科学、执行坚决、监督有力的权力运行体系,健全惩治和预防腐败体系,建设廉洁政治,努力实现干部清正、政府清廉、政治清明。"

③　《立法法》(2015)第六条规定:"立法应当从实际出发,适应经济社会发展和全面深化改革的要求,科学合理地规定公民、法人和其他组织的权利与义务、国家机关的权力与责任。"

的规定"一般不宜太具体、太详细、太全面，要原则一些、笼统一些，即所谓立法宜粗不宜细。这样在实际执行中就不会束缚手脚，便于灵活处理"①。另一种观点认为，为增强立法的实际可操作性，立法文件对调整事项的规定一般应具体、明确、详尽一些，即所谓"立法宜细不宜粗"。这两种立法观点和倾向，直接影响立法文本的风格、内容设计及内在质量。"立法宜粗不宜细"实际上是长期以来在立法工作尤其是地方立法工作中占主导地位的立法观念。《中共中央关于全面推进依法治国若干重大问题的决定》要求"推进立法精细化"，可谓切中了我国立法尤其是关于公共行政法律责任立法存在的突出问题，对于做好新时期立法工作具有十分重要的意义。"精细"是相对于粗略而言的概念，在"立法宜粗不宜细"观念的影响下，过去的立法相对来说还是比较粗略的，在不少立法文件之中宣示性、授权性、引导性规定较多，兜底性的规定较多，对相关权利义务精细化的规定明显不够。要实现立法精细化，首先，需要遵循问题导向原则开展立法工作，既要改变立法宜粗不宜细的传统观念，又要改变追求立法文本大而全的立法习惯，应针对问题立法，为解决问题立法，对能够也适宜作出具体明确规定的事项，一般应作出精细化的规定，避免原则性、概括性的笼统规定，以切实提高立法的针对性、实效性、可操作性。其次，要重视对行政相对人权利义务与行政主体权利义务的均衡配置，尤其是要大幅增加关于行政主体及其公务员的义务性规范、法律责任规范，要将法律法规不但制定为行政管理法，还要制定为管理行政之法。最后，正

① 参见蒋丽：《略论地方立法中存在的几个问题》，《山东人大工作》2013年第2期，第18页。

确认识和处理下位法与上位法的关系,在立法中务必克服小法抄大法的现象,提高立法效率。2015 年新修订的《立法法》已经对此作了明确规定。①

3. 转变环境立法观念,提高环境立法质量。要克服环境监管行政法律责任设定缺失问题,需在牢固树立立法控权意识、精细立法意识的同时,还要重视环境立法观念的转变、更新,切实在提高环境立法质量与实效方面下功夫。因为,环境监管行政法律责任设定问题,不只是公共行政法律问题,还是环境法问题,环境监管行政法律责任制度属于环境法的重要组成部分。如果环境立法观念滞后、整体的环境立法质量不高,也难以设定好环境监管行政法律责任规范及其制度。因此,环境立法应改变重污染防治而忽视综合生态保护、重片面追求经济增长而忽视可持续发展、重行政相对人责任而轻视环境监管者责任等思想观念,牢固树立可持续发展、强化政府环境责任、重视生态环境保护、重视环境管理公众参与等思想观念,从而为环境监管行政法律责任的科学设定与有效实现提供良好的环境立法氛围。

二、正确处理环境监管行政法律责任立法涉及的若干重要关系

针对环境监管行政法律责任设定方面所存在的前述不足,为完善我国环境监管行政法律责任规范及其制度,有关立法主体在相关立法中设定环境监管行政法律责任时应重点处理好以下几对

---

① 《立法法》(2015)第七十二条第三款规定:"制定地方性法规,对法律、行政法规已经明确规定的内容,一般不作重复性规定。"

重要关系:

1. 环境行政权力保护与制约的相互关系。环境监管行政法律责任设定缺失问题的存在,与在相关立法中没有处理好这对重要关系有紧密的关系。中国经济社会发展的质量规定性以及生态文明建设的现实需求等因素决定,在涉及环境监管立法中,我们既要充分考虑对环境行政权的合理配置与保护问题,以切实保障环境监管的效能,也要特别重视对环境行政权的监督与制约,以有效防控环境行政失权、弃权、滥权等权力运用失范现象,防治权力滥用损害国家、人民及行政相对人的合法权益。在立法中不能只考虑或者主要考虑环境行政权的配置与保护,而有意或者无意忽视对环境行政权的有效监督与制约。相反,也不能只重视对环境行政权的制约监督,而忽视对环境行政权的合理配置与正当保护。简言之,正确处理好这对关系的基本要求就是在立法中充分体现环境行政主体及其公务员责、权、利相统一、相适应,既不能在制度构建上使环境行政主体及其公务员有权有利而无相应责任,当然也不能使环境行政主体及其公务员有责而无权、有责而无合理利益满足,核心就是做到环境行政主体及其公务员在行政管理领域的权利义务与责任实现动态平衡。

2. 环境行政主体及其公务员责任与行政相对人责任合理配置关系。环境行政法是用以调整环境行政主体与行政相对人之间所形成的重要的、适宜用法律手段调整的环境行政关系的法律制度的总称。因而,如何平衡环境行政主体及其公务员与行政相对人的权利义务关系本身就是环境行政法最基本、最重大的课题之一。环境监管行政法律责任规范设定当然也要着力处理好这种权利义务平衡关系。在环境保护立法中,建立健全行政相对人行政法律责任制度,其本身具有现实必要性和正当性,无可厚非。但关键问题在于,一方面,就环境保护立法对行政相对人行政法律责任的设定而言,也存在较突出的重监管轻服务、重制裁而轻正向激励、重权利约束而轻权利保障与实现的问题,对行政相对人权利义务的配置本身存在不均衡的问题;另一方面,就行政相对人与环境行政主体及其公务员的行政法律责任设定来看,更是存在重行政相对人责任而明显轻环境行政主体及其公务员责任等较为突出的问题。因此,在关于环境行政法律责任的立法中,必须要处理好环境行政主体及其公务员与行政相对人的权利义务关系平衡配置问题。不应只偏好、重视对环境监管行政权能的配置,而疏于对包括行政法律责任制度在内的有效约束行政权力的制度设计。要正确处理环境行政主体及其公务员与行政相对人相互之间的权利义务关系,实现双方权利义务的动态平衡,其核心就是在立法中,不论是对行政相对人权利义务的配置、约束、保护,还是对环境行政职责权限的配置、保护、约束,均应做到权利义务及责任相统一、相适应。

3. 环境监管行政法律责任的实体性规范与程序性规范的相互关系。按照法理学关于实体法与程序法问题的通常理解,实体性规范就是指以规定和确认特定法律关系主体之间的权利和义务或职权和职责为主的法律规范,而程序性规范则是以保证特定法律关系主体权利和义务得以实现,或职权和职责得以履行的有关程式性的法律规范。与之相适应,环境监管行政法律责任的实体性规范就是规定责任条件、内容、适用对象等内容的规范,而程序性规范则是规定实现实体性责任规范内容的具体活动程式及其各个主要程序要素内容的规范。实体性规范是前提、基础,程序性规范是用以保障实体性规范得以有效实现不可或缺的规范。因此,在环境监管行政法律责任设定方面,一定要改变重实体而轻程序的立法传统,既需要设定科学、合理、规范的实体性规范,更需要科学、合理、规范设定旨在保障环境监管行政法律责任有效实现的程序性规范。

4. 环境监管义务性规范与行政法律责任规范的相互关系。所谓环境监管义务性规范,亦称环境监管义务性规则,就是规定环境行政主体及其公务员在履行环境监管职责时必须为或不为一定行为的法律规则。所谓环境监管行政法律责任规范,则是指对环境监管行政主体及其公务员违反了环境监管义务性规范而在环境行政法上应当承担的否定性、不利后果作具体规定的规范。从环境监管行政法律责任制度建构的角度而论,虽然不一定所有的环境监管法律义务都应当有相对应的行政法律责任规定,但对于那些事涉国家、人民及行政相对人重要权益、利益或者事涉环境行政管理效能等的重要环境监管法律义务,理应设定相应的行政法律责任规范,即做到重要的环境监管义务性规范与行政法律责任规范合理衔接、相互对应。只有这样,才能够有助于保障环境监管义务性规范得到切实贯彻执行。如果没有对环境行政主体及其公务员环境监管义务性规范的设定,行政法律责任的设定及其实现就失去了前提与基础;如果仅有环境监管义务性规范,而无相应的可操作、可执行的环境监管行政法律责任规范,环境监管义务规范的落实就失去了最基本的保障,就会因流于形式而难以发挥有效作用。

目前,我国环境保护立法对环境行政主体及其公务员环境监管义务性规范的规定不够具体、明确,即便设定了一定的环境监管义务性规范,也往往没有与之相对应的行政法律责任规范,各种环境监管不良问题因此难以得到有效的遏制或防控。因此,应当在环境保护立法中,正确处理好环境监管义务性规范与行政法律责任规范之间的相互衔接、对应关系,重点是首先将环境行政主体及其公务员环境监管职责进一步明确化、具体化。职责明确,就是要求借助相应的立法文件对各级各类环境行政主体及其职能部门、环境行政公务员的环境监管行政职责作出更加具体、清晰、明确且无争议的规定,以最大限度减少职责权限交叉、混同及冲突,从而为环境监管行政法律责任的有效实现奠定基础。在明确行政职责之后,重点则是要借助相应的立法文件对不忠实履行职责、违反职责等的行为创设具有实际可操作性的环境监管行政法律责任。唯有如此,才能有效解决环境监管行政法律责任的设定缺失和实现不良问题。

5. 环境监管行政法律责任规范设定与环境监管行政法律责任实现的保障性规范设定的相互关系。在环境保护立法中,如果只设定环境监管行政法律责任规范,而不重视对保障环境监管行政法律责任有效实现规范的设定,同样不利于环境监管行政法律责任的有效实现。因此,所谓环境监管行政法律责任的设定,既包括了环境监管行政法律责任本体性规范的设定,也包括了旨在或有利于环境监管行政法律责任实现的法律规范的设定。环境监管行政法律责任规范立法,除应重视对环境监管行政法律责任本体性规范的科学设定之外,还必须重视对保障环境监管行政法律责任及其实现的公众参与制度、信息公开制度、法律监督制度、法律救济制度等制度的构建,从而为有效实现环境监管行政法律责任提供必要的制度基础与保障。

三、以提高立法质量为目标优化立法体制机制

立法工作体制机制是否健全,直接影响立法质量之优劣。因此,要克服环境监管行政法律责任设定所存在的不足或问题,完善环境监管行政法律责任制度,必须优化立法工作体制机制。

改革开放以来,我国立法发展迅速,成效显著。国务院新闻办公室 2011 年 10 月 27 日即对外宣布:到了 2010 年底,"一个立足中国国情和实际、适应改革开放和社会主义现代化建设需要、集中体现中国共产党和中国人民意志,以宪法为统帅,以宪法相关法、民法商法等多个法律部门的法律为主干,由法律、行政法规、地方性法规等多个层次法律规范构成的中国特色社会主义法律体系已经形成,国家经济建设、政治建设、文化建设、社会建设以及生态文明建设的各个方面实现有法可依"①。但与此同时,我们还应当客观、理性地认识到,我国的立法工作及立法质量还存在诸多需要进一步改进、提高或完善的地方。以环境行政立法为例,从立法工作到立法质量,还存在着诸如立法权限范围划分不明确(主要表现在上级政府行政机关的立法权限与下级政府行政机关的立法权限范围、地方政府与同级地方权力机关的立法权限范围划分不明确等方面)、行政主管部门在实质上主导立法、部门利益倾向严重或者立法被部门利益化(立法往往被演化成了表达与实现有关行政主体正当或者不正当利益诉求、扩张行政权力、强化对行政相对人管束的重要途径)、立法程序不尽完善、立法责任缺失、立法"抄袭"现

---

① 国务院新闻办公室:《中国特色社会主义法律体系》白皮书(2011)。

象严重等诸多问题。

在立法体制机制及质量等方面存在如此多的问题的情况下，很难想象立法主体尤其是拥有立法权的行政主体会通过立法设定与行政权及其正当行使相适应的科学、严格、有效的公共行政法律责任，环境监管行政法律责任的立法缺失等问题因此也就难以避免。因此，要建立健全环境监管行政法律责任制度，必须从阻断立法的部门利益化、地方利益化入手进一步优化立法体制机制。其主要路径选择就是：强化权力机关立法，合理缩小或者限制政府行政机关规章立法权；进一步明确划分政府行政规章与地方性法规立法权限范围；缩减行政主管部门组织起草法律法规草案的范围，大力提升立法主体直接组织起草法律法规草案的比例，进一步拓宽"开门立法""委托第三方"立法的渠道，强化立法公众参与的效力；建立健全对立法行为的监督制约机制与立法责任制度，依法对滥用立法权限的立法主体及其公务员追究相应的法律责任。

第二节　完善环境监管行政法律责任形式

一、增设公务员行政法律责任形式

虽然相对于行政主体行政法律责任的设定而言，我国现行法律、法规对公务员行政法律责任形式的设定是较为具体、规范的，但其仍然存在以下需要进一步完善的问题：一是责任形式的设定还比较单一，需要借鉴适宜的域外相关做法和我国行政问责的具体实践经验,适当扩充或增设必要的责任形式,从而构建更加合理完善的责任形式体系。二是责任形式立法缺乏统一性与应有的制度理性,在法定的行政处分责任形式之外,在行政规章、行政规范性文件之中设定并较广泛使用了较多的非行政处分的责任形式,从而在责任形式的设定与使用方面导致了诸多矛盾、冲突或不相适应情形的发生,有必要严格遵循责任法定原则等的要求,统一公务员行政法律责任形式立法。

(一) 增设公务员财产性行政法律责任形式

我国现行立法在行政法律关系主体的行政法律责任设定方面,对行政相对人规定了罚款、没收财产等财产性行政法律责任,但没有对公务员规定类似的财产性行政法律责任形式。为了有助于发挥公共行政法律责任的效能与作用,借鉴中国古代和域外相关制度建设的经验,并从我国行政管理的具体实践出发,有必要对公务员增设下列财产性公共行政法律责任形式。

1. 罚俸。罚俸是中国古代对官吏常用的惩戒方式之一,在德国、美国也有对公务员罚款、扣薪等的规定。我国现行法律法规在行政法律责任设定方面,既然大量设置了针对行政相对人的"罚款"的行政法律责任,那么,按照公平合理原则,对于公务员适当设定具有"罚款"功能的"罚俸"惩罚方式,理应是必要且可行的。罚俸的惩戒方式,相对于法定的行政处分形式而言,应当是重于警告、记过处分的惩戒方式。具体设想是:罚俸对象应当限于给予警告、记过明显过轻,给予降级以上处分又明显过重的存在行政失职渎职等行政违法行为的公务员;罚俸数额每次最多不超过被罚俸者一个月的薪金总额(包括工资、津贴);罚俸的次数一年内只能进行一次;被罚俸者在被罚俸之日起一年内不得晋职、晋级、加薪、评奖评优。

2. 减薪。减薪,亦即降薪,它既是中国古代对官吏最常用的惩戒形式之一,也是域外国家或地区最常用的公务员惩戒方式之一。减薪的惩戒方式,相对于法定的行政处分形式而言,应当是重于警告、记过、罚俸,轻于记大过以上处分的一种惩戒方式。借鉴中国古代及域外减薪惩戒的通常做法,对公务员的减薪或降薪惩戒处分作如下制度设计:减薪期限应为 6 个月以上 12 个月以下(我国台湾地区对减薪期限就是如此规定的);减薪的数额应为被减薪者月薪总额的 20%;受减薪惩戒者在一年内不得晋职、晋级、加薪、评奖评优。

(二) 增设行政公务员申诫罚的行政法律责任形式

申诫罚,是对实施了行政违法行为的行政主体及其公务员予以劝勉警诫,以促其自警、自省、自律、自觉,从而改过向善、不再继续实施违法行为的一种惩戒方式。其主要适用于情节比较轻微且尚未造成严重危害后果的行政违法行为。因申诫罚以贬损责任主体人格尊严、使之遭受身心痛苦或名誉损失等精神性损害为特征,具有精神性公共行政法律责任的特点,故人们往往又将申诫罚称为精神罚或者声誉罚。目前我国法律法规所规定的公务员申诫罚只有“警告”一种,但在有关行政规章乃至于行政规范性文件之中却又有诫勉、批评、检查、检讨等多种具有申诫特性的行政惩戒方式。借鉴域外对精神性公共行政法律责任的规定,结合我国行政问责的实际,建议国家立法将申诫罚作为追究行政主体及其公务员行政法律责任的一类法定形式,并在警告的行政处分之外,增设下列新的申诫罚的责任形式：

1. 诫勉谈话。诫勉一词，含有提醒、劝导、告诫、勉励之意。诫勉谈话的目的是告诫提醒、批评帮助被诫勉对象自重、自省、自警、自励，以避免出现更为严重的违法违纪现象。诫勉谈话，目前已经成为了被广泛运用于党员领导干部的重要监督方式之一，并初步实现了党内法规的规范化、制度化。中央纪委、中央组织部2005年发布的《关于对党员领导干部进行诫勉谈话和函询的暂行办法》第三条对党员领导干部进行诫勉谈话的事由作了七项规定。《中国共产党党内监督条例（试行）》（2015）第三十二条对诫勉谈话及其程序作了原则性规定；①《中国共产党党内监督条例》（2016）第二十一条亦规定了诫勉谈话。在党内规范性文件规定诫勉谈话之后，诸如前述《河北省行政执法过错责任追究办法》（2010）、《甘肃省行政过错责任追究办法》（2011）等一些行政规章或行政规范性文件也把诫勉或诫勉谈话作为了行政监督问责的形式。

笔者认为，诫勉虽然以提前打招呼、及时提醒、教育挽救为基本目的，但因其是针对存在轻微违法行为的公务员所采取的一种正式的劝勉、告诫行为，对被诫勉人的人格尊严、声誉等会产生直接的不利影响，因而具备申诫罚的基本特性，应当将其上升为国家法律法规规定的惩戒形式。诫勉作为一种公共行政法律责任形式，在适用对象方面，不应仅限于领导职务的公务员，还应适用于

----

① 《中国共产党党内监督条例（试行）》（2015）第三十二条规定："发现领导干部在政治思想、履行职责、工作作风、道德品质、廉政勤政等方面的苗头性问题，党委（党组）、纪委和党委组织部门应当按照干部管理权限及时对其进行诫勉谈话。对该领导干部提出的诫勉要求和该领导干部的说明及表态，应当作书面记录，经本人核实后，由组织（人事）部门或纪律检查机关留存。"

非领导职务的公务员;在法律属性方面,应界定为对公务员所适用的非行政处分惩戒责任形式;在与相关精神性公共行政法律责任形式的相互关系方面,应属于最轻的一种惩戒形式,是仅次于警告的一种惩戒,如果被诫勉者对被诫勉问题不能及时改进或者改进不明显,可以给予警告或者批评的行政惩戒;在诫勉的法律后果方面,一般不因诫勉而影响被诫勉者正常的职务晋升,但可以直接影响其评奖评优。可在法律法规中规定,被诫勉的公务员自被诫勉之日起三个月内在诫勉事项相对应的方面取消其评奖评优资格。

2. 责令检查。检查作为一种问责形式,亦称检讨,通常是指犯了错误的人通过口头或书面方式,针对一定对象受责令或要求检查反省自己错误的惩戒方式。在公共行政领域,检查也可被称为行政检查或行政检讨,是指行政主体及其公务员因为违法或不当行为造成不良后果或社会影响时,向行政问责主体检查反省错误、主动承担责任的一种行政系统内部责任承担方式。[1] 行政检查是我国行政管理领域内长期存在并随 2003 年行政问责制在我国各地区推行以来被广泛使用的一种惩戒责任形式,诸如《长沙市人民政府行政问责制暂行办法》(2003)、《天津市人民政府行政责任问责制试行办法》(2004)、《大连市人民政府行政首长问责暂行办法》(2004)、《海南省行政首长问责暂行规定》(2005)、《成都市行政首长问责暂行办法》(2006)、《北京市行政问责办法》(2011)、《湖北省行政问责办法》(2016)等一大批关于行政问责方面的规

---

① 参见章亮亮:《论行政检讨》,华东政法大学 2014 年博士学位论文,第 20—21 页。

范性文件相继规定了"责令检查""责令作出书面检查"等问责形式。

责令检查作为一种针对公务员的行政惩戒形式，具有以下几个方面的法律特性：一是在适用对象方面，既可适用于领导职务的公务员，也可适用于非领导职务的公务员。二是在问责主体方面，既可以是公务员所在的行政主体或上级行政主体，也可以是对公务员拥有人事管理权、监察权的其他相关行政主体。三是在问责方式方法方面，既可以是口头检查，也可以是书面检查；既可以是责令检查人向问责主体作检查，也可以是责令向一定范围之内的公众作检查；既可以是只针对问责主体的非公开检查，也可以是向本单位、本系统甚至一定社会范围之内的公开检查。四是在与相关精神性公共行政法律责任形式的相互关系方面，检查应属于重于诫勉、警告，而轻于记过以上责任形式的责任类型。如果被责令检查的公务员，对检查的问题不能及时改正或者改正不明显，但尚没有达到较严重程度的，可以给予批评以上的行政惩戒。五是在检查的法律后果方面，对于给予检查惩戒的公务员，在六个月的惩戒期限内不得晋升职务或职级，原则上也不得给予评奖评优或与其职务有关的荣誉、奖励。

3. 通报批评。通报批评作为一种行政问责形式，是指由享有法定问责权限的问责主体对存在轻微违法行为但经诫勉、警告、责令检查仍然不予改正的公务员予以申斥，并在一定范围之内指出或公开其违法行为，以促其纠正错误的申诫罚责任形式。自《广东省行政执法责任制条例》（1999）较早规定了"通报批评"的行政执法责任形式之后，诸如《广西壮族自治区行政责任制实施办法》（2001）、《北京市行政执法责任追究办法》（2007）、《江苏省行政执法责任追究办法》(2007)、《河北省行政执法过错责任追究办法》(2010)、《甘肃省行政过错责任追究办法》(2011)等一大批行政规章乃至于行政规范性文件相继规定了"批评教育""通报批评"等行政问责形式。

笔者认为,作为一种申诫罚的"批评",应仅限于通报批评,而不宜将"批评教育"作为独立的问责形式。因为,问责主体对问责对象在实施诫勉、警告、责令检查等惩戒方式时,都不同程度嵌含了批评教育之意,不宜在诫勉、警告、责令检查等惩戒方式之外独立设置"批评教育"这个惩戒方式。通报批评作为一种申诫罚形式,具有以下几个基本特征:一是通报批评是由"通报"与"批评"语词构成的复合概念。"通报"是指问责主体将问责对象及其问责原因等有关情况在一定范围内予以公布,希望行为人或其他人吸取教训、引以为戒,发挥警示作用。而"批评"则是明确指出被问责对象的违法行为,并对其予以申斥或谴责。二是在适用对象方面,其既可以适用于领导职务的公务员,也可适用于非领导职务的公务员。三是在问责主体方面,既可以是对公务员享有人事管理权限的行政主体,也可以是对公务员拥有法定监督职权的行政监督机关。四是在问责方式方法方面,一般应采取书面通报批评方式,但在必要时也可以采用口头通报批评、利用媒体通报批评等方式。通报批评的范围既可以是问责对象所在的单位,也可以是问责对象违法行为所影响到的有关单位、人员,甚至还可以是问责对象所在的行业、部门或地区。五是在与相关精神性公共行政法律责任形式的相互关系方面,通报批评应属于重于诫勉、警告、责令检查,而轻于记过以上责任形式的惩戒形式。如果被通报批评的公务员,对受通报批评的问题不能及时改正或者改正不明显,可以给予记过以上的行政处分。六是在法律后果方面,对于受通报批评的公务员,在六个月的惩戒期限内不得晋升职务或职级,原则上也不得给予评奖评优或与其职务有关的荣誉、奖励。

(三) 增设行政公务员资格罚的行政法律责任形式

所谓资格罚,亦称权能罚,是指旨在合法限制、剥夺或者否定行政法律责任主体的某种法定职权、资格、能力等的责任形式。我国现行法律法规针对公务员所规定的资格罚形式较为单一,主要限于比较严厉的撤职、开除的行政处分,既缺乏暂时性限制或者剥夺特定行政资格的惩戒形式,又缺乏对不适宜从事特定工作或担任特定职务事项的资格罚惩戒形式,有必要借鉴古今中外关于官员或者公务员行政惩戒的有益经验,从我国行政管理的具体情况出发,对公务员增设停职、调离、免职、暂停或撤销特定行政资格等的行政法律责任形式。

1. 停职。停职通常是指暂时停止履行职务,即暂时中止因特定职务而形成的权利义务关系。停职是域外公务员立法所规定的、较为常用的公务员惩戒形式。如法国《国家公务员章程》规定了不超过 15 天的临时解除职务(临时停职);日本《公务员惩戒规则》规定了期限为一日以上一年以内的停职;美国公务员立法规定了期限不超过 30 日的停职;我国台湾地区规定了期限最长不超过 6 个月的休职(相当于临时停职)。域外相关立法一般都规定,公务员在停职期间只保留公务员身份,不从事具体工作,也不领取薪金报酬。在停职期满,如果没有新的违法行为,可以恢复任职。

在我国,虽然国家法律没有规定停职的行政惩戒形式,但在原行政监察立法文件之中却有关于停职的规定①。但原《行政监察法》(1997)及其实施条例所规定的停职或者停职检查,只是为了保证顺利办理纪检、检查案件而对犯有严重错误的党员领导干部、行政监察对象、行政监察人员等按照一定的程序规则,临时停止其所担任的职务的一种组织措施或办案措施,并不属于行政惩戒形式。因国家立法迄今为止既没有将停职作为公共行政法律责任形式,也没有对作为查办案件措施的停职或停职检查作严格、规范的规定,以至于在行政管理领域停职或作为查办案件的一种组织措施,或在更多情况下作为一种变相的处分形式而被广泛甚至是非法使用,已经引起了社会的诟病②。鉴于此,一方面应当在国家相关立法中对作为监察机关、党的纪检部门等查办案件的组织措施的停职或停职检查作出更加具体明确的规定,重点是对采取停职检查措施的法定条件、对象及程序等作出明确的、严格的规定,以防止其滥用,切实维护公务员的合法权益;另一方面,应当将停职作为对行政公务员的法定惩戒形式,严禁无法律根据违法、变相使用停职惩戒方式。

停职作为一种针对公务员的法定惩戒形式,可以作如下的基本制度建构:一是停职的对象限于存在较为严重违法行为但尚未

---

① 例如,原《行政监察法》(1997)第二十条规定"监察机关在调查违反行政纪律行为时,可以根据实际情况和需要采取下列措施:……(四)建议有关机关暂停有严重违反行政纪律嫌疑的人员执行职务";《行政监察法实施条例》(2004)第十四条、第十五条对"暂停有严重违反行政纪律嫌疑的人员执行职务"的情形、程序、对象、建议或决定机关等作了具体规定。

② 参见张若:《"停职"是"非法"行政处分》,《人才资源开发》2010年第3期,第52页;李长安:《停职不"停执",演戏给谁看》,《中国纪检监察报》2018年5月16日,第2版。

造成严重后果的领导职务公务员,一般不适用于非领导职务公务员。二是停职的时间或期限,借鉴域外立法例并从我国的实际情况出发,宜规定1—6个月。三是停职的法律后果,应规定被停职者在停职期间不从事具体工作,不发放或者只发放不超过基本工资30%的生活费,不享受其他任何福利待遇与补贴。被停职者在一年的惩戒期限内不得晋升职务或职级,原则上也不得给予评奖评优或与其职务有关的荣誉、奖励。被停职者还应在停职期间,对自己所犯错误向组织作出深刻检查,并提出具体整改方案与措施,以便组织考察。四是停职期满后,经考查被停职者如果已经充分认识并改正了自己的违法行为,且没有发现新的违法行为,可恢复原职;如果其对自己的错误认识不清、反省不深甚至对惩戒处分存在不满或抵触情绪,不恢复原职,但可在原职级范围之内安排相应的工作;如果在停职期间发现了新的违法行为,或者实施了新的违法违纪行为,不但不予恢复原任职务,而且要依法追究更为严厉的惩戒责任。

2. 调离。所谓调离,亦可称为强制换岗,就是指对存在违法违纪行为且不适宜继续担任原职务或从事原岗位工作的公务员,依法从原工作岗位强制调离至较差的地区或环境工作,或者调至相对不重要的岗位工作。美国、法国、瑞士等域外国家的公务员惩戒立法规定了这种惩戒形式。在我国一大批关于行政执法责任、行政问责等方面的行政规章或行政规范性文件也规定了这种惩戒责任形式。如《上海市行政执法过错责任追究办法》(2007)、《江苏省行政执法责任追究办法》(2007)、《河北省行政执法过错责任追究办法》(2011)、《广东省行政执法责任制条例》(2011)、《党政领导干部生态环境损害责任追究办法(试行)》(2015)、《河南省行政执法过错责任追究办法》（2018）等文件均规定了"调离行政执法岗位""调离执法岗位""调离岗位"的行政问责形式。调离作为公务员惩戒形式，应具备下列适用条件：一是公务员实施了违法行为，但尚未造成比较严重的后果；二是公务员实施的违法行为对其所担任的职务或从事的工作的廉洁性、公正性、严肃性、责任性以及社会有效形象产生了较大的负面影响，不适宜继续担任原职务或者继续从事原有工作，有必要通过强制调离或换岗，既教育、惩戒本人，又有利于挽回不利影响；三是被调离的岗位相对于原工作岗位而言，一般应限于工作地区较偏远、工作条件较艰苦、工作事项相对不重要的工作岗位；四是给予调离的行政惩戒，一般不影响被惩戒者原有行政职务和职级，也不影响其正常的工资福利待遇。但在一年的惩戒期限内不得晋升职务或职级，原则上也不得给予与其职务相关的评奖评优或荣誉、奖励。

3. 免职。免职原本是我国公务员任免制度的重要组成部分，通常是指任免机关依据法律法规，在任免权限范围内，通过法定程序，免去公务员担任的某一职务的活动[1]，是一种涉及公务员职务变迁和调整的任用过渡性措施[2]，是任免机关基于特别权力关系而对所隶属的公务员采取的一种去职措施[3]。但自2003年的"非典事件"引发行政问责风暴以来，原本作为人事管理措施的免职，逐渐被演化为了一种行政问责方式。诸如《昆明市国家行政机关及

---

[1]　参见《正确认识和实施公务员免职制度——访国家人事部考核培训司副司长曹志哲》，《中国公务员》1996年第9期，第7—8页。

[2]　参见应松年：《公务员法》，法律出版社2010年版，第237页。

[3]　参见吴鹏飞：《问责制下官员免职的法理分析》，《湖北社会科学》2010年第5期，第141页。

其公务员行政不作为问责办法（试行）》（2005）、《海口市行政首长问责暂行规定》（2005）、《吉林省行政问责暂行办法》（2007）、《北京市行政问责办法》（2011）、《甘肃省行政过错责任追究办法》（2011）、《哈尔滨市行政问责规定》（2012）、《湖北省行政问责办法》（2016）等一大批行政规章或行政规范性文件均规定了"免职"的行政问责形式。其中效力最高的是2009年中办、国办印发的《关于实行党政领导干部问责的暂行规定》①。在实践中免职越来越成为对公务员广泛使用但为社会诟病的重要问责形式之一。②

对于免职应不应该成为法定的公务员惩戒责任形式，学界有两种截然不同的观点：一种观点主张，免职并非法定的行政法律责任形式，不应被作为问责形式滥用。例如，有论著认为："规定免职是承担责任的一种方式是与《公务员法》相悖的。……未来的立法中应该纠正这种做法，以《公务员法》为依据，明确免职的性质就是一种用人方式，既不是对公务员的惩戒，也不是承担责任的方式，不应具有贬义。"③另一种观点认为，应当将惩戒意义上的免职作为对公务员的行政处分责任形式。④

本书认为根据我国现行法律的规定，免职肯定首先是一种人事行政管理措施，不是也不应当是对公务员的行政惩戒或行政处

---

① 参见《关于实行党政领导干部问责的暂行规定》第七条规定："对党政领导干部实行问责的方式分为：责令公开道歉、停职检查、引咎辞职、责令辞职、免职。"

② 参见张玉胜：《官员免职成"带薪休假"亟待制度补漏》，《人才资源开发》2013年第10期，第85页。

③ 参见康良辉：《我国行政法中的"免职"研究》，《行政论坛》2011年第2期，第72页。

④ 参见贺馨宇、王月明：《免职：行政法规范与公众观念的冲突及调和》，《福建论坛》（人文社会科学版）2016年第12期，第214页。

分方式。在没有法律依据的情况下,将其作为行政问责形式显然是不当甚至违法的。大量的行政规章或行政规范性文件设定免职的问责形式,属于典型的越权行为;在进行免职的问责实践中,也存在主体违法、权限违法、程序违法、救济路径缺失等突出问题,严重有悖党和国家关于依宪治国、依法治国的一系列规定精神与要求,也严重侵损了公务员的合法权益,应当引起高度重视并进行相应的制度重构。为此,建议将作为问责形式的免职,上升为国家法律所规定的公务员的行政法律责任形式。

免职作为公务员的法定惩戒责任形式,可作如下的基本制度设计:一是在适用对象上,限于存在较为严重的违法行为且不适宜继续担任原领导职务的公务员。二是在免职主体方面,应当由依法享有任命权的国家机关依照法定权限与程序实施。党的领导机关、纪律检查机关认为担任领导职务的公务员有违法违纪行为,应当免职,只能向有任命权的国家机关提出建议,不得自行决定免职,更不得由党委、政府主要领导决定搞"就地免职"。三是在免职的法律后果方面,被免职者一般不降低原有行政级别,但不得以任何方式行使原任职务权力。免职的惩戒期限应为十八个月。在惩戒期限之内,被免职者不得晋升职务或职级,不得担任与其原任职务相当的行政职务和其他国家职务;不领取原任职务的职务工资与津贴,不得领取车辆补贴、奖励津贴等基本工资以外的收入。被免职者应由所在单位安排适宜的工作岗位。被免职者在十八个月的惩戒期限届满以后,经过组织考核评议,可以重新担任与其原任职务相当的行政职务或其他国家职务,但从免职之日起两年内不得晋升高一级领导职务或行政级别。四是在与其他法定惩戒责任形式的衔接方面,免职应属于重于停职,轻于降级的行政惩戒方式。在惩戒期限之内,原则上也不得给予评奖评优或与其职务有关的荣誉、奖励。

二、增设行政主体行政法律责任形式

我国现行法律规定的行政主体承担行政法律责任的形式主要是类似民事责任的诸如消除影响、恢复名誉、赔礼道歉、恢复原状、返还财产、行政赔偿等环境监管行政法律责任①,以及散见于个别法律法规中的通报批评、责令改正等责任形式。除此之外,国家法律法规对行政主体甚少有其他行政法律责任形式的规定。

在行政主体行政法律责任及其形式规定严重滞后、缺失的情况下,自2003年"问责风暴"以来,不少政府规章与行政规范性文件却探索规定了一些对行政主体问责的责任形式。例如,有的政府规章规定了对行政执法部门的限期整改、通报批评、取消行政执法方面年度评比先进的资格、行政执法年度评议考核不合格等行

---

① 例如《国家赔偿法》(2012)第三十五条规定:"有本法第三条或者第十七条规定情形之一,致人精神损害的,应当在侵权行为影响的范围内,为受害人消除影响,恢复名誉,赔礼道歉;造成严重后果的,应当支付相应的精神损害抚慰金。"第三十六条规定:"侵犯公民、法人和其他组织的财产权造成损害的,按照下列规定处理:(一)处罚款、罚金、追缴、没收财产或者违法征收、征用财产的,返还财产;(二)查封、扣押、冻结财产的,解除对财产的查封、扣押、冻结,造成财产损坏或者灭失的,依照本条第三项、第四项的规定赔偿;(三)应当返还的财产损坏的,能够恢复原状的恢复原状,不能恢复原状的,按照损害程度给付相应的赔偿金;(四)应当返还的财产灭失的,给付相应的赔偿金;(五)财产已经拍卖或者变卖的,给付拍卖或者变卖所得的价款;变卖的价款明显低于财产价值的,应当支付相应的赔偿金;(六)吊销许可证和执照、责令停产停业的,赔偿停产停业期间必要的经常性费用开支;(七)返还执行的罚款或者罚金、追缴或者没收的金钱,解除冻结的存款或者汇款的,应当支付银行同期存款利息;(八)对财产权造成其他损害的,按照直接损失给予赔偿。"

政执法责任形式;①有的政府规章对行政机关规定了责令作出书面检查、通报批评、责令公开道歉等行政过错责任形式;②有的行政规范性文件规定了对行政执法部门的责令作出书面检查、限期整改、通报批评、取消当年评比综合先进的资格等行政执法责任形式③。为了完善行政主体问责制度,严格行政主体的行政法律责任,增强对行政主体进行问责的实效,有必要总结近年来对行政主体进行问责在制度建设与具体实践中的有益经验,通过国家相应的立法形式建立健全对行政主体进行问责的行政法律责任形式体系。

(一) 增设对行政主体罚款的行政法律责任形式

在我国行政法领域,罚款是针对行政相对人违法行为进行制裁的最常用的行政法律责任形式。将其设定为针对行政主体的行政法律责任形式,罚款就相当于对违法违纪行政公务员的罚俸,是适用于行政主体的财产罚的行政法律责任形式。对于行政主体是否应当承担罚款的行政法律责任,学界存有争议,反对者认为对行政主体进行罚款无异于国家对自己的财产进行罚没,既不合情合理也没有意义④。本文认为,这种见解有失偏颇,值得商榷。虽然行政主体的财产来源于财政,本质上、本源上属于国家财产,但每个行政主体实际拥有对国家所提供的经费等财产的依法支配、使

---

① 参见《北京市行政执法责任追究办法》(北京市人民政府京政发〔2007〕第17号)第六条。

② 参见《甘肃省行政过错责任追究办法》(甘肃省人民政府令〔2011〕第81号)第二十七条。

③ 参见《江苏省行政执法责任追究办法(试行)》(江苏省人民政府办公厅苏政办发〔2007〕第99号)第十五条。

④ 参见杨珊珊:《行政责任形式研究——从行政控权论的视角出发》,华东政法大学2008年硕士学位论文,第25页。

用、处分权,完全可以以其所拥有的财产承担必要的、适当的罚款等财产性责任。同时,设定罚款的财产性责任,还能够促使行政主体通过紧缩开支等途径支付罚款,强化法律责任意识,促进行政作风的转变,有助于提高依法行政的效能与质量。

迄今为止,虽然我国现行法律法规没有规定对行政主体履行行政职能的违法行为进行罚款的行政法律责任形式,但相关法律对行政机关的特定违法行为规定或者实际规定了罚款或相当于罚款的法律责任形式。例如,《刑法》对涉及国家机关单位犯罪所规定的"罚金"刑也适用于行政机关;根据《行政处罚法》的有关规定精神,当行政机关作为行政相对人时,拥有行政处罚权的行政机关就可以对其依法作出罚款等行政处罚;根据《民事诉讼法》(2017)第一百一十二条至第一百一十五条等的规定,行政机关如果作为民事诉讼的当事人且有妨害诉讼的违法行为,人民法院就可以依法对行政机关及其主要负责人作出罚款的制裁措施。由此可见,行政主体不应当承担罚款责任的理由实际已经被现行立法所突破或否定,设定针对行政主体罚款的行政惩戒责任形式是可行的。

关于罚款责任形式的具体设计是:在实施罚款的主体方面,应当是被罚款的行政主体的直接上级机关,对被罚款的行政主体拥有监察权、行政审计权、行政执法监督权的行政监督机关;在罚款的事由方面,应严格限定为行政主体给国家、集体或者行政相对人造成重大经济损失的行政违法行为(作为或者不作为的违法行为);在罚款的数额方面,要充分考虑被罚款行政主体的实际承受能力,不宜规定过高的罚款数额,罚款数额规定为5000元以上5万元以下较为适当;在罚款的资金来源方面,由被罚款的行政主体在日常办公和行政经费中通过紧缩财务开支途径缴纳,不得利用项目资金或者专项工作资金缴纳。

(二) 增设对行政主体的申诫罚的行政法律责任形式

建议在国家立法上设定针对行政主体的警告、责令检查、通报批评等申诫罚的行政法律责任形式。

1. 警告。我国现行法律所规定的警告,既是行政处分的形式之一,也是行政处罚的方式之一,是最轻的处分或处罚方式。警告的意义在于表明责任人的行为已经构成轻微的违法,以提醒其引起足够的注意,并应予及时改正,否则有可能会犯更严重的错误、招致更严厉的惩戒或制裁。但迄今为止,警告并没有成为国家法律所规定的对行政主体的行政法律责任形式。在近年来全国各地所发布的关于行政问责的立法文件或行政规范性文件之中,也鲜见对行政主体的警告的问责形式。本文认为,一方面,"警告"既然可以作为行政处分和行政处罚的责任形式,当然完全可以作为对行政主体追究行政法律责任的形式。"警告"作为对行政主体的申诫罚形式,在法理上、在法律构建等方面并不存在任何的障碍或不可行问题。另一方面,将"警告"设定为针对行政主体的行政法律责任形式,也有利于行政问责主体通过法定的、严肃的、对行政主体深具影响的"警告"惩戒方式,及时对苗头性问题、轻微的违法问题依法进行问责,提高行政问责实效。

警告作为对行政主体的行政惩戒形式,可以在国家相关立法文件中作如下的制度设计:在问责事由方面,警告适用于已经实施了轻微的违法行为且尚未造成较为严重后果的情形。在问责的方式方面,法定问责主体在查明行政主体的违法事实的基础上,依法制作问责决定书,决定给予行政主体警告惩戒。为了强化警告的责任效力,问责主体应当向社会公开问责决定,以便社会公众知晓,加强社会监督。在问责的法律后果方面,应在立法上明确规定,被警告的行政主体自受警告之日起一年内不得评优评先。如果在警告之后,受警告的行政主体仍然不予及时纠正违法行为,或者改进不明显,可以给予责令检查、通报批评等更严厉的惩戒,同时还应依法追究所在单位主要领导、负有直接领导责任的单位领导等行政公务员的相应行政法律责任。

2. 责令检查。责令检查,就是由法定的行政问责主体责令存在违法行为的行政主体并由其负责人代表该行政主体在一定的范围之内公开检查反省所犯错误,同时提出改正或改进措施的惩戒方式。责令检查作为对行政主体的法定行政法律责任形式,其问责主体限于对行政主体拥有问责权限的国家机关,主要包括被问责的行政主体的上级行政主体(主要是指行政机关对其所属行政机构;具有领导与被领导以及业务方面的监督与被监督、指导与被指导关系的上级行政机关对下级行政机关)、依法拥有行政监督权的行政监督机关。问责事由一般应针对行政主体的较为严重且造成了较大社会影响的违法行为。问责的一般方式方法是先由问责主体作出书面的问责决定(载明问责事由、问责根据、检查的方式与内容、检查的对象与范围、检查的时间等重要事项),然后由被问责的行政主体按照书面问责决定的要求作出检查。检查一般应采用书面检查的方式进行,必要时也可以作口头检查。书面检查应由行政主体主要负责人签署,并加盖单位印章;口头检查应当由行政主体负责人代表所在单位实施。在检查的对象和范围方面,一般是向问责主体当面提交书面检查。但为了增强其惩戒性,教育其他有关行政主体避免发生此类违法行为,在必要时问责主体也可将审核同意的书面检查转发有关单位。如果行政主体所实施的违法行为造成了较严重社会影响,问责主体可以责令该行政主体通过媒体公开向一定范围的社会公众作出书面或口头检查,亦可召开适当的会议责令行政主体在会议上作检查。在检查的内容方面,应包括违法行为的表现、发生违法行为的原因、违法行为的危害性、应当吸取的教训以及具体整改方案等内容。在责令检查的法律后果方面,应规定自检查之日起一年之内,在发生违法事项的工作方面,不得评优评先、享受优待政策。

3. 通报批评。通报批评作为对行政主体的惩戒责任形式,是指由享有法定问责权限的主体,对存在轻微违法行为但经警告仍然不予改正,或者存在较为严重的违法行为的行政主体在一定范围之内指出或公开其违法行为,并予以批评申斥,以促其纠正错误的申诫罚形式。通报批评作为对行政主体的惩戒责任形式,可以在国家相关立法文件中作如下的制度设计:在适用对象方面,通报批评一般适用于存在较严重违法行为且适用警告、责令检查的惩戒形式明显过轻的行政主体;在问责方式方法方面,与针对行政公务员个人的通报批评一样,一般应采取书面通报批评方式,但在必要时也可以采用口头通报批评、利用媒体通报批评等方式;在通报批评的范围方面,既可以是受惩戒的行政主体所在的纵向行政系统(纵向的全国行政系统或地方区域行政系统),也可以是受惩戒的行政主体所在的政府机关系统(横向的政府行政机关系统),还可以是针对一定范围内的社会公众与组织(主要限于因受惩戒的行政主体的违法行为造成了较为严重的不良社会影响的惩戒事项);在通报批评的法律后果方面,应规定受通报批评的行政主体自受通报批评之日起一年之内,不得评优评先、享受优待政策。

三、正确处理责任形式与其法律后果的相互关系

不论是对行政公务员的行政法律责任形式,还是对行政主体的行政法律责任形式,其一旦实际适用都会对受惩戒者的名誉、利益产生不同程度的负面影响。简言之,行政主体及其公务员的公共行政法律责任形式,一旦实际适用就当然会对作为责任主体的行政主体或其公务员产生直接的不利法律后果。但这种法律后果,往往仅依赖特定责任形式还无法全部体现出来,还需要在立法上对责任主体的一定权利义务、能力资格作出限制性、否定性的规定。但这种限制性、否定性的规定只是特定行政法律责任所产生的法定不利后果,是对法律责任惩戒性的具体体现,通常并不宜作为独立的行政法律责任形式。由于没有合理区分行政法律责任形式与其法律后果之间的关系,以至于在不少关于行政问责的立法文件或者行政规范性文件之中,将原本应当或者可以作为行政法律责任不利后果措施的诸如取消评先评优、暂停或者撤销执法资格等视为了责任形式。如《北京市行政执法责任追究办法》就将"取消行政执法方面年度评比先进的资格""行政执法年度评议考核不合格"作为了对行政执法部门及其执法公务员进行行政问责的形式;①《河北省行政执法过错责任追究办法》将"责令改正或者限期改正""暂扣行政执法证件,离岗培训""吊销行政执法证件"

---

① 参见《北京市行政执法责任追究办法》(北京市人民政府京政发〔2007〕第17号)第六条。

"取消当年评优评先资格"等作为了行政问责形式①。

　　一般来讲,对行政主体及其公务员追究特定的行政法律责任,除了会直接影响被惩戒者的名誉、声誉、形象等之外,还会因责任形式及其轻重程度等的不同,而对被追究责任者的权益等产生下列影响:一是停止或丧失职务上的权利能力与行为能力,如行政公务员被停职、免职、撤职当然就不应享有原任职务上的权利能力与行为能力;二是导致一定经济利益的减损或丧失,如降级、降职、减薪、罚款等就会导致经济利益减损,开除就会丧失基于公务员身份、岗位的工资福利待遇;三是暂时丧失职务职级晋升的机会与权利;四是暂时丧失获得荣誉、奖励的机会与权利;五是在行政考评中不得考核为优秀,或者根据规定考核为不合格或者末尾;六是对实行许可证或资格证管理的行政岗位,一旦行政公务员被给予较重的行政惩戒,就应当同时暂停或取消其资格证照,如"吊销行政执法证件"等;七是给责任主体设定了当然的、新的作为义务,如给予警告的惩戒责任形式,受惩戒的行政主体或行政公务员当然就负有了及时改正错误的义务,不可能仅给予其警告,而不要求其改正错误。上述这些因行政法律责任追究所导致的不利后果,实际上就是行政法律责任的惩戒性的载体和表现,是附着于并旨在落实责任的具体举措,一般不宜将其作为独立的行政法律责任形式来对待。下面以行政评先评优、获得奖励为例,作进一步的分析讨论。

　　(一) 关于评先评优

　　为了正确评价行政公务员的德才表现和工作实绩,激励行政

---

① 参见《河北省行政执法过错责任追究办法》(河北省人民政府令〔2010〕第13号)第二十六条。

公务员依法行政、勤勉行政、廉洁行政、效率行政,有关国家行政机关建立了针对行政公务员和行政组织的多种类型的评优评先制度。在行政公务员的评优评先方面,大致包括了考核评优与先进工作者评选两类评优评先制度。前者是指依据《公务员法》《公务员考核规定(试行)》等的规定,对公务员的德、能、勤、绩、廉进行平时考核与年终考核,并作出相应考核优秀等次或结论的考核。后者包括各种专门性的评先评优,如优秀公务员、先进工作者、劳动模范以及专项工作中的优秀或先进公务员评选等。获得优秀、先进等评先评优称号,是公务员获得表彰奖励、加薪、晋级、晋职的重要依据。① 在行政机关的评先评优方面,虽然尚无统一的国家立法规定,但在实践中一些国家行政机关也规定了不同层次、多种多样的评奖评优形式。②

从上述规定可以看出,评先评优是以考核、评选等方式对工作成绩突出,表现优异的行政主体及其公务员的一种正向激励措施。获得优秀、先进等评先评优称号,是行政公务员获得表彰奖励、加薪、晋级、晋职,或者行政组织获得奖励、树立社会有效形象等的重要依据。如果行政主体及其公务员存在违法行为并受到惩戒,就不应当在规定的期限之内取得评先评优资格,更不应当被评先评

---

① 《公务员考核规定(试行)》(中共中央组织部、人事部中组发〔2007〕2 号)第十六条规定:"公务员年度考核的结果作为调整公务员职务、级别、工资以及公务员奖励、培训、辞退的依据。"第十七条规定:"公务员年度考核被确定为称职以上等次的,按照下列规定办理:……(三)确定为称职以上等次,且符合规定的其他任职资格条件的,具有晋升职务的资格;连续三年以上被确定为优秀等次的,晋升职务时优先考虑;(四)被确定为优秀等次的,当年给予嘉奖;连续三年被确定为优秀等次的,记三等功;(五)享受年度考核奖金。"

② 例如,《公务员奖励规定(试行)》(中共中央组织部、人事部中组发〔2008〕2 号)就规定了"人民满意的公务员集体""模范公务员集体"的评选奖励。

优。因此,行政主体及其公务员受到行政法律责任追究,当然就不符合成为优秀或先进公务员、先进集体等的基本条件,当然就在一定期限之内丧失了通过评先评优途径获得更多更好公职利益的可能性,毫无必要也没有道理将"取消评先评优"等作为独立的行政法律责任或者行政问责形式。

(二) 关于行政奖励

奖励作为与惩戒、处罚相对的社会关系调整手段,对于引导社会风尚、树立社会行为典范、激励社会成员勤勉敬业等具有极其重要的作用。正因为如此,中国古代统治者历来十分重视奖励手段的运用,把"赏善罚恶"作为"国之宪法"①。在我国,奖励也是国家管理与社会治理的重要路径、方法与手段,是相关法律制度的重要组成部分。其中,行政奖励是最为重要的国家奖励制度。②《公务员法》第八章"奖励"规定了对公务员或者公务员集体的嘉奖、记三等功、记二等功、记一等功、授予荣誉称号等奖励形式,并对公务员奖励的条件、事项、对象、原则以及撤销奖励的情形等作了规定。中组部、人事部 2008 年颁布实施的《公务员奖励规定(试行)》依据《公务员法》的相关规定,对公务员奖励作了更加具体的规定,并作了"对功绩卓著的,授予'人民满意的公务员''人民满意的公务员集

---

① 《国语·晋语》。

② 对于行政奖励概念,行政法学界有不完全相同的理解和认识。其大致有以下两种不同观点:一是行政奖励是国家行政机关对行政相对人的奖励,《行政法与行政诉讼法》(姜明安,北京大学出版社、高等教育出版社 1999 年版)、《行政执法概论》(杨惠基,上海人民出版社 1998 年版)即持这种观点。二是行政奖励是国家行政机关对所有符合受奖条件的单位和个人依法所作的奖励,既包括对外部行政相对人的奖励,也包括行政系统内对行政组织、公务员个人的奖励。后一种观点是占主导性地位的观点。本文赞同第二种观点。

体'或者'模范公务员''模范公务员集体'等荣誉称号"的规定。

评先评优与奖励是两个既相联系又有区别的概念范畴。一般来讲,行政主体及其公务员被评先评优是其获得行政奖励的重要条件与基本路径,但并不是必要条件或唯一条件,即便没有被评先评优,但在特定重要工作事项中作出显著成绩和突出贡献同样可以依法获得奖励。行政主体及其公务员因实施违法违纪行为而被依法惩戒,在一定期限之内丧失了评先评优资格,不能评为先进、优秀,当然就不应当获得奖励。因此,与"取消评先评优资格"一样,"取消奖励资格"也只能是行政法律责任惩戒性的表现,不宜作为独立的行政法律责任形式。

第三节　优化公共行政法律责任的国家立法

针对我国公共行政法律责任形式或种类设定方面存在的上述问题,为了消除公共行政法律责任形式设置方面的乱象,建立健全公共行政法律责任形式体系,提升公共行政法律责任形式的规范化、科学化、法制化程度,应在明确划分国家机关关于公共行政法律责任设定权限、对公共行政法律责任形式进行合理的法律化扩容的前提下,对国家公共行政法律责任立法进一步进行适时的修改完善。

一、立法界定公共行政法律责任及其形式

我国相关法律法规在公共行政法律责任形式的设定方面,对行政公务员只规定了行政处分责任形式,既甚少规定针对行政公

务员的非行政处分责任形式,也鲜见对行政主体行政法律责任及其形式的规定。但在不少位阶较低的行政规章甚至行政规范性文件之中,实际已经创制了不少适用于行政主体及其公务员并有别于行政处分责任的"行政处理"责任形式。为了严肃公共行政法律责任立法,防控在公共行政法律责任设定方面存在的乱象与问题,提高行政问责效能,切实维护行政公务员的合法权益,建议首先在国家立法中统一公共行政法律责任的概念和责任形式。具体可以考虑以下两种方案:一是在对行政公务员的公共行政法律责任设定方面,继续保留"行政处分"概念,并将"行政处理"责任形式中适宜法化的责任形式吸收到行政处分责任形式之中,对行政处分责任形式体系进行合理增容与重构。在针对行政主体的公共行政法律责任的设定方面,适用"行政惩戒"概念。二是摒弃传统的"行政处分"以及近年在行政规章等文件中所采用的"行政处理"概念,将针对行政主体及其公务员的公共行政法律责任统称为"行政惩戒"。

在上述两个方案之中,最理想的应该是第二个方案。其主要表现在以下几个方面:一是"惩戒"一词由"惩"(处罚、制裁)与"戒"(防备、警惕)构成,表达了通过处罚、制裁予以警戒之意。针对行政主体及其公务员的行政法律责任形式,都包含了制裁与警戒、教育的功能,较之于"行政问责"等概念,用"行政惩戒"概称针对行政违法的行政法律责任显然更为适当。二是"行政惩戒"概念可作广义和狭义的界定,在广义上可以界定为"惩行政之过""问行政之责",即由有权的国家机关依法对行政主体及其公务员因行政违法而实施的惩戒,是对公共行政法律责任的问责或追究,其在内涵外延上既包括了行政的内部监督与责任追究,也包括了对行政的某些外部监督与责任追究;在狭义上可以界定为"行政对行政的问责",即由拥有监督权的国家行政主体对其他行政主体及其公务员的责任追究。从我国人事管理体制以及加强对行政问责的实际需要出发,采用广义的行政惩戒概念立法较为合理。三是采用统一的更具有包容性的"行政惩戒"法律概念,既有助于更好地协调行政公务员行政处分与非行政处分责任形式,消除两类责任形式之间的不统一、不协调、不好衔接的问题,也有利于统一行政主体公共行政法律责任形式,建立健全行政主体公共行政法律责任体系及相关的法律制度,消除对行政主体问责方面的认识与制度设计乱象。

二、实现公共行政法律责任的国家统一立法

针对我国在公共行政法律责任设定方面的乱象,理应优选公共行政法律责任的立法模式,统一公共行政法律责任立法。根据上述关于统一公共行政法律责任及其形式的建议,国家关于公共行政法律责任的统一立法可以考虑选择二元立法模式或一元立法模式。所谓二元立法模式是指对公务员行政法律责任与行政主体行政法律责任分别进行立法:对于公务员行政法律责任形式的完善,应通过修改《公务员法》等相关法律、行政法规,将部分适宜转化为行政处分的非行政处分责任形式纳入行政处分责任形式体系,作出统一规定,也可以鉴于"行政处分"概念泛化适用情况比较突出、行政处分责任与非行政处分责任难以精确区分等的实际情况,在立法上摒弃"行政处分"概念,借鉴域外的通常立法惯例,采用"行政惩戒"概念,将《公务员法》中所规定的行政处分变更为行

政惩戒,将《行政机关公务员处分条例》变更为《行政机关公务员惩戒条例》;对于行政主体行政法律责任形式的设定,可以通过制定《行政程序法》《行政机关惩戒条例》等立法文件,对行政机关或行政组织应当承担的行政法律责任形式作出统一的规定。所谓一元立法模式,则是指通过制定诸如《行政惩戒条例》或者《行政惩戒法》等专门性立法文件,对行政机关及其公务员的公共行政法律责任即行政惩戒作出统一规定。本文认为,选择一元立法模式比较适当。统一的国家行政惩戒立法应摒弃"行政处分""行政处理"等概念,对行政主体的惩戒形式、行政公务员行政惩戒形式等行政惩戒重要事项作出统一制度设计和安排,可以考虑由国务院先行制定适用于行政主体及其公务员的《行政惩戒条例》,在条件成熟时,再制定《行政惩戒法》。

尤其需要特别说明的问题是:在法律将政务处分设定为适用于所有公职人员的惩戒措施[①]的情况下,政务处分与行政处分关系的协调处理就成为了行政公务员责任立法难以绕开的问题。对此,相关论著提出了用政务处分替代行政处分说[②]与两种处分共存说[③]两种观点。本书认为政务处分只应是监察机关追究所有公职人员违法行为的外部性法律责任,行政处分仍属有重要存在价值的内部性行政法律责任,两者在处分形式、对象、事由、后果、程序以及救济途径等方面存在或者理应存在显著不同,

---

①　参见《监察法》(2018)第四十五条、《政务处分法》(2020)第二条。

②　参见朱福惠:《国家监察法对公职人员纪律处分体制的重构》,《行政法学研究》2018 年第 4 期。

③　参见徐继敏:《监察委员会政务处分行为探究》,《河南社会科学》2018 年第 10 期。

不应以政务处分替代行政处分,《政务处分法》只应是调整监察机关政务处分关系的专门法律。因此,在政务处分的国家立法之外,建立健全公共行政法律责任专门立法仍然是十分必要和重要的。

三、对公共行政法律责任形式体系进行立法重构

在公务员的行政法律责任形式亦即行政惩戒形式方面,我国现行《公务员法》及《行政机关公务员处分条例》所规定的行政处分形式包括警告、记过、记大过、降级、撤职、开除六种。在按照前述建议,摒弃行政处分概念,采用行政惩戒概念后,在原有行政处分方式的基础上,针对公务员的行政惩戒形式进行如下的立法重构:

1. 在行政惩戒形式方面,由轻及重增容为诫勉谈话、警告、责令检查、通报批评、记过、罚俸、减薪、调离、停职、免职、降级、撤职、开除十三种。其中诫勉谈话、警告、责令检查、通报批评、记过为申诫罚的责任形式;罚俸、减薪为财产罚的惩戒形式;调离、停职、免职、降级、撤职、开除属于资格罚惩戒形式。建议在惩戒形式之中取消原行政处分之中的"记大过"处分。主要理由是:在增设罚俸、减薪、调离、停职、免职等惩戒形式之后,已经在原"记过"与"降级"处分之间,有了更为合理且对受惩戒者权益产生直接影响的多个具有逐级加重特性的过渡性惩戒形式,完全可以替代"记大过"处分的惩戒功能,加之在原有六种行政处分形式中,就设置了两种性质相同、内容基本相同的"记过"处分形式,也不够严谨、不合逻辑。

2. 在惩戒期限方面,诫勉谈话为三个月;警告、责令检查、通报批评为六个月;记过、罚俸、减薪、调离、停职为十二个月;免职、降级为十八个月;撤职为二十四个月。

3. 在惩戒的法律后果方面,诫勉谈话一般不影响被惩罚者正常的晋职晋级,但在规定的惩戒期限内不得给予评先评优或获得其他与履行职务相关的荣誉、奖励;其他惩戒形式在规定的惩戒期限之内均不得晋升职务职级,原则上也不得给予评奖评优或与其职务有关的荣誉、奖励。其中,给予记过、罚俸、减薪、调离、停职、免职、降级、撤职惩戒的,在惩戒期限内不得晋升工资档次。给予开除惩戒的,不得再担任国家公务员。除了给予开除惩戒的之外,惩戒期满,被惩戒人确有悔改表现,且没有再次发生违法行为的,应当解除惩戒;如果给予惩戒的机关没有解除惩戒或者给予被惩戒的行政公务员新的惩戒,原惩戒期满视为惩戒自动解除;惩戒被解除或视为自动解除之后,行政公务员晋升工资档次、级别和职务以及评先评优等不再受原惩戒的影响。但解除调离、停职、免职、降级、撤职等惩戒形式的,不视为直接恢复原工作、原级别、原职务。

4. 在惩戒形式的具体适用方面,诫勉谈话、警告、责令检查、通报批评等在一年内对同一惩戒对象可以适用两次,其他惩戒形式在一年内只能适用一次。行政公务员同时有两种以上需要给予行政惩戒行为的,应当分别确定其惩戒形式,应给予两种以上不同惩戒形式的,执行其中最重的惩戒形式;应当给予撤职以下两个以上相同惩戒形式的,执行该惩戒形式,并在一个惩戒期以上多个惩戒期之和以下决定惩戒期限,但惩戒期最长不得超过48个月。此外,为了更好发挥财产罚的功能与作用,应规定罚俸、减薪可以与调离、停职、免职、降级、撤职等惩戒形式合并适用。

在行政主体的惩戒责任及其形式方面，建议在国家立法上给行政主体设定警告，责令检查，通报批评，承认错误、赔礼道歉，恢复名誉、消除影响、返还权益、恢复原状，罚款，行政赔偿等行政惩戒形式，并对各类惩戒形式设定一年的惩戒期限，规定在惩戒期限内被惩戒的行政主体不得评优评先、获得荣誉与奖励以及相关的经费、人员、办公设施等方面的政策优待。

第四节　明确划分公共行政法律责任的设定权限

就法律责任设定的一般规律和特性而言，作为公共行政法律责任的环境监管行政法律责任的设定主体应仅限于有立法权的国家机关。但从我国公共行政法律责任设定的现状来看，设定主体比较广泛且较为混乱，其既有立法主体，也有不享有立法权的政府行政机关；其既有国家机关，还有非国家机关。除了享有立法权的国家机关通过立法形式设定公共行政法律责任及其形式之外，一些行政主体还借助普通行政规范性文件设定了远远多于国家相关法律、法规、规章所规定的一般行政责任或者公共行政法律责任形式。对此应予以高度关注。

之所以目前在包括环境监管行政法律责任在内的公共行政法律责任设定方面存在主体广泛且混乱等问题，主要原因在于国家没有如行政处罚设定权那样，在法律上对公共行政法律责任的设定主体及其权限作出具体明确的界定与划分。因此，对公共行政法律责任设定主体及其权限作法律规制是十分必要和重要的。现依据宪法、相关法律的有关规定精神,结合立法和行政问责工作的实际,建议对立法主体的公共行政法律责任设定权限作如下的划分。

一、最高国家权力机关的设定权限

全国人民代表大会及其常委会,作为最高国家权力机关,可以设定任何关于公共行政的法律责任形式。由于公共行政法律责任关涉行政主体尤其是行政公务员的合法权益,按照责任法定原则的要求,不论是对行政公务员的行政惩戒,还是对行政主体的行政惩戒,应当通过统一的国家立法予以设定。但涉及减损行政公务员工资福利待遇、剥夺行政公务员财产权益、否定或免除行政职务任职资格、剥夺行政公务员公职身份等的行政法律责任形式(如罚俸、减薪、免职、撤职、开除等),以及导致行政公务员工资福利待遇减损、丧失职务职级晋升权利等法律后果的责任形式及其立法权应为法律保留权力,除了全国人大及其常委会有权通过法律设定之外,其他任何立法形式均不应享有设定权。

最高国家权力机关涉及公共行政法律责任的法律大致可以划分为两类:一类是公共行政法律责任专门法以及公务员管理的专门法。目前我国尚无统一的公共行政法律责任法律。建议先通过完善国家公务员专门法中关于国家公务员惩戒责任的规定,以及通过制定统一行政程序法等途径对行政主体及其公务员的行政法律责任作出与时俱进的规定。在条件成熟时,可制定统一的《行政惩戒法》或《国家行政机关及其公务员行政责任法(行政惩戒法)》,对公共行政法律责任的问责主体、责任形式、适用对象、问责事由、法律后果、适用原则与程序等作出具体明确的规定。另一类就是对特定行政领域的公共行政法律责任作出规定的行业或者部门行政管理方面的法律。例如,《环境保护法》对环境监管行政法律责任的规定。此类法律,既可以根据行业或部门行政管理的实际需要,对公共行政法律责任专门法、一般法的已有规定作出更加具体明确的规定,也可以依法创设新的公共行政法律责任形式。

二、最高国家行政机关的设定权限

国务院作为我国最高国家行政机关,统一领导、管理、监督全国的政府行政工作,当然可以设定除了法律保留的公共行政法律责任以外的其他任何形式的公共行政法律责任。但国务院设定公共行政法律责任应当遵从下列要求:一是公共行政法律责任只能通过行政法规来设定,其他行政规范性文件及政策性文件均不得设定。二是对于法律已经对行政主体及其公务员的违法行为设定了行政法律责任的,行政法规只能对之作执行性、补充性的具体化规定,且其对行政法律责任问责事由、责任形式以及量罚幅度等的规定不得超过法律规定的范围,不得与法律的规定相抵触或矛盾。三是对于法律没有对行政主体及其公务员的行政违法行为设定行政法律责任的,除了法律保留的事项之外,行政法规可以创设新的责任形式及其相应法律后果。

三、有立法权的地方权力机关的设定权限

虽然 2015 年修订的《立法法》赋予了设区的市的地方人大及其常委会地方性法规制定权,但根据《立法法》的规定,只有省级人

大及其常委会可以根据行政区域的具体情况和实际需要,在其立法权限范围之内制定各个方面的地方性法规。其他设区的市、自治州人大及其常委会只能在不同宪法、法律、行政法规和本省、自治区的地方性法规相抵触的前提下,可以对城乡建设与管理、环境保护、历史文化保护等方面的事项制定地方性法规。因此,在拥有地方性法规立法权限的地方立法主体中,原则上应赋予省级人大及其常委会在与法律、行政法规不相抵触的前提下,通过地方性法规设定公共行政法律责任的权限。但其设定公共行政法律责任必须遵循下列基本要求:一是不得设定属于法律、行政法规保留的公共行政法律责任,不得针对行政主体及其公务员创设属于法律、行政法规立法权限的行政法律责任形式;二是法律、行政法规对公共行政法律责任问责事由已经作出规定的,须在法律、行政法规规定的追究行政法律责任的行政违法行为及其责任形式的种类和幅度范围内作出执行性、补充性的具体规定;三是对于应追究公共行政法律责任的行政违法行为,法律、行政法规没有设定行政法律责任的,可以在法律授权范围之内创设一定的公共行政法律责任。至于其他设区的市、自治州的地方性法规原则上只能在严格遵循不抵触原则的前提下,在法律、行政法规、本行政区域省级地方性法规所规定的追究行政主体及其公务员行政法律责任的违法行为、责任形式种类和幅度的范围内作出必要的执行性、实施性的具体规定。但如果对于应追究公共行政法律责任的违法行为,法律、行政法规、本行政区域省级地方性法规没有设定行政法律责任的,可以在法律法规规定的责任形式范围之内,设定相应的行政法律责任。

四、有规章立法权的国家行政机关的设定权限

根据《宪法》《立法法》等的规定,国务院组成部门以及具有行政管理职能的直属机构可以制定部门行政规章;地方设区的市以上的人民政府可以依法制定地方政府规章。为了避免公共行政法律责任设定的乱象,应当明确规定行政规章不得在法律、行政法规、地方性法规的规定之外创设任何形式的公共行政法律责任,但可以赋权行政规章在严格遵循不抵触原则的前提下,在法律、行政法规、地方性法规所规定的追究行政主体及其公务员行政法律责任的形式、种类和幅度的范围内作出必要的执行性、实施性的具体规定;对于应追究公共行政法律责任的违法行为,法律、行政法规、地方性法规没有设定行政法律责任的,可以在法律法规规定的责任形式范围之内,设定相应的行政法律责任。所有国家行政机关均不得在非立法性的行政规范性文件之中设定任何形式的惩戒责任。

为了维护国家法律的权威性,贯彻依法治国的精神,同时也为了避免在公共行政法律责任设定方面的党政职能混同等不良现象的发生,切实维护公共行政法律责任主体尤其是行政公务员的合法权益,应正确处理公共行政法律责任的设定与党的纪律处分设定的相互关系,实现国家法律与党内法规、党内规范性文件的有机协调和衔接。其重点是要严格规范党内法规、规范性文件设定纪律处分的权限。建议将设定党的纪律处分的权限只授予党的中央领导机关、中央纪律检查机关和省行政区域内省级党的领导机关,禁止其他党的领导机关、纪律检查机关以及党组织设定任何形式的党的纪律处分。党的中央领导机关、中央纪律检查机关可以依

法依规创设对党员的纪律处分责任。省级党的领导机关可以在中央所规定的给予纪律处分的违纪行为、种类和幅度的范围内作出关于党的纪律处分的执行性、实施性的具体规定；在对于应受纪律处分的违纪行为中央尚没有设定纪律处分责任的，可以创设纪律处分责任，但纪律处分的规定不得超出中央相关党内法规、规范性文件所规定的纪律处分形式及其不利后果。同时，党内法规、规范性文件所设定的党的纪律处分应当与对行政公务员的行政处分等责任形式相适应与对应，且不得侵损宪法、法律赋予行政公务员的法定权利，不得以党纪代替行政处分等公共行政法律责任。

第五节　科学设定环境监管行政法律责任问责事由

问责事由是对环境行政主体及其公务员追究环境监管行政法律责任的事实根据。如果问责事由设定不科学、不合理，即便设定了环境监管行政法律责任，也难以得到切实有效的实施。因此，科学设定问责事由是健全环境监管行政法律责任制度不可或缺的方面。由于环境监管领域之内，实际存在的违反环境监管义务性规范的行为复杂多样，在关于环境监管行政法律责任的立法中不可能同时也没有必要将所有的违反环境监管义务的行为均设为问责事由。问责事由的设定应当严格遵循问题导向的原则，根据环境监管工作的实际情况及提高环境监管质量与效能的需求，在对环境监管行政违法行为的类型作出科学划分与理性判断的基础之上，综合考虑环境监管行政违法行为的多发性、高发性、典型性、重要性、危害性等因素，按照"抓主抓重"的基本思路作出科学设定。

一、问责事由的设定应妥善处理三个重要关系

（一）公共行政法律责任一般法与环境监管行政法律责任问责事由的设定关系

《公务员法》《行政机关公务员处分条例》等立法文件属于规定公共行政法律责任的专门性立法。作为公共行政法律责任的专门性立法，它们在公共行政法律责任问责事由的设定方面具有全面性、系统性、一般性等特点。而环境保护立法是调整特定环境保护法律关系的立法，环境监管行政法律责任的设定虽然是其不可或缺的组成部分，但并非立法的主题所在，在环境保护立法文本及其法律规范设置中所占的篇幅、比重通常也不会太高。因此，公共行政法律责任专门性立法与环境保护立法两者在环境监管行政法律责任问责事由的设定方面，彼此之间是一种"一般法"与"特别法"、"面上规定"与"点上规定"的相互关系。首先，公共行政法律责任专门法相对于环境保护立法而言，在公共行政法律责任问责事由及其责任的设定方面属于一般法，而环境保护立法中对环境监管行政法律责任的规定属于特别法。从特别法与一般法的原理而论，环境保护立法通常应依据公共行政法律责任一般法的规定设定具体的环境监管行政法律责任，但在必要时亦可在法律赋予的立法权限范围之内对环境监管行政法律责任作出有别于公共行政法律责任一般法规定的规定。但为保持法制统一性，这种特别性规定可以是问责事由、问责主体、问责程序等方面的规定，原则上不应创设新的问责形式。其次，公共行政法律责任专门立法的

性质、地位、任务、功能等因素决定,其通常要对属于调整范围之内的行政法律责任问责事由作出比较全面、系统的"面上规定",而环境保护专门性立法的性质、地位、任务、功能等因素决定,其一般只能针对环境行政主体及其公务员的环境监管行政法律责任问责事由作出"点上规定"即作出更具有针对性的规定。公共行政法律责任专门性立法与环境保护专门性立法在设定公共行政法律责任问责事由方面的这种职能分工决定,环境保护立法在设定环境监管行政法律责任问责事由时,对于公共行政法律责任专门法已经作出了明确规定的问责事由,一般无需照抄照搬;对于公共行政法律责任专门法规定过于原则、笼统或者含义不明的问责事由,环境保护立法可以结合环境监管行政违法行为的实际情况,作出具体、明确的针对性规定;在环境保护法律、行政法规与地方性法规中,如果公共行政法律责任专门法没有将特定违法行为作为公共行政法律责任问责事由,有关立法主体可以在各自的立法权限范围之内将该违法行为设定为公共行政法律责任问责事由,并规定相应的行政法律责任。

(二) 环境监管义务性规范与环境监管行政法律责任问责事由的相互关系

环境监管行政法律责任是行为人未履行或者未按照法律规定的标准履行环境监管法律义务而必须承担的不利法律后果,法律义务是环境监管行政法律责任的前提,环境监管行政法律责任是法律义务的保障,环境监管行政法律责任离开法律义务无从谈起,法律义务离开环境监管行政法律责任也形同具文。① 因此,设定环

① 参见刘志坚:《环境监管行政法律责任设定缺失及其成因分析》,《重庆大学学报》(社会科学版)2014年第2期,第107页。

境监管行政法律责任必须处理好义务性规范与法律责任规范之间的对应、衔接与协调关系。但主张"在行政法律责任与法律义务之间实现无缝衔接,做到一个法律义务条款,就必须有一个行政法律责任条款与之对应"①显然并不具有实际可行性。这不仅仅是因为,立法为了规范、引导社会成员按照立法者的意愿行为,不但要设置义务要求强度较高的必为性、禁为性义务性规范,还要设置诸多义务要求强度相对较弱的具有政策性、指向性、引导性、原则性的应为性义务规范,按照责任谦抑原则等的要求,不应当也无可能对所有的违反法定义务的行为设定高度对应的行政法律责任;还是因为社会成员违反法定义务的违法行为十分复杂,不但在违法的主观形态上有故意和过失之分,在违法的情节及程度上有轻重之分,而且在违法的社会危害性及其后果等方面存在较大的差异性,加之成文法的局限性等因素的影响,显然没有必要也没有可能在立法中针对所有违反了法定义务的行为规定相应的行政法律责任。同理,在环境保护立法中也只能针对环境行政主体及其公务员违反法定义务的部分违法行为设定相应的行政法律责任,不可能也无必要针对环境行政主体及其公务员的所有违反法定义务的行为设定高度对应的具体环境监管行政法律责任。因此,在处理环境监管义务性规范与环境监管行政法律责任问责事由设定的相互关系方面,需要重点关注与思考的问题并不是要不要对违反环境监管义务性规范的违法行为设定相对应的行政法律责任问题,而应是将哪些违反环境监管义务性规范的行为设定为行政法律责

---

① 杜春、马培培:《法律责任的设定原则及其应用——以 2007 年修订后的〈律师法〉为例》,《中国司法》2010 年第 2 期,第 65 页。

任问责事由的问题。

　　根据我国环境监管工作的实际情况及环境监管行政法律责任设定原则的要求,环境保护法律法规理应在完善环境监管义务性规范设置的基础上,重点将诸如在环境规划、环境标准、环境项目等的编制、变更或审批,以及环境监管行政执法过程中的不作为、慢作为、乱作为等对环境行政主体及其环境监管活动的社会有效形象或声誉、环境监管行政秩序、环境监管工作的质量与效能、行政相对人权益产生或者有可能产生重要负面影响的环境监管违法行为,以及不设定行政法律责任在实践中明显不利于督促行政公务员尽职尽责、不利于有效查办环境违法行为、不利于防控环境污染事件发生、不利于特定环境保护法律制度贯彻落实、不利于保护行政相对人环境权益等的环境监管违法行为设定为环境监管行政法律责任问责事由并规定相应的责任。

　　(三) 对环境行政主体问责事由的设定与公务员问责事由的设定关系

　　虽然现行环境保护法律法规之中针对环境行政主体设定的大量义务性规范同时也当然对环境行政公务员具有法律上的约束力、执行力,也同时属于环境行政公务员应当履行的法定义务,[①]但

---

　　① 国家公务员与国家行政主体的关系是具体化了的国家公务员与国家的关系。在国家公务员与国家行政主体之间,国家公务员作为特定行政主体的工作人员,在行政管理领域直接以所在行政主体的名义和意志从事职务所允许的行政管理活动。国家公务员的职务行为要受到行政主体职责和权限范围的拘束,同时也严格受所担任职务的权责范围的约束及行政主体各项规章制度及纪律守则的约束。国家公务员在行使行政职权的同时,必须承担相应的行政职责。参见刘志坚、程雁雷主编:《行政法与行政诉讼法学》,人民法院出版社、中国社会科学出版社2003年版,第88—89页。

因目前我国尚未建立健全关于环境行政主体的行政法律责任制度,环境监管行政法律责任的规定实质上基本是针对公务员所设定的。换言之,现行环境保护法律法规中所设定的环境监管行政法律责任问责事由主要限于环境行政公务员的环境监管行政违法行为,一般不包括行政主体的环境监管行政违法行为。因此,要进一步建立健全环境行政主体的行政法律责任制,在环境监管行政法律责任问责事由的设定方面就必然存在一个如何对环境行政主体问责事由与其所属公务员问责事由的设定进行协调、衔接的问题。对此,笔者认为可以从以下几个方面入手:

1. 对同一环境监管行政违法行为,需要同时追究环境行政主体与其公务员行政法律责任的,可以将该违法行为设定为追究环境行政主体及其公务员环境监管行政法律责任的共同法定事由,并对两类责任主体应当承担的具体责任形式分别作出具体规定。例如,可以把《环境保护法》(2014)第六十八条第一款第(三)项所规定的"依法应当作出责令停业、关闭的决定而未作出的"环境监管行政违法行为同时作为追究环境行政主体行政法律责任与负有领导责任、直接责任的公务员行政法律责任的问责事由,并对环境行政主体及其公务员应当承担的行政法律责任形式分别作出具体规定。因环境行政主体的环境监管行政违法行为通常因特定公务员的行为所造成,追究环境行政主体行政法律责任与公务员行政法律责任的事由大多数情况下肯定是相同或竞合的,所以,设定同一环境监管行政法律责任问责事由,并对环境行政主体责任与其公务员责任作出规定应当是最基本的模式选择。

2. 在环境行政主体违反了法律明确为其设定的环境监管义务性规范时,应当在环境保护立法中只将该违法行为设为对环境行政主体进行行政问责的事由,并对其应当承担的行政法律责任作出独立的规定。例如,如果大气污染防治重点城市没有按照《大气污染防治法》第十七条第三款的规定①,按期实现大气环境质量达标,就应当对该城市人民政府设定并追究相应的行政法律责任。当然,在必要时也可以对负有责任的政府领导及相关公务员设定相应的行政法律责任。否则,类似规定就很难得到切实有效的贯彻执行。

二、问责事由的设定应做到和实现三个兼顾

(一) 兼顾环境监管实体违法行为与程序违法行为问责事由的设定

长期以来,受"重实体轻程序"的传统观念的影响,我国环境保护立法在环境监管义务性规范的设置方面存在比较突出的重实体性义务规范设置而轻程序性义务规范设置问题。与之相适应,环境监管行政法律责任规范通常主要针对环境行政公务员违反实体性义务规范的行为而设定,涉及行政程序违法行为的环境监管行政法律责任条款鲜见。要破解环境监管乏力、低效的环境治理困局,必须在环境保护立法中兼顾环境行政主体及其公务员实体违法行为与程序违法行为的行政法律责任的设定。尤其是要重视对重要的环境行政程序违法行为的行政法律责任设定。这是因为,

---

①　《大气污染防治法》(2000) 第十七条第三款规定:"未达到大气环境质量标准的大气污染防治重点城市,应当按照国务院或者国务院环境保护行政主管部门规定的期限,达到大气环境质量标准。该城市人民政府应当制定限期达标规划,并可以根据国务院的授权或者规定,采取更加严格的措施,按期实现达标规划。"

行政程序对环境监管具有重要的秩序性、控权性、效率性、正义性价值和功能,不但是保障环境行政实体性权利义务有效实现的基础性法律机制,也是切实保障环境监管质量与效能不可或缺的基础性法律机制。如果对重要的环境监管程序性违法行为不设定、不追究相应的环境监管行政法律责任,环境行政程序及其制度就形同虚设,其执行力就会因此而在实质上弱化。因此,在环境监管行政法律责任问责事由的设定方面,在科学、合理设定环境行政实体违法行为问责事由的同时,应将那些违反法定的主要环境行政程序、强制性环境行政程序①的程序违法设定为问责事由,并设定相应的行政法律责任。为了有助于提高环境监管工作的质量与效能,在必要时也可以将违反环境行政程序特定程序要素(步骤、方式、形式、时限)义务的行为设定为环境监管行政法律责任问责事由。例如,为了提高环境监管效能,可以针对重要环境监管工作中明显超过法定作为时限的行为设定相应的行政法律责任。

(二)兼顾作为的环境监管行政违法行为与不作为环境监管行政违法行为问责事由的设定

在我国环境监管领域,超越职权、滥用职权等作为的环境

---

① 根据环境行政程序在环境监管过程中的地位、作用及其对行政相对人权益影响的程度等的不同,可以将环境行政程序划分为主要环境行政程序与次要环境行政程序。主要环境行政程序是在实施环境行政行为过程中发挥重要作用的、不可或缺的程序,是指对环境行政相对人的合法权益、环境行政效能与质量等具有或者可能具有实质性影响的环境行政程序,如环境行政处罚中的告知程序、听取陈述申辩的程序、听证程序等就属于此类程序。所谓强制性环境行政程序,是相对于任意性环境行政程序所言的概念,是指环境行政主体及其公务员在实施环境行政行为时依法必须履行的程序,而任意性环境行政程序则是指环境行政主体及其公务员可以依法自主选择适用的程序。参见刘志坚:《环境行政法论》,兰州大学出版社 2007 年版,第 206—207 页。

监管行政违法行为虽不鲜见,但环境监管不作为的违法行为表现得更为突出。所谓环境监管不作为,是指环境行政主体及其公务员对法律、法规规定其应当履行,客观也具备履行条件的某项环境监管职责或义务,不予履行或者拖延履行的违法行政行为状态。由于在我国环境监管领域,许多环境污染与破坏事件总是直接或间接与环境监管的不作为、慢作为、不能有效作为等有关,人们将环境监管不作为视为了环境资源不断遭到破坏、环境污染顽疾久治不愈的重要根源之一。因此,在设定环境监管行政法律责任问责事由时,既要关注作为的环境监管行政违法行为,也要特别关注不作为、慢作为的环境监管行政违法行为,对那些可能给环境监管质量与效能、行政相对人合法权益等带来重要负面影响的环境监管不作为行为设定具体明确的环境监管行政法律责任。

（三）兼顾内部环境监管行政违法行为与外部环境监管行政违法行为问责事由的设定

对于内部性环境监管行政法律责任问责事由的设定而言,针对有可能对国家和公共利益、行政质量与效能、相对人权益产生重要负面影响的内部性环境监管违法行为,针对性设定问责事由及其相应的行政法律责任,可以更好地发挥环境监管行政法律责任的警示、预防与控制的功能,有助于防控不良外部性环境监管行政违法行为及其不利法律后果的发生。因此,内部性环境监管问责事由应当主要针对提供虚假决策信息、滥用职权、作出违法行政决策（决定）以及行政决策不作为等违法行为设定。

对于外部性环境监管行政法律责任问责事由的设定而言,其问责事由及其行政法律责任的设定应着眼于对环境行政执法过程中的行政违法行为的控制,重点针对有可能对环境监管质量与效能、行政相对人权益产生重要负面影响的诸如滥用职权等行政作为违法、行政不作为等环境监管行政违法行为设定问责事由及其相应行政法律责任。

三、问责事由的设定应抓住两个关键

环境行政主体及其公务员的环境监管行政违法行为种类繁多、形式多样,深具复杂性。如果不分主次、不分轻重,试图在环境保护立法中将其全部或者大部设定为问责事由,显然既无可能性,也无必要性。应当"抓主抓重",不能面面俱到。在环境保护立法中,应否将违反环境监管义务性规范的违法行为设定为问责事由,并规定相应的行政法律责任,主要应当考虑以下两个方面的因素:一是环境监管行政违法行为的社会危害性。社会危害性是国家通过立法形式将某种社会行为宣布为违法的前提。因此对被国家立法宣布为违法的环境监管行为是否实际设定环境监管行政法律责任,以及设定何种类型、何种程度的环境监管行政法律责任,主要取决于违法行为的社会危害性。如果违法行为显著轻微且社会危害性较小,可以不设或者不追究其相应的环境监管行政法律责任,即便要针对违法行为设定环境监管行政法律责任,其责任的轻重当然主要应取决于违法行为社会危害性的大小。同理,环境监管行政法律责任问责事由的设定理应首先判断环境监管各类违法行为的社会危害性,并针对那些社会危害性较大且公共行政法律责任专门法尚未作出规定的环境监管行政违法行为设定相应的行政法律责任。具体言之,在环境保护立法中重点应当针对那些对环境监管行政秩序、环境监管质量与效率、国家与公共利益、行政相对人合法权益产生或者可能产生较大危害的环境监管行政违法行为设定相应的行政法律责任。二是环境监管行政违法行为发生的频度。所谓环境监管行政违法行为发生的频度,是指同一或同类环境监管行政违法行为发生的频次或概率。在环境监管实践中,环境监管行政违法行为的发生频度是有较大差异性的,受多种因素的制约或影响,有些环境监管行政违法行为发生的频度较低,有些环境监管行政违法行为发生的频度较高。设定环境监管行政法律责任问责事由及其责任虽然并不能纯粹以违法行为的发生频度为根据,但重点针对那些发生面较广、发生频度较高、屡禁不止的环境监管行政违法行为设定具体、明确、适当的行政法律责任乃至于其他性质的法律责任却是十分必要的。因为,多发性、高发性且屡禁不止的环境监管行政违法行为,相对于偶发性的环境监管行政违法行为,通常对环境监管秩序、质量与效能的影响更加深重,整体上对国家、集体及行政相对人权益影响的广度、强度更大,其社会危害性更加明显和突出。要使环境监管行政法律责任的设定实现预期的目标,理应将发生频度较高的环境监管行政违法行为作为重点管控的对象。

基于以上认识,本文认为在环境保护立法中设定环境监管行政法律责任问责事由,应当聚焦滥用职权的环境监管行政违法行为、行政失职的环境监管行政违法行为这两类关键性环境监管行政违法行为。

（一）滥用职权的环境监管行政违法行为

滥用职权的环境监管行政违法行为属于滥用行政职权的范畴。关于滥用行政职权，学界众说纷纭，莫衷一是。其主要围绕以下三个基本问题而展开：（1）在所滥用的行政职权的类别方面，滥用行政职权仅限于行政自由裁量权，还是也包括行政羁束裁量权。主流的观点认为，滥用行政职权仅限于滥用自由裁量权，滥用行政职权与滥用行政自由裁量权系同义概念。① 但也有一些论著认为滥用职权不应仅限于滥用自由裁量权，还应包括滥用羁束裁量权。② （2）在滥用行政职权的行为类型或形态方面，滥用行政职权仅限于作为行为，还是也包括不作为行为。一种观点认为，滥用行政职

---

① 其代表性观点，如"行政滥用职权，即滥用行政自由裁量权，系指行政主体在自由裁量权限范围内不正当行使行政权力而达到一定程度的违法行为"（胡建淼：《有关行政滥用职权的内涵及其表现的学理探讨》，《法学研究》1992年第3期，第11页）；"行政滥用职权，即滥用行政自由裁量权，是指行政主体在自由裁量权限范围内不正当行使权力造成显失公正的行政违法行为"（朱新力：《行政滥用职权的新定义》，《法学研究》1994年第3期，第34页）；"滥用职权，即滥用自由裁量权，是指行政主体及其工作人员在职务权限范围内违反合理性原则的自由裁量行为"（应松年：《行政法学新论》，中国方正出版社1998年版，第589页）。

② 其代表性观点，如"滥用职权不限于滥用自由裁量权，羁束裁量权也可能被滥用。因此，滥用职权与滥用自由裁量权之间不能画等号。滥用自由裁量权只是滥用职权的一种表现形式，除了滥用自由裁量权之外，滥用职权还包括滥用其他权限的行为"〔姚锐敏：《关于行政滥用职权的范围和性质的探讨》，《华中师范大学学报》（人文社会科学版）2000年第5期，第113页〕；"行政滥用职权除了包括滥用自由裁量权外，还应该包括滥用羁束裁量权和其他权限的行为"（牛睿：《论行政职权的滥用与制约监督》，《辽宁行政学院学报》2003年第5期，第14页）；"行政滥用职权不仅存在于自由裁量权领域，羁束裁量权亦存在滥用之可能，且实践中有滥用羁束裁量权之现实"〔彭云业、张慧平：《行政滥用职权之正确界定》，《山西大学学报》（哲学社会科学版）2001年第3期，第69页〕。

权仅限于行政作为行为,不应包括行政不作为行为。① 但也有论著认为滥用行政职权既可以表现为作为,也可以表现为不作为。②(3)在滥用行政职权的性质界定方面,滥用行政职权的行为究竟属于违法行为,还是不当行为。一种观点认为,滥用行政自由裁量权属于不当行政,是不合理的行政行为,而不是或者不一定是违法行为。③

---

①　例如,有论著认为"滥用职权与放弃职守具有不同的含义,前者是已经行使了职权,即作为;而后者则是未履行职责,即不作为。滥用职权行为只能是作为,故意放弃职守的行为不属于滥用职权"(李永鑫、吴步钦:《滥用职权罪散论》,《人民检察》1998年第3期,第5页);有论著认为"在行政超越职权的情况下,行政主体的行政行为与自己的职权无关,是对他人职权的侵占,在行政放弃职权的情况下则是对自己的职权不以为之。惟有在行政滥用职权的情况下,行政机关所实施的行政行为是对自己职权的一个延伸,它既没有超越别人的职权,也没有蔑视自己的职权,而是对自己职权的一种延伸,如实施行政行为时本不该考虑相关因素而考虑之。行政滥用职权的这一属性是最为本质的,如果说故意过错是行政滥用职权与其他不当职权行使行为最为本质的主观区别的话,那么,行政职权的不当延伸则是行政滥用职权与其他不当职权行使最为本质的客观区别"(关保英:《论行政滥用职权》,《中国法学》2005年第2期,第61—62页)。

②　例如,《析行政滥用职权》(刘沛,《中国检察官》2007年第3期)、《论"行政滥用职权"的界定及其适用》(邱胜侠,《学理论》2010年第35期)等论著将"不作为或故意拖延"作为行政滥用职权的表现形式之一。

③　例如,有论著认为"滥用自由裁量权不属于违法行为,而是一种不合理的行政行为。……滥用自由裁量权是一种符合合法性原则要求但不符合合理性原则要求的不当行政。一般认为,滥用自由裁量权是在法定范围内产生的行政瑕疵,这种行政瑕疵的基本特征之一是行政主体实施的职权行为没有超越其法定职权,没有违反法定程序,认定事实、适用法律也不存在明显错误。由此可见,滥用自由裁量权已基本满足了合法性原则的要求,从一定意义上讲是一种合法行为"[姚锐敏:《关于行政滥用职权的范围和性质的探讨》,《华中师范大学学报》(人文社会科学版)2000年第5期,第116—117页];有论著认为"依据行政行为是对羁束裁量权还是自由裁量权行使的违反,可以将行政违法具体分为行政违法与行政不当两种形式。……违反羁束性法律规定和自由裁量的法律规定的行政行为,从广义上言之都属于行政违法行为。但具体地看,羁束行政行为只会发生是否合法的问题,而行政自由裁量行为可能符合法律规定的范围却不合理。因此,有必要与这两种行政行为相对应,区分行政违法与行政不当"(杨解君:《行政违法论纲》,东南大学出版社1999年版,第39页)。

但另一种观点认为滥用自由裁量权的行为是一种违法行为,而不是行政不当行为。① 本文认为,一方面行政自由裁量权与羁束裁量权是一个相对概念,法律规范对行政活动的规制往往既有裁量性规定,又有羁束性的规定,无论是自由裁量权,还是羁束裁量权都有被滥用的可能性。另一方面,即便是行政自由裁量权虽然可以有违法行使与不当行使之分,但如果将"滥用"作为"自由裁量权"的定语,所表达的理应是明显超越自由裁量权的限度、范围而故意实施的违反了授权性法律规范的行为,并不是指在自由裁量权限范围之内的一般性的不合理、不适当行为。例如,如果在法定的行政处罚的幅度之内,行政主体针对行政相对人作出了明显过轻或者过重的行政处罚,所涉及的通常是一个是否合理适当的问题,并不是滥用职权问题或违法问题;但如果超过了法定的行政处罚幅度作出了行政处罚决定,所涉及的肯定就不是一个是否适当合理的问题,而是典型的滥用职权的违法行为。因此,本文赞同滥用行政职权是滥用行政自由裁量权与羁束裁量权的违法行为的观点,并将滥用行政职权视为相对于行政失职的一类作为的行政违法行为,通常是指行政主体及其公务员在行政管理活动过程中,违背法定目的、原则、精神与职责权限,基于不良动机与非法目的,故意错误行使行政职权的违法行为。其主要表现为故意超越职权的违法行为、在职权范围内故意实施存在实体性错误的行为(包括行为对象错误、行为内容错误等)、在职权范围之内故意违反法定程序的错误行为等行为样态。

---

① 参见胡建淼:《有关行政滥用职权的内涵和表现的学理探讨》,《法学研究》1992 年第 3 期,第 11 页。

　　滥用职权的环境监管行政违法行为属于滥用行政职权的范畴,故本文关于滥用职权的观点当然适用于环境监管行政违法行为。由于,滥用职权的环境监管行政违法行为无论是对环境监管的社会有效形象的树立、环境监管秩序与效能的建设,还是对国家、集体、行政相对人合法权益的维护,乃至于环境保护法律制度的正确有效贯彻执行等都具有重要的负面影响,环境保护法律法规在设定行政法律责任问责事由及其责任时,应当将其作为重点之一,针对在环境监管过程中故意超越职权的错误行为、在环境监管行政职权范围内故意实施存在实体性错误的行为以及在环境监管行政职权范围之内故意违反较为重要的法定程序的错误行为设定具体明确的行政法律责任。尤其要把环境规划的编制与审批、环境标准的制定、环境行政许可审批、环境行政强制、环境行政收费与征税、环境行政处罚等方面的滥用职权行为作为设定行政法律责任问责事由及其责任的重点,以强化行政法律责任对环境监管滥用职权行为的防控功能。

(二) 行政失职的环境监管行政违法行为

　　行政失职行为,大致与不作为的行政违法行为同义,学界对其有大同小异的理解与认识。例如,有论著认为行政失职是指行政主体依行政相对人的合法申请,应当履行也有可能履行相应的法定职责,但却不履行或者拖延履行的行为形式;[①]有论著认为行政失职是指行政主体及其工作人员因不履行法定的作为义务而构成的行政违法;[②]有论著认为行政失职是指行政主体违反其所负有的

---

① 　参见罗豪才:《中国司法审查制度》,北京大学出版社1993年版,第168页。
② 　参见应松年:《行政法学新论》,中国方正出版社1998年版,第581页。

法定行政作为义务的行为①。根据学界对行政失职的通常理解,所谓行政失职的环境监管行政违法行为,就是指环境行政主体及其公务员故意或过失未依法履行法定的环境监管作为义务的违法行为。其主要表现为拒不履行法定的环境监管作为义务、拖延履行法定的环境监管作为义务、不按照法律规定正确履行法定的环境监管义务等方面。由于我国环境污染事故高发、频发、多发,与环境行政主体及其公务员没有有效履行环境监管职责,在环境监管方面存在比较突出的失职渎职行为有紧密的关系,所以为了提高环境立法及其制度的有效性,应当将行政失职的环境监管行政违法行为作为环境保护法律法规设定环境监管行政法律责任的重要问责事由。

第六节　优选环境监管行政法律责任的设定模式

如前所述,环境监管行政法律责任条款设置模式主要包括了环境监管行政法律责任条款衔接模式、条款排列模式与条款表述模式三类。为了提高环境行政法律责任条款设定的科学性、合理性、针对性、实际可操作性,切实保障环境监管行政法律责任规范制度设定的科学性及其贯彻实施的有效性,应当优选设定模式。

---

① 参见姚锐敏:《论行政失职》,《河北法学》2001年第5期,第47页。

一、优选环境监管行政法律责任条款衔接模式

在设定环境监管行政法律责任条款时,应当改变立法观念,善于将主要适用于设定行政相对人责任的条序对应模式运用于设定环境行政主体及其公务员的环境监管行政法律责任,即在设定环境监管行政法律责任事由及其责任时应当尽量采用条序对应模式,在不便采用条序对应模式,或者需要对违反若干个义务性条款的行为概括设定同一环境监管行政法律责任时,也可选择采用行为对应模式。尤其是要尽最大可能摒弃我国现行环境保护法律法规在设定环境监管行政法律责任时普遍采用的非对应设置模式(指环境保护法律法规中所设定的环境监管行政法律责任规范条文所描述的违法行为在同一法律文本中并无相对应的具体义务性规范,但在理论上对应了公共行政法律责任的专门法中所设定的具有一般性、公知性的义务性条款的情况),采用与公共行政法律责任专门法相关条款严格对应与衔接的设定模式。例如,应当改变诸如《海洋环境保护法》(2017)第九十三条①此类高度概括且缺乏实际可操作性的环境监管行政法律责任设置模式,需要在环境保护法律法规中设定新的或者更具体的环境监管行政法律责任问责事由及其责任的,应当对应立法文本中相应的环境监管义务性条款序号设定环境监管行政法律责任条款;不需要在公共行政法律责任专门法所规定的问责事由之外设定新的、具体的问责事由

---

① 《海洋环境保护法》(2017)第九十三条规定:“海洋环境监督管理人员滥用职权、玩忽职守、徇私舞弊,造成海洋环境污染损害的,依法给予行政处分;构成犯罪的,依法追究刑事责任。”

及其相应责任的,应具体明示或引用专门法关于公共行政法律责任的对应条款。

二、优选环境监管行政法律责任条款排列模式

在环境监管行政法律责任条款排列模式方面,应当根据环境保护法律法规调整事项与范围的大小、条款设置数量的多寡分别选择集中排列模式与分散排列模式。具体言之,在调整事项和范围较小、条款设置较少且不需设章、节编排的环境保护法律法规中,应当对环境监管行政法律责任条款在立法文本后部进行连续集中排列,亦可将环境监管义务性条款与违反该义务性条款的环境监管行政法律责任设置在同一条文之中,不实行义务性条款与环境监管行政法律责任条款在立法文本中的分离性表述,对环境监管行政法律责任条款进行合逻辑的分散排列;在调整事项和范围较广、条款设置较多且需要设章、节编排的环境保护法律法规中,应当将环境监管行政法律责任条款集中排列在专设的"法律责任"章中。

三、优选环境监管行政法律责任条款表述模式

在环境监管行政法律责任条款表述模式方面,由于环境保护立法文件在环境监管行政法律责任衔接模式选择上既没有采用条序对应模式,也没有广泛采用与立法文本中的义务性条款的规定具体、明确衔接的行为对应模式,大量的关于环境监管行政法律责任的条款不是对应该立法文本而是其他法律法规文本(主要是指

公共行政法律责任专门法）中的义务性规范所设定，因而，在环境监管行政法律责任的条款表述模式选择上只能相应大量采用概括引证式，兼采行为列举引证式、概括设定式与列举设定式等模式。因此，要在环境保护法律法规之中设定好环境监管行政法律责任，必须优化环境监管义务性条款与环境监管行政法律责任条款衔接模式，积极广泛采用条序对应、行为对应模式的环境监管义务性条款与环境监管行政法律责任条款的衔接模式，继而在此基础上摒弃概括引证式，严格控制采用列举引证式，主要采用列举设定式的环境监管行政法律责任条款表述模式。

要克服环境监管行政法律责任在设定模式选择上存在的问题，关键是要处理好公共行政法律责任一般法所规定的问责事由与环境保护法律法规在设定环境监管行政法律责任问责事由时的衔接关系，改变或者优化环境监管行政法律责任条款表述中对适用公共行政法律责任一般法规定的"引证式"表述。因为，如前所述，如果仅仅依据《公务员法》《行政机关公务员处分条例》等行政处分一般法关于处分事由的规定来追究环境行政公务员环境监管行政违法行为的行政处分责任还面临诸多问题。行政处分一般法在处分事由规定方面几乎无法避免的综合性、原则性、概括性，环境行政公务员实施或可能实施的环境监管行政违法行为的复杂性、多样性，以及一般法对公共行政违法行为处分事由设定的缺失等因素决定，在环境保护法律法规之中针对环境行政公务员的环境监管行政违法行为设定特别的、专门的处分事由，既是十分必要的，也是十分重要的。做好环境保护法律法规中环境行政处分条款设定及其与《公务员法》《行政机关公务员处分条例》在处分事由等方面的有机衔接，既是建立健全环境监管行政法律责任制度的客观需要,也是保障环境行政处分责任得到有效实现的重要制度。为此,应按照下列方式方法做好环保法律法规中的行政处分规范设定及其与行政处分一般法有关处分规范的有机衔接:

1. 立法主体对在环境保护法律法规中拟设定行政处分的环境监管行政违法行为,如果可以在《公务员法》《行政机关公务员处分条例》规定的处分事由中,找到具体、明确对应的规定,应当采用条序对应或"具体行为对应+一般法具体法律条款引证"的设定模式。例如,对于《海洋环境保护法》(2017)第九十三条"海洋环境监督管理人员滥用职权、玩忽职守、徇私舞弊,造成海洋环境污染损害的,依法给予行政处分"此类环境监管行政法律责任的条款表述方式,可以拆分为两条规定,并按照下列条款表述方式进行更加合理、更便于实施的规范重构:(1)"海洋环境监督管理人员违反本法规定,玩忽职守、贻误工作的,依据《行政机关公务员处分条例》第二十条等的规定,给予行政处分。"(2)"海洋环境监督管理人员违反本法规定,滥用职权侵害公民、法人或者其他组织合法权益的,依据《行政机关公务员处分条例》第二十五条等的规定,给予行政处分。"

2. 立法主体对环境保护法律法规拟设定行政处分的环境监管行政违法行为,如果在《公务员法》《行政机关公务员处分条例》中找不到可以对应适用的具体规定,或者虽能够找到可对应的规定,但可能因规定太过笼统而在实践中不便实际执行,应当在法律所赋予的立法权限范围之内,对行政处分事由及其相应的行政处分作出创制性或者执行性设定。设定的方式一般应采用《环境保护法》(2014)第六十八条所采用的行为列举规定模式,即"对违法行为的列举式规定+对环境监管行政法律责任的具体设定"模式。

3. 立法主体在环境保护法律法规中设定行政处分责任时，还应当对《公务员法》《行政机关公务员处分条例》虽有规定，但规定不具体、不明确的处分事由以外的其他相关重要事项作出具体明确规定。例如，应针对行政处分一般法对应受处分行为的情节、后果以及行政处分机关规定不具体、不明确的问题，在环境保护法律法规中对应受处分环境监管行政违法行为的情节轻重、后果大小等尽可能作出具体明确的规定；对给予环境行政公务员行政处分的国家行政机关，应当作出明确的规定，尽量不采用"由有关国家机关或行政机关给予行政处分"这样的笼统规定。

下篇　实现论

第六章　环境监管行政法律责任实现原理论（Ⅰ）

第一节　环境监管行政法律责任实现的概念解析

一、环境监管行政法律责任实现的涵义

（一）法律责任实现概念研究述评

"责任实现"一词是近年来在相关研究论著中使用频度较高的一个语词,其既用于表述广泛意义上的各种社会义务和责任的实现①,也用于表述各种法律责任的实现②。在涉及公共行政问题的学科领域之内,"责任实现"概念在行政学、行政管理学、相关法学

---

① 例如,《道德责任实现的自律机制》[梁修德,《井冈山大学学报》(社会科学版)2015 年第 5 期]、《基于社会资本理论视角的网络媒体社会责任实现机制研究》(陈玉宝,《湖北经济学院学报》2014 年第 5 期)、《论大学社会责任实现中社会主义核心价值体系的作用》(尹剑,《南昌教育学院学报》2012 年第 11 期)等文章就在广泛的社会责任意义上使用了"责任实现"一词。

② 例如,《论我国环境刑事责任实现方式的完善——以畲族环境习惯为鉴》[王林,《内蒙古农业大学学报》(社会科学版)2011 年第 2 期]、《试述我国行政程序违法责任实现形式的完善》(饶常林,《唯实》2004 年第 7 期)等文章就针对法律责任使用了"责任实现"一词。

论著中均有所使用,但相对而言,在行政学、行政管理学领域使用较多。行政学论著基于对特定研究对象或问题进行研究的需要,分别从责任主体、责任类型、责任实现机制构建等角度使用"责任实现"一词,常见的用法有"公共行政责任(的)实现"①、"行政责任的实现"②、"政府责任(的)实现"③、"责任政府的实现"等。在相关法学论著中,也使用"法律责任的实现""行政法律责任的实现""企业环境责任实现""政府环境责任实现""环境刑事责任实现""环境侵权责任实现"等概念。

与对"责任实现"概念的使用相适应,有些相关论著对"责任实现"的涵义也作了与其研究对象、语境相适应的界定和阐释。例如,有论著认为:"法律责任由受责的必为状态变为现实状态的转化过程,就是法律责任的实现过程。从狭义上说,法律责任的实现就是责任主体通过实际履行由法律责任产生的特殊义务,即实际接受惩罚或给他人以某种补偿,从而结束其受责的必为状态,以消灭法律责任。从广义上说,法律责任的实现还包括责任主体并未实际履行由法律责任产生的特殊义务,即在并未实际接受惩罚或给他人以某种补偿的情况下就从受责状态下解脱出来,从而消灭法律责任。易言之,如果把法律责任看成是一种法律关系的话,那

---

① 例如,《论公共行政责任的实现》(刘祖云,《理论月刊》2003 年第 4 期)一文就使用了"公共行政责任实现"这一概念。

② 例如,《论行政责任实现机制(上)》《论行政责任实现机制(下)》(王晓莉、陈勇,《北京市政法管理干部学院学报》2003 年第 3 期、2004 年第 1 期)等文章就使用了"行政责任实现"概念。

③ 例如,《论我国政府责任实现的法制困境与出路》(苗雨,山东大学 2012 年博士学位论文)、《行政伦理对政府责任实现的作用》(张闯,《社会科学战线》2015 年第 5 期)等论文就使用了"政府责任实现"概念。

么,广义上的法律责任之实现也就是法律责任这一法律关系的消灭,它包括积极消灭和消极消灭两种情况,其中的积极消灭也正是我们上面所说的狭义的法律责任之实现。"①有论著认为:"法律责任的积极实现是在国家强制力并未直接介入的情况下责任人实际将法律责任的内容变为现实,即责任人主动履行了法律责任,从而使法律责任归于消灭,它是法律责任实现的主要形式;法律责任的被动实现就是法律责任的强制实现,即由国家机关通过判决或裁定、决定等形式强制责任人接受惩罚或给予赔偿。"②有论著认为:"政府责任的实现是政府责任研究的归宿。责任的规定是一个社会规范得以成立的必要条件,缺少责任规定的社会规范不具备理论上的规范性。而责任的实现是社会规范产生实效的同义语,应然意义上的社会规范形成实然意义上的社会秩序依赖于责任的实现。……所谓政府责任的实现,就是指政府积极履行预期责任或被强制承担回溯责任。"③有论著认为:"行政责任的实现是指积极意义的行政责任的履行和消极意义的行政责任的承担。"④还有论著认为:"追究行政违法行为主体的行政法律责任通常是行政法律规范中规定的行政法律责任的实现。"⑤

① 参见杜飞进:《试论法律责任的若干问题》,《中国法学》1990年第6期,第50页。

② 参见周永坤、范忠信:《法理学——市场经济下的探索》,南京大学出版社1994年版,第123—127页。

③ 参见苗雨:《论我国政府责任实现的法制困境与出路》,山东大学2012年博士学位论文,第42—43页。

④ 参见王晓莉、陈勇:《论行政责任实现机制——行政责任的评价》,《北京市政法管理干部学院学报》2003年第3期,第7页。

⑤ 参见杨海坤:《试论行政法律责任的实现》,《学习与探索》1989年第2期,第71页。

从以上观点可以看出,学界关于责任实现尤其是法律责任实现概念的理解方面,虽然观点有所不同,但已形成了以下比较接近或一致的认识:法律责任实现是指法律责任规范的实现,是法律责任由应然达于实然的状态和过程;法律责任实现主要是指责任主体实际依法承担了责任义务及其不利后果;法律责任的实现可以有积极实现和消极实现、主动实现与被动实现之分。这些观点或见解对于理解和认识法律责任实现的内涵外延及特征等不乏积极的借鉴意义。

笔者认为,虽然责任主体对法律责任所产生的特定义务的履行是法律责任实现的重要内容和标志,但如果将法律责任的实现简单归结为责任主体主动或被动履行了法律责任,并据此进而将法律责任的实现划分为主动实现与被动实现,显然是值得商榷的。其主要理由如下:

1. 法律责任的实现过程是复杂的,它是一个法律责任由应然(预设法律责任规范的规定和要求)达于实然(将预设的法律责任规范实际适用于实施了违法行为的责任主体)的高度程序化的复杂过程。在这个过程的各个不同阶段,法律责任实现的任务、目标、后果等是不尽相同的,与之相适应,法律责任的实现主体及其实现行为也有较大的差异性,法律责任实现的状态和识别标准也是有所不同的。如果仅仅将法律责任的实现归结为责任主体对法律责任所产生的特定义务的履行显然并不完全符合法律责任实现的规律与特征。例如,如果问责主体对已经发现的应当追究法律责任的违法行为不立案调查,或者在立案之后不作出或者违法作出责任追究决定,或者对已经生效的责任追究决定不执行或者违法变通执行等,均不可能依法实现法律责任从应然向实然状况的转变。

2. 责任主体对法律责任及其义务的履行固然是法律责任实现的主要表现,但并非法律责任实现的唯一或者全部的表现形态。法律责任的实现不只是依赖于责任主体及其法律行为,在很多情况下还需要借助有关国家机关的公权力行为及其作用才有可能得以实现。换言之,法律责任的实现固然离不开责任主体作用的发挥,但更离不开问责主体乃至于其他相关国家机关能动作用的发挥。由于法律责任实现的核心是对实施了应责违法行为的责任主体依法施加不利的法律后果,因而在绝大多数情况下,法律责任的实现更有赖于有关国家机关依法实际履行法律责任追究等旨在依法落实法律责任的职责权限。离开相关国家机关具有法律效力的法律责任实现行为,任何法律责任都不可能得到有效实现。

3. 法律责任实现的要求和标准是多元的,它并不仅限于责任主体对法律责任所确定义务的履行。例如,行政法律责任追究机关经过初查,对不应当追究行政法律责任的涉嫌违法事项作出不立案决定,或者对已经立案的涉嫌违法事项依法作出不追究法律责任的决定,或者有关国家机关依法撤销已经作出的法律责任追究决定,并由此终结法律责任关系,均属于对法律责任的实现形态。法律责任实现的最基本要求,理应是享有法定职责权限的有关国家机关在责任主体等相关当事人的参与下正确适用了预设的法律责任规范,即对应当追究法律责任者依法追究并落实了相应的法律责任,对依法不应当追究法律责任者没有违法追究法律责任或者对违法的法律责任追究行为依法予以纠正。因此,责任主体对法律责任所产生的义务的履行虽然属于法律责任实现的重要标志、结果与表现,但绝非法律责任实现的唯一标志、结果与表现。

首先,责任主体所履行的义务仅限于特定法律责任形式为责任主体所确定的新的作为义务,简言之就是因特定法律责任形式的实际适用而给责任主体所确定的新的给付义务。对于无作为义务的法律责任而言,其实现并不以责任主体履行义务为标志。因此,笼统地将法律责任的实现表述为责任主体对法律责任的履行,显然不够周延、准确。其次,国家法律、法规所设定的精神罚、资格罚、权能罚等无作为义务的法律责任,通常并不需要责任主体自己去履行,只需要相关国家机关依法负责执行或落实。例如,对国家公务员的各种行政处分只能由作出处分决定的国家行政机关负责执行或落实,一般并不需要受处分的国家公务员自己履行,国家公务员实际也无法履行。最后,即便是责任主体对有作为或者给付义务的法律责任的实现而言,在责任主体拒不履行行政法律责任所确定的义务时,还要有赖于有执行权的国家机关的强制执行来实现。离开了有关国家机关的公力强制作用,此类法律责任同样无法得以实现。

(二) 环境监管行政法律责任实现的涵义

参照相关论著对法律责任实现概念的一般性理解,根据我们对法律责任实现问题的基本认识,本书对环境监管行政法律责任实现作广义和狭义界定。在狭义上,其仅指环境行政问责主体针对环境监管行政违法行为依法作出行政法律责任问责决定,并实际落实生效问责决定所确定的权利义务内容的法律行为。广义上的环境监管行政法律责任的实现,则是指法律赋权的国家机关依照法定职责权限与程序,对涉嫌环境监管行政违法行为者正确适用或者督促正确适用环境监管行政法律责任规范,依法作出追究、不予追究或者不应追究环境监管行政法律责任的决定,并将决定的内容和事项依法予以实际落实的法律行为。两者的主要区别表现在以下几个方面:

1. 就环境监管行政法律责任实现主体(以下简称责任实现主体)而言,狭义上的责任实现主体主要是指环境行政问责主体和责任主体。而广义上的实现主体除了环境行政问责主体、履行行政法律责任所确定义务的责任主体之外,还有可能包括拥有法律监督权限、法律救济权限、司法审判权限的相关国家机关,以及通过行使告诉权而引起环境监管行政法律责任监督与救济法律关系形成的责任主体。

2. 就环境监管行政法律责任实现行为的类别及其法律属性而言,狭义上的环境监管行政法律责任实现行为主要包括了环境行政问责行为和责任主体履行环境监管行政法律责任义务的行为。广义上的环境监管行政法律责任实现行为,还包括了对环境行政问责活动拥有监督权的相关国家机关的监督行为、对已经生效且具有执行内容的环境行政问责决定的强制执行行为(包括行政强制和司法强制)、对环境监管行政问责决定拥有救济权的相关国家机关的事后救济行为和责任主体依法申请监督和救济的告诉行为等。

3. 从环境监管行政法律责任实现行为所引致的法律关系的角度来看,狭义上的环境监管行政法律责任实现行为所引致的法律关系只能属于行政法律关系,即环境行政问责主体因实施环境行政问责行为而与作为内部行政相对人的、从事了环境监管行政违法行为的责任主体所形成的行政法上的权利义务关系。这种关系,亦可被称为环境监管行政法律责任法律关系。但广义上的环境监管行政法律责任实现行为引致的法律关系主要但又不限于行政法律关系,还有可能包含因责任实现主体对环境监管行政法律责任问责行为依法进行监督、救济以及对问责决定进行司法强制执行等所形成的不同性质、不同类型的法律关系。

4. 从环境监管行政法律责任实现行为的相对性来分析,狭义上的环境监管行政法律责任实现行为只能针对实施了环境监管行政违法行为的责任主体所实施,但广义上的实现行为还可以针对不依法履行行政问责职责权限的环境行政问责主体所实施。这就是说,狭义上的环境监管行政法律责任实现的相对人仅限于责任主体,但广义上的环境监管行政法律责任实现的相对人包括但又不限于责任主体,还可以包括在环境监管行政法律责任问责中存在不作为、违法或不当作为的有关环境行政问责主体。

5. 从环境监管行政法律责任实现行为的基本功能来分析,狭义上的责任实现的基本功能就是由环境行政问责主体对实施了环境监管行政违法行为的环境监管者依法适用相关的法律规范查证、认定、议决并落实相应的行政法律责任及其不利后果。而广义上的责任实现,还包括了有关责任实现主体助成或督促环境行政问责主体严格依法履行问责职责、纠正错误的问责行为或决定、有效落实环境监管行政法律责任义务内容等方面的功能和作用。

从国家机关对环境监管行政法律责任实现的主观意愿及其外在行为表现来看,环境监管行政法律责任的实现大致包括了以下两种基本形态:一是积极作为的实现,即通过责任实现主体的能动作用,将法律规范所规定的环境监管行政法律责任正确、及时、合法施加于特定责任主体,或者积极主动依法纠正违法的环境行政问责决定的实现活动和样态。二是消极作为的实现,即责任实现主体依法克制行政法律责任问责权力的行使，严格遵循和执行环境监管行政法律规范的要求，不滥用问责权、不对无辜者违法问责、不作出违法的问责决定，从而切实有效维护环境监管行政法律责任规范的严肃性、权威性与正当性，在实质上保障环境监管行政法律责任目标和正当价值有效实现的途径或方式。

　　从责任实现主体实现环境监管行政法律责任的主要路径和结果形态来分析，环境监管行政法律责任的实现大致包括了以下三种实现形态：一是因依法追究并实际落实责任主体特定行政法律责任及其相应法律后果的实现。这是环境监管行政法律责任实现的最主要、最基本的形态。二是因对环境监管行政违法嫌疑人不违法作出环境行政问责决定的实现。在环境行政问责实践中，有时虽然特定环境监管者涉嫌环境监管行政违法，但经调查核实，涉嫌违法事实并不成立，或者违法情节轻微尚未达到应当追究特定行政法律责任的程度，环境行政问责主体就不应作出违法的责任追究决定，理应依法作出不予追究特定环境监管行政法律责任的决定，从而使因立案调查等办案活动已经形成的环境监管行政法律责任关系归于消灭，环境监管行政法律责任因此得以有效实现。三是因依法纠正错误环境行政问责决定或行为的实现。在环境行政问责主体已经作出或者执行了违法的环境行政问责决定的情况下，环境行政问责主体积极主动依法纠正错误，或者法律赋权的其他国家机关依法纠正或者督促环境行政问责主体依法纠正错误，从而使错误环境行政问责行为及其所导致的法律关系回复到适法状态，也属于环境监管行政法律责任得到有效实现的重要表现。

　　行政问责、行政责任追究是相关研究文献及规范性文件中常用且与行政法律责任实现涵义相近的两个重要概念。诚有必要对它们与行政法律责任实现的相互关系作简要的理论辨析。行政问责概念,通常主要在以下两种意义上加以使用:一是"问行政之责",即"问"行政主体及其公务员的违法违纪之责。其所"问"责任包括但并不限于行政法律责任,还可以涵盖因行政所引致的其他性质的法律责任和相关的非法律责任。根据问责主体及其问责内容的不同,可以对相关论著中所使用的"行政问责"概念之定义,大致作广义、狭义、最狭义之分:在广义上是指拥有行政法制监督权限的国家机关、政党、企事业单位、社会组织、新闻媒体乃至于一般社会公众"问"行政主体及其公务员的违法违纪之责;①狭义上仅指对行政主体及其公务员拥有违法违纪问责权限的国家机关、执政党的领导机关与纪律检查机关等对行政的问责;②最狭义上,仅指"问"行政的法律责任(主要包括违宪责任、行政法律责任和刑事法律责任)。行政学论著多从广义上使用"行政问责"概念。相关法学论著主要从狭义、最狭义上使用"行政问责"概念。二是"行政的问责",即由享有行政问责权限的国家行政机关

---

① 例如,有论著认为行政问责的主体应是多元化的,是同体问责和异体问责双重结合体,既有行政机关的上级部门或领导,也应当有人大、执政党、民众、民主党派、新闻媒体和司法机关等异体问责主体。参见周亚越:《行政问责制比较研究》,中国检察出版社 2008 年版,第 236 页。

② 例如,有论著认为:"行政问责制是指法定的公共权力主体针对各级政府及其公务人员所承担的职责和义务的履行情况而实施的,并要求其承担否定性结果的制度规范。行政问责意味着问责主体对政府机关及其公务人员的不当行政行为进行质疑并追究责任,对不当履行职责和义务的政府首长、行政领导,乃至普通公务员实施质询、罢免、引咎辞职、责令辞职或辞退等惩戒措施,作出党纪政纪处分,直至移送司法机关依法处理。"参见刘厚金:《中国行政问责制的多维困境及其路径选择》,《学术论坛》2005 年第 11 期,第 40 页。

对所属行政组织、国家公务员等的问责。① 问责的内容主要是"问"行政违法违纪行为的行政法律责任或者普通行政纪律责任,通常不包括其他性质的法律责任和非法律责任。这种意义上的"行政问责"多在相关行政法论著中使用。关于"行政责任追究"概念,在相关论著中或作与狭义、最狭义行政问责概念基本相同的界定②,或作与"行政的问责"大致相同的解释,常与行政问责概念混同使用。

　　行政问责、行政责任追究与行政法律责任实现三个概念之间既有深刻的内在逻辑联系,又有显著的不同。其联系主要表现在,行政问责、行政责任追究是行政法律责任实现的前提条件、路径依赖,如果离开了法律赋权的国家行政机关的行政问责等法律责任实现行为,行政法律责任就无以得到实现;行政法律责任的实现则

----

　　① 这个意义上的"行政问责"概念,除了被政府行政机关近年来颁布的大量关于"行政问责"的行政规章、行政规范性文件广泛使用之外,在相关学术论著中也不乏使用。例如,有论著对行政问责所下的定义是:"所谓行政问责,是指一级政府对现任该政府负责人、该级政府所属各工作部门和下级政府主要负责人在所管辖的部门和工作范围内由于故意或过失,不履行或者未正确履行法定职责,以致影响行政秩序和行政效率,贻误行政工作,或损害行政管理相对人的合法权益,给行政机关造成不良影响和后果的行为进行的内部监督和责任追究制度。"参见刘玉平:《关于行政问责法治化的思考》,《行政与法》2014 年第 8 期,第 22 页。再如,有论著认为:"环境行政问责是一种同体问责机制。作为行政系统内部的自我约束机制,环境行政问责的主要目标是在环境法治的基础上追求和实现环境善治。"参见周孜予:《环境行政问责:基于法治要义的规范分析》,《南京大学学报》(哲学·人文科学·社会科学版)2015 年第 5 期,第 36 页。

　　② 例如,有论著认为:"在我国行政责任追究的实践中,能够认定和追究行政责任的机关是多元的,既有国家行政机关,也有立法机关、司法机关和党的纪检机关。前者属于行政系统内部的'同体追责',后者则是来自行政系统之外的'异体追责'。"参见陈党:《行政责任追究制度与法治政府建设》,《山东大学学报》(哲学社会科学版)2017 年第 3 期,第 28 页。

是行政问责或行政责任追究的基本价值追求、目标指向、应然状态与终极结果。三者的主要区别在于：（1）行政问责之"问责"较之于行政责任追究之"追究"，涵义要宽泛一些，所问之责既包括因行政引致的法律责任，也包括因行政引致的政治责任、道德伦理责任、党的纪律处分责任等非法律责任；"问责"不但包含"责任追究"之意，而且包含对问责事项的过问、指控、监督之意，所谓公民问责①、网络问责②、媒体问责③等就是从这种意义上而言的。相对而言，"行政责任追究"通常用于表达法定问责主体对行政主体及其公务员违法违纪责任的追究之意，一般并不包括其他社会组织与公民对行政主体及其公务员违法违纪行为的指控、监督。（2）行政问责与行政责任追究侧重表达的是对行政违法行为的实际查办、制裁之意。其基本涵义就是要求有责必问、有责必究，不得对行政违法行为不管不问、置之不理。而行政法律责任实现的涵义更加丰富，它固然包含了有责必问、有责必究这个基本意思，但同时还包含了不得枉法问责、错误问责、不当问责等要求；不但表达了对行政违法行为责任的追究须做到不枉不纵之意，还嵌含了对违法、错误和显失公正的问责决定应予以依法纠正，切实保障责任主体合法、正当权益的要求；不但表达了严格依法问责之意，还嵌含了优化行政法律责任实现条件与要素等诸多方面的要求。

---

① 参见韩志明：《公民问责：概念建构、机制缺失和治理途径》，《探索》2010 年第 1 期，第 62 页。
② 参见刘力锐、边正：《网络问责的法律风险与权力规制》，《中共杭州市委党校学报》2017 年第 2 期，第 50 页。
③ 参见苟小江、赵莉：《新媒体行政问责存在的问题及应对策略》，《管理观察》2015 年第 27 期，第 190 页。

二、环境监管行政法律责任实现的特征

（一）环境监管行政法律责任的实现本质上是环境监管行政法律责任法律关系形成并依法消灭的过程

虽然法理学认为"法律关系是以法律规范为前提而形成的社会关系"，"凡纳入法律调整范围内的社会关系，都是法律关系"①，但这仅是在理论形态上对法律关系的一种应然性描述，并不意味着有了对特定社会关系进行调整的法律规范，就在受该法律规范所调整的社会成员之间自然会形成实然的、客观存在的法律关系。应然法律关系要转化为实然的法律关系，除了必须有特定法律规范的存在之外，还要有引致法律规范实际加以适用的法律事实的产生。离开了特定法律事实的存在，就不可能在特定主体之间形成以权利义务为纽带和内容的实然法律关系；不能形成实然的法律关系，设定的法律规范或制度就只能是一纸具文，不可能在国家与社会生活中得到实际的贯彻执行。同理，如果特定法律事实所引致的实然法律关系未被消灭而处于存续状态，法律关系主体之间的权利义务关系就不可能完全终结。因此，环境监管行政法律责任的实现，实质上就是环境监管行政法律责任法律关系形成并依法消灭的过程。

所谓环境监管行政法律责任法律关系，是指因环境行政问责主体依法追究、落实环境监管行政违法者的行政法律责任所引致的以特定权利义务为内容的法律关系。作为一种特定的法律关

---

① 参见张文显主编：《法理学》（第三版），法律出版社2007年版，第182页。

系,它的形成、变更与消灭须同时具备以下两个条件:一是环境监管行政法律责任规范的存在,即立法首先预设了发生法律效力的环境监管行政法律责任,环境监管行政法律责任规范是环境监管行政法律责任关系得以形成、变更与消灭的基础、依据和前提。二是特定法律事实的存在。法律行为是引致环境监管行政法律责任产生、变动、消灭的法律事实。其包括环境监管行政违法行为与环境行政问责行为两类法律行为。环境监管行政违法行为是引致环境监管行政法律责任关系形成的前提性、本源性法律事实,离开了环境监管行政违法行为,就不可能也不应当形成环境监管行政法律责任这种法律关系。但对于环境监管行政法律责任法律关系的形成而言,只有环境监管行政违法行为的存在,还不可能直接引致环境监管行政法律责任法律关系的产生。要形成客观、实然的环境监管行政法律责任法律关系,还有赖于环境行政问责主体实际实施问责行为。如果对客观存在的环境监管行政违法行为,环境行政问责主体不实施立案、调查、认定、处理等旨在实现环境监管行政法律责任的行为,环境监管行政法律责任法律关系也不可能由应然关系转变为实然关系。因此环境监管行政违法行为与环境行政问责行为共同构成了环境监管行政法律责任法律关系产生、变动、消灭的复合性法律事实。由此可见,环境监管行政法律责任法律关系,就是环境行政问责主体与责任主体之间形成的,以环境监管行政违法行为和环境行政问责行为为客体,以环境监管行政法律责任实现过程中的特定权利义务为主要内容的法律关系。

环境监管行政法律责任的实现与环境监管行政法律责任法律关系具有深刻的内在逻辑关系。首先,环境监管行政法律责任法律关系的形成是环境监管行政法律责任实现的逻辑起点和前提。

如果针对特定的环境监管行政违法行为，不能将法律规定的应然行政法律责任法律关系转化为实然的行政法律责任法律关系，环境监管行政法律责任的实现就无从谈起。其次，环境监管行政法律责任的实现意味着已经形成的环境监管行政法律责任法律关系归于消灭，"如果把法律责任看成是一种法律关系的话，那么，广义上的法律责任之实现也就是法律责任这一法律关系的消灭"①。所谓环境监管行政法律责任关系的消灭，是指环境监管行政法律责任法律关系主体间所形成的特定权利义务关系的完全终止。其主要包括以下两种情况：一是依法追究法律责任的环境行政问责法律文书已经生效并得到了实际执行。其又有两种具体情形：（1）在有作为义务的环境行政问责中，因责任主体依法完全履行了法律责任及其义务而使特定环境监管行政法律责任法律关系归于消灭。例如，导致环境行政侵权国家赔偿责任的公务员已经按照生效的法律文书自愿或者被强制缴纳了追偿金，行政追偿的法律关系即因此归于消灭。（2）在无作为义务的环境行政问责中，环境行政问责法律文书已经生效并得到了实际执行。例如，环境行政问责主体依法对有环境监管行政违法行为的公务员所作降级处分决定已经生效，并实际降低了其行政职级或职务及其工资福利待遇，且没有违法在二十四个月的处分期间解除降级处分、晋升职务或职级。二是依法不追究法律责任的环境行政问责法律文书或者决定已经生效并得到了实际执行。在环境监管行政法律责任法律关系已经形成之后，还有可能因环境监管行政法律责任的追诉时效届满、责任

---

① 参见杜飞进：《试论法律责任的若干问题》，《中国法学》1990 年第 6 期，第50—51 页。

主体已经死亡或解散、违法的问责行为或决定被依法撤销、被有权的国家机关依法免除责任等导致环境监管行政法律责任关系消灭。环境监管行政法律责任及其义务得到实际落实可以被称之为环境监管行政法律责任法律关系的积极消灭,依法不应追究环境监管行政法律责任的法律文书已经生效并得到了实际执行可以被称之为环境监管行政法律责任法律关系的消极消灭,两者均属环境监管行政法律责任实现的结果状态。相对而言,前者属于责任实现的最常见、最基本、最典型的情形,后者则属于责任实现的特殊情形。

(二) 环境监管行政法律责任的实现是行政法律责任规范的应然要求向实然状态的转化过程

环境监管行政法律责任规范是一种用法律条款所表现出来的、理论形态上存在的行为模式、标准与预设后果,是对责任主体追究相应行政法律责任的应然性要求,即要求环境行政问责主体在发现环境监管者实施环境监管行政违法行为之后,应严格按照环境监管行政法律责任规范所规定的行为模式、法律后果依法追究并落实责任。因此,环境监管行政法律责任规范是环境监管行政法律责任实现的前提条件。

从环境监管行政法律责任及其实现制度建设的角度而言,因环境行政法虽然也属于与作为程序法的行政诉讼法相对应的实体法,但其本身又是实体性规范与程序性规范的有机统一体;环境监管行政法律责任及其实现的制度作为环境行政法上的重要制度,其制度构成也当然集合了诸多实体性规范与程序性规范,预设的环境监管行政法律责任规范理应是实体性规范与程序性规范的有机统一体。只有实体性规范的预设,但没有相应程序性规范的预设同样不可能实现或者有效实现环境监管行政法律责任。所谓实体性规范，就是指对责任主体及其承担责任的原因、事由以及环境行政问责主体的问责权限、问责方式等作出规定的规范，此类规范通常会影响责任主体在环境行政管理领域内的实体性权利义务。所谓程序性规范，则是指对实现环境监管行政法律责任的步骤、时限、方法、形式等程序性问题作出规定的规范，此类规范虽然对责任主体在环境行政管理领域内的实体权利义务不会产生直接影响，但会形成特定的程序权利义务，并有可能间接影响责任主体在环境行政法上的实体权利义务的有效实现。

虽然行政法律责任规范是环境监管行政法律责任在环境监管领域内得以实现的前提条件，但离开了对环境监管行政法律责任规范的实际执行，环境监管行政法律责任的实现同样无从谈起。因此，要将环境监管行政法律责任规范由应然要求转变为实然状态，就必须由环境行政问责主体乃至于其他责任实现主体将环境监管行政法律责任规范依法适用于具体的人和事情，从而实际发生对社会关系的调整功能与作用。故，环境监管行政法律责任的实现表现为对环境监管行政法律责任规范的实际遵守和执行，是将环境监管行政法律责任规范的应然性要求转化为实际发生法律效力的状态和过程。

（三）环境监管行政法律责任实现的关键是环境监管行政法律责任形式及其不利法律后果对责任主体的合法、实际施加

环境监管行政法律责任实现主要表现为环境监管行政法律责任及其不利后果对实施了环境监管行政违法行为的特定环境监管者的依法、实际施加。这种不利后果主要包括对责任主体财产权益的减损、原有的某种法律资格或权能的限制或被否定、声誉或荣誉等的贬损、新的法律义务的添附或增加等。所谓环境监管行政法律责任及其不利后果的"依法施加"，是指以事实为根据，以法律为准绳，对依法应当追究环境监管行政法律责任者应严格依照相关法律规定追究责任，对依法不应当追究环境监管行政法律责任者不得违法追究责任，对违法施加的环境监管行政法律责任及其不利后果应依法予以合法性补救等。所谓环境监管行政法律责任及其不利后果的"实际施加"，则是指有关环境行政问责主体不但作出了合法的、具有法律效力的环境行政问责决定，而且还自行或者诉请其他有关国家机关采取适宜的法律措施将环境监管行政法律责任及其不利法律后果不折不扣地实际施加给了责任主体，责任主体因此也实际承受了特定环境监管行政法律责任所施加的不利法律后果。

环境监管行政法律责任的实现在形式上表现为责任主体对应承担的行政法律责任的实际担当，在实质上表现为法律责任的功能和内在价值的有效实现。从形式意义上来看，如果某个责任主体实际承担了环境监管行政法律责任，通常就意味着环境监管行政法律责任得到了实现。但从实质意义上来审视，环境监管行政法律责任的实现固然要依赖于责任主体对责任及其不利后果的实际承受，但责任主体对责任及其不利后果的实际承受，并不一定就表明环境监管行政法律责任得到了有效实现。因为，实质意义上的环境监管行政法律责任的实现还特别关注行政法律责任实现的合法性、适当性、公正性等价值属性。假定某个责任主体已经承担了特定的环境监管行政法律责任，但如果这种行政法律责任的追究过轻、过重，或者属于违法追究，或者追究责任时没有赋予责任主体正当的救济权利并实际得到合法公正的救济,那么就很难说在实质意义上有效实现了环境监管行政法律责任。因此,在本书所研究的环境监管行政法律责任实现的视阈内,既要关注形式意义上的行政法律责任的实现,也要特别关注实质意义上的行政法律责任实现问题。从某种意义上而言,本书研究的重点就是实质意义上的行政法律责任实现问题。

(四) 环境监管行政法律责任的实现是多元要素共同作用的结果

环境监管行政法律责任的实现作为一种结果状态,在形式上表现为实现主体依据环境监管行政法律责任规范,针对环境监管者的环境监管行政违法行为作出了具有法律效力的问责决定,并实际执行了问责决定;在实质上则表现为环境监管行政法律责任规范得到了合法、正确、正当、公平的适用。但要达到环境监管行政法律责任实现的这种结果状态,既不可能缺失应当具备的各种要素和条件,也离不开各种要素和条件的协同作用。例如,如果没有环境监管行政违法行为与环境监管行政法律责任规范,环境监管行政法律责任的实现就无从谈起;有了环境监管行政违法行为与环境监管行政法律责任规范,但离开了有关国家机关和责任主体的实现行为,环境监管行政法律责任的实现同样不具可能性。在环境监管行政法律责任的诸多要素中,实现根据、实现主体、实现行为是最基本的要素。只有各个要素尤其是基本要素达于完善或比较完善的程度,且使之有效协同发挥作用,环境监管行政法律责任最终才有实现的可能。换言之,环境监管行政法律责任的实现实质上是一个系统控制工程,只有树立系统思维,采用系统控制的方式方法,正确处理环境监管行政法律责任及其实现的目标、任务与手段、措施的关系,正确处理环境监管行政法律责任的制度构建与制度执行的相互关系,正确处理环境行政问责与对环境行政的社会问责的相互关系等重要关系,充分调动并实际发挥各类实现主体的主观能动性,环境监管行政法律责任才有可能得到有效实现。

三、环境监管行政法律责任实现法律关系

(一)环境监管行政法律责任实现法律关系的涵义

有环境监管行政法律责任的实现行为,必然会引致环境监管行政法律责任实现法律关系的产生、变更和消灭。与本书对环境监管行政法律责任实现概念的广狭义界定相适应,环境监管行政法律责任实现的法律关系亦可以作广义和狭义的理解。狭义上的环境监管行政法律责任实现法律关系,实际上与环境监管行政法律责任法律关系基本属于同一概念,就是指环境行政问责主体依法追究并落实环境监管行政法律责任所引致的以特定权利义务为内容的法律关系。因为,狭义上的环境监管行政法律责任的实现本身就包含了拥有行政法律责任问责职权的行政主体归结、追究、落实环境监管行政法律责任之意,环境监管行政法律责任法律关系的产生、变更、消灭的过程,实则同时属于环境监管行政法律责任的实现过程。所谓广义上的环境监管行政法律责任实现法律关系,就是广义上所理解的环境监管行政法律责任实现主体及其实现行为所引致的各种法律关系的统称。

（二）环境监管行政法律责任实现法律关系与环境监管行政法律责任法律关系辨析

如果对环境监管行政法律责任的实现作如前所述的广义理解,其与环境监管行政法律责任法律关系就成为了两个既紧密联系,又有明显区别的概念范畴。它们之间的联系主要表现在:环境监管行政法律责任法律关系属于环境监管行政法律责任实现法律关系的基础性、决定性、本源性法律关系,是环境监管行政法律责任实现法律关系不可或缺的法律关系。离开了环境监管行政法律责任法律关系,环境监管行政法律责任实现法律关系就失去了存在的前提和意义。因为,无论是广义上的旨在实现环境监管行政法律责任的监督关系、救济关系,还是对环境监管行政法律责任义务的司法执行关系等,都只是有可能引致环境监管行政法律责任产生、变更、消灭的相关法律关系,它们可以属于广义环境监管行政法律责任实现法律关系的范畴,但其本身并不属于环境监管行政法律责任法律关系的范畴。环境监管行政法律责任法律关系因有权的行政主体针对环境监管行政违法行为进行问责而形成,是拥有环境监管行政法律责任行政问责权限的行政主体与责任主体之间的特定法律关系,本质上是针对已经发生的环境监管行政违法行为归结并落实特定行政法律责任所形成的行政法律关系。环境监管行政法律责任实现法律关系,在广义上则包含了旨在实现或者助成环境监管行政法律责任的实现所引致的全部法律关系。因此,广义上的环境监管行政法律责任实现所引致的法律关系,包含了环境监管行政法律责任法律关系,但又不限于环境监管行政法律责任法律关系,环境监管行政法律责任实现法律关系是一个上位概念,其与环境监管行政法律责任法律关系是一个包含与被包含的逻辑关系。具体言之,广义上所理解的环境监管行政法律责任实现法律关系与环境监管行政法律责任法律关系主要有以下几个方面的不同:

1. 法律关系主体不尽相同。环境监管行政法律责任法律关系的主体限于环境行政问责主体和责任主体。但环境监管行政法律责任实现法律关系的主体在环境监管行政法律责任法律关系主体之外,还包括了对生效环境监管行政法律责任决定依法进行强制执行的国家司法审判机关,以及对环境行政问责主体及其问责行为依法行使监督权、救济权的其他有关国家机关。

2. 引致法律关系的法律事实不尽相同。环境监管行政法律责任法律关系通常由环境监管者的环境行政违法行为及环境行政问责行为所引致。但环境监管行政法律责任实现法律关系除了因环境监管者的环境监管行政违法行为及环境行政问责行为形成之外,还有可能因旨在实现环境监管行政法律责任的有关强制执行行为、监督行为、救济行为而形成。

3. 法律关系体系不尽相同。环境监管行政法律责任法律关系与环境监管行政法律责任实现法律关系都包含了多种具体的法律关系。环境监管行政法律责任法律关系包含了环境行政违法行为调查取证关系、环境监管行政违法行为确认关系、环境行政法律责任议决关系、环境监管行政法律责任执行关系等多种具体的行政法律关系。环境监管行政法律责任实现法律关系包含了环境监管行政法律责任法律关系,甚至主要就是指环境监管行政法律责任关系,但又不限于环境监管行政法律责任法律关系。其在环境监管行政法律责任法律关系之外,还包含了环境监管行政法律责任监督关

系、司法审判机关对生效环境监管行政法律责任决定所确定义务
的执行关系、环境监管行政法律责任的救济关系等多种法律关系。

4. 法律关系的内容不尽相同。环境监管行政法律责任法律关
系是因环境行政问责主体针对环境监管行政违法行为进行问责而
在主体间形成的权利义务关系。其在本质上属于行政法律关系、
环境行政法律关系,核心是确定并落实环境监管行政违法者应当
承担的行政法律责任。环境监管行政法律责任实现法律关系,还
包括了有关国家机关在督促依法进行环境行政问责过程中与特定
环境行政问责主体之间、责任主体之间所形成的权利义务关系。

(三) 环境监管行政法律责任实现法律关系的分类

对环境监管行政法律责任实现法律关系,可以从多角度进行
分类研究。例如,以实现行为对环境监管行政法律责任实现所发
挥的作用和功能为标准,可以将环境监管行政法律责任实现法律
关系划分为直接关系与间接关系。所谓直接关系,就是指直接适
用环境监管行政法律责任规范对环境监管行政违法人进行问责所
形成的法律关系。环境监管行政法律责任法律关系、狭义上的环
境监管行政法律责任实现法律关系就属于此类法律关系。所谓间
接关系,是指并不针对环境监管行政违法者作出具体的问责决定,
而是依法促成环境行政问责主体作出合法、适当问责行为而产生
的法律关系。环境监管行政法律责任监督关系、救济关系等均属
于此类法律关系。再如,以作为实现主体的国家机关与环境监管
行政违法行为人之间的法律关系的不同,可以将其划分为作为实
现主体的国家机关之间的法律关系(例如,上级行政机关责令下级
行政机关依法作出环境行政问责决定,或者撤销下级行政机关所

作的错误环境行政问责决定引致的法律关系就属于此类法律关系）、作为实现主体的国家机关与责任主体之间的法律关系（包括行政法律责任关系、司法审判机关因行政法律责任确认和执行而与责任主体之间的诉讼法律关系、有关国家机关因履行法定监督救济职责而与责任主体之间产生的监督或救济的法律关系等）。

第二节　环境监管行政法律责任实现原则阐释

由于环境监管行政法律责任的实现属于行政法律责任实现的范畴，行政法律责任实现的原则大体上都可以直接作为环境监管行政法律责任实现的基本原则。学界对行政法律责任实现问题的研究比较薄弱，相关研究成果对行政法律责任实现原则所作的专门性论述较少，但在研究行政问责、行政责任追究、行政执法责任追究等问题的相关论著中，对与行政法律责任实现原则具有某种同一性或类似性的行政问责或行政责任追究的原则已经有所涉论①。借鉴学界相关研究成果，根据环境监管行政法律责任及其实现的特性与规律，本文将环境监管行政法律责任实现的原则归结为依法实现、平等对待、协调配合、监督问责四项原则。

---

① 例如，有论著把过责法定原则、过罚相当原则、责任自负原则、惩教结合原则等作为了追究国家机关及其工作人员行政责任的原则（参见冯涛、庞明礼：《有关行政责任的若干理论问题初探》，《鲁行经院学报》2002 年第 5 期，第 58—59 页）；有论著把领导干部问责原则归纳为责任内容明确原则、权力与责任相应原则、问责主体多元化原则、问责信息公开原则、问责程序明定原则、问责依据规范化原则等六项原则（参见束顺民：《建立健全行政领导问责制的六项原则》，《领导科学》2009 年第 17 期，第 14—15 页）。

一、依法实现原则

依法实现原则是法治理论以及行政法治、责任法定法律原则在环境监管行政法律责任实现领域的集中体现。所谓依法实现，就是要求拥有环境监管行政法律责任实现职责权限的有关国家机关在环境监管行政法律责任问责事项的启动、查证、议决、执行，以及在行使对环境行政问责行为的监督权、救济权过程中，应当切实遵守并执行环境监管行政法律责任规范及其他相关法律规范的规定，所作所为均须严格依据法律的原则。

依法实现作为环境监管行政法律责任实现的原则之一，既包含了对作为实现主体的有关国家机关及其公务员在认定、追究、落实环境监管行政法律责任，以及监督环境行政问责等方面的严格守法及依法办事的要求，也包含了对责任主体以及与环境监管行政法律责任实现有利害关系的公民、法人或者其他组织，乃至于参与环境监管行政法律责任实现活动的其他社会公众在环境监管行政法律责任实现过程中的守法及依法办事的要求。其核心要求就是环境监管行政法律责任实现法律关系中的各方主体所实施的行为应当符合有关法律规范及其制度要求，具有合法有效性。所谓"合法有效性"：（1）就环境监管行政法律责任及其实现的不同法律渊源而论，是指所有旨在实现环境监管行政法律责任的活动，不但应符合国家宪法和法律的规定，而且还须符合相关的行政法规、地方性法规、自治条例、单行条例以及行政规章等规范性法律文件的规定。（2）就环境监管行政法律责任及其实现所涉及的法律规范的不同属性和类别而论，是指所有旨在实现环境监管行政法律责任的活动,不但应符合实体性行政法律责任规范的规定,而且还应符合程序性行政法律责任规范的规定;不但应符合环境监管行政法律责任规范的要求,还应当符合其他有助于实现环境监管行政法律责任的法律规范的要求。(3)就国家机关及其公务员在环境监管行政法律责任实现过程中自由裁量权的运用而言,"合法性"还意味着环境监管行政法律责任及其实现方面的自由裁量权的运用须符合法律原则和精神的要求。具体言之,环境监管行政法律责任的依法实现原则的基本要求有以下几个方面:

(一) 有责必究

有责必究,就是要求环境行政问责主体在发现环境行政主体及其公务员实施了应承担环境监管行政法律责任的行政违法行为后,必须切实履行问责职责,及时依法查处违法行为,将违法者绳之以法,不得对应问责事项不管不问,不得以任何理由和方式放纵违法行为。有责必究,既是设定环境监管行政法律责任的应然性要求,是实现环境监管行政法律责任目的性与价值的根本要求,也是督促提高环境监管质量与效能,切实保障各项环境保护法律制度得到有效实施的必然要求。其基本涵义包括以下两个方面:

1. 责任实现的前提和基础是"有责"。所谓"有责",首先是指"有"有权的国家机关借助相应的立法文件预先设定了环境监管行政法律责任规范,做到了"有法可依"。其次是指"有"承担环境监管行政法律责任的事实根据或法定事由,即客观存在环境监管者应承担环境监管行政法律责任的行政违法行为。最后是指环境行政法律责任的问责对象"有"法定责任能力,即环境行政问责主体拟问责的组织或个人应当具有法律上所确认的承担环境监管行政法律责任的资格和条件。对于无法定责任能力者,即便其实施了违法行为,也不得追究其法律责任。

2. 责任实现的基本要求与关键是"必究"。所谓"必究",就是环境行政问责主体对已发生的环境监管行政违法行为必须严格依法追究相应的行政法律责任。"必究"的反面是对已经发生的环境监管行政违法行为"不问""不管""不究"。有责必究就是要求在环境监管行政法律责任实现问题上,坚决杜绝环境行政问责主体对环境监管行政违法行为"不问""不管""不究"现象,严禁对责任主体的违法行为进行祖护、放纵甚至包庇,不得实施妨害环境监管行政法律责任实现的行为。具体言之,"必究"之"必",包含了以下基本要求:(1)环境行政问责主体"必须"对已经发生的涉嫌环境监管行政违法的行为依法进行立案调查,不得推诿塞责,不得对应当立案查处的涉嫌环境监管行政违法的行为不立案查处、不及时立案查处。(2)环境行政问责主体"必须"对经立案调查、审理审查等查明存在环境监管行政违法行为且应追究行政法律责任的事项,及时、依法作出相应的问责决定,不得拖而不议、议而不决。(3)环境行政问责主体及相关的国家机关"必须"对已生效的环境行政问责决定实际付诸全面执行,切实将环境监管行政法律责任所确定的不利后果实际施加给责任主体,不得不执行、不全面执行或者作违法变通执行。

对于环境监管行政法律责任的依法实现而言,环境行政问责主体依法作出环境监管行政法律责任问责决定是其得以实现的前提。但对环境行政问责主体依法作出的问责决定不予执行或者不严格依法执行,环境监管行政法律责任仍然不可能得到实现或有效实现。因此,有责必究不但要求环境行政问责主体必须依法作出问责决定,还特别要求对已经生效的问责决定必须严格依法实际执行。所谓实际执行,就是要求拥有执行权限的国家机关,应当切实执行已经发生法律效力的环境行政问责决定,并将环境监管行政法律责任及其不利法律后果实际施加于责任主体。其主要要求有三:一是对于行政处分等未给责任主体确定新的作为义务的环境行政问责决定,负有执行职责的行政主体和其他有关单位应当通过送达生效的行政问责决定、宣布问责决定、办理法定的相关问责手续、在法定期限之内不作出与特定责任追究相矛盾冲突的决定①等方式方法予以实际执行。二是对于行政追偿等给责任主体确定了新的作为义务的环境行政问责决定,应当先由责任主体在法定或规定期限内依法主动履行义务。在责任主体完全履行了确定义务后,环境监管行政法律责任法律关系归于消灭,并因此得以有效实现。如果责任主体在法定或规定期限内拒不履行义务,或者不全面履行义务,应当由责任主体所在的行政主体依法强制执行或者申请人民法院依法强制执行。三是对于环境行政问责行为享有法定监督、救济职责权限的有关国家机关作出的具有可执行内容的生效决定必须不折不扣予以执行。例如,在环境行政问责主体针对环境行政公务员所作降级的行政处分被上级行政主体依法撤销之后,作出处分决定的环境行政问责主体必须执行该撤

---

① 例如,《行政机关公务员处分条例》(2007)第八条规定:"行政机关公务员在受处分期间不得晋升职务和级别,其中,受记过、记大过、降级、撤职处分的,不得晋升工资档次;受撤职处分的,应当按照规定降低级别。"据此规定,有关行政机关即便对已经生效的行政处分决定作了实际执行,但如果在规定处分期限内对实施了环境监管行政违法行为的公务员晋升职务和级别,或者晋升工资档次(给予警告处分的除外),或者对给予撤职处分的,不按照规定降低其行政级别,也应视为对行政处分没有给予依法实际执行。

销决定,依法恢复被降级公务员的原有职级,并对其因处分而被限制、减损、取消的福利待遇等受损权益予以补救。总而言之,实际执行就是要求拥有环境行政问责决定执行权的有关国家机关乃至于责任主体必须严格依法执行生效的问责决定。其核心是不折不扣地将行政法律责任的不利法律后果实际施加于责任主体,非有法定事由并履行法定程序不得对生效的问责决定不执行、错误执行或违法变通执行。所谓违法变通执行,就是指环境监管行政法律责任执行主体在没有任何法定事由并经过依法准许的情况下,对环境监管行政法律责任决定所确定的义务进行违法变通履行或者执行的情况,主要包括对环境监管行政法律责任内容的非法变通执行(如非法减免已经确定的行政追偿责任)、责任实现方式的非法变通执行(如不宣布、不公开行政处分决定)、期限的非法变通执行(如将法定 24 个月的撤职处分期限,实际按 12 个月执行)、责任后果的非法变通执行(如虽然给予了公务员撤职的行政处分,但并没有依法降低或者取消被处分者原先所享有的待遇)等①。

在日常社会生活中,"有责必究"并不是一个惯常使用的概念,与"有责必究"相类似且被广泛使用的一个概念是"违法必究"。如有学者认为:"违法必究,是指不管什么人,只要违反了法律,都毫无例外要受到法律的追究,担法律规定其应当承担的责任。……'违法必究'社会主义法制原则的另一层意义是,要求执法部门对所有的违法行为,必须依法予以追究。否则,执法部门就是在

---

① 参见宋晓玲:《政府公务员行政责任实现研究》,兰州大学 2013 年博士学位论文,第 72 页。

徇私枉法,也应当受到法律的制裁。"①还有学者认为:"违法必究,从字面上理解,是对违法者必须进行追究;违法,就是某行为不符合现存法律的规定。法律,当然应该包括现存所有的法律部门。追究,就是对违反以上法律部门规定者的制裁。……违法必究,就是要严格追究违法犯罪行为人的法律责任。这是依法治国的必要保证,是法律威严的重要体现。违法不究,不但会使受到侵犯的合法权益得不到法律保护和救济,使被破坏的社会关系和社会秩序得不到恢复,而且还会损害法律的威严,使法律失信于民。"②本书认为,就对违法与制裁、违法与责任的一般关系的理解而言,违法必究作为一个习惯性用语也是能够成立的。但违法必究这一概念实际上并不够严谨、准确。因为,作为否定性的、不利后果意义上的法律责任虽然是因行为人的违法行为所导致,法律责任是对其违法行为的一种制裁,故法律责任及其追究须以违法为前提,但并不能由此得出只要是违法就当然或者必须实际追究或者让违法行为人实际承担法律责任的结论。即便行为人的行为违法甚至构成犯罪,如果他不具备法律上的相应责任能力或者承担责任的法定条件,就不能对其追究相应的责任;③或者因行为人违法情节轻微、

---

① 高建邻:《违法必究是社会主义法制的基本原则》,《绿化与生活》2002 年第 4 期,第 6 页。

② 刘婷婷、董卫国:《浅析违法必究之我见》,《法制与社会》2009 年第 25 期,第 15 页。

③ 例如,《行政处罚法》(2017) 第二十五条明确规定"不满十四周岁的人有违法行为的,不予行政处罚……";第二十六条规定"精神病人在不能辨认或者不能控制自己行为时有违法行为的,不予行政处罚";第二十七条第二款规定"违法行为轻微并及时纠正,没有造成危害后果的,不予行政处罚"。再如,我国《刑法》第四章第八节专门对追诉时效作了明确规定,对超过法定追诉时效的犯罪行为,也不应当追诉并追究其刑事责任。

危害不大,或者出现可免责的法定事由时,也可以不追究或者免除其相应的行政法律责任①。因此,在本文中没有使用"违法必究"概念,而代之以更加准确的"有责必究"概念,并将其作为环境监管行政法律责任实现的重要具体原则要求之一。

(二) 有错必纠

有错必纠是对拥有法定职责权限的国家机关在发现违法错误的环境行政问责行为时,应当依法对其予以纠正,从而使环境行政问责行为及其所引致的法律关系回复到适法状态的要求。在环境监管行政法律责任的实现过程之中,如果只要求环境行政问责主体对环境监管者做到违法必究,而不能做到对错误的环境行政问责行为的有错必纠,显然不符合依法实现原则的要求。所谓有错必纠,首先是指作出错误环境行政问责决定的环境行政问责主体,"必须"秉持实事求是的工作态度,遵循以事实为根据、以法律为准绳的原则,在自己的职责权限范围之内对错误的问责决定依法予以及时纠正。其次是要求负有对环境行政问责行为进行监督、救济职责权限的相关国家机关"必须"严格依法履行相应的职责,切实有效督促环境行政问责主体依法问责,依法纠正错误或显失公正的环境行政问责决定,既要依法保护责任主体的合法权益,同时也要保障环境行政问责主体依法行使问责职权。

---

① 例如,《公务员法》(2018)第六十一条规定:"公务员因违纪违法应当承担纪律责任的,依照本法给予处分或者由监察机关依法给予政务处分;违纪违法行为情节轻微,经批评教育后改正的,可以免予处分。对同一违纪违法行为,监察机关已经作出政务处分决定的,公务员所在机关不再给予处分。"我国《刑法》第六十七条、第六十八条规定,对于犯罪情节较轻的自首者,可以免除处罚;对于犯罪后自首又有重大立功表现的,应当减轻或者免除处罚。

（三）及时处理

由于环境监管行政法律责任的实现问题是一个自始至终的行为控制过程，只有这个行为过程中的每一个环节或阶段都能够及时合法推进，才有可能保障环境监管行政法律责任合法、合理、有效实现。因此，及时处理理应是环境监管行政法律责任依法实现原则的具体要求之一。所谓及时处理，就是要求责任实现主体依照法定期限及时履行职责权限，即实现主体在履行实现环境监管行政法律责任职责权限时，如果法律规范对特定工作事项规定了明确的行为时限，其应在法定时限内及时办理完毕特定工作事项，非有法定事由不得随意延长法定时限，更不得故意不按时限办理或超时限办理①；如果法律规范对特定工作事项没有规定具体时限，其应当在合理、适当期限内有效率地办理完毕特定事项，不得无限期拖延。就环境行政问责主体的问责行为而言，"及时处理"主要包含了下列要求：

1. 及时对涉嫌环境监管行政违法的事项进行立案。环境行政问责主体发现涉嫌环境监管行政违法的行为并依法及时进行立案调查，是实现环境监管行政法律责任的前提。如果环境行政问责主体不能及时发现环境监管行政违法行为，或者在已经发现环境监管行政违法行为后故意隐瞒或者拖延查处，环境监管行政法律责任就会实现不能。因为，一方面，立案是环境行政问责主体正式决定对涉嫌环境监管行政违法行为进行调查处理必经的程序，如果不予立案或者不予及时立案，就不能开展对涉嫌环境监管行政

---

① 例如，《行政机关公务员处分条例》（2007）第四十四条规定："给予行政机关公务员处分，应当自批准立案之日起 6 个月内作出决定；案情复杂或者遇有其他特殊情形的，办案期限可以延长，但是最长不得超过 12 个月。"

违法行为的正式调查、处理;另一方面,对涉嫌环境监管行政违法行为事项的及时立案调查,不但能为作出正确的环境行政问责决定收集、保全证据材料,防止行为人隐匿、转移、销毁环境监管行政违法证据,而且能够及时制止行为人继续实施环境监管行政违法行为,有效防控违法行为不利影响和后果的扩大,还可以推进环境监管行政法律责任实现由立案调查向审理、议决等后续程序递进,并为环境监管行政法律责任的最终实现奠定基础。

2. 及时作出具有法律效力的环境行政问责决定。所谓及时作出具有法律效力的环境行政问责决定,就是要求环境行政问责主体对已经立案的环境监管行政违法问责事项,必须在法定期限之内依法作出环境监管行政法律责任问责决定。问责决定既可以是依法追究环境监管行政法律责任的决定,也可以是依法不应当追究环境监管行政法律责任的决定。但无论是何种类型的问责决定,都应及时依法作出,不得久拖不决。

3. 及时执行环境行政问责主体所作的生效环境行政问责决定。对于环境行政问责主体作出的、已经生效的追究行政法律责任的问责决定,问责主体或者其他有关国家机关,应在法定期限之内,或者在无法定期限规定的情况下在合理期限之内,及时依法付诸执行。对于行政处分等无作为义务的环境监管行政法律责任的执行而言,重点是要求负有执行义务的行政主体及其工作机构应依照有关规定及时办理完毕相关的责任实现手续。目前,我国公务员立法只对行政处分的期限和作出行政处分决定的期限①作了

---

① 《行政机关公务员处分条例》(2007)第四十四条规定:"给予行政机关公务员处分,应当自批准立案之日起 6 个月内作出决定;案情复杂或者遇有其他特殊情形的,办案期限可以延长,但是最长不得超过 12 个月。"

规定,但并没有对落实行政处分及其相应法律后果的行为规定具体的作为期限。相对而言,《中国共产党纪律处分条例》对执行生效纪律处分事项的规定更加明确,值得公务员行政处分责任立法借鉴。① 对于需要责任主体实际履行特定义务才能够实现的环境监管行政法律责任的执行而言,责任主体应在法定或规定期限内主动履行环境监管行政法律责任所确定的义务;在责任主体超过法定或规定期限不履行义务时,有关国家行政主体应当在法定期限内依法强制执行或者申请人民法院依法强制执行。

4. 对环境监管行政法律责任问责事项拥有监督权、救济权的有关国家机关应在法定期限内及时受理并处理监督和救济事项。为了督促国家机关严格依法办事,在行使国家公权力方面切实做到有法可依、有法必依、执法必严、违法必究,国家还建立了相应的监督制度与救济制度。对环境行政问责情况依法进行监督,督促环境行政问责主体依法履行环境行政问责职能,或者对环境行政问责主体已经作出的环境行政问责决定,应责任主体的告诉,依法进行救济,既是国家相关监督制度、救济制度的必然要求,也是保障环境监管行政法律责任有效实现不可或缺的路径选择。因此,

---

① 例如,《中国共产党纪律处分条例》(2018)第四十一条规定:"党纪处分决定作出后,应当在一个月内向受处分党员所在党的基层组织中的全体党员及其本人宣布,是领导班子成员的还应当向所在党组织领导班子宣布,并按照干部管理权限和组织关系将处分决定材料归入受处分者档案;对于受到撤销党内职务以上(含撤销党内职务)处分的,还应当在一个月内办理职务、工资、工作及其他有关待遇等相应变更手续;涉及撤销或者调整其党外职务的,应当建议党外组织及时撤销或者调整其党外职务。特殊情况下,经作出或者批准作出处分决定的组织批准,可以适当延长办理期限。办理期限最长不得超过六个月。"第四十二条规定:"执行党纪处分决定的机关或者受处分党员所在单位,应当在六个月内将处分决定的执行情况向作出或者批准处分决定的机关报告。"

"及时处理"作为环境监管行政法律责任依法实现原则的要求之一,也要求有关的国家机关依法及时受理并处理环境监管行政法律责任的监督与救济事项。

二、平等对待原则

平等对待原则,是社会契约论、天赋人权论、法治理论,以及法律面前人人平等、尊重与保障人权的宪法原则、部门法上的法律适用原则等在环境监管行政法律责任实现领域内的具体体现。平等对待原则作为环境监管行政法律责任实现的原则之一,基本要求就是实现主体在实现环境监管行政法律责任过程之中,应对案件当事人平等相待,在案件事实认定、法律适用等方面做到同等情况同等对待,不同情况依法区别对待,不得违反法律规定恣意地实施不公正的差别待遇。其关键是在环境监管行政法律责任的实现过程中,实现主体均不得视责任主体是组织还是个人、环境行政主体是政府还是政府相关工作部门、履行环境监管职能的公务员是领导干部还是普通公务员等,而违反相关法律精神、原则与规则的规定实行不公正的差别待遇。总而言之,平等对待原则就是要求环境监管行政法律责任实现主体在实现环境监管行政法律责任的过程中,应严格依法办事,做到执法公平、公正。

从环境行政问责主体实施环境行政问责的具体情况来看,在不同类型的环境监管行政法律责任案件中,平等对待原则的要求是不尽相同的。其主要表现在以下两个方面:一是在涉嫌共同环境监管行政违法案件中,平等对待原则就是要求,问责主体对依法不应追究环境监管行政法律责任的环境监管者均不得违法追究责任;对依法应当进行责任追究的环境监管者,只应考虑违法事实与环境监管行政法律责任规范的规定,不应考虑与对案件作出公正处理无关的各种案外因素,严格按照过责罚相适应、责任相称等原则的要求,实事求是、客观公道判明不同责任主体在共同环境监管行政违法中的作用大小、责任轻重,并严格依法作出公正的问责决定,不得在问责中出现偏袒包庇、打击报复、厚此薄彼、量罚失衡失准等执法不公现象。二是环境行政问责主体在办理基本相同或者相类似的不同环境监管行政法律责任案件时,除了应考虑每个案件的具体情况和所依据的相关行政法律责任规范的特殊规定之外,尽可能在责任形式及其强度等的裁量方面保持案件之间的合理协调和平衡,力求避免明显的"同案不同判"等情形的发生,实现环境行政问责的实质公平,维护环境行政问责的严肃性、公正性与社会有效性。

当然,平等对待原则并不是主张不分情况的无差别的、机械的平等,"相反为了追求实质上的平等,在一定程度上允许合理的差别是现实的和可行的"①。鉴于"在分配利益和负担的语境中可以有两种意义上的平等对待。一种是强式意义上的平等对待,它要求尽可能地避免对人群加以分类,从而使每一个人都被视为同样的人,使每一个参与分配的人都能够在利益和负担方面分得平等的'份额',另一种是弱式意义上的平等对待,它要求按照一定的标准对人群进行分类,被归入同一类别或范畴的人才应当得到平等的'份额'"②,本文所称环境监管行政法律责任实现的平等对待原

---

① 伏广春:《论平等原则在行政处罚中的适用》,《法制与经济》2009 年第 8 期,第 8 页。

② 参见郑成良:《法律之内的正义》,法律出版社 2002 年版,第 40 页。

则,包含了重点表达形式意义上的无差别平等待遇的所谓"强式意义上的平等"与侧重表达实质意义上的有合理差别条件下的所谓"弱式意义上的平等对待"①。所谓平等对待之"平等",不仅限于形式意义上的平等,即要求责任实现主体对同等情况同样对待,对责任主体应当不歧视、不偏袒而一视同仁、平等相待,在面对两个或者两个以上的多个责任主体时,应当从态度到行为做到表里如一、前后一致,不得反复无常;更注重实质意义上的平等,即环境行政问责主体对两个或者两个以上责任主体的"量罚"应当与其各自的违法程度及其情节、后果等相适应,做到依法合理、公平裁量责任,不得对一责任主体作出较其他责任主体明显过轻或者过重的环境行政问责决定。

值得特别说明的问题是,环境监管行政法律责任实现的平等对待原则,只是在环境监管行政法律责任问责和实现方面的正当性、公正性、公平性要求,只是对环境监管行政法律责任规范在实际适用中的基本要求。如果相关立法文件所设定的环境监管行政

---

① 有论著认为:"平等对待分为两种意义上的平等对待,一种是强式意义上的平等对待即强式平等对待,另一种是弱式意义上的平等对待即弱式平等对待。两者之间的差别在于是否以一定的标准对主体作类的划分,即不作类的区分、一视同仁的平等对待是强式平等对待,而以一定标准对人群进行划分的差别对待是弱式平等对待。强式平等对待强调立法者和司法者在进行利益和负担分配的过程中对主体不作类型的区分,一体对待;而弱式平等对待强调立法者和司法者在进行利益和负担分配的过程中,在有足够充分且正当理由的情况下,可以对主体进行类型的区分,然后区别对待。体现在法律上,强式平等对待为法律上的'人人平等'即权利能力的平等,……是形式上平等的体现……;而弱式平等对待不仅体现了一定意义上的平等,更为重要的是其也体现了差别对待,即以一定的标准对社会群体作类的区分,不同人群之间的主体具有不同的权利能力,但是同类中的主体之间具有同样的权利能力。"参见钱大军、王磊锋:《弱式意义上的平等对待》,《法制与社会发展》2008年第6期,第126页。

法律责任规范本身就有违公平正义精神、原则,或者没有充分体现公平正义的要求,要做到环境监管行政法律责任规范在适用方面的平等对待显然是不可能的。因此,没有立法的公平正义,在任何时候都不可能真正实现执法的公平正义。符合"良法"标准和要求的环境监管行政法律责任规范是按照平等对待原则实现环境监管行政法律责任的前提条件。

三、协调配合原则

环境监管行政法律责任的实现是涉及众多主体的复杂行为过程,是需要各级各类责任实现主体共同尽职尽责才有可能最终实现的目标。只有作为实现主体的国家机关之间、国家机关与责任主体之间的良好协调、配合,才有可能取得最理想的实现效果,因此,协调配合理应是环境监管行政法律责任实现的重要原则之一。

协调配合原则,就是要求协调处理好各类责任实现主体相互之间在实现环境监管行政法律责任过程中的权利义务关系,建立健全不同实现主体在实现环境监管行政法律责任方面的分工制约、各负其责、协调配合的工作机制,以保障和促进环境监管行政法律责任的实现。其关键是通过建立有关国家机关低成本、高效率、高质量的实现环境监管行政法律责任的联动、合作机制,防控相关国家机关在实现环境监管行政法律责任方面相互掣肘、推诿、拖延等现象的发生,切实保障各项环境监管行政法律责任能够在国家环境行政管理与现实社会生活中得到及时、合法、公正的执行。其具体要求包括以下两个方面:

1. 环境行政问责主体的内部不同办案机构在办理环境监管行

政法律责任案件中的协调配合。环境行政问责主体办理环境监管行政违法案件，涉及调查取证、对涉案事实与法律适用的审查、问责事项的议决、对问责决定的执行与救济等多个环节、多项工作职能，要防止问责权限滥用，保障案件质量，做到严格依法问责、公正公平问责，问责主体不宜也不应当将所有办案职能交给一个部门或机构来行使，而是应将不同的工作职能进行合理分解并配置于不同的办案部门或机构分别行使，并建立健全不同办案部门或机构（办案人员）分工、协同、制约的工作机制。其基本要求就是实行案件受理职能与调查职能相分离；案件调查职能与案件审查或审理职能相分离；案件调查职能、审查审理职能与议决职能相分离；案件议决职能与执行职能相分离；案件的议决职能与救济职能相分离。

2. 不同国家机关在办理环境监管行政法律责任案件方面的协调配合。一是两个以上的环境行政问责主体之间的协调配合。由于受环境监管行政违法案件管辖权（包括职能管辖、级别管辖、地域管辖权）的限制，某个环境行政问责主体在办理案件过程中，有时还需要其他环境行政问责主体予以必要的协调配合。这种协调配合的主要目的是提高办案效率。协调配合的主要方式包括两个或两个以上环境行政问责主体联合办案，一方协助他方进行调查取证、一方受他方委托调查取证、送达法律文书或执行生效的问责决定等。例如，原《监察机关在调查处理政纪案件中相互协作配合的规定》即对监察机关查办政纪案件中的协作配合作了具体规定。① 其

---

① 原《监察机关在调查处理政纪案件中相互协作配合的规定》（1992）第二条规定：“监察机关查办政纪案件需要外地监察机关予以协作配合的，可以提出请求，受请求的监察机关应当依照本规定予以协作配合。”

所规定的不同监察机关协作配合方式主要包括：代为调查收集证据；代为送达监察文书；请求协助执行监察机关依法作出的具有执行内容的有关监察决定；按照监察管辖权的有关规定移送违法违纪线索和材料；根据查处案件的需要进行联合调查等。二是不同类型的国家机关之间在办理环境监管行政违法行为案件时的协调配合。其主要包括以下两种情形：（1）环境行政问责主体在履行行政问责职责权限时，需要其他有关国家机关协调配合的情形。其主要发生在环境行政问责主体在办理环境行政问责案件涉及其他有关行政主体职责权限范围之内的事项时，需要其他有关行政主体依法予以配合协助的情况之下。例如，原《行政监察法实施条例》对监察机关在办理违法违纪案件过程中需要公安机关等其他相关国家行政机关的配合协助作了明确的规定。① （2）环境行政问责主体所办理的环境监管行政违法案件同时涉及其他性质法律责任或者非法律责任的情况下，与其他相关机关的协调配合。例如，环境行政问责主体如果发现正在查办的案件涉嫌犯罪，应当依法移送有管辖权的国家司法机关；国家司法机关在审理环境行政诉讼案件、履行环境行政执法检察监督职权的过程中，如果发现环境行政主体及其公务员涉嫌行政违法，应当通过提出司法建议并移

---

① 原《行政监察法实施条例》（2004）第十七条规定："监察机关办理违法违纪案件，遇有下列情形之一的，可以提请公安机关、司法行政部门予以协助：（一）需要向在押的犯罪嫌疑人、被执行刑罚的罪犯调查取证的；（二）需要阻止与案件有关的人员出境的；（三）需要协助收集、审查、判断或者认定证据的。"第十八条规定："监察机关办理违法违纪案件，遇有下列情形之一的，可以提请审计机关予以协助：（一）需要对有关单位的财政、财务收支情况进行审计查证的；（二）需要协助调查取证的。"第十九条规定："监察机关办理违法违纪案件，遇有下列情形之一的，可以提请税务、海关、工商行政管理、质量监督检验检疫等机关予以协助：（一）需要协助调查取证的；（二）需要协助收集、审查、判断或者认定证据的。"

交相关案件证据材料等方式，督促有关环境行政问责主体依法追究环境监管行政法律责任。

四、监督问责原则

对环境监管行政违法行为的问责，通常包括了立案调查、作出决定和执行决定三个重要环节。由于环境监管行政法律责任的立案调查、作出决定与执行的权力主要由环境行政问责主体依法行使，因而环境监管行政法律责任能不能在社会生活中得到有效实现，关键在于环境行政问责主体是否依法行使对环境监管行政法律责任案件的立案调查权、问责决定权与问责决定执行权。如果环境行政问责主体在环境行政问责方面弃权、怠于行使这些重要权力，环境监管行政法律责任就无以实现。同时，任何权力先天都具有腐化或被滥用的可能性，如果对于环境行政问责主体及其问责权力缺乏必要的、有效的监督，就不可能保障环境行政问责权依法、正当、有效运用。因此，要保证环境监管行政法律责任的实现，必须依法监督"问责者"及其问责行为。

监督问责作为环境监管行政法律责任实现的一项具体原则，其核心就是要求通过建立健全对环境行政问责主体及其公务员的环境行政问责行为的监督制度，防控环境行政问责权力虚置、弃用或滥用，从而保证环境行政问责主体严格依法履行环境行政问责职责，促成环境监管行政法律责任在现实社会生活中的有效实现。其主要要求可以概括为以下几个方面：

1. 建立健全环境行政问责权合法、正当行使的监督控制机制。在这个方面，重点是建立健全环境行政问责主体在环境行政问过程中的诸如立案调查、案件审理、案件议决、生效决定的执行、事后法律救济等主要行为环节的权力制约机制。在制约机制的建构方面，既要重视对问责主体内部办案机构之间的职责权限划分与相互制约机制的建构，建立健全案件立案与调查取证、调查取证与审理、议决与执行、办案与办案监督职能等相分离的内控性体制机制，严格办案程序与案件质量管理，也要重视对环境行政问责行为进行有效外部监督的体制机制构建，建立健全有助于督促问责主体依法行使问责权的外部监督制度，依靠各种外部监督方式方法强化对环境行政问责行为的监督。

2. 建立健全防控非法干预环境行政问责活动的制度。环境监管行政法律责任问责活动，属于特定的行政执法活动。要使环境行政问责主体无所畏惧地严格依法履行问责职责，客观上还需要有一个良好的执法环境。之所以在环境行政问责实践中，有的环境行政问责主体不敢、不愿严格依法履行问责职责，其原因虽然是多方面的，但普遍与内外部对问责活动的非法或者不当干预有直接的关系。因此，建立健全防控对环境行政问责活动进行非法干预的制度是十分必要的。在这个方面，重点是要建立具有实际可操作性的、对非法干预环境行政问责活动的领导干部进行检举揭发和责任追究的制度，以有效遏制以权压法、以权乱法、以权废法等违法行为，从而为环境行政问责主体依法履行职责创造良好的执法环境和条件。

3. 建立健全对环境行政问责者的责任追究制度。环境监管行政法律责任问责权，是一项直接影响社会公共利益、责任主体重要权益的行政执法权。如果缺乏对环境行政问责主体及其公务员违法问责行为进行责任追究的制度安排，这种执法权更易于被滥用，较之于一般环境监管行政违法行为对社会的危害性更大。因此，建立健全对环境行政问责者的责任追究制度既是落实监督问责原则的必然要求，也是切实保障环境监管行政法律责任有效实现不可或缺的路径依赖。为此，应当针对当前环境行政问责者法律责任立法缺失的现状，通过修改完善相关的法律、法规，在科学、合理、精细化设定环境行政问责主体及其公务员在行政问责方面的义务性规范的基础上，对严重违反行政问责义务性规范的行为设定相应的行政法律责任，切实督促环境行政问责主体及其公务员严格依法问责、公正问责，以保障环境监管行政法律责任的有效实现。

在此特别需要述明的问题是：对环境行政问责行为的监督虽然主要依靠有关国家机关，但更需要公众的参与，公众参与是监督问责不可或缺的重要路径。公众参与是人民主权理论、民主法治理论以及权力制约理论在环境监管行政法律责任实现领域的重要体现，既是民主行政、依法行政的必然要求，也是对环境监管行政法律责任实现的全过程进行外部控制、社会控制的主要路径选择。环境监管行政法律责任的实现之所以需要公众参与，也还在于环境监管行政法律责任的设定权、决定权、执行权均掌于有关国家机关手中，要保证环境监管行政法律责任实现方面的这些重要公权力的合法、正当、有效率的行使，固然需要通过建立健全相关国家机关依法办事的体制机制予以保障和控制，更需要来自于国家机关外部的社会力量尤其是社会公众的支持、理解与有效监督。如果没有来自于外部的社会公众的有效参与、监督，不但有可能增大环境监管行政法律责任实现的难度、增大责任实现的执法成本，而且还有可能会因失去社会公众的有效监督而导致环境监管行政法律责任设定权、决定权与执行权等公权力滥用或者不作为等不良现象的发生,从而影响环境监管行政法律责任的有效实现。概而言之,环境监管行政法律责任实现中的公众参与有两个方面的主要功能:

1. 对实现环境监管行政法律责任行为的监督与控制功能。环境监管行政法律责任的有效实现有赖于环境监管行政法律责任设定权、环境监管行政法律责任决定权、环境监管行政法律责任执行权、环境监管行政法律责任监督救济权等相关公权力的依法正当行使。公众通过对环境监管行政法律责任实现全过程的有效参与,就能够对与环境监管行政法律责任实现直接相关的这些公权力形成持续性的监督与控制,既有助于监督、促使相关国家机关及其公务员依法运用这些公权力,忠实履行实现环境监管行政法律责任的职责,也有助于防范、控制环境监管行政法律责任实现主体及其公务员不履行或者怠于履行实现环境监管行政法律责任的职责等不良现象的发生,从而切实保障环境监管行政法律责任的有效实现。

2. 对实现环境监管行政法律责任的助成与支持功能。公众参与环境监管行政法律责任的实现,所发挥的功能与作用并不仅仅表现在监督与控制方面,还表现在对环境监管行政法律责任实现的助成与支持方面。通过有效的公众参与,不但可以为环境监管行政法律责任制度的建立或完善提供必要的智力支持,协助有关国家机关构建优良的环境监管行政法律责任制度,而且还能够为环境监管行政法律责任案件的查处、执行等提供证据材料等优质信息,为环境行政问责主体有效率地查处环境监管行政违法行为及执行生效的环境监管行政法律责任决定提供重要保障。因此,公众参与及其制度建设对于环境监管行政法律责任及其实现有十分重要的意义和价值。在某种程度上,可以说公众参与就是环境监管行政法律责任及其实现的度量衡,公众在环境监管行政法律责任实现的制度建设和制度贯彻落实过程中的实际参与状况,不仅在一定程度上直接影响环境监管行政法律责任实现或者可能实现的程度,而且还充分折射与反映着一个国家或地区的政治民主状况。公众参与在推动对环境行政法律责任实现主体依法追责、依法实现责任等方面的作用越大、越明显、越有效,表明整个国家、社会的民主化、法治化程度越高,权力与权利关系愈加和谐。

从环境监管行政法律责任实现的特性与规律以及公众参与的性质、任务、功能、途径等方面来审视,环境监管行政法律责任实现的全过程、全要素中公众都可以参与,都应当建立健全相应的公众参与制度。具体到环境监管行政问责的参与方面,主要应建立健全公众在环境监管行政法律责任案件调查处理与执行等方面的参与制度。环境监管行政法律责任案件的调查处理包括立案、调查取证、作出环境行政问责决定等环节。在环境监管行政法律责任案件的调查处理与执行方面,公众参与主要表现在公民、法人和其他组织通过行使法律赋予的控告、申诉、检举、揭发等权利,为环境行政问责案件的立案提供线索,并对是否立案进行监督;协助、配合有关国家机关调查收集案件证据;理性、有序表达对责任主体应当追究或者不应当追究相应环境监管行政法律责任的要求与愿望;对不追究或者不依法追究、实现环境监管行政法律责任的相关国家机关及其公务员,依法提出批评、建议,或者检举、控告、揭发等。

第三节　环境监管行政法律责任实现类型分析

　　类型分析对于揭示不同种类环境监管行政法律责任实现的一般性与特殊性等具有积极意义和作用。由于环境监管行政法律责任的实现是以环境监管行政法律责任为前提和对象的,因而其类型与环境监管行政法律责任的类型是高度统一的,有什么样的责任类型就会有与之相适用的责任实现类型。根据环境监管行政法律责任的特性,依据不同的分类标准,可以将环境监管行政法律责任的基本类型划分为形式责任与实质责任、单一责任与复合责任、个体责任与整体责任、上级责任与下级责任、有作为义务的责任与无作为义务的责任等五种。与之相适应,环境监管行政法律责任的实现亦可划分为这五种基本类型。

一、责任的形式实现与实质实现

　　形式是对特定事物的内容、属性的外在表现,它具有能够被人们直接感知、直观识别的特性。所谓环境监管行政法律责任的形式实现(以下简称责任的形式实现),就是指人们借助环境行政问责行为及其外在表现形式等所直接感知到的环境监管行政法律责任的实现状态和程度,即人们所"看到"的环境监管行政法律责任实现情况。从形式观之,一旦环境行政问责主体针对特定的责任主体作出并执行了环境行政问责决定,或者被认定为错误或不当的问责决定已经被撤销、变更等,通常就意味着责任已经得到了实现。所谓环境监管行政法律责任的实质实现（以下简称责任的实质实现），则是指环境行政问责主体不仅作出并实际执行了环境行政问责决定，而且所作问责决定以及对问责决定的执行具备合法、正确、适当、公平、正义等实质性条件，同时还要求有关国家机关对存在违法或严重不当的环境行政问责决定依法进行了事后纠错或补救。

责任的形式实现与实质实现具有深刻的内在逻辑联系。一方面，责任的形式实现，既是责任的实质实现的外在表现，也是其前提条件。离开了责任的形式实现，责任的实质实现就无从谈起。因为，任何事物的形式与内容是高度统一、不可分离的，没有无内容的形式，更没有无形式的内容，形式是内容的外在表现与载体，离开形式的内容是无法被人所感知的。另一方面，责任的实质实现又是责任的形式实现的应然状态、精神依归与内在价值取向，是对环境监管行政法律责任实现的本质要求。如果环境行政问责主体虽然针对特定环境监管者作出并实际执行了环境行政问责决定，但问责决定不合法、不正当、不公平，环境监管行政法律责任在实质上就未能得到有效实现。

一般言之，责任的形式实现与实质实现是彼此相适应、相统一的。如果环境监管行政法律责任在形式上得到了实现，在大多数情况下就意味着同时在实质上也得到了实现。但"执法在人"，因环境行政问责主体及其公务员的行政问责动机、意识、能力、水平以及其他主客观因素的制约或影响，有时难免会在责任的形式实现与实质实现之间出现明显不统一、不协调的情况。这种情况，既可以表现在环境监管行政法律责任虽然在形式上得到了实现，但并不符合实质实现的要求方面（例如，环境行政问责主体所作环境行政问责决定违法），也可以表现在环境监管行政法律责任虽然在实质上得到了实现，但在形式上并没有得到依法实现方面（例如，环境行政问责主体所作环境行政问责决定实体合法而程序严重违法）；既可以表现在环境监管行政法律责任的问责方面，也可以表现在对环境监管行政法律责任及其问责的监督救济等方面。

二、单一责任的实现与复合责任的实现[①]

根据责任主体对同一环境监管违法行为所承担的环境监管行政法律责任是否涉及两种以上责任类型或者同一类型中的两种以上责任形式，可将环境监管行政法律责任分为单一环境监管行政法律责任与复合环境监管行政法律责任。所谓单一环境监管行政法律责任，是指针对特定的环境监管行政违法行为，只适用一种责任形式的环境监管行政法律责任。例如，环境行政问责主体对实施了环境监管行政违法行为的公务员的警告处分，就属于单一环境监管行政法律责任。

所谓复合环境监管行政法律责任，是指针对特定的环境监管行政违法行为，适用两种以上的环境监管行政法律责任形式，或者两种以上性质不同的责任形式的情形。复合环境监管行政法律责任通常包括以下两种类型：一是责任形式复合型，即环境行政问责主体给予责任主体两种以上的环境监管行政法律责任形式的情形。例如，环境行政问责主体对实施环境监管行政违法行为且造

---

① 参见宋晓玲：《政府公务员行政责任实现研究》，兰州大学 2013 年博士学位论文，第 30 页。

成行政赔偿责任的公务员既给予记大过的行政处分，又责令其承担行政追偿责任，就属于责任形式复合型。二是责任性质复合型，即对责任主体的同一环境监管行政违法行为，既追究特定的环境监管行政法律责任，又追究其他性质的法律或非法律责任的情形。例如，对实施了环境监管行政违法行为的党员公务员，既由环境行政问责主体给予了相应的行政处分，又由党的纪律检查机关给予了党纪处分，甚至还被国家司法机关追究了相应的刑事责任。

责任形式复合型环境监管行政法律责任，一般由同一环境行政问责主体作出，而责任性质复合型中的非行政法律责任则由其他性质的国家机关、党组织等依法依规作出。应当说，在严格的逻辑意义上，作为对环境监管行政法律责任实现分类的复合型责任的实现，仅限于责任形式复合型环境监管行政法律责任的实现。之所以在本书中勉强将责任性质复合型也视为复合型环境监管行政法律责任实现的一种特殊类型，其目的主要是为了揭示基于同一环境监管行政违法行为所形成的环境监管行政法律责任与其他不同性质的法律责任或纪律责任之间的内在联系及其有效实现的规律。

对于责任形式复合型环境监管行政法律责任而言，要保证其有效实现，除了必须做到一并适用的责任形式能够一并适用，且一并适用合理、适当、合法之外，还要符合下列基本要求：

1. 可以并处的两个或者两个以上的环境监管行政法律责任形式，应当在责任形式上具有逻辑关系上的主从性、责任内容上的互补性。在有些情况下，环境行政问责主体在对责任主体施加主要行政法律责任形式的同时，根据责任主体环境监管行政违法行为的具体情形，还有必要施加其他一些补充性或从属性的责任形式，以强化责任制裁力度或者有效消除违法后果。例如,对于实施了损害行政相对人名誉、声誉的环境监管行政违法行为的公务员,环境行政问责主体就可以在依法给予该公务员以特定行政处分的同时,一并作出责令其向受害人赔礼道歉、消除影响等的问责决定。

2. 不存在主从性、补充性关系的同一环境监管行政法律责任类型的两个或者两个以上责任形式不得一并适用。例如,对实施了环境监管行政违法行为的公务员的行政处分责任,就不能一并适用。如果环境行政问责主体要给予环境公务员以警告的行政处分,就不能同时给予其记过及以上的行政处分。反之,如果环境行政问责主体给予环境公务员以撤职的行政处分,就不能给予其降级及以下的行政处分。这不仅是因为,法律设定的行政处分责任形式有内在责任强度的合理划分,被处分者的违法情节、后果不同,所适用的行政处分责任也会相应不同,两者相互适应,不能将强度不同的责任形式针对同一违法行为而混同适用,也是因为行政处分的各责任形式之间并不存在逻辑上的主从关系或补充性关系,既无合并适用的必要,也无合并适用的实际意义或价值。

3. 对已经生效的责任形式复合型环境行政问责决定,必须依法实际、全面执行,不得对两种以上的责任形式作选择性执行或者违法变通性执行。

对于责任性质复合型环境监管行政法律责任的实现而言,要保证其有效实现,除了具备环境监管行政法律责任有效实现的一般特征与条件之外,还应当同时满足以下几个方面的要求:

1. 其有效实现需要不同的问责主体或者责任追究主体均依法履行问责职责。例如,在党员公务员因其环境监管行政违法行为,同时引致环境监管行政法律责任、执政党的纪律处分责任、刑事责任等多种不同性质的责任时，如果仅仅依靠某一问责主体的问责，显然无法落实环境监管行政违法行为所引致的全部责任类型，客观上需要各个问责主体都能够依法履行问责职责。

2. 其有效实现往往还需要不同问责主体间的密切协同或配合。例如，环境行政问责主体、党的纪律检查机关等在查处党员公务员的环境行政违法违纪行为时，如果发现公务员涉嫌构成犯罪，就需将案件移送有管辖权的司法机关依法追究刑事责任，并视具体情况依法依规给予该公务员党纪政纪处分。同样，司法机关在办理环境公务员涉嫌犯罪案件的过程中，如果发现公务员实施了环境监管行政违法违纪行为但尚不能构成刑事责任时，也需根据相关规定将公务员违法违纪情况及时通报有关环境行政问责主体或党组织，在必要时还可以依法向实施了环境监管行政违法行为的公务员所在行政机关发出相关的《司法建议书》。

3. 其有效实现还要求做好不同责任形式在适用过程中的相互衔接。对责任性质复合型环境监管行政法律责任，应当由不同问责主体依法依规分别进行责任追究，且不同性质的责任彼此之间不得相互替代、吸收。例如，对于环境公务员环境监管行政法律责任的追究，一般并不影响对其环境监管行政犯罪刑事责任的追究，两者不能替代或吸收。但在有些情况下，还要在不同性质的责任形式之间进行必要的衔接。例如，对于党的领导机关根据干部任免权限决定任免的公务员，在其涉嫌环境监管行政违法违纪并应撤销职务的情况下，应当先由党的领导机关作出撤销党内职务或者党内外职务的纪律处分，然后再由有权的行政主体作出撤销行政职务的处分决定；对于由同级权力机关依据法定程序任免的领导职务公务员，还应当由人大常委会作出免职决定。

三、个体责任的实现与整体责任的实现

个体环境监管行政法律责任的实现(以下简称个体责任实现),是指责任实现主体依法实现作为个体的特定责任主体的环境监管行政法律责任的活动。例如,环境行政问责主体对实施了环境监管行政违法行为的某个行政主体予以通报批评。所谓整体环境监管行政法律责任的实现(以下简称整体责任实现),是指特定行政区域、特定行政系统以及特定行政主体的环境监管行政法律责任实现的整体状况。它可以具化为特定行政区域、特定行政系统以及特定行政主体对已经发生的环境行政违法行为依法追究相应行政法律责任的比率。在通常情况下,这种比率越高,环境监管行政法律责任实现的程度、水平就越高;反之,这种比率越低,环境监管行政法律责任实现的程度、水平就越低。对环境监管行政法律责任的实现作如此分类,既有助于揭示个体责任与整体责任及其实现的互动关系与内在机理,也有助于科学构建环境监管行政法律责任实现绩效的评估制度。

个体责任实现与整体责任实现的内在关系主要表现在以下三个方面:一是前者是后者的前提条件和基础。如果没有每个具体责任主体环境监管行政法律责任的实现,整体责任的实现就无可能;如果个体责任实现不能、实现不良,整体责任肯定同样实现不能、实现不良。二是后者是前者的终极表现和结果形态。整体责任的实现,实际上是个体责任实现状况的集中反映和体现,其所表达的是个体责任实现的集合状况和水平。从整体责任的实现状况、水平就能够直接反映出个体责任的实现状况和水平。如果整体责任的实现程度、水平较高,就当然表明了个体责任得到了较好

的实现;反之,就表明个体责任实现程度、水平不够理想。三是两者之间相互影响、相互制约。如果环境行政问责主体在进行环境行政问责时,对一些典型个案的处理不严格依法办事,存在明显的执法不公,就会直接影响对其他案件的依法公正查处,并由此直接影响整体责任的实现程度。同理,如果特定行政区域、特定行政系统以及特定行政主体环境行政问责体制机制完善、相关制度健全、问责意识与能力强、能够做到严格依法问责,就会为严格依法追究并实现个体环境监管行政法律责任创造良好的执法氛围和环境,提高个体责任实现的质量与效能。因此,要有效实现环境监管行政法律责任,既要采取各种有效举措落实个体环境监管行政法律责任,加强对环境监管行政违法个案的查处、问责力度,严格做到执法必严、违法必究,从而提高整体责任的实现绩效,也要重视特定行政区域、特定行政系统以及特定行政主体的问责制度与文化建设,营造用权必有责、有责必追究的良好环境监管行政法律责任执法氛围、态势,从而为个体责任的有效实现奠定坚实的组织基础与良好的执法条件和环境。

四、上级责任的实现与下级责任的实现

我国单一制的国家结构形式决定,中央与地方各级人民政府、中央和地方各级人民政府与其所属工作部门是具有行政命令与服从关系的典型上下级隶属关系,上级人民政府工作部门与下级人民政府相应的工作部门具有指导与被指导、监督与被监督的非典型上下级隶属关系(实行省以下垂直管理体制的行政机关除外)。对于环境行政主体而言,这种上下级关系表现为上级人民政府与

下级人民政府、上级人民政府负有环境监管行政职能的工作部门与下级人民政府负有环境监管行政职责的工作部门、实行垂直管理体制的上级负有环境监管行政职能的行政机关与相应的下级机关的关系。对于环境行政公务员而言,这种上下级关系,主要包括了环境行政主体内部领导职务公务员与非领导职务公务员、高职级的公务员与低职级的公务员①,以及上级环境行政主体公务员与下级环境行政主体公务员之间的相互关系。

从环境监管行政法律责任设定与实现的机理来分析,由于上下级环境行政主体拥有不尽相同的地位与环境行政职责权限,上级人民政府与下级人民政府、人民政府与政府所属环境监管部门承担的环境监管行政法律责任,专门环境行政主体与仅履行特定环境监管职责的行政主体承担的环境监管行政法律责任理应有所不同,其所应承担的环境监管行政法律责任的实现路径与方式等相应也会有所不同。

在环境行政公务员环境监管行政法律责任及其实现方面,上下级(包括职务、职级上的上下级)公务员环境监管行政法律责任及其实现既有共性②也有其特殊性。其特殊性主要表现在以下几

①　《公务员法》(2005)第十六条规定:"公务员职务分为领导职务与非领导职务。"2018年12月修订的《公务员法》规定国家实行公务员职务与职级并行的制度,将领导职务层次分为了"国家级正职、国家级副职、省部级正职、省部级副职、厅局级正职、厅局级副职、县处级正职、县处级副职、乡科级正职、乡科级副职"(第十八条);将综合管理类公务员的职级序列分为了"一级巡视员、二级巡视员、一级调研员、二级调研员、三级调研员、四级调研员、一级主任科员、二级主任科员、三级主任科员、四级主任科员、一级科员、二级科员"(第十九条)。

②　例如,《公务员法》(2018)第九章"监督与惩戒"所规定的惩戒责任即行政处分责任就既适用于担任上级职务、职级的公务员,也适用于担任下级职务、职级的公务员。

个方面：一是在所实现的法律责任类型方面，领导职务的公务员实施了环境监管行政违法行为后，除了要承担相应的普通行政法律责任之外，作为政府组成人员的领导职务的公务员还有可能承担相应的政治责任、违宪责任、刑事责任等。而非领导职务的公务员所承担的法律责任仅限于普通行政法律责任及在构成犯罪后的刑事法律责任。二是在法律责任实现的路径方面，领导职务的公务员环境监管行政法律责任除了通过行政问责的途径实现之外，对由权力机关选举或任命的领导职务的公务员还需借助权力机关的问责来实现。但非领导职务的公务员的环境监管行政法律责任则主要通过环境行政问责来实现。[①]　三是从责任及其实现的社会影响力来看，上级环境监管行政法律责任的实现对下级环境行政主体、非领导职务的公务员、行政相对人行政法律责任的实现，乃至于对社会成员法律意识的培育、社会公平正义价值观的塑造、社会法治秩序的形成与维护、环境监管社会有效形象的树立等具有更加重要而直接的警示、示范、促进、引领等作用。[②]　"吏不良而有法莫守""上梁不正下梁歪"，如果上级环境监管者不忠实履行环境行政监管义务，不为其环境监管行政违法行为承担相应的法律责任，任何法律制度都不可能得到良好的贯彻执行，下级环境监管者的环境监管义务与责任因此会更难以得到有效实现。因此，相对于下级环境行政主体、非领导职务公务员以及行政相对人环境行政法律责任的实现而言，上级环境行政主体、领导职务公务员的环境监管行政法律责任的实现更具有必要性与重要性。四是从责任及

[①]　参见宋晓玲：《政府公务员行政责任实现研究》，兰州大学 2013 年博士学位论文，第 32 页。

[②]　同上文，第 33 页。

其实现的复杂程度来看,上级环境行政主体、公务员的权力与地位、调动社会资源的能力、对社会的影响力等因素决定,相对于下级环境监管行政法律责任的实现而言,其责任的实现往往干预力更强、更为复杂、难度更大、实现的成本更高。鉴于此,环境监管行政法律责任立法,应兼顾上下级责任及其实现机制的构建,尤其是要特别关注上级尤其是政府、领导干部责任及其实现机制的构建。

对环境监管行政法律责任的实现作如此分类,有助于更加深入地认识两类责任主体的环境监管行政法律责任设定与实现的特殊性,有助于揭示两类责任主体环境监管行政法律责任及其实现相互影响、相互作用的互动规律,并为分类设定好、实现好环境监管行政法律责任提供必要的理论支撑。

五、有作为义务责任的实现与无作为义务责任的实现

所谓有作为义务的环境监管行政法律责任,是指环境行政问责主体因环境行政问责而在法律上给责任主体添附了新的作为义务的环境监管行政法律责任,其只有在责任主体主动或被动全部履行了特定的作为义务之后才能被视为实现。其主要包括以下两类:一是财产性环境监管行政法律责任,即为责任主体确定了特定财产给予义务的环境监管行政法律责任。例如,环境行政主体对行政相对人的行政赔偿责任、环境行政公务员因受追偿而对国家的金钱给付义务等就属于有财产性作为义务的环境监管行政法律责任。二是有非财产性作为义务内容的环境监管行政法律责任。例如,责任主体所承担的赔礼道歉、消除影响、恢复名誉、恢复原状

等责任就属于具有非财产性作为义务内容的环境监管行政法律责任。

所谓无作为义务的环境监管行政法律责任，是指环境行政问责主体因环境行政问责而在法律上并没有给责任主体添附新的作为义务的责任。这种责任类型并未因问责而给责任主体派生新的作为义务，一般无需责任主体的作为即可实现。环境行政处分就属于此类责任。当然，虽然说无作为义务的环境监管行政法律责任一般不因责任主体的实际作为即可实现，但并不意味着无作为义务的环境监管行政法律责任及其决定不需执行即可实现。以环境行政处分的实现为例，环境行政处分决定一旦生效，虽然一般无需责任主体实际作为，但仍需有执行权的行政问责主体及其相关机构等依法执行。执行的方式大致有以下两种：一是对不涉及责任主体原有职务及职务权利义务变动的诸如警告、记过、通报批评等行政处分，一经处分决定生效并宣布，即视为实际执行。二是对涉及责任主体原有职务及职务权利义务变动的诸如免职、撤职等行政处分，需要有执行权的行政主体在问责决定生效后，依法办理相关的职务及职务权利义务变动的人事管理手续等才能视为实际执行。在通常情况下，无作为义务的环境监管行政法律责任被实际执行，就意味着环境监管行政法律责任随之得到了实现。但无作为义务的环境监管行政法律责任的执行与实现并不总是相统一的。在有些情况下，即便有关国家机关已经实际执行了生效的无作为义务的行政问责决定，但还须在法定责任期限之内（如行政处分期限内）不得违法作出否定、变更、抵销因责任追究而给责任主体确定的不利法律后果的决定（如对受行政处分的公务员在处分期间违法晋升职务和职级），或者作出其他与责任追究相矛盾抵触的决定(如对受行政处分的公务员违法给予奖励、授予荣誉等),无作为义务的环境监管行政法律责任才能够最终得到实现。依法理而论,不管是环境行政主体,还是环境行政公务员,都有可能因其环境行政违法行为而承担上述两类环境监管行政法律责任。但在我国现行公共行政法律责任的立法中,环境行政主体所承担的责任主要限于行政赔偿等有作为义务的环境监管行政法律责任,承担无作为义务行政法律责任的规定还不多见;而环境行政公务员所承担的责任主要是无作为义务的行政处分责任,承担有作为义务的责任的规定亦不多见。

第七章　环境监管行政法律责任实现原理论(Ⅱ)

第一节　环境监管行政法律责任实现的标准

环境监管行政法律责任实现的一般标准,就是指判断环境监管行政法律责任实现程度的基本准则、规格和根据。根据环境监管行政法律责任实现的特性、规律、目标要求,本书将环境监管行政法律责任实现的标准划分为形式标准(形式性标准)与实质标准(实质性标准)。

一、环境监管行政法律责任实现的形式标准

所谓环境监管行政法律责任实现的形式标准,是指表现环境监管行政法律责任实现的内容或要求并能够被人们直接感知的标准。其具有表象性、外观性、直接可感知性等特点,反映了人们对特定环境监管行政法律责任是否得到实现的感性认知。其具体包含下列标准:

(一)程序性标准

环境监管行政法律责任的实现是一个高度程序化的过程,其

实现状态与实现程序的演进、特定程序任务与目标的实现等有内在的逻辑联系。环境监管行政法律责任实现的程度通常与其实现程序的演进程度、特定程序任务与目标的实现程度呈正比例关系，即环境监管行政法律责任实现程序演进程度越接近于终结、特定环境行政问责程序的任务与目标的实现程度越好，环境监管行政法律责任实现的水平或程度就越好；反之，就越差。据此，所谓环境监管行政法律责任实现的程序性标准就是基于环境监管行政法律责任实现程序的演进程度、特定程序任务与目标实现程度而确立的判断环境监管行政法律责任实现程度的准则、规格或根据。鉴于环境监管行政法律责任实现程序有阶段性之分，环境监管行政法律责任的实现本身也有部分实现与整体实现之分，环境监管行政法律责任实现的程序性标准也相应可以划分为阶段性标准与终结性标准。

阶段性标准，就是判断、衡量处于特定程序演进阶段的环境监管行政法律责任是否达到相应的实现目标的标准。本书认为，环境监管行政法律责任的实现在特定程序阶段符合下列几项标准，即可视为环境监管行政法律责任已经至少在形式上达到了较好实现程度：

1. 环境监管行政法律责任实现行为合程序，即环境行政问责主体等责任实现主体及其公务员所实施的实现环境监管行政法律责任的行为符合特定程序阶段的相关程序性法律规范要求，不存在明显违反法定程序的情形，尤其不存在违反法律对环境监管行政法律责任实现的强制性程序规定的情形。例如，环境行政问责主体对涉嫌环境监管违法行为的调查、处理须符合《行政机关公务员处分条例》第五章"处分程序"的各项规定。

2. 环境监管行政法律责任的实现行为达目标，即要求环境行政问责主体等责任实现主体及其公务员所实施的实现环境监管行政法律责任的行为达到或实现了特定程序阶段、程序步骤、程序环节的行为目标。例如,环境监管行政法律责任案件受理阶段的基本目标就是判断、认定涉嫌环境监管行政违法行为的案件线索是否达到正式立案标准,环境行政问责主体经审查依法作出不予立案或者予以立案的决定,就意味着受理阶段的程序目标及相应的环境监管行政法律责任实现目标已经达到。

3. 环境监管行政法律责任实现的程序终、继合规范,即要求环境监管行政法律责任实现主体对环境监管行政法律责任实现程序的终结或者继续推进须合乎相关法律规范的规定。例如,环境行政问责主体在受理环境监管行政违法案件之后按照有关程序规范的规定,经过初查等程序过程,作出不予立案决定,从而终结了环境监管行政法律责任问责程序,或者作出予以立案决定,从而将环境监管行政法律责任的实现过程推进到下一个程序阶段,就意味着环境监管行政法律责任案件特定阶段的程序目标及相应的环境监管行政法律责任实现目标已经达到。

所谓终结性标准,就是判断、衡量环境监管行政法律责任在案件处理的程序意义上是否最终实现的形式标准。具体有以下两项基本要求:一是依法不需继续推进程序的环境行政问责案件应实际终结,即要求对依法不需追究环境监管行政法律责任的案件,在经过特定程序阶段后环境监管行政法律责任实现的程序彻底终结。例如,环境行政问责主体对已经受理的环境监管行政违法案件作出了不予立案的决定、对已经立案的案件作出了撤销案件的决定等,就意味着环境监管行政法律责任实现程序的彻底终结,环境监管行政法律责任目标因此在形式意义上视为实现。二是需要履行完整程序的案件应在全部履行完程序后终结。如对某个应当追究环境监管行政法律责任的公务员在经过受理、立案、决定、执行等程序环节，并在实际达到各个阶段的程序目标之后，环境监管行政法律责任实现程序才彻底终结，环境监管行政法律责任因此得以在形式意义上实现。

（二）非程序性标准

所谓非程序性标准，是指那些不属于程序过程或程序要素但对环境监管行政法律责任的实现有重要影响的标准。其主要包括下列三个方面的具体标准：

1. 法律规范适用标准。环境监管行政法律责任的实现是将预设的环境监管行政法律责任合法、正当、适当施加于责任主体的活动。因而，责任实现主体在环境监管行政法律责任实现过程中所作出的具有法律意义的文书中适用有关行政法律责任规范是否正确、适当就成为了判断环境监管行政法律责任是否得到良好实现的重要形式标准。当然法律规范适用标准也可以有形式标准与实质标准之分。形式标准主要就是看，在按照规定必须适用特定法律规范的环境监管行政法律责任实现文书中，是否实际适用了法律规范以及对法律规范的适用是否符合形式要求。例如，根据依法行政原则及相关立法文件的规定，环境行政问责主体对实施了环境监管行政违法行为的公务员作出行政处分决定，必须在行政处分决定文书中引用相关法律、法规、规章的规定，具体要引用到"条"，如果在法律条文中有"款""项"规定的，必须具体引用到"款""项"，不能在环境行政问责等文书中对法律的适用作出诸如"根据国家有关规定""根据有关法律法规的规定""根据《行政机关公务员处分条例》的规定"等此类概括性表述。法律规范适用的实质标准，属于环境监管行政法律责任实现的实质性标准的范畴，其基本要求就是做到环境监管行政法律责任规范适用正确、合法。

2. 法律文书标准。法律文书是责任实现主体在实现环境监管行政法律责任过程中所形成的各种具有法律效力的公文。其种类较多，既有内部性的工作文书，又有外部性的工作文书。在此主要是指外部性文书，即责任实现主体制作并送达的各类具有法律效力的旨在实现环境监管行政法律责任的文书，如环境行政问责主体所作的行政处分决定书、受理不服环境行政处分申诉的监督主体所作的申诉处理决定文书、人民法院强制执行生效环境监管行政法律责任决定的司法文书等。法律文书是实现环境监管行政法律责任的载体，也是对环境监管行政法律责任实现相关内容的表达形式，其制作是否符合法律规定或要求，也会直接或间接影响环境监管行政法律责任的有效实现。因此，法律文书标准也属于环境监管行政法律责任实现的重要形式标准，其核心是判断责任实现主体作出实现环境监管行政法律责任的相关决定、裁判等是否有符合规定的相应法律文书，以及法律文书的撰写、语言表达、制作格式等是否符合法律规定。

3. 涉案证据标准。所谓涉案证据，是指在环境监管行政法律责任案件中能够用来证明环境监管行政违法行为等案件事实的各种材料。环境监管行政法律责任实现活动实际上都是直接或间接围绕证据的搜集和运用进行的，证据既是环境监管行政法律责任实现的核心问题之一，也是衡量环境监管行政法律责任的实现质量的重要标准。涉案证据作为环境监管行政法律责任实现的重要标准，不但要求证据材料确凿、充分，更要求证据材料具备客观真实性、合法性、关联性等法律特性。

二、环境监管行政法律责任实现的实质标准

所谓环境监管行政法律责任实现的实质标准(以下简称实质标准),是指判断环境监管行政法律责任实现程度与水平的本质性、根本性、价值性标准。如果说形式标准具有直观性、感性特征的话,那么实质标准就具有内涵性、理性的特征,因为实质标准通常只有通过人们的理性认知才能把握。对于环境监管行政法律责任实现而言,形式标准是实质标准的外在表现,无形式标准,就不可能有实质标准;不能达到形式标准,就不可能达到实质性标准。在正常情况下,环境监管行政法律责任实现的内容与形式、表征与实质应当具有统一性,即环境监管行政法律责任的实现符合形式标准通常就意味着同时符合实质标准,环境监管行政法律责任的实现符合形式标准就应表明环境监管行政法律责任得到了实现或者有效实现。但受多种因素的制约或影响,环境监管行政法律的形式与内容、表征与实质有时也会出现彼此不完全适应或统一的情形。换言之,有时也难免会出现环境监管行政法律责任的实现虽然符合形式标准,但未必符合实质标准;虽然符合了实质标准,但未必符合形式标准等情况。因此,环境监管行政法律责任的实现只有同时符合形式标准与实质标准的要求,才能说环境监管行政法律责任得到了实现或者有效实现。

笔者认为,环境监管行政法律责任的实现应当符合下列实质标准的要求:

1. 合法性标准,即要求责任实现主体实现环境监管行政法律

责任的行为必须于法有据,并符合实体性法律规范与程序性法律规范的规定,做到有法可依、有法必依、执法必严、违法必究。

2. 适当性标准,即要求责任实现主体实现环境监管行政法律责任的行为科学、合理、适当,要做到不枉不纵、不偏不倚、过责罚相适应。

3. 效率性标准,即要求责任实现主体在实现环境监管行政法律责任的过程中,以最少的时间耗费、最低的成本(人力成本与经济成本),最优地实现环境监管行政法律责任。

4. 正义性标准,即要求责任实现主体在实现环境监管行政法律责任的过程中公正执法、司法,公平对待案件当事人,通过环境监管行政法律责任的有效实现弘扬社会正气,鞭挞社会丑恶。其核心是保证环境监管行政法律责任的实现最大限度符合社会善良道德风尚、公序良俗,使环境监管行政法律责任的实现得到社会大多数成员的肯定与认可。

第二节　环境监管行政法律责任实现要素阐释

环境监管行政法律责任实现要素,就是指环境监管行政法律责任实现的构成要件。目前学界对之甚少研究。笔者曾经尝试将行政法律责任实现的构成要件归结为责任依据之预设、究责事实之存在、实现主体之能动三个基本要件。① 从行政法律责任生成到

---

① 参见刘志坚、宋晓玲:《论行政责任实现的构成要件》,《兰州大学学报》(社会科学版)2013 年第 1 期,第 132—137 页。

运行的整个系统来看,对其核心要件作如此归纳是有一定道理的。但仔细推敲,就行政法律责任实现这个特定的研究对象来看,如此归纳的确有不太周延、准确的问题,主要表现在以下两个方面:一是在一定程度上混淆了行政法律责任实现的前提、基础与其要素的相互关系。从行政法律责任规范适用的角度而言,责任的实现实质上就是指实现主体对行政法律责任规范在个案中的实际适用,行政法律责任规范是行政法律责任实现的前提条件、基本依据和实现对象,离开了行政法律责任规范,行政法律责任的实现就是一个无法成立的命题。但从行政法律责任实现概念的语意来分析,要实现的行政法律责任理应是法律已经作出了明确规定且依法应当予以落实的责任,不可能也不应当是法律没有事先设定的所谓责任。责任依据之预设属于立法范畴的问题,而责任实现应属对已经设定好的法律责任规范的贯彻实施或实际执行问题。将责任依据之预设作为行政法律责任实现的构成要件,并不确切。二是虽然将"实现主体之能动"作为行政法律责任实现的要素并无不可,但似乎概括性太强,太过笼统,没有在构成要素的归结方面更好地处理主体与行为之间的相互关系。基于以上考虑,并根据环境监管行政法律责任实现的特性、规律,本书将其构成要素归结为实现根据、实现主体和实现行为三个基本要素。

一、环境监管行政法律责任的实现根据

"根据"与"依据"在很多情况下被作为同义词使用,通常是指以某种事物作为人们思维、言行的前提或基础。所谓环境监管行政法律责任的实现根据,就是指引致环境监管行政法律责任及其

实现关系产生、变更、消灭的前提和基础。没有实现根据,环境监管行政法律责任的实现就无从谈起。因此,实现根据是环境监管行政法律责任实现不可或缺的构成要件。环境监管行政法律责任实现根据包括法律根据与事实根据。

(一) 环境监管行政法律责任实现的法律根据

法律责任是法律所规定的责任,责任法定是所有法律责任共同的基本原则之一。环境监管行政法律责任的实现,实际上就是将环境行政法律责任规范具体适用于特定主体、特定事项的过程,如果没有具备可实现条件的环境行政法律责任及其实现的法律规范的存在,环境监管行政法律责任的实现就无从谈起。因此,法律根据是环境监管行政法律责任实现不可或缺的前提性条件。要有效实现环境监管行政法律责任,首先需要通过适宜的立法形式设定具有"良法"特质的环境监管行政法律责任本体性法律规范和有助于环境行政法律责任有效实现的监督制度、救济制度等相关助成性法律制度,做到环境监管行政法律责任的实现有法可依、于法有据。如果在立法上对环境行政法律责任规定稀缺,或者对环境行政法律责任的规定不明确、不具体、不科学、不合理,或者对环境行政法律责任实现主体及其权限、程序等的规定存在这样那样的缺陷,环境行政法律责任在现实社会生活中就很难得到有效实现。因此科学合理且具有实际可操作性的环境行政法律责任制度以及保障环境行政法律责任实现的相关法律制度的存在,是环境行政法律责任得以有效实现的重要前提和基础。因本书上篇较系统论述了环境监管行政法律责任的设定问题,在此恕不赘述。

(二) 环境监管行政法律责任实现的事实根据

"以事实为根据,以法律为准绳"是我国法律适用的基本原则之一。环境监管行政法律责任的实现过程实际上是一个将设定的行政法律责任规范等相关法律规范"以事实为根据"具体适用于特定的事项、特定主体的过程。因此,案件事实的客观存在是实现环境监管行政法律责任的逻辑起点,是适用环境监管行政法律责任规范追究责任主体相应责任、对环境监管行政法律责任实现行为依法实施监督的根据。换言之,责任实现在本质上是责任实现主体将行政法律责任规范等相关法律规范依法适用于特定环境监管行政违法行为的过程,是依法追究和监督依法追究特定责任主体行政法律责任的行为与结果。因此,环境监管行政法律责任的实现虽然离不开环境行政法律责任规范以及其他相关的法律规范,但只有这种法律规范而没有可适用这种规范的环境监管行政违法行为和实现主体履行实现职责的法律行为等法律事实的存在,环境监管行政法律责任的实现同样无从谈起。因此,案件事实的客观存在也是环境监管行政法律责任实现不可或缺的前提条件和根据。

"事实"是人们在社会生活及学术理论研究中使用情况极其复杂的一个概念,"人们可以将发生和存在的一切现象和状态(包括精神的或物理的)都称为事实"①。在现代汉语的语词学意义上,"事实"通常被理解为事情的真实情况②。法律所表达的"以事实为根据"及本书所称"案件事实"之"事实",既被包含但又不等同于人们在日常生活中任意使用或者在哲学意义上所表达的包罗万象、漫无边际的所谓"事实",而是具有法律意义的事实,即能够引

---

① 参见赵承寿:《法律事实辨析》,《广州大学学报》(社会科学版)2002年第4期,第78页。

② 参见中国社会科学院语言研究所词典编辑室编:《现代汉语词典》(第7版),商务印书馆,第1194页。

起特定法律关系的产生、变更或者消灭的,在自然与社会生活中真实存在的,能够为人们的主观所感知的现象或情况。正是由于法学上所关注的事实兼具客观性与法律性,加之在执法、司法活动中对案件所涉及的事实是否存在、是否客观真实,又需要执法或司法机关及其公务员依据相关证据和法律规范的规定作出主观性认定,故相关研究论著又将事实划分为客观事实与法律事实,并对两者的概念、特征及其相互关系展开了研究,阐发了不尽相同的观点或见解。例如,有论著认为,"长期以来,司法理论界将事实界定为案件的绝对客观真实,混淆了客观事实与法律事实的界限,造成了认识上的误区和司法实践上的难题,因此,有必要区别客观事实与法律事实","完全客观的事实是一种哲学语境下的事实,是从本体论角度来看的事实,它自身并没有参照系统。而法律事实则是在法律程序、价值中确认的事实。法律事实不但具有客观性、法律性,还应具有主观性,……法律事实强调认识的正当性和真理性要求,而客观事实则认为必须与客观真实相一致",并认为由于法律事实的主观性等多种原因的影响,法律事实很难与客观事实完全一致,但法律事实总是以发现客观事实为目标的,并且通常能贴近客观事实。① 再如,有论著对客观事实与法律事实问题提出了与上述观点明显不同的观点,认为:"客观事实并非是法律事实的对应范畴,因为法律事实并非主观的事实,尽管法律事实的形成存在着主观的参与,但是,法律事实的形成,不论是通过立法程序加以设定,还是通过执法或司法程序加以认定,均需服从'事情的真实情

---

① 杨建军:《法律事实的概念》,《法律科学》(西北政法学院学报)2004 年第 6 期,第 47—48 页。

况'这一基本的属性。……事实本身就是客观的,客观与事实的复合组词并不可能超出事实这一概念本身的含义。因此,把法律事实与客观事实人为地对立起来,除了制造逻辑混乱和让读者逼近法律事实不是事实这样一个荒谬的结论之外,没有任何意义。"该学者还认为:"现代的法律并不拒斥真相。法律真实论坚持的是事实认定的法律标准,不应解释为对案件的客观事实的一种拒斥。"①本书认为,将法学意义上的事实作客观事实与法律事实之分,对于界定法律意义上的事实的范围、把握客观事实与法律事实乃至于案件事实之间的统一与偏差关系,进而正确认知客观真实与法律真实之间的辩证关系,促进客观事实与法律事实的最大化契合的相关法律制度的建构等具有重要的意义和价值。但不应就此将客观事实与法律事实人为地对立起来,更不应基于这种观点否定"以法律为准绳"的法律适用原则。因为人们所理解的法律事实直接是以客观事实为基础的,是对客观事实在案件处理过程中的具体认定,离开客观性的所谓法律事实根本就是不存在的,即便存在通常也是不合理的、是背离基本法治精神的。至于就具体个案中可能存在的所谓客观事实与法律事实的不一致或者偏离,在大多数情况下要么是因出现案件当事人证据失权或者怠于履行证据证明责任以及证据灭失等情况而发生,要么是因执法或司法者对反映客观事实的证据运用及认定错误等情形而发生。但不论是哪种情形,所要做的都不应是试图借客观事实与法律事实的对立化区分而否定客观事实在案件处理中的决定性、根据性作用与价值,从而

---

① 宋显忠、肖凯提·阿布力力米提:《法律事实的实证探究》,《法学论坛》2008年第2期,第60—65页。

在实质上为当事人在诉讼中的不依法作为或过错、失误，尤其是执法者、司法者对案件事实的认定错误或错误裁判提供不当辩护理由，而是应考虑如何通过有效的制度供给来最大限度地消除客观事实与法律事实之间的偏差，使所谓的法律事实能够准确反映客观事实。

根据以上对法律意义上的事实的理解，本书所称环境监管行政法律责任实现的事实根据就是涉及环境监管行政法律责任及其实现的客观的、具有法律意义的现象或真实情况。具体言之，主要就是指引致环境监管行政法律责任法律关系和环境监管行政法律责任实现法律关系产生、变更、消灭的各种具有法律意义的客观事实。其包括以下两类具有法律意义的行为：一是环境监管行政违法行为，即环境监管者在履行监管职能过程中所实施的违反了环境监管行政法律规范的行为；二是环境行政法律责任实现行为，主要包括环境行政问责主体的环境行政问责行为以及其他责任实现主体实现环境监管行政法律责任的法律行为。

虽然环境行政主体及其公务员实施的环境监管行政违法行为是引致行政法律责任发生与实现的事实根据、前提条件，但环境监管行政违法行为的存在并不必然导致行政法律责任后果的发生。其基本原因有二：一是环境监管者要实际为自己的行政违法行为承担相应行政法律责任，还应当具备承担责任的法定条件。在有些情况下，即便环境监管者实施了特定的行政违法行为，如果不具备法定的应当承担行政法律责任的条件，也不能违法追究其行政法律责任。例如，对于实施了环境监管行政违法行为但已经丧失了责任能力的公务员，或者已经超过了法定问责时效的环境监管行政违法行为就不能追究其行政法律责任。再如，虽然环境行政公务员的环境行政违法行为导致了国家赔偿的后果，但如果其在主观上并不存在法定的"故意或重大过失",就不应当追究其行政追偿责任。二是环境监管者虽然实施了应承担行政法律责任的环境监管行政违法行为,但如果环境行政问责主体不实施或者不依法实施行政问责等环境监管行政法律责任实现行为,环境监管行政法律责任也不可能得到实现或有效实现。

在理解作为环境监管行政法律责任实现的事实根据之一的环境监管行政违法行为概念时,有必要讨论并释明的一个重要问题是:在涉及环境行政法律责任的有关立法文件之中,往往将"违法违纪"并称,使用"环境监管行政违法行为"是否能够合理涵盖所谓的"违纪行为"? 本书对此问题的基本观点是,关于公共行政法律责任的立法文件中所使用的"违纪"概念完全可以也应当被公共行政违法行为所涵盖。故,本书所称作为环境监管行政法律责任实现的主要客观事实的环境监管行政违法行为,包含了相关立法文件中所称的环境行政主体及其公务员在环境监管方面的"违纪"行为。

违反纪律的行为,简称违纪或违纪行为,在广泛的意义上可指公民、法人或者其他组织违反所属组织、团体、单位等所规定的纪律要求的行为。在国家行政管理领域之内,所谓违反纪律的行为,通常在以下两种意义上使用:

1. 违反行政纪律的行为。《公务员法》将公务员应受惩戒的行为称为"违法违纪"[①],其他关于公务员行政处分责任的相关立

[①] 原《公务员法》(2005)第五十五条规定:"公务员因违法违纪应当承担纪律责任的,依照本法给予处分;违纪行为情节轻微,经批评教育后改正的,可以免予处分。"2018年修订后的《公务员法》第六十一条规定:"公务员因违纪违法应当承担纪律责任的,依照本法给予处分或者由监察机关依法给予政务处分;违纪违法行为情节轻微,经批评教育后改正的,可以免予处分。对同一违纪违法行为,监察机关已经作出政务处分决定的,公务员所在机关不再给予处分。"

法文件因此也较广泛使用了"违法违纪"概念①。《行政机关公务员处分条例》基于《公务员法》的相关规定，将"严肃行政机关纪律"作为立法目的之一，并在第二条明确规定："行政机关公务员违反法律、法规、规章以及行政机关的决定和命令，应当承担纪律责任的，依照本条例给予处分。"据此可见，《公务员法》《行政机关公务员处分条例》实则将对公务员的行政处分视为一种纪律处分，把行政处分视为违反行政纪律的责任即纪律责任。由于这种意义上的所谓纪律处分或纪律责任，通常基于构成违法的违纪行为而产生，违法与违纪界限实则难以清晰甄别，故在实践中常将"违法"与"违规""违纪"两者并列，统称为"违法违纪"。本书认为这种意义上的违纪行为既包括了违反法定行政纪律的行为，同时又包括了违反行政义务性法律规范的行为，属于典型的违法行为。况且，按照责任法定之要求，此类违纪行为理应属于违法行为的范畴。在行政管理领域，在上述法定的应受处分的所谓违纪行为之外，还存在大量的违反了行政主体基于内部行政管理的实际需要而通过内部规章制度所设定的普通纪律规则的行为，例如违反考勤纪律、文件档案管理纪律、机关财物管理纪律、会议纪律等违纪行为。此类违纪行为除个别因与上述法定违纪行为竞合而同时具有违法行为的特性，并可以追究相应的行政处分等行政法律责任之外，一般并不直接构成违法行为，也不可能引致作为行政法律责任的行政处分责任等的产生。但其同样可能引致某种否定性、不利后果的发

---

① 例如，原监察部和国家环境保护总局 2006 年发布的《环境保护违法违纪行为处分暂行规定》，原监察部 2009 年发布的《统计违法违纪行为处分规定》，原监察部、人力资源和社会保障部、国家档案局 2013 年发布的《档案管理违法违纪行为处分规定》等行政规章均使用了"违法违纪"概念。

生,如行政主体对违反单位值班制度、财物管理制度等行政纪律的公务员予以内部警告、通报批评或者训诫等纪律惩戒。

2. 违反执政党的纪律的行为。党的纪律简称"党纪",在我国主要是指作为执政党的中国共产党的纪律,具体是指通过党章及党的规范性文件所规定的党的各级组织和全体党员必须共同遵守的政治生活准则和言行约束规范。环境行政主体中的党员公务员如果在行使环境行政权、开展环境监管活动过程中实施了违反党的纪律的行为,就要承担相应的党纪责任。《中国共产党纪律处分条例》(2018)第七条规定:"党组织和党员违反党章和其他党内法规,违反国家法律法规,违反党和国家政策,违反社会主义道德,危害党、国家和人民利益的行为,依照规定应当给予纪律处理或者处分的,都必须受到追究。"该《条例》将违反党的纪律并应受到党纪处分的行为划分为了违反政治纪律的行为、违反组织纪律的行为、违反廉洁纪律的行为、违反群众纪律的行为、违反工作纪律的行为与违反生活纪律的行为六类,并对各类行为的处分作了具体规定。

综上所述,本书所称环境监管行政违法行为,只包括国家相关立法文件规定的应受行政处分的行政违纪行为,既不包括违反环境行政主体内部管理的一般性的、不构成行政违法的普通行政纪律的行为,也不包括与履行环境监管职责无关的违反了执政党的纪律的行为。

二、环境监管行政法律责任的实现主体

环境监管行政法律责任的实现,既是作为实现主体的有关国家机关的法定职权,也是其法定职责和义务。环境监管行政法律

责任及其实现的法律关系,是因环境监管行政法律责任及其实现而在主体间所形成的特定法律关系,如果离开了责任实现主体及其实现行为,环境监管行政法律责任的实现就成了一个无法成立的虚假命题。

(一) 环境监管行政法律责任实现主体的界定

与本书对环境监管行政法律责任实现概念的广狭义界定相适应,责任实现主体也可以作广义和狭义的理解。在狭义上,责任实现主体是指实施环境行政问责行为的环境行政问责主体和承担环境监管行政法律责任的责任主体。在广义上,责任实现主体则是指作出环境行政问责决定、执行环境行政问责决定以及对环境行政问责活动进行监督或者救济的有关国家机关,以及负有履行环境监管行政法律责任所确定义务的责任主体。广义上的责任实现主体,除了包括狭义上的责任实现主体之外,还包括了通过行使法律赋予的监督权、司法权、救济权等督促问责主体依法有效实现环境监管行政法律责任的其他国家机关,以及向其他国家机关依法行使告诉权或者救济请求权的被问责的环境监管者。无论是相关的国家机关,还是环境监管者,要成为环境监管行政法律责任的实现主体,须具备以下两个基本条件:

1. 具有实现环境监管行政法律责任的法律资格,即具有实现环境监管行政法律责任的法定权利能力与行为能力。具体言之,要成为责任实现主体,要么具备对环境监管行政违法行为进行调查、认定、决定、执行、监督、救济的法定职责权限与行为能力,要么具备履行环境监管行政法律责任所确定义务以及通过法律所赋予的告诉权寻求法律救济的法定资格与权能。

2. 实际实施了旨在实现环境监管行政法律责任的行为,即基于法定资格与权能实施了对环境监管行政违法行为的调查认定权、问责决定权,以及对问责决定的执行权、告诉权、监督权、救济权等法律行为。任何个人和组织若未实际实施导致或有可能导致环境监管行政法律责任实现的法律关系产生、变更或消灭的行为,就不可能成为实际的责任实现主体。责任主体因实际履行环境监管行政法律责任所确定义务或者因不服已经生效的环境监管行政法律责任问责决定而依法行使救济告诉权,并因此可以成为相关国家机关以外的特殊的责任实现主体。

责任实现主体与环境监管行政法律责任法律关系主体、环境监管行政法律责任实现法律关系的主体虽然有内在的逻辑联系,但并非同一概念。狭义上的责任实现主体,肯定是环境监管行政法律责任及其实现的法律关系不可或缺的当事人或必要主体,但广义上的实现主体并不一定就是特定环境监管行政法律责任法律关系的主体。环境监管行政法律责任法律关系、环境监管行政法律责任实现法律关系中行使行政问责权以及行政法律责任执行权、监督权、救济权的国家机关,只有在实际实施环境监管行政法律责任实现行为或督促环境行政问责主体依法实现环境监管行政法律责任的法律行为时,才能够成为责任实现主体。

根据各类不同实现主体在实现环境监管行政法律责任过程中的资格权能、作用机理等的不同,可对其作直接主体与间接主体的划分。所谓直接主体,是指依法拥有环境监管行政法律责任问责权限,能够作出相应的问责决定,以及依法负责落实生效问责决定的实现主体,具体包括环境行政问责主体和履行环境监管行政法律责任所确定义务的环境行政主体及其公务员等责任主体。所谓间接主体，则是指不直接享有环境监管行政法律责任问责权限，无权直接作出环境行政问责决定，但可以以其相应的法律行为督促环境行政问责主体合法有效履行问责职责的实现主体。其主要包括对环境行政问责行为依法行使法律赋予的监督权、救济权的相关国家机关，以及对问责主体的问责行为依法行使告诉权并引致环境监管行政法律责任监督关系、救济关系形成的责任主体。

（二）作为责任实现主体的环境监管者

环境监管者既是引致环境监管行政法律责任法律关系形成的环境监管行政违法行为的实施者，又是特定行政法律责任的实际承受者，它包括了环境行政主体与履行环境监管职能的公务员两类。环境监管行政法律责任实现的关键就是针对特定责任主体依法落实环境监管行政法律责任，以及依法纠正对责任主体违法、不当的行政法律责任追究。因此，作为环境监管行政法律责任法律关系主体和责任主体的环境监管者同时就是环境监管行政法律责任实现的目标和对象。

既然环境监管者是环境监管行政法律责任法律关系不可或缺的一方当事人，是环境监管行政法律责任实现的对象，那么，其可否同时属于或者说能不能成为环境监管行政法律责任的实现主体呢？回答是肯定的。主要理由如下：

1. 环境监管者不实际实施环境监管行政违法行为，并因此不成为责任主体是对环境监管行政法律责任最理想的实现状态。环境行政主体及其公务员是环境监管行为的实施者，如果他们能够在实施环境监管行为过程中遵纪守法、严格依法办事，就无以成为责任主体。国家预设了环境监管行政法律责任规范，但因监管者对环境监管义务性法律规范的普遍性自觉遵守而不发生或者较少发生应责违法行为,预设的环境监管行政法律责任规范因此失去了适用或较广泛适用的可能性,应属环境监管行政法律责任最为理想的实现状态。换言之,环境监管者对环境行政法律规范的严格遵守和执行,本身就是对环境监管行政法律责任的最好的实现。

2. 环境监管者是实然环境监管行政法律责任及其实现法律关系的引致者。虽然在大多数情况下,环境监管行政法律责任规范因环境监管者对环境监管法律规范的严格遵守和执行而无必要具体适用,应属环境监管行政法律责任实现的最理想状态,但受多元主客观因素的制约或影响,环境行政主体及其公务员在履行环境监管职责过程中的行政违法行为往往难以完全杜绝,因环境监管行政违法行为所引致的环境监管行政法律责任及其实现法律关系会不可避免地产生。

3. 作为责任主体的环境监管者是环境监管行政法律责任及其后果的实际承受者。环境监管行政法律责任是国家对环境监管者的环境行政违法行为的制裁。实施了行政违法行为的环境监管者既是环境监管行政法律责任的义务主体,又是环境监管行政法律责任及其后果的直接承受者。如果不存在作为环境监管行政法律责任及其后果承受者的环境监管者,环境监管行政法律责任的实现同样不可能。

4. 在大多数因环境监管行政法律责任的实现行为引致的法律关系中,作为责任主体的环境监管者是不可或缺的主体。作为责任主体的环境监管者既是环境监管行政法律责任法律关系的必要当事人,也是环境监管行政法律责任所添附义务的强制执行法律关系的必要主体,还是环境监管行政法律责任救济法律关系的主体。尤其是在有作为义务的环境监管行政法律责任的实现方面，在大多数情况下，生效环境监管行政法律责任文书所确定的义务是通过责任主体的主动履行来实现的，借助国家机关的公力强制措施来实现的情形相对较少。即便是借助公力强制措施来实现的环境监管行政法律责任，也有赖于责任主体对环境监管行政法律责任所确定义务的被动式履行来实现。

当然，环境监管者作为环境监管行政法律责任及其实现法律关系不可或缺的当事人，并不意味着在任何情况下它都属于责任实现主体。从环境监管者在环境监管行政法律责任及其实现关系中所发挥的作用来看，其同时作为责任实现主体的情形主要有以下两种：一是主动或者被动履行环境监管行政法律责任所确定的义务时；二是行使法律所赋予的告诉权并引致环境监管行政法律责任监督法律关系、救济法律关系发生时。除这两种情形之外，作为责任主体的环境监管者一般不可能同时成为环境监管行政法律责任的实现主体。由于环境监管行政法律责任的追究会给环境监管者造成不利的后果，"趋利避害"的自然人性特征决定，环境监管者在实施了环境监管行政违法行为之后，内心往往期望能够逃脱法律的制裁，一般并不愿意主动为其违法行为承担责任，并不希望、愿意因自己违法行为所引致的环境监管行政法律责任能够得到有效的实现。因此，环境监管者作为实现主体通常具有被动性，即便是其对生效环境监管行政法律责任决定所确定的作为义务的主动履行，在大多数情况下实际也是迫于法律的威慑力所为，并不一定是基于内心的自觉自愿。从这个意义上而言，作为责任主体的环境监管者可以被称之为环境监管行政法律责任的被动实现主体。

（三）作为责任实现主体的国家机关

作为责任实现主体的国家机关大致包括环境监管行政违法行为问责主体、环境监管行政法律责任执行主体、环境监管行政法律责任监督主体、环境监管行政法律责任救济主体四类。在这四类实现主体之中，最基本、最主要的是享有直接或间接实现环境监管行政法律责任职责权限的行政主体。

1. 环境监管行政违法行为问责主体。所谓环境监管行政违法行为的问责主体，是指依法有权针对实施了环境监管行政违法行为的环境行政主体及其公务员追究环境监管行政法律责任的国家机关，即环境行政问责主体。其通常是指依法享有环境行政问责职责权限的行政主体。但人民法院在审理并作出环境行政国家赔偿裁判时，也属于特殊的一类环境行政问责主体。

2. 环境监管行政法律责任执行主体。对生效的环境监管行政法律责任问责决定及其内容拥有执行职责权限的国家机关可以被称为执行主体。"谁问责谁执行"是环境监管行政法律责任执行权限配置的基本原则和要求，即在原则上拥有环境监管行政法律责任问责权限的国家机关应依法负责对自己所作出的环境行政问责决定的执行。但在下列情况下，也有可能出现环境监管行政法律责任决定权与执行权相分离的情况：一是对于环境行政问责主体所作出的具有给付义务的环境监管行政法律责任问责决定，在责任主体逾期拒不履行义务且作出问责决定的问责主体不享有法律所赋予的强制执行权的情况下，需要作出问责决定的问责主体依法申请有管辖权的人民法院强制执行。负责执行的人民法院在这种情况下也属于环境监管行政法律责任的实现主体。二是上级环境行政主体在对环境行政公务员给予环境行政处分时,除了可以委托或授权公务员所在单位宣布行政处分决定之外,对于涉及行政职务及职务权利义务变动的环境行政处分,还需要公务员所在行政主体、对受处分者享有人事行政管理权限的行政主体等依法办理行政职务及职务权利义务变动等手续。在此情况下,负责执行上级行政机关行政处分决定的被处分公务员所在行政主体、对受处分者享有人事管理权限的行政主体等亦属于环境监管行政法律责任实现主体。

3. 环境监管行政法律责任监督主体。对环境监管行政法律责任实现活动(包括作出问责决定、执行问责决定、对问责活动及其决定进行事后救济等)依法拥有监督权的国家机关是监督主体。其主要包括依法享有并实际行使对环境监管行政法律责任实现活动的监督职责权限的国家权力机关、上级行政主体、监察机关和司法机关。监督的内容主要是环境行政问责主体及其公务员在实现环境监管行政法律责任的过程中是否遵纪守法、是否严格依法办事,以及问责决定是否合法、公正等。需要说明的问题是,虽然依法享有对环境监管行政法律责任实现活动监督权的主体较多,但不是拥有监督权就当然可以成为责任实现主体。拥有监督权的国家机关只有针对特定的环境行政问责活动实际行使监督权,实施具有法律意义的监督行为,才能够成为特定环境监管行政法律责任实现法律关系的当事人,并因此成为责任实现主体。

4. 环境监管行政法律责任救济主体。虽然环境监管行政法律责任监督本身也具有纠错等法律救济的意蕴,但此处所言环境监管行政法律责任的救济,并非一般性的法律监督,而是指为切实保障被问责者的合法权益,而赋予被问责者对环境行政问责行为的告诉权或者救济请求权,并由法定的国家机关应被问责者的告诉而对特定环境行政问责事项依法作出审查处理的专门制度安排。目前,我国所建立的环境监管行政法律责任救济制度限于行政系统内救济,主要是对公务员行政处分的救济,对包括环境行政处分在内的公共行政法律责任尚没有建立行政司法(行政复议)与国家司法(行政诉讼)的救济制度。在国家监察制度建立及 2018 年《公务员法》修订之前,依法享有对环境行政处分救济权的国家行政机关包括以下两类:一是对不服环境行政处分决定的告诉作出处理的一般行政机关。根据原《公务员法》(2005)第九十条、第九十一条等的规定,对履行环境监管职责的公务员不服行政处分决定的告诉事项作出复核决定、申诉处理决定、再申诉处理决定的原处分机关、同级公务员主管部门或者作出该行政处分机关的上一级机关等属于环境行政处分的救济机关。二是对不服环境行政处分决定的告诉作出处理的行政监察机关。根据原《行政监察法》(2010)第三十八条①、第四十条②的规定精神,对环境行政公务员不服行政处分决定的申诉作出复查决定的监察机关、对监察机关

---

① 原《行政监察法》(2010)第三十八条规定:"国家行政机关公务员和国家行政机关任命的其他人员对主管行政机关作出的处分决定不服的,可以自收到处分决定之日起三十日内向监察机关提出申诉,监察机关应当自收到申诉之日起三十日内作出复查决定;对复查决定仍不服的,可以自收到复查决定之日起三十日内向上一级监察机关申请复核,上一级监察机关应当自收到复核申请之日起六十日内作出复核决定。"

② 原《行政监察法》(2010)第四十条规定:"对监察决定不服的,可以自收到监察决定之日起三十日内向作出决定的监察机关申请复审,监察机关应当自收到复审申请之日起三十日内作出复审决定;对复审决定仍不服的,可以自收到复审决定之日起三十日内向上一级监察机关申请复核,上一级监察机关应当自收到复核申请之日起六十日内作出复核决定。复审、复核期间,不停止原决定的执行。"

复查决定依申诉人申请作出复核决定的上一级监察机关，以及对不服监察机关的行政处分决定的申请作出复审、复核决定的监察机关属于环境行政处分责任的救济机关。在国家监察制度建立及2018年《公务员法》修订之后，监察制度较原行政监察制度发生了质的变化，监察制度已经不再属于行政系统内部的专门监督制度，而是成为了独立于国家行政权的国家监察制度。在此背景下，国家监察机关不再属于对行政公务员行政处分的救济主体，环境行政处分只能通过在行政系统内部的申请复核、提出申诉以及再申诉的途径进行救济。[①] 当然，亦可通过依法向上级机关或者监察机关提出控告等途径获得救济。[②] 至于国家监察机关对国家公职人员的政务处分，只能依据《监察法》的规定通过向有关监察机关提出申诉、申请复查的途径进行救济。[③]

三、环境监管行政法律责任的实现行为

（一）环境监管行政法律责任实现行为的界定

环境监管行政法律责任实现行为，是指责任实现主体依照法定职责权限自主实现环境监管行政法律责任，以及督促环境行政问责主体严格依法问责等法律行为的总称，简言之，就是具有法律意义的实现或者督促实现环境监管行政法律责任的行为。从环境监管行政法律责任实现的特性、规律来分析，虽然环境监管行政法

---

① 参见《公务员法》（2018）第九十五条、第九十六条、第九十七条。
② 参见《公务员法》（2018）第九十八条。
③ 参见《监察法》（2018）第六十条。

律责任规范、环境监管行政违法行为是环境监管行政法律责任实现的基础和必要条件,但仅有环境监管行政法律责任规范和环境监管行政违法行为,而没有责任实现主体具体将环境监管行政法律责任规范适用于特定环境监管行政违法行为的法律行为,环境监管行政法律责任及其不利法律后果就不可能实际落实到责任主体身上,环境监管行政法律责任就无以实现。同理,如果对环境行政问责主体所实施的违法环境行政问责行为及其决定,拥有监督、救济职责权限的相关国家机关不依法予以纠错,环境监管行政法律责任同样不可能得到实现。因此,环境监管行政法律责任的实现还有赖于责任实现主体尤其是环境行政问责主体依法作出具体、实在、合法、适当、有效的实现行为。法律根据、责任实现主体固然是环境监管行政法律责任实现的必要条件,是环境监管行政法律责任实现不可或缺的构成要素,但离开了责任实现主体具有法律意义的具体实现行为,就不可能形成客观存在的环境监管行政法律责任及其实现的法律关系,因此,实现行为同样是环境监管行政法律责任实现的必要条件。

(二) 环境监管行政法律责任实现行为的特征

环境监管行政法律责任实现行为作为一种特定的法律行为,具有以下基本法律特征:

1. 环境监管行政法律责任实现的行为主体限于享有环境监管行政法律责任实现职责权限的国家机关,以及实际履行行政法律责任义务、行使不服环境行政问责决定告诉权的责任主体。其中,拥有环境监管行政法律责任问责权、执行权的行政主体是任何环境监管行政法律责任实现法律关系中不可或缺的主体。

其他国家机关只有在实际行使法律赋予的对环境监管行政法律责任的司法执行权、监督权、救济权时才能够成为实现主体。责任主体只有在主动或被动履行环境监管行政法律责任义务，或者行使不服环境行政问责告诉权时，才有可能同时成为责任实现主体。

2. 环境监管行政法律责任实现行为的动机和目的在于将法律规定的应然环境监管行政法律责任转化为实然的环境监管行政法律责任，即将环境监管行政法律责任及其不利后果依法实际施加于环境行政违法者，并对违法、错误的环境行政问责决定及时依法纠正，对因此而受损的法律关系与合法权益依法予以补救，切实维护环境监管行政法律责任制度的严肃性、有效性。

3. 环境监管行政法律责任实现行为的事实根据是环境行政主体及其公务员实施的涉嫌环境监管行政违法的行为与不服环境行政问责决定的告诉行为等。离开事实根据的环境监管行政法律责任实现行为是不可能存在的。

4. 环境监管行政法律责任实现行为的法律依据是国家预先设定的相关法律规范。主要包括了环境监管行政法律责任规范、旨在有效实现环境监管行政法律责任的诸如证据规范、执行规范、监督规范、救济规范等其他法律规范。

5. 环境监管行政法律责任实现行为的主要外在表现形式是具有法律效力的旨在实现环境监管行政法律责任的相关法律文书。如行政处分决定书、对给付义务的强制执行决定或裁定书、行政处分申诉处理决定书等。

6. 环境监管行政法律责任实现行为的法律效力表现为导致环境监管行政法律责任实现法律关系的产生、变更或消灭。其核心是责任实现主体之间在法律上的权利义务关系的形成、变更和消灭。

(三) 环境监管行政法律责任实现行为的分类

对环境监管行政法律责任实现行为可以从多视角进行分类研究。例如,以环境监管行政法律责任实现法律关系的生成、变动为根据,可以将其划分为形成、变更与消灭行为;根据环境监管行政法律责任实现主体类别的不同,可以将其划分为责任主体的实现行为(包括责任主体对环境监管行政法律责任所确定义务的主动或被动履行行为与申请依法监督、救济的行为等)与有关国家机关的实现行为;根据环境监管行政法律责任实现行为作用机理等的不同,可以将其划分为直接法律行为与间接法律行为;根据引致相关法律关系产生的环境监管行政法律责任实现行为的不同,可以将其划分为引致环境监管行政法律责任实现法律关系产生的行政行为、司法行为、监督行为等;根据环境监管行政法律责任实现行为直接功能和作用的不同,可以将其划分为问责行为、执行行为、监督行为、救济行为等。

第三节　环境监管行政法律责任实现环境概论

环境一词,通常指事物所处周围的情况和条件。世界上的各种事物和现象无不处于一定的环境之中,并与环境及多元环境要素相互联系、相互制约和相互作用。法律作为一种客观存在的社会现象,作为对纷繁复杂的社会关系的重要"调节器",其生成、存在及作用的发挥当然也有一个环境问题,即法律环境问题。所谓法律环境,就是指制约和影响法的生成、存在、实施、发展等的各种因素或条件及其相互作用的统一体。①

人们日常所说的执法环境属于法律环境的范畴及重要组成部分。与对执法概念有广狭义理解相适应,执法环境也有广义与狭义之分。其在广义上是指制约或影响全部执法工作(包括行政主体的执法工作与国家司法机关的执法工作)的各种因素、条件及其相互作用的统一体,其可因执法主体及其执法工作性质的不同被划分为行政执法环境与司法执法环境。在狭义上,执法环境仅指行政主体的行政执法环境。在我国学术理论研究中,执法环境概念多在狭义上适用。对于狭义上的执法环境,学界有大同小异的定义解说,如有学者认为:"行政执法环境,是指行政执法活动相关的、直接或间接地影响或作用于行政执法活动的环境因素,它决定了执法的难易程度和落实行政决定的难易程度。行政执法受多种因素的影响。"②

由于环境监管行政法律责任的实现,在实质上属于执法行为与执法过程相统一的活动,是将环境监管行政法律责任规范通过法定程序具体适用于特定环境监管行政违法行为、特定行政法律责任主体的执法活动,因而也自然涉及执法环境问题。因此,本书所称环境监管行政法律责任实现的环境,属于执法环境的范畴,具体是指制约或者影响环境监管行政法律责任实现的各种环境要素及其相互作用的统一体。

---

① 参见刘志坚:《法律环境初论》,《甘肃政法学院学报》1998 年第 2 期,第 34 页。

② 参见张陆庆:《论我国执法环境的改善》,《石河子大学学报》(哲学社会科学版)2007 年第 3 期,第 56 页。

一、环境监管行政法律责任实现环境的概念

构建环境监管行政法律责任实现的优良环境,是保障环境监管行政法律责任有效实现的重要路径之一。"行政责任的相关问题,即所有与实现行政责任有关的各种问题的组合,实际上可以看作是一系列解决有关以行政权力为轴心的紧张关系的问题。这种紧张关系涉及公共行政过程中以行政机关及其行政人员为中心的所有相关行动者之间的权利和义务关系"①,因此,环境监管行政法律责任的实现必然是一个涉及多主体的权利义务合理配置与良性互动的多环节、多条件的较为复杂的系统控制问题,实现环境监管行政法律责任的路径相应也就具有多元性、复杂性。

依据促成环境监管行政法律责任实现的动力作用(正向或者反向作用力)机制的不同,可以将环境监管行政法律责任实现的路径概括为内控性路径与外控性路径。所谓内控性路径是指环境行政问责主体所在的行政系统内部在促成环境监管行政法律责任实现方面的作用机制或途径。包括环境行政问责主体在实现环境监管行政法律责任方面的相关体制优化、组织控制、制度建设、行政文化建设等内控性机制,以及环境行政问责主体及其公务员的责任意识、法治意识、道德修养等自觉性力量作用等。所谓外控性路径是指环境行政问责主体系统外部对促成环境监管行政法律责任实现的作用机制或途径。其主要包括政府行政机关以外的其他国

---

① 韩志明:《行政责任:概念、性质及其视阈》,《广东行政管理学院学报》2007年第3期,第15页。

家机关、政党以及其他社会力量在促成环境监管行政法律责任实现方面的作用机制与途径，以及社会整体环境对环境监管行政法律责任实现的作用力。环境监管行政法律责任实现的内控性路径与外控性路径，实质上就是两种不同的内外部动力系统对环境监管行政法律责任实现的动态推动过程与路径。

内控性路径及其作用是促成环境监管行政法律责任实现的内因，外控性路径及其作用是环境监管行政法律责任实现的外因。根据唯物辩证法原理，内因作为事物或系统的内部矛盾即事物或系统各要素间的对立统一，是事物发展的源泉、基础、根本动力，是事物发展的第一位原因；而外因作为事物或系统的外部矛盾即事物或系统同其他与之有必然联系的事物或系统之间的对立统一，是事物发展的第二位原因。虽然外因总是通过促使内部矛盾（即内因）的变化而推动事物运动、变化和发展，但它又是事物变化发展十分重要的，有时甚至是必不可少的条件。因此，对于环境监管行政法律责任的实现而言，内控性路径及其作用是基础、是根本动力所在，应当把内控性机制构建与完善、内控性作用的有效发挥作为实现环境监管行政法律责任的重点工作。但环境监管行政法律责任实现的特性、复杂性等因素决定，外控性路径及其作用虽然是实现环境监管行政法律责任的第二位的原因或动力来源，但其又是促成环境监管行政法律责任实现的不可或缺的重要途径与条件。如果缺失了来自外部力量对环境行政问责权力及其运作的有效监督、控制，仅依靠环境行政系统内部的自控机制，将环境监管行政法律责任的实现只寄托于政府行政系统及其公务员的"自觉行政"或"自我革命"，环境监管行政法律责任就很难得到有效实现。因此，对于保障环境监管行政法律责任的有效实现而言，内控性路径与外控性路径不是决定与被决定、谁先谁后的问题，而是两者均不可偏废、均需要发挥有效作用的问题。

环境监管行政法律责任实现的内控性路径与外控性路径所涉及的各种控制方法、影响因子均属于环境监管行政法律责任实现环境要素的重要组成部分。对于环境监管行政法律责任的有效实现而言，责任实现环境的改良是环境监管行政法律责任实现的众多路径依赖中不可或缺的一种。环境监管行政法律责任实现环境，作为法律环境、执法环境的组成部分，作为一种客观存在的社会现象，大致有以下几个方面的基本特征：

1. 系统性。环境监管行政法律责任实现环境是由多种环境要素组成的系统。根据系统论的观点，系统是指由一定数量的相互联系的因素所组成的统一整体，每一个大系统中有子系统，子系统中有更小的系统；若干子系统相互联系、相互制约组成大系统。在这个系统之中，不只是各种不同层次、同一层次的不同子系统上下左右之间存在相互影响、制约、作用关系，就是构成系统的各个不同要素之间也是相互影响、相互制约和相互作用的。因此，要正确认识和把握环境监管行政法律责任实现环境，就必须对其进行综合的、系统的考察，必须洞悉实现环境的整体与部分之间、环境与其要素之间的相互联系和相互作用的特性、内容与规律。

2. 相对稳定性。马克思主义哲学承认事物运动和发展变化的客观性、绝对性、永恒性，但并不否认其在一定时期、一定条件之下的质量相对稳定性。环境监管行政法律责任实现环境作为一种客观存在的系统，它在一定时期内、在社会正常发展的一定阶段总是处在一个相对稳定的状态，其在量的方面虽然会有一定程度的变化、改善，但在质的方面通常很难在短时期内发生显著的、根本性的变化(但出现战争、动乱等社会突变情况除外)。例如,在转型期中国,作为环境监管行政法律责任实现重要环境要素的社会成员的现代化水平,虽然伴随着中国社会现代化进程的不断推进而相应得到了不断提高,但受社会文明程度、全民族的教育水平、物质生活条件等多种因素或条件的制约,还很难在较短时间之内普遍达到现代化状态。环境监管行政法律责任实现环境的这种相对稳定性,取决于构成环境的各种要素存在发展的状况、规律及其相对稳定性,以及各要素之间相互联系和作用的状况。

3. 适应性。所谓环境监管行政法律责任实现环境的适应性,是指环境监管行政法律责任的实现是以环境为条件的,其实现水平、状况总体上是与所处环境的水平、状况相适应的,并深受环境的制约或影响。也就是说,有什么样的环境监管行政法律责任实现环境,就会相应有什么样的实现状态或水平,环境监管行政法律责任的实现不可能明显超越实现环境本身的质量规定性。环境监管行政法律责任的实现与环境监管行政法律责任实现环境的这种适应性特征决定,环境监管行政法律责任实现的环境越好,环境监管行政法律责任实现的程度就越高。反之,环境监管行政法律责任实现环境越差,环境监管行政法律责任实现的可能性就相应越小,实际实现的程度与水平就会越低。环境监管行政法律责任实现与其环境的这种适应性,取决于环境监管行政法律责任实现环境的客观性。这种适应性还表明,环境监管行政法律责任及其实现必须要尊重并适应社会发展的客观实际和规律,不能脱离实际,违背环境监管行政法律责任实现的客观规律。

4. 可变性。承认环境监管行政法律责任实现环境具有相对稳定性和适应性,并不是否认其具有可变化的属性。所谓可变性,从本质上来讲,是指环境监管行政法律责任实现环境作为一个系统或整体所具有的、不以人的主观意志为转移的变化发展的属性,即环境监管行政法律责任实现环境会因其系统内部及其各种构成要素的内外部矛盾运动不断发展变化,其主要表现为责任实现环境及其要素的质量、水平等的变化。这种变化既可以是良性的,如环境监管行政法律责任实现环境质量的明显改善与提高;也可以是不良的,如环境监管行政法律责任实现环境质量的下降,甚至被破坏。虽然环境监管行政法律责任实现环境的变化在本质上具有不以人的主观意志为转移的特性,但这并不意味着人们对于这种变化只能消极地等待和接受。相反,环境监管行政法律责任实现环境的可变性决定了人们可以发挥主观能动性,对环境监管行政法律责任实现的环境进行适时的、科学的改良或改造,通过积极修复、改良、控制环境系统中那些对环境监管行政法律责任实现有负面影响或作用的要素或因子,最大限度优化环境监管行政法律责任实现环境,从而为环境监管行政法律责任的实现创造良好的内外部环境,切实助成环境监管行政法律责任在现实生活中的有效实现。

二、环境监管行政法律责任实现环境的要素

任何环境都是由各种不同要素有机构成的系统,环境监管行政法律责任的实现环境也不例外。所谓环境监管行政法律责任实现的环境要素,即环境监管行政法律责任实现环境的构成要素,是指独立于环境监管行政法律责任实现活动与过程之外的、客观存在的、与环境监管行政法律责任的实现具有内在联系的各种事物、

现象,如经济增长方式、政治体制、自然地理、生活习俗、宗教文化、科学技术等等。众所周知,自然界和人类社会中的各种事物和现象纷繁复杂,以至于无穷无尽,并不是每一种事物和现象都可以成为环境监管行政法律责任实现环境的构成要素。要成为环境监管行政法律责任实现环境的构成要素,应具备几个基本条件:

1. 具有客观性。所谓客观性是指能够成为环境监管行政法律责任实现的环境要素的事物和现象不是主观臆造的,而是客观存在于自然界和人类社会,且能为人们的主观所感知的。

2. 具有相对独立性。所谓相对独立性是指构成环境监管行政法律责任实现环境的要素的事物和现象,既存在于环境监管行政法律责任实现活动与过程之外,又相对独立于其他各种事物和现象,并在相互之间存在质的差别。

3. 与环境监管行政法律责任的实现存在必然联系。也就是说,作为环境监管行政法律责任实现环境要素的各种事物或现象,不只是其相互之间存在一定的关联性,尤其是对环境监管行政法律责任的实现具有一定的正向或者反向作用力,即与环境监管行政法律责任实现活动之间存在客观的相互影响、相互制约和相互作用的内在逻辑关系。如果事物或现象与环境监管行政法律责任的实现不存在这种必然联系,它就不可能成为环境监管行政法律责任实现环境的构成要素。"当然,事物、现象的普遍联系具有多样性,各种环境要素与法律的联系程度、层次、方式等是不尽一致的,其中有的表现为直接联系,有的表现为间接联系;有的表现为本质联系,有的则表现为非本质联系等等,不一而足。"①但不论其

---

① 刘志坚:《法律环境初论》,《甘肃政法学院学报》1998 年第 2 期,第 35 页。

与环境监管行政法律责任的实现处于什么样的联系状态,这种联系都应具有必然性和客观性。如果仅会发生与环境监管行政法律责任的实现之间的某种不稳定的、偶然的联系,它就不能成为环境监管行政法律责任实现环境的构成要素。

当然,即便是能够成为环境监管行政法律责任实现环境要素的事物或者现象也是十分复杂的,从大的方面来讲可以视环境要素的不同,将环境监管行政法律责任实现的环境划分为环境监管行政法律责任实现的自然环境与社会环境。所谓环境监管行政法律责任实现的自然环境,是指对环境监管行政法律责任实现产生直接或者间接影响的各种自然因素即自然形成的物质、能量的总和。例如自然灾害的发生,就有可能导致环境监管行政法律责任实现成本的增加、效率的降低甚至环境监管行政法律责任实现程序的中止或者彻底终结;在自然生态环境比较脆弱的地区,环境保护执法及环境监管行政法律责任的设立与实现就会显得更加重要、更加迫切。所谓环境监管行政法律责任实现的社会环境,就是指直接或者间接影响环境监管行政法律责任及其实现的社会物质、精神条件的总和。环境监管行政法律责任实现的社会环境因素众多而复杂,其中主要的因素包括政治因素(包括政治体制与制度、政治治理、政局稳定、法制建设、社会政治参与等诸多因素)、经济因素(包括经济制度、社会经济运行、生产方式、社会财富分配、人民物质生活水平与保障、国家机关工作经费及物质条件的满足等诸多因素)、文化因素(包括教育、科技、文艺、道德、宗教、价值观念、风俗习惯等诸多因素)等。由此可见,影响环境监管行政法律责任实现的因子是复杂而多元的。这些影响因子,从对环境监管行政法律责任实现影响的强度、影响方式分析,既有发生直接影响的因子与发生间接影响的因子,又有产生主要影响的因子和产生次要影响的因子;从对环境监管行政法律责任实现的作用力来分析,既有发挥正向作用的因子,又有发挥反向作用的因子;从对环境监管行政法律责任实现主体发生作用的情况来分析,既有影响或主要影响责任主体及其观念、行为的因子,又有影响或主要影响作为实现主体的相关国家机关的与环境监管行政法律责任实现相关的观念、行为的因子;从影响实现主体环境监管行政法律责任实现效能的角度来分析,既有主观性因子,又有客观性因子。本书对环境监管行政法律责任实现环境优化的研究,仅限于环境监管行政法律责任实现的社会环境。

从环境监管行政法律责任实现的具体情况来分析,对环境监管行政法律责任实现产生影响的最主要、最直接、作用力最强的影响因子可以概括为以下四个方面:

1. 环境监管行政法律责任的立法基础或者条件。其关键问题是,是否通过适宜的立法形式建立起了完善的、具有实际可操作性的环境监管行政法律责任制度,以及有助于环境监管行政法律责任有效实现的相关法律制度。环境监管行政法律责任的实现首先必须有具备可实现条件的既定环境监管行政法律责任的存在。在立法上设定或者规定了环境监管行政法律责任之后,还需要构建起完善的、有助于保障环境监管行政法律责任有效实现的相关法律制度,例如对环境监管行政法律责任实现的监督制度、救济制度,以及实现环境监管行政法律责任的责任制度等,否则环境监管行政法律责任在实践中也难以得到很好的落实。就关于环境监管行政法律责任本身的立法而言,如果在立法上对环境监管行政法律责任规定稀缺,或者对环境监管行政法律责任的规定不明确、不具体、不科学、不合理,或者对环境行政问责主体及其权限、程序等的规定存在这样那样的缺陷,环境监管行政法律责任在现实社会生活中就很难得到有效实现。因此科学合理且具有实际可操作性的环境监管行政法律责任制度,以及保障环境监管行政法律责任实现的相关法律制度的存在是环境监管行政法律责任得以有效实现的重要前提和基础。

2. 责任主体的主客观条件。环境监管行政法律责任是作为责任主体的环境行政主体及其履行环境监管职能的公务员在环境行政法上所应当承担的责任,因此责任主体自身的主客观条件也是制约或影响环境监管行政法律责任有效实现的重要方面。从主观方面来看,责任主体的道德修养、文化素质、法律意识、责任意识等均会对环境监管行政法律责任的实现产生正面或者负面作用。一般言之,责任主体的综合素质越高,其承担环境监管行政法律责任的主动性或者对追究环境监管行政法律责任的配合性就会相应地强,环境监管行政法律责任实现的可能性就越大,实现环境监管行政法律责任的成本就会越低;反之,环境监管行政法律责任实现的可能性就越小,实现环境监管行政法律责任的成本就有可能随之升高。从客观方面来看,责任主体的经济条件、生活水平甚至健康状况、履行环境监管职责的工作体制机制、机构设置与力量配备等也会对环境监管行政法律责任的实现产生正面或者负面的影响。例如,一般来说,责任主体经济状况越差、生活水平越低,其履行环境监管行政法律责任的自觉性、主动性也会随之降低,规避甚至抗拒环境监管行政法律责任追究的意识就会越强烈,实现环境监管行政法律责任的成本就会相应增加。

3. 环境监管行政法律责任实现主体的主客观条件。任何环境监管行政法律责任都需要由有权的国家机关来依法确定和追究，离开了有权的国家机关能动的、合理适法的、富有效率的作用，环境监管行政法律责任也不可能得到有效的实现。因此，责任实现主体的主客观条件也是制约环境监管行政法律责任实现的重要方面。从主观方面来看，责任实现主体及其公务员履职观念的正确与否、法律意识水平的高低、责任意识的强弱、行政能力与水平的高下等均会对环境监管行政法律责任的实现产生直接的正面或者负面影响。例如，如果某个环境行政问责主体基于本位利益的需要，在环境行政管理过程中推行地方保护，就有可能对那些应当依法追究环境监管行政法律责任但又对实现本位利益有利的违法事项或者违法者，不予追究责任或者不严格依法追究环境监管行政法律责任，从而导致环境监管行政法律责任在实践中的虚化、弱化。从客观方面来看，环境监管行政法律责任实现主体的经费保障程度、装备配置状况、人员力量的强弱以及管辖事项的繁简程度、管辖地域的广狭程度等因素也都会对环境监管行政法律责任的实现产生较大的积极或者消极作用。例如，如果某个环境行政问责主体行政经费短缺、装备较差，且执法人员力量严重不足，其在客观上就难以对所管辖范围内的各种环境监管行政违法行为作出及时、全面、正确的处理，环境监管行政法律责任就会因此而得不到有效的实现。

4. 环境监管行政法律责任实现的其他社会基础或者条件。除了以上三个方面的重要因素之外，环境监管行政法律责任的实现还要受到其他各种社会因素或者条件的深刻制约或影响。例如，就某个行政区域而言，区域经济社会发展水平、人们的社会生活状况、社会成员的文明程度、生产生活方式、传统文化与习俗、政治与宗教甚至地理条件或者环境等都会对环境监管行政法律责任的实现产生直接或者间接、积极或者消极的制约或影响。环境法制建设的实践充分证明，社会的政治文明、物质文明、精神文明、生态文明的程度越高，制约环境监管行政法律责任有效实现的社会因素就越少，环境监管行政法律责任的实现程度就越高；反之，社会的政治文明、物质文明、精神文明、生态文明的程度越低，制约环境监管行政法律责任有效实现的社会因素就越多，环境监管行政法律责任的实现程度就越低。因此，推进整个社会文明的不断进步是有效实现环境监管行政法律责任的根本所在。

三、环境监管行政法律责任实现环境的作用

就环境监管行政法律责任实现的社会环境对环境监管行政法律责任实现的作用而言，主要表现为正向的、积极的作用与反向的、消极的作用两种形态。社会环境对环境监管行政法律责任实现的正向的、积极的作用，是指对环境监管行政法律责任的实现或有效实现所发挥的推动性、助成性、促导性等正作用力。这种作用力既可以表现在主要环境要素的作用方面，如优良的法治秩序与环境、社会成员较高的法律意识与道德修养、国家对责任实现主体实现环境监管行政法律责任的工作条件与经费供给等的合理满足、有助于有效实现环境监管行政法律责任的人力资源的合理配置、相关环境监管行政法律责任制度的建立与完善等，都会对环境监管行政法律责任在现实生活中的实现提供良好的条件与基础；也可以表现在整体社会环境的作用方面，即环境监管行政法律责任实现环境与环境监管行政法律责任的实现呈现正向比例关系。

一般言之，环境监管行政法律责任赖以实现的社会环境越好，对环境监管行政法律责任实现的正向作用力就越强，环境监管行政法律责任实现的程度与水平就越高；反之，环境监管行政法律责任实现的社会环境越差，其对环境监管行政法律责任实现的正向作用力就越小，环境监管行政法律责任实现的程度与水平就越低。

社会环境对环境监管行政法律责任实现的反向的、消极的作用，是指其对环境监管行政法律责任的实现所发挥的逆向干预性、阻滞性、否定性甚至破坏性等反作用力。与社会环境对环境监管行政法律责任实现的正向作用力同理，这种反向作用力也既可以表现为主要环境要素对环境监管行政法律责任实现的反作用力，如较差的法治秩序与环境、社会成员较低的法律意识与道德修养、国家对责任实现主体实现环境监管行政法律责任的工作条件与经费保障不力、实现环境监管行政法律责任的人力资源匮乏、相关环境监管行政法律责任制度的缺失等，都会不同程度影响环境监管行政法律责任实现的效率、质量；也可以表现为整体社会环境对环境监管行政法律责任实现的反作用力，即环境监管行政法律责任实现环境与环境监管行政法律责任的实现呈现反向比例关系。一般言之，环境监管行政法律责任赖以实现的社会环境越差，对环境监管行政法律责任实现的反向作用力就越强，环境监管行政法律责任实现的程度与水平就越低；反之，环境监管行政法律责任实现的社会环境越好，其对环境监管行政法律责任实现的反作用力就越小，环境监管行政法律责任实现的程度与水平就越高。

在考查社会环境对环境监管行政法律责任实现的作用力的同时，我们还不能忽略了环境监管行政法律责任的实现对相关社会环境的作用。也就是说，不但社会环境对环境监管行政法律责任的实现会产生正向或者反向作用力,环境监管行政法律责任实现状态与水平同样对社会环境也会产生正向或者反向的作用力。因为构成环境监管行政法律责任实现的社会环境的物质、精神条件,不是凭空产生的,它是人们在改造自然与社会的过程中形成的。社会成员的社会行为不但创造了社会环境,而且直接影响着社会环境及其相关环境要素。环境监管行政法律责任的实现作为一种重要的社会执法活动,其实现程度与水平的高低、实现状况的优劣,会直接作用于人们的社会生活,并对人们在环境保护等方面的思想观念、社会态度、社会行为、价值取向及相关的制度生成、制度运行等产生正向或反向作用。例如,如果已经设定的环境监管行政法律责任及其制度不能得到切实贯彻执行,或在贯彻执行中存在普遍性的不合法、不合理、不公平、不公正,就会使社会成员丧失对法律制度及其权威的敬畏、遵从与信仰,就会动摇环境法治建设的社会心理基础,并反过来对环境监管行政法律责任的实现产生更大的反向作用力。同理,如果已经设定的环境监管行政法律责任及其制度在实践中贯彻执行得好,能够得到有效实现,就会更好地强化社会成员对法律制度及其权威的敬畏、遵从与信仰,引领社会善良风尚,就会更加牢固地奠定环境法治建设的社会心理基础,并反过来对环境监管行政法律责任的实现产生更好、更大的正向作用力。因此,对于国家法治建设及和谐社会的构建而言,优化环境监管行政法律责任实现的社会环境与有效实现环境监管行政法律责任都具有十分重要的意义和作用。

第八章 环境监管行政法律责任实现现状论

第一节 环境监管行政法律责任实现的实践历程

环境监管行政法律责任的实现状况、程度与水平,总体来讲是与我国经济社会的快速发展与转型,尤其是具有中国特色的社会主义法治建设水平的不断提高,依法行政和现代法治政府建设进程的快速演进,生态文明建设不断驶入快车道相同步,且是与我国行政问责制度的建立、完善与有效实施的进程高度相适应的。在改革开放之前,受各种因素的作用,我国环境问题虽然日渐突出,但环境保护尚没有引起国家决策层及社会公众的足够重视,全社会环境保护意识明显不高,尚没有真正建立起环境保护的体制机制,环境监管行政法律责任制度建构及其实践基本上属于空白。改革开放以后,面对日益严峻的环境问题及因环境问题所导致的社会问题的凸显,与我国依法治国进程尤其是行政问责制度建设及其实践的演化发展进程相适应,环境监管行政法律责任及其实现的制度建设和实践才开始起步并日益增强。其大致经历了以下三个不同的发展阶段:

一、环境监管行政法律责任实现的乏力阶段

1978 年至 2003 年可以说是我国环境监管行政法律责任实现的相对乏力阶段。改革开放前的 1973 年 8 月召开了第一次全国环境保护会议,并发布了新中国第一个环境保护的政策性文件——《关于保护和改善环境的若干规定》,提出了保护和改善环境、造福人民的要求,确立了环境保护工作方针,开启了中国环境保护事业的航程。[1] 1973 年 11 月国家计委等三部委联合颁布了《工业"三废"排放试行标准》,为开展"三废"治理和综合利用工作提供了依据。[2] 1974 年 10 月国务院环境保护领导小组正式成立。其后,根据国务院关于设立环境保护机构的有关规定和要求,相继开始建立了环境管理等机构,并在全国逐步开展了环境保护规划编制及以"三废"治理和综合利用为主要内容的污染防治工作。[3] 但在 1978 年以前,毕竟我国环境保护事业刚刚起步,环境监管行政法律责任制度尚未完全建立,在严格意义上还谈不上环境监管行政法律责任的实现问题。

"改革开放以来,可持续发展的经济、环境和社会三维支柱中,经济一直是中国最为关注的中心维度,被置于发展战略、规划和政策制定的优先位置。然而,长期以来粗放式的经济发展方式也带来了一系列资源环境压力,大气、水和土壤等环境污染、生物多样性破坏、部

---

[1] 参见曲格平:《中国环境保护四十年回顾及思考——在香港中文大学"中国环境保护四十年"学术论坛上的演讲》,《中国环境管理干部学院学报》2013 年第 3 期,第 4 页。

[2] 参见翟亚柳:《中国环境保护事业的初创——兼述第一次全国环境保护会议及其历史贡献》,《中共党史研究》2012 年第 8 期,第 71 页。

[3] 参见张坤民:《中国环境保护事业 60 年》,《中国人口·资源与环境》2010 年第 6 期,第 2 页。

分资源濒临枯竭、环境事故频发等问题不仅成为制约经济社会进一步发展的瓶颈，也对公众正常的生产、生活和身体健康造成了严重影响。"①面对日益严峻的环境问题，如何正确处理环境保护与经济社会可持续发展的相互关系，理所当然成为了发展中的中国所面临的最为重大的课题之一。1978年，新中国第一次在《宪法》中规定"国家保护环境和自然资源，防治污染和其他公害"②，从而为进一步做好我国环境保护工作奠定了宪法基础。同年12月，党的十一届三中全会开启了思想路线拨乱反正和改革开放的新时代，为正确认识我国的环境形势奠定了思想基础。③ 1978年12月31日，中共中央批转了国务院环境保护领导小组的《环境保护工作汇报要点》，在新中国历史上第一次以党中央的名义对环境保护作了指示。④ 1979年9月五届人大常委会十一次会议通过了《环境保护法（试行）》，从而为我国环境保护走上法制化道路奠定了立法基础。实事求是地讲，在1978年至2002年期间，虽然我国环境保护事业逐步有了较快发展，环境保护在国民经济发展中的地位不断提高⑤、环境资源保护立法

---

① 中国环境与发展国际合作委员会中国环境保护与社会发展课题组：《中国环境保护与社会发展》，《环境与可持续发展》2014年第4期，第28页。

② 《宪法》（1978）第十一条第三款。

③ 参见《建设环境优美、永续发展的美好家园——党领导生态文明建设的成就与经验》，《新中国60年党的执政成就与经验》（全国党的建设研究会专题资料汇编），第235—236页。

④ 参见张坤民：《中国环境保护事业60年》，《中国人口·资源与环境》2010年第6期，第2页。

⑤ 1982年国家计委第一次把环境保护正式纳入国家"六五"计划，并将环境保护列为一个独立的篇章。1983年12月31日在北京召开的第二次全国环境保护会议，总结了中国环境事业的经验教训，将环境保护确立为基本国策，从战略上肯定了环境保护工作在社会主义现代化建设中的重要地位；制定了经济建设、城乡建设和环境建设同步规划、同步实施、同步发展，实现经济效益、社会效益、环境效益相统一的指导方针。自1983年之后，环境保护作为一项重要内容被写入了历年的政府工作报告。

进程不断加快①、环境保护机构建设日益强化②、各项重要的环境保护制度相继建立、环境教育全面展开,从环境保护思想观念的转变、组织保障、法制化路径选择到制度建设都逐渐有了明显的进步,但已经建立的环境保护制度并没有得到切实有效的贯彻执行,环境保护的绩效总体不高,其根本原因还是出在对经济社会发展的战略选择以及环境保护意识不够强等方面。由于这一时期国家与地方政策选择主要聚焦于经济发展,环境问题逐步累积但尚未集中凸显,全社会的生态环境保护意识还比较薄弱,加之对行政主体及其公务员的问责制度形成相对缓慢且执行不够严格③,环境违法责任追究主要是针对行政相对人的,对环境行政主体及其公务

---

① 1979 年 9 月五届全国人大常委会十一次会议通过了新中国的第一部环境保护基本法——《中华人民共和国环境保护法(试行)》。至 1992 年,国家先后制定了《海洋环境保护法》《水污染防治法》《水土保持法》《渔业法》《野生动物保护法》《草原法》等 12 部环境资源方面的法律和 20 多部环境资源行政法规,我国的环境保护工作开始走上了法制化轨道。

② 1984 年成立国务院环境保护委员会,并将城建环保部主管的环境局改为国家环保局,作为国务院环委会的办事机构;1988 年国家环保局升格为国务院直属机构。

③ 这一时期,行政问责在沿袭传统制度的同时,适应新形势的要求逐步开始制度建构与完善。但在较长时间之内,行政问责的依据只有 1952 年政务院颁布的《国家机关工作人员奖惩暂行条例》、1957 年的《国务院关于国家行政机关工作人员的奖惩暂行规定》这两部“暂行”了二三十年的行政法规。进入 20 世纪 90 年代,开始形成了个别涉及行政问责的新规定。其主要包括:1993 年国务院颁布的《国家公务员暂行条例》对公务员行政处分责任及其追究作了具体规定;1998 年中共中央、国务院颁布的《关于实行党风廉政建设责任制度的规定》对应当给予党纪、政纪处理的违法违纪行为作了具体规定;1998 年国务院颁布的《关于特大安全事故行政责任追究的规定》对特大安全事故行政责任追究作了具体规定。但此时行政问责仍然属于传统的问行政处分之责,在国家层面既没有行政问责的法律规定,又无制度化、规范化、系统化的配套制度。此外,1979 年颁布的《环境保护法(试行)》及 1989 年修改颁布的《环境保护法》也没有对环境行政问责作出具体明确规定。

员因环境监管行政违法进行问责的案例还不多见①，环境行政问责的广度、力度明显不足甚至极少进行环境行政问责②。

二、环境监管行政法律责任实现的提速阶段

2003 年至 2012 年是环境监管行政法律责任实现的提速阶段。随着改革开放进程的不断深入，尤其是经济体制改革与发展步伐的日渐加快，我国环境污染事故及因环境污染导致的群体性事件日益多发、频发，经济发展与生态环境保护的矛盾进一步聚集和凸显，加之随着党和国家法治政府建设、责任政府建设进程的加速，尤其是"非典"事件等的直接促动，包括环境行政问责在内的问责制度建设与实施逐渐走上了提速发展的快车道。2003 年，为有效应对与处置严峻的"非典危机"，一批行政公务员因隐瞒疫情或者对疫情防治不力等被依法问责，并因此充分验证了行政问责及其制度在国家治理、行政管理质量与效能建设等方面的紧迫性、必要性、重要性及有效性，对我国行政问责制度建设发挥了强有力的助

---

① 1980 年震惊中外并造成 72 人死亡的"潮海二号"沉船事故发生后，时任石油部长被免职，主管石油工作的国务院副总理受到了记大过处分。这大概是改革开放以来最早对官员尤其是高级干部问责的案例。与之相类似的，还有 1987 年新中国成立以来损失最为惨重的大兴安岭火灾发生之后，时任林业部部长和主管护林防火的副部长被撤职的案例。但此类案件只是针对重大责任事故责任的问责，并非是针对实施了环境监管行政违法行为的责任主体的问责。因环境监管行政失职、渎职行为的问责案例鲜见。

② 2003 年以来，环保部门开展了"清理整顿不法排污企业保障群众健康"环保专项行动。据统计，截至 2006 年，三年共立案查处环境违法问题 7 万余件，查处责任人 500 余人——平均每立案 100 件仅能查处 0.7 人。参见《我国首个环境问责制度出台：环保问责 直接到人》，http://www.dzwww.com/caijing/cjsl/t20060221_1361316.htm，最后访问日期：2020 年 5 月 7 日。

推作用。其后,国务院通过制定发布《全面推进依法行政实施纲要》等关于依法行政、法治政府建设的政策性文件,国家最高立法机关通过制定《公务员法》等公务员管理方面的法律、法规,不但对行政问责提出了更新、更高的要求,而且大大提升了行政问责的制度化、规范化、法制化程度。与之相适应,环境监管行政法律责任的制度建设与实施也步入了快车道。在制度建设方面,2005年《国务院关于落实科学发展观 加强环境保护的决定》针对"目前一些地方重 GDP 增长、轻环境保护。环境保护法制不够健全,环境立法未能完全适应形势需要,有法不依、执法不严现象较为突出"的问题,明确要求"规范环境执法行为,实行执法责任追究制,加强对环境执法活动的行政监察"①。自 2005年至 2012年,国家环境保护行政主管部门先后发布了《环境保护违法违纪行为处分暂行规定》《建设项目环境影响评价行为准则与廉政规定》《环境行政执法后督察办法》等与环境行政问责密切相关的规章或规范性文件,地方也相继颁布了一批行政问责、环境行政问责的法规、规章或规范性文件,环境监管行政法律责任问责制度日益健全。与此同时,从中央到地方,逐渐加大了对环境监管行政违法行为的查处力度,一大批在环境监管行政方面失职、渎职或者不作为、慢作为、滥作为的公务员被依法查处,环境监管行政法律责任的实现水平有了十分明显的提升。

三、环境监管行政法律责任实现的跃升阶段

2012年党的十八大以来,以习近平同志为核心的党中央精心谋划并不断深入推进全面依法治国、全面依法依规从严治党,强力

---

① 《国务院关于落实科学发展观 加强环境保护的决定》(国发〔2005〕39 号)。

推进党风廉政建设和反腐败斗争,通过制定《中国共产党纪律处分条例》《中国共产党问责条例》等一大批党内法规或规范性文件,以严格的党内问责倒逼公权力责任的落实,不断推动管党治党从宽松软走向严紧硬,并由此开启了将"权力关进制度笼子"的国家公权力制约机制改革与建设,形成了强有力的有责必问、问责必严的社会治理与国家管理的新局面,行政问责的广度、力度、强度与社会认同度因此也达到了前所未有的程度。① 与之相适应,面对环境污染严重、生态系统退化、资源约束趋紧的严峻形势,党中央不断升华对经济建设与环境保护关系的规律性认识,审时度势,继往开来,彰显执政担当,强力开启了建设生态文明、推进绿色发展的新时代。党的十八大将生态文明建设纳入中国特色社会主义事业"五位一体"总体布局,首次把"美丽中国"作为生态文明建设的宏伟目标②,并将"中国共产党领导人民建设社会主义生态文明"写入党章,作为全党的行动纲领③;党的十八届三中全会提出加快建

---

① 例如,十八大之前的 2009 年、2010 年、2011 年全国纪检检察机关给予党纪政纪处分的人员分别有 13.87 万人、14.65 万人、14.28 万人。但到了 2013 年,全国纪检监察机关给予党纪政纪处分的人员达到了 18.2 万人,2015 年更是达到了 33.6 万人。中央纪委监察部网站发布的各级纪检监察机关点名道姓通报的在全面从严治党中失职失责受到责任追究的典型问题,2014 年 31 起,2015 年 75 起,2016 年截至 9 月已经达到 132 起,呈逐年增加态势(以上数据均来自历年中央纪律检查委员会全会工作报告或中纪委监察部网站的情况通报)。

② 胡锦涛在党的十八大报告——《坚定不移沿着中国特色社会主义道路前进为全面建成小康社会而奋斗》(2012)中明确指出:"建设生态文明,是关系人民福祉、关乎民族未来的长远大计。面对资源约束趋紧、环境污染严重、生态系统退化的严峻形势,必须树立尊重自然、顺应自然、保护自然的生态文明理念,把生态文明建设放在突出地位,融入经济建设、政治建设、文化建设、社会建设各方面和全过程,努力建设美丽中国,实现中华民族永续发展。"

③ 参见《中国共产党章程》(2017)"总纲"。

立系统完整的生态文明制度体系;十八届四中全会在对推进依法治国作出全面部署的同时,要求"必须建立系统完整的生态文明制度体系,实行最严格的源头保护制度、损害赔偿制度、责任追究制度,完善环境治理和生态修复制度,用制度保护生态环境";十八届五中全会提出"五大发展理念",将绿色发展作为"十三五"乃至更长时期经济社会发展的重要理念,成为党关于生态文明建设、社会主义现代化建设规律性认识的最新成果。

为落实党中央关于生态环境保护及严格环境监管的一系列新的决策部署,国家相继制定颁布了《国务院办公厅关于加强环境监管执法的通知》《大气污染防治行动计划》《水污染防治行动计划》《党政领导干部生态环境损害责任追究办法(试行)》《关于加快推进生态文明建设的意见》《土壤污染防治行动计划》等重要的政策性文件,对加强环境监督力度,建立健全生态文明建设责任制、环境监管责任追究制度等作了具体明确的规定或要求;全国人大常委会相继修改了《环境保护法》《大气污染防治法》《环境影响评价法》等重要的环境保护法律,严格了政府环境责任,对环境监管行政法律责任的追究作了比较明确的规定;原环保部等相关部门相继颁布了《环境监察办法》《突出环境事件调查处理办法》《环境保护公众参与办法》等重要的与环境行政问责密切相关的行政规章。在此背景之下,各个地方逐步将生态环境保护纳入了促进经济社会可持续发展的重要议事日程,在环境监管行政法律责任实现方面,相关制度建设以及对制度的贯彻执行的力度进一步增强,环境监管行政法律责任实现的水平与程度有了前所未有的提升,进入了一个划时代的飞跃发展时期。正如时任环保部部长所说:"党的十八大以来,以习近平同志为核心的党中央谋划开展了一系列根本性、长远性、开创性工作,推动我国生态环境保护从认识到实践发生了历史性、转折性和全局性变化,生态文明建设取得显著成效,进入认识最深、力度最大、举措最实、推进最快,也是成效最好的时期。"①党的十九大报告把坚持人与自然和谐共生作为基本方略,进一步明确了建设生态文明、建设美丽中国的总体要求,提出了加快生态文明体制改革、建设美丽中国新的目标、任务、举措,进一步昭示了党中央加强生态文明建设的意志和决心,集中体现了习近平新时代中国特色社会主义思想的生态文明观。我们有理由相信,党的十九大必将开启生态文明建设的新局面,为环境监管行政法律责任的实现营造更好的政治、政策与法律环境,环境监管行政法律责任制度的执行力与实效性因此会得到更大提升。

第二节 环境监管行政法律责任实现取得的成效分析

一、环境监管行政法律责任实现成效的基本表现

改革开放尤其是自 2003 年掀起"问责风暴"以来,党和国家越来越重视生态环境保护,环境监管能力与水平不断提高,环境监管行政法律责任制度日益健全,环境行政问责及其实践不断提速发力,相对于改革开放之初环境监管行政法律责任实现的广度、深度、力度和水平不断增强,取得了越来越显著的成效。

---

① 《践行绿色发展理念 建设美丽中国——党的十九大新闻中心第六场记者招待会实录》,《中国环境报》2017 年 10 月 24 日第 2 版。

（一）环境监管行政法律责任问责的范围不断由侧重问典型违法事件之责向问较广泛存在的不良环境监管行政现象之责拓展，并取得显著成效

"回顾改革开放 30 年官员责任追究制度的发展历程，从其内容来看，改革开放初期进行责任追究的事例很少，可查的案例也仅仅是有限的个案，追究的范围也局限于重大安全事故问责。"①时至今日，与行政问责事项和范围的不断拓展相适应，环境行政问责的范围虽然注重但已经远不限于对环境污染、生态环境破坏事件的问责，还日益重视环境监管者在履行环境监管职责过程中的庸、懒、散（漫）等直接影响环境监管质量和效能行为的问责；问责的目的与功能虽然注重但已经不限于查处环境监管行政违法行为，并对实施了环境监管行政违法行为的环境行政主体及其公务员依法予以惩戒，还兼顾促进环境监管者的行政观念、工作作风的转变与环境监管行政效能的提高。这不但集中体现在地方各级人民政府相继制定的一大批适用于包括环境监管者在内的公务员的行政执法过错责任、庸懒散行政的责任追究等行政规章或行政规范性文件之中，也充分表现在各级各类环境行政主体所出台的一大批环境监管行政问责的行政规章或行政规范性文件之中。前者，如《上海市行政执法过错责任追究办法》（2007）不但规定对在行政执法过程中故意或过失不履行法定职责的行为人追究责任，而且还要对不正确履行法定职责的行为人追究责任；《北京市行政执法责任

---

① 张贤明、文宏：《中国官员责任追究制度建设的回顾、反思与展望》，《吉林大学社会科学学报》2008 年第 3 期，第 39 页。

追究办法》（2007）不但规定对行政执法部门及其行政执法人员应当履行而未履行或者怠于履行行政执法职责的行为追究责任，而且规定对行政执法部门及其行政执法人员违法或者不当履行行政执法职责的行为追究相应的责任。再如，《太原市国家行政机关及其工作人员行政不作为问责办法》（2005）、《鹰潭市公安机关行政不作为、乱作为责任追究制度》（2009）、《平湖市机关行政乱作为、不作为、慢作为责任追究办法》（2010）、《武汉市开展"责任风暴"、"治庸计划"的暂行办法》（2011）、《海西州国家公职人员不作为慢作为乱作为责任追究办法（试行）》（2016）、《邵阳市公职人员不作为、慢作为、乱作为责任追究办法（试行）》（2017）等专门针对行政主体及其公务员庸懒散行为的责任及其追究作了相应的规定。后者，如早在2006年国家环境保护总局就出台了我国首部环境行政问责的部门规章——《环境保护违法违纪行为处分暂行规定》，对环境行政处分的事由、形式及程序等作了明确的规定。在地方，不少环境行政主体或相关的行政主体先后出台了一批既"问"环境事故责任，又"问"日常环境监管责任的环境行政问责的立法或非立法性规范性文件①。

与问责制度的建立健全相适应，从中央到地方，在持续加大对

---

① 例如，《南通市环境保护问责暂行办法》（2010）、《青岛市环境保护局行政问责暂行办法》（2011）、《太原市环境保护国家工作人员不当行为问责暂行办法》（2012）、《广西党政领导干部环境保护过错问责暂行办法》（2012）、《云南省环境保护行政问责办法》（2013）、《贵州省生态环境损害党政领导干部问责暂行办法》（2015）、《贵州省林业生态红线保护党政领导干部问责暂行办法》（2014）、《中卫市公职人员环境保护问责办法》（2015）、《宁夏回族自治区环境保护厅工作人员问责暂行办法》（2016）、《济宁市环境保护工作问责办法（试行）》（2016）、《库尔勒市党政领导干部环境保护问责办法（试行）》（2017）等。

典型违法事件查处力度的同时①,也不断强化了对包括环境监管者在内的行政主体及其公务员在日常工作中的违法违纪行为的问责力度,全国每年都有数以万计的违法违纪公务员被依法进行行政问责。

(二) 环境监管行政法律责任问责事项由偏重问环境行政执行之责向问环境行政决策之责拓展,并日益取得较明显成效

在改革开放初期,对行政公务员的问责,偏重于对行政执行活动中的违法违纪行为的问责,鲜见对行政决策进行问责的制度与实践。2004 年中央提出了"改革和完善决策机制,推进决策的科学化"和"建立决策失误责任追究制度"的要求。② 同年,国务院《全面推进依法行政实施纲要》提出了"按照'谁决策、谁负责'的原则,建立健全决策责任追究制度,实现决策权和决策责任相统一"的要求。③ 2008 年 6 月《国务院关于加强市县政府依法行政的决

① 例如,2009—2010 年陕西凤翔、湖南武冈、云南东川等重金属污染事件及突发环境事件中,有 91 名行政机关工作人员及相关企业负责人被问责(参见《重金属污染引发 32 起群体性事件 91 人被问责》,http://news.qq.com/a/20100126/001093. htm,最后访问日期:2019 年 10 月 20 日);2017 年 8 月至 9 月第四批 8 个中央环境保护督察组对吉林、浙江、山东、海南、四川、西藏、青海、新疆等 8 省(区)开展环境保护督察,并于 2017 年 12 月至 2018 年 1 月完成督察反馈,同步移交 89 个生态环境损害责任追究问题,要求地方进一步核实情况,严肃问责。受督察的省(区)截至 2018 年 4 月 22 日依法依纪对 1035 名干部作出了问责决定。其中,厅级干部 218 人(正厅级干部 57 人),处级干部 571 人(正处级干部 320 人);诫勉 296 人,党纪政务处分 773 人(次),移送司法 2 人,其他处理 10 人;被问责的厅级干部中,诫勉 72 人,党纪政务处分 155 人(次),其他处理 1 人(参见《第四批中央环境保护督察 8 省(区)公开移交案件问责情况》,生态环保部网站,http://www.mee.gov.cn/xxgk2018/xxgk/xxgk15/201904/t20190422_700604.html,最后访问日期:2019 年 11 月 18 日)。

② 参见《中共中央关于加强党的执政能力建设的决定》(2004,党的第十六届四中全会通过)。

③ 参见《全面推进依法行政实施纲要》(国发〔2004〕10 号)。

定》不但要求建立健全行政决策责任追究制度，而且对越权决策、违反法定程序决策、决策不作为等违法决策责任的追究作了比较具体的规定。① 根据党和国家关于建立行政决策责任追究制度的要求，从中央到地方的一大批行政主体，或在行政问责、行政首长问责的行政规章或者行政规范性文件之中②，或通过行政决策责任追究的专门行政规章或者行政规范性文件③，将行政决策纳入了责任追究的范围，建立了行政决策责任追究制度。2019年4月国务院发布的《重大行政决策程序暂行条例》，不但对重大行政决策的程序制度作了统一的、具体的制度安排，而且对违反程序作出重大行政决策的法律责任作了较明确规定，从而为行政决策程序及其责任法制化奠定了立法基础。在环境行政决策问责方面，全国各地相继出台的诸多关于环境行政问责的行政规

---

① 参见《国务院关于加强市县政府依法行政的决定》(国发〔2008〕17号)。

② 例如，《哈尔滨市行政责任问责规定》(2012)第七条对行政决策归责事由作出了如下详细的规定："行政机关领导干部违反规定决策，或者决策失误，有下列情形之一的，应当予以问责：(一)依法应当决策而不作出决策或者不及时决策，造成重大损失或者不良社会影响的；(二)超越法定权限进行决策，造成重大损失或者不良社会影响的；(三)未按规定程序进行决策，损害公共利益和行政相对人合法权益的；(四)作出的决策与法律、法规、规章、政策和上级的决定、命令相抵触，损害公共利益和行政相对人合法权益的；(五)决策失误，造成重复建设、资源浪费、重大人员伤亡、财产损失、生态环境保护等严重后果或者不良社会影响的；(六)发现决策错误、失误或者失当，不及时纠正、改正或者调整，造成重大损失或者不良社会影响的；(七)其他违反规定决策或者决策失误的情形。"

③ 例如，《河津市重大行政决策责任追究制度》(2008)、《深圳市行政决策责任追究办法》(2009)、《遂宁市重大行政决策失误责任追究办法》(2009)、《南昌市人民政府重大决策责任追究办法》(2010)、《屯昌县重大行政决策程序和决策责任追究制度》(2011)、《平凉市行政决策过错责任追究办法》(2012)、《合肥市人民政府重大行政决策责任追究暂行办法》(2015)、《四川省重大行政决策责任追究暂行办法》(2016)、《云南省重大行政决策终身责任追究办法(试行)》(2017)等大量的专门性文件，对行政决策责任事由与范围、责任形式、责任追究程序等作出了具体规定。

章或规范性文件也将环境行政决策问责纳入调整范围,作出了富有针对性的规定。① 虽然在行政问责实践中,与行政执行环节的问责相比,对行政决策问责制度的执行力还不是很高,但相对于改革开放初期行政决策问责的实际情况而言,行政决策问责的力度实际上也在不断强化,因行政决策失误而被问责的事项也不鲜见②。

(三) 环境监管行政法律责任问责对象由偏重问公务员个人之责向问行政主体之责、由问普通公务员之责向问领导干部之责、由问环境行政之责向问党组织及其领导干部之责拓展,并日渐取得显著成效

1. 对包括环境行政主体在内的行政组织的问责制度逐步建

① 2015 年 8 月中共中央办公厅、国务院办公厅印发的《党政领导干部生态环境损害责任追究办法(试行)》明确规定对作出损害生态环境决策的领导干部应依法依纪追究责任。其后,从中央到地方发布了一大批关于追究领导干部生态环境损害责任的立法文件或者规范性文件,并在其中对追究决策者生态环境损害责任作了更加细化的规定。例如,《广东省党政领导干部生态环境损害责任追究实施细则》(2016)第五条将下列决策事项纳入了对党政领导班子生态环境损害责任追究的范围:(1)贯彻落实中央和省委关于生态文明建设的决策部署不力,未分解落实责任,未按规定配套制定并落实相关制度,未按时完成目标任务,致使本地区生态环境和资源问题突出或者任期内生态环境状况明显恶化的。(2)作出的决策与生态环境和资源方面政策、法律法规相违背,或者严重违反城乡、土地、矿产、林地、水资源、海洋、环境保护等规划的。(3)违反主体功能区定位、突破城镇开发边界或者国土资源、环境保护、住房城乡建设、水利、林业、海洋渔业等部门划定的资源环境生态红线,不顾资源环境承载能力盲目决策造成严重后果的。

② 例如,2016 年孙某某在任河北深州市市长期间,主持召开市长办公会,超越权限审批应由国家发展改革部门核准的阳煤集团深州化工有限公司年产 22 万吨乙二醇项目,孙某某等 6 人因此分别被给予党内严重警告、党内警告处分、行政记大过处分。参见《河北通报 6 起环境保护方面问责典型案例》,http://news.sina.com.cn/o/2016-11-08/doc-ifxxmyuk6273273.shtml,最后访问日期:2019 年 8 月 1 日。

立。在改革开放之初，对公共行政法律责任的追究，主要限于对行政公务员违法违纪行为的追究，甚少有追究行政主体责任的制度与实践。自 20 世纪 90 年代开始，随着行政诉讼法律制度的建立，尤其是 1994 年《国家赔偿法》的颁布实施，国家在更加重视对行政公务员行政法律责任追究制度建设的同时，对行政主体的问责制度也逐步建立了起来。不但在《行政诉讼法》中确立了行政主体的行政诉讼责任，在《国家赔偿法》中确立了行政赔偿责任，而且如前所述，在关于行政管理的立法文件中对行政主体的普通行政法律责任及其追究也有了一些规定。

2. 越来越重视对担任领导职务的公务员或领导干部的行政问责。改革开放之初，对行政公务员的问责存在较突出的偏重一般职务人员而忽视领导职务人员的倾向，缺乏对领导干部进行责任追究的专门制度设计，对领导干部尤其是高级干部进行问责的案例尚不多见。1982 年《宪法》虽然确立了行政首长负责制的行政决策体制，为建立行政首长问责制奠定了宪法基础，但在 20 世纪 90 年代之前并没有建立起与行政首长负责制相适应的行政首长问责制。自 2003 年掀起"问责风暴"开始，行政问责制尤其是行政首长问责制的建构才被提上了重要议事日程。自 2004 年 7 月重庆市出台了国内第一部对高官问责的行政规章——《重庆市政府部门行政首长问责暂行办法》，从中央到地方陆续出台了大量的类似制度，对行政领导干部的问责日益规范化，问责力度也因此不断加强。以重庆市为例，自 2004 年《重庆市政府部门行政首长问责暂行办法》实施以来，截至 2008 年 12 月，各级政府已启动问责约 146

次,追责各级领导干部 216 人①,取得了较好的效果。"近年来,我国发生的襄汾溃坝和三鹿问题奶粉等事件中多名行政首长被问责,尤其是 2008 年掀起的'问责风暴'显现出鲜明的特色,问责范围之广、问责级别之高为近年来所罕见,这使我国进入了一个追究失职渎职领导干部责任、打造责任政府的新阶段。"②十八大以来,随着党政领导干部问责制度的进一步健全,问责力度的进一步强化,领导干部因失职、渎职等违法违纪行为被问责的数量更是大幅度增加,每年都有数以万计的领导干部被依法依纪问责。③

3. 环境问责逐步由行政问责向问党组织责任延伸,"党政同责"的生态环境保护责任追究机制不断建立健全。从改革开放之初至 2002 年,在国家和社会生活领域出现重大安全责任、生态环境污染等事故以及造成不良影响的重大群体性事件之时,问责对象通常限于有关行政主体及其公务员,甚少针对党组织负责人进行问责。自 2002 年开始,党和国家越来越重视对权力制约机制和党政同责的问责制度建设,并相继在党的十六大报告、《全面推进依法行政实施纲要》、《中共中央关于加强党的执政能力建设的决定》等重要政策性文件中作了相应的部署要求,从而为推动环境行政问责向党组织、党员领导干部延伸提供了强有力的政策支持。

---

① 参见何清平:《国家层面问责制度正积极酝酿》,《重庆日报》2009 年 3 月 18 日。

② 闫建、陈建先:《行政首长问责制的实施与完善——重庆市推行行政首长问责制的思考》,《理论探索》2009 年第 3 期,第 106 页。

③ 例如,仅在 2014 年到 2017 年间,全国就有"7020 个单位党委(党组)、党总支、党支部,430 个纪委(纪检组)和 6.5 万余名党员领导干部被问责"。参见《十八届中央纪委向党的十九大的工作报告》,中央纪委国家监委网站,http://www.ccdi.gov.cn/xxgk/hyzl/201710/t20171031_114178.html,最后访问时间:2019 年 12 月 5 日。

尤其是 2009 年中央发布《关于实行党政领导干部问责的暂行规定》以来,党内问责制度逐步建立健全,问责力度逐步强化,在问行政之责的同时问党组织领导干部失职渎职之责渐成常态。与行政问责制度建设及其实践的发展过程相适应,环境监管行政法律责任问责范围也相应不断拓展。近年来,随着一大批涉及环境监管、生态保护行政问责的法规、规章及规范性文件的颁布实施,特别是《党政领导干部生态环境损害责任追究办法(试行)》等党内法规的颁布实施,无论是对环境行政主体的问责,还是对党的领导干部的问责都呈现出了前所未有的良好发展态势,出现了较多的问责事例、案例。

法律的生命力在于实施,法律的权威也在于实施。古人云"盖天下之事,不难于立法,而难于法之必行"①。我国在环境污染依法治理方面,虽然在一定程度上仍然面临着立法质量不高、立法不够健全等制度创设层面的问题,但最为关键的问题还是有法不依、执法不严、违法不究的问题,简言之就是法律制度的执行力不足、不强的问题。而要提升环境保护法律制度的执行力和实效性,除了做好"良法"资源的有效供给之外,还有赖于保障环境保护法律制度有效贯彻实施的体制机制优化,尤其是环境法律责任的有力、有效实现。如果在环境保护领域,不能做到严格执法、严格依法追究环境违法行为及环境监管行政违法行为的责任,再好的法律制度也难以得到良好的贯彻执行。与之同理,如果环境保护法律制度执行得好,环境污染事故多发、频发的势头就能够得到有效的遏制,环境质量就能够相应得到提高或改善。因此,环境监管行政法律责任实现的效果,不仅体现在环境问责的制度建设与贯彻执行

---

① ［明］张居正:《张文忠公全集·奏疏·请稽查章奏随事考成以修实政疏》。

方面,也完全可以从这些年来全国及地方环境质量所取得的较明显改善中得到充分印证或体现。

从环境质量的变化来看,在日益严格的环境执法、环境问责等多种因素的共同作用下,无论是全国的环境质量,还是地方环境质量总体上都得到了越来越明显的改善。从全国生态环境保护及其成效来看,《"十三五"生态环境保护规划》指出:"'十二五'以来,坚决向污染宣战,全力推进大气、水、土壤污染防治,持续加大生态环境保护力度,生态环境质量有所改善,完成了'十二五'规划确定的主要目标和任务。"①就污染防治而言,在"十二五"期间,从对大气污染的治理,到水污染防治,再到治污减排等诸多方面都取得了比较明显的成效。②

从区域生态环境保护、污染防治的情况来看,不少地方通过严格环境监管、执法与责任追究等一系列有效的环境保护举措,使严重影响本地区经济社会可持续发展的水域污染、空气污染、水土流失等突出环境问题得到了明显的改善,环境质量日渐提升。以兰州市大气污染防治为例,改革开放初期兰州市是全国城市中大气污染最为严重的城市之一。面对日益严重的大气污染形势,从20世纪90年代开始兰州市就多措并举以控制城市大气污染。至

---

① 《"十三五"生态环境保护规划》(国发〔2016〕65号)。

② 例如,在大气污染防治方面,2015年全国首批开展监测的74个城市细颗粒物年均浓度比2013年下降23.6%,京津冀、长三角、珠三角分别下降27.4%、20.9%、27.7%,酸雨区占国土面积比例由历史高峰值的30%左右降至7.6%;在水污染防治方面,全国1940个地表水国控断面Ⅰ—Ⅲ类比例提高至66%,劣Ⅴ类比例下降至9.7%,大江大河干流水质明显改善;在治污减排方面,"十二五"期间,全国化学需氧量和氨氮、二氧化硫、氮氧化物排放总量分别累计下降12.9%、13%、18%、18.6%。参见《"十三五"生态环境保护规划》(国发〔2016〕65号)。

2010 年,虽然历经多年的努力在很大程度上遏制了大气质量加速恶化的趋势,但城市大气污染严重的局面仍未得到根本改观。[①] 面对大气污染这一危害民生的"心肺之患"与久治不愈的顽疾,为了彻底改善城市大气环境质量,从 2011 年开始,甘肃省和兰州市把大气污染防治作为工作的重中之重,全面启动了大气污染治理整体战和攻坚战,制定实施了一系列被称为兰州"史上最严"的治污措施,并在短短的几年时间之内取得了显著成效,终于退出了全国十大重污染城市之列,摘掉了冬季笼罩在兰州城区之上的雾霾"锅盖"。原环境保护部 2014 年 8 月 8 日组织京津冀及周边地区、长三角区域大气污染治理任务较重的北京、天津、河北、山西、内蒙古、山东、江苏等省(直辖市)所辖 14 个城市的政府及环保部门负责人,在兰州召开现场调研座谈会,学习兰州市在大气污染治理方面的成功经验。[②] 2015 年 11 月 30 日在法国巴黎召开的备受全球瞩目的世界气候大会上,兰州作为中国唯一的非低碳试点城市应邀参会,并荣获"今日变革进步奖"。

虽然,兰州市大气污染治理成效的取得是科学施治,减排、压煤、除尘、控车、增容、立法、严管、问效等多措并举的结果,但与严格依法监管与问责,有效落实大气污染治理责任的实践是密不可分的。兰州市为落实好各项治污举措,一方面通过修改完善《兰州

---

① 以 2010 年为例,由于大气污染总体改善不理想,加之当年 3 月份出现了多次沙尘天气导致可吸入颗粒物浓度明显上升,兰州市全年污染天气达到了 142 天,占全年总天数的 38.9%,在当年全国 86 个主要城市空气质量排名中名列倒数第一。参见王春玲、付雨鑫:《城市大气污染治理困境与政府路径研究——以兰州市为例》,《生态经济》2013 年第 8 期,第 145 页。

② 参见《环境保护部组织推介大气污染治理"兰州经验"》,《中国环境管理》2014 年第 4 期,第 64 页。

市实施大气污染防治法办法》对政府相关部门治理大气污染的职责权限作了更加具体明确的规定①,并设定了相应的问责条款②。市政府为保障落实大气污染监管与治理责任,还相继出台了《关于大气污染综合整治责任分工》《兰州市环境保护监督管理责任暂行规定》《兰州市大气污染防治工作实施方案》《兰州市大气污染综合整治工作目标管理责任考核办法》《兰州市大气污染防治网格化监管办法》《兰州市大气污染防治考核、评价及奖惩暂行办法》等一批与大气污染监管问责密切相关的重要行政规章或规范性文件,为依法严格问责奠定了坚实的制度基础。另一方面,在严格执法,加大对环境违法行为的查处力度的同时,特别重视对环境监管者的严格依法问责。据统计,自"2013 年以来,兰州市已累计对 150 名治污不力的干部进行了问责;新《环保法》实施以来,共对 152 家违

---

① 《兰州市实施大气污染防治法办法》(以下简称《办法》)1990 年制定并于 2006 年进行了第一次修订,2013 年再次进行了修订。对政府相关部门在大气污染防治中的职责规定方面,原《办法》第四条只用两款作了"市、区(县)人民政府环境保护行政主管部门对本辖区大气污染防治实施统一监督管理""市、区(县)人民政府相关部门按照各自职责,做好大气污染防治工作"的原则性规定,但修订后的《办法》第四条用 6 款对政府相关部门在大气污染防治工作中的职责作了较为具体明确划分,规定:"市、区(县)人民政府环境保护行政主管部门对本辖区大气污染防治实施统一监督管理。工业和煤炭行政主管部门负责燃煤消费总量控制、产业结构调整、落后产能和工艺的淘汰,对煤炭市场实施监督管理。公安、交通运输行政主管部门按照各自职责,对机动车(船)尾气污染实施监督管理。国土资源、住房和城乡建设行政主管部门按照各自职责,对土地开发整理和建筑工地扬尘污染实施监督管理。城管执法行政主管部门对市政施工扬尘、道路扬尘、堆场扬尘和焚烧垃圾、露天烧烤实施监督管理。发展和改革、规划、质量技术监督、工商、商务等行政主管部门按照各自职责,对大气污染防治实施监督管理。"

② 2013 年修订的《兰州市实施大气污染防治法办法》第五条新设规定:"市、区(县)人民政府应当建立大气污染防治协作机制,层层签订目标责任书,进行年度考核,严格追究责任。"

法企业进行了行政处罚,处罚金额 722 万元;2015 年对包括央企、省企在内的 54 家环境违法企业进行媒体公开曝光和处罚"①。正因为如此,有论著在述及兰州市大气污染治理经验时,把"严格考核问责"②作为重要经验之一。

二、环境监管行政法律责任实现成效的主要成因

环境监管行政法律责任实现深刻受到诸多环境因素的影响。其中环境行政法律责任的立法基础、环境行政法律责任主体的主客观条件、环境行政法律责任实现主体的主客观条件以及环境行政法律责任实现的其他社会条件是影响环境监管行政法律责任实现状况与水平的最主要、最直接、作用力最强的因子。随着我国制约环境监管行政法律责任实现的环境条件不断改善和优化,环境监管行政法律责任的实现也日渐取得比较显著的成效。虽然,助成环境监管行政法律责任不断取得成效的因素是多元的,但下列几个方面则是最重要、最直接的成因。

(一) 党和国家越来越重视生态环境保护是环境监管行政法律责任实现不断取得明显成效的政治基础

在我国,"党的领导是中国特色社会主义最本质的特征,是社

---

① 麦岚:《市长们的治霾招》,《齐鲁周刊》2017 年 1 月 9 日;兰州市环保局办公室:《"铁腕治污"是兰州大气治污的重要"标签"》,兰州市环保局网站,http://hbj.lanzhou.gov.cn/gsgk/xw/gzdt/201603/t20160314_506659.html,最后访问日期:2016 年 3 月 10 日。

② 参见屠建学等:《分类施策成效显著,科学依法持续推进——兰州市大气污染防治工作实践与探索》,《甘肃行政学院学报》2015 年第 2 期,第 103 页。

会主义法治最根本的保证"①。同时,我国的国家结构形式是单一制,"中央和地方的国家机构职权的划分,遵循在中央的统一领导下,充分发挥地方的主动性、积极性的原则"②、"国家维护社会主义法制的统一和尊严"③。因此,中国的国情决定,国家经济社会发展中的任何重大问题,如果离开了中央的高度重视以及正确的政策谋划,是很难处理好、解决好的。新中国成立之后,与国家在不同发展阶段的经济社会发展水平相适应,与不同发展阶段国家所面临的形势、任务、中心工作相适应,与环境污染问题的严重程度及由此形成的生态环境保护的现实压力、需求等相适应,党和国家对经济发展与生态环境保护相互关系的认识经历了一个不断深化的过程,环境保护事业相应也经历了一个逐步发展的历程。

新中国成立之初,国家致力于恢复生产、发展经济,加之其后非理性的生产与经济行为的作用,环境问题日益突出,但全社会环境保护的意识明显淡薄,在相当长的时期内环境保护并没有被纳入党和国家的重要议事日程。在国家层面,既没有建立专门的环境保护机构,更没有制定环境保护的政策与法律。新中国的环境保护事业,比较公认的观点是从 1973 年开始起步的。从 1973 年至今,我国环境保护事业的发展大致经历了起步阶段(1973 年至1978 年)、奠基阶段(1979 年至 1992 年)、提速阶段(1993 年至2012 年)与深化发展阶段(2012 年至今)。尤其是自 2012 年党的

---

① 《中共中央关于全面推进依法治国若干重大问题的决定》(2014)。
② 《宪法》(2018)第三条第四款。
③ 《宪法》(2018)第五条第二款。

十八大以来,我国环境保护事业无论是从思想观念还是从战略部署、无论是从制度建设还是从制度实践来看,都进入了继往开来向纵深发展的新时代。其主要表现在以下几个方面:

1. 对经济发展与生态环境保护相互关系的认识已经走出了盲区或误区。其主要表现就是越来越重视经济与环境保护的协同发展,在思想观念上逐渐摒弃严重妨害环境保护、生态文明建设的"唯 GDP"论,提出了按照科学发展、可持续发展、绿色发展等理念改进或科学重构政绩考核制度的要求。党的十八大报告明确要求:"把资源消耗、环境损害、生态效益纳入经济社会发展评价体系,建立体现生态文明要求的目标体系、考核办法、奖惩机制。"①自党的十八大以来,习近平同志反复强调生态文明建设的重要性,围绕经济发展与生态环境保护相互关系这个治国理政的重大问题,做了一系列的重要讲话或指示,深刻阐发了可持续发展、协调发展、绿色发展的思想,为改变传统的经济社会发展方式,走出经济社会发展误区指明了方向,奠定了思想与理论基础。党的十八届三中全会《决定》要求:"完善发展成果考核评价体系,纠正单纯以经济增长速度评定政绩的偏向,加大资源消耗、环境损害、生态效益、产能过剩、科技创新、安全生产、新增债务等指标的权重"②。为落实中央关于转变经济增长方式、加强生态文明建设的上述精神,2013 年 12 月 6 日中组部印发了《关于改进地方党政领导班子和领导干部政绩考核工作的通知》,将生态文明建设纳入了政绩考核范

---

①　胡锦涛:《坚定不移沿着中国特色社会主义道路前进 为全面建成小康社会而奋斗》(2012,党的十八大报告)。

②　《中共中央关于全面深化改革若干重大问题的决定》(2013,党的十八届三中全会通过)。

围,并加大了资源消耗、环境保护等指标在考核中的权重。2015 年
8 月中共中央办公厅、国务院办公厅出台的《党政领导干部生态环
境损害责任追究办法(试行)》,为追究党政领导干部生态环境损害
责任提供了政策与制度依据。

2. 生态文明建设的顶层设计已经基本形成。自十八大以来,
与以习近平同志为核心的党中央对经济社会发展与生态文明建
设、环境保护规律性的科学认识与理论总结相适应,党和国家对生
态文明建设的决策部署更加清晰明确,顶层设计已经基本形成。
党的十八届三中、四中、五中、六中全会和党的十九大都对环境保
护、生态文明建设作了符合我国实际的部署要求。党的十八届五
中全会审议通过的"十三五"规划建议及"十三五"规划,中共中
央、国务院出台的《关于加快推进生态文明建设的意见》《生态文明
体制改革总体方案》《"十三五"生态环境保护规划》等政策性文
件,以及中央全面深化改革领导小组通过的《关于划定并严守生态
红线的若干意见》《关于健全生态保护补偿机制的意见》等数十项
涉及环境资源保护的改革性文件,已经初步形成了比较系统的生
态文明建设思路与制度设计,为促进我国生态文明建设又好又快
发展奠定了坚实的政治基础与政策基础。

3. 生态文明制度建设提速加力,制度体系逐步完善。十八大
以来,为落实中央关于加强环境保护与生态文明建设的一系列新
思想、新要求与新部署,从中央到地方以提高质量为核心,大力开
展了生态环境保护制度建设与优化,先后立、改、废了一大批相关
的立法文件和规范性文件,生态文明建设的制度体系进一步健全,
生态环境保护的规范化、法制化程度和水平得到了显著提升。

4. 生态文明建设呈现出前所未有的严格制度、严格监管、严格

问责的态势，环境保护与生态文明建设的制度执行力不断强化。"十二五"之前，虽然生态文明建设也取得了一定的成效，但在很多情况下，生态文明建设更多的是停留在口头上，主要表现在制度的生成环节，但制度的执行力及其实效并不很理想。十八大以来，国家在进一步强化环境保护机构建设①与环境保护法律制度建设的同时，把提高制度执行力作为生态文明建设的重中之重来抓，通过优化环境监管体制机制、建立严格的环境执法制度、环境督查制度、环境行政问责制度、环境保护目标责任制、环境保护绩效考核制度以及出台污染防治的国家专项计划②等一系列有效举措，不断加大对大气污染、水污染、土壤污染等的整治力度，查处了一大批环境违法犯罪案件，对在环境监管中存在违法失职的一大批公务员依法进行了问责，环境保护及生态文明建设取得了十分明显的成效。

　　回顾我国尤其是改革开放以来环境保护事业发展的历程，并不难得出以下结论：我国环境保护事业的发展不仅与新中国成立以来我国环境问题的演化过程密切相关，更与党和国家对环境保

---

　　①　为了加强环境保护工作，2008 年 3 月 27 日，中华人民共和国环境保护部揭牌成立，国家环保部门由国务院直属机构变为国务院的组成部门。2016 年 3 月，为了强化以环境质量改善为核心的环保工作，更好统领并加大环境治理力度，打好大气、水、土壤污染防治"三大战役"，环保部成立了大气污染防治司、水污染防治司、土壤污染防治司。在 2018 年开始的新一轮党和国家机构改革中，为了彻底解决过去生态环境监管多头管理、"九龙治水"、职责交叉重叠、权责不清、监管缺位或不到位等突出问题，提升生态环境监管的质量与效率，整合相关行政主管部门的生态环境保护职责，组建了统一行使生态和城乡各类污染排放监管与行政执法职责的生态环境保护机构。

　　②　国务院先后出台了《大气污染防治行动计划》(2013)、《水污染防治行动计划》(2015)、《土壤污染防治行动计划》(2016)。

护与经济社会发展规律性认识的水平、对环境保护的重视程度密切相关。在一定意义上,完全可以说我国环境保护的力度直接取决于党和国家对环境保护的重视程度。重视程度越高,环境保护事业就发展的越好。因此,环境监管行政法律责任及其实现的制度建设和社会有效性与党和国家对环境保护的重视程度及政策选择具有深刻的内在关系。离开了党和国家对环境保护的重视与符合科学、可持续发展规律的国家环境保护政策这个最基本的政治条件或基础,环境监管行政法律责任的有效实现显然是不可能的。

(二) 环境保护法律制度尤其是环境保护行政问责制度的日益健全是环境监管行政法律责任实现不断取得成效的制度基础

环境监管行政法律责任的实现,实质上就是环境监管行政法律责任规范在环境监管领域中的具体贯彻执行。因此,环境监管行政法律责任规范是环境监管行政法律责任实现的前提与基础,离开了这个前提与基础,环境监管行政法律责任的实现就无从谈起。从环境监管行政法律责任实现的法律适用角度来看,环境监管行政法律责任的实现既离不开环境监管义务性规范的预设,也离不开环境监管行政法律责任规范的预设,甚至还离不开旨在保障、监督环境监管行政法律责任有效实现的相关法律规范的预设。之所以改革开放以来,环境监管行政法律责任有效实现的程度、水平不断提高,环境监管行政法律责任的实现日益取得了比较明显的实效,与相关法律规范及其制度的日益建立健全是密不可分的。其主要表现在以下几个方面:

1. 日益健全并体系化的环境保护立法为环境监管设定了越来越详备的行为规范和标准,不但增强了对环境行政主体及其公务员环境监管行为的管控力度,也为正确认定和归结环境监管者的环境监管行政违法行为提供了基本的法律依据。"中国的环境法律体系建设,与国家改革开放进程几乎是同步进行的。《中华人民共和国环境保护法(试行)》于1979年颁布实施,以此为肇始,环境立法蓬勃发展,迄今已初步形成一个以《环境保护法》为基本法,以环境污染防治法、自然资源保护法、生态保护法、资源循环利用法、节能减排法、防灾减灾法等多个门类的法律为主干,由法律、行政法规规章、地方性法规等组成的多层次、体系较为完整的环境法律体系。"①近年来相继出台的一大批关于环境保护的法律、法规、规章越来越明确规定了政府的环境责任,对环境监管义务性规范、禁止性规范作了更加具体的规定,为建立健全环境监管行政法律责任规范发挥了重要的促导性、基础性作用。一方面,因为越来越具体、详备的环境监管义务性规范的设置,如何督促环境行政主体及其公务员忠实、依法严格履行环境监管义务,如何有效应对、防控环境监管不作为、慢作为、乱作为等不良环境监管现象等问题被日渐摆上了重要议事日程,因此,建立健全有助于落实环境监管义务性规范的环境监管行政法律责任制度成为了不可或缺的路径依赖。另一方面,随着全社会环境意识的不断增强,面对日益严峻的环境问题及久治不愈的环境污染"顽疾",社会各界对政府环境责任的履行越来越给予了高度的关注、评价甚至强烈的批评,环境行政主体及其公务员对环境监管义务性规范的贯彻执行程度,逐渐成为了社会成员衡量环境法律制度及其执行有效性的重要方面,

---

① 黄锡生、史玉成:《中国环境法律体系的架构与完善》,《当代法学》2014年第1期,第123页。

建立健全包括环境监管行政违法行为问责在内的旨在有效落实环境义务性规范的制度逐渐成为了社会共识与期待。换言之,建立健全环境监管行政法律责任制度并强化其制度执行力和实效,既是落实环境监管义务性规范的迫切需要,也是社会各界对有效应对环境问题的强烈关注与呼唤!

2. 环境监管行政法律责任规范的逐步建立和完善,为环境监管行政问责提供了明确的法律依据。从新中国成立到改革开放以前,国家相继颁布了《中央人民政府任免国家机关工作人员暂行条例》(1951)、《国家机关工作人员奖惩暂行条例》(1952)、《关于国家机关工作人员行政处分批准程序的规定》(1952)、《关于撤销国家机关工作人员行政处分暂行办法》(1954)、《关于国家行政机关工作人员的奖惩暂行规定》(1957)等规范性法律文件,初步建立起了对国家工作人员的奖惩制度,为开展行政问责奠定了一定的制度基础。但是,一方面所建立的关于国家工作人员的责任追究制度还远不够健全、法治化程度较低,存在诸如行政法律责任形式单一(仅限于行政处分责任),行政追偿等制裁性责任及赔礼道歉等补救性责任缺失;行政处分责任的实体性制度与程序性制度构建还较粗略,其科学性、合理性不足;对行政处分等责任进行有效救济的制度长期缺失,对受处分者的权益保障与救济不力;不同责任形式之间的相互衔接不够合理,公共行政法律责任实现主体建设不够健全甚至曾经走过弯路等比较突出的问题。另一方面,受多因素的影响或制约,已经建立的行政处分等责任制度在过去相当长的时期内也没有得到切实有效的贯彻执行。在有的地区、部门或行业对行政处分责任的追究,曾经不同程度存在行政问责不作为、不依法作为,以及对责任追究失之于软、失之于宽等突出问题。

正如有论著所言："进行责任追究的个案往往是在发生事故或案件后，以'权力问责'方式进行，……并没有相关的'责任追究办法'或'责任追究制度'，责任追究缺乏具体的规范和操作程序，追究的过程中人为与偶发因素影响很大，责任追究很大程度上取决于领导人的重视程度。因此，追究力度有限，失之于软、失之于宽的问题比较明显，该追究不追究或不敢追究、敷衍了事的屡见不鲜。"①改革开放以来，包括环境监管行政问责在内的行政问责制度建设逐渐走上了快速发展的轨道，环境监管行政法律责任制度进一步健全，从而为有效的环境行政问责提供了越来越坚实的制度基础。这不但体现在先后制定颁布的大量适用于包括环境监管在内的违法行政的行政法律责任立法文件之中，更体现在越来越多的针对环境监管者进行行政问责的专门性立法文件之中。关于行政法律责任规范的设定在一定程度上改变了"重民轻官"的传统观念与思维惯性，行政法律责任设定空化、虚化等不精细、不合理、缺乏实际可操作性的立法缺失等问题逐步得到了不同程度的改善，从而越来越提升公共行政法律责任规范的可执行性与实效性。

3. 国家公权力监督制度的逐步建立和完善，为有效实现环境监管行政法律责任提供了强有力的制度保障

（1）党内监督问责制度建设驶入快车道。党的领导是社会主义法治的根本要求，也是全面推进依法治国不可动摇的政治原则。"在中国共产党领导的多党合作和政治协商的制度背景下，党内监督无疑是中国共产党自我净化、自我完善的主要路径。与此相适

---

① 张贤明、文宏：《中国官员责任追究制度建设的回顾、反思与展望》，《吉林大学社会科学学报》2008 年第 3 期，第 38 页。

应,党内监督制度也始终是中国特色社会主义制度和国家治理体系的重要组成部分。"①党内监督问责制度,不仅在加强执政党的建设,督促党组织依法执政和党员遵纪守法等方面有十分重要的作用,而且对于监督国家公权力的依法行使,促进公务员法律责任制度、监督制度建设及其有效实施具有巨大的示范、引领、推动作用。改革开放以来,党内监督问责制度日益健全。尤其是以习近平同志为核心的党中央更加高度重视党的建设,把全面从严治党纳入"四个全面"战略布局,前所未有地加强了党内监督问责。其主要表现在以下两个方面:一是按照依法依规管党、全面从严治党的要求,强化优化党内制度建设。先后制定、修订出台了《党政机关厉行节约反对浪费条例》《中国共产党巡视工作条例》《中国共产党纪律处分条例》《中国共产党问责条例》等多部重要的涉及党内监督问责的党内法规,夯实了党内监督问责的制度基础。二是强化制度刚性与执行力,严格实施党内监督和问责。几年来,通过完善党的纪律检查体制,加强纪律检查机构建设,创新纪律检查方式方法,有序开展党内巡视,拓宽党内外监督渠道,严格执纪问责等一系列有效举措,一大批违法违纪的党员公务员被依法依纪追究责任,彻底改变了过去党内监督问责制度建设及其执行乏力的现象,使制度的执行力得到了前所未有的提升,全面从严治党取得了显著成效。在生态文明建设方面,日益健全的党内监督问责制度,明确将党组织、党员领导干部、党员公务员在环境保护、生态文明建设方面的遵纪守法情况作为了党内监督的重要内容,并对党员公务员的违法违纪环境决策与环境监管行政违法行为依法依规实施

---

① 肖剑忠:《论党内监督制度的完善》,《中州学刊》2016年第10期,第21页。

了越来越严格的党内问责。党内监督问责制度建设及其实践的加速，不仅直接引领、促动了包括环境监管问责在内的行政问责及其实践的快速发展，制约公权力运行的行政法律责任实现的程度与水平也明显得到了提高。因此，涉及环境保护、生态文明建设事项的党内问责实际上既是环境监管行政法律责任的实现不断取得成效的重要路径依赖，也是环境监管行政法律责任实现的一种特殊表现形式。

（2）环境行政监督制度日益健全。所谓环境行政监督就是指拥有行政监督权的有关行政主体依法检查、了解和掌握内外部行政相对人遵守和执行环境行政法律规范、履行相关法定或者约定义务的情况，并在此基础上作出相应的分析总结或者督促性处理决定的活动。① 对环境行政主体及其公务员履行环境行政职责的监督属于环境行政监督最为重要的方面和内容。其主要包括环境行政监察监督、环境行政执法监督、环境行政复议监督、环境行政审计监督等监督形式。环境行政监督是发现并查处或者依法督促查处环境监管行政违法行为、纠正违法或者明显不当的环境行政行为（包含违法的环境行政问责行为）的重要制度设计，是促进、保障环境监管行政法律责任合法有效实现不可或缺的重要条件之一。改革开放以来，与法治政府建设、环境保护事业的发展进程相适应，上述各项环境行政监督制度也逐步建立健全，从而为促进、保障环境监管行政法律责任的实现不断取得实效发挥了越来越重要的作用。以环境行政执法监督为例，自 20 世纪 90 年代开始，我国相继制定颁布了一大批对包括环境行政执法行为在内的行政执

---

① 参见刘志坚：《环境行政法论》，兰州大学出版社 2007 年版，第 283 页。

法活动进行执法监督的立法文件,行政执法监督工作逐渐走向了法制化的轨道,行政执法监督日益成为内部行政监督的一项重要基本制度。[①] 与之相适应,环境行政执法监督作为行政执法监督制度的重要组成部分也日益得到加强。近年来为了督促环境行政执法主体及其执法人员严格依法行政,各级各类环境行政主体还结合本区域、本部门或本单位环境行政执法工作的实际,相继制定颁布了一大批关于环境行政执法监督的行政规范性文件。环境行政执法监督相关制度的建立健全,对于控制环境行政执法权,防止环境行政执法权滥用或怠于行使,保障依法查处各类环境违法行为,切实提高环境行政执法的质量与效能等发挥了越来越积极的作用,是环境监管行政法律责任实现日渐取得成效的重要因素之一。

（3）环境保护公众参与制度逐步建立健全。公众参与既是环境法的一项重要原则,又是解决环境问题的重要途径,还是环境保护制度的重要组成部分。"公众参与环境保护不仅是环境保护的需要,同时也是一个国家是否重视和保护公众权利的一个重要标志,它与国家的政治民主化进程是紧密联系在一起的。"[②]改革开放

[①] 从 20 世纪 90 年代开始,从中央到地方相继颁布并逐步修改完善了一大批关于行政执法监督的立法文件,行政执法监督逐步实现了制度化、条文化、规范化。例如,《天津市行政执法和行政执法监督暂行规定》(1991)、《辽宁省行政执法监督规定》(1992)、《云南省行政执法监督规定》(1995)、《江西省行政执法监督条例》(1995)、原林业部《林业行政执法监督办法》(1996)、《甘肃省行政执法监督规定》(1997)、《浙江省县级以上人民政府行政执法监督条例》(2000)、《四川省行政执法监督条例》(2001)、《安徽省行政执法监督条例》(2006)、原环保部《环境行政执法后督察办法》(2010)、《山东省行政执法监督条例》(2014)、《河北省行政执法监督条例》(2019)等。其中颁布较早的大部分立法文件在近年相继做了与时俱进的修改完善。

[②] 汪劲:《环境法学》,北京大学出版社 2006 年版,第 176 页。

以来,我国民主法治建设进程不断加快,与全社会环境意识的日渐觉醒和提高相适应,环境保护公众参与制度也被逐渐提上了环境法制建设的重要议事日程。1989年《环境保护法》即为环境保护的公众参与提供了初始的法律依据。① 其后颁布的《水污染防治法》《大气污染防治法》等法律法规均作了与之相同或类似的规定。2002年制定的《环境影响评价法》在我国环境保护法律文件中第一次对公众参与作了具体规定。② 2006年,原国家环境保护总局颁布了我国首个关于环境保护公众参与方面的立法性文件——《环境影响评价公众参与暂行办法》。党的十八大以来,党和国家更加高度重视环境保护公众参与及其制度建构。2014年修订的《环境保护法》专设了一章(第五章)并用6个条文对信息公开和公众参与的重要事项作了规定。同年5月,原环保部又发布了《关于推进环境保护公众参与的指导意见》,对各级各类环境保护机关进一步做好环境保护公众参与工作提出了具体明确且具有针对性、可操作性的部署和要求。2015年原环保部制定发布了《环境保护

---

　　① 《环境保护法》(1989)第六条规定:"一切单位和个人都有保护环境的义务,并有权对污染和破坏环境的单位和个人进行检举和控告。"

　　② 《环境影响评价法》(2002)第五条规定:"国家鼓励有关单位、专家和公众以适当方式参与环境影响评价。"第十一条规定:"专项规划的编制机关对可能造成不良环境影响并直接涉及公众环境权益的规划,应当在该规划草案报送审批前,举行论证会、听证会,或者采取其他形式,征求有关单位、专家和公众对环境影响报告书草案的意见。但是国家规定需要保密的情形除外。编制机关应当认真考虑有关单位、专家和公众对环境影响报告书草案的意见,并应当在报送审查的环境影响报告书中附具对意见采纳或者不采纳的说明。"第二十一条规定:"除国家规定需要保密的情形外,对环境可能造成重大影响、应当编制环境影响报告书的建设项目,建设单位应当在报批建设项目环境影响报告书前,举行论证会、听证会,或者采取其他形式,征求有关单位、专家和公众的意见。建设单位报批的环境影响报告书应当附具对有关单位、专家和公众的意见采纳或者不采纳的说明。"

公众参与办法》。2018 年新成立的生态环境部发布了新的《环境影响评价公众参与办法》。有理由相信,环境保护公众参与无论是制度建设,还是制度执行都将会发展到一个更新更好的阶段。环境保护公众参与对环境监管行政法律责任实现的作用,主要体现在环境监督权的运用方面。公众通过依法行使法律赋予的对环境保护的监督权,不但能够使环境行政主体及其公务员迫于监督压力,在环境保护领域实现行为自觉,严格依法行政,而且能够通过检举、揭发、控告、申诉、舆论监督等法定监督途径和方式,协助、支持、督促有关国家机关依法查处已经发生的各类环境监管行政违法行为,提高环境行政问责的效能。因此,环境保护公众参与制度及其实施,也是环境监管行政法律责任取得实效的重要因素。

(三) 全社会环境意识的觉醒和提高为环境监管行政法律责任有效实现创造了越来越坚实的社会心理基础

虽然学界对作为观念上层建筑(意识形态)重要组成部分、表达社会成员对赖以生存的生态环境的主观认知、反映、态度的环境意识,在概念、要素、结构、评价指标体系等基本问题的认识上尚未达成共识①,但对环境意识在环境保护、生态文明建设等方面重要性的认识却高度一致。越来越多的专家学者认识到,"环境保护的落实,离不开正确的'环境意识'"②。环境意识既是国家以及社会

---

① 参见周志家:《环境意识研究:现状、困境与出路》,《厦门大学学报》(哲学社会科学版)2008 年第 4 期,第 20 页;李慧:《我国公众环境意识相关理论研究综述》,《生态经济》2013 年第 11 期,第 182 页;于浩杰:《公众环境意识及其评价研究》,《产业与科技论坛》2019 年第 14 期,第 98 页。

② 刘森林、尹永江:《我国公众环境意识的代际差异及其影响因素》,《北京工业大学学报》(社会科学版)2018 年第 3 期,第 12 页。

公众防治环境污染与环境公害、保护和改善生态环境所必需的社会心理条件和基础,又是推动环境保护工作的根本动力。①"公众环境意识是联结环境法律价值和环境法律制度的中介,只有当公众环境意识和环境法的价值理念相一致时,环境法制才可能低成本运行。"②故而,公众环境意识水平的高低会直接影响国家环境政策与环境法律制度的制定和实施,会直接影响环境监管行政法律责任的实现程度、水平与效果。

新中国环境保护事业的发展历程、环境监管行政法律责任实现程度与水平客观上是与全社会环境意识的觉醒与逐步提高的过程大致相适应的。这种适应性,足可以从大量的关于公众环境意识的实证调查研究及其成果中得到充分印证。改革开放以来,尤其是近些年来从国家到地方产出了一大批关于环境意识问题的实证调查研究成果。这些研究成果所得出的普遍性研究结论是:与改革开放以来我国生态环境问题的日益凸显、人民群众生活水平不断提高和因此而对更好生活质量的期盼、追求相同步,全社会的环境意识也随之日渐增强,并在推进生态文明建设过程中发挥了越来越积极而重要的作用。虽然公众环境意识发展的总体水平、发展的均衡性(主要体现在城乡公众环境意识发展不够均衡、不同环境意识要素认知程度的非均衡性等方面)③等还远未达到理想状

①　参见叶军、李文婷、张立波等:《城乡居民"环境意识"的调查与分析》,《经济问题探索》2010年第12期,第64—67页。

②　鄢斌:《公民环境意识的变迁与环境法的制度调整》,《法学杂志》2007年第3期,第129页。

③　参见生态环境部环境与经济政策研究中心课题组:《公民生态环境行为调查报告(2019年)》,《环境与可持续发展》2019年第3期,第5页;李艳春:《城乡居民环境意识差异分析》,《哈尔滨工业大学学报》(社会科学版)2019年第5期,第121页。

态,但渐进发展是其最基本的态势。例如,有学者认为:"过去10年,我国公众环境意识的总体水平呈上升趋势。预计未来我国公众环境意识的总体水平将呈现加速上升趋势,2008—2017年进入快速上升阶段,2019年将达到较高的稳定水平。"[①]又如,有学者利用 CSS(中国社会状况综合调查)调查数据对公众环境意识变动及影响因素进行了探讨研究,并得出了如下的基本研究结论:"随着经济社会的发展,公众环境意识呈现上升的特征。和2006年相比,2013年公众环境意识显著提升,在经济增长与环境保护取舍上,公众从倾向于经济增长转变为对环境保护的重视,过去那种为了发展经济可以牺牲环境的观念,已经被经济增长不能破坏环境这一新的理念所取代;有关经济增长与环境保护的关系,'先发展,再治理'已成旧识,'金山银山,不如绿水青山'则成为新的社会共识。"[②]

无论学界对环境意识的内涵外延作何种逻辑界定,环境法律意识都是环境意识不可或缺的组成部分。正如有论著所言:"环境法律意识就是环境法制观念,是环境意识的中心环节,是环境保护的知法、守法、执法以及法律监督在思想认识与实际行为上的统一和体现,环境法律意识不仅是环境意识的重要内容,也是环境监督管理的前提条件。"[③]因此,环境意识对环境监管行政法律责任实现的影响和作用力,集中体现在了环境法律意识作用的发挥方面。

---

① 参见闫国东、康建成、谢小进等:《中国公众环境意识的变化趋势》,《中国人口·资源与环境》2010年第10期,第55页。

② 胡建国、裴豫:《中国公众环境意识变化及其影响因素——基于后物质主义理论视角的研究》,《晋阳学刊》2019年第3期,第106页。

③ 杨朝飞:《探索与创新 杨朝飞环境文集》(下),中国环境科学出版社2013年版,第1001页。

具体言之,环境法律意识对环境监管行政法律责任实现的主要作用体现在以下两个方面:

1. 日渐提高的公众环境法律意识助推了环境保护法律制度的逐步建立健全。我国法律的制定本质上是将广大人民群众的意志上升为国家意志的过程,立法机关只是代表人民的诉求与利益来行使法律赋予的立法权。随着我国全社会环境意识、环境法律意识的不断发育和增强,一方面,社会成员对环境问题的关注度越来越高,对依法治理环境问题的必要性、重要性、紧迫性的认识不断深化,公民环境权利及其维权意识不断增强,严厉惩治环境污染违法犯罪行为、防治环境污染、保护生态环境的诉求、期盼与愿望愈加强烈,环境立法必须不断对此作出良好的回应与体现。另一方面,一大批高质量的环境法学理论与实务研究成果的取得,也为环境法律制度建设的不断进步提供了越来越坚实的理论基础与有效的智力支持。因此,改革开放以来包括环境监管行政法律责任制度在内的环境法律制度建设的不断深化,与环境法律意识的推动、促导、引领等基础性作用的发挥是密不可分的。

2. 日渐提高的公众环境法律意识助推了环境法律规范在环境监管领域内更加有效、有力的实施。法律的实施包括了执法、司法、法律监督、守法等主要环节和路径,良好的法律实施是以法律意识为基础和必要条件的。就环境监管行政法律责任的实现而论,环境行政问责主体对环境监管行政法律责任的实现行为属于行政执法活动的范畴。作为一种特定的行政执法活动,它是环境行政问责主体及其公务员有意识、有目的贯彻实施环境监管行政法律规范及其制度的专门活动,始终离不开主观意识及其作用。因此,环境行政问责主体及其公务员环境法律意识水平的高低对环境监管行政法律责任能不能严格依法、有效实现具有巨大的影响。试想,如果环境行政问责主体及其公务员法制观念淡漠、依法办事的意识差,甚至对环境监管行政法律责任规范和制度不熟悉,怎么可能严格依法进行环境行政问责,环境监管行政法律责任又如何能够得到有效实现?同理,如果相关国家机关和社会公众对环境行政执法与问责事项漠不关心,不能自觉自愿行使法律所赋予的监督权,对环境行政问责过程中实际存在的不作为、慢作为、滥作为甚至徇私舞弊等违法行为不能进行有效的依法监督,又如何能够督促问责主体严格依法行使问责权力?正是由于改革开放以来,全社会环境法律意识日益觉醒和提高,环境行政问责主体依法办事的观念日益增强,社会公众对环境行政参与程度的不断提升,才在很大程度上促进了环境监管行政法律责任制度的日益健全和越来越有效的实施。

第三节　环境监管行政法律责任实现的问题探究

一、环境监管行政法律责任实现问题的学术认知

环境监管行政法律责任既是广义行政责任的重要组成部分,也是广义行政责任实现状况的重要表现。因此,学界对政府环境责任、广义上的行政责任及其实现问题的研究,也自然包含或者直接反映了对环境监管行政法律责任及其实现状况的学术认知与判断。鉴于学界对环境监管行政法律责任实现问题的研究,大量体

现在关于政府环境责任、广义环境行政责任研究的成果之中,故在此从环境行政责任及其实现的视角对环境监管行政法律责任实现问题的学界共识进行简要综述。

改革开放后,尤其是 2003 年掀起"问责风暴"以来,包括环境监管行政法律责任在内的行政责任及其实现问题,一直是学界关注度较高的重要研究对象之一。就环境行政责任及其实现而言,相关研究成果在肯定环境行政责任在思想观念转化、制度建设及其贯彻执行等方面不断取得新进展、新成就的同时,也对环境行政责任实现不良的问题,尤其是党的十八大以前环境行政责任实现方面存在的问题作了必要的分析探讨,普遍认为环境监管行政法律责任的实现还面临诸多问题或困境,实现的水平还远没有达到理想的程度,与党和国家加强生态文明建设、建立健全最严格的生态环境保护制度、构建人与自然和谐关系、促进经济社会可持续发展的战略部署与要求,与严峻环境形势下社会公众对进一步发展好我国环境保护事业的深切关注与期盼,与日益健全的环境保护法律制度有效实施的迫切需求,与扭转不良环境行政现象多发、高发态势的现实需求等相比还有较大的差距。在环境监管行政法律责任实现问题的研究方面,形成或者基本形成了如下几个方面的主要研究共识。

(一)环境监管行政法律责任的重要性与责任实现现状不相适应

环境监管行政法律责任的重要性与责任实现现状的不相适应,可以从一般行政责任与环境行政责任两个层面的研究结论中得到印证。从学界对一般行政责任研究的情况来看,越来越多的论著认为行政责任及其实现具有十分重要的意义和作用,是事关责任政府、法治政府建设,事关廉洁行政、效能行政的关键性、焦点性问题。如有论著认为:"在民主价值观盛行的时代中,无论什么性质的政府,都面临着实现行政责任的巨大压力。行政责任因此也是行政实践和理论研究共同面对的焦点和难题。"①有论著认为:"政府责任及问责问题是某一国度内的国家建构乃至建设和完善公共秩序的核心问题。"②有论著认为:"行政责任的实现是任何时代的公共行政组织复归公共价值和公共性的核心命题,行政责任运用公共权力生成社会秩序与资源流向格局的同时决定着公共价值分配。"③

从我国行政管理的具体实践来审视,学界普遍认为虽然行政责任及其实现取得了不断的进展和成就,但还存在一定的制度缺失以及实现不力的问题。例如,有论著认为我国对行政责任虽有规定,但往往空泛、笼统且缺乏有效追究机制,责任难以得到有效落实,"行政责任及其追究制度问题是我国行政法治的薄弱环节"④。有论著认为:"目前我国关于政府责任的法律规定还相当不完善,法律体系还很不健全,真正能约束政府行为的法律法规还很少,政府自身的法治意识也比较薄弱。缺少了法律制度的足够支撑,

---

① 韩志明:《行政责任:概念、性质及其视阈》,《广东行政管理学院学报》2007年第3期,第11页。
② 金东日:《政府责任及其实现途径的研究视角探析》,《上海行政学院学报》2016年第4期,第31页。
③ 吕建华、臧晓霞:《行政责任实现的路径演化及后工业化社会下的伦理构想——基于行政人格视角》,《中共青岛市委党校 青岛行政学院学报》2017年第6期,第60页。
④ 钱继磊、赵晔:《宪政视角下的行政责任追究制度研究》,《济南大学学报》(社会科学版)2010年第4期,第78页。

使得政府责任的实现也打了很多折扣。"①还有论著认为,我国现行行政问责,无论是制度建设,还是制度的贯彻实施实效都存在诸多需要改进或者完善的问题②,政府责任的有效实现还任重而道远③。

　　环境法学界对环境行政责任及其实现状况的学术判断,与学界对一般行政责任及其实现状况的判断是基本吻合的。环境法学界产出的一大批相关学术研究成果,对环境行政责任的重要性、必要性及其制度建设、责任实现作了较多的研究,得出了与学界对一般行政责任及其实现大致相同的研究结论。例如,有论著认为:"政府是环境保护的主要责任主体,政府履行环境保护责任的优劣直接关系到政府所辖区域环境质量的好坏。"④有论著认为:"政府对于环境治理有没有责任意识以及责任意识的强弱直接影响着环境治理的行为以及效果。……现实发展的困境,在很大程度上源于政府环境责任的缺失。"⑤有论著认为:"政府环境问责是确保环境法治体系良好运行不可或缺且行之有效的倒逼机制。然而,在我国的政府环境问责实践中,普遍存在'重企业主体责任,轻政府监管责任'、'重基层直接责任,轻部门主管责任'、'重环保主管部

---

　　① 辛璐璐:《国家治理现代化进程中的政府责任问题研究》,吉林大学 2017 年博士学位论文,第 156 页。

　　② 参见王雯雯:《理解行政问责:主体界定、理念基础、制度支撑的问题》,《湖北经济学院学报》(人文社会科学版) 2018 年 8 月,第 7 页;赵东旭:《行政问责制如何更为完善》,《人民论坛》2018 年第 10 期,第 67 页。

　　③ 参见苗雨:《论我国政府责任实现的法制困境与出路》,山东大学 2012 年博士学位论文。

　　④ 吕忠梅:《监管环境监管者:立法缺失及制度构建》,《法商研究》2009 年第 5 期,第 139 页。

　　⑤ 许继芳:《政府环境责任缺失与多元问责机制建构》,《行政论坛》2010 年第 3 期,第 35 页。

门责任,轻环保分管部门责任'、'重环境监管责任,轻党政领导责任'等问题,且有政治责任法律化和法律责任政治化等乱象,以致政府环境问责缺位、错位、失衡等方面的问题日趋严重。"①还有论著认为:"现阶段我国的环境问责制主体单一,大多为行政机关。在很多情况下,问责也是流于形式,只能治标不能治本。"②

(二) 环境监管行政法律责任实现不良与环境污染事件多发频发有深刻的内在关系

学界普遍认识到,我国环境污染事件多发、频发,环境保护法律制度执行乏力,与环境监管行政法律责任制度缺失,尤其是环境监管行政法律责任在环境保护领域不能得到有效实现有深刻的内在联系。而环境监管行政法律责任实现不良的基本表现就是责任制度的执行乏力,"违法不究"的现象比较突出。例如,有论著认为:"这些年来我国在生态资源保护利用、煤矿安全监管等方面,不但设定并严格了对违法者的民事责任、行政责任和刑事责任,而且对负有监管职责的环境行政主体及其国家公务员也规定了相应的具体环境监管行政法律责任,但破坏生态环境、煤矿安全事故等事件仍然层出不穷。此类现象的形成及比较普遍的存在,虽然原因是多方面的,但与包括环境行政法律责任在内的各类环境监管法律责任在我国现实生活中的不能充分、有效实现,尤其是国家公务员环境监管行政法律责任的不能充分、有效实现具有重要的内在关系。"③

---

① 杨朝霞、张晓宁:《论我国政府环境问责的乱象及其应对——写在新〈环境保护法〉实施之初》,《吉首大学学报》(社会科学版)2015 年第 4 期,第 1 页。

② 参见闫胜利:《我国政府环境保护责任的发展与完善》,《社会科学家》2018年第 6 期,第 110 页。

③ 刘志坚:《环境行政法律责任实论》,《昆明理工大学学报》(社会科学版)2009 年第 9 期,第 11 页。

有论著认为:"近年来,包括凤翔血铅事件在内的诸多重大环境事件表明,企业或个人的行为并不是引发环境事件发生的关键,地方政府不履行保护环境的公共责任以及履行责任不到位才是导致环境事件频发、民众健康受害的根本症结所在。"①有论著认为我国政府环境问责的典型模式是:"环境事件——媒体关注——领导指示——政府问责"。在很多情况下,如果媒体不曝光,存在环境问题也不查;媒体曝光后,往往是制裁企业而不问责政府;只有重要领导批示了,才问责政府。②

(三) 环境监管行政法律责任实现不良是环境监管质量与效能不高的重要成因

学界普遍认为,随着我国环境保护法治建设进程的不断推进,环境监管的质量与效能逐步得到了提高,但在环境保护方面,有些地方、有些领域还存在比较突出的"政府失灵""监管失灵"的问题。而环境行政不作为、慢作为、乱作为等不良环境行政现象的较普遍存在,环境监管和执法刚性与实效性不足、环境监管行政违法行为多发高发等则是其突出表现。例如,有论著认为:"当前我国环境法制发展存在悖论:环境立法越来越完善,可环境形势也越来越严峻。悖论的根源是环境保护的政府失灵。解决环境保护中的政府失灵问题是当前我国环境保护事业和环境法制建设的关键。"③有论著认

①　马可:《环境事件背后的制度体认和责任考量——从凤翔血铅事件切入》,《贵州社会科学》2011 年第 8 期,第 96—97 页。

②　参见朱国华:《我国环境治理中的政府环境责任研究》,南昌大学 2016 年博士学位论文,第 139 页。

③　王曦、卢锟:《规范和制约有关环境的政府行为:理论思考和制度设计》,《上海交通大学学报》(哲学社会科学版)2014 年第 2 期,第 48 页。

为："近年来我国的环境污染事故频发,环境冲突四起。究其根本,一个重要的原因就是政府管制模式下的'环境监管失灵'。"①有论著认为,目前我国环境违法现象居高不下,环境执法效率和效能不高,监管不到位现象相对突出。② 还有论著认为,目前我国的环境法制建设不断加强,环境行政执法水平有了较大提高,但一些地方有法不依、执法不严、违法不究的问题在根本上还没有得到解决。这种现象不仅损害了环境法律法规的严肃性和环保部门的执法形象,还在一定程度上纵容了环境违法行为,严重制约着我国环境法制建设的发展。③ 学界也普遍认为,之所以在我国环境保护领域还存在比较突出的"政府失灵""监管失灵"的问题,其成因虽然是多元的,但环境监管行政责任制度的缺失及问责不严是重要的原因之一。例如,有论著认为:"地方政府不履行环境保护责任以及履行环境保护责任不到位已成为制约我国环境保护事业发展的严重障碍。许多地方环境污染问题之所以长期得不到根本解决,除了须负直接责任的企业外,还应在根源上负最终责任的地方政府。"④有论著认为,环境行政违法行为之所以呈易发多发态势,"环境行政违法责任追究不力"⑤是重要成因之一。

综上可见,我国环境法学界普遍认为,政府履行环境保护责任

---

① 刘嘉薇:《环境监管制度研究》,《知识经济》2015 年第 2 期,第 25 页。

② 参见陈瑾、程亮、马欢欢:《环境监管执法发展思路与对策研究》,《中国人口·资源与环境》2016 年第 5 期(增刊),第 509—510 页。

③ 参见王瑞、梁晓霞:《浅谈基层环境行政执法存在的问题及其对策》,《2014 年中国环境科学学会学术年会论文集》,第 1373 页。

④ 吕忠梅:《监管环境监管者:立法缺失及其制度构建》,《法商研究》2009 年第 5 期,第 139 页。

⑤ 梁增然:《环境行政违法的原因与对策分析》,《昆明理工大学学报》(社会科学版)2015 年第 1 期,第 38 页。

的优劣直接关系到政府所辖区域环境质量的好坏。我国环境污染事件多发、频发,环境保护法律制度执行乏力,与环境监管行政法律责任制度缺失,尤其是环境监管行政法律责任在环境保护领域不能得到有效实现有深刻的内在联系。环境监管行政法律责任制度执行乏力,"违法不究"的现象比较突出是环境监管行政法律责任实现不良的基本表现。① 环境监管行政法律责任实现不良或不能得到有效实现,是我国环境保护领域存在比较突出的"政府失灵""监管失灵"的主要成因之一。要解决政府环境监管失灵的问题,不但要进一步建立健全遏制环境监管不作为、慢作为、乱作为的包括环境监管行政法律责任在内的行政法律责任制度,更要加大对环境监管行政违法行为的问责力度。

　　学界对环境监管行政法律责任实现不良的上述理论总结与论证,足可以从环境污染现状、环境保护法律制度执行的实际情况中得到验证。这些年来,面对日益严峻的环境问题,从中央到地方普遍加大了环境法制建设的力度,相继出台了大量的环境保护法律、法规、规章以及非立法性的行政规范性文件,应当说环境立法、制度供给不足的问题已经基本得到了解决。但从环境监管的实际情况来看,还存在诸多有法不依、执法不严甚至消极执法、滥用执法权等问题。这些问题在党的十八大之前,表现得尤其突出,折射出了环境保护法律法规有效性的明显不足,这足可通过全国人大相

---

　　① 　例如,原环保部相关负责人曾明确指出,"政府在环境保护方面不作为、干预执法以及决策失误是造成环境顽疾久治不愈的主要根源","政府不履行环境责任以及履行环境责任不到位,已成为制约我国环境保护事业发展的严重障碍"。参见牛晓波、杨磊:《环保总局第三张牌:修法问责污染保护伞》,http://finance.sina.com.cn/g/20070227/09153359050.shtml,最后访问日期:2019 年 12 月 5 日。

关环境执法检查报告中的论断予以验证。例如，2006 年《全国人大常委会执法检查组关于跟踪检查有关环境保护法律实施情况的报告》就指出："目前我国环境问题依然相当突出，环境形势十分严峻。'十五'时期，我国经济发展的各项指标大多超额完成，但环境保护的指标没有完成。长期积累的环境问题尚未解决，新的环境问题又在不断产生，一些地区环境污染和生态恶化已经到了相当严重的程度"，其中"环境保护执法不严、监管不力、有法不依、违法不究的现象还比较普遍"是环境污染严重的主要原因之一。再如，2008 年 6 月至 7 月，全国人大常委会环评法执法检查组分 5 个小组，先后赴上海、重庆、山东、内蒙古和山西 5 个省（区、市），对环评法的实施情况进行了检查，并在第十一届全国人大常委会第五次会议上所做的《全国人大常委会执法检查组关于检查〈中华人民共和国环境影响评价法〉实施情况的报告》中指出，环评法实施中存在以下三个方面的主要问题：一是违反环评法规定的行为时有发生。表现在一些地方制定的文件不符合环评法规定。据环保部门和监察部门统计，仅 2007 年全国就清理出 51 件与环评法有关规定不相符合的地方性文件；一些地区和部门存在着"未批先建""批小建大""未评先批"等违法现象。据原环境保护部反映，2007 年原国家环保总局通报的涉及全国 22 个省（区、市）电力、钢铁等 12 个行业的 82 个项目中，有 59 个严重违反环评法。……有些地方行政部门管理责任缺失，致使一些建设单位用环评备案代替环评审批，取得了建设行政许可，实质上是"未批先建"。在规划环评方面，存在"不环评也审批"或"先审批后环评"的违法现象。二是行政部门监管责任有待进一步落实。其突出表现在：（1）强调审批而忽视全过程监管的问题比较突出。据原环境保护部统计，仅该部审批的项目中,大约就有10%以上未申请验收即擅自投运,而申请验收的项目中又有20%以上未完全落实环评报告中提出的环保措施和要求。2007年初,原国家环保总局在对100多个市县的上百个工业园区、500多家企业的现场检查中发现,有40%的建设项目缺乏后续监管,环评报告书提出的环保对策和措施难以得到落实。(2)对未报或未批环评就擅自开工建设项目处理不到位。有些执法部门对违法企业的处罚措施只有罚款,而没有依法勒令停止建设,严重损害了法律的权威性和严肃性。(3)对违反环评法行为当事人追究行政责任落实不到位。三是现行环评审批制度有待进一步完善。其主要表现在环评审批公正性有待进一步加强,环境质量标准缺乏统一性直接影响环评的科学性。

党的十八大以来,以习近平同志为核心的党中央把生态文明建设纳入"五位一体"总体布局和"四个全面"战略布局,放在治国理政的重要战略地位,锐意深化生态文明体制改革,坚定贯彻绿色发展理念,生态环境保护面貌焕然一新[1],生态文明建设和生态环境保护工作取得了历史性成就[2],环境监管行政法律责任实现的质量与效率因此达到了历史上最好的水平。但实事求是而论,环境监管行政法律责任实现不能、不力等问题在有些地区、部门或者行业依然存在,有时还表现得较为突出。例如,全国人民代表大会常务委员会执法检查组在《关于检查〈中华人民共和国大气污染防治法〉实施情况的报告》(2014)中指出,在大气污染治理方面一些地

---

① 参见刘毅、孙秀艳等:《努力开创人与自然和谐发展新格局——党的十八大以来生态文明建设述评》,《人民日报》2017年10月5日。

② 参见李萌:《党的十八大以来中国生态文明建设评》,《贵州社会科学》2018年第8期,第18页。

方政府改善大气环境质量的责任尚未完全落实,存在环保执法不到位(主要表现在有的地方执法不严、违法不究,存在人情执法、以罚代管等问题,违法排污行为得不到有效遏止;一些地方排污费收取不规范,存在少征、漏征现象)、基层监管能力严重不足(2013年,环境保护部接到的举报案件中,大气污染类占73%,但在全年查处案件中大气污染类仅占12%)、监管职责不够明确等问题,并建议"强化执法监管,确保法律制度有效实施"①。再如,全国人民代表大会常务委员会执法检查组在《关于检查〈中华人民共和国环境保护法〉实施情况的报告》(2016)中指出,在执法检查中发现的首要问题就是环境保护责任落实不够到位,其主要表现在:"……有的地方考核问责机制不健全,压力传导层层衰减。有的地方领导干部违规干预环境监测和执法,地方保护现象仍然存在。相关部门环保职责不明确,被动应付、推诿扯皮的现象时有发生,部门间缺乏协调配合,信息难以共享,执法合力不足。行政执法和刑事司法衔接机制有待健全,一些地方存在有案不移、有案难移、以罚代刑等现象。"②又如,全国人民代表大会常务委员会执法检查组在《关于检查〈中华人民共和国大气污染防治法〉实施情况的报告》(2018)中指出,在《大气污染防治法》的实施中,还存在生态环境执法监管能力建设水平层层递减、治理工作"上热、中温、下冷"、考核问责机制不够健全、政府责任和部门监管责任落实不到位等问题。③

---

① 参见《全国人大常委会公报》2014年第6期,第732—733页。
② 参见《全国人大常委会公报》2016年第6期,第1108—1113页。
③ 参见《全国人大常委会公报》2018年第4期,第564—572页。

二、环境监管行政法律责任实现不良的主要表现

从环境监管行政法律责任在环境监管领域内发挥作用的实际情况来看,其实现所存在的主要问题是环境监管行政法律责任规范和制度的执行力不足、实效性不理想。其主要成因除了环境监管行政法律责任制度设定缺失等之外,关键在于环境行政问责主体及其公务员在履行环境行政问责过程中存在不同程度的不作为、慢作为、乱作为现象,存在比较突出的有法不依、执法不严、违法不究等问题。对此不仅相关学术理论研究成果多有论述,社会公众也有比较明了的认识。在本课题组问卷调查中,受访者在回答"您认为影响环境行政执法责任落实的主要因素有哪些"这个问题时,在所列的四个选项中,43.4%的受访者选择了"有法不依",84.2%的受访者选择了"执法不严",45.4%的受访者选择了"违法不究",46.7%的受访者选择了"人情执法"。由此可见,在受访者看来,环境行政执法责任落实方面还普遍存在有法不依、执法不严、违法不究、人情执法问题,其中最为突出的问题则是"执法不严"。本书将环境监管行政法律责任实现方面所存在的包括类似环境行政执法失范在内的问题,统一表述为环境监管行政法律责任实现不良,即受各种因素的制约或影响,国家所设定的环境监管行政法律责任规范和制度在现实社会生活中没有得到正确、有效执行的情形。其主要表现在以下几个方面:

(一) 环境行政问责主体对环境监管行政违法行为失察致责任实现不能

环境监管行政违法行为与环境监管行政法律责任具有逻辑上

的因果关系,离开了作为原因的环境监管行政违法行为,就不可能形成环境监管行政法律责任及其实现的法律关系。因此,环境监管行政违法行为的被发现程度,直接影响着环境监管行政法律责任的实现程度。环境行政问责主体对应当追究行政法律责任的环境监管行政违法行为的失察,是环境监管行政法律责任实现不能的主要表现之一。所谓对环境监管行政违法行为的失察,就是指环境行政问责主体及其公务员疏于、怠于履行行政监督监察职责,对环境保护领域内已经客观存在的特定环境监管行政违法行为没有察觉、发现,并依法立案查处,从而使违法者逃脱相应的行政法律责任制裁,导致个体的环境监管行政法律责任在实质上不能得到实现的情形。当然,从环境行政问责的具体实践来看,环境行政问责主体对环境监管行政违法行为的"失察",大致包括了"真失察"与"伪失察"两种情况。所谓"真失察",是指因主客观因素的制约或影响,环境行政问责主体及其公务员没有尽到应有的注意、洞察及问责职责,没有实际觉察、发现客观存在的特定环境监管行政违法行为。所谓"伪失察",则是指环境行政问责主体及其公务员虽然已经实际觉察、发现了特定的环境监管行政违法行为,但基于推卸自己应当承担的责任、对违法者进行袒护等不正当动机和目的,假装或者谎称没有发现特定环境监管行政违法行为,并对其听之任之,不予依法立案查处的情况。本文在这里所言"失察"是指"真失察"而非"伪失察","伪失察"应当属于对环境监管行政违法行为已经察觉、发现的情形。

导致环境行政问责主体对环境监管行政违法行为失察的原因是多方面的,其中最主要的原因有以下两个:一是环境行政问责主体及其公务员的执法态度、能力与水平的影响。"徒法不足以自行""执法在人",环境监管行政法律责任的有效实现离不开问责主体及其公务员主观能动性的积极发挥。如果环境行政问责主体及其公务员对问责职权及其运用持消极态度,不愿、不敢、不会依法履行问责职责,对问责对象疏于日常监督管理,往往就很难发现或及时发现环境监管行政违法行为,并依法查处;如果环境行政问责主体执法能力不强,执法力量明显不足,执法执纪的政策与法律水平不高,缺乏必要的执法经费与设备保障,严格依法问责的体制机制不健全,也难免会出现对环境监管行政违法行为失察、漏查等情形。二是环境监管行政违法行为的复杂性的影响。环境监管行政违法行为是较为复杂的一类行政违法行为,这不仅是因为环境行政主体及其公务员对国家环境保护法律制度、相关法律责任制度的知晓程度较之于一般社会成员通常要高得多,其实施环境监管行政违法行为的隐蔽性、专业性相对较强;还因为环境行政主体及其公务员会因其职权的行使而与大量的市场主体、社会组织及其工作人员发生错综复杂的工作关系和人际交往关系,环境监管系统外部对环境行政监管行为的影响甚至干预较大,环境监管行政违法行为往往具有较强的内外勾结、私下交易、受违法庇护等特性。因此,环境行政问责主体发现并依法及时查处环境监管行政违法行为的难度相对较大。

在我国环境行政领域,环境行政问责主体对环境监管行政违法行为失察致环境监管行政法律责任实现不能的情况是较普遍存在的。在本课题组问卷调查中,在回答"您认为本地环境污染与环境破坏问题是否严重"这个问题时,14.5%的受访者选择了"很严重",53.3%的受访者选择了"比较严重",两项合计占到了受访者总数的67.8%,可见多数受访者认为本地区存在较为严重的环境污染与破坏问题。但在回答"您是否听说过本地区环境保护公职人员因不认真履行环境保护职责而被追究责任的情况"这个问题时,有29.0%的受访者选择了"很少听说",23.0%的受访者选择了"没听说过",两项合计占到了受访者总数的52.0%。由此至少可以在一定程度上表明,在面临较为严重环境问题的情况下,受访者所在地区对环境行政问责的力度明显不强,环境监管行政法律责任尚没有得到充分的实现,因此社会公众对环境行政问责的知晓度还比较低。由于目前我国行政问责的重点在于问行政失职、渎职等违法之责,尚没有建立或者健全"对行政问责者问责"的制度,因而对环境监管行政违法行为失察及问责不作为等情形进行问责的案例鲜见。这足可从近年来人民法院关于环境监管失职罪审判案例中所披露的事实,窥见环境行政问责主体对环境监管行政违法行为失察现象的普遍存在,并得出环境行政问责主体对环境监管行政违法行为失察致环境监管行政法律责任实现不能的研究结论。下面仅从最高人民法院中国司法案例网公开发布的环境监管失职罪的案例中选取四例较典型案件作具体分析。

【彭某环境监管失职罪案】2004年5月起,被告人彭某担任A市环保局副局长,分管A市环境监察支队、固体废弃物监督管理和调剂处置中心。2006年至2011年期间,B公司、C公司在没有经环评验收与重新办理《危险废物经营许可证》的情况下,擅自扩大生产规模、违规超量处理危险废物、违反危险废物转移联单规定偷运或者多运危险废物。D公司在没有办理《危险废物经营许可证》的情况下,违规处理危险废物,违反危险废物转移联单规定偷运危险废物。在此期间,被告人彭某通过到企业现场检查、收阅群众举报信件、与企业股东吃饭聊天等途径得知上述三家企业的违法生产问题。对于这些问题，其本应依职责督促环境监察支队立案查处，或督促 A 市某县环保局立案查处，或以发工作联系函的方式请 A 市某县政府进行查处。但被告人彭某因顾忌自己与企业股东的不正当经济往来关系等，不认真履行职责，未采取有效措施对企业的违法生产行为予以制止，长期放纵企业违法处置危险废物、排放超标废气，最终酿成了数十人中毒、经济损失近百万元的环境污染灾祸。事发后，彭某因犯环境监管失职罪，被判处有期徒刑一年。①

【张某环境监管失职罪案】2011 年 11 月，被告人张某在担任某县环保局环境监察一中队中队长期间，在查处某化工厂违法生产过程中，未认真履行环境保护监管职责，放任该化工厂继续生产、排放含有四氯化碳成分的污水，导致发生重大环境污染事故，造成临近该化工厂的某县某渔场鱼类大量死亡。经淡水渔业监测中心鉴定，该次污染事故造成直接经济损失总额为 610095.77 元。原判认定张某的行为构成环境监管失职罪，并判处其有期徒刑 10 个月。二审法院维持了一审法院对案件所作的裁判。②

【莫某、唐某环境监管失职罪案】2012 年 10 月 29 日，被告人莫某被某市环境保护局任命为 A 分局局长，主持全面工作。2013 年

---

① 参见黄石市下陆区法院（2014）下陆刑初字第 72 号《刑事判决书》，中国司法案例网，2014 年 12 月 31 日发布，http://wenshu.court.gov.cn/website/wenshu/181107ANFZOBXSK4/index.html? docId = 5754a56c90524759bb3daf267524b26a，最后访问日期：2020 年 5 月 7 日。

② 参见山东省临沂市中级人民法院（2014）临刑二终字第 19 号《刑事判决书》，中国司法案例网，2014 年 7 月 29 日发布，http://wenshu.court.gov.cn/website/wenshu/181107ANFZOBXSK4/index.html? docId = 9d53283f67074b24beca8a9c8c93b1b3，最后访问日期：2020 年 5 月 7 日。

2 月 22 日,被告人唐某被 A 分局任命为环境监察大队队长,负责对某管理区某镇等地环境监察管理工作。2013 年 1 月 21 日,唐某等人在进行日常监管时,发现 B 综合选矿厂超出其在工商部门登记的生产经营矿产品的范围另建厂房私自进行生产,当即责令该厂立即停止建设,并要求该厂严格按照环评及验收手续的规定和要求安排生产。同年 4 月,莫某、唐某再次发现 B 综合选矿厂私自新建的铅、铟生产线即将投产,遂由 A 分局作出环察(2013)2 号文件责令该厂停止建设,并不得在办理完毕相关环保手续前开工建设和生产。此后,莫某既没有召集本局人员讨论对 B 厂的处理,也没有责成有关部门向上级及当地党委、政府汇报;唐某既没有提出进一步处理意见,也没有再对 B 综合选矿厂的整改情况进行监督。2013 年 6 月 23 日,莫某在明知道 B 综合选矿厂没有按照要求整改且不具备换发排污许可证条件的情况下,授意唐某在排放污染物许可证发放申请表上签署建议换证意见,并经本人同意后,由 A 分局给该厂换发了排污许可证,致使该厂在没有任何必要防污设施和措施的情况下,于当年 5 月至 7 月期间因非法排放生产废水造成了对贺江水的严重污染。原判以环境监管失职罪分别判处莫某、唐某有期徒刑二年、一年六个月。被告人提起上诉后,二审法院维持了原判。[①]

【贺某、姚某环境监管失职罪案】2013 年至 2016 年 2 月期间,被告人姚某任某市 Y 区环保分局副局长兼任环境监察大队大队长,其工作职责为分管及负责环境监察大队的工作。同期,被告人

---

① 参见广西贺州市中级人民法院(2014)贺刑终字第 79 号《刑事裁定书》,中国裁判文书网,2014 年 12 月 4 日发布,http://wenshu.court.gov.cn/website/wenshu/181107ANFZ0BXSK4/index.html?docId=985839bc89f64618a02c72e1f55ae8fe,最后访问日期:2020 年 5 月 7 日。

贺某任 Y 区环保分局环境监察大队副大队长,分管一中队。大洋厂属于 Y 区的 A 类企业,即环保重点监控企业,按照监管需要,环保部门应以不低于"每月现场监察一次"的要求实施监管。天顺厂属于 Y 区的 B 类企业,按照监管需要,环保部门应以不低于"每季度现场监察一次"的要求实施监管。该二厂均由被告人贺某分管的一中队负责现场监管。被告人姚某和贺某作为负有环境保护监督管理职责的国家机关工作人员,在对该二厂的监管过程中,工作严重不负责任,不正确履职,不能及时发现问题或发现问题后不能建议采取或决定采取有力措施制止环境违法行为,致使上述二厂在 2015 年 9 月至 2016 年 4 月期间,在没有向区环保分局备案且未依法办理危险废物转移联单手续的情况下,将共计 280 余吨危险废物转移至省内外多地非法处置。大洋厂还在 2014 年至 2016 年 4 月长达近两年的时间内,在厂区采用焚烧、倾倒等方式非法处置危险废物约 10 吨。经评估和法院判决,全案事件环境损害造成公私财产直接损失人民币 423470 元。此外,因本案发生应急监测费用 248083 元,对涉事的危险废物进行安全处置所需后续处置费用 1009100 元。原审法院判决两被告行为构成环境监管失职罪。但鉴于其能主动投案自首,且有悔罪表现,犯罪较轻,依法免予刑事处罚。在被告人贺某提起不构成环境监管失职罪的上诉后,二审法院维持了原判。①

从以上四个案例所反映的客观事实中不难看出:

---

① 参见湖南省岳阳市中级人民法院(2017)湘 06 刑终 359 号《刑事裁定书》,中国裁判文书网,2018 年 8 月 8 日发布,http://wenshu.court.gov.cn/website/wenshu/181107ANFZ0BXSK4/index.html? docId = bd05551844744cd6863ea932000786cc,最后访问日期:2020 年 5 月 7 日。

1. 案件被告人彭某等作为环境监管者,本应严格依法履行监管职责,但在实施监管过程中,均对工作严重不负责任,不但没有对企业严重污染环境的违法行为予以及时、有效制止和依法查处,甚至违法违规长期放纵企业的违法行为,最终因对严重环境污染事件及其危害后果负有直接责任而被依法追究了相应刑事责任。

2. 从环境行政问责的应然角度来看,根据《行政机关公务员处分条例》《环境保护违法违纪行为处分暂行规定》等相关法规、规章的明确规定,案件被告人彭某等的行为早就构成了较为严重的环境监管行政违法行为,理应及时依法追究其相应的行政法律责任。但直到其监管失职行为导致严重环境污染后果,造成重大经济损失,并构成刑事责任之前,案件被告人中没有一个人被追究过任何形式的行政法律责任。试想,在案件被告人的环境监管行政违法行为发生和较长的存续期间,如果有关的环境行政问责主体能够依法进行问责,及时纠正、阻止被告人的环境监管行政违法行为,还有可能酿成如此严重的环境污染事故及其危害后果吗？还有可能导致案件被告人因其环境监管失职行为而身陷囹圄吗？

3. 从环境行政问责的实然角度来看,有关环境行政问责主体之所以没有实际履行法定的问责义务,依法追究彭某等人相应的环境监管行政法律责任,其真实原因虽然不得而知,但肯定与问责主体疏于对环境监管者的监察监督有十分紧密的关系。从案件披露的基本事实来看,拥有环境行政问责权限的上级环境保护机关、行政监察机关以及人民政府等,均没有依法严格履行问责职责,对彭某等人所实施的严重环境监管行政违法行为至少是明显失察的。从一定程度上完全可以说,有关问责主体履行问责职责方面的失察、失职行为,是彭某等人的环境监管行政违法行为能够较长时间存续并产生严重环境污染后果的重要原因。

实际上,问责主体对环境监管行政违法行为的失察与没有追究违法者行政责任的情形不只是表现在上述案件中。从近年来人民法院审判的越来越多的关于环境监管失职犯罪的案件来看,在被告人的失职行为达到犯罪程度之前,几乎看不到事先已经被问责主体追究过相应行政法律责任的情况,均是因被告人的环境监管失职行为导致了严重的环境污染事故,造成了严重的危害后果之后,往往才启动行政问责乃至于刑事问责。因此,环境行政问责主体对环境监管行政违法行为失察,疏于、怠于履行问责职责,是环境监管行政法律责任在我国环境保护领域不能得到有效实现的重要原因和突出表现形式之一。

（二）环境行政问责主体放任环境监管行政违法行为致责任实现不能

所谓环境行政问责主体放任环境监管行政违法行为,是指环境行政问责主体虽已察觉、发现了客观存在的特定环境监管行政违法行为,但其对所发现的环境监管行政违法行为置若罔闻、听之任之,甚至违法给予庇护,不予立案查处,从而导致环境监管行政法律责任实现不能的情形。此类情形有两个基本特点:一是环境行政问责主体对已经客观存在的环境监管行政违法行为是"明知"的,即问责主体已经通过监督检查、听取汇报、受理来信来访及检举揭发事项等多种途径发现了特定环境监管行政违法行为事实;二是环境行政问责主体对已经发现的特定环境监管行政违法行为在问责态度与行为上是明显"放任"的,即问责主体故意对已经发现并具备法定立案条件的环境监管行政违法行为不予立案查处,致使违法者逍遥法外。环境行政问责主体对环境监管行政违法行为的放纵不究,其原因也是复杂而多元的,但上级机关或领导的非法命令、指示,环境行政问责主体内外部力量对问责执法的非法或不正当干预,环境行政问责主体及其公务员履行问责职责方面的"官官相护"、人情执法、权钱交易等则是常见和主要的原因。

环境行政问责主体放任环境监管行政违法行为致行政法律责任实现不能的情形,在我国环境行政问责方面也表现得比较突出。近年来所发生的大量环境污染事故,相当一部分与环境行政问责主体放任环境监管行政违法行为,在环境监管行政法律责任追究问责方面的不作为往往有直接的关系。下面列举几个重大环境污染案例作具体的分析讨论。

【甘肃某县村民因污染血铅超标案】据 2006 年 9 月 13 日《人民日报》和新华网报道,甘肃某县有色金属冶炼公司自 1996 年投产以来,沿用国家明文淘汰的落后生产工艺和设备,环保设施一直未按环境评价要求落实,长期超标排污,致使该公司 400 米范围内的土壤已受不同程度的污染,并造成村民 354 人血铅超标(其中 14 岁以下儿童 146 人)①。自该公司投产以来,当地村民就该企业的污染问题,多次向有关部门举报和反映。遗憾的是,这些举报和反映并没有引起当地政府及其环保部门的重视并加以认真解决。针对该企业的污染问题,省、市、县三级亦曾通过挂牌督办、停产治理

---

① 转引自刘志坚:《环境监管行政责任实现不能及其成因分析》,《政法论丛》2013 年第 5 期,第 65 页。

等手段进行过整顿治理,要么收效甚微,要么整顿措施成为一纸空文。更为滑稽可笑的是,在某县政府2003年4月下发的关于该县"首批重点保护企业"名单的文件中规定:未经政府特许,任何单位或团体,没有特殊原因,不能到重点保护企业检查,其中包括环保部门。而某县有色金属冶炼公司在"首批重点保护企业"名单中"榜上有名"。①

【哈药总厂污染环境案】2011年6月5日,中央电视台曝光哈药集团制药总厂长期违规排污:工厂周边废气排放严重超标,恶臭难闻;部分污水处理设施因检修没有完全启动,污水直排入河,导致河水变色;大量废渣要么不分地点简单焚烧,要么直接倾倒在河沟边上,环境污染情况十分严重。② 其实这已不是哈药总厂第一次遭遇环保指责。早在2005年5月《黑龙江日报》的报道中,就称"哈药集团制药总厂的气味污染一直是其周边群众关注的热点,环保部门每年接到的投诉很多,也是人大、政协提案重点问题"③。就在中央台曝光哈药总厂污染事件的两年前,黑龙江省还有多位政协委员曾就此问题联名提案,并提供了药厂相邻区域空气中硫化氢气体超标1150倍、氨气超标20倍的空气质量检测结果。④ 但多年来,哈药总厂的污染问题一直未能得到有效整治。

---

① 参见柴晓宇:《从徽县"血铅超标"事件审视我国环境权制度的缺失及建立》,《环境法治与建设和谐社会——2007年全国环境资源法学研讨会论文集》,第181—182页。

② 参见《哈药广告投入是环保27倍 曾多次遭遇环保指责》,https://news.qq.com/a/20110609/000549_1.htm,最后访问日期:2020年5月7日。

③ 参见王蔚佳:《哈药烧钱营销却称无力治污 哈药集团深陷污染门》,《民主与法制时报》2011年6月13日。

④ 参见肖玮:《周边硫化氢气体超标千倍——哈药总厂被曝"污染大户"》,《北京商报》2011年6月7日。

【紫金矿业污染事故案】2010 年 7 月 3 日,福建省紫金矿业集团的紫金山铜矿湿法厂污水池水位异常下降,池内酸性含铜污水出现渗漏,部分进入汀江,导致汀江部分河段水质受到严重污染,并造成大量鱼类死亡。① 据媒体报道,紫金山矿区的污染由来已久,2010 年 6 月份就发生过大规模死鱼事件,面对民众的反映,县环保局的回复是静待上级答复。事故发生后,当地环保局表示"究竟是否与紫金矿业尾矿排污有关,不能下定论"。对于老百姓最担忧的河水能否饮用的问题,县环保局不仅没有疏导恐慌,反而推脱饮用水达标管理权属卫生部门,环保局对此没有监管和澄清的职责。② 在这起重大环境污染事故中,先后有多名国家工作人员被追究党纪政纪责任,或涉嫌环境监管失职罪、玩忽职守罪等渎职犯罪被依法追究刑事责任。

【"红豆局长"案】2013 年 4 月 4 日,央视《新闻 1+1》播出的《地下水变红,谁该脸红?!》曝光了河北某县小朱庄地下水被污染事件。该地地下水颜色被曝呈铁红色,近 800 只鸡饮后死亡,村民 23 年来只能饮用桶装水生活。对此,当地环保局局长邓某某面对央视镜头说:"红色的水不等于不达标的水,比如说咱放上一把红小豆,煮出来的饭也可能是红色的。"邓某某因此被网友讽称"红豆局长"。4 月 5 日邓某某被匆忙免职。其实,小朱庄村环境污染问题由来已久。20 多年来,村民不断采集水样,送到相关部门检测,或者向环保部门反映,但环保部门每年给出的检测结果竟然都

---

① 参见朱俊达:《中国重大环境案例回顾:紫金矿业水污染案》,《环境保护与循环经济》2013 年第 2 期,第 28 页。

② 参见傅剑清:《"诚信危机"危及环保——由紫金矿业重大污染事故引发的思考》,《环境保护》2015 年第 15 期,第 41 页。

是"达标""合格"。事发后,环保专家对小朱庄村的水质检测结果表明,该村井水中苯胺含量超出饮用水标准 70 多倍。[①]

上述案例均反映了以下几个重要事实:

1. 造成严重环境污染事故发生的企业,长期以来缺乏环境保护意识,违反环境保护法律法规的明确规定违法开展生产经营活动,并不断造成越来越严重的环境污染问题,给当地人民群众的生产生活及健康造成了越来越严重的危害。

2. 对涉案企业所造成的环境污染问题,多年来企业所在地的人民群众甚至于人大代表、政协委员不停地通过各种途径和方式向有关环境保护机关以及相关国家机关投诉、反映,均未能引起有关方面的足够重视。对涉案企业越来越严重的环境污染问题,有关国家机关放纵、祖护、包庇远比监管执法表现得更加突出。

3. 在社会各方连年投诉、反映涉案企业环境污染问题的情况下,拥有行政问责权限的相关国家机关,对于有关环境行政主体及其公务员在履行对涉案企业环境监管职责中所存在的比较突出的不作为、慢作为、不严格依法作为等失职、渎职行为理应是"明知"的,最低限度也是或者应是已经察觉到、意识到的。但在最终酿成严重污染事故之前,并没有发现对环境监管者依法进行行政问责的情况。

如果在环境保护领域,像上述案例所折射出的问题一样,有关环境行政主体及其公务员基于某种不良动机和目的肆意放纵企业

---

① 参见刘志坚、宋晓玲:《论政府公务员行政责任实现不良及其防控》,《甘肃社会科学》2013 年第 4 期,第 83 页;穆桑桑:《"红豆局长"被免职:地下水治理不能松》,《中国经济导报》2013 年 4 月 13 日,http://www.ceh.com.cn/ztbd/jnjpzk/188201.shtml,最后访问日期:2020 年 5 月 7 日。

等行政相对人的严重环境违法行为,不追究其相应的法律责任;有关行政问责主体无视环境监管行政法律责任的规定,放任环境行政主体及其公务员的环境行政违法行为,不追究其相应的行政法律责任,要有效防控严重环境污染事件的发生、做好环境保护工作显然是不可能的。

在我国环境行政管理领域,类似上述案例所反映出的环境行政问责不作为现象还较普遍存在。从近年来查处重大环境污染事件或案件的具体情况来看,在最终因对酿成重大环境污染事件负有责任、被追究法律责任的行政公务员中,实际上有不少人在履行环境监管职责过程中长期存在违法失职行为。在没有发生造成重大损失的严重环境污染事件之前,他们不但没有被及时依法追究责任,有的人还不断得到升迁或表彰奖励,环境监管行政法律责任制度因此成为具文。

(三) 环境行政问责主体对责任形式违法替代致责任实现不良

所谓环境行政问责主体对责任形式违法替代,是指环境行政问责主体违反法律的规定,用其他行政措施或责任形式代替履行环境监管职能的行政公务员应当依法承担的行政法律责任形式的情形。其主要包括以下两种情况:

1. 用普通行政措施或不具有法律责任性质的问责形式替代环境监管行政违法者应当依法承担的行政法律责任形式,即环境行政问责主体针对实施了环境监管行政违法行为的公务员,不实际追究其相应的行政处分法律责任,而是用不具有法律责任性质的组织人事管理措施、一般行政问责形式来替代行政法律责任的情况。目前我国对公务员的行政问责及其问责形式大致可以划分为两类：一类是问行政法律责任，其问责形式主要是法定的对公务员的行政处分。另一类是问一般行政责任，其问责形式主要表现为近年来越来越广泛运用的不属于严格法律责任范畴的各种具有一定问责特性或功能的行政措施。例如，对行政公务员的停职、责令辞职、引咎辞职、免职、调离工作岗位、离职学习等；对行政主体的通报批评等。本书认为，责任法定、依法问责理应是行政问责必须遵守的基本法治原则，行政问责的关键和实质理应是依法问法律之责，而非法外问责。如果现行涉及行政主体及其公务员行政法律责任的规范及其制度不健全，理应尽快修改完善，不应把普通的行政措施简单作为问责形式；如果国家法律法规对公务员的行政法律责任有明确规定，就应该严格依法问责，不应大量适用缺乏法律有效规制甚至与有关法律精神、规则相悖的普通行政措施问责，更不应用普通行政问责方式替代行政法律责任方式。近年来，在我国行政管理领域内大量非法定问责形式的产生与适用，虽然折射出了我国现行以制约、控制行政权力运作为目的的行政法律责任制度的严重缺失，但也充分显现了我国行政问责从制度形成到实践的确还存在较突出的非法治化乱象。大量非法定问责形式的产生和适用，尤其是用一般行政问责措施替代法定责任形式的做法，虽然在一定程度上强化了行政问责的权威性、实效性，但也助长了人治意识，滋生了长官意志问责、问责权力滥用、违法或不当问责并因此严重损害公务员合法权益等诸多弊害，在一定程度上弱化了行政法律责任制度的有效贯彻执行，破坏了国家行政法制的统一性与权威性，理应引起高度重视，并对行政问责制度进行法治化重构。

从近年来我国实施环境行政问责的具体情况来看，用普通行政措施或不具有法律责任性质的问责形式替代环境监管行政法律责任形式的情形,通常是在突发为社会高度关注的环境污染事故、环境污染群体性事件之后,环境行政问责主体为了平息事态发展,对负有直接责任的公务员采取免职、停职、调离工作岗位、离职学习等行政措施,并在事态平息之后不再具体追究直接责任人员应当承担的相应行政法律责任,实际上等于用普通行政措施替代了环境监管行政违法者应当依法承担的行政法律责任。其中,最为常见的是以免职来代替行政法律责任的追究。

迄今为止,我国现行法律法规并没有将免职作为行政法律责任的形式,免职在性质上属于组织人事行政措施的范畴。免职作为一种组织人事行政措施,主要适用于对无过错的公务员因职务发生变动所进行的任免、对受到责任追究的公务员因职务发生变动所进行的任免等。但随着行政问责的兴起,免职在我国逐渐演化成为了一种问责形式,不仅一些关于党政干部问责事项的规范性文件相继将免职作为一种问责方式①,而且在问责实践中越来越广泛地适用免职对党政干部进行问责。可能正是由于一方面免职并非法定的行政法律责任形式,且有关法律法规对作为行政措施的免职也存在规制缺失的问题;另一方面,一些规范性文件甚至行政规章虽然将"免职"作为了一种非行政处分的问责方式,但并没有对作为问责方式的免职的适用条件、适用对象、法律后果等作出明确规定,因而在实践中就难免会出现不少以免职处理替代行政

---

① 例如《海口市行政首长问责暂行规定》(2005)把"建议免职"作为对行政首长的问责方式之一;《太原市国家行政机关及其工作人员行政不作为问责办法(试行)》(2005)、《吉林省行政问责暂行办法》(2017)等将"免职"规定为行政问责方式或种类之一。中办、国办颁发的《关于实行党政领导干部问责的暂行规定》(2009)、《党政领导干部生态环境损害责任追究办法(试行)》(2015)均将"免职"作为了规定的问责方式。

处分责任的情形。免职往往沦为了规避公务员行政处分等法律责任的"挡箭牌"、成为了对被问责公务员的制度设计"保护伞",有时还有可能成为对公务员进行违法、不当问责的"法外处分",并因此多为社会所诟病。下面列举两个代表性案例进行简要分析。

【环保局长因环境污染事件被免职案】2010 年 4 月至 6 月,云南省某县发生了致 84 名儿童血铅中毒的特大环境污染事件。随后当地纪委、监察部门启动问责,某县环保局局长李某因对环境污染负有领导责任,被给予行政记过处分,并被免职。① 对此事件,2010 年 8 月 4 日中央电视台第七频道《聚焦三农》以"云南某某(县)儿童血铅超标事件调查"为题作了报道,认为当地环境保护监管不力也是血铅中毒事件发生的重要原因之一。

【环保局长等因民主测评被免职案】2015 年 2 月湖南省某县组织开展了县直机关"满意不满意"股室民主测评活动。按照既定的测评规定,测评分值排在后 5 名的股室,要对其负责人进行免职处理并调离原单位。因某县环保局环境执法监察大队、环境污染纺织股在测评中排在倒数 5 名之列,两个股室的负责人以及负有领导责任的环保局长李某三人均被免职处理并调离原单位。② 随后因有人对测评处理公正性的质疑,引发了网络热议。③ 有评论即认为,免职调离干部,也应该与任命干部那样有一套完整规范的程

① 《云南被免局长李顺才履新职》,http://news. sina. com. cn/c/2013-02-08/080926238456.shtml,最后访问日期:2020 年 5 月 7 日。

② 《测评满意度排名靠后 湖南祁阳环保局长被免职调离》,https://hn. rednet. cn/c/2015/02/04/3595627.htm,最后访问日期:2020 年 5 月 7 日。

③ 《湖南祁阳环保局长被免职 官员称被罚企业主报复》,http://china.cnr. cn/yaowen/20150205/t20150205_517649581.shtml,最后访问日期:2020 年 5 月 7 日。

序,最起码要合理合法。仅凭一次测评就匆匆作出决定,显然不够慎重,不够理性,也不够严肃。①

其实,类似于上述案例的免职在我国行政管理领域内大量存在,且问题丛生。就第一个案例而言,如果案例所描述的事实客观存在,如此免职显然是当地问责主体"忽悠"社会公众的假动作,免职问责不但缺乏起码的正当性、合法性、有效性,而且存在比较明显的试图以免职直接代替环保局长可能应当承担的较记过处分更为严厉的行政处分责任、以对局长的问责来实际免除其他对特大血铅污染事件负有直接责任的人员应当依法承担的行政处分甚至刑事处罚等法律责任的嫌疑。按照依法行政、依法问责的要求,在特大血铅中毒事件发生之后,当地有法律责任追究职责权限的国家机关理应根据公务员行政处分相关立法文件的规定,对实际存在的环境监管行政违法行为进行认真调查,并在此基础上对负有直接责任的公务员给予与其违法行为相适应的行政处分,构成犯罪的,还应当依法追究其刑事责任。但从本案所反映出的基本事实来看,当地有关行政主体在履行环境行政问责职责权限方面,并没有严格依法办事。如果有关问责主体经过认真调查核实,环保局长对已经形成的环境污染事件仅负有较轻的所谓领导责任,给予其记过处分并无不当,但为何同时又要作出实际并未得到切实执行的免职问责?本案中的免职究竟是人事行政措施,还是对责任的追究?如果属于责任追究,为何在给予当事人较轻微的记过处分的同时,又给予了实际比记过更为严厉的免职?再者,为什么

---

① 《环保局长被免职,环保官员任免制度受关注》,https://ishare.iask.sina.com.cn/f/iBfKuNIXhC.html,最后访问日期:2020年5月7日。

连环保局长都被问责了，却没有见到对其他负有直接责任的人员进行问责的报道？如果环保局长违法情节较重甚至严重，理应依法给予其降级以上的行政处分，又有什么理由只给予其较轻微的记过处分，并同时对其予以免职？这些问题形成的根源就在于将属于人事行政措施的免职作为了问责形式并予以滥用。

根据我国现行相关法律法规的规定，免职既不属于行政处分的法律责任形式，也不属于行政处分所必然引致的法律责任后果①。但免职的确与行政处分及其追究有一定的联系，这种联系体现在免职属于拟给予各级人民代表大会及其常委会选举或任命的政府组成人员撤职、开除处分之前的前置性组织人事措施。根据有关规定，对于人民代表大会及其常委会选举或任命的国家行政机关公务员，行政机关只享有罢免或免职建议权和决定暂停履行职务的权力，并不享有免职权，免职权属于权力机关。② 因此，按照责任法定、过责罚相适应原则的要求，将免职作为行政问责方式不但于法无据，而且会造成对现行行政处分法律责任制度的破坏，并进而会因免职问责的滥用侵损公务员的正当职务权利，导致行政问责有悖法治精神。就第一个案件而言，在环保局长已经被给予了记过处分的情况下，没有任何法律依据同时对其进行免职；免职实际上大大加重了环保局长的责任，实质上构成了对其合法职务权利的侵损。就第二个案例而言，因一次不一定客观、公正、科学

① 在行政处分的法律后果方面，国家法律法规除了规定公务员因受撤职、开除的行政处分或者刑事处罚而职务自然免除之外，对于其他行政处分形式，并没有把免职作为处分的后果或对处分的执行措施。

② 《行政机关公务员处分条例》第三十五条、第三十六条、第三十七条等对罢免或免职建议权、罢免或免职程序作了具体规定。

且并不涉及环境监管者是否实施了应当承担责任的环境监管行政违法行为事实评价的所谓民主测评,并按照过去违背法治精神的"末尾淘汰"思维惯性,就对被测评排在后五位之列的股室负责人和环保局长作出具有责任追究性质的免职并调离原单位的决定,显然属于既缺乏明确的法律依据,又损害被问责者正当职务权利、荣誉的权力任性行为。

从上述案例不难窥见,免职作为问责方式,如果缺乏相应的法律规制,不但有可能在实践中异化为公务员依法应当承担的行政处分等法律责任的"免责牌""挡箭牌",还有可能成为权力报复、侵犯公务员合法权益的手段。因此,应当将免职复归到组织人事行政措施的正确道路上并进行严格的法律规制,或者将具有责任追究性质的免职作为行政法律责任形式并进行科学的立法建构,不应放任案例中的如此任性免职现象持续存在下去。

2. 用其他责任形式替代行政法律责任形式。所谓用其他责任形式替代行政法律责任形式,是指有关国家机关违反法律规定、违背行政法律责任实现的原则要求,在行为人的行政违法行为已经被追究其他性质的法律责任或者非法律责任的情况下,不再追究行为人应当依法承担的相应行政法律责任,从而有意或无意实际用其他责任形式替代责任人应当承担的行政法律责任的情形。其主要包括用党的纪律责任替代行政法律责任和用刑事法律责任替代行政法律责任两种情形。

(1)用党的纪律责任代替行政法律责任。党的纪律责任与行政法律责任的性质、创设途径与载体、问责主体、适用对象、效力与后果等存在显著的区别。但因党纪处分与行政处分可同时适用于党员公务员,两者在具体适用中出现问责的事由竞合与对象竞合等情况肯定是在所难免的。因此,在两种不同的责任形式适用出现竞合的情况下,就有必要合理调适两者的相互关系,以避免两种责任违法违规替代现象的发生。例如,根据 2017 年修订的《公务员法》第五十八条等相关条款的规定精神,在警告处分的六个月处分期间之内,有人事管理权限的国家机关不得给受处分的公务员晋升职务和级别。如果受警告处分的公务员在六个月处分期满后,表现优良且符合提职晋级条件,当然可以正常晋职晋级。但根据 2018 年修订后的《中国共产党纪律处分条例》"党员受到警告处分一年内,不得在党内提升职务和向党外组织推荐担任高于其原任职务的党外职务"①的规定,如果受到行政警告处分的党员公务员同时受到了警告的党纪处分,即便行政警告处分的半年期间届满,也有可能会在作为党纪处分的警告的一年期间之内,因得不到党组织的推荐而难以晋升高一级行政职务。由此可见,在党员公务员的违法违纪行为既构成党纪责任又构成行政处分责任的情况下,就必然会产生两种不同性质的处分责任如何协调和衔接的问题。问题一是:在已经对党员公务员给予了两种不同性质处分中的一种处分的情况下,还有没有必要同时给予另一种处分? 简言之,就是党纪处分与行政处分可不可以互相替代? 对此问题的回答只能是不可以。由于党纪处分与行政处分是两类性质不同的责任,按照国家法律和党内法规的相关规定,如果党员公务员的行政违法行为同时构成了行政法律责任与党的纪律责任,应当分别依法依规追究责任,既不得用行政处分责任代替党的纪律处分责任,也不得以党的纪律处分责任替代行政处分责任。问题二是:如果

---

①　参见《中国共产党纪律处分条例》(2018)第十条。

针对党员公务员的同一违法违纪行为,既给予行政处分,又给予党纪处分,需不需要在责任形式、责任强度、不利法律后果等主要方面保持两者之间的相互协调和适应?对此问题的回答理应是肯定的。如果不能做好两种不同处分责任之间的相互协调和适应,就会导致行政法律责任规范与党的纪律责任规范在适用中的冲突,给执法执纪带来不便和障碍。行政处分与党纪处分之间的协调和适应,首先应做到责任规范创制方面的协调和适应,力求使大致相同或类似的两类具体处分责任形式之间,在处分期间、责任后果等方面保持合理对应。其次,应在具体适用两种不同性质的责任形式时,要尽可能做到相互协调和衔接。以警告的处分为例,如果认为有必要保持两种不同的警告处分期间的统一性,就应为党内警告与行政警告设定同样的处分期间(可以将处分期间均规定为六个月);如果认为无需保持两种不同警告处分期间的统一性,就应当在给予党员公务员具体的行政处分时,做好与党内规范性文件所规定的处分形式之间的衔接。既然党内规范性文件规定,受到党内警告处分的党员公务员在一年内党组织不得推荐其晋职,行政问责主体在党组织已经就党员公务员的同一违法违纪行为给予了党内警告的情况下,显然就不适宜作出警告的行政处分,理应给予其记过以上的行政处分(这不仅是因为记过以上的行政处分期限均在 12 个月之上,与党内警告处分期间相同,还因为在两类不同性质处分责任所导致的不利后果等方面能够保持相互对应与衔接)。在行政问责主体已经就党员公务员的同一违法违纪行为给予了警告的行政处分的情况下,如果有处分权的党组织认为该公务员的违纪情节轻微,没有必要给予党内处分,可以借助诫勉谈话等其他党内问责方式进行问责;如果有处分权的党组织依照党内规范性文件的相关规定,认为对该公务员的违纪行为应当给予党纪处分,可以依纪依规给予相应的党纪处分。有处分权的党组织针对已经受到警告行政处分的党员公务员的同一违法违纪行为,给予党内警告等纪律处分,实际上体现了"党纪严于国法"的原则与要求。因此,正确处理党的纪律处分与作为行政法律责任形式的行政处分之间的关系,避免相互矛盾冲突以及用党纪责任替代行政法律责任现象的发生,也是有效实现环境监管行政法律责任的重要方面。

（2）用刑事责任代替行政法律责任,即所谓的"以刑代行"。"以刑代行",简言之,就是违反法律规定用刑事责任替代行政法律责任,主要是指特定行政公务员在履行行政管理职责过程中所实施的同一违法行为同时构成行政法律责任和刑事法律责任的情况下,有关国家机关只追究该公务员刑事责任而不依法追究其相应行政法律责任,从而在实质上用刑事责任替代了环境监管者应依法承担的行政法律责任的情形。行政法律责任与刑事责任是两类性质不同的法律责任,两者在责任追究主体、责任构成要件、责任形式、责任追究程序、法律后果等方面存在明显的区别。如果行政公务员的违法行为同时构成了这两种法律责任,理应由有权的国家行政机关、司法机关依法分别认定并予以追究,既不允许用行政法律责任代替刑事法律责任（即所谓"以行代刑"）,也不允许用刑事法律责任替代行政法律责任。根据《行政机关公务员处分条例》第十七条①等的规定精神,公务员被免予追究刑事责任,或虽然被

---

① 《行政机关公务员处分条例》第十七条规定:"违法违纪的行政机关公务员在行政机关对其作出处分决定前,已经依法被判处刑罚、罢免、免职或者已经辞去领导职务,依法应当给予处分的,由行政机关根据其违法违纪事实,给予处分。行政机关公务员依法被判处刑罚的,给予开除处分。"

追究刑事责任但免予刑事处罚的,不一定必须开除公职,但即便不予开除公职,也理应作出与其违法行为相适应的撤职等行政处分。但对于实际被判处刑罚的公务员(包括适用缓刑的公务员)应当一律给予开除处分,不能用刑事责任替代其应当承担的行政处分责任。虽然对"以刑代行"现象的整体情况与态势难以有翔实的数据进行概观性的判断,但在现实生活中并不乏其例。下面举几个代表性案例为证:

【食药监管局局长吕某等免予刑事处罚案】江苏省某市食品药品监督管理局局长吕某、副局长金某因在查处一家销售假药的企业时,明知对方违法销售假药,却未及时将其移交司法机关处理,2009 年 5 月 26 日被法院判处犯徇私舞弊不移交刑事案件罪,但免予刑事处罚。此后,二人仍一直担任原职。经媒体曝光后,2010 年 6 月 15 日,吕某、金某才被免去党内职务,并在其后按法律程序免去了他们的行政职务。①

【矿产稽查大队长许某免予刑事处罚案】2010 年 1 月 27 日,许某在担任河南省 A 市某县国土局矿产稽查大队大队长时,被该县法院判处犯玩忽职守罪,免予刑事处罚。此后,许某先后担任该县国土局办公室主任、党委委员,2012 年 9 月,A 市国土资源局任命许某为某县国土资源局副局长,试用期 1 年。②

【地产交易中心副主任杨某非法倒卖土地使用权案】2010 年

---

① 参见唐志顺:《江苏江都药监局俩局长"戴罪在任"一年多》,http://zqb.cyol.com/content/2010-06/18/content_3283216.htm,最后访问日期:2020 年 5 月 7 日。

② 《判刑了照样当官 河南连发 5 起》,http://news.sina.com.cn/o/2013-05-24/065927211197.shtml,最后访问日期:2020 年 5 月 7 日。

5月6日，河南省B市某县国土资源局地产交易中心原副主任杨某因犯非法倒卖土地使用权罪，被该县人民法院判处有期徒刑3年，缓刑5年，并处罚金人民币10万元。随后，杨不服一审判决，向B市中级人民法院提起上诉，二审法院于2010年8月20日作出维持原判的裁定。被判刑后，杨不仅没有被开除公职，反而又调任某县城市土地监察大队副大队长。直到时过两年后的2012年5月3日在媒体曝光该事件的当天，某县委才成立了调查组，对其进行调查，责成某县国土局当天对杨进行了免职处理。①

上述前两个案例中，对刑事被告人所作的免予刑事处罚，是人民法院根据《刑法》第三十七条②的规定所作的有罪免罚的裁判，即司法认定行为人的行为虽然构成了犯罪，但因"犯罪情节轻微不需要判处刑罚"而免予刑事处罚。虽然现行法律并没有规定被免予刑事处罚的公务员必须开除公职，但即便不因有罪免罚开除公职，也应依据《刑法》第三十七条以及《公务员法》《行政机关公务员处分条例》等的规定给予其相应的行政处分。从违法与犯罪的一般关系来看，犯罪是最为严重的违法，只有违法行为达到了严重程度才能构成犯罪。虽然案件中的刑事被告人没有被实际判处刑罚，但其行为已经构成了犯罪，理应依法给予其比较重的行政处分，并免除其现任领导职务。既不能用有罪判决来代替公务员应

---

① 余超、王姝:《已被判刑人员竟然当上执法队长》，http://news.sina.com.cn/o/2013-05-06/022927032844.shtml，最后访问日期:2020年5月7日;《倒卖土地罪犯竟然当上国土局领导》，http://fanfu.people.com.cn/n/2013/0513/c64371-21455941.html，最后访问日期:2020年5月7日。

② 《刑法》(1997)第三十七条规定:"对于犯罪情节轻微不需要判处刑罚的，可以免予刑事处罚，但是可以根据案件的不同情况，予以训诫或者责令具结悔过、赔礼道歉、赔偿损失，或者由主管部门予以行政处罚或者行政处分。"

当承担的行政处分责任,也不应当给予已经构成犯罪的公务员明显过轻的行政处分。因此,有关行政问责主体在吕某、许某被司法审判机关作了有罪免罚裁判的情况下,不但不依法给予他们相应的行政处分,而且仍然让他们担任领导职务,显然是违法的。尤其是第三个案例中,在刑事被告人杨某已经被司法机关判处实刑的情况下,当地有关国家机关非但没有根据《行政机关公务员处分条例》第十七条第二款的明确规定给予杨某开除的行政处分,竟然将其调任执法机构负责人,更是涉嫌严重违法。

(四) 环境行政问责主体对问责决定的执行失范致责任实现不良

环境行政问责决定是拥有法定职责权限的问责主体依法作出的具有法律效力的行政决定,其一旦生效,不但作出决定者要受其拘束,其他相关国家机关也要受其拘束,既不得在没有法定事由的情况下被随意变更、撤销,也须对其依法予以严格执行。所谓问责决定的执行,主要是指对已经生效的环境行政问责决定给责任主体所确定的新的法律义务的实际、全面履行和对特定行政法律责任形式法律后果的相关法定义务或要求的实际落实。① 如果环境行政问责主体虽然作出了环境行政问责决定,但不实际执行、不严格依法执行,环境监管行政法律责任就不可能达到有效实现。近

---

① 例如,行政问责主体严格遵守执行了《行政机关公务员处分条例》第八条、第九条等相关规定,在法定的公务员处分期限之内,没有违法对受处分的公务员晋升职务和级别、晋升工资档次,并依法对受撤职处分的公务员按照规定降低了其行政级别;对受到开除处分的公务员,依法解除了其与所在单位的人事关系,并没有再次让其担任公务员职务;对于受开除以外处分的公务员,在处分期满后,依法实际解除了处分。

年来为社会广泛关注、批评的问责官员违法违规"复出"现象,是问责决定执行失范的突出表现。下面列举两个典型案例作简要分析。

【张某被撤职复出案】2010 年 11 月 15 日,上海某区发生严重火灾事故。事发后,国务院调查组调查认定,某区政府对工程项目组织实施工作领导不力是导致事故发生的间接原因。2011 年 6 月 9 日,某区区委副书记、区长张某被行政撤职、撤销党内职务。但在同年 12 月,张某即被任命为上海援疆前方指挥部常务副总指挥;2012 年元旦刚过,张某又调任新疆某地区行署任地委副书记。此时,距离他被撤职处分刚满半年。①

【刘某被撤职复出案】2013 年 6 月 3 日,吉林 A 市下属某市的宝源丰禽业公司发生了造成 121 死 76 伤的特别重大火灾爆炸事故,多名官员因此被问责。其中,时任某市市委书记的张某被撤职,市长刘某被撤职、撤销党内职务。但是,时隔不足一年,张某就以 A 市某高新区管委会副主任身份出席了该区国土工作的专题汇报会。2014 年 6 月 4 日,刘某被任命为 A 市公交集团董事长、党委书记、总经理。②

撤职的行政处分是仅次于开除的严重处分形式。根据我国相关法律、法规对公务员行政处分期间的规定,在撤职的二十四个月处分期间之内,有关国家机关不但不得给受撤职处分的公务员晋

---

① 参见周亚越:《问责官员无序复出:一项制度视角的研究》,《宁波大学学报》(人文科学版)2012 年第 4 期,第 88 页。

② 参见《问题官员违规复出频遭质疑 专家呼以程序正义树公信》,http://news.cssn.cn/zx/yw/201408/t20140816_1293741.shtml? COLLCC = 3773423174&,最后访问日期:2020 年 5 月 7 日。

升工资档次、晋升职务和级别，而且还应当根据有关规定降低其级别，不得任命其担任与原任职务级别相同的职务。即便是因处分期满被依法解除了撤职处分，也不得自然恢复原级别、原职务，应与同级别其他人员一起，重新争取晋升资格。但在上述案例中，被撤职的区长张某，在被撤职仅半年的时间内即被任命为了与原任行政级别相同（正局级）的上海援疆前方指挥部常务副总指挥；被撤职的市长刘某在被给予撤职的行政处分之后刚一年的时间之内，被任命担任了与其原任职务级别相同的国有企业领导职务。可见，对张某、刘某的任命已经不是是否合理、正当的问题，而是典型的违法任命问题。对张某、刘某所作撤职的行政处分，因问责主体等国家机关没有依法履行落实撤职处分法律后果的相关法定义务或要求，实际上并没有得到依法有效执行。

三、环境监管行政法律责任实现不良的理论总结

以上四个方面只是环境监管行政法律责任实现不良最常见、最主要的表现形态。在环境行政问责的具体实践中，环境监管行政法律责任实现不良的表现形式是复杂多样的。本文将环境监管行政法律责任实现不良的问题，依其严重程度的不同，大致归结为环境监管行政法律责任实现不能、实现错误、实现瑕疵三类情形。

（一）环境监管行政法律责任实现不能

所谓环境监管行政法律责任实现不能，是指环境行政问责主体及其公务员故意或者过失违反依法实现的原则要求，在履行环境行政问责职责权限方面不依法作为，没有及时发现环境监管行

政违法行为,或者虽已发现环境监管行政违法行为但放任不管、不予问责,从而导致行政法律责任无法得到实现的情形。上述环境监管行政法律责任实现不良的前两个方面就是其基本表现形态。

(二) 环境监管行政法律责任实现错误

环境监管行政法律责任实现不能的主要成因是问责不作为,而环境监管行政法律责任实现错误的主要成因则是问责主体在履行问责职能时不能严格依法办事、不能依法正确处断案件。所谓环境监管行政法律责任实现错误,主要是指环境行政问责主体虽然针对特定责任主体作出了具有法律效力的环境行政问责决定,但该问责决定在事实和法律适用等方面存在实质性错误,或者问责决定虽然正确但被有关国家机关作了违反法律规定的错误执行、被违法否定或者部分否定其法律效力等情形。其主要表现在以下几个方面:

1. 事实认定错误。所谓事实认定错误,在此主要是指对环境行政主体或其环境行政公务员涉嫌环境监管行政违法行为事实的认定违背客观事实和相关法律规范规定的情形。其主要包括对行为人是否存在环境监管行政违法行为、行为人所实施的环境监管行政违法行为是否达到应当追究相应行政法律责任的程度、行为人的环境监管行政违法行为是否涉嫌行政犯罪,以及在责任追究方面是否存在减免、加重责任的情形等重要事实认定方面的错误。

2. 责任形式适用错误。所谓责任形式适用错误,是指环境行政问责主体违反责任法定、过责罚相适应原则等要求,对实施了环境监管行政违法行为的环境监管者适用错误的行政法律责任形式追究责任的情形。其除了表现为前述的责任形式违法替代之外,还主要表现在适用责任形式避重就轻和避轻就重两个方面。所谓避重就轻,是指环境行政问责主体在追究环境监管行政违法者的责任时,或者是在没有法律根据的条件下,擅自减轻或免除责任主体应当承担的行政法律责任,或者在法定的幅度之内,违背过责罚相适应等法定原则要求,决定让责任主体承担明显轻微的行政法律责任,或者在责任主体应当依法承担多项环境监管行政法律责任的条件下只要求其承担一种或者较少的几种责任的情形。① 例如,对于故意或重大过失实施环境监管行政违法行为导致行政赔偿的公务员,应在给予其相应行政处分的同时,责令其承担对行政赔偿金的追偿责任。如果仅给予较轻的行政处分,而不依法责令其承担行政追偿等责任就属于此类情况。所谓避轻就重,则是指环境行政问责主体基于权力报复等不当问责动机,违反过责罚相适应的原则,对实施了情节较轻、危害后果不大的环境监管行政违法行为的环境监管者,适用明显过重的行政法律责任形式进行责任追究的情形。②

3. 法律适用错误。环境监管行政法律责任的实现实际上就是将行政法律责任规范正确适用于特定环境监管行政违法行为的过程。按照责任法定、依法实现等原则的要求,环境行政问责主体履行职责、实施问责行为必须做到于法有据、严格依法办事,在问责法律文书中正确适用环境监管行政法律规范和其他相关法律规范。法律适用错误,有可能导致所作环境行政问责行为或法律文书被撤销或者被确认为违法。具体言之,环境行政问责的法律适

---

① 参见刘志坚:《环境行政法律责任实现论》,《昆明理工大学学报》(社会科学版)2009 年第 9 期,第 12 页。
② 同上文,第 13 页。

用错误主要包括下列几种情形：一是在法律文书中不引用或不具体引用相关法律规定。按照法律文书中法律规范适用的基本要求，在问责决定等实现环境监管行政法律责任的法律文书中必须对所依据的法律规定做具体明确的引用，即在适用法律规定时不得采用诸如"依据有关法律法规的规定""依据某某方面的法律法规规定""依据某某法的规定"此类高度概括笼统的法律适用表述，而是要对所依据的法律规定具体引用到条、款、项，明示条、款、项序号。二是在法律文书中引用了无效的法律规定。其主要是指引用了尚未生效或已经失效的法律条款。三是法律文书中所引用的法律规定与所作决定事项明显不相符。其主要表现就是环境行政问责决定等法律文书中所引用的具体法律条款与所决定的事项之间没有实际对应关系，所引用的法律条款并不能作为决定的依据。四是在法律文书中越权适用法律规定。其主要表现就是环境行政问责主体在法律文书中超越了法定的职能管辖、级别管辖、地域管辖权限，错误适用了不属于自己负责执行的相关法律规定。例如，一般环境行政问责主体适用应由监察机关负责执行的监察法律规范作出行政问责决定就属于这种情形。

4. 问责程序错误。环境行政问责是高度程序化的行为过程。环境监管行政法律责任的依法实现原则除了要求环境行政问责主体严格依照实体性法律规范的规定问责之外，还要求严格依照程序性法律规范的规定问责。问责主体如果在履行问责职责权限时违反法定程序，实施程序违法行为，同样会引致特定法律责任和不利法律后果的产生。所谓问责程序错误，就是指环境行政问责主体在实施问责活动过程中违反法定程序义务，在程序要素的遵守方面存在错误的情形。程序错误主要有：（1）程序倒置，即颠倒法定程序的次序而实施问责行为。例如,作出行政法律责任追究决定,一般应当先取证后议决;如果先议决后取证或补证就属于程序倒置。(2)程序跳跃,即越过法定的必经程序而实施问责行为。例如,作出行政处分决定一般应经过初查、立案、调查取证、审理、议决等程序过程。如果对有必要初查的案件虽然做了初查,但没有正式立案就作出决定;或者虽已立案,但没有经过相关机构或人员的审理,就直接由案件调查人员报呈有关领导作出行政处分决定,就属于比较典型的程序跳跃。(3)方式方法失范,即在实施行政问责行为过程中没有遵循法定的方式方法及其要求。例如,根据有关法律法规的规定,办理环境监管行政法律责任案件需要向证人等调查取证时,调查人员不得少于两人且应具备相应的执法资格;作出行政处分决定必须制作符合规范体式的行政处分决定书等。如果问责主体不按照类似要求实施问责行为,就会犯方式方法失范的错误。(4)违反法定时限的规定。一般言之,程序违法并不必然导致所做问责行为的无效。但如果环境行政问责行为违反了法定的强制性程序,就有可能导致被依法撤销的后果。

5. 问责决定执行错误。所谓问责决定执行错误,是指有关行政主体等对生效的环境行政问责决定违反法律规定作错误执行的情形。一般言之,问责决定的执行错误包括执行主体错误(主要表现为不享有法定执行权的行政主体或机构对问责决定的执行,例如,没有强制执行权的行政机关对自己针对特定公务员所作的环境行政追偿决定进行强制执行)、执行内容错误(例如在行政处分期间内对受处分的公务员予以晋升职务或行政奖励;对受到撤职处分的公务员不依法降低其行政级别等)、执行方式方法错误(例如对已经作出的行政处分决定不予宣布)等。

（三）环境监管行政法律责任实现瑕疵

实现瑕疵主要是指在实现不能、实现错误两种比较典型的环境监管行政法律责任实现不良的情形之外，环境行政问责主体所作出的问责决定在法律适用、事实认定等方面存在的瑕疵。[①] 这种瑕疵，或表现在环境行政问责主体所作问责决定存在一定的、程度较轻的程序违法，或表现在问责决定本身对案件事实及证据的认定与客观事实有一定出入，或表现在问责决定的语言文字表述、法律适用及具体表现形式等方面存在的对问责决定及其内容无实质性影响的瑕疵等。环境监管行政法律责任实现瑕疵，通常并不影响环境行政问责行为及其决定整体的法律效力，一般不会导致环境行政问责行为及其决定的无效，但有可能导致问责决定的部分变更或撤销。环境监管行政法律责任实现瑕疵，有违环境监管行政法律责任合法有效实现的基本要求，属于环境监管行政法律责任实现不良的重要表现形态。

最后需要特别说明的问题是：由于环境监管行政法律责任的实现主体除环境行政问责主体之外，还包括对环境监管行政法律责任问责事项享有监督权、救济权的其他相关国家机关，因而，环境监管行政法律责任实现不良现象虽然主要由环境行政问责主体的问责不作为、慢作为、滥作为等所导致，但也可能由其他相关国家机关在实现环境监管行政法律责任方面的违法或不当行为所导致。例如，受理行政公务员不服环境监管行政处分而申请复核、提出申诉的有关行政机关，对在复核、受理申诉过

---

① 参见刘志坚、宋晓玲：《论政府公务员行政责任实现不良及其防控》，《甘肃社会科学》2013 年第 4 期，第 84 页。

程中发现的存在违法或明显不当的行政处分不予依法纠正,或不责令原处分机关依法纠正等,就会因违法或明显不当的行政处分决定不能依法得到纠正而导致行政处分责任实现不能、错误或瑕疵。

四、环境监管行政法律责任实现不良的主要成因

环境监管行政法律责任之所以会存在实现不能、实现错误、实现瑕疵等实现不良问题,其成因是多元而复杂的。笔者认为,除了在本书"设定论"部分已经述及的"官本位"意识作祟之外,环境监管行政法律责任实现不良的直接和主要成因还有以下几个方面:

(一) 行政伦理失范的影响

受多种因素的影响,我国公共行政管理领域还存在较突出的道德滑坡、行政伦理失范现象,并因此直接影响到公共行政法律责任制度的有效贯彻执行。行政伦理失范是包括环境监管在内的公共行政法律责任在现实生活中得不到依法有效实现的重要制约性因素之一。

所谓伦理,通俗讲就是指在处理人与人、人与社会乃至于人与自然相互关系时应遵循的道理和准则。伦理属于社会意识形态范畴,它既包括主体在国家和社会生活中所体现出来的道德观念、道德活动与道德规范,也包括主体在特定国家和社会活动中的价值规范。伦理既是一种思想观念、价值追求、行为理念,也是保障主体实现行为正当性的心理基础,更是主体参与特定社会活动的基

本道德伦理规范。行政伦理则是形成于公共行政人员观念意识层面，并表现在他们及其所在公共组织具体行政行为中的角色自觉、责任意识、价值理念和由他们共同确认的职业道德、行为规范的总和。它由公务员的行政伦理和公共组织的行政伦理所构成。① 换言之，行政伦理既是指一种特定的社会意识形态，即关于行政职业道德、伦理标准等的思想观念，也是指特定社会意识形态的外化物——社会伦理道德规范及其制度体系。我国行政伦理的基本价值观理应是公平、正义、民主、负责，基本要求是行政权力行使要合法、适当、正当并符合社会的基本伦理道德标准。行政伦理学通常将其研究语境下的行政责任作主观责任与客观责任之分，主观责任通常是指公务员"应该"履行的责任，它来自于公务员的价值判断及对责任的感受和信赖，意指公务员的忠诚、良心以及认同；客观责任则是公务员"不得不"履行的责任，主要是指制度规定以及上级交付的客观应尽的义务责任等。与之相适应，行政责任的实现路径就被划分为了以培育公务员的伦理自主性为基本要求的内部控制与以制度构建为核心的外部控制两大路径。行政伦理被视为实现行政责任尤其是主观责任的关键路径选择。行政伦理对行政责任实现的作用或功能可以表现在诸多方面。例如，有学者对行政伦理在政府责任实现过程中的作用作了具体分析研究，认为行政伦理在政府责任实现过程中，具有为政府责任的实现提供价值导向（行政伦理能够引导公务员树立良好的行政责任意识，在实现政府责任的过程中能够确保公平正义）、内部调控手段（行政伦

---

①　参见张增田、孙士旺：《行政伦理化：行政现代化的第三标志》，《北京行政学院学报》2008 年第 5 期，第 19 页。

理通过行政激励机制维护行政人员的伦理自主性,通过加强对行政人员的伦理道德训练来提高行政人员的行政伦理判断标准和道德修养)、新的监督机制(行政伦理为政府责任的实现提供了新的补充性监督机制,即行政伦理监督机制)等方面的作用。① 由此可见,对于包括环境监管行政法律责任在内的公共行政法律责任及其实现而言,行政伦理是关于行政权力运作的各项行政法制度正当形成与构建的重要心理基础与条件,是保障关于行政权力运作的各项法律制度得以有效实施的重要条件,也是行政主体及其公务员自我克服人性弱点以及合理合法处理公私关系的重要心理条件和基础。

公共行政法律责任是国家机关从外部强加于行政主体及其公务员的否定性的法律后果,要使行政主体及其公务员在日常行政管理过程中主动远离这种责任且在形成责任后能够积极、主动承担这种责任,显然只依靠国家机关的强制力作用是做不到的。也就是说,如果离开行政主体及其公务员内在的、主观上的遵从现实法律制度及其他社会规范的自觉意识及在现实生活中的自觉行动,行政违法行为就不可能得到有效控制,行政法律责任制度就难以得到切实有效的贯彻执行。因为"责任的实现首先依赖于责任主体本身的责任意识,这种主观意识便是促成其有效履行职责的内在驱动力。……行政责任的履行很大程度上取决于公务员的态度、价值观和信仰,取决于公务员对制度规范的行政责任的认同和接受程度,行政责任意识的存在,决定了行政人

---

① 参见张闯、张海涵:《行政伦理对政府责任实现的作用》,《社会科学战线》2015 年第 5 期,第 276—278 页。

员履行责任主观上的道德自觉性,从而使得行政责任得以实现"①。而要促成行政主体及其公务员有效实现自我克制,自觉遵纪守法、履行行政法律责任,虽然离不开国家法律规范的约束与国家强制力量的终极保障,但更需要行政主体及其公务员具有健全的行政人格、良好的道德修养和对责任的自觉意识。换言之,只有行政主体及其公务员树立了正确的行政伦理观念,才有可能自觉履行行政伦理责任;只有其能够自觉履行行政伦理责任,才会在行政管理活动中不去实施应当承担行政法律责任的违法行为,并在引致行政法律责任发生的情况下,较好地履行行政法律责任所确定的义务,行政法律责任才有可能因此得以有效实现。从这种意义上而言,行政主体及其公务员基于健全的行政人格、良好的职业伦理修养而远离行政违法,是对行政法律责任最好的实现。

行政伦理所追求的是行政主体及其公务员在运用行政公权力的过程中,时刻遵从和践行廉洁奉公、勤政为民、求真务实的道德准则和规范。由于行政主体及其公务员的身份、角色具有双重性,同时兼具公益性主体与私益性主体的性格特征,其在行使行政权力的过程中就难免会出现角色冲突和利益冲突。如果不能科学、正当、理性配置并协调、处理好这种公私权利义务关系,再加上行政伦理失范、社会法纪废弛,就会加剧这种角色和利益冲突,从而在行政管理领域不可避免地出现公权私用、公器私用等运用公共权力来满足本位或个人私利的现象。改革开放以来,受多种因素

---

① 参见王美文:《公务员责任实现机制探析》,《湖北大学学报》(哲学社会科学版)2007年第6期,第104页。

的影响,我国还存在较为突出的道德伦理失范问题。① 行政伦理作为国家道德建设的重要组成部分,也相应出现了诸多失范问题。② 行政伦理失范,会大大弱化公务员内心的道德约束力,强化其权力本位、"官本位"及追逐自身利益最大化的意识与行为,就会使其敢于蔑视现行的各项行政法律责任制度,铤而走险违法违纪,从而导致行政法律责任实现不能。③ 我国之所以在环境监管行政法律责任追究方面还较普遍存在人情执法、权钱交易、执法不作为等徇私枉法现象,显然与环境行政主体及其公务员的行政伦理缺失或失范有重要的内在关系。

---

① 例如,中共中央 2001 年印发的《公民道德建设实施纲要》即指出:"我国公民道德建设方面仍然存在着不少问题。社会的一些领域和一些地方道德失范,是非、善恶、美丑界限混淆,拜金主义、享乐主义、极端个人主义有所滋长,见利忘义、损公肥私行为时有发生,不讲信用、欺骗欺诈成为社会公害,以权谋私、腐化堕落现象严重存在。这些问题如果得不到及时有效解决,必然损害正常的经济和社会秩序,损害改革发展稳定的大局,应当引起全党全社会高度重视。"中共中央、国务院 2019 年印发的《新时代公民道德建设实施纲要》指出:"在国际国内形势深刻变化、我国经济社会深刻变革的大背景下,由于市场经济规则、政策法规、社会治理还不够健全,受不良思想文化侵蚀和网络有害信息影响,道德领域依然存在不少问题。一些地方、一些领域不同程度存在道德失范现象,拜金主义、享乐主义、极端个人主义仍然比较突出;一些社会成员道德观念模糊甚至缺失,是非、善恶、美丑不分,见利忘义、唯利是图,损人利己、损公肥私;造假欺诈、不讲信用的现象久治不绝,突破公序良俗底线、妨害人民幸福生活、伤害国家尊严和民族感情的事件时有发生。这些问题必须引起全党全社会高度重视,采取有力措施切实加以解决。"

② 例如,2012 年胡锦涛在《坚定不移沿着中国特色社会主义道路前进 为全面建成小康社会而奋斗》(党的十八大报告)中就指出:"一些领域道德失范、诚信缺失;一些干部领导科学发展能力不强,一些基层党组织软弱涣散,少数党员干部理想信念动摇、宗旨意识淡薄,形式主义、官僚主义问题突出,奢侈浪费现象严重;一些领域消极腐败现象易发多发,反腐败斗争形势依然严峻。"

③ 参见宋晓玲:《政府公务员行政责任实现研究》,兰州大学 2013 年博士学位论文,第 149 页。

（二）不良政绩观阻却

所谓政绩，通俗地讲就是指国家公务员尤其是领导干部在任职期间内的工作业绩。政绩观则是指对政绩的总的看法和观点，主要包括对什么是政绩、为谁创造政绩、如何创造政绩和怎样衡量政绩等问题的认识和态度。政绩观既是领导干部世界观的重要组成部分，又是其对待政绩问题的一种价值取向，更是其创造政绩的思想基础。政绩观的正确与否，一方面直接影响到政绩所指向的事物，另一方面也影响到积累政绩的人。[①] 错误政绩观就是违背经济社会发展的基本规律、违背行政管理规律及正当性、违背人民群众意愿的价值取向扭曲的政绩观。错误政绩观是不科学、不合理的政绩考核制度得以建立的思想基础，是对包括环境保护在内的相关法律制度有效贯彻实施产生直接负面作用力的重要因素。

改革开放以来，虽然我国经济社会快速发展，并已成为世界上仅次于美国的第二大经济体，但一度并没有真正处理好经济发展与生态环境保护、可持续发展之间的相互关系。在经济社会发展过程中过度看重并依赖经济的高速增长，经济增长指标成为衡量、评价、考核并直接影响国家公务员尤其是领导干部能否得到升迁的关键性甚至是决定性指标，忽略了经济社会可持续发展、和谐发展、绿色发展的需求与规律性，以至于形成了偏重以经济增长数据"论英雄""论政绩"的不良政绩观及相应的缺乏科学理性的政绩评价、考核制度，并因此直接导致有的地方政府、部门或行业为了单纯追求 GDP 和财政收入的增长，为了实现本位利益的最大化，而

---

① 参见沈艳：《科学发展的政绩观之内涵及要求》，《辽宁省社会主义学院学报》2015 年第 1 期，第 97—98 页。

不严格贯彻执行环境保护法律法规,甚至公然在环境保护方面违反相关法律法规搞地方保护、部门保护、行业保护。一些环境行政主体及其公务员在履行环境监管职能过程中,不但对某些行政相对人的违法行为不依法认真查处,而且有时还直接充当环境违法行为者的"庇护者""保护伞",从而致使环境保护法律法规形同虚设。与之相适应,环境监管行政法律责任更是难以得到有效实现。

(三) 制度缺失的影响

依据环境监管行政法律责任实现制度在责任实现过程中所发挥作用的不同,大致可将其划分为以下两类:一类是环境监管行政法律责任本体性制度,即由国家立法专门设定的仅适用于环境监管者的行政法律责任规范与可以适用于环境监管者的一般性、通用性行政法律责任规范有机构成的制度体系。另一类是旨在保障环境监管行政法律责任本体性制度有效实现的助成性制度,主要包括对环境行政问责的监督制度、救济制度乃至于司法执行制度等。前者是环境监管行政法律责任实现的基础、前提、根据,后者则是监督、保障环境监管行政法律责任合法有效实现不可或缺的制度。如果离开了本体性制度,环境监管行政法律责任的实现就无从谈起;如果本体性制度不健全、不完善,环境监管行政法律责任在实践中也难以得到有效实现。但如果离开了相关助成性制度,或者相关助成性制度不健全、不完善,就难以有效监督环境行政问责主体依法忠实履行问责职责权限,有可能使违法的、不公正的问责行为及决定得不到及时依法纠正,从而在实质上导致环境监管行政法律责任实现不良。因此,对于环境监管行政法律责任的实现而言,本体性制度与助成性制度相辅相成、相互配合,缺一不可。

之所以在我国环境行政监管领域,还存在较为突出的行政法律责任实现不良问题,与现行环境监管行政法律责任本体性制度、助成性制度不健全有十分紧密的关系。因在本书"设定论"部分,对环境监管行政法律责任本体性制度设定方面存在的问题做了专门的探讨研究,在此仅对重要的作为环境监管行政法律责任实现助成制度的行政法制监督制度、行政处分救济制度、问责者责任追究制度之缺失作简要的分析探讨。

1. 行政法制监督制度及其缺失

对行政主体及其公务员行政权力运作依法进行监督,既是人民主权理论、契约论、法治理论以及由此派生的委托代理理论、权力制约理论、行政法治理论等的必然要求,也是督促行政主体及其公务员严格依法行政、责任行政的关键性制度安排,还是保障包括环境监管行政法律责任在内的公权力法律责任有效实现的重要途径。在行政法学上,通常把国家机关、社会组织、公民等对政府行政依法进行的监督称为行政法制监督。① 因这种监督包含了外部监督主体依据宪法、法律所赋予的监督权对行政主体及其公务员行政活动合法性的监督,故被称为行政法制监督,以区别于拥有监督权的行政主体以内外部行政相对人是否遵守和履行行政法上义务为主要监督内容的行政监督。②

环境行政问责实际上是有关行政主体基于法律所赋予的环境

---

① 例如,有论著认为:"行政法制监督是指国家权力机关、国家司法机关、专门行政监督机关及国家机关系统外部的个人、组织依法对行政主体及国家公务员、其他行政执法组织和执法人员行使行政职权行为和遵纪守法行为的监督。"姜明安:《行政法与行政诉讼法(第三版)》,北京大学出版社 2007 年版,第 169 页。

② 例如,有论著认为:"行政监督是指拥有行政监督权的行政主体对内部行政相对人和外部行政相对人依法所实施的监督检查行为。"刘志坚、程雁雷主编:《行政法与行政诉讼法学》,人民法院出版社、中国社会科学出版社 2003 年版,第 261 页。

行政问责职权所实施的具有法律效果的具体行政行为。因而,环境监管者在履行行政问责职责权限的过程中,是否依法办事,是否遵纪守法理所当然属于行政法制监督的重要内容和方面。行政法制监督作用于环境行政领域,就表现为环境行政法制监督,它是行政法制监督的组成部分,更是其在环境行政领域内的具化。通过有效的环境行政法制监督,一方面可以督促环境行政主体及其公务员依法、忠实履行环境监管职能,依法查处环境违法行为,预防环境监管行政违法行为的发生,提高环境监管的能力、水平与绩效。另一方面还有助于及时发现环境监管行政违法行为、环境行政问责违法行为,并依法作出处理,追究并落实相关责任人员的法律责任,促进廉政建设,避免因履行环境监管职责、环境行政问责职责等方面的违法失职行为引发严重的环境污染事故等发生,切实维护生态安全。因此,环境行政法制监督制度对保障环境监管行政法律责任依法有效实现具有十分重要的意义和作用。

改革开放以来,我国行政法制监督虽有了较快的发展,但受多种因素的影响,行政法制监督制度尚不够健全。对此,学界不乏讨论和研究。相关研究成果对行政法制监督制度所存在的问题,或作了总括性的归纳①,或针对具体的监督形式、监督制度作

---

① 例如,有论著认为我国行政法制监督制度的主要缺陷表现在监管的体系比较零散混乱、监管的受众存在不公平现象、监管的部门缺乏全面而具体的原则、监管的方向比较单一等方面(参见王莉:《浅析我国市场经济条件下的行政法制监督缺失及对策》,《前沿》2013 年第 6 期,第 54—55 页);有论著认为行政法制监督法律体系尚不健全是我国行政法制监督的重要"病症"之一(参见汪中元:《问题与改良:我国行政法制监督的改进性实践》,《政府与法治》2014 年第 4 期,第 44 页);有论著认为我国行政法制监督存在立法滞后、体制不健全、程序不规范、监督力度不够、监督主体的素质与能力有待提高等问题(参见胡胜利:《浅析我国行政法制监督的完善》,江西财经大学 2018 年硕士学位论文,第 14—17 页)。

了剖析①。从这些年来我国对行政进行内外部法制监督的实际情况来看,行政法制监督不论是制度建构还是制度运行都存在不少问题,学界对行政法制监督存在问题的分析,总体来看是符合实际的。就行政法制监督制度缺失而言,主要表现在国家立法层面缺乏关于行政法制监督的统一立法,行政法制监督的规范化、制度化、法制化程度不高。迄今为止,一方面我国关于行政法制监督的立法实际上采用了分散立法模式,并没有制定统一的《监督法》或《行政法制监督法》。在不同种类的行政法制监督中,除了人大常委会的行政法制监督有《各级人民代表大会常务委员会监督法》、原行政监察有《行政监察法》、行政审计有《审计法》等国家层面的专门性立法之外,其他种类的监督并没有形成国家层面的专门立法,个别监督类型或方式甚至没有专门的立法文件依据(如近年来开展的人民检察院对行政行为或行政执法行为的监督,既没有国家立法的专门规定,也没有规范这种监督活动的专门司法解释文件,其所依据的只是相关司法解释文件中的个别规定)。另一方面,由于国家对行政法制监督没有统一的立法,关于行政法制监督的规定实际上"政出多门",缺乏国家层面对行政法制监督制度的总体谋划与设计,以至于现行各类环境行政法制监督的制度建设

---

① 例如,有论著认为,我国人大行政法制监督制度存在的主要不足是无专司监督职责的机构、监督缺乏主动性和独立性、程序和保障制度缺失(参见赵金宝、沈林荣:《我国外部行政法制监督制度存在的问题与完善——以中美外部行政法制监督制度比较研究为视角》,《行政与法》2008年第1期,第87页);有论著认为作为行政法制监督重要组成部分的行政监督(包括一般监督与专门监督)制度体系,存在的主要问题是监督主体缺乏独立性、监督立法建设滞后、事后监督占据主导、缺乏群众行政监督(参见彭安湖:《谈新常态下我国行政监督体制建设》,《管理观察》2016年第4期,第41—42页)。

因缺乏内在的法律精神、原则及重要制度的引领、统摄,不但在监督方式、监督内容、监督范围、监督对象、监督程序、监督措施、监督效力等重要事项的规定方面不同程度地存在缺失问题,而且在不同类型的监督制度及其运行方面也未能建立起相互协调、衔接与配合的机制,关于行政法制监督的制度体系尚不健全。既然行政法制监督制度存在如此突出的问题,加之其他因素的制约或影响,在行政法制监督运行方面存在监督无能、监督乏力、监督实效性不高等问题也就不足为怪了。

2. 行政处分救济制度及其缺失

我国现行法律对行政公务员所规定的行政法律责任主要表现为行政处分责任。因此,行政处分是实施了环境监管行政违法行为的公务员所承担的最主要、最基本的行政法律责任形式。要有效实现环境监管行政处分责任,不但要求问责主体要做到严格依法、公正问责,不得违法追究行政处分责任,而且要求有权的国家机关对于违法或者明显不当的行政处分应当依法予以撤销或变更,从而使对行政处分法律规范的适用回复到适法的状态。如果针对特定公务员所作的违法或明显不当的行政处分决定不能依法得到纠正,行政处分的法律责任在实质上同样不可能得到有效实现。因此,环境行政处分救济制度是保障环境监管行政法律责任有效实现的重要制度设计。

行政公务员虽因其担任国家公职与国家形成了特定的行政职务关系或者公职关系,但其本源性身份仍然是公民。其作为国家公职人员,基于行政职务关系,既要承担相应的因担任行政职务(位)所产生的各种义务、责任,也理所当然要享有相应的权利、利益;其作为公民,在承担所规定的各项公民义务的同时,也当然享有宪法所赋予的、除了因担任公职有所限制的权利以外的其他权利。总之，"公务员也是公民，他们的权利，包括政治权利、平等的就业权利，在就业中受到公平对待的权利理应受到平等保护。而且我国公务员往往以其职业为终身职业，即使退休之后仍与单位关系密切。因此，在单位的地位对工作人员的影响十分重大，如果受到不公平待遇、不恰当处分，对公务员影响巨大。因此，有效的救济十分必要。"①这些年来，虽然我们在行政公务员权利的保障、实现与救济方面有了较明显的进步，但就对其行政处分的权利救济而言，现行制度设计及其执行，无论是行政内救济还是行政外救济都存在明显的不足或问题。在行政处分的行政内救济方面，虽然行政内救济是我国对行政处分进行救济的主渠道，但因如下制度设计缺失等方面的影响，救济大多流于形式，实效性较差。

（1）对不服行政处分的复核程序的规定缺乏应有的制度理性。根据《公务员法》（2018）第九十五条的规定，受处分者对行政处分不服的，可以向原处分机关申请复核，也可以不经原处分机关复核直接向有关行政机关提出申诉。这种制度安排虽然有可能因原处分机关的"自觉自愿"而及时作出正确的复核决定，在一定程度上有助于提高救济的效率，但将行政处分决定是否合法、适当的裁断权赋予原处分机关，并由其再就自己所作的处分决定进行合法与否的裁断与处理，理论上明显违背了"任何人不能做自己行为的法官"的自然公正原则，且在中国特定的行政体制、官场生态环境等多种因素的影响下，试图借助如此复核程序改变已经生效的

----

① 刘达昌：《关于完善公务员处分救济措施的思考》，《法制与经济》2012年第12期，第107页。

行政处分决定在很多情况下并不具可行性、可能性,实践中往往会流于走法定程序的过场,"其说服力和公正性都令人疑虑"①。再者,允许受处分者可以不经复核直接向其他国家行政机关提出申诉,实际上又等于变相搁置或否定了"复核"的救济程序,设置"复核"程序未免又显得有点多此一举。

(2) 对不服行政处分的申诉程序的规定不够合理、实效性不足。在国家监察制度建立之前,我国公务员法、行政监察法对受处分者不服行政处分规定了向主管行政机关申诉和向行政监察机关申诉两个申诉途径。2018 年 3 月《监察法》颁布并实施,原《行政监察法》同时废止,不服行政处分向监察机关申诉的法定救济制度随之失效,不服行政处分的申诉仅限于向主管行政机关申诉一途,并没有对行政处分创设新的更加有效的法定救济程序。而现行公务员法规定受处分者向主管行政机关、上级行政机关的申诉、再申诉②,因受现行行政体制等的制约,在制度设计上难以合理排除对申诉或再申诉事项作出处理方面的"官官相护"、行政干预等问题,纠错功能仍然不强,实效性明显不足。

(3) 将行政处分排除在了行政复议受案范围之外。行政复议作为具有准司法性或行政司法性的行政内救济制度,相对于对行政处分的复核、申诉、再申诉的救济途径与方式而言,具有明显的优越性,理应是对行政处分寻求权利救济的重要途径。但我国现

---

① 参见徐冰、黄志军:《对公务员惩戒的法律救济》,《法制与社会》2006 年第 12 期,第 151 页。

② 《公务员法》(2018) 第九十五条规定:"公务员不服原处分机关的复核决定或者不经过复核,可以向同级公务员主管部门或者作出该人事处理的机关的上一级机关提出申诉;对省级以下机关作出的申诉处理决定不服的,可以向作出处理决定的上一级机关提出再申诉。"

行相关立法以行政处分属于内部性行政行为等为由,将不服行政处分的事项明确排除在了行政复议受案范围之外①,受处分者不服行政处分等行政责任决定的事项无法借助行政复议途径获得救济。

从行政处分的行政外救济途径来看,虽然按照权力制约权力的控权法机理等的要求,对行政处分的行政外救济理应是最重要,也是最有力的途径,但相对于问题丛生的行政内救济制度而言,行政外救济的途径更窄、制度缺失问题更加突出、实效性更不理想。目前行政系统外对行政处分的救济,基本限于信访制度意义上的申诉、控告等途径,尚没有形成系统化、规范化、法制化的救济制度体系。其所存在的最为突出的问题表现在以下两个方面:

(1)对不服行政处分的信访救济实效较差。所谓信访,在广义上是指有关单位或个人向中国共产党的组织、国家机关、国家统一战线组织以及国有企事业单位等反映情况,提出建议、意见、批评、告诉,并由其依法作出处理的活动。在狭义上,仅指有关单位或个人向国家行政机关反映情况,提出建议、意见、批评、告诉,并由其依法作出处理的活动。② 信访制度是党和国家为了方便人民群众反映和解决问题而于 20 世纪 50 年代创设,至今经历了从权力控制、群众政治参与到权利救济三个阶段的变化。③

虽然信访制度在民意表达、纠纷处理、权益保护等方面不失积

---

① 《行政复议法》(2017)第八条第一款明确规定:"不服行政机关作出的行政处分或者其他人事处理决定的,依照有关法律、行政法规的规定提出申诉。"

② 参见《信访条例》(2005)第二条第一款。

③ 参见夏正林:《我国信访制度的历史流变、困境及出路》,《南京工业大学学报》(社会科学版)2012 年第 3 期,第 43 页。

极作用,但因其存在人治色彩浓厚、党政不分、功能错位、机构庞杂、责权利不明、终结机制不完善、法制化程度低等制度性缺陷,且救济实效较差,而为理论与实务界所诟病,①以至于近年来引发了学界对信访制度的存废之争。姑且不论信访制度的存废问题②,现行信访制度因其功能定位、制度设计等方面存在的问题比较突出,加之其他因素的消极作用,其所能发挥的作用是十分有限的。因为,虽然通过《信访条例》以及涉及信访工作的一大批地方性法规、行政规章、规范性文件,各级各类国家机关、党的领导机关及其相关工作部门被赋予了受理人民群众来信来访的职责权限,但这些信访部门一般不享有对特定行政处分的合法性进行认定并作出具体处理的权限,其对所受理的不服行政处分的信访事项,只能采取转办、交办以及协调、监督办理等方式作程序性的处理。如果有权对行政处分合法性作出认定和处理的行政机关,对存在违法或不当问题的行政处分以信访请求和理由不成立等为由对受理的信访部门作出答复,信访部门并没有其他可解决或者迫使有关行政机关解决问题的法定途径、措施和手段,往往也只能不了了之。再者,被处分者之所以因不服行政处分而走向信访之路,通常都是在已经穷尽了申请复核、申诉、再申诉的法定行政内救济途径未能得到救济的情况之下所作的无奈选择。即便其对行政处分的信访事项确实有理,如果通过信访部门,将信访申诉事项再交由原行政处分的决定机关、作出申诉或再申诉决定的机关去重新处理,尤其是

---

① 参见宋晓玲:《政府公务员行政责任实现研究》,兰州大学 2013 年博士学位论文,第 160 页。

② 本文的基本观点是:信访制度在我国的存在很有必要,但应在对其功能进行合理重塑的条件下,实行法治化改造。

让这些机关纠正自己以前所作出的错误行政处分决定或申诉决定,可能性更是微乎其微。

(2)不服行政处分无司法救济途径。我国现行《行政诉讼法》与《行政复议法》一样,明确将行政主体所作的涉及行政公务员权利义务的内部性行政决定排除在行政诉讼受案范围之外。① 因此,行政公务员不服行政处分决定也不能借助司法诉讼途径获得救济。

3. 问责者责任制度及其缺失

建立对公权力及其行使进行有效监督的法律制度是控制权力腐化与滥用的必然选择。行政问责权属于行政制裁权的范畴。如果行政问责主体及其公务员怠于行使行政问责权,就会放纵行政公权力行使过程中发生的各种违法犯罪行为,并因此导致相关法律制度得不到有效的贯彻执行;如果行政问责主体及其公务员违法行使行政问责权,不但会损害公务员的正当法律权益,而且会对现行行政秩序、法律制度造成严重的破坏,损害社会公平正义。因此,加强对行政问责主体问责行为的监督是建设法治国家、法治社会、法治政府的应有之义和重要内容。加强对行政问责行为的监督,除了要健全行政法制监督、行政法律责任救济制度等相关的监督制度之外,还特别要建立健全对问责者的法律责任制度。

纵观改革开放以来我国涉及行政管理的法律责任制度的建设与发展历程,在较长时间内,我们在行政法律责任规范的设定方

---

① 《行政诉讼法》(2014)第十三条明确规定,人民法院不受理"行政机关对行政机关工作人员的奖惩、任免等决定"。

面,偏重于以行政处罚为代表的行政相对人行政法律责任制度的建构,疏于甚至有意无意规避对行政公权力及其运用的行政法律责任制度的建构。近年来尤其是党的十八大以来,为了落实中央"把权力关进法律的笼子"、加强权力制约与监督的一系列部署精神,我国越来越加强对包括行政问责在内的"从严治吏"相关制度的建设。但现行关于公共行政法律责任制度的建构,在问责对象上主要限于对"被问责者"责任规范的设定,鲜见针对"问责者"所设定的责任规范;所设定的问责事由主要限于行政主体尤其是行政公务员在行使一般行政职权中的违法违纪行为,鲜见将问责主体及其公务员在行使问责权、惩戒权过程中的违法违纪行为作为问责事由的专门规定或条款。以《行政机关公务员处分条例》为例,这部法规最直接、最重要的功能应是"规范行政机关对公务员的行政处分"①,即给行政机关依法、公正实施行政处分设定行为标准和界限,以防控行政处分权的滥用。这种规范作用,不仅体现在其对实施行政处分的原则和基本要求方面②,也体现在行政处分形式(种类)的适用规则、适用对象、适用事由的规定方面,还体现在处分权限及其划分、处分的程序规则设定等方面。但在相关立法

---

① 《行政机关公务员处分条例》(2007)第一条仅将立法宗旨和目的表述为"为了严肃行政机关纪律,规范行政机关公务员的行为,保证行政机关及其公务员依法履行职责"是不够周延的;实际上,"规范行政机关对公务员的处分行为"才理应是制定该行政法规的主要目的所在。

② 《行政机关公务员处分条例》(2017)第三条规定:"行政机关公务员依法履行职务的行为受法律保护,非因法定事由,非经法定程序,不受处分。"第四条规定:"给予行政机关公务员处分,应当坚持公正、公平和教育与惩处相结合的原则。给予行政机关公务员处分,应当与其违法违纪行为的性质、情节、危害程度相适应。给予行政机关公务员处分,应当事实清楚、证据确凿、定性准确、处理恰当、程序合法、手续完备。"

文件之中,虽然设定了较多的行使行政处分权应当遵守执行的义务性条款,但没有一个条款对违反了这些义务性规范的行为应当承担何种责任作出直接规定,即便是在第三章"违法违纪行为及其适用的处分"的 16 个条文之中,基本上也找不到可以直接适用于不履行或者违法履行处分职责的违法违纪行为的责任条款。在这种权利义务与责任配置明显失衡的立法范式的影响下,大量涉及环境监管行政问责的地方性法规、政府规章均未对环境行政问责者应当承担的行政法律责任作出必要的立法回应与表达。以我国所谓第一个环境行政问责的部门规章——《环境保护违法违纪行为处分暂行规定》为例,其所规定的给予行政处分的环境保护违法违纪行为,全部属于环境监管方面的违法违纪行为,丝毫没有涉及有关环境行政问责主体及其公务员在履行环境行政问责职责方面的违法违纪行为及其处分内容。

正是由于涉及行政问责主体及其公务员法律责任的规定严重稀缺,至今没有建立起对问责者进行问责的制度,行政问责权及其行使缺乏明确的责任管控与保障,加之其他不良因素的副作用,即便某个问责主体存在较严重的问责失职、渎职行为,往往也难以追究其责任。故此,在实践中行政问责的不作为、慢作为、乱作为等现象在所难免,包括环境监管在内的行政法律责任的实现程度与水平自然就会因此大打折扣。令人欣喜的是,问责者责任缺失问题,已经引起了中央的重视,并在相关党内法规中已经开始进行了初步但不失重要示范性、引领性价值的规范创制。例如,2015 年中办、国办印发的《党政领导干部生态环境损害责任追究办法(试行)》明确规定对有责任追究不作为等行为的责任人员追究责任；①2015 年新修订的《中国共产党纪律处分条例》对在追究、落实党的纪律责任方面不力或违纪的责任人员规定了明确的责任②。有理由相信，在党中央相关决策部署及党内法规的引领下，对行政问责者依法进行问责的制度将会进一步健全，并在包括环境监管在内的行政法律责任实现方面发挥更加有效的功能和作用。

（四）环境管理体制性障碍

所谓环境管理体制，也称环境行政管理体制或环境资源管理体制，一般是指关于国家环境管理机构设置、领导隶属关系划分、权力配置及其运行的一整套规则和制度体系。③ 其关键在于如何科学设置各种环境行政主体及其职责权限，并为处理好环境行政

---

① 《党政领导干部生态环境损害责任追究办法（试行）》（2015）第十一条第一款规定："各级政府负有生态环境和资源保护监管职责的工作部门发现有本办法规定的追责情形的，必须按照职责依法对生态环境和资源损害问题进行调查，在根据调查结果依法作出行政处罚决定或者其他处理决定的同时，对相关党政领导干部应负责任和处理提出建议，按照干部管理权限将有关材料及时移送纪检监察机关或者组织（人事）部门。"第十三条规定："政府负有生态环境和资源保护监管职责的工作部门、纪检监察机关、组织（人事）部门对发现本办法规定的追责情形应当调查而未调查，应当移送而未移送，应当追责而未追责的，追究有关责任人员的责任。"

② 《中国共产党纪律处分条例》（2015）第一百一十四条规定："党组织不履行全面从严治党主体责任或者履行全面从严治党主体责任不力，造成严重损害或者严重不良影响的，对直接责任者和领导责任者，给予警告或者严重警告处分；情节严重的，给予撤销党内职务或者留党察看处分。"第一百一十五条规定："党组织有下列行为之一，对直接责任者和领导责任者，情节较重的，给予警告或者严重警告处分；情节严重的，给予撤销党内职务或者留党察看处分：（一）党员被依法判处刑罚后，不按照规定给予党纪处分，或者对违反国家法律法规的行为，应当给予党纪处分而不处分的；（二）党纪处分决定或者申诉复查决定作出后，不按照规定落实决定中关于被处分人党籍、职务、职级、待遇等事项的；（三）党员受到党纪处分后，不按照干部管理权限和组织关系对受处分党员开展日常教育、管理和监督工作的。"

③ 参见侯佳儒：《论我国环境行政管理体制存在的问题及其完善》，《行政法学研究》2013 年第 2 期，第 29 页。

主体与其他相关行政主体,以及环境行政主体与其他相关国家机关之间的权利义务关系建构科学、合理、有效的正当规则。

自改革开放开始至 2018 年之前,我国先后进行了四次大的机构改革。在 2018 年 2 月,党的十九届三中全会审议通过《中共中央关于深化党和国家机构改革的决定》和《深化党和国家机构改革方案》,开启新一轮党和国家机构改革之前,我国建立起了以"统一监督管理与分级、分部门监督管理相结合"为基本特征的环境管理体制①,即《环境保护法》第十条②所规定的体制。具体言之,我国在环境管理方面的"统分结合"的体制,就是设立环境保护主管部门负责生态环境的统一管理和保护;针对林木、草原、水、矿产等某些具体要素的开发、利用与保护则由其相对应的职能部门分别进行监管;在环境保护地域管辖权的配置方面采用"地域管辖为主"的管理体制,并没有实行对环境保护全要素的统一管理。对于环境管理的这种体制安排,我国环境法学界向来不乏检讨、反省或批评的声音,一批相关研究成果认为其还存在不少明显不适应新的历史条件下健全环境资源管理体制、提高环境资源管理质量与绩效、加强生态文明建设等需求的问题,因此需要进行改革和完善。

笔者认为,总体来看"统分结合"的环境管理体制还是比较符合我国行政体制与环境资源管理实际的。在我国建立中央高度集权(环境保护由中央实施垂直、集权化管理)、环境保护与环境要素

---

① 参见曾贤刚、魏国强:《生态环境管理体制改革,路在何方》,《环境经济》2015 年第 15 期,第 6 页。

② 《环境保护法》(2014)第十条规定:"国务院环境保护主管部门,对全国环境保护工作实施统一监督管理;县级以上地方人民政府环境保护主管部门,对本行政区域环境保护工作实施统一监督管理。县级以上人民政府有关部门和军队环境保护部门,依照有关法律的规定对资源保护和污染防治等环境保护工作实施监督管理。"

的保护利用统一管理(将环境要素的保护与管理统一纳入环境保护管理范畴)①的环境管理体制,虽然主观愿望是美好的,但并不符合或不完全符合在我国这样一个人口众多、国土广袤、区域经济社会发展很不平衡的发展中大国环境资源管理的实际,缺乏体制设计及其协调运转机制构建的理性,并不一定有效可行。因此,本书认为我国现行环境管理体制所存在的主要问题并不是体制架构本身的问题,而是在这种体制架构之下相关国家行政机关在环境管理方面的职责权限配置及其运行机制的构建不科学、不合理的问题。应当说在这个方面,现行环境管理体制的确存在不少比较突出的问题,其主要表现在以下几个方面:

1. "统一监管"与"分管"的职责权限配置不清、界限不明。在新一轮党和国家机构改革之前,我国的环境保护职责权限,除了由中央和地方环境保护行政机关统一行使之外,还分散配置给了下列相关行政主管部门:一是特别设立的具有一定特殊性的环境保护或污染源防治机构,如军队环境保护部门、海洋环境保护部门、港务环境监管机构等;二是农林土水矿等自然资源保护监督管理部门;三是综合经济及产业管理等其他相关部门。要使这种多部门之间横向环境管理职能"统分"结合的体制能够富有效率地协调

① 部分论著认为在我国现行的"统分结合"的环境管理体制下,环境保护行政主管部门与资源监管等其他相关部门不可避免会出现职能交叉甚至重叠,不利于做好环境保护工作,应实行对环境要素的统一监管体制。例如,有论著即认为:"生态系统整体性的特征导致其中任何一种要素都不能独立于其他要素存在,在对一种要素进行监管时必然会对整个生态系统及其内部的要素产生影响,导致职能部门的利益失衡。环境主管部门虽然可以发挥协调作用,但往往收效甚微,导致生态系统中的自然资源被过度开发,破坏了系统内部自身的良性循环,无法使生态系统的整体效益最大化。"参见曾贤刚、毕瑞亨:《改革环境保护体制机制 建立现代化的环境治理体系》,《环境经济》2014年第12期,第42页。

运转,必须首先在法律上明确、合理划分"统"与"分"的具体职责权限,避免因统管部门与分管部门彼此间的职责权限划分不明确、不合理而出现多头管理、无人管理、推诿塞责等不良行政现象的发生。但在相关环境资源法律法规中,一方面"统"的事权、力度、权威偏弱,"分"的事权过多、过强,存在较为突出的"九龙治水"多头管理问题,管理效能不高;另一方面,除了对统管部门的职责权限作了相对具体的一些规定之外,对分管部门尤其是资源管理部门的环境保护职责权限甚少有具体明确的规定。以水污染防治的相关规定为例,《水污染防治法》仅在第八条①对水污染防治监督管理职责权限划分作了高度概括的"格式化"规定,且实际并没有对水污染防治方面的"统分"监督管理的职责权限进行具体、明确的界定与划分。作为《水污染防治法》实施性法规的《水污染防治法实施细则》理应就"统分"部门尤其是分管部门对水污染防治方面的职责权限作出具体的细化规定,但其竟没有设置任何对水污染防治职责权限作出统一界定和划分的条款。如果依据如此的法律法规,乃至于依据同样对环境保护分管部门分管职责权限语焉不详的《环境保护法》,不但一般社会公众根本无从知晓在水污染防治等环境保护工作中涉及的众多政府部门究竟各自可以做什么、应当做什么、不可以做什么,就是各个分管部门恐怕也并不一定清楚自己在水污染防治等环境保护方面究竟具体有哪些职责权限。法

---

① 《水污染防治法》(2008)第八条规定:"县级以上人民政府环境保护主管部门对水污染防治实施统一监督管理。交通主管部门的海事管理机构对船舶污染水域的防治实施监督管理。县级以上人民政府水行政、国土资源、卫生、建设、农业、渔业等部门以及重要江河、湖泊的流域水资源保护机构,在各自的职责范围内,对有关水污染防治实施监督管理。"

律法规对环境保护的职责权限界定与划分如此不清不楚,在环境管理领域出现权限争议、推诿塞责等问题也就不足为怪了。

2. 没有按照"统分"体制安排合理划分和配置环境管理决策权与执行权。笔者的理解是,由环境保护行政主管部门对环境保护工作实施统一监督管理的权力基础和关键并非环境监督管理执行权,而应是环境行政决策权、普遍性规范创制权等。所谓"统管",理应是指环境保护主管部门在法律授权范围之内对环境监督管理立法权或规范性文件创制权、政策发布权、规划编制权,以及涉及中央或地方政府环境保护面上工作重要事项、跨部门或跨行政区域重大环境保护事项决定权等决策权的集中统一行使。换言之,环境保护面上工作的决策权或者最终决策权应当依法归各级人民政府及其环境保护行政主管部门统一行使。所谓"分管",则是指环境保护主管部门以外的政府相关部门,应当在法律规定的特定环境保护职责权限范围内做好相应的环境保护监督管理工作,重点是分工负责做好环境保护法律、政策、决策在本行业、本部门或本行政管理领域的执行。其所拥有的环境监督管理职权主要是执行权,决策权只应限于分管部门为履行好法律所赋予的特定环境监督管理职责而在其权限范围内的行政立法或规范性文件制定权、环境监管事项决定权等,即"点"问题的决策权。在现行环境管理体制下,之所以环境保护行政主管部门难以有效发挥统管职能,除了与分管部门之间环境保护职责权限划分不明之外,关键的原因在于现行法律并没有依法赋予环境保护行政主管部门环境监督管理的统一决策权。环境监督管理决策权,客观上被大量的"分管"部门所肢解、分割,从中央到地方环境保护部门缺乏统一管理所必需的环境保护统一决策权,因此严重降低了环境保护行政主

管部门的统管权威及对环境保护工作的有效统摄能力。① 在这种
事权配置明显错位的状态下,试图让环境保护行政主管部门发挥
对环境保护工作的统一监督管理职能显然是不可能的。

3. 相关立法对地方人民政府与环境保护行政主管部门之间的
生态环境保护职责权限缺乏明确的界分。如何配置好、处理好地
方人民政府与环保部门环境保护职责权限及其相互关系始终是我
国环境资源行政管理体制改革无法回避的重大问题。我国统分结
合环境管理体制中的所谓"分级"管理,既是指县级以上地方各级
人民政府,对本辖区环境质量负责,分级做好本辖区环境资源的一
般性、全面性监督管理,也是指县级以上地方环保部门分级对本辖
区环境保护实施专门性、部门性监督管理。在体制安排上,环境保
护主管部门属于同级人民政府的工作部门,环境保护行政主管部
门的纵向关系是一种业务指导与被指导、监督与被监督关系,并无
行政隶属关系。对于这种体制安排,环境法学界素来不乏批评或
质疑的声音,论者多将其视为环境监管执法地方保护主义等问题
产生的重要根源,主张应将其改革为省以下环境保护工作实行垂
直领导的体制。②

---

① 据有关论著研究,中央政府53项生态环境保护职能中,涉及环保部的有21
项职能;在这21项职能中,环保部独立承担的占52%,与其他部门交叉的占48%。
参见马妍、董战峰、李红祥:《我国环境管理体制改革的思路和重点》,《世界环境》
2016年第2期,第17页。

② 例如,有论著即主张要"彻底改变现行环保机构隶属关系,由过去的横向地
方政府领导管理体制向由国家环保部统一领导的垂直管理体制转变,并在干部人
事、资金支持等方面脱离地方政府的制约,形成纵向独立的干部任免和资金使用制
度,从而在管理体制设计上摆脱地方保护主义对环境执法的影响"。参见赵成:《论
我国环境管理体制中存在的主要问题及其完善》,《中国矿业大学学报(社会科学
版)》2012年第2期,第40页。

本书认为,地方各级人民政府对本辖区环境质量负责是不可动摇的原则,如果既要求地方各级人民政府对本辖区环境质量负责,又要将环境保护专门管理机构从地方政府中分离出去;既要试图在生态文明建设中,发挥中央与地方两个积极性,又要将环境管理事权按照中央集权模式进行配置,这在认识上是充满矛盾、明显悖理的,在实践中恐怕也是不可行或者做不好的。在处理地方政府与所属环境保护行政主管部门相互关系方面,关键并不在于地方各级人民政府应不应该享有环境管理职责权限并对环境质量负责①,而是在于地方各级人民政府如何履行好环境管理职责、如何能够切实对环境质量负责。其实,之所以在我国环境保护领域,长期以来存在地方政府不支持甚至干预环境保护工作、地方环境行政主管部门环境监管乏力等突出问题,环境保护行政主管部门隶属于同级地方人民政府并非根本原因或最主要的原因,根本或最主要的原因是那些导致环境保护的一般权限机关(政府)与部门权限机关(环保部门)在环境保护方面职能错位、功能异化、价值冲突的因素。其中,传统经济增长方式下唯 GDP 论的政绩考核等制度、地方政府与其环境保护主管部门之间的职责权限与责任配置不明、政府环境责任制度缺失等又是关键的影响或制约因素。在地方政府与其环境保护主管部门之间的职责权限与责任配置方面,除了借助编制"三定方案"等行政管理途径对环境保护行政主管部门的职责权限作出必要的规定之外,在相关立法中既没有对地方各级人民政府在环境保护工作中的职责权限作出具体明确的规定,也没有对同级地方人民政府与其环境保护行政主管部门的职

---

① 参见《环境保护法》(2014)第六条、第八条、第九条。

责权限范围作出具体明确的划分,更没有对地方人民政府及其负责人没有履行好环境保护责任应当承担什么责任、如何承担责任等作出具体明确的规定。因此,在对特定行政区域内享有环境管理最高决策权、综合决策权、协调权以及环境管理领导权的人民政府权力运行规则及其相应责任的法律设定明显缺失的情况下,如果地方政府及其负责人对本地区环境保护工作不重视,甚至在主观上就不愿意对环境保护工作真抓实干,其并不因此而承担相应的法律责任,其所属环境行政主管部门对做好本地区的环境保护工作肯定无能为力,地方政府应当对环境质量负责的规定实际上也就成为了宣示性远远大于实际效用的具文。

4. 缺乏具有高度权威性的跨地区、跨部门、跨行业的环境管理与重大环境管理事项综合协调处理的体制机制构建。统分结合的环境管理体制,不可避免地会在统一的行政组织系统内部产生错综复杂的纵横向环境行政关系。从纵向来看,主要会涉及国家与地方、地方上下级政府、上下级环境行政主体等相互之间的环境行政关系。从横向来看,会涉及环境行政主体与履行一定环境保护职能的其他相关政府部门之间、不同行政区域的环境行政主体之间、不同行政区域的地方政府之间的环境行政关系。要协调处理好如此复杂的环境行政关系,不仅需要依法科学合理设定与配置不同行政主体之间在环境管理方面的事权及其分工,还需要依法建立健全具有高度权威性的对跨地区、跨部门、跨行业的环境管理与重大环境管理事项进行综合协调处理的体制机制。但目前我国在这个方面,无论是对跨地区、部门或行业的统一环境管理体制的构建,对具有综合性且需要相关部门齐抓共管的环境管理事项的配合、协同机制的构建,还是对环境行政管辖权纠纷等重大环境管理事项的协调处理机制的构建等都明显滞后,效果并不理想。①

环境监管行政法律责任的实现,应是以不同级别、类型的环境行政主体之间,以及环境行政主体与其他相关国家行政机关之间的职责权限清晰明确为前提条件的。因为只有职责权限清晰明确,才有可能正确识别和认定环境监管行政违法事实,才有可能正确认定责任主体并在共同环境监管行政违法中正确区分不同责任主体责任的大小轻重,也才有可能杜绝在环境监管行政法律责任的追究方面存在的长官意志、人情执法、滥用问责权力等问责失范问题,实现公正、有效问责。由于我国"统分结合"的环境保护行政体制的不健全,缺乏对地方保护主义等问题的有效管束机制,环境监管失灵现象突出,加之政府与其环境保护主管部门之间、环境保护主管部门与相关政府部门之间在环境保护职责权限的划分方面不够清晰、明确,不但在环境行政问责时往往会出现互相推诿、搪塞的现象,而且在发生环境监管行政法律责任应责事项时究竟应当对谁进行问责、问什么责本身就是一个难以有效确认且随意性颇大的问题,包括环境监管行政法律责任制度在内的环境保护法律制度实效性不强在所难免。在本课题组问卷调查中,受访者在回答"您认为影响环境保护行政执法、监督管理质量与效果的主要因素有哪些"这个问题时,有 59.87% 的受访者选择了"管理体制不健全",足见社会公众对于环境管理体制不健全对环境保护法律

---

① 例如,有论著即认为:"环境保护需要多部门的协调工作,我国目前缺乏高规格的环境管理协调机构。虽然在现有体制下,环境保护部被赋予了协调职能,但却与其他部门处于同等法律地位,事实上又是一个弱势部门,因此不能发挥协调作用。"参见侯佳儒:《论我国环境行政管理体制存在的问题及其完善》,《行政法学研究》2013 年第 2 期,第 31 页。

制度的影响有较高的知晓度。因此，以明晰职责权限为核心改革和完善现行环境管理体制，对于有效实现环境监管行政法律责任具有十分重要的作用。

(五) 其他重要因素的影响

除了以上基本和重要的原因之外，环境监管行政法律责任实现主体本身的体制机制、履职能力等也是影响环境监管行政法律责任实现成效的重要因素。

1. 责任实现主体的体制缺陷。如前所述，作为责任实现主体的国家机关大致可以划分为两类。一类是拥有环境监管行政法律责任实现的职责权限的国家行政机关，包括一般权限行政机关(政府)与部门权限行政机关(主要包括环境行政主管部门、享有行政执法监督权限的部门、享有国家公务员管理权限的部门)、专门行政监督机关(包括享有行政审计监督权的审计机关等专门行政监督机关)。另一类是拥有环境监管行政法律责任实现的相关职责权限的其他国家机关，包括各级权力机关、国家监察机关、司法审判机关、法律监督机关等。在这两类实现主体中，都不同程度存在不利于充分发挥环境监管行政法律责任实现职能的某些体制性问题。其中既涉及在公务员人事管理方面的党政关系科学配置问题，也涉及实现公务员责任方面的国家机关之间权力配置及其相互制约关系问题；既有行政法律责任实现主体的内部性体制问题，也有行政法律责任实现主体与外部相关国家机关职责权限划分等体制性问题。这些问题对于公务员行政法律责任的实现有很大的负面影响，甚至在不同程度上对其有效实现形成了障碍。原行政监察体制及其运行缺陷就是典型的例证，改革传统行政监察体制，建立集中高效、统一的国家监察制度势在必行。①

2. 责任实现主体的履职能力限制。所谓责任实现主体的履职能力，是指环境行政问责主体以及其他相关责任实现主体，依法履行实现环境监管行政法律责任职责权限的各种能量和力量的总称，其主要表现为责任实现主体高质量、高效率履行环境监管行政法律责任实现活动所必需的主客观条件。一般言之，责任实现主体履职能力的强弱主要取决于职业伦理、法律意识、机构设置、人员及其素质、经费供给、技术保障、执法手段、依法办事机制构建等因素。环境监管行政法律责任的实现是将环境监管行政法律规范以及其他相关法律规范适用于特定事项、特定对象的复杂过程。在这个过程中，无论是对相关法律事实及其证据的正确甄别、判断与认定，还是对涉及的相关法律规范的正确理解、适用，都是以环境行政问责主体等责任实现主体有与之相适应的能力为前提和基础的。如果责任实现主体主动依法履职意识薄弱、能力差、水平低，要保证环境监管行政法律责任的有效实现几乎是不可能的。近年来，虽然包括环境行政问责主体在内的责任实现主体的能力建设有了较大提升，但与有效实现环境监管行政法律责任的现实需求相比还有很大差距。例如，地方权力机关对政府行政机关进行法律监督与工作监督的能力弱、力度差、实效不高等问题至今未能得到根本性的解决。

---

① 具体论述参见刘志坚：《环境行政法律责任实现论》，《生态文明与环境资源法——2009 年全国环境资源法学研究会（年会）论文集》。

第九章 环境监管行政法律责任实现对策论

环境监管行政法律责任的有效实现,从根本上来说既有赖于我国依法治国进程的不断推进、法治政府建设效能与水平的不断提高、经济增长方式向可持续发展道路的划时代转变、生态文明建设事业的快速发展、全社会环境意识的进一步觉醒与增强,又有赖于我国政治体制、行政体制、环境保护体制的进一步改革优化,不断破除影响和制约我国环境监管行政法律责任有效实现的体制性障碍,从而为环境监管行政法律责任有效实现营造更好的社会基础与条件。具体言之,要保障环境监管行政法律责任的有效实现,既需要破除陈旧落后的思想观念,树立责任行政等现代行政理念,转变重权力保障轻权力控制约束的立法传统与偏好,又需要解决好相关制度缺失问题,进一步建立健全环境监管行政法律责任及其有效实现的法律制度体系,为环境监管行政法律责任的有效实现提供"良法"基础;既需要加强环境行政问责主体以及其他责任实现主体的能力与作风建设,又需要建立健全有助于环境监管行政法律责任切实有效实现的信息公开制度、公众参与制度,充分发挥社会公众在环境监管行政法律责任实现方面的重要作用;既需要进一步为环境监管行政法律责任的实现营建良好的社会条件与环境,又需要进一步优化环境行政问责主体等国家机关在实现环境监管行政法律责任方面的体制机制。在相关制度建设方面,既要建立健全相关的各项环境保护法律制度,又要建立健全相关的环境行政法制度;既要建立健全环境监管行政法律责任本体制度,又要建立健全环境监管行政法律责任有效实现的相关助成性法律制度。总之,由于环境监管行政法律责任实现不良的成因多元且复杂,因此有效实现环境监管行政法律责任的路径选择也颇多,实难面面俱到地提出具体的对策建议。下文仅针对对环境监管行政法律责任的实现具有最直接、最重要影响的若干因素,就如何促进环境监管行政法律责任的有效实现提出相应的对策建议。

第一节　健全有效促进经济增长方式转变的刚性制度

改革开放以来,我国经济高速发展,创造了所谓"中国速度""中国奇迹",在经济社会发展的各个领域取得了举世瞩目的成绩。但在过去较长的一段时期内,在发展经济方面仍然沿袭了传统的高投入、高消耗、高排放、不协调、难循环、低效率的粗放型增长方式[1],在取得了经济高速增长的同时,也带来了越来越严重的环境问题。这不但给广大人民群众的生命健康和财产安全造成了严重损害,而且给我国经济社会的和谐、稳定、可持续发展造成了严重的威胁,并对全社会环境保护意识的发育、环境保护法律制度的贯彻执行产生了较大的负面影响。

马克思主义法理学告诉我们,无论是法律观念、法律规范还是

---

[1]　参见常永官:《以环境保护倒逼机制促进经济发展方式转变》,《重庆行政》(公共论坛)2013 年第 3 期,第 32 页。

法律制度,都根源于一定的经济基础,都是对特定生产关系的深刻反映和体现。与粗放型的经济增长方式相适应,难免会在经济发展与环境保护问题的认识方面出现重经济增长而轻生态环境保护、重经济 GDP 而轻环保与法治"GDP"等违背科学发展理念的问题,并因此直接影响全社会环境保护意识的树立、环境保护政府责任及环境监管行政法律责任的有效实现、环境保护法律制度在现实社会生活中的有效贯彻执行,从而在我国经济发展与环境保护之间形成了亟待破除的经济主体之间在是否严格遵守环保法规方面、地方政府之间在是否严格执行环保法规方面、经济政策与环境政策之间、中国与其他发展中国家之间在经济社会发展及环境保护方面的四重囚徒困境。① 因此,要破解我国经济发展与环境保护所面临的困境,要促进中国社会的可持续发展,必须汲取世界经济发展的历史教训,从根本上改变传统的粗放型经济增长方式,加强生态文明建设。

从生态环境保护的角度而言,只有彻底转变传统的经济增长观念与方式,才有可能在全社会真正树立起生态优先、人与自然和谐相处、可持续发展等思想,使环境伦理逐步深入人心并实际转化为包括国家机关及其公务员在内的全体社会成员的行为准则,才有可能改变在发展经济过程中所存在的制约或影响生态环境保护的各种错误思想观念和做法,才有可能真正建立起最严格且富有实效的生态环境保护制度。但是,必须清醒认识到转变经济增长方式说易行难、知易行难。因为经济增长方式的转变,不仅意味着对传统产业结构、生产方式、生活方式的改变,还意味着对经济社

---

① 参见刘太刚:《我国经济发展与环境保护的囚徒困境及脱困之道——兼论需求溢出理论的公共管理学发展观》,《天津行政学院学报》2016 年第 2 期,第 3 页。

会发展观念、理念、思想的改变,更意味着对某些传统利益格局的改变,客观上深有难度甚至会遇到较大阻力。因此,"必须打破传统路径的依赖,在难以正向推进的情况下逆向思维,以倒逼机制促进经济增长方式转变"①。其关键就是要建立健全有助于防范和控制不利于生态环境保护、不利于经济发展观念与方式转变的行为的体制机制,促进经济社会可持续发展和生态文明建设。为此,应建立健全更富有实效的政绩考核制度、政府环境审计制度、国家环境督察制度等推进经济增长观念与方式转变,从而为政府环境责任及环境监管行政法律责任的有效实现创造良好的社会条件。

一、健全政绩考核制度

党的十八大报告明确提出了"建立体现生态文明要求的目标体系、考核办法、奖惩机制"的要求。② 2013 年中组部在《关于改进地方党政领导班子和领导干部政绩考核工作的通知》中,对以突出科学发展为导向,改进地方党政领导班子和领导干部政绩考核工作做了具体部署和要求。③ 其后,内蒙古、湖南、陕西、湖北、四川、

---

① 常永官:《以环境保护倒逼机制促进经济发展方式转变》,《重庆行政(公共论坛)》2013 年第 3 期,第 32 页。

② 胡锦涛:《坚定不移沿着中国特色社会主义道路前进 为全面建成小康社会而奋斗》(2012,党的十八大报告)。

③ 例如,中共中央组织部 2013 年发布的《关于改进地方党政领导班子和领导干部政绩考核工作的通知》规定,"不能仅仅把地区生产总值及增长率作为考核评价政绩的主要指标,不能搞地区生产总值及增长率排名。中央有关部门不能单纯以地区生产总值及增长率来衡量各省(自治区、直辖市)发展成效。地方各级党委政府不能简单以地区生产总值及增长率排名评定下一级领导班子和领导干部的政绩和考核等次",要求在政绩考核评价指标设置方面"强化约束性指标考核,加大资源消耗、环境保护、消化产能过剩、安全生产等指标的权重","选人用人不能简单以地区生产总值及增长率论英雄"。

广东、福建、山东、云南、江苏等多个省（自治区）进行了生态文明政绩考核试点，也取得了比较明显的成效。2015年中共中央、国务院发布的《关于加快推进生态文明建设的意见》更明确提出了健全体现生态文明及其建设要求的政绩考核制度的要求。① 2016年12月中办、国办印发了《生态文明建设目标评价考核办法》，国家发展改革委、国家统计局、环境保护部、中央组织部根据该《办法》制定发布了配套性的规范性文件《绿色发展指标体系》和《生态文明建设考核目标体系》，建立起了年度评价与五年考核相结合、体现党政同责要求的生态文明建设目标评价考核办法。

上述关于完善官员政绩考核的要求及制度建构，对于矫正错误政绩观，树立可持续发展、绿色发展、和谐发展的理念，进一步建立健全科学的政绩考核制度与生态文明建设考核制度等无疑具有重要意义，在实践中也发挥了十分积极的作用。但实事求是而言，从制度建设的角度来看，《生态文明建设目标评价考核办法》等还有一些需要进一步完善的问题。其主要表现在以下几个方面：一是在制度创制途径上，主要表现为党内规范性文件或党政联合发布的规范性文件，具有强烈的政策性，还没有形成专门的国家层面的法律制度建构，法制化程度还不够高。二是在适用对象方面，虽然在一定程度上体现了党政同责的要求，有利于强化地方党委和政府领导在加强生态文明建设方面的作用，但考核指标体系设计并没有较好地体现地方党委及其负责人、地方政府及其负责人在

---

① 《关于加快推进生态文明建设的意见》（2015）规定："建立体现生态文明要求的目标体系、考核办法、奖惩机制。把资源消耗、环境损害、生态效益等指标纳入经济社会发展综合评价体系，大幅增加考核权重，强化指标约束，不唯经济增长论英雄。完善政绩考核办法，根据区域主体功能定位，实行差别化的考核制度。"

环境保护、生态文明建设方面的职责权限分工，没有视党政领导职责的不同而提出有区别的、富有针对性的考核要求和标准，存在比较突出的党政职责权限规定不具体明确等问题。虽然地方党委及其负责人、地方政府负责人都负有加强环境保护与生态文明建设的责任，但毕竟党政领导在相关的责权利配置、工作事项与范围、工作程序与方法，以及在履行职责过程中的负责与尽职程度等方面会存在明显的不同，如果仅依据不作任何合理区分的同一个标准、同一个指标体系对党政班子及其领导进行同一性考核评价，不合理考量党政职责权限的划分及其履责实际、能力与水平，则不但难以切实保证考核及其结论的公正性、准确性与科学性，而且还有可能使考核制度异化为推行"人治"的工具，背离制度设计和运行的正当性。三是在制度的规范性方面，还存在考核指标设计不够合理、考核主体过多且协调性不理想、考核程序不健全、考核的公众参与制度缺失、不少规定过于原则笼统等失范性问题。

建立健全完善的政绩考核制度，不但有利于切实促进经济增长观念与方式的转变，而且有利于环境监管行政法律责任的实现。因为通过对领导干部政绩尤其是环境保护、生态文明建设绩效的经常性、定期性考核评价，一方面有助于发现环境监管方面存在的行政违法行为，及时为环境行政问责提供客观真实的线索，便于依法及时查处环境监管行政违法行为。另一方面，考核评价所形成的结论又为有关国家机关对环境监管者进行奖惩提供了直接的依据，对考核评价不合格、不称职甚至存在违法行为的官员依法进行问责会更加强化考核的正当性、有效性与社会公信力。因此，针对生态文明建设评价考核等政绩考核制度存在的上述问题，建议把政绩考核制度规范化、法制化作为其制度完善的基本路径选择，尽快在国家立法层面出台政绩考核的专门性法律、法规,严格遵循法律思维与法治方式,遵循生态环境保护的规律性,树立公正、公开、科学、法治的政绩考核原则,把官员政绩考核的内容、指标、程序、效力、责任等标准化、规范化、制度化,真正做到有章可循、依法考核。与此同时,中央应尽快研究制定同国家法律、法规相协调与衔接的关于党员领导干部政绩考核的专门性党内规范性文件。

二、健全政府环境审计制度

环境审计作为我国审计制度的重要组成部分,对于明确政府、企业所应承担的环保责任,改进对自然资源和环境保护的管理,改善环境质量,促进经济的可持续发展具有十分重要的作用。[1] 环境审计通过跟进环保资金运用的整个过程,不断发现问题、提出问题,促进解决问题和完善相应的制度机制,从而推动环境保护的全面健康发展。[2] 与审计监督的制度体系相适应,环境审计也有国家环境审计(政府审计)、内部环境审计与社会环境审计之分。其中对政府及其公务员的环境审计,属于政府环境审计或者环境行政审计的范畴。

由于我国政府环境审计尚处在初步建立和发展阶段,政府环境审计的法律制度尚不健全,学界对政府环境审计的概念涵义还

---

[1]　参见陈艳:《论我国环境审计法律制度的完善》,《环境保护》2013 年第 9 期,第 45 页。

[2]　参见何勰、张卉:《论循环经济条件下政府环境审计的作用、机制与路径》,《商业会计》2012 年第 23 期,第 68 页。

有不尽相同的理解。① 本书认为,政府环境审计就是指由国家审计机关对政府、企事业单位与环境资源开发、利用、保护等相关的财政、财务收支的真实性、合法性及经济效益状况等进行的审查、核实、评价活动,是国家审计机关对政府、企事业单位等是否遵守执行相关的环境法律、法规、规章,是否切实履行环境保护义务等依法开展的审计监督活动。政府环境审计的重点就是环境行政主体及其公务员履行环境决策责任、对环境政策与法律的执行责任、环境监管责任等情况。

加强对环境行政主体及其公务员的环境审计监督,既是促进政府转变经济发展观念与方式,切实贯彻执行环境保护法律制度,忠实履行环境责任不可或缺的制度安排,也是促进环境行政主体及其公务员忠实履行环境监管职责,提高环境监管质量和绩效的重要路径。但就制度建设的现况而言,政府环境审计制度及其实践与加强对环境行政主体及其公务员的环境审计的需求相比,还存在较大的不足或问题,需要有的放矢进一步加强制度建设,消除

① 对于政府环境审计,代表性观点有二:一是将政府环境审计理解为国家审计机关对政府及其环境行政主体的有关事项进行的监督、评价等活动。例如有论著认为:“政府环境审计包括对各级政府环保资金的筹集、使用及国家大型环保项目的审计和对政府环保部门制定的环境规划和政策是否符合环境保护法等有关法律、法规进行监督,并依据环境质量标准、污染物排放标准和环境保护基础标准,审查政府环境规划和政策执行的结果和效果。”参见张春梅:《环境审计理论结构要素及其构建》,《山西财政税务专科学校学报》2005 年第 1 期,第 39—40 页。二是将政府环境审计理解为国家审计机关对政府及其环境行政主体以及企事业单位与环境保护有关的事项进行的审计。例如,有论著将政府环境审计界定为:“为促进政府实施可持续发展战略,由审计机关对政府和(或)企事业单位等被审计单位的环境管理以及有关经济活动的真实、合法和效益性所进行的监督、评价和鉴证等工作。”参见刘达朱、王本强、陈基湘:《政府环境审计的现状、发展趋势和技术方法》,《审计研究》2002 年第 6 期,第 18 页。

相关制度缺失,提高制度的执行力与实效。对此,相关研究成果已经做了富有针对性的研究,既找准了我国政府环境审计制度及其实施方面所存在的突出问题,又提出了解决问题的具体对策建议。①

三、健全环境督察制度

要探究环境督察制度,首先有必要对"督察"与"督查"这两个语词作出阐释。这不仅是因为,"督察"与"督查"是近年来在我国使用频度较高且在有关公文及新闻报道中常被混同使用的两个概念范畴,还因为即便是在我国生态环境保护领域,迄今为止也已经建立了若干分别以"督察""督查"为关键语词的相关制度,且这些制度在调整对象、事项与范围方面有时也存在相同或相似的地方,存在

---

① 例如,有论著认为,"我国政府环境审计对象和审计内容比较单一,多以财政资金的使用和管理开展环境资金审计,而对环境保护专项资金的使用效益评价、环境影响评估、环境绩效审计以及环境政策审计涉及较少,对地方领导干部开展自然资源资产和环境责任离任审计,对生态文明建设责任实行终身追责审计较少涉及",应结合我国政府环境审计实践,以责任政府建设为视角对政府环境审计进行制度建构,创新审计组织方式,积极开展资源环境审计、环境绩效审计和环境责任的追踪审计(参见冉春芳、刘学志:《政府环境审计的构建:基于责任政府的视角》,《会计之友》2015年第16期,第114页)。有论著主张,要建立健全并实施好我国的政府环境审计制度,应从以下几个重要方面入手:探索建立由国家环境保护行政主管部门统一负责实施的政府环境审计体制;通过修改《审计法》《环境保护法》及其他环境资源方面的专项法律授予环境保护部门开展政府环境审计的职责权限;加强政府环境审计与绩效考评等相关制度间的协调,以政府环境审计制度推动各项考核评价制度实施;加强政府环境审计机构与队伍建设;加快构建政府环境审计规范化与标准化体系建设;强化政府环境审计结果的运用,提高政府环境审计的权威性等(参见王金南、赵学涛、蒋洪强:《政府环境审计需破几层冰?》,《环境经济》2015年第3期,第9页)。

一定的概念使用上的混乱现象。如果对"督察"与"督查"不作必要的语义分析，很难合乎理性地解释和界定环境督察制度。

那么，从语义角度来看，"督察"与"督查"究竟是同一概念，还是不同概念？是可以相互替代性概念，还是不可替代性概念呢？对此，有论著曾作了专门的辨析，认为"督察"与"督查"两个概念虽然在词义上不乏共通之处，但结合其在党政机关工作中的具体使用情况，可以从以下方面把握其不同用法："督察"一词在作动词使用时，其目标是提醒、敦促有关单位和人员遵纪守法，督察的对象侧重于那些有线索指向、涉嫌违法违规的单位和人员，结果很可能导致约谈整改、责任追究等；在作为名词使用时，主要是指承担督察职责的岗位和职务。而"督查"，一般仅作动词用，为督促检查之意，侧重动作和过程，出发点和落脚点在于促进工作开展、任务落实。① 笔者认为对"督察"与"督查"作如此区分是十分牵强的。首先，从汉语语词学意义上来看，"督察"之"察"所包含的察看、观察、考察、察访、察探之意与"督查"之"查"所表达的考查、检查、调查、查验、查访等有高度雷同或同义之处，从语词的使用角度而言，两者是完全可以替代使用的，试图仅从对其作动名词使用的角度并不能合逻辑地将两者截然区分开来。其次，如果从党政机关工作中对这两个概念使用的情况，作如上的区分也是不符合实际的，因为工作意义上的"督察"与"督查"同样都具有检查督促、发现问题、处理问题之意，并不能对两者作如上所言的区分。因此，要从语义及语词用途角度来清晰、明确地界分"督察"与"督查"是十分困难的，实际上也没有太大的必要性与价值。应当将研究重点放

---

① 参见潘波：《说说"督察"与"督查"》，《秘书工作》2016 年第 7 期，第 79 页。

到制度是否健全完善以及如何健全完善等方面，而不应过多讨论制度应当被称为"督察制度"还是"督查制度"。

迄今为止，我国在国家治理与行政管理领域，已经建立了诸多以"督察"或"督查"为关键词的相关制度。仅从我国生态环境保护领域来看，已经建立的以"督察""督查"为核心语词的制度就不少，其中主要者有以下三种：

1. 环境保护督查制度。所谓环境保护督查，即环保督查，是指国家环境保护行政主管部门及受其委托的区域环保督查中心对地方政府执行国家环境法规、政策、规划、标准情况开展的监督检查。它有别于环境应急督查、案件督查等微观层面的督查，属于环境管理体系与国家监察制度的组成部分，属于环保机关对环境保护工作的宏观监督检查形式。[①] 督查的主要内容是地方政府和地方环保部门执行国家环保法律和政策的情况，即地方政府和环保部门是否履行了法律法规确定的职责，是否实施了相关政策规定的措施，是否对污染企业采取了法定的处理措施，是否实现了相关环境保护目标等。[②] 2005 年，针对过去我国地方环境保护部门的执法能力偏弱、执法手段偏软，以及对环境执法的地方保护主义干预问题突出、环境保护制度与责任在一些地方难以得到落实等问题，国务院在发布的《国务院关于落实科学发展观加强环境保护的决定》中明确提出"建立健全国家监察、地方监管、单位负责的环境监管体制。国家加强对地方环保工作的指导、支持和监督，健全区域环

---

① 参见卢立栋、杨峰等：《我国宏观环境督查体系现状调研》，《山西建筑》2012年第 36 页，第 211 页。

② 参见尚宏博：《论我国环保督查制度的完善》，《中国人口·资源与环境》2014 年第 3 期，第 39 页。

境督查派出机构,协调跨省域环境保护,督促检查突出的环境问题"①。2006 年 7 月,原国家环保总局决定在华北、华东、华南、西北、西南和东北六大区域设立环保督查中心,环境保护督查制度正式建立。

2. 环境专项工作督察制度。所谓环境专项工作督察制度,是指国家为了加强对特定环境资源要素管理或特定环境资源工作的监督检查所建立的专门督察制度。迄今为止已经正式建立并实施的环境专项工作督察制度主要包括以下三项:一是土地督察制度。2004 年《国务院关于深化改革严格土地管理的决定》提出了建立国家土地督察制度的要求。② 2006 年国务院办公厅正式发布《关于建立国家土地督察制度有关问题的通知》,授权原国土资源部代表国务院对各省、自治区、直辖市,以及计划单列市人民政府土地利用和管理情况进行监督检查,并对国家土地总督察及其办公机构、派驻地方的国家土地督察局的设立等作了具体规定,我国土地督察制度随之正式建立。③ 设立土地督察制度的主要目的就是为了切实加强土地管理工作,完善土地执法监察体系,强化对土地违法行为、土地执法行为的监管。从现行有关规定对土地督察制度的功能定位来看,其督察对象和内容既包括对外部行政相对人土地违法行为的监督检查,也包括对土地行政监督违法行为的监督检查,核心是为了监督土地执法行为。二是环境行政执法后督察制度。2007 年 8 月,原国家环保总局印发《关于加强环境执法后督察工作的通知》,开启了环境行政执法后督察制度的建设与

---

① 参见《国务院关于落实科学发展观加强环境保护的决定》(国发〔2005〕39 号)。

② 参见《国务院关于深化改革严格土地管理的决定》(国发〔2004〕28 号)。

③ 参见《关于建立国家土地督察制度有关问题的通知》(国办发〔2006〕50 号)。

实践历程①。2010 年原环保部制定发布了《环境行政执法后督察办法》。根据该《办法》的规定,环境行政执法后督察主要是为了监督检查已经生效的环境行政处罚、行政命令等环境行政执法行为的执行情况,其监督检查的对象也是既包括行政相对人也包括环境行政主体及其公务员,核心是环境行政执法主体及其公务员在环境行政执法中是否严格依法办事,直接目的是为了提高环境行政执法效能。② 三是海洋督察制度。2011 年原国家海洋局相继发布了《关于实施海洋督察制度的若干意见》(国海发〔2011〕26 号)、《海洋督察工作管理规定》(国海发〔2011〕27 号)和《海洋督察工作规范》(国海发〔2011〕52 号),在全国开始建立并实施海洋督察制度。根据《海洋督察工作管理规定》第二条,所谓海洋督察,是指上级海洋行政主管部门对下级海洋行政主管部门、各级海洋行政主管部门对其所属机构或委托的单位依法履行行政管理职权的情况进行监督检查的活动,属于内部行政监督、行政层级监督的范畴。2016 年 12 月原国家海洋局经国务院批准发布了《海洋督察方案》,授权国家海洋局代表国务院对沿海省级人民政府及其海洋主管部门和海洋执法机构、设区市的人民政府进行监督检查。重点督察地方人民政府对党中央、国务院海洋资源环境重大决策部署,有关法律法规和国家海洋资源环境计划、规划、重要政策措施的落实情况。③ 海洋督察因此不再仅属于内部行政监督、行政层级监督

---

① 参见杨光忠、胡金映等:《中国环境行政执法后督察制度探析》,《中国科技信息》2012 年第 10 期,第 183 页。

② 参见原环境保护部:《环境行政执法后督察办法》(2010)第二条、第三条等规定。

③ 转引自吴琼:《建立实施海洋督察制度的重大意义》,《中国海洋报》2017 年 1 月 24 日。

的范畴,其同时还具备了专门行政监督的属性。此外,国家水资源督察制度也正在建立之中。2014 年《水利部关于深化水利改革的指导意见》提出要探索建立国家水资源督察制度。① 2015 年中央 1 号文件明确要求"建立健全规划和建设项目水资源论证制度、国家水资源督察制度"②。

3. 环境保护督察制度。2015 年 7 月,中央深改组第十四次会议审议通过了《环境保护督察方案(试行)》,次年 1 月中央环境保护督察制度正式开始实施。③ 其后,环境保护督察制度作为体现生态文明建设"党政同责"要求的一项核心制度安排,在全国各地得以相继推行。从目前我国实施环境保护督察方案的具体情况来看,可以将环境保护督察分为中央环境保护督察与地方环境保护督察两个层面来认识。根据《环境保护督察方案(试行)》,中央环境保护督察,是由原环保部牵头成立,中纪委、中组部的相关领导参加的中央环保督察组代表党中央、国务院对各省(自治区、直辖市)党委和政府及其有关部门开展环境保护督察。督察的重点是环境问题突出、重大环境事件频发、环境保护责任落实不力的地方,督察的主要任务和目的是严格落实环境保护主体责任、完善领导干部目标责任考核制度、追究领导责任和监管责任,推进生态文明建设。④ 在中央启动环境保护督察工作之后,全国各地相继按照

---

① 转引自李海辰、王志强、吴辉明等:《中国水资源督察制度研究》,《中国人口·资源与环境》2016 年第 5 期(增刊),第 336 页。

② 参见《中共中央、国务院关于加大改革创新力度加快农业现代化建设的若干意见》(2015)。

③ 参见张建功:《中央环境保护督察机制下如何推进国家水资源督察制度建设》,《水利发展研究》2016 年第 9 期,第 7 页。

④ 参见同上文,第 8 页。

《环境保护督察方案(试行)》的精神及中央环境保护督察的体制机制,建立起了与中央环境保护督察基本相同的地方环境保护督察制度。环境保护督察制度与已经建立起来的环境专项工作督察制度存在明显的不同,环境保护督察制度是党内监督与国家监督、行政监督有机统一,针对突出的环境与环境管理问题,以监督检查地方党政领导干部环境保护履职情况为出发点,体现并落实生态环境保护"党政同责、一岗双责"要求的具有高度权威性的创新性监督制度。

在我国环境保护与生态文明建设的具体实践中,上述以"督察"或"督查"为关键词的制度对促进经济增长观念与方式的转变,遏制环境行政主体及其公务员乃至于行政相对人的环境违法行为,落实政府环境责任及环境行政法律责任,提升环境资源法律制度的执行力与实效性等均发挥了重要的作用。但上述制度在制度建设与实施方面,都不同程度存在法制化水平不高、体制机制不健全、职责权限边界不清、督促检查规程缺失等诸多有待完善或改进的地方。其中缺乏权威性的立法保障与规制,制度的规范化、精细化、法制化程度不高可以说是上述所有制度存在的最突出的共性问题。① 要使上述制度发挥更好、更大的作用,理应尽快提升制度的法制化程度与制度要素的健全程度。同时,从上述环境监督检查的制度及其建构并不难看出,使用了"督察"关键词与"督查"关键词的制度,无论是在监督检查的对象、事项,还是监督检查的方

---

① 例如,有论著认为现行的区域环保督查制度就存在督查机构非行政主体、督查缺乏高规格的法律依据、督促职能配置偏弱、督查对象与内容不明确等亟须改善的问题(参见尚宏博:《论我国环保督查制度的完善》,《中国人口·资源与环境》2014年第3期,第40页);有论著认为我国土地督察制度在法治保障方面存在机构设立法律权威不足、配套法律规范缺乏两大问题(参见于博文、王力:《中国土地督察制度的问题和改进》,《国土资源情报》2014年第6期,第8页)。

式方法、法律后果等方面都不乏共同或交叉之处,彼此之间并无实质性的差别。假设将两个关键词互相替代一下(如将"土地督察"的称谓变更为"土地督查"),似乎并不会对制度的性质与功能产生根本性的影响。由此就自然引发了另一个更加值得讨论的重要问题:如果不去研究并整合调适包括但不限于上述的各项环境监督检查制度相互之间的逻辑关系,有没有可能从根本上有效解决各个单项制度的制度建设及其实施所存在的问题呢? 答案显然是不可能的。这主要是因为,国家环境监督检查制度理应是由不同功用的各项具体法律制度统分结合、有机联系、相辅相成、相互配合而形成的制度体系。要建成这样的制度体系,固然需要有合规格、合理性且健全的若干单项制度,更需要建立健全各个单项制度间的分工协作机制。如果在制度建设与完善过程中,缺乏对制度体系的宏观把握与顶层设计,只关注单项制度的个体完善,而不合理考虑并兼顾单项制度与相关制度、与整体制度之间的关系,"只见树木不见森林",就往往难以避免在单项制度间出现职能交叉重叠、协调与衔接程度不高甚至矛盾冲突等问题,从而不但会增大单项制度供给与运行成本,降低其效能,而且会增大整个制度体系的供给与运行成本,降低整个制度体系的实效性。上述各项环境"督察"或"督查"制度,既存在单项制度设置过多并日益扩大化的问题(例如现在已经针对作为环境要素的土地、海洋设置了督察制度,正在建立水资源的督察制度。若依此逻辑,是不是还要继而设置针对大气、森林、矿产资源、草原等环境要素的所谓督察制度?),也存在比较突出的职能重复、交叉等督促检查职责不清不明的问题(虽然上述各项制度侧重点有所不同,但实际上都在不同程度上包括了对环境监管者与行政相对人的督促检查职能)。这种情况,或多或少显现出了环境督察（查）之乱象，并不利于依法规范有序、持久长效做好环境监督检查工作，理应进行必要的改革完善。

那么，究竟如何对我国环境督促检查制度进行改革完善呢？建议以建立国家统一的环境保护监察制度与环境保护督察制度为抓手，以"两分离一结合"，即环境保护行政主管部门的环境监督检查职能与各级人民政府的环境监督检查职能分离、党组织对环境工作实施监督的职能与国家行政机关环境监督检查职能相分离、各级人民政府的环境监督检查职能与其他国家机关对环境保护工作的监督职能适当结合为基本思路，以保障监督的权威性、针对性、实效性为关键，以实现制度建设的法制化为基本路径，按照下列构想建立健全我国的环境保护监督检查制度体系：

1. 建立统一的环境保护监察制度。其基本要求就是以环境保护行政主管部门享有的环境保护监管职责权限为依据，统筹、整合现行的各项环境保护行政监督制度，在国家环保系统建立统一的环境保护监察制度。具体构想：一是将目前环保部门所建立的环境督查制度、环境行政执法监督制度、环境行政执法后督察制度、针对行政相对人的环境监察制度[①]等环境监督检查制度，统一整合

①　原环保部《环境监察办法》（2012）第二条规定："本办法所称环境监察，是指环境保护主管部门依据环境保护法律、法规、规章和其他规范性文件实施的行政执法活动。"第六条规定："环境监察机构的主要任务包括：（一）监督环境保护法律、法规、规章和其他规范性文件的执行；（二）现场监督检查污染源的污染物排放情况、污染防治设施运行情况、环境保护行政许可执行情况、建设项目环境保护法律法规的执行情况等；（三）现场监督检查自然保护区、畜禽养殖污染防治等生态和农村环境保护法律法规执行情况；（四）具体负责排放污染物申报登记、排污费核定和征收；（五）查处环境违法行为；（六）查办、转办、督办对环境污染和生态破坏的投诉、举报，并按照环境保护主管部门确定的职责分工，具体负责环境污染和生态破坏纠纷的调解处理；（七）参与突发环境事件的应急处置；（八）对严重污染环境和破坏生态问题进行督查；（九）依照职责，具体负责环境稽查工作；（十）法律、法规、规章和规范性文件规定的其他职责。"

并更名为国家环境保护监察制度,并在县级以上环境保护主管部门设立相对独立、垂直领导并拥有执法主体资格的环境保护监察局统一负责监察制度的贯彻执行。二是将环境保护行政监察定性为内部行政监督与外部行政监督相结合的监督制度。作为内部行政监督,其以下级环境行政主体及其公务员作为监督对象(为了强化监督的权威性与有效性,排除地方政府对监督工作的非法干预,可将此项监察权上提一级,由上一级环境保护监察局对下一级环境行政主体及其公务员行使监察权),以环境行政主体及其公务员是否存在环境监管行政违法行为为主要监督事项。作为外部行政监督,其以所在行政区域内的行政相对人为监督对象,以行政相对人是否遵守和执行已经生效的具体环境行政行为、是否存在环境违法行为为主要监督事项。为了避免地方保护主义对环境监察工作的干预,也可以参照原区域环境督查机构的设置模式,设立若干跨区域的环境监察机构对重大、疑难、跨区域的环境保护违法违纪事项进行监察。特别需要注意的问题是,在环境保护监察管辖权及其职能的配置方面,一定要注意科学、合理划分环境保护行政主管部门的日常环境监管与环境监察之间的职责权限。环境监察的职能原则上应限于查处行政相对人的环境违法行为与环境行政主体及其公务员的环境监管违法违纪行为,不能代替环境保护相关部门的日常监管职责。三是修改《环境保护法》等相关法律为建立统一的环境保护监察制度提供授权法依据,并由国务院制定《环境保护监察条例》对环境监察制度作出全要素的统一法制化设计和构建。

2. 建立统一的环境保护督察制度。其基本要求就是以人民政府的环境监督职权为基础,并结合权力机关对政府工作的法律监督和工作监督职权,以及人民政协对政府的民主监督职权,统筹、整合现行的国家环境督察制度、土地等环境要素督察制度,建立统一的环境保护督察制度。具体构想:一是将环境保护督察划分为国家环境保护督察与地方环境保护督察,并作相应的体制安排。在国家层面,由国务院在每次开展督察工作之前牵头设立非常设的国家环境保护督察组。国家环境保护督察组设组长 1 人,副组长 2 人,成员若干人。督察组组长、副组长由国务院从熟悉环境保护工作的现任副部级以上领导干部中选任,成员由全国人大环境与资源保护委员会、全国政协人口环境资源委员会以及生态环境、发展改革、财政、人力与社会保障、自然资源等相关部门副局级以上领导同志担任。在生态环境部设立常设的正局级国家环境保护督察组办公室,处理日常工作事项。在地方层面,只在省、自治区、直辖市设立地方环境保护督察组,负责在本行政区域内开展环境保护督察工作。其机构参照国家环境保护督察组及其办事机构的设置规格进行相应的设置。二是环境保护督察工作每两年定期进行一次。国家环境保护督察的主要事项是国务院有关部门、中央直属企业和各省、自治区、直辖市政府等贯彻执行环境保护法律法规与中央环境保护决策的情况、落实环境保护与生态文明建设责任制的情况、应对和治理突出环境问题的情况、环境监管执法等环境监管能力建设情况。地方环境保护督察的主要事项是所属市(州)、县、区政府及其有关部门、省属企业等贯彻执行环境保护法律法规与中央和所在省份环境保护政策部署的情况、落实环境保护与生态文明建设责任制的情况、应对和治理突出环境问题的情况、环境监管执法等环境监管能力建设情况。三是先由全国人大常委会作出试点建立国家环境保护督察制度的授权决定,并通过修改《环境保护法》等相关法律为建立统一的环境保护督察制度提供明确的法律依据,继而在总结试点经验的基础上,加快制定《国家环境保护督察法》对环境保护督察制度作出全要素的法制化设计和构建。

3. 健全党委依法依规有效参与环境督察的机制。正在实施的由党的纪律检查部门、组织部门领导参与的环境保护督察制度对于落实生态文明建设"党政同责"要求,扭转长期以来环境执法偏松、偏软等环境监管失灵的状况,形成了强大的震慑力,在环境监管问责等方面取得了前所未有的成效。实践表明在我国建立层级高、权威性强、快速高效的环境保护督察制度是对环境保护体制机制改革的重大创新,是十分必要和重要的。但由环保行政主管部门牵头来成立由党的纪委、组织部门领导同志参加的督察组开展督察工作,在体制机制以及职能分工等方面或多或少存在某些不够顺畅、合理的问题,在一定时期为解决环境保护方面的特殊困难与问题是可以的,但不宜作为长效的制度设计。为了更好协调党委与政府以及其他相关党组织、国家机关等在加强生态文明建设尤其是在环境保护监督检查方面的职能分工,加强党对生态文明建设的领导与监督职能,更加有效且符合规律地落实生态文明建设"党政同责"的要求,建议在按照前述构想建立健全国家环境保护督察制度后,党的纪律检查委员会、组织部等部门的领导同志一般不再参加环境保护督察组。党的领导机关、纪律检查机关以及其他工作部门可以通过下列途径做好党对生态环境保护工作的监督检查工作:一是建立党内环境保护专项巡视制度。党中央 2015 年、2016 年颁布的《中国共产党巡视工作条例》《中国共产党党内监督条例》两部十分重要的党内法规,实现了党内监督的规范化、制度化。中央可以根据《中国共产党巡视工作条例》第十六条关于专项巡视的规定①和《党政领导干部生态环境损害责任追究办法（试行）》等相关规范性文件的规定,针对党的领导机关和党员领导干部在环境保护和生态文明建设方面所担负的义务与责任等,制定更加切合实际的环境保护或生态文明建设专项巡视的规范性文件,建立定期与不定期相结合、面上巡视与点上巡视相结合的专项巡视制度。为了提高环境保护监督检查的效率,也可在相关的国家环境保护督察立法与中央党内规范性文件中,在必要时对党政联合进行环境保护督察或巡视作出相应的制度安排。二是建立国家环境保护督察组向党的领导机关、纪律检查机关报送督察报告和移交党员领导干部违反党纪案件材料的制度。按照前述国家环境保护督察制度改良方案,虽然党的纪律检查机构和有关部门领导一般不参加国家和地方环境保护督察组,但不意味着党的相关组织不可以更好地履行对环境保护与生态文明建设乃至于国家环境保护督察制度的监督权。通过建立督察报告报送制度、督查中发现的违反党纪案件材料的移送制度,不但有助于党的领导机关及时了解、掌握环境督察制度工作的情况及中央与地方环境保护、生态文明建设的情况,以便其有针对性地制定或修改相关的政策,确定党内环境保护专项巡视的对象、目标与任务,而且有助于党的纪律检查机关依法依规追究违反党纪的党组织或党员领导干部的纪律责任,从而更加有效地运用好环境保护督察资料与成果。

4. 充分发挥国家监察机关在环境行政法制监督方面的作

---

① 《中国共产党巡视工作条例》(2015)第十六条规定:"派出巡视组的党组织可以根据工作需要,针对所辖地方、部门、企事业单位的重点人、重点事、重点问题或者巡视整改情况,开展机动灵活的专项巡视。"

用。"改革国家监察体制,建立权威高效的反腐败专门机构——国家监察委员会,是以习近平同志为核心的党中央着眼于'四个全面'战略布局协调推进的重大举措,是中国特色反腐败体制改革的重大创新。"①根据习近平总书记的要求和党中央相关战略部署设立的国家监察机关,不同于传统的行政监察机关,是专司反腐败职能的专门国家机关,是独立的国家监督执法机关。它的基本职能就是基于法律赋予的监督执法权,依法监督、调查与处置公职人员违法犯罪行为,治理社会腐败。因而,国家监察机关的设立,对于彻底克服传统行政监察制度的缺陷,加强对国家公职人员的监督,依法查处国家公职人员行政违法犯罪行为,切实保障公共行政法律责任的有效实现具有十分重大的意义与作用。有理由相信,国家监察机关正式建立并在建立健全监督执法制度、机制的基础上,必然会在查处环境监管行政违法行为、切实保障环境监管行政法律责任实现方面发挥富有实效的作用。

第二节　以强化责任自觉为核心培育现代行政伦理

要摒弃对环境监管行政法律责任科学设定与实现产生负面影响的"官本位""权力本位"等传统思想观念,以及在处理人与自然关系方面的强式人类中心主义思想,唤醒或加强环境行政公务员在履行环境监管职责过程中的责任自觉,解决环境监管行政法律

---

① 参见吴建雄:《监察委员会的职能定位与实现路径》,《中国党政干部论坛》2017 年第 2 期,第 7 页。

责任及其实现的制度缺失等问题,必须首先着力培育并建构体现环境伦理时代要求的行政伦理。

一、以塑造职业核心价值观为基础构建行政伦理体系

建构行政伦理体系,塑造行政职业核心价值观,是培育行政公务员行政伦理的基础和前提,也是重要路径选择。所谓行政伦理体系,是指由人们在长期认识和实践活动中形成的相对稳定的关于公共行政的道德伦理观念以及道德伦理规范有机构成的体系。行政职业核心价值观,是行政公务员行政伦理或者职业伦理建设的本质与灵魂,是关于行政伦理的终极信念、最高信仰与根本行为准则。在我国社会深刻转型、经济社会快速发展、全球化及现代化进程不断加快的时代背景之下,社会矛盾凸显,外来不良文化或思想观念强力渗透,社会道德水准滑坡,信仰危机加深,建构符合中国实际、具有中国特色的现代行政伦理体系,塑造、培育行政职业核心价值观无疑具有十分重大的现实意义。

行政伦理作为社会道德伦理的重要组成部分,行政职业核心价值观作为社会主义核心价值体系的重要组成部分,既是行政公务员必须自觉坚守的共同道德理念、行为标准与价值取向,也是党和人民对行政公权力运作的基本要求。当前,要培育起行政公务员的行政伦理观念,树立职业核心价值观,一是要加强对行政公务员的道德伦理教育。在这个方面的重点是要把道德伦理教育纳入行政公务员培训教育体系,并建立健全定期培训教育与不定期培训教育相结合、一般性培训教育与专题性培训教育相结合、课堂培训教育与观摩培训教育相结合的常态培训教育机制,增强培训教

育的针对性、有效性,从而让社会主义核心价值观、道德观内化于心、外化于行,从思想根源上解决行政伦理失范问题。二是将社会主义核心价值观融入到行政法治建设的各个重要环节。在这个方面的重点是对行政立法、行政执法、行政问责、行政法制监督、行政守法等环节提出具体的伦理道德要求,将社会主义核心价值观的要求与行政伦理要求转化为具有刚性约束力的制度规定,充分发挥行政伦理对做好包括环境监管在内的各项行政管理工作的基础性作用。三是以社会主义核心价值观为基础建构行政伦理体系。在这个方面应着力研究并建构符合新时代、新形势要求的行政伦理体系,塑造、培育行政公务员职业核心价值观。近年来,一些党政机关根据中央的部署,针对本机关、本系统工作规律、特点和实际提出了核心价值观,并开展核心价值观教育。① 借鉴有关党政机关对相关职业核心价值观或职业伦理标准构建的成果,根据我国行政管理的实际,可以将行政伦理核心价值观的基本内容归结为忠诚、为民、公正、守信、敬业、廉洁等六个方面。

二、培育公务员行政伦理自主性及其主观责任意识

不论是环境行政主体及其公务员对环境监管义务、行政法律责任义务的履行,还是各类责任实现主体及其公务员对环境监管行政法律责任实现职责的履行,都离不开公务员道德自觉性或伦

---

① 例如,中央政法委 2011 年提出了"忠诚(忠于党、忠于国家、忠于人民、忠于法律)、为民(始终把人民放在心中最高位置,切实做到执法为民)、公正(公正执法、维护社会公平正义)、廉洁(清正廉明、无私奉献)"的政法干警核心价值观,并在全国开展政法干警核心价值观教育活动。

理自主性的作用。① 因此,要提高行政公务员在履行行政法律责任义务及实现行政法律责任职责等方面的道德自觉性或伦理自主性,必须重视对行政伦理本身的培育。

笔者认为,对行政公务员行政伦理的培育,重点是培育其在行使行政权力过程中的道德意识、法律意识、责任意识、诚信意识、服务意识、敬业意识,重心是培育其道德自觉性和责任感;基本目标是塑造和树立公正廉洁、忠诚为民等职业核心价值观;培育的内控性途径就是开展持久而有效的行政伦理教化。对行政公务员进行行政伦理教化的方式方法多种多样,主要包括行政伦理的系统培训教育、行政伦理激励性教育(如通过召开对模范先进人物的表彰奖励大会对公务员进行激励性教育)、行政伦理警示性教育(如组织到监狱等廉政建设基地参观、听取具有警示价值的责任主体的报告、参观廉政教育图片展等)、举办行政伦理建设方面的专题讲座(如廉政建设讲座、法制讲座、核心价值观教育讲座、时事政治讲座等)等。为了使行政公务员行政伦理教化取得良好效果,应当将公务员行政伦理教育与建设经常化、制度化,并使各项教育活动做到目的明确、针对性强、有质量、有效果,不能流于形式或走过场。

三、将对行政的环境伦理要求纳入行政伦理体系

各国环境保护的实践充分证明,环境保护法律制度的生成与贯彻实施,在很大程度上是以环境伦理为基础的。尤其是对政府

---

① 参见宋晓玲:《政府公务员行政责任实现研究》,兰州大学 2013 年博士学位论文,第 169 页。

来讲,其在经济活动中推行环境保护工作首先是一种道德责任要求,即在参与社会经济活动过程中应该为人类环境保护事业承担的道德责任(所谓政府的环境伦理责任)。[1] 这种道德责任,不仅表现在政府首先必须用环境伦理原则和规范来检视、约束其自身的经济行为,不得实施损害环境、违反可持续发展原则的行为,而且表现在政府还拥有引导、督促、监管其他社会成员爱护环境、保护环境的环境伦理责任。可见,环境伦理实际上已经成为当今社会包括政府行政机关在内的全体社会成员共同的道德意识与行为规范,对行政的环境伦理要求,理所当然是行政伦理的重要内容和时代要求。因此,只有将对行政的环境伦理要求纳入行政伦理体系,加强对环境行政主体及其公务员环境伦理教育,才有可能在环境行政主体及其公务员中牢固树立尊重生态规律、保护生态环境、促进生态环境可持续发展的思想观念,提高其对环境监管法律制度严格遵守执行的自觉性,切实保障包括环境监管行政法律责任制度在内的各项环境保护法律制度的有效实现。

四、实现行政伦理规范化与法制化

行政伦理制度建设是培育公务员行政伦理的主要外控性途径或方法。从域外行政伦理建设的有关情况来看,自美国国会于20世纪50年代末通过《行政工作人员伦理准则》开始,在公务员制度相对完善的国家大多都通过不同的立法途径对公务员伦理要求

---

① 参见向玉乔:《政府环境伦理责任论》,《伦理学研究》2003年第1期,第47页。

作出了具体规定,有的国家还制定了公务员伦理方面的专门法律、法规。① 如美国制定了《美国行政部门雇员伦理行为准则》、加拿大制定了《加拿大公务员利益冲突与离职后行为法》、墨西哥制定了《公务员职责法》、日本制定了《公务员伦理规程》、韩国制定了《公务员伦理法》等等。目前,我国虽然已经制定了一些反映国家公务员行政伦理要求的法律规范,如《公务员法》(2018)第十四条对公务员义务所作的规定、第五十九条对公务员纪律的规定大多反映或体现了对国家公务员行政伦理或职业伦理的基本要求,但至今尚无公务员伦理专门立法。2005年中共中央发布的《建立健全教育、制度、监督并重的惩治和预防腐败体系实施纲要》(中发〔2005〕3号),明确提出了"探索制定公务员从政道德方面的法律法规"的要求。2016年中央有关政策性文件更是明确要求:"坚持以社会主义核心价值观为引领,恪守以民为本、立法为民理念,把社会主义核心价值观的要求体现到宪法法律、法规规章和公共政策之中,转化为具有刚性约束力的法律规定。"②因此,我们有必要根据中央的有关部署精神,借鉴域外国家或地区的有益做法,加强符合中国国情、具有中国特色的行政伦理法制建设,实现国家行政机关及其公务员行政伦理的规范化、制度化、法律化,对行政公务员最低的、最基本的道德伦理标准作出具有法律效力的规范性规定,从而为警示、引导国家公务员养成职业伦理观念,并在工作中实际践行伦理道德规范,以及社会成员对国家公务员道德操守进

---

① 参见刘志坚、宋晓玲:《论政府公务员行政责任实现不良及其防控》,《甘肃社会科学》2013年第4期,第85—86页。

② 参见中共中央办公厅、国务院办公厅《关于进一步把社会主义核心价值观融入法治建设的指导意见》(2016)。

行正当评价、监督提供基本的法律依据。由于我国《公务员法》规定的公务员范围较为广泛，为了体现国家法律对各类公务员职业伦理要求的统一性，最好的立法模式是由国家权力机关制定统一的《公务员伦理法》。在制定统一的公务员伦理法时机尚不成熟、确有难度的情况下，可以先由国务院依据《公务员法》制定关于行政公务员行政伦理的行政法规（名称可确定为《行政机关公务员伦理条例》），并在其实施一定时间后，再总结经验，制定出台统一的国家公务员职业伦理法律。

第三节　破除不利于环境监管行政法律责任实现的体制性因素

　　所谓体制，一般是指组织体的机构设置、责权利的配置以及其与外部相关组织体互动关系的行为准则与模式选择。所有组织的行为无不受到相关体制性因素的直接影响或制约，环境行政法律责任的实现同样也不例外。从我国环境监管的具体实践来看，大到国家政治体制、行政体制、经济体制，中到环境资源管理体制、法律监督体制、国家公务员管理体制、行政问责体制，小到环境行政主体的内部性体制等都会对环境监管行政法律责任的实现产生直接或间接、积极或消极的影响。本书仅就对环境监管行政法律责任实现具有最直接、最重要影响的党和政府在环境保护方面的职能分工、中央与地方环境资源事权配置、环境资源管理职责权限配置等体制性因素及其改良作简要论述。

一、划分党和政府在生态文明建设中的职责权限

科学、理性处理好党政关系,是促进国家治理体系和治理能力现代化,全面推进依法治国所面临的重大现实课题。其中最为关键的问题就是在坚定不移坚持党的领导这个根本政治原则不动摇的前提下,如何改进和完善党的领导方式与执政方式。改进和完善党的领导方式与执政方式的关键,又在于如何处理好党与国家机关尤其是政府的相互关系、党的领导与法治的关系。而处理好这些最重要关系的关键又在于如何科学、明确划分在国家管理与社会治理方面党与相关国家机关的职责权限,如何界定党对法治工作的领导与守法的相互关系。早在1987年党的十三大就提出了"改革党的领导制度,划清党组织和国家政权的职能,理顺党组织与人民代表大会、政府、司法机关、群众团体、企事业单位和其他各种社会组织之间的关系,做到各司其职,并且逐步走向制度化"的要求。① 2002年党的十六大提出了改革和完善党的领导方式和执政方式的要求,指出:"党的领导主要是政治、思想和组织领导,通过制定大政方针,提出立法建议,推荐重要干部,进行思想宣传,发挥党组织和党员的作用,坚持依法执政,实施党对国家和社会的领导。党委在同级各种组织中发挥领导核心作用,集中精力抓好大事,支持各方独立负责、步调一致地开展工作。"② 2004年党的十

① 参见赵紫阳:《沿着有中国特色的社会主义道路前进》(1987,党的十三大报告)。

② 参见江泽民:《全面建设小康社会,开创中国特色社会主义事业新局面》(2002,党的十六大报告)。

六届四中全会《中共中央关于加强党的执政能力建设的决定》提出必须坚持科学执政、民主执政、依法执政,不断完善党的领导方式和执政方式,并明确要求党组织和党员要带头维护宪法和法律的权威。① 2007 年党的十七大要求"提高党科学执政、民主执政、依法执政水平,保证党领导人民有效治理国家"②。2012 年党的十八大报告不但再次强调"提高党科学执政、民主执政、依法执政水平",而且要求"更加注重改进党的领导方式和执政方式,保证党领导人民有效治理国家"③。2014 年中共中央《关于全面推进依法治国若干重大问题的决定》首次较系统阐发了依法执政的思想,并对依法执政提出了比较具体明确的要求。④ 但迄今为止,就如何科学划分、配置党的领导机关与国家机关尤其是政府之间在国家管理

---

① 参见《中共中央关于加强党的执政能力建设的决定》(2004)。

② 参见胡锦涛:《高举中国特色社会主义伟大旗帜 为夺取全面建设小康社会新胜利而奋斗》(2007,党的十七大报告)。

③ 参见胡锦涛:《坚定不移沿着中国特色社会主义道路前进 为全面建成小康社会而奋斗》(2012,党的十八大报告)。

④ 其关于依法行政的思想与要求,大致可以归纳为以下几个方面:(1)提高党的执政能力和执政水平,必须全面推进依法治国,把依法治国或者法治作为提高党的执政能力与执政水平,巩固党的执政地位的关键问题;(2)依法执政,既要求党依据宪法律治国理政,也要求党依据党内法规管党治党;(3)坚持依法执政,各级领导干部要带头遵守法律,带头依法办事,不得违法行使权力,更不能以言代法、以权压法、徇私枉法;(4)健全党领导依法治国的制度和工作机制,完善保证党确定依法治国方针政策和决策部署的工作机制和程序,加强对全面推进依法治国统一领导、统一部署、统筹协调,完善党委依法决策机制;(5)各级人大、政府、政协、审判机关、检察机关的党组织要领导和监督本单位模范遵守宪法法律,坚决查处执法犯法、违法用权等行为;(6)加强党内法规制度建设,完善党内法规制定体制机制,形成配套完备的党内法规制度体系,运用党内法规把党要管党、从严治党落到实处,促进党员、干部带头遵守国家法律法规;(7)提高党员干部法治思维和依法办事能力,把法治建设成效作为衡量各级领导班子和领导干部工作实绩重要内容、纳入政绩考核指标体系,把能不能遵守法律、依法办事作为考察干部重要内容。

和社会治理等方面的事权关系,中央尚没有作出全面具体的谋划,以至于在实践中党政职能不分,甚至以党的领导、监督职权直接代替国家机关法定职权的问题表现得还比较突出。这种现象,既不符合我党再三重申的改进党的领导方式与执政方式的要求,也不符合党中央所提出的依宪执政、依法执政、科学执政的要求,更直接有悖于《宪法》《中国共产党章程》的有关规定①,在实践中也深有弊害。

近年来中央为了有效应对和解决环境问题突出、重大环境事件频发、环境保护责任落实不力等问题,强化党和国家环境保护政策与法律的贯彻执行力度与实效,加强生态文明建设,在环境保护的相关制度建设及其实践方面,已经在很大程度上改变了过去在环境保护问题上只重政府环境监管责任而轻党组织责任、只重视一般公务员责任而忽视领导干部责任、只重视执行责任而轻决策责任的倾向。2015 年 4 月《中共中央、国务院关于加快推进生态文明建设的意见》中明确要求"各级党委和政府对本地区生态文明建设负总责,要建立协调机制,形成有利于推进生态文明建设的工作格局。各有关部门要按照职责分工,密切协调配合,形成生态文明建设的强大合力",提出要完善领导干部政绩考核制度、实行领导干部环境责任离任审计、建立领导干部任期生态文明建设责任制、完善生态文明建设责任追究制度。② 2015 年 7 月,中央深改组第十

---

① 《宪法》(2018)第五条规定:"一切国家机关和武装力量、各政党和各社会团体、各企业事业组织都必须遵守宪法和法律。一切违反宪法和法律的行为,必须予以追究。"《中国共产党章程》"总纲"中规定:"党必须在宪法和法律的范围内活动。党必须保证国家的立法、司法、行政、监察机关,经济、文化组织和人民团体积极主动地、独立负责地、协调一致地工作。"

② 参见《中共中央、国务院关于加快推进生态文明建设的意见》(2015)。

四次会议审议通过的《环境保护督察方案(试行)》,明确提出了全面落实党委、政府环境保护"党政同责""一岗双责"的主体责任的要求。① 为落实中央的上述政策部署,中办、国办先后分别于 2015 年 8 月、2016 年 12 月印发了《党政领导干部生态环境损害责任追究办法(试行)》、《生态文明建设目标评价考核办法》两个重要的规范性文件,实现了党政领导干部生态文明建设责任追究、目标评价考核的制度化。正是有了新一届中央对环境保护的高度重视和如上的相关政策谋划、体制机制,才前所未有地开创了我国环境保护与生态文明建设的新局面。

但任何制度没有最好,只有更好,任何时候都不应因制度及其运行的成效而忽视了对制度所存在问题的理性检视与完善。众所周知,职能分工清晰、权责明确是做好各项工作的前提和基础,尤其是建立科学、公正且行之有效的考核制度、奖惩制度等是不可或缺的要件。虽然上述关于责任追究、目标考核的规范性文件对此也有了肯定性的回应和表达②,但现实情况是,迄今为止党和国家并没有对各级党委与政府、党委领导干部与政府领导干部在生态环境保护方面的职责权限分工作出明确的界定与规范。因此,在相关制度的执行中难免会由于党政环境保护与生态文明建设职责

---

① 参见张建功:《中央环境保护督察机制下如何推进国家水资源督察制度建设》,《水利发展研究》2016 年第 9 期,第 7 页。

② 例如,《党政领导干部生态环境损害责任追究办法(试行)》(2015) 第三条规定:"地方各级党委和政府对本地区生态环境和资源保护负总责,党委和政府主要领导成员承担主要责任,其他有关领导成员在职责范围内承担相应责任。中央和国家机关有关工作部门、地方各级党委和政府的有关工作部门及其有关机构领导人员按照职责分别承担相应责任。"第四条规定:"党政领导干部生态环境损害责任追究,坚持依法依规、客观公正、科学认定、权责一致、终身追究的原则。"

权限分工不清不明，而出现问责与考核违背"权责一致"原则要求的不科学、不公正、不合理的问题，并反过来影响已经建立起来的制度的权威性与公信力。例如，虽然《党政领导干部生态环境损害责任追究办法（试行）》第五条第一款对追究地方党委和政府主要领导成员责任的问责事由作了列举式规定①，但并没有对责任的认定、划分等作出具体明确的规定。因此，即便在实践中出现其所规定的应问责事由，需要追究相关地方党委和政府主要领导成员责任时，往往难免会出现党政推诿塞责的情况，在实际问责中也难以保障准确、合理、公道地确定责任主体并追究相应的责任。要切实落实环境保护"党政同责"要求，保障领导干部生态环境损害责任的有效实现，切实抓好生态文明建设，必须首先依法规范党政在环境保护工作中的事权分工，在制度设计上有效解决环境保护领域存在的党政职能不分、党政责任不分等违背科学管理法则的问题。为此，建议中央尽快出台专门的政策性文件，对各级党委与政府在环境保护与生态文明建设领域的职责权限分工作出规范性规定，重点把党对环境保护与生态文明建设的领导权、决策权、监督权、

---

① 《党政领导干部生态环境损害责任追究办法（试行）》（2015）第五条第一款规定："有下列情形之一的，应当追究相关地方党委和政府主要领导成员的责任：（一）贯彻落实中央关于生态文明建设的决策部署不力，致使本地区生态环境和资源问题突出或者任期内生态环境状况明显恶化的；（二）作出的决策与生态环境和资源方面政策、法律法规相违背的；（三）违反主体功能区定位或者突破资源环境生态红线、城镇开发边界，不顾资源环境承载能力盲目决策造成严重后果的；（四）作出的决策严重违反城乡、土地利用、生态环境保护等规划的；（五）地区和部门之间在生态环境和资源保护协作方面推诿扯皮，主要领导成员不担当、不作为，造成严重后果的；（六）本地区发生主要领导成员职责范围内的严重环境污染和生态破坏事件，或者对严重环境污染和生态破坏（灾害）事件处置不力的；（七）对公益诉讼裁决和资源环境保护督察整改要求执行不力的；（八）其他应当追究责任的情形。"

协调权与政府在环境保护与生态文明建设中的决策权、监管权、执行权等作出合理、明确、可行的界定划分，从而为包括环境问责、考核评价在内的相关制度的完善与切实贯彻执行提供更加坚实的基础。

二、划分中央与地方在环境资源管理方面的事权

我国的国家结构形式是单一制。在单一制国家结构形式下，国家设有统一的立法机构和统一的中央政府，全国只有一部共同遵守的根本大法——宪法；地方各行政单位和自治单位都受中央的统一领导，其权限及其大小取决于宪法的授予或中央的授予，并不享有可以脱离中央而独立的权力。单一制是符合我国国情的重要制度选择，是不可动摇的国家制度。但即便是在单一制结构下，也必然存在中央与地方事权的合理划分，即公共事务及其相应实施权力在不同层级政府和行政区域间的区别性配置①的问题。从国家管理与社会治理的现实需求来讲，也当然存在如何更好地发挥中央与地方两个积极性的问题。对此，我国宪法不但有十分明确的规定②，新中国历代领导人也有很深刻的认识与精辟的见解。早在20世纪50年代，毛泽东同志就把中央与地方关系作为重要关系，并于1956年在中央政治局扩大会议上所作的《论十大关系》的讲话中，针对当时出现的过度中央集权的苗头或问题，明确指出

---

① 参见王浦劬：《中央与地方事权划分的国别经验及其启示——基于六个国家经验的分析》，《政治学研究》2016年第5期，第46页。

② 《宪法》（2018）第三条明确规定："中央和地方的国家机构职权的划分，遵循在中央的统一领导下，充分发挥地方的主动性、积极性的原则。"

"要发展社会主义建设,就必须发挥地方的积极性","有中央和地方两个积极性,比只有一个积极性好得多",要求"在巩固中央统一领导的前提下,扩大一点地方的权力,给地方更多的独立性,让地方办更多的事情"①。改革开放以后,邓小平同志在强调中央统一领导与权威的同时,一贯反对过度中央集权与个人集权,主张给地方下放权力,发挥中央与地方两个积极性。② 虽然改革开放至今,我们在处理中央与地方关系方面也作了并正在作进一步的改革与探索,但对这个重要关系的处理仍然存在不少值得关注、值得进一步改善的问题。其主要表现在中央过度集权、中央与地方利益配置不合理、中央与地方在国家行政管理领域内事权分散、权责不对等且法制化程度过低等方面,其结果是造成了中央与地方权限、利益的明显冲突与不良博弈,并因此给我国的国家管理与社会治理带来了诸多的负面影响。

仅从环境资源保护与管理的实际情况来看,之所以长期以来地方在环境保护方面存在比较突出的不作为、慢作为甚至对环境违法行为搞"地方保护"等问题,其原因固然是多方面的,但与中央和地方之间在环境资源保护与管理事权的配置方面不够公平、合理、公正不无重要的内在联系。其主要表现就是长期以来大量事权归中央行使,中央集权程度越来越高;在环境资源利益、责任分配方面,对地方利益重视不够,存在较为突出的地方事多权少、责

---

① 参见《毛泽东著作选读》(下册),人民出版社1986年版,第729—730页。

② 例如,早在1980年邓小平就明确指出,"权力过分集中,越来越不能适应社会主义事业的发展","我们历史上多次过分强调党的集中统一,过分强调反对分散主义、闹独立性,很少强调必要的分权和自主权,很少反对个人过分集权",主张"关于不允许权力过分集中的原则,也将在宪法中表现出来"。参见邓小平:《党和国家领导制度的改革》,《邓小平文选》(第二卷),人民出版社1983年版。

大利少等事权配置失衡问题,严重挫伤了地方工作的积极性与主动性。正如有论著所言,"之所以中央政策到地方被弱化变形,根本原因在于改革开放以来,中央的权威与地方活力协调并没有很好地结合起来,中央与地方事权财权不相匹配,中央该集权的没有集权,不该集权的却搞垂直管理,把地方微观事务宏观处理。"①尤其是我国中央与地方政府间事权与财权划分不合理,地方政府承担着提供地方公共产品的大部分支出责任但收入资源有限。财政收益权和财政立法权又主要集中在中央,使纵向财政关系处于"财政收支倒挂"的失衡状态。② 具体到环境资源管理领域,中央与地方环境资源管理事权配置不够合理主要表现在以下几个方面:

1. 在资源的收益分配关系上,对地方利益明显重视不够,利益分享显失公平。"我国现行的资源环境利益分配机制是沿用传统的'谁开发、谁所有、谁受益'模式。这种分配方式明显地向中央政府和企业两方倾斜,而忽视了地方政府和社会公众的利益。"③"在现有的矿产资源开采收益分享制度下,矿产资源开采地及当地居民不仅没有从矿产资源开采中获得益处,反而要承担矿产资源开采所造成的生态环境代价,矿产资源开采地政府拥有的资源优势没有转化为当地的经济优势与财政优势,'资源诅咒'现象在矿产资源开采地陆续上演,资源节约、环境保护与经济增长难

---

① 参见周天勇:《为何中央政策到地方会被弱化和变形》,《中国党政干部论坛》2015 年第 10 期,第 7 页。

② 参见胡玉桃:《完善中央与地方财政关系的法治化路径》,《学习与实践》2016 年第 10 期,第 62 页。

③ 参见刘晓玲:《基于"两型社会"建设的资源环境体制创新研究》,《经济学研究》2014 年第 4 期,第 11 页。

以相互协调。"①此外，由于目前对中央与地方政府环境保护事权划分不明，在实践中还引发了环境保护投入重复和缺位并存等问题，"一些应当由中央政府负责、具有国家公共物品性质的跨区域、跨流域等环境保护事务，严重缺乏环境财政的支持。同时，一些应当由地方政府负责、具有地方公共物品性质的环境监管能力建设等环境保护事务地方投入不足，地方政府向中央政府'寻租'的现象普遍发生"，并因此导致环境保护资金难以发挥其应有绩效。②

2. 在纵向行政管理体制方面，从分税制开始，越来越多的地方政府工作部门被改制为名为省以下垂直领导，实则中央直接领导的垂直领导体制，且这种以高度中央集权为特征的体制改革模式大有被更广泛采用之势。如此的体制改革，虽然在表面上看似乎解决了一些希望解决的问题，但其弊端也越来越显现。广泛进行中央垂直领导的体制改革，其结果只能是越来越严重地导致地方政府"空心化"及对地方行政事务管理职能的实质性弱化，不但不可能从根本上解决这种体制改革所试图解决的问题（如地方保护对环境行政执法工作的干预），反而更加剧了中央过度集权以及中央与地方利益的不正当博弈，弱化了地方责任，同时还弱化了市、县地方管理，弱化了基层政府职能。③

3. 在环境资源保护与管理的具体事权配置方面，也存在比较

---

① 参见宋丽颖、王琰：《公平视角下矿产资源开采收益分享制度研究》，《中国人口·资源与环境》2016 第 1 期，第 70 页。

② 参见马妍、董战峰、李红祥：《我国环境管理体制改革的思路和重点》，《世界环境》2016 年第 2 期，第 17 页。

③ 参见周天勇：《为何中央政策到地方会被弱化和变形》，《中国党政干部论坛》2015 年第 10 期，第 7 页。

突出的中央集权情况。虽然这种情况随着行政审批制度改革的不断深入,有了比较明显的转变,但在某些方面问题还依然存在。例如,有论著从建设项目环境影响评价审批制度分析研究了我国的中央与地方职权划分问题,认为中央政府及其环境保护部门实际掌握大量的建设项目环境影响评价审批权限,且在审批权限的划分过程中还存在着国务院环境保护部门恣意扩权的现象,但并没有对审批的项目很好地实现监管。建设项目环境影响评价制度之所以没有达到预期的效果,既与审批权集权于国务院环境保护部门背景下的地方保护主义有关,也与国务院环境保护部门并不具备对由其审批的大量建设项目环境影响评价进行日常监管的能力有直接关系。① 如此不合理、不公正的中央与地方事权、利益关系的配置,不但会直接弱化地方政府贯彻执行国家环境保护法律和政策的内在动力及其使命感、责任感,而且还有可能导致地方政府在与中央的不合理利益博弈过程中,为了实现地方本位利益,在环境决策、项目审批以及环境监管过程中大搞地方保护主义,或对虽然存在严重污染但能够给地方财税增收、增加就业的企业在生产经营中的环境违法行为予以放任、袒护甚至包庇,不严格依法追究其应当承担的法律责任,或对环境行政执法领域存在的带有地方保护色彩的执法失职、渎职等违法行为不严格依法予以查处,从而致使环境监管行政法律关系各方当事人的行政法律责任都难以得到有效实现。

综上可见,要调动地方在环境保护与生态文明建设中的主动

---

① 参见肖明新:《从建设项目环境影响评价审批看我国的中央与地方职权划分——经验与模式》,《2014 年〈环境保护法〉的实施问题研究——2015 年全国环境资源法学研讨会论文集》,第 466—467 页。

性、积极性,提高环境保护政策与法律制度的实效性,切实保障包括环境监管行政法律责任在内的环境法律责任的有效实现,必须科学合理划分、规范中央与地方在环境资源管理方面的事权。对此,十八大以来党中央实际上已经提出了要求。在党的十八大报告中,中央就明确提出要"健全中央和地方财力与事权相匹配的体制"①。《中共中央关于全面深化改革若干重大问题的决定》在优化政府职能方面提出了简政放权、深化行政审批制度改革、最大限度减少中央政府对微观事务的管理等具体要求。②《中共中央关于全面推进依法治国若干重大问题的决定》明确提出要"推进各级政府事权规范化、法律化,完善不同层级政府特别是中央和地方政府事权法律制度"③。党的十八届五中全会再次强调要"深化行政管理体制改革,进一步转变政府职能,持续推进简政放权、放管结合、优化服务,提高政府效能"④。根据中央关于行政体制改革的部署精神,结合我国环境资源管理的实际,就合理划分、规范中央与地方在环境资源管理方面的事权,提出如下对策建议:

1. 扩大地方环境资源管理事权,建立更公平合理的相关利益分享机制。具体要求是在维护中央统一领导与权威,保障中央财力供给的前提下,在经济利益的配置方面合理兼顾中央与地方利

----

① 参见胡锦涛:《坚定不移沿着中国特色社会主义道路前进 为全面建成小康社会而奋斗》(2012,党的十八大报告)。

② 参见《中共中央关于全面深化改革若干重大问题的决定》(2013,党的十八届三中全会通过)。

③ 参见《中共中央关于全面推进依法治国若干重大问题的决定》(2014,党的十八届四中全会通过)。

④ 参见《中国共产党第十八届中央委员会第五次全体会议公报》(2015,党的十八届五中全会通过)。

益,重点是要更加科学、合理配置地方政府环境资源管理权限,建立中央与地方政府间更加公平合理的利益分享机制与利益补偿机制①,并实现规范化、制度化、法制化。环境资源管理权限的配置,应在保证中央统一领导的前提下,将适宜由地方行使的诸如环境资源项目审批权、环境资源行政执法权等管理权限由中央下放给地方,改变中央过度集权现象,在扩展、加重地方在环境资源管理方面的义务、职责的同时,按照责权利相适应的原则要求,赋予地方与其担负的环境保护责任相适应的权力、手段、措施与利益,切实保障中央与地方两个积极性的发挥。

2. 走出垂直体制改革误区,建构权责高度统一的行政权力运行体制。任何体制都是利弊共存的,没有绝对好或者坏的体制。行政机关垂直管理体制的构建,实践证明并不是一个十分有效的体制改革路径。因此,应当走出这种体制改革误区,把体制改革的重点放在如何有效激活地方政府行政动能,以及如何构建更为有效的权责对等、责权利高度统一的权力运行机制上,而不是一味迷信垂直管理体制的作用。在这个方面,重点就是要求在改变经济增长模式以及以 GDP 为导向的政绩考核制度的基础上,强化而非弱化地方政府在环境保护与治理、生态文明建设等方面的权限,并通过建立健全相关的生态文明建设目标责任制、绩效考核制、环境责任审计制、环境监管行政违法责任追究制、包括环境监察在内的相关内外部监督制度等,遏制地方保护、行政不作为或乱作为、滥作为等不良环境行政现象,切实有效保障地方环境行政权力的依

---

① 参见赵全军:《中央与地方政府及地方政府间利益关系分析》,《行政论坛》2002 年第 2 期,第 18 页。

法行使。

3. 运用法律思维与方式配置中央与地方事权，实现事权配置的法制化。加快推进国家治理体系和治理能力建设，首先要实现中央与地方事权配置的法制化。我国在处理中央与地方政府关系方面，之所以长期以来存在诸如政府职能转变迟缓、政府行政机关职责权限交叉冲突难以得到有效应对、机构改革难以改变"膨胀—精简—再膨胀—再精简"的周期率、跨部门与区域问题的政府间协同治理难(例如地方跨行政区域的江河水资源利用、矿产资源管理、生态环境保护等协调机制及其运行往往困难重重)等不足或问题，一方面是因为长期以来我们习惯于运用或多或少带有人治色彩的传统行政管理方式来调适中央与地方关系，不善于按照法治精神、法治思维和法治方式来处理问题;①另一方面也还在于调整中央与地方事权关系的国家立法存在比较突出的缺失问题，难以发挥其应有的作用。这除了表现在迄今为止尚没有制定调整中央与地方事权关系的专门法律之外，还表现在现行宪法、组织法以及行业、部门行政管理的法律、法规中关于中央与地方政府事权配置的规定零散，多有交叉、重合甚至模糊不清等方面。因此，法制化是合理配置中央与地方事权、正确处理中央与地方关系的最重要路径选择。法制化的关键就是对中央与地方权限以及地方政府之间的权限在法律上作出明确、清晰的界定，对中央与地方政府以及地方政府之间的利益分配原则作出明确的法律规定，并对责权利高度统一的公权力行使原则及其基本要求作出明确的法律规定。

---

① 参见张述存:《依法规范中央与地方关系 推动地方政府治理现代化》,《中国行政管理》2016 年第 5 期,第 9 页。

法制化的主要路径应当是先修改《国务院组织法》与《地方政府组织法》，在条件成熟时可以探讨制定《中央与地方各级人民政府关系法》。

三、以明晰职责权限为核心完善现行环境管理体制

针对我国统分结合环境管理体制在职责权限配置等方面存在的问题，目前应重点通过修改现行的相关环境保护法律法规、出台规范环境管理体制的专门立法等途径，按照下列要求，对环境管理职责权限作明确的界定和划分，进一步完善我国环境管理体制：

1. 按照行政机关职权法定与责权利相统一原则的要求，遵循环境管理工作的规律性，从我国实际出发，对环境保护行政主管部门与相关政府部门在环境保护方面的职责权限、地方各级人民政府与其环境保护行政主管部门在环境保护方面的职责权限作出科学、明确的界定和划分。在环境保护行政主管部门与相关政府部门的环境保护职责权限分工方面，对适宜由"统管"部门行使的环境保护职权，应尽量从相关"分管"部门的职能中分离出来，配置、整合给"统管"部门；对交给"分管"部门行使更适宜、更有效的环境保护职能，可以按照环境保护决策权与执行权适度分离原则的要求，将重要环境保护事项的决策权归属于"统管"部门，"分管"部门原则上只行使相应环境管理执行权和对属于其职责权限范围之内的环境管理执行事项决策权。2018年国务院机构改革决定组建设立生态环境部、自然资源部实际上就体现了这个要求。在地方各级人民政府与其环境保护行政主管部门的环境保护职责权限分工方面，重点是要界定、划分清楚同级人民政府在环境保护中的

职责权限以及其应承担的相应责任。

2. 建立健全各级人民政府对跨区域、部门或行业的重大环境管理事项的协调处理机制。关键是要明确规定应由各级人民政府协调处理的环境管理事项的范围、协调处理的职责权限、协调处理方法、协调处理程序(步骤、方式与期限)以及相应的法律责任等。

3. 建立健全对综合性环境管理事项的相关部门协同配合机制。在实践中,有不少具有综合性的环境保护与管理工作,往往会有赖于包括环境保护主管部门在内的多个相关政府部门的齐抓共管、共同推进才有可能做好。因此,建立健全相关各方分工明确、权责清晰、紧密协同的环境管理工作机制显系必要和重要。

4. 建立对重要的跨行政区域环境保护事项的统一环境保护机构。实践证明,对于一些重要的跨行政区域的江河湖海、资源开发利用等方面的环境保护工作,如果由其所在区域的不同地方政府及其环境保护行政主管部门等分地域进行分别管理,往往会因地方本位利益的驱使、缺乏有效的统一管理机制与协调配合机制等因素的制约,难以形成环境保护合力及取得理想的环境监管效果。因此,对于一些重要的、跨行政区域且确有实行统一管理必要的环境保护事项,设立有职、有责、有权的具有权威性的统一环境保护机构是十分必要的。具体建议是:

(1) 在机构设置方面,对于确有必要实行统一管理的跨省、自治区、直辖市的特定环境保护事项(如大江大河的环境保护),应设立直接归国务院环境保护行政主管部门领导与管理的统一环境保护机构;对于省、自治区、直辖市范围之内的跨市(州)行政区域的特定环境保护事项确有必要实行统一管理的,应设立直接归属省一级环境保护行政主管部门领导与管理的垂直环境保护机构。

（2）在职责权限配置上，应将环境保护职责权限、特定环境要素的资源开发利用管理权限统一授予设立的跨行政区域环境保护机构，实现对环境资源的全要素统一管理。在所授环境管理权限的类型上，不仅应授予跨区域环境保护机构环境保护行政执法权，还应授予其对所管辖区域内的环境资源管理事项的综合决策权。与此同时，还应当通过适宜的立法方式将其职责权限法定化，并建立健全防控地方政府干预其环境资源管理权限的法律机制。

第四节　以提高问责实效为目标优化相关助成性制度

环境监管行政法律责任本体制度不健全，固然是环境监管行政法律责任实现不良的主要成因，但助成性制度的缺失也会直接或间接影响环境监管行政法律责任实现的程度与水平。因此，要切实保障环境监管行政法律责任的有效实现，除了完善环境监管行政法律责任本体制度之外，还要优化与环境监管行政法律责任实现密切相关的行政法制监督制度、行政救济制度、问责者责任追究制度等重要助成性制度，并使之能够在提高环境监管行政法律责任的问责实效等方面发挥更加积极和重要的作用。

一、优化权力机关对环境行政管理的监督机制

人民代表大会及其常委会对政府行政机关的监督，是宪法赋予权力机关的一项重要职权，它既是我国国家监督体系的重要组成部分，更是我国最高的、最具有权威性的、最体现政权的人民性

的监督。不能建立健全权力机关的监督机制且使之在国家与社会生活中发挥强有力的监督作用,就很难真正实现国家治理体系和治理能力的现代化。尤其是在党和国家着力加强环境资源保护、推进经济增长方式转变、加快推进生态文明建设、深化法治政府与责任政府建设进程的时代背景之下,作为权力机关的各级人大及其常委会更应通过完善体制机制、加强监督职能等途径发挥其应有的作用。但长期以来,受多种因素的影响或制约,我国人大监督的权威性、刚性、实效性还明显不足。在国家环境治理方面,地方人大对地方政府环境监管失灵问题的监督与国家政策要求还有较大的差距,还存在有名无实的"虚监"、监而无力的"弱监"、疏而有漏的"失监"以及由体制内和体制外的原因造成的"不能监"等问题。[①] 人大监督的这种疲软状态与问题的形成,除了可以归于人大现行体制与宪法体制的明显不相适应、人大在行使监督权的过程中常常会遇到党政不分的体制性障碍[②]等因素之外,还与监督机制体制不健全等有直接的关系。因此,优化人大监督机制不但具有正当性、合宪性、必要性,而且是建立健全我国监督制度体系,强化监督实效的关键、基础与根本保障。

笔者认为,要优化人大对包括环境行政问责在内的环境行政管理工作的监督,除了应进一步深化政治体制改革,正确处理党的领导与国家机关依法行使职权的相互关系,在体制上强化人大监督的独立性、权威性,为人大监督行之有效营造优良的社会环境之

---

① 参见秦德良:《地方人大环境监督存在的问题与监督制度创新研究》,《当代法学论坛》2007 年第 1 期,第 11 页。

② 参见王凤明:《我国行政监督存在的主要问题及原因探析》,《扬州职业大学学报》2005 年第 1 期,第 11 页。

外,还要重点做好下列几个方面的工作:

1.按照行为模式—法律后果的逻辑结构完善人大监督的相关法律规范。2006年通过的《各级人民代表大会常务委员会监督法》(以下简称《监督法》)虽然规定了听取和审议一府两院专项工作报告、法律法规实施情况的检查等七种人大常委会监督形式,但从法律规范的逻辑结构来分析,其所设定的关于监督内容与形式的规范,基本上属于对行为模式的规定(指对人大常委会监督行为的对象、内容、程序等方面的规定),对法律后果(指对人大常委会监督行为的法律效力、对监督中所发现问题的处理以及被监督对象应当承担的相应责任等方面的规定)则几乎没有规定或规定不够明确。以权力机关对法律法规实施情况的检查监督为例,《监督法》虽然对其采用专章共5个条文作了规定,但均系对进行执法检查的问题选定、原则、程序等的规定,并没有对检查中所发现问题的处理方式方法、责任追究等作任何规定。只是规定在执法检查结束后,执法检查组按照第二十六条①的要求写出执法检查报告,并按照第二十七条②的规定经常委会审议后连同审议意见一并交"一府两院"研究处理。如此不涉及任何问题处置、责任追究的执法检查监督,肯定成绩、指出问题、提出希望或要求就会成为执法

---

① 《各级人民代表大会常务委员会监督法》(2006)第二十六条规定:"执法检查结束后,执法检查组应当及时提出执法检查报告,由委员会会议或者主任会议决定提请常务委员会审议。执法检查报告包括下列内容:(一)对所检查的法律、法规实施情况进行评价,提出执法中存在的问题和改进执法工作的建议;(二)对有关法律、法规提出修改完善的建议。"

② 《各级人民代表大会常务委员会监督法》(2006)第二十七条规定:"常务委员会组成人员对执法检查报告的审议意见连同执法检查报告,一并交由本级人民政府、人民法院或者人民检察院研究处理……"

检查报告的格式化表达，只能使执法检查流于形式的多，实质性监督举措少，对被检查者影响力十分有限，监督的实效性明显不足。再从《监督法》第六章对"询问和质询"监督方式的规定来看，在5个条文中仅对提起质询案的常委会组成人员人数、书面质询案的写作内容与格式、受质询单位对质询的答复与再答复作了规定，没有对质询的法律效力作任何规定。即便超过二分之一的提案人对受质询机关的答复不满意，也只能是"提出要求，经委员长会议或者主任会议决定，由受质询机关再作答复"①。如果受质询机关拒绝再答复，或者对其再答复半数以上的质询案提案人或常委会委员仍然不满意，再应该怎么办？能不能进行必要的责任追究？如何追究责任？对于这些原本不可或缺的规定事项，在《监督法》中并无任何恰当回应与制度安排。如此"软"的立法，必然会导致"监督主体不愿或不敢大胆行使监督权，监督对象借口法律依据不足抵制或消极对待人大监督"②等现象的发生，并严重弱化人大及其监督的权威性、严肃性。因此，只有通过修改《监督法》就人大及其常委会对被监督对象进行问责作出明确的制度安排，才有可能提升人大监督的实效。例如，如果有了明确的法律依据，人大在环境保护执法检查中发现比较突出的问题后，不但可以依法适时对存在问题的环境行政主体或环境行政公务员采取询问和质询、特定问题调查等监督方式强化监督力度，还可以对发现的环境监管行政违法行为依法进行问责或督促环境行政问责主体依法问责，对执法检查中所发现的影响执法实效的突出性问题（如执法主体不

---

① 参见《各级人民代表大会常务委员会监督法》(2006)第三十七条。

② 参见肖蕾:《浅议当前人大监督的存在问题及实践创新》,《法制与经济》2008年第3期,第118页。

明确、执法能力明显不足等)依法依职权作出决定,责成政府及其有关部门依法办理,并进行跟踪督办,环境执法检查监督才能够展现其应有刚性。

2. 建立健全人大及其常委会对其任命的公务员的问责制度。根据我国宪法的规定,各级政府权力的唯一来源是作为权力机关的人大的授予,且人民代表大会及其常委会享有对本级人民政府组成人员的选举权、任命权、罢免权、撤职权以及对本级政府不适当行政决定的撤销权,因此政府及其公务员接受人大监督理所当然、无可置疑。但受多种因素的影响或制约,地方人大及其常委会长期以来甚少对其所任命的公务员,采取弹劾、罢免、免职和撤职等法定问责方式进行问责。因此,应当健全各级人大常委会对其所选举、任命的公务员的问责制度,通过修改《监督法》对人大常委会问责的各项制度要素作出具体明确且具有可操作性的规定,以便人大及其常委会能够有效行使宪法、法律所赋予的监督职权。在人大及其常委会对国家行政机关及其公务员问责制度的建构中,特别要重视问责形式及其实现机制的创新与完善。例如,可以明确规定政府工作报告若经人民代表大会审议未通过,应当责令政府行政首长辞职或者依法罢免;对政府的专项工作报告经人大常委会审议未通过的,可以作出责令限期改正的监督决定,在必要时对作为负责人的公务员启动问责程序依法进行问责。

3. 创新人大监督方式方法,提高监督实效。针对目前人大监督中所存在的重事后监督,事前、事中监督不足等突出问题,为强化监督实效,理应在优化人大事后监督的同时,建立健全事前、事中监督的机制,并实现事前、事中监督由传统的对事监督向对事对人监督相结合的转变,通过对特定事项的监督强化对人大任命的政府组成人员的监督。以人大常委会对政府环境保护、生态文明建设工作的监督为例,首先,人大常委会在根据《监督法》有关规定听取政府关于环境保护、生态文明建设专项工作报告、审议批准环境审计报告、开展环境保护法律法规实施情况检查以及环境行政规范性文件备案审查等监督活动过程中,除了应对政府相关工作作出评估、决定之外,还应当同时对政府及其相关的环境行政主体在履行环境监管职能过程中是否忠实贯彻执行环境保护法律法规、是否严格依法办事等进行评查、监督,必要时启动对所任命的公务员的询问、质询、专项述职甚至问责程序,对不属于人大任命但存在环境监管行政违法行为的公务员责成有问责权限的行政主体或有关国家机关依法进行问责。其次,人大常委会应坚持问题导向的监督原则,对人民群众反映强烈、社会关注度高或者涉及大额经费使用等重大环境保护事项,积极组织开展事前、事中专题调研,必要时依法组织对特定问题的调查,并对在调研或者调查中发现的环境行政主体及其公务员环境监管行政违法问题及时依法作出处理。最后,拓宽公众参与人大对环境行政工作实施监督的渠道,建立健全人大代表针对社会公众对履行环境监管职能的环境行政主体及其公务员的检举、控告、申诉、批评、建议等事项的及时回应、处理的机制,增强监督实效。

4. 加强人大自身建设,提高履行监督职能的意识、水平与能力。我国目前的人大监督,从其自身监督意识、能力来看,与新的历史条件下做好包括对政府环境保护在内的各项监督工作的要求之间还不同程度地存在一定的差距,还较普遍存在部分代表素质不够高、代表依法履职意识不够强、兼职常委会组成人员过多、专门监督机构及机制缺失、监督力量薄弱、履行监督职能的能力不够高等问题,并因此直接影响了监督的质量与实效。因此,要做好人大监督工作,必须加强人大履行监督职能的能力建设。在这个方面,重点要进一步做好下列工作:做好代表选举工作,切实保证将获得选民广泛认可、具有代表性,具有良好履职能力、水平与责任意识的人员推荐、选举为人大代表。尤其是为了适应人大加强对环境保护工作监督的需要,在分配和确定人大代表名额时,有必要扩大环境保护从业者的人大代表数额;逐步减少作为被监督对象的"一府两院一委"公务员担任人大代表的职数;逐步增大人大常委会专职委员职数,最终实现以专职为主体以兼职为补充的人大常委会组成人员结构;建立健全对人大代表及其常委会成员履职情况的内部监督机制及选民评议制度;建立专门化的人大监督机构,统一依法行使法律所赋予人大的各项监督职权。

二、建立健全环境监管行政法律责任实现环节的管控机制

环境监管行政法律责任的实现过程大致包括了环境监管行政违法行为的发现、环境监管行政违法事项的立案、环境监管行政法律责任的议决、环境监管行政法律责任的执行与环境监管行政法律责任的救济等五个主要环节。一方面,环境监管行政法律责任实现的各个环节有确定的先后顺序,且彼此间存在自然承接关系,先环节是后环节的基础、前提和必要条件,后环节是先环节的必然延伸。因此,先环节能不能做到严格依法办事、能不能依法将程序合理推进到后环节(问责决定的救济除外)或者不违法将责任实现程序推进到后环节,往往直接决定环境监管行政法律责任实现的程度与质量。另一方面,环境监管行政法律责任实现的各个环节

之中所涉及的立案调查权、议决权、执行权、救济权等往往分属于不同行政主体、分属于不同行政主体的相应行政机构或者其他有关国家机关,如果某一个责任实现主体放弃行使、怠于行使、不能严格依法行使这些职责权限,环境监管行政法律责任就难以得到有效实现。同时,环境监管行政法律责任实现权作为一类对行为对象的重要权益具有直接、重大影响的执法权力,作为一类重要的公共权力,同样具有腐化或被滥用的可能性。如果对其缺乏有效的法律规制或约束,就难以保障其依法、正当运用。因此,要保证环境监管行政法律责任的有效实现,必须建立健全环境监管行政法律责任实现过程、实现环节的法律控制机制。其重点就是应在环境监管行政法律责任实现过程中的各个主要环节,建立健全旨在监督、促导、控制有关国家机关在实现环境监管行政法律责任方面依法办事的程序制度。① 为此,提出如下对策建议:

1. 建立健全对责任实现活动或行为的内部监控机制。所谓内部监控机制,就是指各类责任实现主体对内部机构、人员及其办案行为等的规范、约束和管控的体制机制。其主要目的就是切实保障依法办案,提高办案效率和质量,防控各种法律风险。以环境行政问责主体的问责为例,健全内部监控机制就是要求在建立健全诸如立调分离(立案机构与调查机构或人员相分离)、调审分离(调查机构与案件审理机构或人员相分离)、违法行为举报与奖励、办案证据规则、证人保护、办案回避、办案纪律、办案质量评查与考核、案件流程管理、案件档案管理、办案过错责任追究等"面上"机

---

① 参见宋晓玲:《政府公务员行政责任实现研究》,兰州大学 2013 年博士学位论文,第 189 页。

制的同时,还要在办理案件的各个主要阶段、主要环节构建有效的案件办理的制约、管控机制。例如,在立案调查阶段,应当建立健全案件线索受理、立案审批、调查取证、调查报告制作等相关制度;在案件的审理阶段,要建立健全案件审理标准、案件退查补证、重大疑难复杂案件专家咨询论证、重大疑难复杂案件听证、审理报告制作等相关制度;在案件的议决阶段,要建立健全案件审批或议决规范、会议记录、议决事项的文书制作与送达等相关制度。

2. 建立健全对责任实现活动或行为的外部控制机制。环境监管行政法律责任的实现,必须有良好的执法环境保障,对环境监管行政法律责任实现行为的外部非法或者不当干预常常是有关责任实现主体难以依法履行职责的重要原因之一。因此,为了加强对环境监管行政法律责任实现行为的外部控制,保障有关国家机关依法履行实现环境监管行政法律责任的职责,除了强化人大监督等外部监督之外,应重点构建或完善以下两个重要制度:一是防控非法干预环境监管行政法律责任实现活动的制度。在这个方面,首先,应参照中办、国办 2015 年所发布的《领导干部干预司法活动、插手具体案件处理的记录、通报和责任追究规定》的精神,建立禁止有关国家机关、领导干部干预环境行政问责等环境监管行政法律责任实现行为的制度,对依法监督与非法干预的界限作出明确的区分,设定领导干部过问环境行政问责案件情况的登记制度、情况通报规范,并对非法干预行为的责任追究作出明确的规定。其次,应当建立健全社会公众对非法干预环境行政问责等环境监管行政法律责任实现行为的申诉、举报、控告及依法及时处理申诉、举报、控告事项的制度,加强社会监督。二是建立健全对环境行政问责失职渎职行为的责任追究制度。应当着力改变现行立法对行政法律责任追究者、实现者相应法律责任设定严重稀缺的现象,对环境行政问责主体及其公务员行政问责不作为、违法作为等违法行为,以及其他责任实现主体及其公务员有错不究等不依法履行职责的违法行为等,依法设定具体、明确且具有可执行性的相应法律责任,以督促其严格依法履行职责,切实保障环境监管行政法律责任的实现。

三、以实现责任公正为目标健全环境监管行政法律责任救济制度

迄今为止,由于我国相关立法的缺失,公共行政法律责任主要限于行政公务员责任,而非行政主体责任;而行政公务员责任又集中体现在对行政处分责任的追究方面,因此,行政处分责任的实现程度和水平,实际上就代表或者反映了包括环境监管行政法律责任在内的所有公共行政法律责任实现的真实状态。而行政处分责任的实现,不只是表现在有关行政问责主体对行政违法行为,依法给予了相应的行政处分,还表现在错误或严重不当的行政处分依法得到了纠正。在行政处分责任追究方面,乃至于所有公共行政法律责任的追究方面,只有有责必究,而没有有错必纠,都谈不上公共行政法律责任的有效实现。因此,为保障环境公务员行政处分责任的有效实现,应针对行政处分救济制度存在的不足或问题,重点从行政内救济与行政外救济两个方面对其进行优化完善。具体对策建议如下:

1. 提升救济机关的中立性或者相对独立性,切实保障救济机关依法独立行使法律所赋予的救济职权与职责。例如,为了有效

防控、阻断政府行政系统对公务员行政处分等行政法律责任进行纠错、救济的不良影响或者干预,可赋予国家监察机关受理、处理公务员不服行政处分申诉案件的职责权限,并通过适宜的立法途径建立健全相应的制度。再如,应适时改革现行行政复议体制,构建有助于阻断行政首长非法或者不当干预的行政复议委员会,实行行政复议案件的委员会议决制,并建立健全有助于切实保障行政复议委员会依法相对独立行使行政复议决定权的复议制度与机制,并在此基础上将公务员不服行政处分等事项的权利救济纳入行政复议范围。如果目前将可能影响公务员权利义务的行政事项全部纳入行政复议范围的条件尚不完全成熟,可以将人事任命等事项仍然排除在行政复议范围之外,而将对行政公务员的行政处分事项、有可能影响公务员工资福利待遇权利的非行政处分的行政惩戒决定(如扣发工资津贴、扣发奖金、行政追偿的决定等)等纳入行政复议范围。其主要理由在于:一方面,行政处分等行政行为直接影响行政公务员的重要权益,对其借助行政复议途径进行救济既符合构建行政复议制度的目的及价值取向,也有利于切实维护公务员的合法权益,彰显社会进步与公平正义。而且随着国家法治建设进程尤其是法治政府建设进程的不断推进,我国已在公务员的行政处分、权利保障等方面以《公务员法》为基础,以《行政机关公务员处分条例》等相关法律、法规、规章为组成,构建起了比较完备的法律制度体系,复议机关作出相应的复议决定已经能够实现有法可依,复议机关、复议机构在裁断此类案件的法律依据、法律适用等方面已经基本上没有任何障碍了。另一方面,行政主体的人事任命等事项,涉及任命机关及其领导者乃至于社会公众对任命对象的主客观评价问题,对某个公务员应否提拔或者应否任命其担任某种职位,法律规范只能作出原则性的、程序性的规定,很难作出十分具体明确的条件或标准规定。同时,人事任命往往又可能涉及党的领导机关、党的组织部门、同级权力机关、人事行政主管部门等诸多单位之间较为复杂的相互关系问题,加之我国目前人事任命的法制化程度还不是很高,将人事任命事项纳入行政复议的条件还远不成熟,如果勉强将其纳入行政复议的范围,行政复议机关或机构也难以公正、合法、合理作出相应的复议决定。

2. 完善行政处分权利救济的申诉制度。在行政处分等权利救济没有纳入行政复议范围之前,申诉是公务员进行权利救济的主要途径。为了使申诉制度发挥其应有的良好效用,有必要研究并对其予以完善:一是取消对不服行政处分决定的申请复核制度,健全旨在保障受处分者合法权益和行政处分合法性、公正性的相关制度。其重点是在对公务员作出行政处分决定之前,在立法上明确赋予拟被处分人知情权、陈述权、申辩权以及对作出降级以上处分的申请听证权,同时相应规定行政主体在作出处分决定之前向拟被处分人的告知义务(告知拟对其给予行政处分的事实根据与法律依据)、听取陈述申辩义务以及应申请依法组织听证的义务,并明确规定处分机关不履行相关义务的法律后果。这样不但有助于督促行政主体在全面了解案情、查明事实的基础上作出正确的行政处分决定,而且在制度设计功能上完全可以替代"自己做自己的法官"的复核救济制度。二是对申诉管辖权作更为合理的调整。原人社部2008年所发《公务员申诉规定(试行)》对申诉案件的管辖权所作的规定存在以下两个问题:(1)规定公务员对本单位针对自己所做的行政处分等人事处理不服的申诉由同级公务员主管部门管辖①,很难保证申诉案件处理的公正性。因为,同级公务员主管部门即人事行政主管部门与对公务员作出处分决定的行政机关同属本级政府的组成部门(实行垂直领导体制的行政机关除外),由其行使申诉案件管辖权,其权威性、中立性、抗干扰力明显不足,办案难度过大,且难脱"官官相护"之嫌,难以保障申诉人获得及时而公正的救济。(2)规定公务员对同级公务员主管部门作出的申诉处理决定不服的再申诉,由本级党委、人民政府或者上一级公务员主管部门管辖,不但存在党政不分、职能明显错位的问题,而且再申诉制度的设立本身实属徒劳之举。具体建议是:取消同级公务员主管部门对公务员申诉案件的管辖权,将申诉管辖权直接确权给国家监察机关;取消再申诉制度,实行申诉前置的行政复议制度,即公务员申诉案件在经过申诉受理机关(国家监察机关)作出受理决定之后,如果公务员不服申诉处理决定,可以依法提起行政复议而不是提起再申诉,简言之应当以行政复议代替再申诉制度。② 三是优化申诉受理与处理机构。根据《公务员申诉规定(试行)》对受理和审理申诉案件的机构所作的规定,受理公务员申诉的机关应当组成由本机关相关工作机构人员构成的公务员申诉公

---

① 参见《公务员申诉规定(试行)》(2008)第九条规定:"公务员对本人所在机关作出的人事处理不服的申诉,由同级公务员主管部门管辖。公务员对同级公务员主管部门作出的申诉处理决定不服的再申诉,由本级党委、人民政府或者上一级公务员主管部门管辖。其中,对省、自治区、直辖市公务员主管部门作出的申诉处理决定不服的再申诉,按照管理权限由省、自治区、直辖市党委和人民政府管辖。"第十条规定:"县级以下机关公务员对县级、乡镇党委和人民政府作出的人事处理不服的申诉,由上一级公务员主管部门管辖;对公务员主管部门作出的申诉处理决定不服的再申诉,由本级党委、人民政府或者上一级公务员主管部门管辖。"

② 参见刘志坚、宋晓玲:《论政府公务员行政责任实现不良及其防控》,《甘肃社会科学》2013年第4期,第87页。

正委员会具体负责受理和审理公务员申诉案件。该委员会在受理申诉案件之后，经过审理，须向受理机关提出明确的审理意见，最后由受理机关作出决定。[①] 但其并没有对公务员申诉公正委员会组成人员条件、机构是否为常设内部机构、对案件事项进行议决的规程、所提出的审理意见的效力以及其与受理机关决定权的相互关系等问题作出明确规定，因而难以保证该委员会提出合法、公正的审理意见，并使其所提出的审理意见能够得到受理机关决策层的高度尊重与采纳。为了使申诉不致流于形式，切实保障公务员通过申诉途径获得公正救济，笔者建议在新组建的国家监察机关设立专门受理公务员申诉的委员会及其办事机构；明确规定担任该委员会委员的任职条件（选拔那些熟悉公务员法律、法规，具有优良业务素质与办案经验的公务员、专家学者担任委员），在组成人员结构上规定应当聘任若干名申诉受理机关之外的法律专家等担任兼职委员；明确规定受理申诉机关对该委员会所提出的合法、公正审理意见应当予以采纳的义务；建立或者健全该委员会受理与审理申诉案件的议事规程。

3. 构建公务员权益司法救济制度。其基本路径是将公务员不服行政处分等事项的权利救济纳入行政诉讼的受案范围。目前，如果将可能影响公务员权利义务的行政事项全部纳入行政诉讼范

[①] 参见《公务员申诉规定（试行）》（2008）第六条规定："受理公务员申诉的机关应当组成公务员申诉公正委员会，负责受理和审理公务员的申诉案件。公务员申诉公正委员会在决定受理申诉案件后，应当对案件事实、适用法规、工作程序等进行全面审议，并向受理机关提出明确的审理意见。公务员申诉公正委员会一般由受理机关中相关工作机构的人员组成。必要时，可以吸收其他机关的有关人员参加。公务员申诉公正委员会的组成人数应当是单数，主任一般由主管公务员申诉工作的机关负责人或者负责处理公务员申诉的工作机构负责人担任。"

围的条件尚不完全成熟,如同将公务员权利救济纳入行政复议受案范围的设想一样,可以将人事任命等事项仍然排除在行政诉讼受案范围之外,而将对行政主体的行政处分事项、有可能影响公务员工资福利待遇权利的行政事项(如对公务员所作出的行政追偿决定)纳入行政诉讼受案范围。① 从国外公务员权利救济的基本模式选择来看,大多数国家都建立了行政内救济与行政外救济相结合,并将行政外司法救济作为最终救济途径的模式。例如,"在法国,公务员不服行政处分可分别寻求行政救济和司法救济。……公务员若不服行政处分决定,可向行政法院提起撤销之诉和损害赔偿之诉。"②又如,联邦德国"对公务员惩戒的权力分别由行政机关和联邦纪律法院行使,因此,惩戒的申诉也分为两类:一类是对由行政机关作出的警告、罚款的申诉,由被处分者向作出处分决定的行政上级申诉。……如果被处分者对行政上级的审查决定仍不服,可向联邦纪律法院申诉。第二类是对联邦纪律法院作出处分的申诉,被处分者不服纪律法院的处分决定,可在决定送达后一个月内向联邦行政法院提出申诉"③。再如,在美国,文官(公务员)对于纪律处分或者其他不利的行政决定不服,既可以向功绩制保护委员会提出申诉,也可以向法院提起诉讼,接受司法审查与裁判。④目前我国将环境监管行政法律责任的司法救济作为重要的救济途

---

① 参见刘志坚、宋晓玲:《论政府公务员行政责任实现不良及其防控》,《甘肃社会科学》2013 年第 4 期,第 88 页。

② 参见袁周斌:《论国家公职人员行政处分的法律救济》,《湖北警官学院学报》2012 年第 3 期,第 129 页。

③ 参见周一涛:《国家公职人员惩戒处分的救济制度比较研究》,《行政与法》2004 年第 11 期,第 45 页。

④ 参见王名扬:《美国行政法》,法制出版社 1995 年版,第 210 页。

径,既符合国外公务员权利救济的通行做法,也具备对公务员权利进行司法救济的现实条件、必要性与重要性。

4. 改革与完善对公务员权利进行行政外信访救济的制度设计。我国现行信访制度所存在的诸多问题,固然与该项制度存在重大制度缺陷有关,但也与社会转型期各种社会矛盾凸显背景下,因体制性障碍等所导致的社会执法不公、司法不公、信仰危机、法治精神缺失等诸多因素有关。因社会成员的正当诉求不能借助正式制度的良好执行得到及时、公正的实现与满足,一方面,社会成员希望在自认为遭遇不公正的执法、司法之后,能够有其他路径来表达并满足自己的诉求;另一方面,对社会成员的这种诉求,党和国家也需要提供更多的可能获得救济的途径。因此,行政外信访虽然存在诸多问题,但似乎在当下中国还无法取消这项制度,也难以否定信访制度对维护社会稳定、满足人民群众正当诉求所发挥的积极作用。基于此认识,本书不主张简单废除信访制度,而认为应当与时俱进对该项制度进行合理重构与完善。具体建议是:

(1) 创新定位信访功能,明确信访事项的范围。信访制度原本主要是本着畅通党和政府联系人民群众的渠道、听取人民群众的意见和建议的美好愿望而设立。之后该项制度逐渐超越其初始功能,几乎成为了社会公众对所有涉法或者不涉法问题表达正当或者不正当诉求的在形式上"无所不能",但在实质上"几乎无能"的监督、救济渠道。要使该项制度发挥其应有的积极作用,必须对其功能重新进行定位。具体建议是修改关于信访制度的相关立法文件,并对信访功能及受理事项范围作出以下规定:将信访定位为社会公众参与国家政治、行政管理的重要途径,限于受理并依法处理社会公众依据宪法、法律、法规赋予的权利针对执政党的组织、国家机关及其工作人员提出意见、建议、批评的事项；将国家司法机关办理或者审理刑事、民事、行政案件等涉诉事项排除出信访事项范围，由相关司法机关根据法律规定依法作出处理；将针对公务员进行检举、揭发、控告的事项排除在信访事项受理范围之外，规定由当事人分别向对检举、揭发、控告事项拥有法定受理与处理职权的有关国家机关提出，有关国家机关应当依法及时作出处理；将公务员因权利救济所提出的申诉事项排除在信访事项受理范围之外，由申诉人按照《公务员法》等的有关规定依法申诉，并赋予其在不满申诉处理决定条件下的申请行政复议、提起行政诉讼的权利，并将司法救济作为最终的救济途径。

之所以主张对信访功能及其受理事项作如此界定或者限定，一方面是因为我国是人民民主专政的社会主义国家，人民依法享有广泛的民主权利，鼓励社会成员行使宪法所赋予的通过意见、建议、批评等多种途径积极参与国家与社会事务管理的权利，既是由我国国家性质所决定的，也是实现民主行政、法治行政、阳光行政的必然要求。而信访作为一项重要制度设计，应当担负起这种广泛听取社会公众意见、密切联系人民群众、代表党和政府与社会进行良好互动和沟通的重要功能。另一方面，我们主张应当排除出信访范围的事项，迄今为止已经有了正式的、比较完善的救济制度或者监督制度，完全可以由有关国家机关在法定的职责权限范围之内按照法定程序直接依法作出处理，没有必要借助信访途径"转办"。这样既能够合理区分相关机关在处理争议纠纷方面的责权利，也能够给信访机关或机构合理减压，切实保障信访工作取得实效。当然，将前述涉诉涉法事项排除出信访事项的受理范围，重点是要在坚定不移走中国特色社会主义法治道路,维护法律权威与尊严这个前提和重要基石的背景下,着力构建并维护司法机关、受理申诉机关(以下统称办案机关)的中立性或相对独立性,进一步建立健全有助于切实保障这些机关依法办案的体制机制,落实办案责任制度,加强对办案机关的有效监督,依法及时查处办案机关及其工作人员在办理案件过程中的各种违法违纪行为。

(2)改革现行信访体制。目前我们建立的是一个乱象丛生的"大信访"格局,几乎所有的国家机关、党的组织、统一战线组织甚至具体到一些单位都设立了信访机关或者机构,信访机关或者机构揽了原本应当由其他机关或者职能部门管辖处理的许多事项,但没有其他机关或者机构的协同,信访机关或机构又无法独立对信访事项作出实体性处理,其结果是在很多情况下信访"越访越多""越访越乱",信访不但无助于化解纠纷,反过来可能激化、扩大矛盾(信访者与行为对象、信访者与信访机关或机构、信访机关或机构与有关机关或部门等之间的矛盾)。因此本书建议:撤销党委信访机构,由党的纪律检查委员会同时行使信访受理与处理职权,限于受理人民群众针对国家机关、党员领导干部所提出意见、建议、批评、控告的信访事项;在国家机关系统,建立统一的信访机构,负责受理、处理针对国家权力机关、行政机关及司法机关的信访事项。

(3)在做好上述两项重点工作的基础上,修改完善信访处理的程序,建立健全联动处理信访事项的机制,建立信访责任制度,强化对信访工作的支持与监督力度。

主要参考文献

(以本书参考或引用的著作、论文先后为序)

一、著作

1. 沈宗灵:《法学基础理论》,北京大学出版社 1988 年版。

2. 张文显:《法理学》(第二版),高等教育出版社 2003 年版。

3. 张恒山:《法理要论》,北京大学出版社 2006 年版。

4. 张文显:《法理学》(第三版),法律出版社 2007 年版。

5. 〔美〕特立·L. 库伯:《行政伦理学:实现行政责任的途径》(第四版),张秀琴译,中国人民大学出版社 2001 年版。

6. 吴大英、任允正:《比较立法学》,法律出版社 1985 年版。

7. 张国庆:《行政管理学概论》,北京大学出版社 2000 年版。

8. 周旺生:《立法论》,北京大学出版社 1994 年版。

9. 周旺生:《立法学》,法律出版社 2000 年版。

10. 金国坤:《行政法与行政诉讼法通论》,经济管理出版社 1996 年版。

11. 罗豪才:《行政法学》,中国政法大学出版社 1999 年版。

12. 马怀德:《中国行政法》,中国政法大学出版社 1997 年版。

13. 应松年:《行政法学新论》,中国方正出版社 1999 年版。

14. 杨海坤、章志远:《中国行政法基本理论研究》,北京大学出版社 2004 年版。

15. 刘志坚:《行政法与行政诉讼法》,人民法院出版社、中国社会科学出版社 2007 年版。

16. 刘志坚:《环境行政法论》,兰州大学出版社 2007 年版。

17. 田思源:《行政法与行政诉讼法学》,清华大学出版社 2011 年版。

18. 徐向华:《地方性法规责任的设定:上海市地方性法规的解析》,法律出版社 2007 年版。

19. 国务院法制办公室政府法制研究中心编:《政府立法中的法律责任设定研究论文集》,中国法制出版社 2010 年版。

20. 张越:《法律责任设计原理》,中国法制出版社 2010 年版。

21. 沈开举、王钰:《行政责任研究》,郑州大学出版社 2004 年版。

22. 梁津明、郭春明、郭庆珠、魏建新:《行政不作为之行政法律责任探究》,中国检察出版社 2011 年版。

23. 杨解君、孙学玉:《依法行政论纲》,中共中央党校出版社 1998 年版。

24. 姚锐敏、易凤兰:《违法行政及其法律责任研究》,中国方正出版社 2000 年版。

25. 任志宽:《行政法律责任概论》,人民出版社 1990 年版。

26. 王世涛:《行政侵权研究》,中国人民公安大学出版社 2005 年版。

27. 王名扬:《美国行政法》,中国法制出版社 1995 年版。

28. 王连昌:《行政法学》(修订本),中国政法大学出版社 1999 年版。

29. 蔡守秋:《环境资源法学教程》,武汉大学出版社 2000 年版。

30. 张国庆:《行政管理学概论》,北京大学出版社 1990 年版。

31. 胡建淼:《外国行政法规与案例述评》,中国法制出版社 1997 年版。

32. 周叶中:《宪法》,高等教育出版社、北京大学出版社 2000 年版。

33. 张恒山:《义务先定论》,山东人民出版社 1999 年版。

34. 〔古希腊〕亚里士多德:《政治学》,吴寿彭译,商务印书馆 1965 年版。

35. 应松年:《公务员法》,法律出版社 2010 年版。

36. 姜明安:《行政法与行政诉讼法》,北京大学出版社、高等教育出版社 1999 年版。

37. 杨惠基:《行政执法概论》,上海人民出版社 1998 年版。

38. 杨解君:《行政违法论纲》,东南大学出版社 1999 年版。

39. 罗豪才:《中国司法审查制度》,北京大学出版社 1993 年版。

40. 周亚越:《行政问责制研究》,中国检察出版社 2006 年版。

41. 周亚越:《行政问责制比较研究》,中国检察出版社 2008 年版。

42. 杨解君:《行政责任问题研究》,北京大学出版社 2005 年版。

43. 曹鎏:《行政官员问责的法治化研究》,中国法制出版社 2011 年版。

44. 宋涛:《社会规律属性与行政问责实践检验》,社会科学文献出版社 2010 年版。

45. 姜裕富：《行政问责制的伦理基础:公务员忠诚义务研究》,浙江大学出版社 2013 年版。

46. 江凌：《依法行政与行政问责》,中国人事出版社 2013 年版。

47. 姜明安：《行政法与行政诉讼法》(第三版),北京大学出版社 2007年版。

48. 〔法〕孟德斯鸠：《论法的精神》,张燕深译,商务印书馆 1961 年版。

二、论文

1. 刘志坚：《环境监管行政法律责任设定缺失及其成因分析》,《重庆大学学报》(社会科学版)2014 年第 2 期。

2. 肖俊：《环境监管法律关系理论解析与立法完善》,《中国环境管理干部学院学报》2010 年第 1 期。

3. 王莉、徐本鑫、陶世祥：《环境监管模式的困境与对策》,《环境保护》2010 年第 10 期。

4. 魏淑静、王炜亮、郭笃发：《中国环境监管的需求分析及对策建议》,《环境科学与管理》2011 年第 9 期。

5. 张景明：《和谐理念下环境法律关系研究》,山东大学 2012 年博士学位论文。

6. 宋晓玲：《政府公务员行政责任实现研究》,兰州大学 2013 年博士学位论文。

7. 刘志坚、宋晓玲：《论政府公务员行政责任实现不良及其防控》,《甘肃社会科学》2013 年第 4 期。

8. 唐国林：《责任政府的责任设定原则》,《湖南商学院学报》2003 年第 2 期。

9. 毕可志：《论完善对地方立法中的法律责任设定》,《河南政法管理干部学院学报》2004 年第 1 期。

10. 叶传星：《论设定法律责任的一般原则》,《法律科学》1999 年第 2 期。

11. 徐向华：《法律责任条文设定模式的选择》,《法学》2009 年第 12 期。

12. 杜春、马培培：《法律责任的设定原则及其应用——以 2007 年修订后的〈律师法〉为例》,《中国司法》2010 年第 2 期。

13. 李亮：《法律文本中责任条款设置的理念与原则》，《云南大学学报》（法学版）2013 年第 3 期。

14. 田文英、范静波：《论网络信息安全行政法律责任的设定》，《情报杂志》2005 年第 5 期。

15. 唐丽宁、吴睿：《论地方保护行为的法律责任之设定》，《天水行政学院学报》2007 第 4 期。

16. 徐明：《论我国〈统计法〉中法律责任的合理化设定》，《湖北警官学院学报》2013 第 7 期。

17. 肖萍、余娇：《行政相对人法律责任设定之完善》，《江西社会科学》2014 年第 12 期。

18. 宋友艳：《教育地方立法中法律责任设定研究》，《黑龙江政法管理干部学院学报》2014 年第 6 期。

19. 李亮：《我国立法中法律责任条款的衔接设置——基于〈体育法〉的技术分析》，《湖南警察学院学报》2016 年第 2 期。

20. 张正兰：《论行政责任虚化的防治对策研究》，《云南行政学院学报》2005 年第 2 期。

21. 范辉清、李雪沣：《行政责任立法严格主义评析》，《学术交流》2005 年第 8 期。

22. 王建霖：《行政法律责任设定刍议》，《法制与社会》2009 年第 9 期。

23. 董延宁：《有责、有限、有度——从平衡的视角论政府立法中的法律责任设定原则》，《中国法学会行政法学研究会 2010 年会论文集》。

24. 周昕：《试论公务员违法行政法律责任制度的建构》，《理论月刊》2007 第 7 期。

25. 都玉霞：《关于完善矿山安全监督管理行政法律责任的思考》，《政法论丛》2012 年第 3 期。

26. 张建伟：《关于政府环境责任科学设定的若干思考》，《中国人口·资源与环境》2008 年第 1 期。

27. 丁敏：《"环境违法成本低"问题之应对——从当前环境法律责任立法缺失谈起》，《法学评论》2009 年第 4 期。

28. 邓可祝：《政府环境责任的法律确立与实现——〈环境保护法〉修订案中政府环境责任规范研究》，《南京工业大学学报》（社会科学版）2014 年第 3 期。

29. 徐本鑫:《生态恢复法律责任的设定与实现问题思考——从福建南平生态破坏案说起》,《环境保护》2016年第9期。

30. 刘志坚:《环境保护基本法中环境行政法律责任机制的建构》,《兰州大学学报》(社会科学版)2007年第6期。

31. 刘志坚:《环境行政法律责任实现论》,《昆明理工大学学报》(社会科学版)2009年第9期。

32. 刘志坚:《环境监管行政法律责任实现不能及其成因分析》,《政法论丛》2013年第5期。

33. 张建伟:《论政府环境责任问责机制的健全——加强社会问责》,《河海大学学报》(哲学社会科学版)2008年第1期。

34. 郑志强:《环境行政执法监督不力迫切要求问责制的完善》,《中共山西省委党校学报》2010年第2期。

35. 肖萍:《环境保护问责机制研究》,《南昌大学学报》(人文社会科学版)2010年第4期。

36. 王伟:《农村水污染控制行政问责制度研究》,《农业环境与发展》2011年第6期。

37. 周孜予:《环境行政问责:基于法治要义的规范分析》,《南京大学学报》(哲学·人文科学·社会科学版)2015年第5期。

38. 孙法柏、李亚楠:《地方政府环境行政问责:功能与制度》,《唯实》2015年第9期。

39. 周孜予:《社会问责与地方政府环境治理探析》,《行政论坛》2015年第2期。

40. 周燕:《我国环境行政法律责任追究制研究综述》,《法制与社会》2007年第9期。

41. 刘佳奇:《我国政府环境责任追究制度的问题及完善》,《沈阳工业大学学报》(社会科学版)2011年第1期。

42. 李蕊、赵德铸:《域外治理行政腐败对我国的启示——基于完善环境行政法律责任追究制度的视角》,《济南大学学报》(社会科学版)2011年第2期。

43. 杨春桃:《我国〈环境保护法〉中政府环境责任追究制度的重构——以美国、日本环境立法经验为参照》,《中国政法大学学报》2013年第3期。

44. 孙佑海:《健全完善生态环境损害责任追究制度的实现路径》,《环境保护》2014 年第 7 期。

45. 王浩:《通过重大环境决策终身责任追究制度提升地方政府环境治理能力》,《学术论坛》2016 年第 4 期。

46. 林秋萍:《行政法领域的"设定权"与"规定权"》,《河北法学》2014 年第 11 期。

47. 武勇:《三大行政权设定权之比较》,《济宁师范学院学报》2013 年第 1 期。

48. 翟月玲:《我国行政责任法律制度的基本原则》,《行政论坛》2007 年第 2 期。

49. 杜飞进:《试论法律责任的原则及根据》,《学习与探索》1991 年第 4 期。

50. 张宇霖:《浅论经济法律责任的原则和形式》,《当代法学》1988 年第 2 期。

51. 张芳:《论行政责任归责原则的多元化》,《甘肃政法学院学报》2004 年第 1 期。

52. 吴传毅:《论法律责任的几个问题》,《湖南经济管理干部学院学报》2002 年第 2 期。

53. 张成福:《责任政府论》,《中国人民大学学报》2000 年第 2 期。

54. 陈军、吴斌等:《政府立法中法律责任设定问题研究》,国务院法制办公室政府法制研究中心编《政府立法中的法律责任设定研究论文集》,中国法制出版社 2010 年版。

55. 李朝辉:《从有法可依到立法精细化》,《特区实践与理论》2014 年第 6 期。

56. 李衡:《从刑法对行政法律规范效应的角度谈政府立法中行政法律责任与刑事法律责任的衔接》,国务院法制办公室政府法制研究中心编《政府立法中的法律责任设定研究论文集》,中国法制出版社 2010 年版。

57. 何彩琳:《行政法律责任与刑事法律责任的衔接与协调》,《法制与经济》2008 年第 12 期。

58. 薛家强:《政府立法中行政法律责任与刑事法律责任、民事法律责任的衔接》,国务院法制办公室政府法制研究中心编《政府立法中的法律责任设定研究论文集》,中国法制出版社 2010 年版。

59. 马春庆:《为何用"行政效能"取代"行政效率"——兼论行政效能建设的内容和意义》,《中国行政管理》2003 年第 4 期。

60. 刘松山:《科学立法的八个标准》,《中共杭州市委党校学报》2015年第 5 期。

61. 汪全胜:《科学立法的判断标准和体制机制》,《江汉学术》2015 年第 4 期。

62. 孙波:《试论立法质量的科学性标准》,《内蒙古民族大学学报》(社会科学版)2006 年第 1 期。

63. 李店标:《科学立法及其判断标准》,《大庆社会科学》2005 年第 4 期。

64. 关保英:《科学立法科学性之解读》,《社会科学》2007 年第 3 期。

65. 冯玉军、王柏荣:《科学立法的科学性标准探析》,《中国人民大学学报》2014 年第 1 期。

66. 吴秋菊:《立法技术探讨》,《时代法学》2004 年第 4 期。

67. 顾炜:《浅议立法技术》,《北京理工大学学报》(社会科学版)2002 年第 1 期。

68. 邹东升:《违法行政的形式和构成解析》,《西南政法大学学报》2002 年第 1 期。

69. 张泽想:《我国行政法主体对行政法律责任的承担》,《河北法学》1992 年第 1 期。

70. 梁津明:《论行政机关及其公务员行政法律责任》,《法学家》1999 年第 4 期。

71. 陈党:《宪法实施中的违宪责任追究问题探讨》,《浙江工商大学学报》2012 年第 6 期。

72. 刘广登、徐元善:《论行政机关及行政首长的宪法责任》,《中国行政管理》2008 年第 11 期。

73. 刘广登:《论宪法责任的政治性》,《徐州工程学院学报》2008 年第 1 期。

74. 王仰文:《论作为行政责任承担方式的行政处理行为》,2017 年《东方行政论坛》(第二辑)。

75. 李亮:《法律责任条款规范设置研究》,山东大学 2015 年博士学位论文。

76. 徐向华、王晓妹:《法律责任条文设定模式的选择》,《法学》2009 年第 12 期。

77. 陈镇河:《义务性法律规范的逻辑分析及立法建议》,《理论导刊》

2015 年第 2 期。

78. 吕忠梅:《监管环境监管者:立法缺失及其制度构建》,《法商研究》2009 年第 5 期。

79. 蓝文艺:《环境行政责任缺失的纵深分析》,《环境科学与管理》2007 年第 4 期。

80. 刘志坚、宋晓玲:《行政立法原则新论》,《兰州大学学报》(社会科学版)2011 年第 1 期。

81. 刘超、林亚真:《试论环境法律责任制度体系的重构》,《广东行政学院学报》2008 年第 2 期。

82. 郭立新:《法律义务释义》,《中央政法管理干部学院学报》1995 年第 2 期。

83. 姚建宗:《法律制度构造论》,《吉林大学社会科学学报》1996 年第 5 期。

84. 刘祖云:《论公共行政责任的实现》,《理论月刊》2003 第 4 期。

85. 章亮亮:《论行政检讨》,华东政法大学 2014 年博士学位论文。

86. 吴鹏飞:《问责制下官员免职的法理分析》,《湖北社会科学》2010 年第 5 期。

87. 康良辉:《我国行政法中的"免职"研究》,《行政论坛》2011 年第 2 期。

88. 朱新力:《行政滥用职权的新定义》,《法学研究》1994 年第 3 期。

89. 姚锐敏:《关于行政滥用职权的范围和性质的探讨》,《华中师范大学学报》2000 年第 9 期。

90. 关保英:《论行政滥用职权》,《中国法学》2005 年第 2 期。

91. 胡建淼:《有关行政滥用职权的内涵和表现的学理探讨》,《法学研究》1992 年第 3 期。

92. 杜飞进:《试论法律责任的若干问题》,《中国法学》1990 年第 6 期。

93. 杨海坤:《试论行政法律责任的实现》,《学习与探索》1989 年第 2 期。

94. 刘志坚:《法律环境初论》,《甘肃政法学院学报》1998 年第 2 期。

95. 曲格平:《中国环境保护四十年回顾及思考——在香港中文大学"中国环境保护四十年"学术论坛上的演讲》,《中国环境管理干部学院学报》2013 年第 3 期。

96. 翟亚柳:《中国环境保护事业的初创——兼述第一次全国环境保护会议及其历史贡献》,《中共党史研究》2012 年第 8 期。

97. 张坤民:《中国环境保护事业 60 年》,《中国人口·资源与环境》2010 年第 6 期。

98. 张贤明、文宏:《中国官员责任追究制度建设的回顾、反思与展望》,《吉林大学社会科学学报》2008 年第 3 期。

99. 王春玲、付雨鑫:《城市大气污染治理困境与政府路径研究——以兰州市为例》,《生态经济》2013 年第 8 期。

100. 黄锡生、史玉成:《中国环境法律体系的架构与完善》,《当代法学》2014 年第 1 期。

101. 周志家:《环境意识研究:现状、困境与出路》,《厦门大学学报》(哲学社会科学版)2008 年第 4 期。

102. 李如忠、刘咏、孙世群:《公众环境意识调查及评价分析》,《合肥工业大学学报》(社会科学版)2003 年第 4 期。

103. 吴丽娟:《环境意识的组织基础研究》,吉林大学 2006 年博士学位论文。

104. 周亚越:《问责官员无序复出:一项制度视角的研究》,《宁波大学学报》(人文科学版)2012 年第 4 期。

105. 王美文:《公务员责任实现机制探析》,《湖北大学学报》(哲学社会科学版)2007 年第 6 期。

106. 汪中元:《问题与改良:我国行政法制监督的改进性实践》,《政府与法治》2014 年第 4 期。

107. 夏正林:《我国信访制度的历史流变、困境及出路》,《南京工业大学学报》(社会科学版)2012 年第 3 期。

108. 侯佳儒:《论我国环境行政管理体制存在的问题及其完善》,《行政法学研究》2013 年第 2 期。

109. 马妍、董战峰、李红祥:《我国环境管理体制改革的思路和重点》,《世界环境》2016 年第 2 期。

110. 赵成:《论我国环境管理体制中存在的主要问题及其完善》,《中国矿业大学学报》(社会科学版)2012 年第 2 期。

111. 常永官:《以环境保护倒逼机制促进经济发展方式转变》,《重庆行政》(公共论坛)2013 年第 3 期。

112. 陈艳:《论我国环境审计法律制度的完善》,《环境保护》2013 年第 19 期。

113. 尚宏博:《论我国环保督查制度的完善》,《中国人口·资源与环境》2014 年第 3 期。

114. 吴建雄:《监察委员会的职能定位与实现路径》,《中国党政干部论坛》2017 年第 2 期。

115. 向玉乔:《政府环境伦理责任论》,《伦理学研究》2003 年第 1 期。

116. 王浦劬:《中央与地方事权划分的国别经验及其启示——基于六个国家经验的分析》,《政治学研究》2016 年第 5 期。

117. 周天勇:《为何中央政策到地方会被弱化和变形》,《中国党政干部论坛》2015 年第 10 期。

118. 张述存:《依法规范中央与地方关系 推动地方政府治理现代化》,《中国行政管理》2016 年第 5 期。

119. 袁周斌:《论公务员行政处分的法律救济》,《湖北警官学院学报》2012 年第 3 期。